清华时间简史

环境学院

清华时间简史环境学院编委会 编著

清华大学出版社
北京

图书在版编目（CIP）数据

清华时间简史. 环境学院/清华时间简史环境学院编委会编著. —北京：清华大学出版社,2024.4

ISBN 978-7-302-66064-4

Ⅰ. ①清… Ⅱ. ①清… Ⅲ. ①清华大学环境学院–校史 Ⅳ. ①G649.281

中国国家版本馆 CIP 数据核字（2024）第 072130 号

责任编辑：李双双
封面设计：曲晓华
责任校对：王淑云
责任印制：杨 艳

出版发行：清华大学出版社
      网 址：https://www.tup.com.cn, https://www.wqxuetang.com
      地 址：北京清华大学学研大厦 A 座 邮 编：100084
      社 总 机：010-83470000 邮 购：010-62786544
      投稿与读者服务：010-62776969, c-service@tup.tsinghua.edu.cn
      质量反馈：010-62772015, zhiliang@tup.tsinghua.edu.cn
印 装 者：三河市东方印刷有限公司
经 销：全国新华书店
开 本：155mm×230mm 印 张：35 字 数：534 千字
版 次：2024 年 4 月第 1 版 印 次：2024 年 4 月第 1 次印刷
定 价：138.00 元

产品编号：104756-01

清华大学校史编辑委员会

本书编辑委员会

"清华时间简史"丛书
总　序

　　清华大学走过了110多年的沧桑历程。从一所留美预备学校,到独立培养人才的国立高等学府;从抗战烽火中的西南联大,到新中国成立回到人民的怀抱;从院系调整后的多科性工业大学,到改革开放后逐步发展成综合性、研究型、开放式的世界一流大学,清华见证了中国高等教育的发展壮大,也成为世界高等教育发展的重要组成部分。

　　在一所大学的历史中,学科与院系的建立、变迁与发展是十分重要的方面。1911年清华学堂建立,1912年更名为清华学校;1925年设立大学部,1926年设立了首批17个学系;1928年更名为国立清华大学,此后相继设立文、理、法、工4个学院,下设16个学系;1937年南迁长沙,与北京大学、南开大学合组长沙临时大学,1938年西迁昆明,成立国立西南联合大学,联大共设有5个学院26个学系;1946年复员后,清华大学设有文、理、法、工、农5个学院26个学系,1948年底清华园解放;20世纪50年代的高校院系调整后,清华大学成为多科性工业大学,设有8个系,至"文革"前发展成12个系;改革开放以来,大力加强学科建设,恢复和新设了许多院系,目前共有按学科设置的20多个二级学院,近60个系,以及承担人才培养和学术研究任务的若干研究院、中心等,覆盖理学、工学、文学、艺术学、历史学、哲学、经济学、管理学、法学、教育学和医学等11大学科门类。

　　清华大学始终非常重视校史研究和编纂,早在1959年就成立了校史编辑委员会,下设校史编写组,现已发展成校史研究室、党史研究室、校史馆"三位一体"从事校史研究和教育的专门机构。几十年来,先后编纂出版了《清华大学校史稿》《清华大学史料选编》《清华人物志》《清华大学志》《清华大学图史》《清华大学一百年》等一系列学校层面的校史系列图书。同时,许多院系和部门也结合院系庆等契机,组织编写了纪念文集、校友访谈录、大事记、人物名录及宣传画册等图书资料，多形式、多侧面、多角度地反映了自身历史的发展。但长期以来，全面系统的院系史研究、编写和出版，还是校史研究编纂工作中的空白。

2015年前后，校史编委会委员、教育研究所原所长王孙禺教授和校史研究室研究人员李珍博士，与相关院系合作，对电机系、人文社会科学学院、教育研究院等院系的历史进行了深入研究，相继编写出版了《清华时间简史：电机工程系》《清华时间简史：人文社会科学学院》《清华时间简史：教育研究院》等图书。这是推进院系史研究的一种有效形式，也是深化校史研究的一个重要途径。经过认真调研和周密筹划，我们提出在全校启动实施"学科院系部门发展史编纂工程"。

这一工程得到学校的充分肯定和大力支持。由校史研究室组织协调，实施"学科院系部门发展史编纂工程"，编写出版"清华时间简史"系列丛书，与档案馆牵头、校史馆参与的"清华史料和名人档案征集工程"，一同被写入清华大学党委颁布的《关于进一步加强和改进新形势下宣传思想工作的实施意见》和学校文化建设等发展规划，2018年还被列为清华大学工作要点的重点工作之一。从2017年起，学校每年拨付专门经费进行资助。先后担任校党委书记的陈旭、邱勇和先后担任校党委副书记分管校史工作的邓卫、向波涛等领导，对这一工作给予了亲切关心和具体指导。

这一工程更是得到各院系、各部门的热烈响应和踊跃参与。2017年工程正式启动，就有40多个院系等单位首批申报。经研究决定，采取"同步启动、滚动支持、校系结合、协力推进"的方式逐步实施。校史编委会多次召开专家会议，对各院系的编纂工作进展情况和经费预算进行评审，校史研究室通过年度检查和专家讲座等加强组织协调和学术指导。许多院系党委书记、院长主任等亲自负责，很多老领导、老同志热情参与，各院系单位都明确了主笔和联络人、成立了编写工作组等，落实编纂任务。档案馆在档案史料查阅等方面提供了积极帮助，出版社对本丛书的编辑出版给予了全力支持。

在大家的共同努力下，"学科院系部门发展史编纂工程"取得初步成效。按计划，首辑"清华时间简史"系列丛书于110周年校庆之际出版发行。现在，丛书第二辑也陆续交付出版。丛书在翔实、系统地搜集和梳理历史资料的基础上，全面、生动地回顾和总结各院系、学科、部门的发展历程，全方位、多样化地展示了清华的育人成果和办学经验，不仅有助于了解各院系的历史传承，结合各学科专业特点开展优良传统教育，促进各学科院系的长远发展，而且对更好地编纂"清华大学史"有重要帮助，也可为教育工作者和历史工作者研究高等教育史、学科发展史等，提供鲜活、细化的资料。

习近平总书记指出："重视历史、研究历史、借鉴历史，可以给人类带来很多了解昨天、把握今天、开创明天的智慧。"学科院系部门发展史的研究与编纂是一项浩大的学术工程，意义重大、任务艰巨，需要持之以恒、不懈努力。我们要进一步加强组织协调、抓紧落实推进，确保"清华时间简史"丛书分批次、高质量地出版，力争"学科院系部门发展史编纂工程"不断取得新的成果，为清华新百年的发展积累宝贵的历史资源、提供有益的历史借鉴，为建设世界一流大学作出独特的贡献。

范宝龙

2022 年 4 月

（作者系清华大学校史研究室主任、研究员）

目　录

第 1 章

新中国成立前清华市政学科的建立
（1928—1949 年）

清华大学环境学院发轫于 20 世纪 20 年代。1926 年，清华学校设立工程学系，包括土木、机械和电机三科，1928 年更名为市政工程学系①，成为清华市政和环境学科产生与发展的源头。在我国卫生工程和环境工程学科的拓荒者和奠基人陶葆楷先生的带领下，历经市政工程学系、土木工程学系等发展过程，清华大学市政学科得以建立。

1.1　历史沿革

1.1.1　市政学科的发端（1928—1937 年）

1909 年，清政府用美国"退还"的一部分"庚子赔款"在北京成立游美学务处，负责派遣学生留美事宜。学生名额分配到各省，各省推荐的学生先经严格的考试遴选，后经短期训练再去往美国留学；此外，还筹设游美肄业馆。同年 9 月，清政府将清华园拨作游美肄业馆馆址②。1911 年，游美肄业馆更名为清华学堂，于 4 月 29 日开学。此后，学校规定每年 4 月最后一个星期日作为清华校庆纪念日。

辛亥革命后，清华学堂一度停课。1912 年 5 月 1 日，学堂重新开学；10 月"学堂"改为"学校"。清华学校学制 8 年，设高等科和中等科，各为 4 年。高等科毕业生经考核合格后资送赴美留学。1916 年，清华学校校长周诒春上书外交部，提出将清华学校逐年扩充至大学程度，申请筹办大

---

① 陈旭，贺美英，张再兴.清华大学志（1911—2010）：第三卷［M］.北京：清华大学出版社，2018：84.

② 陈旭，贺美英，张再兴.清华大学志（1911—2010）：第一卷［M］.北京：清华大学出版社，2018：1.

学，得到批准。1925年5月，清华学校正式设立大学部，分普通科和专门科两级。1926年清华学校取消普通科，改为四年一贯制的正规大学。

1926年4月，清华学校第一次、第二次评议会决定，大学部设立工程学系等17个学系①。工程学系成立初始"以其最重要而急需的缘故"，设电机、机械及土木三科②。1927年，三科合并为"实用工程科"。

1928年，清华学校更名为"国立清华大学"。罗家伦上任校长之后，主张"清华专办文理"，宣布要"培养市长兼工程师的人才"③，9月，工程学系更名为市政工程学系，笪远纶任系主任。11月，清华大学董事会在南京开会，因增加设备经费等因素，决定裁撤市政工程学系。

1929年5月，学校评议会民国十七至十八年第十二次会议决定："恢复工程系先办土木工程科。"于是清华大学恢复了工程学系，专办土木工程科，改称土木工程学系，附属于理学院。在土木工程学系办学初期，系内设有铁路及道路工程组、水利及卫生工程组④，后者就是环境系和水利系共同的前身。

1932年1月6日，土木工程学系召开全体同学大会，全场通过决议，"请学校设立工学院，并充实成院后之内容，在工学院未成立前，积极改进目下本系之实质，为设立工学院之基础，"并"组织改院促进委员会"，"由大会赋予该委员会全权，办理改院及改院前改进本系内容一切事宜"⑤。2月3日，时任校长梅贻琦向教育部提出设立工学院呈请，2月28日获得批准⑥。同年暑假，清华大学增设机械工程学系和电机工程学系，与土木工程学系一起，组成工学院。与此同时，校方兴建了土木工程馆和水力实验馆（见图1-1 今土木馆、水利馆旧址），并相继建立起水力、材料、道路、

---

① 《第二次评议会开会纪录》(1926年4月28日)，清华大学档案，全宗号1，目录号2：1，案卷号6：1；《评议会》，载《清华周刊》，第25卷第11号(总第378期)，1926年5月7日，第647页。

② 夏坚白.土木工程系的过去和现在：第二卷下册[M]//清华大学史料选编.北京：清华大学出版社，1991：466.

③ 陈旭，贺美英，张再兴.清华大学志(1911—2010)：第三卷[M].北京：清华大学出版社，2018：34.

④ 夏坚白.清华大学各系概况：土木工程系的过去和现在[J].清华周刊，1931，35(11/12)：89-91.

⑤ 炎焱.土木工程系改院运动之经过[J].清华周刊，1932，37(1)：149-152.

⑥ 工学院筹备委员会成立消息，国立清华大学校刊，第376号，1932年3月2日。

卫生四个工程实验室。其中,卫生工程实验室于1933年年底建成(见图1-2),位于水力实验馆内,一直稳定运行至1937年,清华大学卫生工程学的教学实验条件达到了美国大学同期水平。

图1-1　土木工程馆(右)及水力实验馆(左)
　　　　(1934年)①

图1-2　卫生工程实验室①

1.1.2　抗战时期的土木市政学科(1937—1945年)

1937年抗日战争全面爆发后,国立清华大学、国立北京大学、私立南开大学三校在长沙组成国立长沙临时大学②,清华大学大部分教师连同眷属随校迁往。国立长沙临时大学下设工学院,由原属国立清华大学的土木工程学系、机械工程学系,国立清华大学和私立南开大学合组的电机工程学系,原属私立南开大学的化学工程学系组成。施嘉炀教授任土木工程学系教授会主席(1939年后改称系主任)。长沙临时大学本部经教育部与湖南省教育厅事先租定韭菜园圣经学校(见图1-3),工学院土木工程系在该处上课③。

1938年,随着战火的蔓延,长沙临时大学迁往昆明,后改称西南联合大学④(简称联大,即"西南联大"),租借距离校本部约有3km的迤西会

①　国立清华大学土木工程学会会刊,1934年3月。
②　陈旭,贺美英,张再兴.清华大学志(1911—2010):第一卷[M].北京:清华大学出版社,2018:2.
③　西南联合大学北京校友会.国立西南联合大学校史:1937至1946年的北大、清华、南开[M].北京:北京大学出版社,1996.
④　西南联合大学北京校友会.国立西南联合大学校史:1937至1946年的北大、清华、南开[M].北京:北京大学出版社,1996:23.

3

图1-3　长沙临时大学校址：韭菜园圣经学校①

馆、江西会馆、全蜀会馆作为工学院院舍②，专供土木工程等系南迁使用；另租位于院舍附近的盐行仓库，改建为工科学生宿舍；同时商得房主同意，改建会馆为实习工厂和包括卫生工程实验室在内的各系实验室。其中，土木工程系一直在迤西会馆办学。1938年5月，西南联大开始在院舍（会馆）复课。施嘉炀教授任工学院院长，蔡方荫任土木工程系教授会主席。1940年7月，陶葆楷教授任土木工程系主任，同时兼任云南省抗疟工程队队长。为满足抗战需求，陶葆楷教授编著了大学教材《军事卫生工程》。1945年，施嘉炀教授按校方规定享受学术休假，离任赴美进修，其工学院院长职务由陶葆楷教授代理。

西南联大建校初期的院系设置和行政组织系统基本上维持长沙临时大学时期的原状，后期院系虽有调整，但土木工程系一直保留。在系内，土木工程系将原有的铁路及道路工程组和水利及卫生工程组两个学科组调整为结构工程、水力工程、铁路道路工程、市政及卫生工程四个专业组。

1.1.3　抗战胜利至新中国成立前的土木市政学科（1945—1949年）

1945年8月15日，日本宣布无条件投降后，国立北京大学、国立清华大学、私立南开大学三所大学联合迁移委员会正式成立，准备开展回迁

①　清华大学校史馆.清华大学图史（1911—2011）[M].北京：清华大学出版社，2019.
②　西南联合大学北京校友会.国立西南联合大学校史：1937至1946年的北大、清华、南开[M].北京：北京大学出版社，1996：24.

事宜。

1946 年 5 月,西南联大肄业生填写志愿书,选择继续就读的学校,并于 5 月 4 日举行结业典礼,梅贻琦宣布西南联大正式结束办学,各校积极开展回迁工作。国立清华大学、土木工程系师生开始了远距离的返校,并于同年 10 月在北平原址按既定的排表课目恢复上课。复校伊始,工学院下设土木工程系,设置市政卫生工程组,陶葆楷任系主任并代理工学院院长。

1947 年,学校设有文、理、法、工、农 5 个学院,土木工程学系设在工学院,同时设有土木工程研究所。

1948 年 12 月,清华园"和平解放"。1949 年 1 月,学校在未受任何破坏、教学未受影响的情况下,接受北平军事管理委员会文化接管委员会代表钱俊瑞来校宣布的接管公告①。

1.2　师资队伍

清华大学早期在市政工程学科方面的师资较少。陶葆楷于 1931 年受聘国立清华大学任土木工程系教授,开始为学生讲授给水工程、水力学、工程测量等课程。(陶葆楷于 1920 年考入清华学校中等科学习,1922—1926 年进入高等科学习,并以第二名的成绩毕业。1926 年,他赴美留学;1926—1927 年在密西根大学学习,1927—1929 年在麻省理工学院攻读土木工程学士,1929—1930 年在哈佛大学攻读卫生工程硕士,1930—1931 年在德国柏林高等工业大学进修②。)1934 年,土木工程系教师共计有 15 人,其中教授 7 人,而任职卫生工程学的教授仅陶葆楷 1 人(见图 1-4)。

西南联大期间,土木工程系的师资较抗日战争爆发前的清华更显力量雄厚,教师队伍扩充到 20 人左右,其中近半数为教授,如图 1-5 所示。在此期间,教师人数因战情社会动荡而各年有所不同,以 1944 年为例计19 人,其中任教卫生工程学的有陶葆楷教授和高伟烈教员(1943 年已

---

①　陈希. 顺应历史潮流站在时代前列[EB/OL]. 清华新闻网(2008-12-15). https://www. tsinghua. edu. cn/info/1875/74593. htm.

②　《纪念陶葆楷先生诞辰 110 周年座谈会发言汇编》,第 8 页。

图 1-4　1934 年土木工程系全体教师合影（前排左二为陶葆楷教授）①

任）。此外,时任南京国民政府卫生署荐任技士兼南京、贵阳卫生署公共卫生人员训练所教务主任杨铭鼎,曾于 1937—1938 年兼任长沙临时大学、西南联合大学的卫生工程等课程教师。

图 1-5　西南联大时期土木工程系师生

就座者左起：王明之、吴柳生、蔡方荫、陈永龄、张泽熙、李谟炽,右一杨式德,站立者前排右四陶葆楷②

---

① 清华大学档案馆提供。
② 清华大学档案馆提供。

清华大学复校后,工学院院长由土木工程系系主任陶葆楷代理(1946年 8 月至 1948 年 7 月),在此期间,他非常注意师资队伍的建设。当时,工学院增设了建筑系,聘请梁思成先生任系主任。据陶葆楷先生回忆:"梁思成先生也在 1946 年出国,我向学校提请吴柳生先生代理系主任职务,吴良镛担任系秘书……此外,建筑系还聘请了刘致平、莫宗江、汪国瑜诸先生……其他各系(如土木、机械、电机、航空)也增加了很多教授,如张任、夏震寰、李丕济、金涛、王国周、钱伟长、张维、陆士嘉、储钟瑞、陈樑生等教授。"[①]因此,土木工程系的师资队伍大幅增加,1948 年达到 31 人。其中市政及卫生工程组教员共 3 人:主管陶葆楷教授、教员王继明(1916—2019 年,于 1936 年考入国立清华大学土木工程系,1941 年 7 月毕业于西南联合大学土木工程系)、助教李国鼎(1921—2018 年,于 1947 年毕业于国立清华大学土木工程系,而后留校执教)。

1948 年下学期,陶葆楷教授按校方规章享受学术休假,赴美国哈佛大学进修考察。期间,系主任职务委任张泽熙教授代理,涉及市政卫生组的教学业务等工作则安排王继明先生处理。1949 年 1 月至 6 月,陶葆楷教授任台湾大学土木工程学系教授,7 月返回大陆,任广州岭南大学土木工程学系教授,1950 年 7 月至 1952 年 7 月,任北京大学土木工程学系教授。

1.3　教学和学生培养

1.3.1　清华大学早期

清华大学土木工程系初建时期,培养目标几度变更,系名也随之变化。院系最初希望培养实用工程人才,对土木、机械、电机各项工程的基本知识都要学习,故名实用工程科。1928 年秋,工程学系改为市政工程系,文理课程各占 1/2。1929 年改称土木工程系之后,才逐渐明确"使学生毕业后,能在我国不甚分工的情形下,对于各种土木工程事件都能做有把握的处置"。[②]

1932 年,土木工程系并入工学院后,其教学目标是培养具有土木工程

[①]　陶葆楷. 复员后的工学院[M]//清华大学土木工程系. 辉煌七十秋. 北京:清华大学出版社,1996:23-24.

[②]　余启新. 桥的交响[M]. 武汉:武汉出版社,2012.

方面广泛基本知识的"通才"。据此编排课程的原则是：学生在校受教期间(4年)的前3年务求所学广泛，而最后1年则力求专深①。各年级的课程分配大致是：一年级多属科学技术基础知识及技能培养，如数学、物理、机械零件、工程画等；二年级多系工程学科的基本训练，如测量、静动力学、材料力学、热机学、材料学等；三年级的功课多注重土木工程普通科目，如水力学、构造学、铁路工程、给水工程等；到了四年级则分为"铁路道路工程组"与"水利卫生工程组"(见图1-6)，学生就其"性之所好，选其一组"而学之。表1-1为土木系1936—1937学年度的课程设置情况。

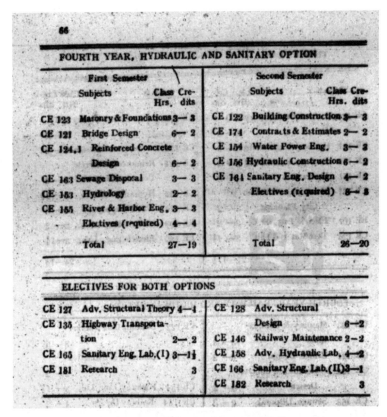

图1-6　水利卫生工程组第4学年课程②

---

① 清华大学土木工程系.土木工程系的成立与早期发展[M]//辉煌七十秋.北京：清华大学出版社,1996：19.
② 国立清华大学土木工程学会会刊,1934年。

表 1-1　土木系 1936—1937 学年度课程设置

年级	上学期课程	课时数	学分	下学期课程	课时数*	学分
一	中 101 国文	3	3	中 102 国文	2	3
	外 101 第一年英文	4	3	外 102 第一年英文	4	3
	物 103 普通物理	7	4	物 104 普通物理	7	4
	算 105 微积分	4	4	算 106 微积分	4	4
	经 101 经济学概论	3	3	经 102 经济学概论	3	3
	机 101 画法几何	5	2	机 102 工程画	5	2
	机 112 锻铸实习	3	1	机 113 制模实习	3	1
	总数	29	20	总数	28	20
二	土 111 平面测量	6	2	土 112 高等测量	7	3
	土 171 工程地质学	3	3	土 114 应用天文	2	2
	机 119 金工实习	3	1	土 142 铁路曲线及土工	6	4
	机 131 机件学	3	3	机 142 热机学	3	3
	机 121 静动力学	4	4	机 122 材料力学	4	4
	算 121 微分方程	3	3	土 126 工程材料学	2	2
	化 103 普通化学 74	7	4	化 104 普通化学	7	4
	总数	29	20	总数	31	22
三	土 102.1 构造学（一）	3	3	土 120.2 构造学（二）	3	3
	土 131 道路工程	3	3	土 120.4 构造设计	6	2
	土 143 铁路工程	3	3	土 124 钢筋混凝土构造	3	3
	土 151 水力学	4	3	土 152 水力实验	3	1.5
	土 161 都市卫生及设计	3	2	土 162 给水工程	4	3
	电 107 直流电机	3	3	电 108 交流电机	3	3
	土 126 材料试验	3	1.5	电 120 电机实验	3	1.5
	总数	22	18.5	总数	25	17
四	水利及卫生工程组					
	土 123 地基及房屋	3	3	土 174 工程估计及契约	2	2
	土 121 桥梁设计	6	2	土 154 水电工程	3	3
	土 124.4 钢筋混凝土设计	6	2	土 156 水工设计	6	2
	土 163 下水工程	3	3	土卫生工程设计	4	2
	土 153 水文学	2	2	选修	10	10
	土 155 河港工程	3	3			
	选修	4	4			
	总数	27	19	总数	25	19
	各组选修科					
	土 127 高等构造学	4	4	土 128 高等构造设计	6	2
	土 135 高等道路学	2	2	土 146 养路工程	2	2

续表

年级	上学期课程	课时数	学分	下学期课程	课时数*	学分
四	土 159 灌溉工程	2	2	土 147 铁路材料管理	1	1
	土 181 专题研究	3	3	土 158 高等水力实验	4	2
				土 156 卫生工程试验	6	3
				土 182 专题研究	3	3

注：二年级暑期测量实习 5 周，课程为土 119.1 地形及大地测量、土 119.2 水文测量、土 119.3 铁路及道路实践实习。

* 代表每周课时数。

教材方面，土木工程系在办学初期，主要借鉴美国麻省理工学院和康奈尔大学等著名学校的经验，大多采用外国教材，但已开始编著中文教科书。陶葆楷先生编著的《给水工程学》经商务印书馆于 1937 年出版，作为"大学丛书"之一（见图 1-7），该书以其内容新颖丰富，为当时国内工程教育和各有关专业界所重视和采用。20 世纪 40 年代，陶葆楷先生还编著了教材《下水工程》，供教学使用。

图 1-7　陶葆楷先生编著的《给水工程学》

截至 1937 年，土木工程系的毕业生共计 9 届 182 人[①]。其中，1936 届毕业生陈明绍（1914—2009 年）一直从事卫生工程相关教学和工程实践工作，是著名的能源环境专家，新中国成立前曾在北京大学等高校任教

---

① 王鲁生，王国周. 土木工程系系志[M]//清华大学土木工程系. 辉煌七十秋. 北京：清华大学出版社，1996：171-172.

职,1950 年 1 月至 1958 年 12 月在北京市市政规划等部门担任领导职务,是龙须沟整治工程的设计和施工总负责人。后历任北京市建筑工程学院教授、北京工业大学教授、副校长。1982 年 3 月至 1983 年 3 月任北京市政协副主席,1983 年 3 月至 1993 年 2 月任北京市人大常委会副主任。

1.3.2　西南联合大学时期

西南联合大学土木工程系在原有国立清华大学土木工程系在校学生的基础上,自 1938 年开始招收新生、插班生。其教育方针仍以着重培养具有土木工程广泛基本知识的通才为出发点,开设的课程大体与原国立清华大学土木工程系相同。学制仍为 4 年,前 3 年各年级设有共同的必修课,四年级开始分结构、铁路与道路、水利、市政及卫生四个专业组,供学生自行选择一组继续攻读各专业组分别设置的必修课,如表 1-2 和表 1-3 所示,分别汇总了土木工程系必修课程与专业必修课任课教师。到了三、四年级,学生还需选修一定学分的选修课。学生在系四年累计修满额定学分数(140~143 学分)、必修课程全部及格,方可毕业。图 1-8 和图 1-9 为土木工程系相关照片。

表 1-2　西南联大土木工程系必修课程①

年级		课程名称(括号内数字为学分数)
一年级		国文(6),英文(6),微积分(8),普通物理(8),经济学简要(4),工程画(2),投影几何(2),工厂实习(3),合计 39 学分
二年级		普通化学(8),静动力学(4),材料力学(4),热机学(3),机件学(3),工程地质学(2),测量学(10),工程制图(3),铁路曲线及土方(3),金工实习(1.5),暑期中:大地及地形测量(2),水文测量(0.5),铁路及道路曲线实习(1),合计 45 学分
三年级		工程材料学(3),微分工程(3),实用天文学(3),结构学(6),结构设计(4),钢筋混凝土结构(3),铁路工程(3),道路工程(3),电机学(3),电机实验(1.5),水力学(3),水力实验(1.5),合计 37 学分
四年级	结构工程组	给水工程(3),工程估计及契约(1),高等结构学(6),结构设计(二)(3),高等结构设计(2),铁路设计(2),合计 17 学分
	水力工程组	给水工程(3),工程估计及契约(1),水文学(2),河港工程(3),灌溉工程(2),水力发电工程(4),水工设计(2),合计 17 学分

①　西南联合大学北京校友会.国立西南联合大学校史:1937 至 1946 年的北大、清华、南开[M].北京:北京大学出版社,1996:253-254.

续表

年级		课程名称(括号内数字为学分数)
四年级	铁路道路工程组	给水工程(3),工程估计及契约(1),圬工地基及房屋(3),钢筋混凝土设计(3),道路工程(二)(1.5),道路设计(2),铁路工程(二)(3),铁路设计(二)(2),道路材料试验(1.5),合计20学分
	市政及卫生工程组	给水工程(3),工程估计及契约(1),水文学(2),下水工程(3),市政及卫生工程(3),卫生工程设计(2),卫生工程实验(1.5),道路设计(2),铁路设计(2),合计19.5学分

表1-3　西南联大土木工程系专业必修课任课教师[①]

课程名称	开课教师
测量学	吴柳生、张泽熙、陈永龄、李庆海等(本系);杨式德、陶葆楷、梁治明(外系)
工程制图	张泽熙、杨式德、梁治明、李庆海、王明之、王龙甫
铁路曲线及土方	李谟炽、张泽熙
工程材料学	吴柳生(主要)、周惠、李谟炽、杨式德
实用天文学	张泽熙、覃修典、衣复得、李庆海
结构学	蔡方荫、王龙甫、王明之、刘恢先
结构设计	吴柳生
钢筋混凝土结构	王龙甫、王明之
道路工程	李谟炽、张昌华、王师羲、李庆海
铁路工程	张泽熙
水力学	覃修典、衣复得、陶葆楷、阎振兴(本系);张有龄、吴尊爵、张昌华、冯钟豫等(外系)
水力实验	覃修典、衣复得、陶葆楷、阎振兴(本系);朱宝复、李谟炽、施嘉炀、杨式德、刘俊潮、陶葆楷等(外系)
给水及下水工程	杨铭鼎(兼任)、陶葆楷
工程估计及契约	王明之
高等结构学	蔡方荫、王龙甫
高等结构设计	吴柳生、王龙甫、王明之
铁路设计	张泽熙
水文学	施嘉炀
河港工程	施嘉炀、覃修典、衣复得
灌溉工程	覃修典、张有龄、衣复得、阎振兴
水力发电工程	覃修典、衣复得、施嘉炀、阎振兴
水工设计	覃修典、衣复得、阎振兴
圬工地基及房屋	王明之
钢筋混凝土设计	王明之、王龙甫
道路设计	李谟炽、张昌华、王明之

---

① 西南联合大学北京校友会.国立西南联合大学校史：1937至1946年的北大、清华、南开[M].北京：北京大学出版社,1996：254-255.

续表

课程名称	开课教师
道路材料试验	李谟炽、吴柳生
市政及卫生工程	陶葆楷
卫生工程设计	杨铭鼎(兼任)、陶葆楷
卫生工程实验	杨铭鼎(兼任)、陶葆楷、高伟烈

图 1-8　西南联大土木工程系 1941 年"沫"会合影①(第一排右五为陶葆楷教授)

图 1-9　西南联大土木工程系 1945 级在昆明拓东路迤西会馆望苍楼前毕业
合影②(摄于 1945 年 6 月 28 日,第二排右二为陶葆楷教授)

---

① 清华大学档案馆提供。

② 清华大学档案馆提供。

在此期间,土木工程系前后开出的必修课程与选修课程门数达60余种,其中包括由于适应战时需要,一度增开的一些与军事工程有关的供三、四年级学生选修的课程,例如,施嘉炀教授的"野战堡垒"课程,陶葆楷教授的"军事卫生工程"课程。陶葆楷教授于1938—1939年开设了四年级修习的"高等卫生工程"必修课,学分2~3分,1940—1941年改为选修课。陶葆楷教授还编写了《军事卫生工程》一书(见图1-10),以及中文教材《下水工程学》(西南联大工学院,1941年),在当时具有重要的实际意义。与战前大学工学院全部采用美国教材,讲课时大多用英语的做法不同,西南联大土木工程系开始部分使用由教师自己编写的讲义、讲课尽量使用汉语。虽然编著者在教材中采用的理论体系多借鉴国外著名教科书,但也会尽量结合国情,引进我国的工程实例,术语名词则采用汉英对照。此外,教材还将英制改为公制,为长期以来我国实施统一的公制计量单位作出了示范。

西南联大期间,土木工程系共培养9届237名毕业生,其中属清华学籍的有99人[①]。王继明于1941年7月毕业,作为工程师加入云南卫生厅

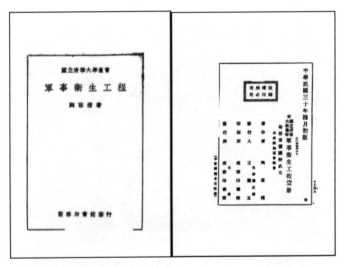

图1-10　陶葆楷教授著《军事卫生工程》封面、扉页、序言及目录

---

① 西南联合大学北京校友会.国立西南联合大学校史:1937至1946年的北大、清华、南开[M].北京:北京大学出版社,1996:478-479.

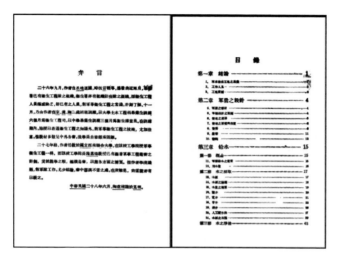

图 1-10　(续)

与世界卫生组织(WHO)合作的抗疟委员会,开展云南疟疾病区的抗疟工作;1945 年回到西南联合大学工作,在土木工程系水工试验室任助理研究员,协助施嘉炀进行雨量分析研究;1946 年回北平协助土木工程系王裕光教授,进行清华大学复校前的校园修复工作,并协助陶葆楷教授辅导给排水工程课程。

1.3.3　北平复校时期

1946 年返回北平复校后,陶葆楷教授为壮大师资队伍,极力推荐并设法延聘学有专长的国内外专家、学者以客座教师名义,来系为选习该专业的高年级学生开课。例如,请吴良镛先生为毕业班合开"都市规划与建设"讲座;聘请美国大使馆参赞、专家巴顿(Burden)先生讲授"环境卫生""水质分析"课程等。

复校之后,清华大学土木工程系基本沿袭了西南联大时期的课程设置,学生在前三年所学皆同,四年级由同学志愿分为结构组、水力组、道路组和市政卫生组四组,平时教育多注重对基本知识和原理的讲授,1947 年上学期开设的课程有 36 门,表 1-4 所示为 1947 年土木工程系开设的所有必修课程。

表1-4 1947年清华大学土木工程系开设的必修课程①

一年级

学程号数	学程名称	每周时数					学分	先修课程
		学期	演讲	讨论	实验次数	每次实验时数		
中101	国文	上	3				3	
外101	英文壹	上	5				3	
物101	普通物理学	上	3		1	3	4	
数103	微积分	上	4				4	
机101	画法几何	上	3		1	3	2	
机112	锻铸实习	上	1		1	3	1.5	
经103	经济简要	上	2				2	
	三民主义	上						
	体育	上	2					
中102	国文	下	3				3	
外102	英文壹	下	5				3	
物102	普通物理学	下	3		1	3	4	
数104	微积分	下	4				4	
机102	工程画	下	2		1	4	3	
机113	制模实习	下	1		1	3	1.5	
经104	经济简要	下	2				2	
	三民主义	下						
	体育		2					

二年级

学程号数	学程名称	每周时数					学分	先修课程
		学期	演讲	讨论	实验次数	每次实验时数		
土111	测量壹	上	4		2	3	5	
土173	工程制图壹	上	1		1	3	1.5	机102
数131	微分方程	上	3				3	
机131	机动学壹	上	4				3	
机121	应用力学	上	4	1			4	
化103	普通化学	上	3		1	3	4	
	伦理学	上						
	体育	上	2					
土112	测量贰	下	4		2	3	5	土111
土119.1	大地地形测量实习	暑					2	土112
土119.2	水文测量实习	暑					0.5	土112
土119.3	铁路及道路定线实习	暑					1.5	土112, 土142
土142	铁路曲线及土工	下	3		1	3	3	土111

① 清华大学校史研究室.清华大学史料选编：第四卷［M］.北京：清华大学出版社，1994：358-364.

续表

二年级

学程号数	学程名称	每周时数				学分	先修课程
		学期	演讲	讨论	实验次数	每次实验时数	
土 174	工程制图贰	下	1		1	3	1.5	土 173
机 142	热机学	下	3				3	
机 122	材料力学	下	3	1			4	机 121
化 104	普通化学	下	3		1	3	4	
	伦理学	下						
	体育	下	2					

三年级

学程号数	学程名称	每周时数				学分	先修课程
		学期	演讲	讨论	实验次数	每次实验时数	
土 120.1	结构学壹	上	3	1			3	机 122
土 125	工程材料学	上	3				2	化 104，机 122
土 131	道路工程壹	上	3				3	土 142
土 143	铁路工程壹	上	4				3	土 142
土 151	水力学	上	3	1			3	机 121
土 171	工程地质学	上	2		1	2	2	
电 109	电机工程	上	3				3	
	体育	上	2					
土 114	实用天文	下	3		1	2	3	土 112
土 120.2	结构学贰	下	3	1			3	土 120.1
土 121.1	结构设计壹	下	1		2	3	4	土 120.1
土 123	钢筋混凝土结构	下	3				3	土 120.1
土 125.1	工程材料试验	下			1	3	1.5	土 125
土 152	水力实验	下	1		1	3	1.5	土 151
土 161	给水工程	下	3				3	土 151
电 120	电机实验	下			1	3	1.5	
	体育	下	2					

必修学程一览（市政及卫生工程组）

四年级

学程号数	学程名称	每周时数				学分	先修课程
		学期	演讲	讨论	实验次数	每次实验时数	
土 121.2	结构设计贰	上			2	3	3	土 120.2，土 121.1
土 122	圬工及地基	上	3				3	土 123，土 125
土 124	钢筋混凝土设计	上	2		1	3	3	土 123
土 153	水文学	上	2				2	土 152
土 162	下水工程	上	3				3	土 161

		四年级						
学程号数	学程名称	每周时数					学分	先修课程
		学期	演讲	讨论	实验次数	每次实验时数		
土 166	环境卫生	上	2				2	土 161
	体育	上	2					
土 128	房屋建筑	下	2				2	土 122, 土 123
土 133	道路设计	下			1	4	2	土 131
土 163	卫生工程设计	下			1	4	2	土 162
土 164	卫生工程实验	下			1	3	1.5	土 161
土 165	都市计划	下	2				2	土 112
土 172	工程估计及契约	下	1				1	土 122, 土 124
	体育	下	2					

复校时，自愿加入清华大学土木工程系的学生共计 109 人，其中一年级 31 人，二年级 35 人，三年级 28 人，四年级 15 人①。1946 年暑假，清华大学恢复全国招生，同时也接收少量转学生。1947 年，土木工程系恢复研究生招生。在复校的两年间，土木工程系在校生近 200 名（包括战后新招）；其中四年级学生约有 80 名，而选习市政卫生工程组的约占 1/4，复校后，两届毕业生共计 58 人。

1.4 科研工作

在科学研究方面，建系初期，土木工程系主要致力于教学和实验室建设，科研工作尚处于预备阶段②。1932 年，土木工程系师生成立了"清华土木工程学会"，出版了学术性兼会务性的《国立清华大学土木工程学会会刊》（见图 1-11），1932—1937 年共出版 4 期，其中发表了不少教师的论文。③1932 年和 1937 年的土木工程学会合影分别如图 1-12 和图 1-13 所示。

---

① 清华大学校史研究室. 西南联大自愿入清华的学生一览表[M]//清华大学史料选编：第三卷上册. 北京：清华大学出版社，1994：434-436. 四年级人数根据北京大学出版社《西南联合大学校史》修正.

② 陈旭，贺美英，张再兴. 清华大学志（1911—2010）：第三卷[M]. 北京：清华大学出版社，2018：47.

③ 施嘉炀. 土木工程系的成立与早期发展[M]//清华大学土木工程系. 辉煌七十秋. 北京：清华大学出版社，1996：19.

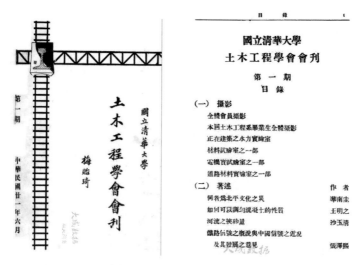

图 1-11　国立清华大学土木工程学会会刊第一期封面、目录

图 1-12　1932 年土木工程学会合影①

　　1933 年,土木工程系水利及卫生工程组与协和医学院公共卫生系及美国洛氏基金会合作,在北平市东城区卫生事务所设环境卫生实验区。

---

①　清华大学档案馆提供。

图 1-13　1937 年土木工程学会合影①

1934 年,在国立清华大学建成卫生工程实验室,该实验室在始建时的主要设备有氢游子浓度试验器(pH 计)、培养箱,并有供水质分析及净化的若干模拟试验装置,包括气化、分凝、砂滤、消毒等,除了开设试验课程外,还可开展卫生工程研究。在陶葆楷教授的指导下,选择攻读市政与卫生工程组的学生曾负责调研北平市一个区的环境卫生情况,并进行实地的水井改造、粪便消毒、垃圾处理等工程操作,为在读学生的社会实践训练开了先河。《北平第一卫生区事务所环境卫生改进建议》②等研究成果曾经发表在《国立清华大学土木工程学会会刊》、美国土木工程学会的 *Civil Engineering* 期刊上,如表 1-5 和图 1-14 所示。

表 1-5　清华大学给排水学科早期科研成果

作者	文章题目	期刊	卷期页码	年份
陶葆楷	贵阳给水工程的规划	国立清华大学土木工程学会会刊		
陶葆楷	混凝池效能的改进	国立清华大学土木工程研究丛刊	土 研 第 32 号	1932

①　施嘉炀.土木工程系的成立与早期发展[M]//清华大学土木工程系.辉煌七十秋.北京：清华大学出版社,1996：17.

②　陶葆楷.北平第一卫生区事务所环境卫生改进建议[J].国立清华大学土木工程学会会刊,1933,(2)：6.

续表

作者	文章题目	期刊	卷期页码	年份
陶葆楷等	饮水井改良问题的研究	中国工程师学会工程杂志	11(2)	1934
陶葆楷	中国城市垃圾的处理	中国工程师学会工程杂志		1935
陶葆楷	中国卫生工程之建设	国立清华大学土木工程学会会刊	(3)	1934
陶葆楷	砂滤池因沉淀作用所能滤除之物粒	国立清华大学土木工程学会会刊		1944

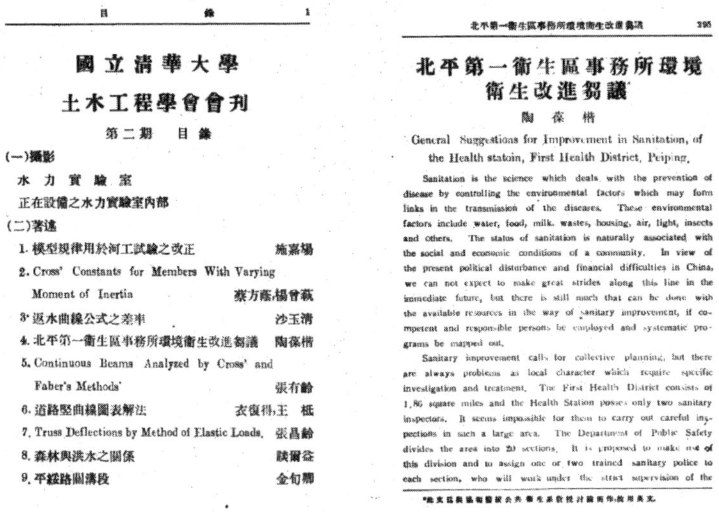
目　　錄　　1

國立清華大學
土木工程學會會刊
第二期　目錄

(一)攝影
水力實驗室
正在設備之水力實驗室內部
(二)著述
1. 模型規律用於河工試驗之改正　施嘉煬
2. Cross' Constants for Members With Varying Moment of Inertia　蔡方蔭,楊曾藝
3. 返水曲線公式之差率　沙玉清
4. 北平第一衛生區事務所環境衛生改進芻議　陶葆楷
5. Continuous Beams Analyzed by Cross' and Faber's Methods　張有齡
6. 道路竪曲線圖表解法　衣復得,王　柢
7. Truss Deflections by Method of Elastic Loads.　張昌齡
8. 森林與洪水之關係　談爾益
9. 平綏路關溝段　金旬卿

北平第一衛生區事務所環境衛生改進芻議　395

北平第一衛生區事務所環境衛生改進芻議*
陶葆楷

General Suggestions for Improvement in Sanitation, of the Health statoin, First Health District, Peiping.

Sanitation is the science which deals with the prevention of disease by controlling the environmental factors which may form links in the transmission of the diseases. These environmental factors include water, food, milk, wastes, housing, air, light, insects and others. The status of sanitation is naturally associated with the social and economic conditions of a community. In view of the present political disturbance and financial difficulties in China, we can not expect to make great strides along this line in the immediate future, but there is still much that can be done with the available resources in the way of sanitary improvement, if competent and responsible persons be employed and systematic programs be mapped out.

Sanitary improvement calls for collective planning, but there are always problems as local character which require specific investigation and treatment. The First Health District consists of 1.86 square miles and the Health Station posses only two sanitary inspectors. It seems impossible for them to carry out careful inspections in such a large area. The Department of Public Safety divides the area into 20 sections. It is proposed to make use of this division and to assign one or two trained sanitary police to each section, who will work under the strict supervision of the

图 1-14　陶葆楷在《国立清华大学土木工程学会会刊》发表《北平第一卫生区事务所环境卫生改进建议》(1933 年)

1934 年,陶葆楷先生发表在《国立清华大学土木工程学会会刊》上的《中国卫生工程之建设》一文中(见图 1-15),提到了 20 世纪 30 年代国内的环境卫生事业的状况①:“中国近年来生产落后,农村破产,国家政治一

① 陶葆楷. 中国卫生工程之建设[J]. 国立清华大学土木工程学会会刊,1934,(3):1-10.

切不上轨道,卫生建设更瞠乎其后。"国民政府虽设立一些卫生部门,"嗣因减政节费",相继取消或缩小规模,陶葆楷先生指出"中国今日,亟宜提倡生产事业,公共卫生及卫生工程,非目前必需,是以原有之规模,反摧毁之"这种观点之错误,呼吁"改善环境卫生,即是增加全民族生产的能力"。

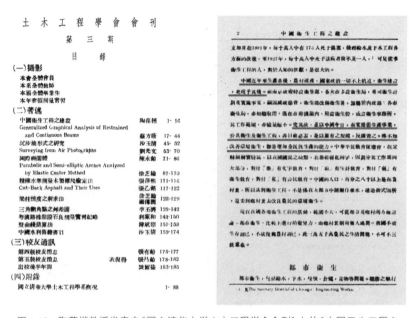

图 1-15 陶葆楷教授发表在《国立清华大学土木工程学会会刊》上的《中国卫生工程之建设》(1934 年)

为了对我国的卫生工程情况有更多的了解并提供直接的服务,陶葆楷于 1936 年到南京卫生署任高级工程师半年。在此期间,他花费了大量时间在江宁县进行农村环境卫生的调查研究及实际工作,进行了环境卫生调查、房屋和水井改良、粪便处理等方面的实际工作,其工作成果得到了美国洛氏基金会的注意和赞赏。1937 年,他因此被邀请出席了在爪哇举行的远东国家农村卫生会议,并编写了中国报告中的环境卫生部分,在一定程度上向世界展示了中国的环境状况及在环境卫生研究方面的情况。

1937 年,第四期《国立清华大学土木工程学会会刊》刊登了陶葆楷的《卫生工程名词草案》①。

---

① 陶葆楷.卫生工程名词草案[J].国立清华大学土木工程学会会刊,1937,(4).

在西南联大期间,土木工程系仍保留了抗日战争爆发前国立清华大学原有的四个实验室,但由于战事的突发性和运输上的困难,各室固有的仪器设备未能全部齐备。以卫生实验室为例,仅有用于水分析的各种简单仪器和水厂管理的研究设备,所幸尚未影响开设卫生工程试验课程,并曾被用来为昆明市政府化验水样。在卫生工程方面,卫生实验室曾协助云南省抗疟委员会治理抗疟工程。陶葆楷曾到昆明附近各县建设阴沟排水,以改善环境卫生。但是由于得不到地方的有力支持,此项工作未能取得进展①。1944 年的《国立清华大学土木工程学会会刊》发表了陶葆楷教授的《砂滤池因沉淀作用所能滤除之物粒》、稽储文的《昆明市下水道之治标办法》等研究成果。

西南联大期间的科学研究机构主要由土木工程研究所发展而来。1947 年 5 月,遵照教育部历次指令修正的《国立清华大学规程》,研究部改为研究所,学校共设 23 个研究所,其中就包括土木工程研究所,陶葆楷教授任主任②。

在复校后的初期,清华大学土木工程系主要是集中力量恢复遭到破坏的实验室,以满足教学需求。此外,此前运往昆明的实验设备也需要尽速运回,并重新装设起来,以备使用。特别是工学院的各系调拨专款用于扩建充实工学院,在此项资金的资助下,仅市政卫生工程实验室就增添了一批新设备,如恒温箱、培养箱、高温受控消毒器(也称高压灭菌器、高压灭菌锅)等,在品种、类型和质量上均较以往得到了提高,能够进行水化学、水微生物学及给水排水处理等多项试验。这些设备在当时国内是处于较高水平的,其中的一台高压灭菌器在当时是很先进的科研仪器,对教学质量和科研水平的提高起到了很大的作用。该高压灭菌器是一台卧式高压蒸汽灭菌器,主体部分包括支架、灭菌仓、蒸汽发生器、安全阀、压力控制器、控制阀和另配的开关等,其圆桶形灭菌仓横置于支架上,与下方的蒸汽发生器一样为通体紫铜材质,可加压并自动控压在 15 psi(103 421 Pa),蒸汽温度可达 121.6℃。灭菌仓底部一侧有销售铭牌,标识由纽约 Bramhall-

① 西南联合大学北京校友会.国立西南联合大学校史:1937 至 1946 年的北大、清华、南开[M].北京:北京大学出版社,1996:263.

② 陈旭,贺美英,张再兴.清华大学志(1911—2010):第一卷[M].北京:清华大学出版社,2018:626.

Deane 公司(布兰霍尔公司)制造,费城 Arthur H. Thomas 公司销售。这台灭菌器在美国生产,在清华大学使用了数十年,经数代学人之手,辗转数个校内教学和科研单位,最终于 20 世纪 90 年代退役①。

图 1-16　卫生工程实验室早期试验设备——高压灭菌器

现收藏于清华大学科学博物馆

① 马玺.高压蒸汽灭菌器———一件科学仪器的历史[J].自然科学博物馆研究,2020
(3):87-98.

第2章

新中国成立后清华市政和环境相关学科的发展
（1949—1976 年）

2.1 发展背景

新中国成立后，我国普通劳动人民的地位得到了空前提高，改善生活和环境成为人们的新需求。在改善生活环境方面，政府开展了清理北京龙须沟、疏通南京秦淮河、填塞天津赤龙河、在城市铺设大量给排水设施等一系列工作；而在改善工人工作环境方面，为减轻厂房内的污染气体、噪声、粉尘、高温等恶劣环境对工人身体带来的损伤，政府开展了厂房改良等工作。

为了更好地开展以上工作，国家也越来越重视相应的科学研究和专业技术人才的培养，如 1954 年，城市建设部调集国内给排水工程技术人员成立了给水排水设计院，并聘请苏联专家指导工作。1956 年制定全国科学技术远景规划，全面发展科学研究和开展科技人才的培养等。

在这样的背景下，陶葆楷先生在全国高校进行院系调整时，回到清华大学，并作为土木工程系系主任，以国家需求为学科建设与发展方向，推动了市政和环境相关学科的发展。

2.2 历史沿革

2.2.1 院系组成的变化

新中国成立后，清华大学土木工程系同全校各系一样得到迅速恢复，1949 年的教师数和学生数都有较大的增加。特别是针对新中国成立后专业人员紧缺的局面，土木工程系还采取增收专科生、缩短学制、四年级学生提前毕业等措施快速输送人才。1949 年及 1950 年入学的学生实行三年制,分别于 1952 年和 1953 年毕业。1951 年,响应国家"三年准备十年建设计划"及加紧课改培养建设干部的号召,学校"根据需要与能力结合的原则,集中了全校教师同仁的意见,反复讨论而获得一致同意的计划。这个计划改革了旧有院系制度,规定了新的院、系、教研组的职责"①。此次调整后,清华大学不再设立工学院,直接设立土木工程学院、机械工程学院、电机工程学院、营建学院和航空工程学院。在土木工程学院中,则设立水利工程、结构工程、筑路工程、水力发电工程(土木组)、卫生工程 5个系。1951 年入学的学生仍实行四年制,并于 1955 年毕业。

1951 年年底,中央人民政府启动全国高等院校教学改革及院系调整工作②。至 1952 年 8 月底,高等学校院系调整基本完成,调整后,清华大学设机械制造、动力机械、土木工程、水利工程、建筑、电机工程、无线电工程、石油工程共 8 个系。其中,土木工程系由燕京大学土木系、北京大学土木系并入清华大学土木工程学院组成,下设工业及民用房屋建筑、工业及民用房屋建筑结构、上水道及下水道、汽车干路(1953 年后改称"公路与城市道路")、工程测量 5 个专业和工业及民用房屋建筑、上水道及下水道、测量三个专修科③。1952 年学制改为五年。

1952 年 1 月至 1955 年 1 月,土木工程系主任由张维担任。1955 年暑期后,陶葆楷兼任土木工程系副系主任。1956 年,原土木工程系系主任张维担任副校长后,系主任由陶葆楷担任。

1956 年,学校实行党委领导下的校长负责制,蒋南翔任党委书记。土木工程系组建自教研组到全系的基层党组织,建立总支委员会(给水排水教研组刘鸿亮同志为总支委之一)。

1957 年入学的学生作为过渡,学制为五年半。1958 年入学的学生的学制改为六年。到 1965 年,学制又恢复为五年。

1960 年 6 月 3 日,1959—1960 年度第 19 次校务会议决定将土木工程

---

① 《清华大学院系改革及调整试行计划初步总结报告》,1951 年 5 月,见清华大学档案,目录号:校办 1,案卷号 51004。

② 李杨.五十年代的院系调整与社会变迁——院系调整研究之一[J].开放时代,2004,5:15-30.

③ 《清华大学各系专业或专修科概况》,1952 年 10 月 1 日,见清华大学档案,目录号:校办 1,案卷号 52005。

系与建筑系合并成立土木建筑系(简称"土建系")①,下设建筑学、工业与民用建筑、给水排水、供暖供燃气与通风、建筑材料与制品专业,系馆也由土木工程馆搬至清华学堂(见图 2-1)。同时任命梁思成和陶葆楷两位教授为系主任。两系合并之后,给水排水专业和供暖供燃气与通风专业曾一度合并,称为"建筑设备专业",至 1961 年下半年恢复原有的两专业的设置。

图 2-1　清华学堂

2.2.2　给水排水教研组

1952 年 9 月,清华大学土木工程系内分设包括上下水道在内的 6 个教研组,同时建立了包括上水道及下水道在内的 5 个专业,并按专业计划培养学生。各教研组组织教学队伍、制订教学计划、排列课表、编写有关教材,始创一系列相对独立的教学指导和管理等专业性教务活动。

陶葆楷教授于 1952 年 12 月接任上下水道教研组(1954 年 7 月更名为给水排水教研组)主任的职位。此时,教研组的教师人数共 12 人,其中教授 2 人(除陶葆楷外,李颂琛自北京大学工学院调入),副教授 2 人(王

① 《关于土木工程及建筑两系合并为土木建筑系的布告》,见清华大学档案,目录号:校办 1,案卷号 60007。

继明由校内提升,顾夏声自北京大学工学院调入),讲师 2 人,其余均为助教。

1953 年,清华大学和兄弟院校开始了以"学习苏联先进教育经验"为主要内容的教学改革。[①] 清华大学开设了速成俄语学习班,组织教师分批参加培训,与此同时,还派出黄铭荣赴哈尔滨工业大学学习俄语翻译,安排与课程相关的教师翻译相关专业俄语教材,以供讲课和课外阅读参考,并加速编写专业中文用书,做到开课前人手一册,学生有书可读。土木工程系先后两年或通过高教部向苏联、民主德国直接聘请,或商请兄弟院校同意邀请已受聘到任的苏联专家教授来系进行短期(数周或数月)的教学和科研指导工作。

1958 年,给水排水专业教学队伍(含实验员在内)已增至 20 人,在校学生人数达到 240 名。

1965 年,陶葆楷教授将工作重点转移到领导全系发展,给水排水教研组主任职位由顾夏声教授担任。此时的教研组教师在编总人数为 14 人(部分教师因调往校部或去往校外单位工作,未被统计在内)。表 2-1 记录了 1952—1964 年的教研组名称及教研组主任情况。

表 2-1   1952—1964 年教研组名称及教研组主任

年份	教研组名称	教研组主任
1952	上下水道	陶葆楷
1953—1954	给水及下水工程	陶葆楷
1955	给水及排水	陶葆楷
1956	给水及排水	王继明、李颂琛
1959	给水及排水	李颂琛
1964	给水排水	顾夏声

2.2.3   03 教研组

1959 年,清华大学筹建原子能反应堆(性能为水冷型屏蔽实验堆)基地(200 号,后又改称为试验化工厂),土木工程系指派俞珂、傅国伟等教师和部分学生到工程物理系和工程化学系旁听核物理、核化学、辐射防护

---

① 史轩.清华校史连载之十三　五十年代教学改革中的清华[EB/OL].清华校友总会网站.(2008-08-01).https://www.tsinghua.org.cn/info/1952/16785.htm.

学、核反应堆原理等有关核技术的课程,同时也参与该基地的工程建设。

1960 年,为培养原子能科学技术专门人才,给水排水教研组抽调教师刘鸿亮、李国鼎、俞珂、傅国伟、马倩如、吴利泉、徐鲁民等人组建代号为0303 的原子能反应堆供水与放射性废水处理专门化教研组(简称"03 教研组"),刘鸿亮为主任。自此,给水排水专业中有了 03 专门化方向。

1962 年,学校委任李国鼎担任试验化工厂副厂长兼任 03 教研组主任。位于试验化工厂厂区东南方向 105 室的放射性废水处理装置运行成功,完成了处理上百吨含有低水平放射性物质的废水的任务,经过检验,排出的水质完全符合排放要求。这套废水处理系统包括贮水和澄清池、过滤器、蒸发器、冷凝器、冷却塔等单元装置。

与 03 教研组的设立相对应,教研组从"给 3"年级两个班的四年级学生中抽调出 13 名学生,另外单独编班,称作"03-3"班,专攻放射性废物处理,学习的专业课程包括核物理、计量与量测、放射性防护、废水和废气处理等,另建放射性实验室(由俞珂担任该实验室主任),并按其防护规定要求布设专用仪器设备,安排试验课。教研组之后又招收了"03-7"班、"03-9"班、"03-00"班等多届学生。

03 教研组从 1964 年开始接受科研任务,在位于校图书馆东侧的大实验室进门西侧开辟出占地约 80 m² 的 03 教研组实验室,建起以电作热源的蒸发器装置(此时陈志义加入,并负责主要设计),进行模拟的放射性废水处理所得数据供当时中科院原子能科研院,作为废水处理已建装置运转的参考,试验结果得到了中科院方面的认可。

当时试验化工厂的主要负责人(厂长)为吕应中,李国鼎分管 103 室(放射性废气净化室,主要负责主厂房,特别是反应堆的尾气治理和安全排放)、105 室(放射性废水处理室,主要负责各实验室所排出的低水平即弱放废水收集、处理和排放)、106 室(放射性废物贮存室,负责所有含放射性的各种固体废物的存放和外运工作),以及反应堆供水等部分。

2.3　党 建 工 作

1926 年初冬,清华第一个中国共产党地下党支部诞生。1949 年 6 月28 日,中共清华大学总支部委员会在二校门张榜公布了地下党员及负责人名单,共 187 人,从此清华党组织开始公开活动。新中国成立前,朱庆爽(1928-08-12—2021-09-07)曾在中共冀热察边区党委城工部从事地下工作;北平解放后,他回到北京大学继续学习,1950 年 5 月 12 日加入中国共产党;1952 年 8 月,朱庆爽在大学毕业后随院系调整到清华大学工作,在教员第一支部任支部秘书。他是环境系(学院)教职工中最早的中共党员。

1957 年,邝守仁任土木工程系给、暖、材、职支部书记。1959 年 6 月 8 日,土木工程系党总支书记为周维垣,总支委员 10 位,刘鸿亮任给暖党支部书记。1960 年,刘鸿亮任给水排水党支部书记,傅国伟任党支部副书记;同时成立 0303 党小组、给水排水党小组,吴利泉任给水排水党小组组长。之后,傅国伟、马倩如分别担任过给水排水党支部书记、副书记。

1963 年,刘小石任土建系党总支书记,刘鸿亮任总支副书记;给水排水党支部发展到 11 人,包括王占生、蒋展鹏、傅国伟、俞珂、井文涌、胡纪萃、李国鼎、刘鸿亮、周莲溪、王景厚、叶书明。傅国伟任给水排水党支部书记,井文涌任给水排水党小组组长。

1964 年,土建系党总支书记为刘小石,副书记为刘鸿亮、邝守仁、李德耀、赵炳时。傅国伟任给水排水党支部书记,井文涌任副书记。

1965 年,土建系给水排水党支部和 03 党支部共有 14 人,包括刘鸿亮、傅国伟、周莲溪、吴利泉、马倩如、俞珂、王景厚、胡纪萃、井文涌、蒋展鹏、叶书明、金丽华、卜城、李国鼎。井文涌为给水排水教研组支部书记。

“文革”期间,工宣队员任指导员,连长刘鸿亮任给排水党支部书记,叶书明任副指导员。

1970 年 7 月 28 日,中国共产党清华大学委员会常委会经讨论,批准成立中国共产党土建系总支部委员会,张凤瑞任总支部书记,刘鸿亮为总支部委员之一。

1971 年 11 月 27 日,中国共产党清华大学委员会常委会经讨论,同意建工系党总支部委员会由 16 人组成,张凤瑞任总支部书记,刘鸿亮、井文涌、叶书明任总支部委员。

1973 年,叶书明任给水排水党支部书记。

1975 年,张庆任建工系党总支书记,刘小石、郭庆余、吴佩刚、杨学和、井文涌任副书记,井文涌兼任政工组长、办公室主任。

1977年,叶书明任给水排水党支部书记。

2.4 师资队伍

1952年全国高校院系调整前,土木系教工虽有一些变动,但总体稳定,教授、副教授、讲师人数均略有增加。其间,给水排水教研组增聘王继明为副教授。

2.4.1 给水排水教研室人员名单

1948—1952年,陶葆楷教授先是身在国外,恰逢新中国成立与校系变革之际,于休假期满后,鉴于国内形势的演变,由美取道经台湾短暂逗留考察,旋赴广东省岭南大学任教,后又受聘于北京大学工学院土木系。1952年院系调整时,陶葆楷重返清华执教,并于1952年12月接任上下水道教研组主任之职。至1953年,陶葆楷、李颂琛教授,王继明、顾夏声副教授,李国鼎(讲师),朱庆奭、王占生等助教,以及苏尚连等练习生均为上下水道教研组成员。

许保玖先生于1954年年底从美国回国加入给水排水教研组任教。1956年由王继明、李颂琛接任给水及排水教研组主任。1964年,主任一职由顾夏声接任。给水排水教研室早期的基本信息如表2-2和表2-3所示。

表2-2 1955年给水排水教研室早期成员基本信息

姓名	生卒年份	回国工作时间	在清华工作时间	职称	职务	毕业学校	毕业时间	所学专业	最高学位
陶葆楷	1906—1992	1931	1931—1992	教授	系主任	美国哈佛大学	1930	卫生工程	硕士
李颂琛			1952—1964	教授					
顾夏声	1918—2012	1949	1952	副教授		美国得克萨斯州农工大学	1948	卫生工程科学	硕士
王继明	1916—2019	—	1941	副教授		西南联大	1941	土木工程	学士
许保玖	1918—2021	1954	1954	副教授		美国威斯康星大学	1951	土木工程	博士
李国鼎	1921—2018		1947	助教		清华大学	1947	土木工程	学士

表 2-3　1960 年给水排水教研组教师名册

职　别	姓　名	人　数
系主任、教授	陶葆楷	1
教研组主任、教授	李颂琛	1
副主任、副教授	顾夏声	1
副教授	王继明、许保玖	2
助教（讲师）	王占生、陈志义、黄铭荣、曹乃钦、刘桂森、傅国伟、周莲溪、马倩如、吴利泉、刘存礼、钱易、钱锡康	12

1960 年 12 月，许保玖、顾夏声、王继明三人被同时提升为教授，教研组的教授增至 5 人。同时，王占生、陈志义、黄铭荣、傅国伟、钱易、俞珂、胡纪萃、徐鼎文、刘存礼等青年教师日益成长成熟，为专业发展壮大发挥了重要作用。

1964 年夏季，学校应华侨大学的商请，指定由土建系抽调 3 名教授应聘。给水排水教研组主任李颂琛教授调往华侨大学任教。给水排水教研组的教师有：陶葆楷、顾夏声、许保玖、王继明、黄铭荣、刘桂森（1955 年毕业留校）、徐鼎文、钱易、刘存礼、胡纪萃、沈英鹏、井文涌、蒋展鹏、周莲溪、叶书明、李国鼎、陈志义、刘鸿亮、傅国伟、马倩如、吴利泉、王景厚、俞珂。

1965 年，给水排水教研组青年教师又增加了井文涌、蒋展鹏、杨志华等多人，加上以往的教师，在编人数共达 14 人（钱锡康、吴利泉等曾在教研组短期任职，未统计在内）。

1966 年前，清华大学给水排水教研组的教师有：陶葆楷、顾夏声、许保玖、王继明、朱庆爽、王占生、黄铭荣、徐鼎文、刘桂森、陈志义（1953 年清华大学本科毕业，1956 年清华大学研究生毕业留校）、钱易（1956 年同济大学本科毕业，1959 年清华大学研究生毕业留校）、傅国伟（1955 年毕业留校，1957 年转入给水排水专业，后转入 03 专业）、周莲溪（1957 年毕业留校）、胡纪萃（1959 年毕业留校）、沈英鹏（1959 年毕业留校）、刘存礼（1955—1959 年在苏联列宁格勒建工学院本科学习，1959 年进入清华给水排水教研组）、王中孚（1959 年毕业留校）、井文涌（1960 年毕业留校）、蒋展鹏（1960 年毕业留校）、叶书明（1962 年毕业留校）等。实验室教辅人员有：苏尚连（1952 年到校工作）、徐本源（1955 年到校工作）、张汉升（1956 年到校工作）、徐冲（1959 年到校工作）。曾在给水排水教研组工作、1966 年前调出的教师有：李献文（后调到北京建工学院）、徐彬士（后调到上海市政设计院)、朱中孚、张淑敏、曹乃钦。

1969年5月至1970年7月,大部分教研组人员通过自我报名或指派,分别前往江西南昌鲤鱼洲农场或北京木城涧轴承厂劳动,接受"再教育"。留校的少数人员,也被安排完成一定的"任务"。鲤鱼洲的条件十分艰苦,多人在那里感染了血吸虫病。在鲤鱼洲期间,清华教师利用专业知识,帮助地方建设工厂,发展生产。例如,许保玖、陈志义等参与了当地酒精厂的建设,负责选址、土建设计等重要工作,后来还参与了施工。该项目经过一年设计、一年施工而建成,每天生产4000 L酒精,后来改为酒厂,每天可生产白酒1万瓶。酒精厂竣工后,当地军宣队、工宣队还特地到北京,来清华大学报喜。钱易曾被选为土建系小分队的一员,参加了江西省九江市附近一个农场拟建的纺织厂的规划和设计工作。

"文革"期间,给水排水专业排序为土建系连队的第二连,全连教工共有51人。

到1976年"文革"结束时,教研组人员又有所变化,基本信息如表2-4所示。

表2-4 1976年给水排水教研室成员基本信息(部分资料缺失)

姓名	出生时间	参加工作时间	入职本专业时间	职称	毕业学校	毕业时间	所学专业	最高学位
陶葆楷	1906	1931	1931	教授	美国哈佛大学	1930	卫生工程	硕士
王继明	1916	1941	1941	教授	西南联大	1941	土木工程	学士
顾夏声	1918	1949	1952	教授	美国得克萨斯州农业大学	1948	卫生工程科学	硕士
许保玖	1918	1954	1954	教授	美国威斯康星大学	1951	土木工程	博士
陈志义	1926	1956	1956	教授	清华大学	1956	给水排水工程	研究生
朱庆甡	1928	1947	1953	副教授	清华大学	1953	土木工程	学士
黄铭荣	1931	1953	1953	副教授	清华大学	1953	土木工程	学士
王占生	1933	1953	1953	教授	苏联列宁格勒建工学院	1960	给水排水工程	副博士
徐鼎文	1933	1976	1955	副教授	清华大学	1955	土木工程	学士
刘桂森			1955		清华大学	1955	土木工程	学士
傅国伟	1933	1955	1957	教授	清华大学	1955	土木工程	学士
周莲溪			1957		清华大学	1957	土木工程	学士

姓名	出生时间	参加工作时间	入职本专业时间	职称	毕业学校	毕业时间	所学专业	最高学位
张兰生	1934	1958	1971	教授	清华大学	1958	土木工程	学士
胡纪萃	1934	1959	1959	教授	清华大学	1959	土木工程	学士
沈英鹏	1934	1959	1959	副教授	清华大学	1959	土木工程	学士
刘存礼	1934	1959	1959	副教授	苏联列宁格勒建工学院	1959	土木工程	学士
王中孚	1935	1959	1959	副教授	清华大学	1959	土木工程	学士
井文涌	1935	1960	1960	教授	清华大学	1960	土木工程	学士
钱易	1936	1950	1959	教授	清华大学	1959	土木工程	研究生
叶书明	1936	1963	1963	教授	清华大学	1962	土木工程	学士
蒋展鹏	1938	1960	1960	教授	清华大学	1960	土木工程	学士
卜城	1938	1965	1973	教授	清华大学	1965	土木工程	学士
臧玉祥	1939	1968	1968		清华大学	1966	土木工程	学士
高秋实	1938		1972		清华大学	1962	给水排水	学士
苏尚连	1931	1952	1952	实验员	—			
徐本源	1932	1955	1955	实验员	张家口建校	1955	给水排水	
张汉升	1937	1956	1956	实验员	西安建校	1956	给水排水	
徐冲	1941	1959	1959	实验员	北京师范大学			
彭楚身	1931		1961		清华大学	1961	给水排水	学士
刘振海	1944		1970		清华大学	1970	给水排水	学士
陈经木	1947		1970		清华大学	1967	给水排水	学士
陆正禹	1945	1970	1970	教授	清华大学	1970	土木工程	
徐忠华			1970		清华大学	1970	给水排水	本科
张玉春	1949	1970	1974	副教授	清华大学	1974	给水排水	
王秀莲			1974		清华大学		给水排水	
肖庭荣			1975		清华大学	1975	给水排水	
方雪松			1976		清华大学	1976	给水排水	
刘力群	1950	1969	1977	副高	清华大学	1977		

2.4.2 03 教研室人员名单

为了配合学校原子能学科的发展，1960 年，学校指定给水排水教研组组建代号为 0303（简称"03"，全名为"原子能反应堆供水与放射性废水处理"）专门化的教研组。1966 年前，03 教研组教师有李国鼎、刘鸿亮、陈志义、傅国伟、马倩如、吴利泉、俞珂、杨志华、张坤民、王景厚、孔祥应。实验室教辅人员有徐鲁民、王振声、彭淑云（"文革"期间调到清华附中）。

"03 教研组"后来曾先后被并入校原子能基地(试验化工厂,代号 200 号)、工程物理系和工程化学系。1976 年,03 教研室成员的基本信息如表 2-5 所示。1980 年,原 03 教研组调回土木与环境工程系。

表 2-5　1976 年 03 教研室成员基本信息

姓名	参加工作时间	入职本专业时间	职称	毕业学校	毕业时间	所学专业	最高学位
李国鼎	1947	1960	教授	清华大学	1947	工业工程	学士
刘鸿亮	1952	1960	研究员	清华大学	1952	给水排水	学士
俞珂		1960	教授	清华大学	1959	给水排水	学士
傅国伟	1955	1960	教授	清华大学	1955	土木工程	学士
马倩如	1958	1960	副教授	清华大学	1958	给水排水	学士
吴利泉	1958	1960		清华大学	1958	给水排水	学士
陈志义	1956	1960	教授	清华大学	1956	给水排水	研究生
杨志华	1961	1961	教授	清华大学	1961	给水排水	学士
张坤民	1962	1962	教授	清华大学	1962	给水排水	研究生
郝吉明	1970	1970	教授	美国辛辛那提大学	1984	给水排水	博士
杜文涛	1970	1970		清华大学	1970	给水排水	学士
聂永丰	1970	1970	教授	清华大学	1970	给水排水	学士
祝万鹏	1970	1970	教授	清华大学	1970	给水排水	本科
王桂民	1965	1965		清华大学	1965	给水排水	本科
白庆中	1970	1970	教授	清华大学	1970	工程物理	硕士
徐康富	1979	1970	教授	清华大学	1970	精仪	学士
王景厚	1962	1962		清华大学	1962	给水排水	学士
孔祥应	1964	1964		清华大学	1964	给水排水	学士
徐鲁民	1955	1960	实验员	张家口建校		给水排水	
王振声	1959	1960	实验员	北京建校		给水排水	

2.5　教学工作

新中国成立初期,土木工程系基本沿袭了国立清华大学时期的教学计划,只是根据"取消反动课程及增设革命课程"的原则和华北高等教育委员会"各大学院校共同必修课为辩证唯物论与历史唯物论(包括社会发展简史)、新民主主义论(包括中国近代革命运动简史)两科。各课每周皆为三小时,一学期学完"[①]的决定,增设了辩证唯物论与历史唯物论、新

---

① 《华北高教学会常委会第三次会议讨论改革大学课程》,《人民日报》1949 年 8 月 12 日,见:

清华大学校史研究室.清华大学史料选编:第五卷上册[M].北京:清华大学出版社,2005:185.

民主主义论两门课。

院系调整后,清华大学按照苏联工业大学的教学制度对教学计划进行了彻底改造,完全摒弃之前的"通才教育",转而对学生进行高度精细的专业训练。由此第一次提出了专业的概念。本科学制也由原来的四年改为五年。"培养目标,除建筑学专业培养建筑师外,均为工程师(是毕业生称号而不是工作职位)。专修科一般为二年制,培养目标为较高级的技术员"①。清华大学副教务长钱伟长说:"清华大学各种专业是根据各产业部门目前的和将来发展的需要并参照苏联经验设置的。有了专业以后,再定课程、教学大纲和教材,然后根据各种科学的体系组成系。"②以前是一个系制订一个教学计划,以系为单位组织教学,现改为以专业为单位组织教学,各专业制订独立的教学计划。

2.5.1 重点工作

给水排水教研组自 1952 年组建至 1958 年的 6 年间,完成了多项与本专业发展有关的重要教学活动③,主要如下。

一是组建给水排水专业,施行全校统一的 5 年学制,学生自进校报到之日即按录取专业和毕业时年号排定班级名目(例如,1953 年考取土木工程系给水排水专业的学生所在班级应在 1958 年毕业,则冠名为"给 8 班",以此类推),各班级施行学生辅导员制度。

二是 1953 年开始学习苏联。全校开设速成俄语学习班,组织教师分批参加培训,与此同时,还派出黄铭荣赴哈尔滨工业大学学习俄语翻译,安排与课程相关的教师翻译有关专业的俄语教材,以供授课和课外阅读参考,并加速编写专业中文用书,做到开课前人手一册,有书可读。

三是增设施工课,强化实践教育。教研组派出教师"落户"建筑施工技术与机械教研组(简称施工教研组)并向苏联专家学习,征询有关本专

① 《清华大学暂行规程》,载《新清华》第 31 期,1954 年 2 月 9 日。
② 新华社记者王伯恭:《人民的清华大学》,《人民日报》,见:
清华大学校史研究室.清华大学史料选编:第五卷上册[M].北京:清华大学出版社,2005:37.
③ 王继明,李国鼎.继往开来 与时俱进 再创辉煌——为纪念建系廿周年,清华大学环境科学与工程系 20 周年系庆纪念册(文章:总结回顾展望),第 12 页。

业施工课的开设意见,此外在教学计划中还安排暑期生产劳动实习、生产实习和毕业前实习等。

四是商请苏联专家莫尔加索夫(当时已受聘在哈尔滨工业大学讲学)来清华大学作短期的专题讲座,并指导设计、建设建筑面积 1300 m² 的给排水实验室(1957 年建成,即现今的教学实验中心)和位于校园北部、占地面积 700 m² 的北区污水处理实验装置(现已拆除),并参与指导毕业设计。

五是 1953 年学校开始面向社会招收研究生,通过报名和专业考试,陶葆楷教授先后招收陈志义、钱易等为研究生。

六是 1958 年贯彻"教育为无产阶级政治服务,教育与生产劳动相结合"的教育方针,本专业师生先后参加过多项生产劳动,包括建国门给水下水管道工程施工,石景山钢铁厂水处理钢筋混凝土水池工程建设施工,太原、兰州自来水厂建厂劳动,北京第二通用机械厂、左家庄小区给水排水管网等项目的建设施工。此外,本专业师生还参加校内一批建筑工程,如主楼、9003、200 号等的室内卫生管道设计。在此基础上,系里组建了一些施工教学小组、室内卫生管道教学小组等。

七是扩充师资队伍,加快建设人才培养,据 1958 年统计,当年本专业的教学队伍成员包括实验员在内已由 1952 年的 12 人增至 20 人,在校学生人数达到 240 名。

1966—1969 年,全国高校停止招生,清华大学从 1970 级开始恢复招生,学制三年半,当时招收的学生称为工农兵学员,即从工农兵中招收,由各单位自行推荐,报上名单由学校"录取"。由于文化程度差异悬殊带来了很多教学困难,因此学校于 1972 年后增加了到校后的文化考核程序,虽在一定程度上使局面得以扭转,但终难使文化水平的悬殊性得到应有的改善。

到 1976 年 10 月粉碎"四人帮"之后,国内形势发生了重大变化,在拨乱反正方针指引下,随着军(工)宣队的撤离,学校正常的教学秩序开始得到迅速恢复。

2.5.2　教学计划

新中国成立后,经过院系调整,教学工作得到迅速恢复和发展,学校加强了专业性基础理论技术课程和实践环节,培养又红又专、德智体全面发展,既能设计施工又能组织管理的工程师。土木工程系给水及下水专

业 1952 级教学计划见图 2-2,给水与排水工程专业 1959 届(1954 年入校,
1959 年毕业)教学计划见图 2-3。1953—1966 年给水与排水工程专业的
教学计划见表 2-6。

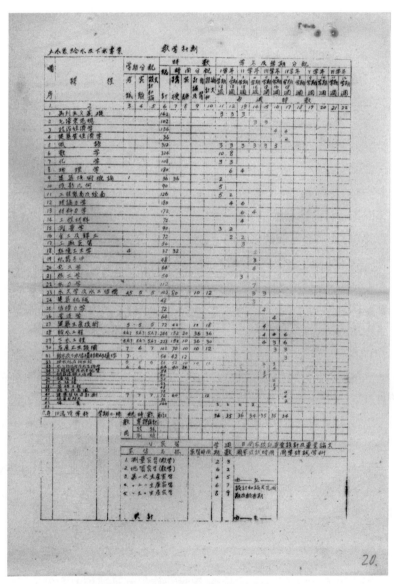

图 2-2　清华大学土木工程系给水及下水专业 1952 级教学计划

来源：清华大学档案馆

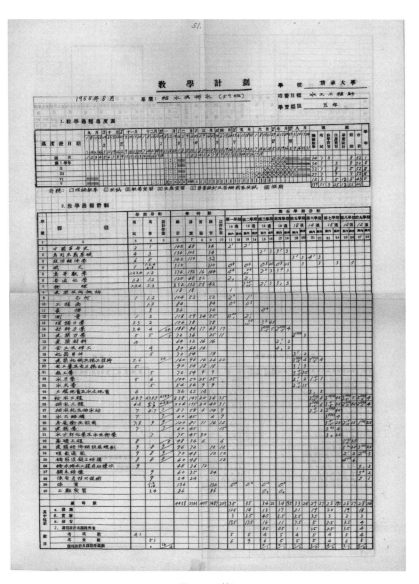

图 2-2　（续）

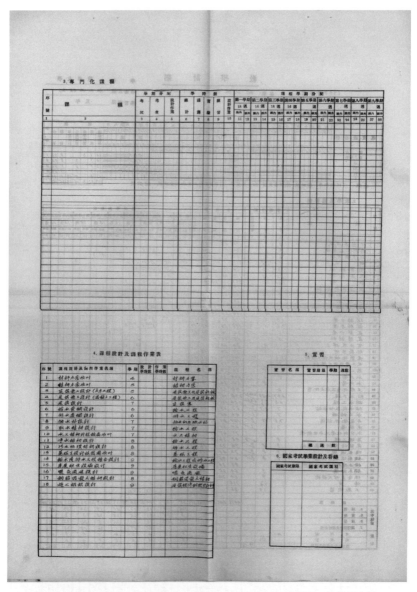

图 2-3　给水与排水工程专业 1959 届（1954 年入校，1959 年毕业）的教学计划

来源：清华大学档案馆

表 2-6　1953—1966 年给水与排水工程专业的教学计划

课程名称	周学时	学期	课程名称	周学时	学期
中国革命史	2,2	1~2	水泵与水泵站	2,2	6~7
政治经济学	3,4	5~6	水工结构	3,2,1	7~9

续表

课程名称	周学时	学期	课程名称	周学时	学期
马列主义基础	3,3	3~4	房屋卫生设备	3,2,1	7~9
高等数学	8,5,4,6	1~4	力学	3	5
普通物理	3,2,3	2~4	建筑经济组织与规划	3,3	8~9
普通化学	2,2	1~2	给水排水自动化	3	9
建筑技术概论	1	1	俄语	8,4,3,3	1~4
工程画	2,3	1~2	建筑学	3	7
画法几何	2,1	1~2	素描	2,2	1~2
测量	1,5,3	1~2	机械零件	3	5
理论力学	1,5,3	2~3	工厂实习	2,2,2,2	1~4
材料力学	3,3	3~4	电工学及拖动	3	5
建筑力学	2	5	热工学	3	5
钢筋混凝土结构	4	8	钢木结构	3	9
基础工程	3	8	暖气通风	2,2	8~9
安全防火	2	9	水分析化学与水生物学	3	7
金工及焊工	4	4	给水排水工程施工	3	
工程地质及水文地质	3	6	体育		
给水工程	3,3,3,2	6~9	其他——实习设计考查和考试等		
排水工程	3,3,2,2	6~9			

为贯彻"教育为无产阶级政治服务,教育与生产劳动相结合"的教育方针,践行"真刀真枪做毕业设计"的理念,给水与排水工程专业师生参与了多项国家重大工程。例如,参与国家大剧院的给水排水和消防系统设计(因经济上的调整,该项目没有施工)、山东省德州市城市排水系统规划、太原钢铁厂高浊度水处理实验研究等,学生在校期间,既参与了实际的国民经济建设,也提高了理论水平和解决实际问题的能力。

给水与排水工程专业老师每年都要带学生到自来水厂和污水处理厂进行实习。因为当时北京及附近城市还没有建设这些工厂,因此大家只能去往上海实习,多次实习均由王占生老师领导,钱易老师主要负责污水处理厂实习的部分。实习可以让学生接触到水处理设备的运行和管理方式,是课堂教学的很好补充,且因具有趣味性而受到学生的欢迎。图 2-4 所示为钱易老师与同学们在杨树浦水厂前合影。

03 专门化的学生在毕业设计中也广泛参与了学校实验化工厂和中科院的放射性废水、废气处理实验研究等项目。图 2-5 所示为 1964 届学生在毕业设计期间参与高浊度水沉淀处理项目的研究工作时的照片。

图 2-4　钱易老师(后排左二)与同学们在杨树浦水厂前合影

图 2-5　1964届学生在毕业设计期间参与高浊度水沉淀处理项目的研究工作
左起：程声通、崔志徵、崔文荣、贺占魁、苏尚连

2.5.3　重点教材

新中国成立初期,清华大学给水排水教研组出版的重要教材如表 2-7 所示。图 2-6~图 2-8 分别为《给水工程(上册)》《下水工程(上册)》和《水分析化学及微生物学》的影印图片。

表 2-7　新中国成立初期给水排水教研组出版重要教材

序　号	作　者	教　材	其他出版信息
1	陶葆楷、李颂琛、朱庆熏	《给水工程》(上、下册)	中华人民共和国高等教育部教材编审处审,新华书店华东总分店总经售,商务印书馆上海厂印刷,1954 年 8 月上海第一次印刷,印数 2270,字数 211 000
2	陶葆楷、李颂琛、朱中孚	《下水工程》(上、下册)	中华人民共和国高等教育部教材编审处审,新华书店华东总分店总经售,商务印书馆上海厂印刷,1954 年 8 月上海第一次印刷,印数 1980,字数 133 000
3	顾夏声	《水分析化学及微生物学》	中华人民共和国高等教育部教材编审处审,1954 年出版
4	清华大学土木系给水排水工程专业师生编	《给水排水工程施工》	高等教育出版社,1959 年出版
5	王继明	《房屋卫生设备》	清华大学印刷厂,1954 年出版
6	王继明	《水泵及水泵站》	清华大学印刷厂,1959 年出版
7	陶葆楷、钱易	《排水工程》(上册)	1964 年出版
8	王继明	《给水管网》	清华大学印刷厂,1973 年出版

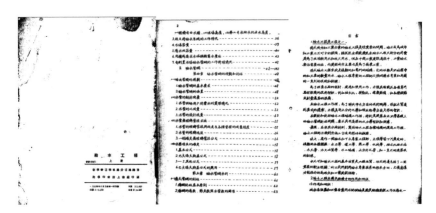

图 2-6　《给水工程》上册

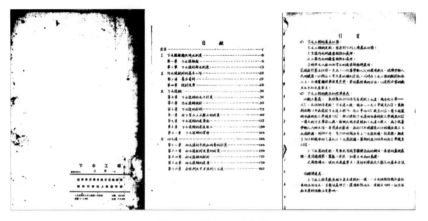

下 水 工 程

目 錄

引 言

图 2-7 《下水工程》上册

水分析化學及微生物學

目 錄

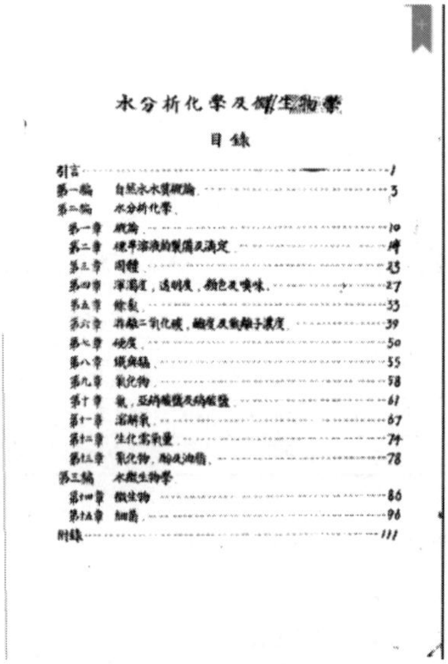

图 2-8 《水分析化学及微生物学》目录

2.6 学生培养

2.6.1 本科生

1949—1952 年，土木工程系在校生达 239 名，毕业生为 107 名。

清华大学在 1952 年进行院系调整时设置了上水道及下水道专业，一年后调整为给水排水专业，1952 年招收一个班，以后每年招收 2 个班（其中一年招收 3 个班)①,从 1953 级起学制为 5 年,1952—1965 年共招收培养了 800 余名本科生。学生自进校报到之日即按录取专业和毕业时年号排定班级名目,各班级施行学生辅导员制度。据 1958 年统计,此时本专业的教学队伍包括实验员在内已由 1952 年的 12 人增至 20 人,在校学生人数达到 240 名。1963 年,03-3 班有 13 名学生,1964 年和 1965 年相继有两个毕业班毕业,1966 年前,03 专业共有约 40 名学生毕业。表 2-8 所示为 1953—1965 年土木工程系各专业招生人数。图 2-9~图 2-16 为土木工程系部分学生毕业合影和返校合影。

表 2-8　1953—1965 年土木工程系各专业招生人数②

年份	工业及民用房屋建筑(工民建)	工业及民用房屋建筑结构(工民结)	上水道及下水道(给排水)	03 专业	建筑学	供暖供燃气与通风(暖通)	建筑材料与制品(建材)	总计
1953	115(+45)	58	57			56		286
1954	118	61	59			64		302
1955	126		61			61		248
1956	95		55			58		208
1957	114		57			58		229
1958	(121)		(61)			(61)	(35)	281
1959	93		41			40	27	201
1960	73		21	12	78	21	35	240
1961	54		28	11	43	20		156
1962	31		25		32	26		114
1963	51		20		35	30	20	156
1964	50		32		34	25	25	166
1965	50			25	30	29	25	159

注:1. 1953 年还招收了工民建专科 45 人,以(+45)表示。

　　2. 1953 年招生时公路与城市道路专业 58 人及工程测量专业 60 人于 1954 年调整至同济大学。

　　3. 1958 年招生时未分专业,"( )"内为 1959 年分专业后各专业人数,未含休学人数。

① 崔福义. 给排水科学与工程专业发展史记[M].北京:中国建筑工业出版社,2017:126.

② 清华大学档案馆,清华大学学生名册。

图2-9　1958年年末给9班学生（1954级）大团圆

左起，第一排：王衡（天宝）、张岳忠、孙炜民、张崇岱、聂桂生、夏少康、韩琼亿、俞珂、兰淑澄、房薇生、呼先民、沈英鹏、陆雍森、何冠饮；

第二排：张德敏、陈光、郭忠义、谈正一、刘维城、郑文会、方义佐、潘国雄、路致华、史济雄、邹象牟、金丽华、张文玮、童阳春；

第三排：余泽允、邓宏德、龚历、周汝泰、夏柔则、童茵、王锡媞、潘丽华、陈新桂、王锦平、辛代松、张小珠、王美娜、孙正环、褚遂遂、王中孚；

第四排：王炳恕、黄毓沛、卢璋、刘嘉琦、于锡禧、王永锡、邱镕处、胡纪萃、李明堃、周时智、钱荣孙、杨仁明、刘志存

图2-10　1954级入学60年校友合影

图 2-11　1960 届毕业生毕业 30 周年返校合影

图 2-12　土建系给排水专业给 1 班（1962 届）入学 60 周年师生座谈合影

图 2-13　土建系给排水专业 1958 级（1964 届）毕业照（1964 年 7 月）

中排左二起钱易、周莲溪、徐鼎文、黄铭荣、王继明、许保玖、陶葆楷、李颂琛、顾夏声、井文涌、刘桂森、蒋展鹏、苏尚连、叶书明，前排右一程声通

图 2-14　1994 年 1958 级校友毕业 30 周年校庆返校

图 2-15　1958 级校友毕业 40 年校庆返校①

图 2-16　土木建筑系 1959 级（1965 届）给水排水专业毕业照

① 清华大学环境学院三十周年纪念册，第 18 页。

1966 年"文化大革命"爆发,全国高等教育受到广泛冲击,清华大学的高考招生工作暂停,正常的教学科研工作受到很大的影响。

1970 年 10 月,土木建筑工程系招收了第一届工农兵学员,其中给水排水专业招收 1 个班,学制为 3 年半。同年,土木建筑工程系改称建筑工程系(建工系)。给排水专业于 1975 年还招收了一个进修班,学制为 2 年半。招收学员的专业、班级数和人数见表2-9。建筑工程系共有工农兵学员毕业生 1113 人,其中 6 届学制 3 年半毕业生 1060 人,两届学制 2 年毕业生 53 人。给水排水工程专业共招收培养了 6 届 9 个班 300 余名工农兵学员。03 专业也招收了 4 届工农兵学员。

表 2-9　1970—1976 年建筑工程系各专业招收学员班级数和人数

年份	房屋建筑	地下建筑	暖气通风	给排水	建筑学	抗震工程
1969	2(44)					
1970	2(56)	1(36)	1(61)	1(48)		
1972	3(100)	2+1(50+25)	1(61)	1(37)	1(35)	
1973	2+1(62+29)	1(34)	2(64)	1(36)	2(59)	
1974	3(125)	1(48)	2(81)	2(80)	2(71)	
1975	2(81)	1(45)	2(78)	2+1(80+19)	2(70)	1(40)
1976	2(68)	1(39)	2(59)	1(59)	1(32)	

注:+后的数字为进修班的班数(人数)。

培养工农兵学员实行"开门办学",具体的做法是在学习期间以典型工程带动教学,下到工厂或工地在现场组织教学,教师与学员(生)统一编班,按照当时的做法称为连队,担任基础课与公共课的教师也被分散编入各个系与专业的连队,随连队而行动。例如,当年曾派出两个班共 30 余名学生去清华大学绵阳分校做毕业设计,由教师在现场指导;还曾在北京东方红炼油厂、北京农药一厂等处进行开门办学,在工厂上课、师生参与劳动。

由于入学时未经考试,仅为推荐上学,所以入校学员的文化程度参差不齐,且普遍偏低。而建工系的这一问题更为突出,这给教学带来了很大的困难。教师们在教学时十分注意教学方法,合理安排内容和进度,尽量用简单的例子帮助学员理解相关理论知识,并加强辅导,还对一部分文化程度低的学员集中补习数学等基础课程,甚至一对一地进行辅导,尽力帮助他们学好相关课程。图 2-17~图 2-21 为部分建筑工程系给排水专业毕业留念。

图 2-17　1972 届建筑工程系给排水专业毕业留念

图 2-18　1974 届建筑工程系给排水专业毕业留念

图 2-19　1975 届建筑工程系给排水专业 1 班师生毕业留念

图 2-20　1975 届建筑工程系给排水专业 2 班师生毕业留念

图 2-21　1976 届土木与环境工程系环境工程专业师生毕业留念

2.6.2　研究生

1957 年,清华大学的 12 名教授取得招收副博士研究生资格,陶葆楷教授名列其中。毕业于上海同济大学给排水专业的钱易通过考试被录取为陶葆楷教授的研究生,并于 1959 年毕业留校任助教。

1959 年起,土木工程系正式成批培养研究生,学制定为 4 年。1961年起,学制改为 3 年。清华大学给水排水专业在"文革"前就开始招收研究生,基本信息如表 2-10 和表 2-11 所示。

表 2-10　1965 年前清华大学给排水和 0303 专业培养的研究生数量

年份	1953	1954	1957	1959	1961	1962	1963	1964	1965
给排水	1	0	1	1	3	1	2	3	0
0303	0	0	0	0	3	0	0	0	2

表 2-11　1968 年前清华大学给排水专业培养的研究生基本信息

研究生姓名	导师姓名	在学时间	毕业去向	职称、职务
陈志义	陶葆楷	1953—1956	清华大学	教授
钱易	陶葆楷	1957—1959	清华大学	中国工程院院士、教授
兰淑澄	陶葆楷	1959—1962	北京市环境保护科学研究院	研究员
陆雍森	顾夏声	1959—1963	同济大学	教授
刘希曾	顾夏声	1960—1961	北京市市政设计研究院	教授级高工、副总工程师
朱瑞麟		1960—1961		
龙腾锐	许保玖	1961—1965	重庆建工学院(现重庆大学)	教授
葛惠珍	王继明	1962—1966	上海市环境保护局	副局长
张坤民	李国鼎	1962—1966	清华大学，后调入国家环保总局	副局长
罗维崑	李国鼎	1964—1968	天津市公用局	副局长、总工程师
程声通	陶葆楷	1964—1968	清华大学	教授
万学文	许保玖	1964—1968	南昌市城市规划设计院，后从政	研究员、全国人大常委会原委员
宋炳暄	李国鼎	1965—1968	北京市纺织设计院	院长、高工
李怀珠	李国鼎	1965—1968	山西新华化工有限责任公司	

2.7　科研工作

2.7.1　研究概况

在陶葆楷先生的努力下，清华大学土木工程系实验室取得了很大的发展，先后建成了土建基地实验室、给水排水实验室、建筑材料实验室、采暖通风实验室等。在此时期，陶葆楷先生还积极投入国家建设事业，曾任北京市卫生工程局顾问，参加《给水排水设计规范》的修订工作。他从 20世纪 50 年代中期就着手进行暴雨强度分析方法及计算公式的研究，提出了适应于我国条件的暴雨公式，编写了"暴雨强度分析方法"，经国家基本建设委员会批准,被收入设计规范,并自 1975 年开始在全国试行。此后,陶葆楷先生仍不懈地辛勤笔耕,他先后独自编写或与他人合编了《给水工程》(1954 年)、《排水工程》(1954 年)、《排水工程》(上册)(1965 年)、《排水管道工程》(1974 年)、《炼油厂污水处理基本知识》(1975 年)等教科书及学术参考书,以及一大批学术论文。此外,他还担任全国给水排水专业的教材编审委员会副主任、主任并主持日常工作,经他参与讨论、审定的给水排水专业教科书、参考书则更是众多。

新中国成立后到"文革"前,给水排水教研组做了一系列科研工作,如表 2-12 所示。

表 2-12　1949—1976 年环境学科开展的部分科研工作①

序　号	年　份	研　究　题　目	完　成　人
1	1958—1960	雨量分析	陶葆楷、钱易
2	1960 年前后	永定河和水处理	许保玖、陈志义
3	1960 年前后	高浊度水处理	许保玖等
4	1960 年前后	有机固体废弃物厌氧消化与沼气的利用	顾夏声等
5	1961	焦化废水处理	陶葆楷、顾夏声、钱易
6	1962	利用藻类处理污水	陶葆楷、顾夏声、钱易
7	1963	大面积屋面雨水排除的研究	王继明等
8	1964	电镀废水处理	钱易等

其中,经陶葆楷先生联系,清华大学给水排水教研室承接了永定河水源水厂的初步设计项目,参加单位还有北京市市政工程设计院、北京市自来水公司。清华大学由许保玖、陈志义等教师组织施工,在清华校园建设了工程尺寸的澄清池、沉砂池等构筑物,并模拟运行,为城子水厂设计建设提供了技术支持。

1959 年 10 月,钱易结束研究生学习成为清华大学土木工程系的一名教师,在陶葆楷先生的指导下进行教学、科研并参加编写教材。钱易老师曾经做过的研究工作包括:城市雨水道设计雨量公式的研究、电镀废水处理技术的研究、焦化厂含酚废水处理技术的研究等。

陶葆楷先生在 1949—1976 年的主要学术成果如表 2-13 所示。

---

① 陈旭,贺美英,张再兴.清华大学志(1911—2010):第三卷[M].北京:清华大学出版社,2018:98.

表 2-13　1949—1976 年陶葆楷先生的主要学术成果

序　号	论文题目	作　者	期刊等发表信息
1	炼油厂污水处理基本知识	陶葆楷	石油部炼油化工组出版,1975
2	利用污水培养绿藻并处理污水	陶葆楷	清华大学学报,1959
3	用焦油处理含酚废水的试验研究	陶葆楷等	清华大学学报,1961
4	沼气池中粪便消化效能的研究	陶葆楷、顾夏声	清华大学学报,1959,6(2)
5	工业区及城市雨水道设计雨量公式的研究	陶葆楷等	清华大学学报,1958；土木工程学报,1958
6	城市雨水道设计雨量公式的研究	陶葆楷等	清华大学学报,1963；土木工程学报,1964
7	排水工程暴雨强度分析	陶葆楷	建筑技术通讯(给水排水),1973
8	炼油厂废水处理	陶葆楷	石油炼制,1975
9	臭氧氧化法处理炼油厂废水的试验研究	陶葆楷	石油炼制,1975
10	臭氧氧化法处理炼油厂废水	陶葆楷	清华北大理工学报,1975

2.7.2　重点研究项目

2.7.2.1　屋面雨水排除研究

新中国成立初期,我国工业厂房的设计基本采用苏联的设计标准和规范,其中 80% 以上的厂房发生过雨水由房顶泛水和地下雨水井冒水的问题,造成工厂设备、产品损坏,并严重地影响了正常生产,给国家造成巨大的经济损失。20 世纪 60 年代初,国家基本建设委员会(建委)责成清华大学、第一机械工业部一院、建筑工程部(建工部)设计院三家单位进行联合攻关。经过调研和初步试验,得出屋面雨水排泄时携带大量空气,在雨水管道中形成极不稳定的掺气水流,从而引发冒水的初步结论。但当时因不具备相关条件,研究工作暂时中断。1974 年,国家建委将该课题列入研究项目,由清华大学建工系承担,第一机械工业部一院和八院参加,进行大面积屋面雨水排除的研究,并为设计规范提供设计技术措施。

王继明担任该项目的负责人,领导科研组本着艰苦奋斗、自力更生、勤俭创业的精神开始进行筹备,自己动手在实验室内建成了一个完整的雨水管道模拟与试验系统。王继明凭着扎实的理论基础和丰富的工程经验,以及先前的工作成果,很快就制订出研究方向和具体的实施计划,把研究的重点锁定在雨水系统内的水流量、压力与水流掺气之间关系变化及对系统的结构的影响。他们用不同的水量进行模拟,经过无数次的反复试验获得了大量的试验数据,经过分析研究,并通过机械部设计院在实际工程中的多次实践,最终找到了这样的规律:雨水系统内悬吊管内的压力变化,是雨水斗坡向立管的一条逐渐增大的负压线;立管内的压力变化,是从管顶向下负压由大变小至零,再由零变为正压并逐渐增大到管底时达到最大值;且立管中的压力由负到正的临界点位置,随着流量、压力和立管及排出管的管径的不同,而沿立管高度上下移动。经研究,此临界点的位置变化,对雨水的排除影响很大。雨水排水系统的水流情况极为复杂,影响因素很多,诸如水量、掺气量、管道情况等,难以用一般水力学方法进行计算。

王继明带领他的科研组根据试验结果,经过反复论证、计算和比较,尝试采用量纲分析法,终于得出雨水系统中水平管及立管的计算公式。经验证,试算结果与试验结果相符。多年来厂房屋面雨水为患的问题终于得到解决,同时为国家《建筑给排水设计规范》GB 15—1988 提供了设计措施,填补了《室内给水排水和热水供应规范》TJ 15—74 规范中雨水计算留下的空白。

王继明主持的屋面雨水研究,以及根据实验总结出的一套我国独有的屋面雨水设计方法,经过几十年的工程实践考验,越来越显示出科学性和实用性。该设计方法集中体现在《给水排水设计手册》第二册(1986年)、《室内给水排水设计规范》GJ 15—88、《建筑给水排水设计手册》(1992 年、2008 年)、《建筑与小区雨水利用工程技术规范》GB 50400—2006 之中。

该设计方法最杰出的贡献,是解决了中国 20 世纪 50—80 年代广泛出现的厂房屋面泛水、室内地面检查井冒水而造成大量经济损失的问题。20 世纪 70 年代末,该系统在工业建筑和民用建筑中得到普遍推广应用后,经过几十年的运行实践证实,能够杜绝发生屋面泛水、地面冒水的事故。

在王继明等研究的雨水系统的设计计算中,雨水设计强度的计算采用 1~5 年的设计重现期,这与中国的降雨强度公式的适用范围相吻合。王继明的雨水系统的工程设计,是通过预留最大排水能力的 20% 余量,来排除超设计重现期的雨水,巧妙地解决了降雨强度公式的局限性问题。

2.7.2.2　特种水处理研究

傅国伟教授在城市污水和工业供水与废水处理方面开展了系统深入的研究,在核反应堆净水工程及核裂变产物废水和核爆炸污染水的处理上产出了国内领先的成果。1961—1965 年,他作为清华大学土建设计院的设计代表,参加了原子能基地的施工建设和相关的研究工作,既实践了土建工程的许多过程和环节,又在反应堆供水水质及放射性废水处理的研究中开展了一系列的试验研究:对不同类型离子交换树脂制取高纯水的基本特性、树脂的再生转型、不同流程和过程的影响进行了系统、深入的实验室试验和反应堆工程应用检验研究;对核裂变产物废水开展了各种物理化学处理方法(包括蒸发、离子交换、电渗析、反渗透、超过滤、混凝沉淀过滤等及其多种组合)的实验及中型工程应用试验,并取得良好的研究成果。在某特种水处理项目中,他们还综合评选了国内外 40 多篇文献中的几类药剂,经组合净化效果试验,配制出低污染指标的《清华一号》配方,并研制出高效能的便携式净化药剂和过滤装备。

1973 年 8—11 月,受清华大学环境工程所的委派,傅国伟参加了由国家建委所组织派出的瑞典城市污水处理技术考察组(一行 7 人,考察 3 周)。瑞典是一个人口仅约 800 万的发达国家,20 世纪 60 年代前曾暴发过河湖污染,之后取得了很好的治污效果,积累了众多的经验和技术。考察组深入考察了污水生物处理与污泥处理技术(包括处理方法和类型、曝气池的设计和运行、曝气方式与装置、生物滤池与氧化塘、污泥的浓缩与稳定、污泥脱水与干化等),认真考察了纸浆生产过程中原料和黑液的回收工艺和设备。回国后,傅国伟作为主要编写人编写了题为《瑞典城市污水处理技术》的出国考察报告(中国科学技术情报研究所)。

2.7.3　科研设施

1956 年,清华大学建成约 1200 m² 的给水排水实验室,设在校图书馆以东,校河以北,并在清华内建成约 700 m² 的小型生活污水处理厂,供实验教学和生产性试验使用,可以进行半生产性给水及排水处理试验。

给水处理和水分析在实验大厅(老图书馆东侧)开展,其中包括给水处理厂和管道输送能力试验系统两个方面内容。其中,给水处理厂包括建有"河边取水水泵房""高位水箱""投药装置""加速澄清池""快滤池""双向滤池"等中试规模的钢或钢筋混凝土构筑物,并在 1958 年用河水进行过联动调试,效果明显,达到预期目的。管道输送能力试验系统包括"高位水箱""供水泵房""地下水库"(约 200 m^3)"加沙装置""玻璃水槽"及"管架和调坡度装置""地下沉砂池"等钢或钢筋混凝土构筑物。

　　污水处理场在 5 号楼浴室北面,即现在的青年公寓处。从 1 号楼后生活污水水泵房分流出一部分污水进入污水场。污水处理场建有生活污水处理工艺流程的必需设施。可以说是麻雀虽小,五脏俱全,包括"格栅""沉砂池""初沉池""曝气池""生物滤池""污泥消化池""辐射式二沉池""空压机房化验室"等钢筋混凝土构筑物。1958 年也联动调试过,并且利用曝气池的活性污泥做过提取 B12 的研究。由于处理量太小只能作为实验实习用,无法作为生产装置使用,因而在 20 世纪六七十年代就被拆除了。

　　20 世纪六七十年代,给水排水教研组与设计院合作,利用给水排水实验室的水循环系统进行了"大面积工业厂房雨水排除系统研究",取得了很有价值的科研数据,为我国的设计规范提供了可靠的依据,改变了对苏联设计规范的使用。除了与设计院合作外,20 世纪 70 年代初,学校科研与生产实际结合,参与了北京燕山石化公司水资源回收利用的"东炼污水深度处理的研究",在用臭氧氧化法作深度水处理工艺和臭氧发生器的研究中取得了小试和现场中试的研究成果,研制的"卧管式臭氧发生器"获得北京市科技二等奖,并转给生产厂家作为产品生产,得到推广使用。

　　20 世纪 60 年代初,实验室当时没有混凝搅拌机,市面上也无法买到,无法开展混凝搅拌等的试验。许保玖主动提出自己设计搅拌机,并一个人在实验室塔楼的二楼设备间空隙里支起绘图桌,专心致志地工作了数月,最终完成了无级变速搅拌机的全套设计(包括总装图和各零部件图)。这种无级变速机械构造对于当时的机械专业来说也是先进的技术,而用在混凝搅拌机上则大大地提升了其使用性能。后来,该设计图纸交由学校的设备加工厂生产了两台混凝搅拌机,满足了当时教学科研的需要,见图 2-22。与此同时,许保玖先生还亲自设计了实验室大厅里的给水澄清和过滤实验系统装置,其中融入了 20 世纪五六十年代的国外新技术水力加速澄清池的概念。这套装置一直作为教学和科研的基础设备之一长期服役沿用,直到后来因实验室改造装修才予拆除。

图 2-22　许保玖先生设计的混凝搅拌机教学设备
现收藏于清华大学科学博物馆

第**3**章

全国首个环境工程专业的创立与发展
（1977—1984 年）

3.1　国际国内背景

　　20 世纪中期,经历了工业革命带来的经济繁荣后,西方发达国家开始频繁出现明显的、直接危害人类健康的环境问题,人们的环保意识因此越来越强。1969 年,美国通过了《国家环境政策法》,在高等学校设立了环境保护专业;1970 年成立了美国国家环保局(US EPA),还成立了由总统领导的环境质量委员会等机构。

　　此后,环境问题的防范与治理逐渐形成了世界性共识。1972 年 6 月 5 日,第一次全球环保大会——联合国人类环境会议在瑞典斯德哥尔摩举行,133 个国家的 1300 多名代表出席会议。这是世界各国政府共同探讨当代环境问题,探讨保护全球环境战略的第一次国际会议。会议通过了《联合国人类环境会议宣言》(简称《人类环境宣言》或《斯德哥尔摩宣言》)和《行动计划》,向全球发出呼吁:"已经到了这样的历史时刻,在决定世界各地的行动时,必须更加审慎地考虑它们对环境产生的后果。"《人类环境宣言》还指出:人类必须运用知识与自然取得协调,为当代和子孙改善环境,这与和平和发展的目标完全一致;每个公民、机关、团体和企业都负有责任,各国中央和地方政府负有特别重大的责任;对于区域性和全球性的环境问题,应由各国合作解决。会议宣告了人类对环境传统观念的终结,达成了"只有一个地球",人类与环境是不可分割的"共同体"的共识。这是人类对严重复杂的环境问题做出的一种清醒和理智的选择,是向采取共同行动保护环境迈出的第一步,是人类环境保护史上的第一座里程碑,也是全球环境教育运动的开端①。1977 年,联合国教科文组织和联合国环境规划署在苏联第比利斯召开了政府间环境教育会议。会议发表的《第比利斯宣言》明确提出了环境教育的目标包括意识、知识、技能、态度和参与五个方面,拓展了环境教育的内容和方法,为全球环境教育的发展构建了基本框架,成为环境教育发展史上重要的里程碑。

我国的环境教育几乎与国际同时起步。新中国成立初期,我国面临的环境问题主要是森林、草原等生态破坏,以及一些主要城市的河流污染问题,但由于这些问题都是局部性的,因而未引起人们足够的重视。到 20 世纪 70 年代初,由于人口的大幅增长、"大跃进"及"文化大革命"时期的生态破坏,我国环境问题日益突出。其中影响最大的是 1972 年发生在北京的"鱼污染事件"。当时,北京市市场上出售的官厅水库鱼散发出异味,人们经过调查发现,这是由于官厅水库受到污染而造成的。周恩来总理对此十分重视,国务院为此接连 4 次做出重要指示,组织各地方和国务院有关部门组成专门小组,有计划地治理官厅水库。

1971 年,在第 26 届联合国会议期间,联合国环境会议秘书长对中国代表团表示,希望中国能参加 1972 年的联合国环境会议。在这之后,联合国秘书长又亲自致函我国外交部部长,邀请中国参加此会。1972 年 6 月,在周恩来总理的指导下,中国派出代表团出席了会议。通过这次会议,我国领导人首次认识到了国内外环境问题的严重性和立即采取措施的必要性。环境会议之后,国内采取了一系列举措,1973 年召开了第一次全国环境保护会议,成立了国务院环境保护领导小组,1975 年建立中国科学院环境化学研究所等。

在环境保护事业起步的同时,我国环境科学技术和环境专业教育也迎来了发展机遇。在环境科技发展方面,虽然我国在 20 世纪 70 年代以前开展了工业污染处理、河水处理、城市垃圾处理等方面的研究工作,但环境科学真正在中国有指导、有规模地发展还是在 1973 年召开"第一次全国环境保护会议"之后。此次大会后,国务院批转了《关于保护和改善环境的若干规定》,其中明确规定:"有关大专院校要设置环境保护的专

① 用行动去诠释"热爱我环境"——院长余刚在环境学院 2011 级新生开学典礼上的讲话,《清华大学环境学院年鉴(2012)》,第 8 页。

业和课程,培养技术人才。"北京大学、北京师范大学等高校响应号召,很快筹备并设立了环境化学等环境类专业。

　　根据环境污染日益加剧的形势和世界各国加强环境保护的动向,陶葆楷先生意识到,"给排水专业的范围太窄了。环境保护是国家的基本国策,应该发展环境工程"。他翻阅了大量国外高校的相关资料,发现原来的给水排水和卫生工程专业存在逐步发展为环境工程专业的趋势,遂积极倡议在清华大学设立环境工程专业。在有关领导部门的支持下,中国第一个环境工程专业于1977年在清华大学诞生。在北京大学、清华大学等学校的带动下,全国多所学校相继建立了环境科学、环境监测、环境工程等专业(见表3-1),后来逐步成长为我国环境保护人才培养、科学研究和产业发展的中坚力量。

表3-1　国内部分高校环境相关专业及院系成立情况

序号	高校	环境专业建立时间	环境相关院系成立时间
1	北京大学	1972年创建我国最早的环境科学专业之一(包括环境化学分析、环境地学方向);1982年创建中国最早的环境规划与管理研究方向;1995年成立环境工程研究所,发展工程科学	1982年成立环境科学中心,协调北京大学环境科学教学与科研;2007年正式成立环境科学与工程学院
2	北京师范大学	环境学科体系建设始于1952年刘培桐先生创建的土壤地理学专业,后相继发展为环境地学、环境科学	1983年建立环境科学研究所;2003年成立环境学院
3	南开大学	1973年在化学系成立环境保护专业;1983年增设环境生物学专业;1994年增设环境规划与管理专业;2000年增设环境工程专业	1983年成立环境科学系;1998年成立环境科学与工程学院
4	中山大学	1974年开始招收环境保护方向学生	1993年环境科学系成立;2002年10月,环境科学与工程学院成立,同年12月环境工程系成立
5	清华大学	1977年成立我国第一个环境工程专业	1980年成立土木与环境工程系;1981年成立国家环保局清华大学环境工程研究所;1984年成立独立的环境工程系;1997年发展为环境科学与工程系;2011年成立环境学院

序号	高校	环境专业建立时间	环境相关院系成立时间
6	南京大学	1978 年建立环境学科	1978 年教育部批准成立环境科学研究所；1984 年成立环境科学系；1993 年发展为环境科学与工程系；1999 年成立环境学院
7	浙江大学	1978 年，浙江农业大学建立首个农业环境保护专业；1979 年，杭州大学建立环境化学专业；1993 年建立环境科学专业；1996 年建立环境工程专业	1993 年，杭州大学环境科学系建立；1999 年，浙江大学"四校合并"，环境与资源学院成立
8	同济大学	1979 年，水暖工程系更名为热能与环境工程系，增设环境工程专业。同年，从给水排水专业中抽调学生开设环境工程专业试点班；1980 年，环境工程专业正式招收本科生	1981 年，单独成立环境工程系；1988 年，成立环境工程学院；1998 年，更名为环境科学与工程学院
9	天津大学	1980 年建立环境工程专业	2001 年建立环境科学与工程学院
10	哈尔滨工业大学	1986 年环境工程本科专业成立并招生	1996 年市政环境工程学院成立；2016 年环境学院成立
11	大连理工大学	1986 年招收环境工程专业本科生	1997 年在化工学院成立环境科学与工程系；2000 年成立环境科学与工程学院；2003 年成立环境与生命学院

3.2　历　史　沿　革

3.2.1　环境工程专业

1973 年 8 月，"中国第一次环境保护会议"在北京举行，清华大学代表团(成员中有时任建筑工程系党总支副书记刘鸿亮)参会后向校内进行精神传达，引发了转变专业方向的思维。因此，陶葆楷首先向系方申请将招考的专业方向改为"环境保护工程"，并将 1973 届入学新生所在班级的代号由"给"字改为"环"字①。

陶葆楷教授高度重视这个问题，年近七旬的他不顾身心疲劳，多次前

---

① 李国鼎，我为清华大学成立环境学院奉献了一份力量，《清华大学环境学院三十周年纪念册》，第 137 页。

往建设部会见当时的李锡铭部长;后又去国家环保主管部门约见负责人(如当时环境保护局的曲格平副局长等)征询意见。经过慎重思考和在校内不止一次地向刘达、张孝文、滕藤、方惠坚等校领导陈述,终于获得同意先行更新专业方向及名称的决定,独立建系的申请另作考虑。

为适应我国环境保护事业发展的需求,清华大学于 1977 年将原来的给水排水工程专业改建为环境工程专业,这是全国高等学校成立的第一个环境工程专业。1978 年招收第一批环境工程硕士研究生、放射性废物处理专业硕士研究生。

1979 年 9 月,国家颁布《中华人民共和国环境保护法(试行)》,规定了环境保护的任务。1982 年,国务院原环境领导小组撤销,该小组原设的办事机构并入新成立的城乡建设环境保护局。

时至 1980 年暑期以后,清华大学原建筑工程系中的建筑与土木两系分开,恢复其各有建制,原来的土木工程系也改名为土木与环境工程系(简称土环系),原给水排水教研组开始改名"环境工程教研组"。自此以后,两系即按新专业要求进行招生、制订教学计划、安排教学课程、修改并增添与环境工程相关的教课内容等一系列的务实行动,与此同时,积极与国家及地方的环保部门和有关科研单位建立良好关系,争取密切的相互合作条件。

在与政府关系方面,学校先后同意当时建设部部管国家环保局向校方商请,调出环境工程专业刘鸿亮、张坤民、臧玉祥三位老师去该局任职。刘鸿亮后担任中国环境科学研究院院长;张坤民先后担任中国环境管理干部学院首届副院长、国家环保总局副局长;臧玉祥担任国家环保总局科技司司长。

在高等教育部的支持下,环境工程专业选派三名教师(钱易、蒋展鹏、聂永丰)分别去美国三所大学任访问学者两年,选派郝吉明去美国辛辛那提大学攻读博士学位。这些教师学成后均回到清华,后担任教授、博士研究生导师职务,成为学术带头人。

1981 年,清华大学获批环境工程和核环境工程首批硕士学位授权点。

征得国家环保局宣教司同意,由该司组织,清华大学土环系提供条件,筹办为期 3 个月(1983 年 9—11 月)的固体废物处理讲习班,并在校办外事处的出资支持下,邀请日籍学者、环保界专家福本勤先生来校讲课。

1981年，由国务院环境保护领导小组办公室批准，清华大学与中国环境科学研究院合办"环境工程研究所"，挂靠土环系，并由陶葆楷教授任首任所长（1980—1983年），后更名为"清华大学环境工程设计研究院"，并文涌担任院长。由于财务和科研协作方面的困难，1982年11月27日，城乡建设环境保护部李锡铭部长批准，将清华大学环境工程研究所改为部属环保局领导，基建、科研经费由城乡建设环境保护部直接下达，具体业务上仍与中国环境科学研究院合作。

1984年1月，国务院批准清华大学环境工程专业获得博士学位授予权，图3-1为获得授予权的公报；8月，环境工程系正式成立，原"03教研组"从工程化学系调入环境工程系。

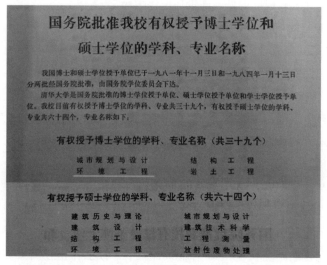

图3-1　获环境工程博士学位和硕士学位授予权、放射性废物处理硕士学位授予权的公报

黄铭荣副教授任主编，连续出版了三期《环境工程科研论文汇编》。其后由中科院生态所牵头，北京市环保所（今北京市环保科研院）和清华大学三方合编《环境科学》双月制期刊公开出版发行，该论文汇编不再另行出刊。

3.2.2　给水排水专业

为适应我国环境保护事业发展的需求，1977年本科生教育从原来的给水排水工程专业改为环境工程专业，给水排水工程专业停止招生。

1990 年,为更好地适应我国相关领域对专业人才的需求,清华大学恢复给水排水工程专业招生。

3.3　党建工作

1980 年,清华大学土木与环境工程系成立,7 月 11 日,经校党委常委会讨论通过,同意土木与环境工程系党委由 11 人组成:方惠坚、王鲁生、陈英、井文涌、刘鸿亮、陈肇元、卜城、甘绍熹、朱金铨、李兴炜、叶书明。方惠坚为系党委书记,王鲁生、陈英、井文涌为党委副书记,方惠坚、王鲁生、陈英、刘鸿亮、井文涌为系党委常委。

1983 年 8 月 26 日,经校党委第 64 次常委会讨论决定:王鲁生同志任土木与环境工程系党委书记;方惠坚同志不再兼任土木与环境工程系党委书记。

3.4　师资队伍

在全校拨乱反正的形势下,学校恢复了已停止施行十多年的教师职称评聘制度。专业教师队伍中,李国鼎、傅国伟先后于 1980 年、1984 年晋升教授,还有多人被聘为副教授或讲师,环境工程专业师资队伍人数达 39 人。随着专业课程的增加,为便于开展教学,土木与环境工程系按照学科性质和教师个人所长,分出数个教学小组。最初分出的小组有给水处理、下水处理(二者一度统称水处理)、大气污染防治、环境系统分析、水分析等。同时,已属工化系行政系统的核环境工程教研组(之前抽调组合并分出去的 03 教研组,一度更名为 260 教研组,归属工化系,后又改称此名)通过校内调整,并入给水排水教研组。一段时间内,土环系中的环境方向存在同时有两个教研组的特殊情况。

环境学院部分教师积极参政议政,在支撑国家和地方政策制定方面发挥了作用。1977 年 11 月,陶葆楷当选第五届中国人民政治协商会议北京市委员会委员。1983 年,陶葆楷当选第六届中国人民政治协商会议全国委员会委员;钱易、黄铭荣当选中国人民政治协商会议北京市第六届委员会委员。

3.5 教学和学生培养

3.5.1 本科生

1977 年高等学校恢复全国统一考试,清华大学招收了第一届环境工程专业本科生 35 人,学制为 4 年半。1978 年未招生。从 1979 年开始每年招收 60 名环境工程专业本科生,学制改为 5 年。表 3-2 为 1977—1984 年环境工程专业本科生招生、毕业人数统计。图 3-2 为 1977 级环境工程专业学生集体照。

表 3-2　1977—1984 年环境工程专业本科生招生、毕业人数统计①

入 学 年 份	招 生 人 数	毕 业 年 份	毕 业 人 数	结 业 人 数
1977	35	1982	35	
1979	59	1984	58	
1980	60	1985	59	
1981	60	1986	62	
1982	62	1987	61	
1983	64	1988	59	2
1984	60	1989	60	

图 3-2　1977 级环境工程专业学生集体照

① 陈旭,贺美英,孙再兴.清华大学志(1911—2010):第三卷[M].北京:清华大学出版社,2018:91.

3.5.2　研究生

1978 年,清华大学环境工程、放射性废物处理工程专业开始招收研究生。其中,招收环境工程专业第一届硕士研究生 12 人,招收放射性废物处理工程研究生 5 人。1981 年,国务院学位委员会批准,清华大学成为我国首批博士学位和硕士学位授予单位之一,首批批准清华可授予硕士学位的学科、专业共 60 个,环境工程专业位列其中。因此,同年产生了首批获得环境工程硕士学位的毕业生。之后,清华大学环境学科共设有环境工程、市政工程和核环境工程 3 个硕士研究生专业。

1984 年 1 月,经学校申报,教育部和国务院的学科评议组评审,国务院批准,第二批批准清华大学可授予博士学位的学科、专业 8 个,博士研究生指导教师 12 人。批准清华大学可授予环境工程专业博士学位,顾夏声为首位环境工程专业博士研究生导师。1981 年环境工程专业已经招收了第一批博士研究生,1984 年获博士学位授予权后,1986 年首次授予环境工程博士学位。张晓健成为我国培养的第一位环境工程博士,后留校任教。

1978—1984 年环境工程专业培养的研究生基本信息如附录 9 和附录 10 所示。

3.6　科研工作

3.6.1　科研工作概况

在"改革开放"和"科技工作必须面向经济建设"的方针指导下,学校的科研成果转化为生产力的工作取得明显进展。为了鼓励科研人员做好科研成果的推广工作,1983 年 6 月 2 日,1982—1983 学年度第十九次校长工作会议讨论通过了《关于设立科研成果"推广应用效益显著专项奖"的暂行规定》(以下简称《暂行规定》)。《暂行规定》指出,参评的科研成果应是 1978 年科学大会以后完成的科研成果,以鉴定日期为准。获奖的条件是：①直接经济效益纯收入(新增利税或增收节支)达到 100 万元/年以上,或年产值达到 1000 万元以上,或研制的产品荣获国家金质奖、银质奖；②学校为主要完成单位,包括和兄弟单位共同完成(不包括学校为协作单位,以鉴定书署名为准)。参评的科研成果于每年 12 月 15 日前推荐,第二年初审定。

1984 年,环境工程系"深圳市城市污水排往珠江口的可行性研究"项目获清华大学科研成果"推广应用效益显著专项奖"。

3.6.2　环境系统工程研究

1979 年,我国第一个环境系统工程研究室在清华大学成立,傅国伟担任室主任,1983 年改为环境系统工程教研组。针对当时中国在水污染控制上既缺乏定量化研究(目标、因素、对策是模糊和经验性的),又与水环境相脱节,以及针对国际上"水质规划"仅停留在水域的控制上而与陆上的治理相脱节的问题,环境系统工程教研组运用系统工程的思想方法,经过研究提出了水污染物总量控制的系统规划管理方法,并逐渐构成了一整套系统评价、定量模拟和优化规划的理论、技术及规划实例。自此,教研组推动了我国对常规污染物,从污染物浓度控制转向以环境容量的总量控制,并开始进入国际先进水平的研究行列。

1979 年,环境系统工程研究室与中科院环境化学所共同聘请德意志联邦共和国专家金士博对北京部分教科人员作"环境问题数学模型"系列讲座;从 1979 年起,该研究室与北京师范大学合作,共同翻译出版了美国列奇教授的著作《环境系统工程》,填补了国内该领域的空白;1981 年,申请由清华大学邀请美国列奇教授来华讲学,同时期,组织专业人员开始翻译日本学者编著的《环境系统工程》一书;1980—2000 年,访问了德国、丹麦、荷兰、英国、菲律宾、美国、加拿大、法国有关城市,考察了工业污水处理、雨水处置、污染河湖的恢复、环境监测、信息管理和水污染防治规划与管理等技术。

3.6.3　发表的部分科技论文

环境学科在这一时期的主要科研论文和专著见表 3-3。

表 3-3　1977—1984 年环境学科发表的主要科研论文和专著

序号	论文、专著题目	作者	发表信息
1	臭氧在水处理中的应用	陶葆楷	环境科学,1978,(1-2)
2	环境工程学与水污染的控制	陶葆楷	环境保护,1978,(6)：4-7
3	污水生物处理基本原理	陶葆楷	中国建筑工业出版社,1979

续表

序号	论文、专著题目	作者	发表信息
4	论首都的水资源、水污染和环境卫生	陶葆楷、凌波	环境保护,1981,(4):6-9,20
5	臭氧和二氧化氯灭活水中病毒的研究	凌波、王占生、陶葆楷等	环境科学学报,1984,(2):32-41
6	关于我国水污染防治的几点看法	陶葆楷	环境保护,1984,(7):4-7,13
7	废水处理与利用	顾夏声、黄铭荣、钱易等	中国建筑工业出版社,1978
8	水处理微生物学基础	顾夏声、李献文	中国建筑工业出版社,1980
9	废水生物处理数学模式	顾夏声	清华大学出版社,1982
10	The status and trend of water pollution control technology in China	顾夏声	Water International,1982,7(2)
11	空气混合活性污泥法处理合成氨装置碳黑废水的研究	顾夏声、胡纪萃、俞毓馨等	清华大学学报,1983,23(1):11-24
12	英国环境工程教育考察	李国鼎	教育研究通讯,1981,(4):44-49
13	完全混合活性污泥法处理废水过程的数学模式及其综合设计程序	傅国伟	中国环境科学,1981,创刊号
14	区域水环境污染控制的系统分析——北京东南郊河流污染调控的综合分析Ⅱ	傅国伟、张兰生、程声通等	教育部直属高等学校环境科学第二次学术讨论会论文选集,1981
15	丹东大沙河水污染控制系统规划研究	傅国伟、刘玉机等	污水工程与管理国际会议论文,1984

第4章

清华环境学科独立建系（1984—2010 年）

4.1 国际国内背景

20 世纪 80 年代以来，环境与发展的关系越来越受到国际社会的关注。联合国成立了世界环境与发展委员会，于 1987 年发布了一份影响深远的研究报告《我们共同的未来》，在 1992 年召开了里约热内卢"环境与发展大会"，制定了《里约环境与发展宣言》和《21 世纪议程》两个纲领性文件。2002 年，联合国在约翰内斯堡召开了可持续发展高峰会议。这些会议和文件成为国际环境保护战略的里程碑，也大大加速了全球和中国环境学科的发展。

清华大学环境学科也在这样良好的发展背景下，独立建系，稳步成长，主动服务国家经济社会发展和环境质量改善战略，积极融入国际环境学科发展格局，在队伍建设、人才培养、科学研究、社会服务等方面均取得了突出成绩，引领了国内环境学科发展，并逐步缩短了与国际一流环境学科之间的差距，步入规范化、现代化发展轨道。

4.1.1 联合国可持续发展战略提出与发展

20 世纪 80 年代初期，联合国本着必须研究自然、社会、生态、经济及利用自然资源过程中的基本关系，确保全球发展的宗旨，成立了由挪威首相布伦特兰夫人（G. H. Brundland）任主席的世界环境与发展委员会（WCED）。该委员会负责制订长期的环境对策，以使国际社会能够找到更有效地解决环境问题的途径和方法。1987 年，该委员会提交了题为《我们共同的未来》的研究报告。报告分为"共同的问题""共同的挑战"和"共同的努力"三大部分，重点关注人口、粮食、物种和遗传资源、能源、工业和人类居住等方面，在系统探讨了人类面临的一系列重大经济、社会和环境问题之后,提出了"可持续发展"的理念。报告深刻指出,"在过去,我们关心的是经济发展对生态环境带来的影响,而现在,我们正迫切地感到生态压力对经济发展所带来的重大影响。因此,我们需要有一条新的发展道路,这条道路就是可持续发展道路"。这一概念的提出,把人们从单纯考虑环境保护引导到把环境保护与人类发展切实结合起来,实现了人类有关环境与发展思想的重要飞跃。

1992 年 6 月,联合国环境与发展大会在巴西里约热内卢召开,会议通过了《里约环境与发展宣言》(又名《地球宪章》)和《21 世纪议程》两个纲领性文件。《地球宪章》是开展全球环境与发展领域合作的框架性文件,是为了保护地球的永恒活力和整体性而建立一种新的、公平的、全球伙伴关系的"关于国家和公众行为基本准则的宣言"。它提出了实现可持续发展的 27 条基本原则。《21 世纪议程》则是全球范围内可持续发展的行动计划,旨在建立 21 世纪世界各国在人类活动对环境产生影响的各个方面的行动规则,为保障人类共同的未来提供一个全球性措施的战略框架。各国政府代表签署了联合国《气候变化框架公约》等国际文件及有关国际公约。可持续发展得到世界最广泛和最高级别的政治承诺。以此次大会为标志,人类对环境与发展的认识提高到了一个崭新的高度。大会为人类高举可持续发展旗帜、走可持续发展道路发出了倡议,使人类迈出了跨向新文明时代的关键一步。

2002 年,联合国在南非约翰内斯堡召开可持续发展高峰会议,全面审查和评价了实施可持续发展战略十年来的成就和问题,大会发布的政治宣言指出:"1992 年里约会议所确定的可持续发展目标没有实现","地球仍然伤痕累累,世界仍然冲突不断。"宣言指出了地球上仍然存在海平面上升、森林遭到严重破坏、超过 20 亿人口面临缺水、每年有 300 多万人死于空气污染的影响、有 220 多万人因水污染而丧生、气候变化的影响日渐凸显等诸多环境问题。世界还面临很多其他方面的挑战,如地区冲突、恐怖主义、霸权主义、跨国犯罪、毒品走私、贫困人口有增无减,世界和平和安全受到威胁等。这次峰会为世界各国敲响了警钟,提醒大家实施可持续发展道路任重道远,不可松懈。

4.1.2　我国环境保护基本国策的提出

顺应世界环境保护发展大势，为应对日益严重的环境污染与生态破坏问题，我国越来越重视环境保护工作，将保护环境确立为我国必须长期坚持的一项基本国策，并提出了一系列政策措施。

1983 年 12 月 31 日至 1984 年 1 月 7 日，第二次全国环境保护会议在北京召开。本次会议总结了中国环保事业的经验教训，从战略上对环境保护工作在社会主义现代化建设中的重要位置做出了重大决策。时任国务院副总理李鹏在会议上宣布：保护环境是我国必须长期坚持的一项基本国策。把环境保护确立为基本国策，极大地增强了全民的环境意识。会议制定了中国环境保护的总方针、总政策，即"经济建设、城乡建设、环境建设，同步规划、同步实施、同步发展，实现经济效益、社会效益和环境效益相统一"。这一方针政策的确立，奠定了一条符合中国国情的环境保护道路的基础。会议提出，要把强化环境管理作为环境保护工作的中心环节，长期坚持抓住不放。会议推出了以合理开发利用自然资源为核心的生态保护策略，防治对土地、森林、草原、水、海洋及生物等自然资源的破坏，保护生态平衡。会议还提出，建立健全环境保护的法律体系，加强环境保护的科学研究，把环境保护建立在法制轨道和科技进步的基础上。

1994 年 3 月 25 日，《中国 21 世纪议程》经国务院第十六次常务会议审议通过。《中国 21 世纪议程》共 20 章，78 个方案领域，提出了我国可持续发展总体战略与政策，我国社会、经济可持续发展，以及资源合理利用与环境保护的重要内容。我国还制定和完善了 120 多部关于人口与计划生育、环境保护、自然资源管理、防灾减灾等的法律法规；建立了中央政府和地方政府多部门、多层次运作的组织管理体系；加入了一系列国际公约，积极参与环境国际合作。

随着我国越来越重视环境保护工作，国家环保事业对人才和科技的需求也越来越强烈，越来越多的高校认识到了这一巨大需求，纷纷开设环境相关专业，依托环境学科建立专门的院系，开展相关教学及科研工作，为国家环境保护事业提供专业人才和科技支撑。清华环境学科自 1977 年设立环境工程专业以来，经过几年的探索、发展和积累，迎来了新的发展机遇，迈出了独立建系的重要一步。

4.2 历史沿革

1984 年 8 月 31 日,清华大学校长工作会议通过,将土木与环境工程系分为土木工程系与环境工程系,任命井文涌为环境工程系首任系主任,图 4-1 为当时的任免通知。之后的历任系主任包括郝吉明、陈吉宁、余刚。

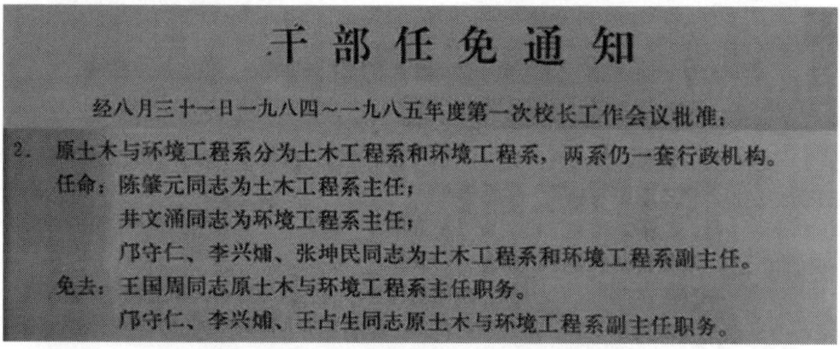
干部任免通知

经八月三十一日一九八四～一九八五年度第一次校长工作会议批准:

2. 原土木与环境工程系分为土木工程系和环境工程系,两系仍一套行政机构。
任命:陈肇元同志为土木工程系主任;
井文涌同志为环境工程系主任;
邝守仁、李兴娟、张坤民同志为土木工程系和环境工程系副主任。
免去:王国周同志原土木与环境工程系主任职务。
邝守仁、李兴娟、王占生同志原土木与环境工程系副主任职务。

图 4-1　1984 年 8 月环境工程系独立建系时干部任免通知

建系之初,清华大学环境工程系包括环境工程、市政工程和核环境工程三个专业,下设水物理化学处理、环境生物工程、大气污染控制、环境系统工程、环境工程化学与监测、核工业环境工程和环境工程设计 7 个教研组。自此,环境系由最初的单一给排水专业发展壮大为拥有多个二级学科的环境人才教育基地。

1984 年 10 月,环境工程系老系馆开始兴建,建筑面积 3000 m^2,于 1986 年落成。

1985 年 12 月,新增给水排水教研组,取消环境工程设计教研组。

1986 年,环境系设立环境科学与工程博士后流动站,增设市政工程硕士点和放射性废物处理(后改称核工业环境工程)博士点。

1988 年,清华大学环境工程学科被评为全国环境类唯一的重点学科。

1989 年,我国环境科学与工程领域规模最大的国家重点联合实验室,即环境模拟与污染控制国家重点联合实验室正式立项,重点实验室以清华大学、中国科学院生态环境研究中心、北京大学、北京师范大学 4 家机构为依托,钱易担任实验室首任主任。12 月,环境工程专业教研组进行了调整,由给水排水、大气污染与控制、核工业环境工程、环境工程化学与监测、水物化处理、环境系统工程、环境生物工程 7 个教研组调整为给水排水工程、大气污染与控制、固体废物处理与核环境工程、环境工程化学与监测、环境规划与管理、水污染控制工程 6 个教研组。

图 4-2 为环境工程系老系馆的照片，图 4-3 为环境模拟与污染控制国家重点联合实验室第一届学术委员会成立大会的现场留影。

图 4-2　环境工程系老系馆(1986 年建成)

图 4-3　环境模拟与污染控制国家重点联合实验室第一届学术委员会成立大会

1993 年 4 月，清华大学撤销环境系原"国家环保局清华大学环境工程研究所"，建立"国家环保局清华大学环境工程设计研究院"。

1994 年,环境科学与工程学科群被列为清华大学"211 工程"优先发展和重点支持的学科群之一。

1997 年 3 月,环境工程系招收了第一期工程硕士课程进修班,为人才培养开创了新的领域。8 月,应国际国内环境学科发展趋势,环境工程系更名为环境科学与工程系(简称环境系),学科布局更加全面,学科方向更加均衡。国务院学位委员会同年组织研究生学位授权点(学位点)评估,环境工程博士点、硕士点,核环境工程博士点、硕士点,市政工程硕士点均顺利通过评估。

1998 年,环境系新增市政工程博士点和环境科学硕士点。环境工程领域正式招收攻读工程硕士专业学位的研究生。同年,清华大学正式启动了绿色大学建设行动。该项工作由钱易教授首先提出,得到了学校领导的大力支持。绿色大学建设工作主要包括进行绿色教育、开展绿色科研、建设绿色校园三大方面。同年,面向各专业本科生开设的公共课"环境保护与可持续发展"正式开课,该课程由钱易教授提议并主讲,在此后的 20 多年时间中一直是清华大学重要的通识课程。钱易教授与北京大学唐孝炎教授联合主编的教材《环境保护与可持续发展》已由高等教育出版社出版了两版,在全国各地高等学校中得到了广泛的应用。

1999 年,学校启动"985 工程"(一期)"环境科学与工程学科"建设项目,组建清华大学环境科学与工程研究院。为适应研究型大学建设,环境系取消教研组建制,设立水质科学与工程研究所、大气污染与控制研究所、固体废物污染控制与资源化研究所、环境系统分析研究所、环境模拟与污染控制国家重点联合实验室 5 个二级机构。同年,本科生招生规模由 2 个班扩大为 3 个班,每年约 90 人。

2000 年起,为适应环境教育的新形势,环境系对环境问题的发展趋势及对专业人才知识结构的要求进行了为期近一年的系统研究,针对新的课程体系、教学内容和培养模式进行了广泛、深入的讨论,构建了本科生培养和研究生培养有机结合、相互促进的高质量人才培养体系。

2001 年,环境工程专业再次被评为国家重点学科。

2002 年,为加强环境科学专业方向,环境系增设"环境科学研究所",启动"现代环境生物学研究平台"和"环境观测与分析平台"建设。

2003 年,学校启动"十五""211 工程"大型水体污染控制与修复理论和技术项目,增设"环境生态学"学科方向。

2005 年,学校启动"985 工程"(二期)"区域与全球环境安全"重点创新平台项目。

2006 年,环境科学与工程系各研究所进一步拆分为 10 个研究所,包括饮用水安全、水环境保护、地下水与土壤环境、环境工程设计、大气污染与控制、固体废物污染控制与资源化、环境化学、环境生物学、环境系统分析、环境管理与政策(见图 4-4)。

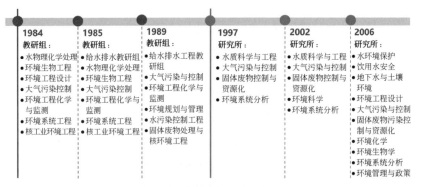

图 4-4　清华大学环境系教学科研组织调整情况

2007 年,面积达 20 000 m^2 的中意清华环境节能楼启用,成为环境系的新系馆(见图 4-5)。同年,环境工程学科第三次被评为国家重点学科,清华大学全球环境研究中心成立。

图 4-5　中意清华环境节能楼落成纪念碑揭幕仪式

2008 年,学校启动"211 工程"(三期)环境科学与工程建设项目。

2009 年,环境科学与工程一级学科在教育部组织的学科评估中获得第一名。"985 工程"(二期)"区域与全球环境安全"重点创新平台项目通过验收。

2010 年,由 10 名全球知名专家学者组成的国际专家组对清华大学环境学科进行首次国际评估,专家组从"学科在中国和国际上的重要性、显示度及国际领导地位、系级组织机构、学生、课程体系、硬件设施、科学研究、教师聘任及发展"等多个维度对清华环境学科取得的优异成绩和良好的发展态势给予了高度肯定,也指出了阻碍学科发展的"教师承担服务的比例与教学和科研相比过高"和"青年教师不能独立指导博士研究生"两个突出问题,并提出了相应的建议。

环境学科不断发展壮大,成为我国环境科学与工程领域高层次人才的培养基地和高水平科研成果的研究中心。

4.3　党建工作

1984 年环境工程系独立建系,但土木、环境工程系党委和系机关仍为统一设置,1985 年暑假后全部分开。1985 年 12 月,土木、环境工程系党委改选,其中系党委委员 7 人,包括马倩如、王鲁生、史其信、任善友、庄崖屏、季如进、聂永丰。王鲁生为土木、环境工程系党委书记,史其信、马倩如为土木、环境工程系党委副书记。1986 年,叶书明任环境工程系党支部书记。

随着环境工程系的建立和发展,1987 年 3 月 12 日,校党委决定将原土木、环境工程系党委分为土木工程系党委和环境工程系党总支。经过选举产生环境工程系总支部委员会,成员有叶书明、刘启才、胡纪萃、聂永丰、梁永明 5 人。叶书明任书记兼纪律检查委员,聂永丰任副书记兼研究生工作组组长,胡纪萃任组织委员兼统战委员,刘启才任宣传委员兼保卫委员,梁永明任总支委员兼学生工作组组长。

1988 年 12 月,环境工程系已有教职工和本科生、研究生共 500 多人,党员近百人,根据工作需要,申请将环境工程系总支改为党委,以利于工作开展。1988 年 12 月 24 日,校党委会经讨论,同意环境工程系党总支部委员会改为党委会。

1991 年 4 月,选举产生环境工程系党委,由卜城、叶书明、刘启才、李振瑜、陆正禹、贺克斌、聂永丰 7 人组成。叶书明任系党委书记,聂永丰、卜城任副书记,陆正禹任组织委员,刘启才任宣传委员兼统战委员,李振瑜任保卫委员,贺克斌任纪律委员。

1992 年,叶书明调往北京建筑工程学院,卜城任环境工程系党委书记。

1994 年 12 月,环境工程系党委换届,系党委会由杜文涛、陆正禹、张天柱、单立志、郝吉明、贺克斌、聂永丰 7 位同志组成。陆正禹为系党委书记,贺克斌为系党委副书记。1996 年,李振瑜任系党委副书记。

1997 年,环境工程系党委更名为环境科学与工程系党委。

1998 年 1 月,环境科学与工程系党委换届,王洪涛、李振瑜、陆正禹、金勤献、郝吉明、施汉昌、贺克斌 7 位同志为环境科学与工程系党委委员,陆正禹为系党委书记,贺克斌、李振瑜为系党委副书记。

2000 年 10 月,李广贺任环境科学与工程系党委副书记。

2001 年 3 月,环境科学与工程系党委换届,王洪涛、李广贺、李振瑜、余刚、陈吉宁、段雷、施汉昌 7 位同志为环境科学与工程系党委委员,李振瑜为系党委书记,李广贺、王洪涛为系党委副书记。

2004 年 4 月,环境科学与工程系党委换届,王洪涛、杜鹏飞、李广贺、李振瑜、陈吉宁、段雷、施汉昌为环境科学与工程系党委委员,李振瑜为系党委书记,李广贺、杜鹏飞为系党委副书记。

2007 年 6 月,环境科学与工程系党委换届,左剑恶、刘雪华、杜鹏飞、李广贺、余刚、施汉昌、蒋建国为环境科学与工程系党委委员,杜鹏飞为系党委书记,施汉昌、蒋建国为系党委副书记。

2010 年 7 月,环境科学与工程系党委换届,左剑恶、刘文君、刘建国、杜鹏飞、余刚、张旭为环境科学与工程系党委委员,杜鹏飞为系党委书记,刘文君、刘建国为系党委副书记。

环境系党员人数在这一阶段逐年增加,如图 4-6 所示。

自 1987 年成立党总支、1988 年成立党委以来,环境系始终把党的建设工作摆在学院发展的重要位置,把坚持党的全面领导、保持党组织模范先进性、积极且审慎地培养教职工和学生干部并发展党员等作为重要工作来抓,为环境系各方面工作的落实和推进发挥了政治保障作用。

环境系党员充分发挥党员先锋模范作用,投身教育、科研事业,面向

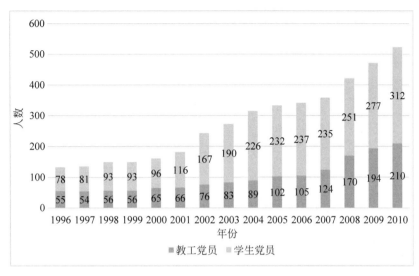

图 4-6　环境系教工党员和学生党员数量(1996—2010 年)

国家需求,涌现出一批优秀共产党员和集体。在 2003 年抗击"非典"的过程中,环境系领导班子团结一致,组织有力,迅速布局,在细节上严加控制,采取了多样化的措施和一系列创造性战法;措施有度,依靠全系师生的高素质,降低了危险和损失;充分发挥党组织的战斗堡垒作用和党员的先锋模范作用,被授予"北京市抗击非典先进基层党组织"的光荣称号。在 2005 年保持共产党员先进性教育活动中,环境系党委本着"突出重点,注重实效"的工作要求,结合工作实际,坚持改革中出现的问题依靠深化改革解决,发展中遇到的新问题通过全面发展的办法去解决,通过推动中心工作,落实和解决发展中的关键问题。针对"马上、限期、逐步、长期"四个整改时限,把整改提高与制度建设和经常性教育管理工作紧密结合起来,把先进性教育成果转化为强大的精神动力,发挥政治优势,充分调动各方面的积极性,形成合力,加快建设世界一流环境学科的步伐。

1996—2010 年环境系优秀党员和集体获得荣誉情况如表 4-1 所示。

表 4-1　环境系获得党建荣誉情况(1996—2010 年)

年　　度	荣　　誉	获　奖　人
1991	教工优秀共产党员	李振瑜
1994	教工优秀共产党员	井文涌

年　度	荣　誉	获　奖　人
1996	教工优秀共产党员	施汉昌
	学生优秀共产党员	何雪炀
	优秀党建与思想政治工作者	李振瑜
1998	教工优秀共产党员	李振瑜
1999	教工优秀共产党员	蒋展鹏
	学生优秀共产党员	梁鹏
	优秀党建与思想政治工作者	管运涛
2001	先进党支部	环境系研3党支部
	教工优秀共产党员	郝吉明
	学生优秀共产党员	孟耀斌
	优秀党建与思想政治工作者	陆正禹
2003	北京市防治非典型肺炎工作先进基层党组织	环境科学与工程系党委
	北京高校防治非典型肺炎工作先进基层党组织	环境科学与工程系党委
	先进党支部	环境系水质科学与工程研究所党支部环境系环0党支部
	教工优秀共产党员	刘建国
	学生优秀共产党员	刘静
	优秀党建与思想政治工作者	王洪涛
2005	先进党支部	环境科学与工程系环1年级第二党支部
	教工优秀共产党员	蒋建国
	学生优秀共产党员	杜斌
2007	先进党支部	环境科学与工程系环境系统分析研究所党支部
	学生优秀共产党员	陈金銮
	优秀党建与思想政治工作者	李振瑜
2008	优秀党支部书记	环境科学与工程系教职工第一党支部张旭
2009	先进党支部	环境科学与工程系教职工第一党支部、环研二党支部
	教职工优秀共产党员	吴烨、蒋建国
	学生优秀共产党员	李建忠
	优秀党建与思想政治工作者	左剑恶
2010	优秀教职工党支部书记	环境科学与工程系教职工第一党支部 张旭

4.4　师资队伍

4.4.1　教师概况

师资队伍建设始终是环境工程系工作的重中之重,教职工队伍建设的长远目标为建设一支精干、高效、充满活力的具有一流水平的教职工队伍。

1988 年,学校制定《清华大学综合改革与建设方案》,要求强化定编意识,调整及核定编制,建立固定编制与流动编制相结合的师资队伍,调整优化师资队伍。环境工程系在学校的统一部署下,以教师队伍建设为核心,结合系发展规划,围绕国家战略需求与社会主义市场经济的需要,组织队伍,不断改进运行机制,稳步推进科学定编办法,完善规划考核制度,强化队伍意识,优化队伍结构,妥善处理历史遗留问题,协助分流人员实际问题的解决,稳步推进各项人事制度改革。

1996 年,环境系提出大力抓好青年学术骨干及管理骨干队伍建设,对他们既要扶持又要敢于要求,加速青年学术骨干的培养,包括继续选派青年教师出国培训或合作研究,扩大视野,多渠道吸引优秀人才,结合学校"十百千人才工程",除选留一些优秀应届博士毕业生外,还要加强引进学术骨干的工作。

1999 年起,环境系各项管理制度开始逐步建立和完善,采取了各岗位竞争上岗的方式,有序推进着岗位聘任工作和过剩人员的分流工作,逐步开展科研机构和行政机构的合并及重组,进一步完善教师考察目标和考核机制。根据学校人事制度改革和总体安排,按工作需要设置教师职务岗位,实行教师职务聘任制,面向国内外公开招聘人才,优化教师队伍结构。采取"培养和引进相结合"的方针,在加强引进力度的同时,重视支持和培养中青年学术带头人队伍,同时创造条件,使更多优秀人才尽快挑起教学科研及管理工作的重任,做到"后继有人"。

建系之初,环境工程系有 5 位教授、5 位副教授。随着 1995 年学校启动多项人才计划,环境系引进优秀人才的数量和质量逐年增加,教师力量得到了很大提升。截至 2010 年年底,环境科学与工程系有中国工程院院士 3 人,教授(含研究员)共 36 人,副教授(含副研究员)31 人,中级职称人员 6 人,形成了一支由顾夏声、钱易、郝吉明三位院士领衔,中青年教师为学术骨干的优秀教师队伍。1996—2010 年,环境系教师队伍情况如图 4-7 所示。

环境系历任教授名录见表 4-2。

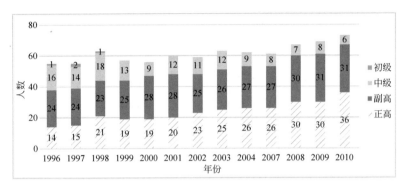

图 4-7 1996—2010 年环境科学与工程系教师队伍情况

表 4-2 1931—2010 年环境系历任教授名录①

姓名（任职时间）	姓名（任职时间）	姓名（任职时间）
陶葆楷（1931—1992 年）	李颂琛（1952—1964 年）	顾夏声（1960—2000 年）
王继明（1960—1986 年）	许保玖（1960—1989 年）	李国鼎（1980—1990 年）
傅国伟（1984—2000 年）	王占生（1985—1999 年）	钱　易（1987—2018 年）
黄铭荣（1987—1991 年）	陈志义（1988—1988 年）	胡纪萃（1988—1994 年）
井文涌（1988—2000 年）	程声通（1989—2005 年）	蒋展鹏（1990—2004 年）
郝吉明（1990—2020 年）	俞　珂（1992—1994 年）	张兰生（1992—1994 年）
杨志华（1992—1996 年）	张晓健（1993—2019 年）	席德立（1994—1999 年）
聂永丰（1995—2011 年）	何　强（1995—2001 年）	贺克斌（1996 年至今）
卜　城（1997—1999 年）	黄　霞（1997 年至今）	袁光钰（1998—2000 年）
祝万鹏（1998—2009 年）	施汉昌（1998—2015 年）	陈吉宁（1998—2015 年）
余　刚（1998—2022 年）	陆正禹（1999—2007 年）	王　伟（1999 年至今）
白庆中（2000—2007 年）	李广贺（2000 年至今）	胡洪营（1999 年调入至今）
王洪涛（2001 年至今）	文湘华（2001 年至今）	张天柱（2002—2013 年）
周中平（2002—2006 年）	徐康富（2002—2007 年）	傅立新（2003 年至今）
陈吕军（2003 年至今）	左剑恶（2004 年至今）	李金惠（2004 年至今）
刘　翔（2005 年至今）	单立志（2005—2009 年）	汪诚文（2006 年至今）
刘文君（2006—2018 年）	李俊华（2007 年至今）	徐　冰（2008 年调入至今）
王凯军（2008 年调入至今）	张彭义（2008 年至今）	何　苗（2008 年至今）
王　慧（2009 年至今）	蒋建国（2009 年至今）	王　毅（2010 年调入至今）
解跃峰（2010 年调入至今）	周集中（2010 年调入至今）	杨云锋（2010—2023）
王　灿（2010 年至今）	段　雷（2010 年至今）	

　　环境系历年教职工人数情况见表 4-3。截至 2010 年年底，环境系聘用非事业编制科研和管理人员共 300 人，成为正式编制人员的重要补充。

　　①　陈旭,贺美英,张再兴.清华大学志(1911—2010)：第三卷[M].北京：清华大学出版社,2018：88.

表 4-3 环境系历年教职工人数统计①

年份	1984	1985	1986	1987	1988	1989	1990	1991	1992
人数		74	95	96	97	87	91	95	96
年份	1993	1994	1995	1996	1997	1998	1999	2000	2001
人数	114	107	106	108	106	103	109	117	119
年份	2002	2003	2004	2005	2006	2007	2008	2009	2010
人数	118	119	122	127	127	134	139	142	150

此外,环境工程系还先后聘请国内知名专家担任兼职教授,包括曲格平、刘鸿亮、张坤民、甘师俊、聂梅生、解振华、唐孝炎、刘燕华、沈国舫等;聘任美国密苏里大学黄汝常、日本水环境学会前会长铃木基之、美国哈佛大学环境委员会主任 M. B. McELroy 为客座教授。环境工程系还曾邀请校外专家学者来系兼任教课,其中包括王翊亭教授级高工(原工作单位为核工业部四院(铀矿开采设计研究院),后担任国家环境科学研究院情报所研究员)曾在环境系开讲"环境学导论",此外还曾在研究生班讲授英语等课程;张崇华专家(美籍华人,国家环保局高级顾问)来环境系为研究生授课,以提高他们的英语水平,并参加指导实验室建设和有关科研工作,对研究生培养起到重要作用。其中"环境学导论"后续由井文涌、何强讲授,并合编同名本科生必修课教学用书,由清华大学出版社出版发行。

4.4.2 优秀教师代表

表 4-4 汇总清华大学环境科学与工程系教师获得的国内外荣誉。

表 4-4 清华大学环境科学与工程系教师获得的国内外荣誉

荣 誉 名 称	名 单
中国工程院院士	钱易(1994 年)、顾夏声(1995 年)、郝吉明(2005 年)
第八届全国人大常委会委员	钱易(1993 年)
全国优秀教师	井文涌(1989 年)
国家教学名师	郝吉明(2006 年 9 月)、钱易(2007 年 9 月)
教育部"长江学者"特聘教授	郝吉明(1998 年)、贺克斌(2007 年)、黄霞(2008 年)
杰出青年基金获得者	贺克斌(2006 年)、余刚(2006 年)、黄霞(2007 年)、胡洪营(2008 年)
新世纪优秀人才支持计划	张彭义(2004 年)、李俊华(2005 年)、邓述波(2006 年)

① 陈旭,贺美英,张再兴.清华大学志(1911—2010):第三卷[M].北京:清华大学出版社,2018:88.

续表

荣 誉 名 称	名　　单
百千万人才工程国家级人选	贺克斌(1998 年)、陈吕军(2014 年)
巾帼之光	钱易(1992 年)
全国教育系统"巾帼建功"标兵	钱易(1993 年)
全国妇联第七届执行委员会委员	钱易(1994 年)
中国工程科技光华奖	钱易(2000 年第三届)
国家环保总局"地球奖"	李国鼎(2000 年)
绿色中国年度人物	张晓健(2007 年)、郝吉明(2009 年)
北京市高教系统"教书育人、服务育人"先进个人	周中平(1985 年)、顾夏声(1988 年)
北京市高等学校教学名师奖	郝吉明(2006 年)、钱易(2007 年)、胡洪营(2010 年)
北京市优秀教师	张晓健(1994 年)、李振瑜(1997 年)、刘文君(2006 年)、黄霞(2009 年)
北京市人民教师	张晓健(2008 年,提名奖)
北京市师德先进个人	黄霞(2008 年)
北京市高校孟二冬式的优秀教师	张晓健(2007 年)
北京市先进工作者	陈吉宁(2005 年)
北京市科技新星	张彭义(2004 年)、张祖麟(2006 年)、刘建国(2007 年)、吴烨(2010 年)
北京市教育工会优秀工会积极分子	李国鼎(1990 年)
北京市爱国立功竞赛标兵	郝吉明(1991 年)、张晓健(1999 年)
北京市政协第六届（1983—1988 年）委员会委员	黄铭荣
霍英东教育基金会第三次高校青年基金暨青年教师奖	张晓健(青年教师三等奖,1992 年)
清华大学突出贡献奖	钱易(2009 年)
清华大学"学术新人奖"	贺克斌(1995 年)、黄霞(1998 年)、李俊华(2007 年)
清华大学先进集体	深圳市水污染控制系统规划研究组(1984 年)、株洲市清水塘地区环境污染综合治理工程研究课题组(1985 年)
清华大学先进工作者	杨志华(1984 年)、陈经木(1984 年)、李国鼎(1985 年)、袁光钰(1985 年)、程声通(1986 年)、王中孚(1988 年)、何强(1989 年)、俞毓馨(1990 年)、梁永明(1990 年)、徐本源(1991 年)、贺克斌(1992 年)、张晓健(1994 年)、李振瑜(1997 年)、刘建国(2006 年)、刘毅(2007 年)、杨宏伟(2008 年)、黄霞(2009 年)、吴烨(2009 年)、郭玉凤(2010 年)、施汉昌(2011 年)、王灿(2011 年)
清华之友-长谷青年教师教学优秀奖	李广贺(1997 年)

续表

荣 誉 名 称	名　　单
清华之友-教师奖	李振瑜、施汉昌、陆正禹、金勤献、贺克斌、单立志、左剑恶、马金、王洪涛、刘力群、黄霞(1992 年、1994 年、1997 年)、李金惠(2000 年)
清华之友-青年教师群体奖	余刚、陈吉宁、胡洪营、李振瑜、李金惠、张彭义、杨曦、张祖麟(2001 年)
清华大学优秀班(级)主任	贾海峰(2002 年,二等奖)、李金惠(2002 年,二等奖)、石磊(2003 年,二等奖)、曾思育(2004 年,二等奖)、何苗(2004 年,二等奖)、刘建国(2005 年,一等奖)、陆文静(2005 年,二等奖)、杨宏伟(2005 年,二等奖)、常杪(2006 年,一等奖)、王灿(2006 年,二等奖)、左剑恶(2008 年,一等奖)、王书肖(2008 年,二等奖)、邓述波(2009 年,一等奖)、吴静(2009 年,二等奖)、许嘉钰(2010 年,一等奖)、温宗国(2010 年,二等奖)
北京市青年教师教学比赛奖	左剑恶(2001 年,三等奖)
清华大学青年教师教学大赛奖	杜鹏飞(2004 年,二等奖)、曾思育(2006 年,二等奖)、刘书明(2010 年,二等奖)、段雷(2010 年,二等奖)
环境与发展国际合作奖最高奖(中国环境与发展国际合作委员会颁发)	钱易(1997 年)
国际科学联盟执行委员会委员	钱易(1996—2002 年)
世界工程组织联合会副主席	钱易(1997—2007 年)
美国世界资源研究所指导委员会委员	钱易(1998—2003 年)
世界工程组织联合会优秀工程教育奖	钱易(2009 年)
宝钢教育特等奖	胡洪营(2009 年)

4.4.3　博士后

为适应国内环境领域发展需求,培养高级科技人才,环境系开始培养博士后,在招收、管理等工作领域中不断探索。1985 年 11 月,环境工程系建立了环境工程博士后流动站。1986 年 9 月 1 日,招收第一名留学回国博士研究生王志石(合作导师蒋展鹏教授)进站,同时拉开了环境系博士后发展历程的序幕。1988 年 4 月,王志石博士出站并留校任职,1992 年王志石老师被派往澳门任教,先后执教于澳门大学、澳门科技大学,并担任澳门特区政府环境委员会委员等职务。

1996 年清华大学在全国设站单位中率先开展了优秀博士后评选活

动,全校每年评选出 10 名左右优秀博士后,此评选受到博士后特别是新进站博士后的欢迎。经个人申报、院系推荐、个人答辩和专家评审等环节,并经校博士后管理委员会通过,1997 年 10 月,环境科学与工程系博士后李广贺(合作导师郝吉明教授)入选首届"清华大学优秀博士后"称号。1997—2010 年,环境系入选"清华大学优秀博士后"的名单如表 4-5 所示。

表 4-5　环境系入选"清华大学优秀博士后"名单(1997—2010 年)

序　号	年　份	姓　名	合作导师	在 站 时 间
1	1997	李广贺	郝吉明	1993 年 4 月至 1994 年 11 月
2	2000	李金惠	聂永丰	1997 年 9 月至 1999 年 7 月
3	2003	张祖麟	余刚	2001 年 9 月至 2003 年 9 月
4	2004	李俊华	郝吉明	2002 年 1 月至 2003 年 12 月
5	2005	陈崧哲	祝万鹏	2002 年 5 月至 2004 年 5 月
6	2007	温宗国	陈吉宁	2005 年 7 月至 2007 年 1 月
7	2007	梁鹏	黄霞	2005 年 1 月至 2006 年 12 月
8	2008	陈超	张晓健	2005 年 7 月至 2007 年 11 月
9	2009	周小红	施汉昌	2007 年 7 月至 2009 年 7 月

　　1999 年 3 月 11 日,清华大学正式设立环境科学与工程博士后流动站。10 月 15 日,环境科学与工程系与大庆石油管理局工作站联合培养的第一位企业博士后邓述波进站(合作导师蒋展鹏教授)。2000 年 1 月起,清华大学将博士后招收数量和人选权限下放至院系,自此环境系博士后数量开始增加。2001 年博士后招收当年进站人数突破个位数。2003 年 4 月 1 日,环境科学与工程博士后流动站第一位外籍博士后本多俊一进站(合作导师白庆中教授)。2004 年起开始招收本校、本学科的优秀博士毕业生从事博士后研究工作(称为校内博士后)。1999 级博士研究生刘毅(合作导师陈吉宁教授)成为环境科学与工程系第一位校内博士后。2010 年,环境科学与工程博士后科研流动站首次被评为全国优秀博士后流动站。环境工程系从招收第一名博士后的 20 年来,在系领导的重视下,博士后规模逐渐扩大。

　　图 4-8 所示为 1986—2010 年环境科学与工程系博士后的人数情况,图 4-9 所示为 2000—2010 年环境系获得博士后基金资助人数情况。

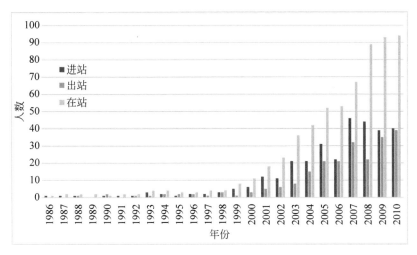

图 4-8　1986—2010 年环境科学与工程系博士后人数

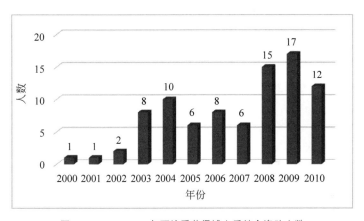

图 4-9　2000—2010 年环境系获得博士后基金资助人数

4.5　教 学 工 作

在发展过程中,环境系逐渐形成了包括本科生、硕士研究生、博士研究生和博士后在内的完善的人才培养体系,成为我国环境保护高层次人才培养的重要基地。1984 年正式成立环境工程系,并获博士学位授予权,1986 年被批准设立环境工程博士后流动站,1988 年被评为我国环境工程唯一的重点学科,并于 2001 年、2007 年蝉联全国重点学科。1997 年为适应学科发展更名为环境科学与工程系,2000 年获环境科学与工程一级学科博士学位授予权。清华大学还一直担任教育部高等学校环境科学与工程专业教学指导委员会的主任单位、给水排水专业教学指导委员会的副主任单位。

本科教学设"环境工程"和"给水排水工程"（2006年更名为"给排水科学与工程"）两个专业。研究生教学拥有环境科学与工程一级学科和市政工程、辐射防护与环境保护两个二级学科的硕士学位和博士学位授予权，在环境科学与工程一级学科内设环境工程、环境科学、环境生态学和环境规划与管理四个学科方向。

在多年的探索中，环境系逐渐形成了目标清晰、特色鲜明的办学理念：面向我国环境保护事业的重大需求，瞄准国际上环境保护领域的前沿问题，坚持"工程与科学结合、技术与管理结合"的原则，遵循"创新、务实、开放式、国际化"的模式，引领我国环境科学与工程学科发展方向，培育环境专业高层次复合型精英人才及具有坚实的可持续发展知识及观念的非环境专业人才，开展基础性、前瞻性、创新性和战略性环境保护科学技术研究，建设特色鲜明、设施先进、人才汇聚、成果突出的世界一流环境学科。

4.5.1 本科教学

4.5.1.1 专业设置

1984年建系时，环境系仅设环境工程一个专业；1990年，恢复给水排水工程专业招生。1999年起，本科招生规模从每年2个班扩大为每年3个班。从2006年起，给水排水工程专业更名为给排水科学与工程专业。

根据清华大学本科生的管理体制，环境工程专业与给水排水专业按环境工程专业统一招生，实行学分制，由学生按照不同专业的培养要求自行选课来确定毕业时的专业。

4.5.1.2 课程设置

在学科发展与调整的过程中，环境系始终坚持以内涵式发展为主，以理工结合为特色、以构建综合性创新机制为导向，在保持工科优势的基础上，着力加强环境科学和环境管理学科的发展，明确了"工程与科学结合、技术与管理结合"的综合发展思路，以及高质量的"国际化、复合型"人才培养目标。

在课程体系方面，1984年独立建系后，本科教学逐步完善。从1996

年开始,学制从原有的 5 年调整为 4 年,课程体系和学分要求均有较大调整。2000 年起,根据环境科学与工程学科的发展趋势,环境系依托环境科学与工程学科建设,在充分调研国内外一流大学环境与市政工程学科课程体系的基础上,经过全系教师反复讨论,对本科课程体系和教学内容进行了大力度的改革,打破了以应用对象来组织课程的传统本科教学体系,在国内率先建立了以学科内在理论与工艺技术联系为主线的课程体系,反映了环境科学与工程学科的特点和发展趋势。具体而言,在专业基础课和专业课程建设方面,新创设了"环境工程原理"课,形成了以"环境工程原理""环境监测""环境工程微生物学"为专业基础课,"水处理工程""大气污染控制工程""固体废物处理处置工程"等为主干专业课的环境工程专业新的课程体系。以 2002 年以来试行的新版培养方案为例,总学分要求 170 学分,其中春秋学期总学分不少于 140 学分,夏季学期 15 学分,综合论文训练 15 学分。2002 级环境工程及给水排水工程专业的课程设置见表 4-6。

表 4-6　2002 级环境工程及给水排水工程专业(4 年制)的课程设置

编　号	课程名称	学　分	编　号	课程名称	学　分
人文社会科学类课程 35 学分					
自然科学基础类课程 35 学分(数学类课程带 * 的为选修不小于 6 学分,化学类课程必修不小于 6 学分,生物类课程选修不小于 4 学分)					
1	微积分(1)	3	9	物理学导论	5
2	微积分(2)	3	10	物理实验 A(1)	2
3	微积分(3)*	4	11	物理实验 B(2)	2
4	几何与代数(1)	4	12	无机与分析化学	4
5	几何与代数(2)*	2	13	无机与分析化学实验 B	2
6	随机数学方法*	3	14	生物化学原理	4
7	概率论与数理统计*	3	15	现代生物学导论	2
8	数理实验*	3	16	分子生物学	4
工程技术基础课 9 学分(带 * 为选修不小于 2 学分)					
1	机械设计基础 B	3	4	计算机软件技术基础*	3
2	电工技术与电子技术	4	5	计算机信息管理基础*	3
3	计算机文化基础*	2			
专业基础课程 35 学分(必修课程 30 学分,带 * 为选修不小于 5 学分)					
1	有机化学 B	3	10	环境工程微生物学	3
2	物理化学 B	3	11	环境工程原理	4
3	物理化学实验 B(1)	1	12	有机化学实验*	1
4	物理化学实验 B(2)	1	13	仪器分析 B*	2

编 号	课 程 名 称	学 分	编 号	课 程 名 称	学 分
专业基础课程 35 学分(必修课程 30 学分,带 * 为选修不小于 5 学分)					
5	工程力学 A	4	14	仪器分析实验 *	1
6	工程结构	3	15	生态学原理 *	2
7	流体力学(1)	3	16	环境化学 *	2
8	流体力学(2)	2	17	环境土壤学 *	2
9	环境监测	3			
专业课 26 学分					
(1)专业核心课(各专业必修)					
1	水处理工程(含实验)	5			
(2)专业限选课 B 类课程不小于 8 学分					
1	城市与建筑给水排水工程	4	3	大气污染控制工程(含实验)	4
2	固体废物处理处置工程	4	4	环境数据处理与数学模型	4
(3)专业限选课 C 类课程不小于 3 学分					
1	给水排水工程设计	3	3	大气污染控制工程设计	3
2	固体废物处理处置设施	3	4	数据库与信息技术	3
(4)专业选修课 D 类课程不小于 10 学分					
1	给排水与环境工程施工	2	6	环境评价与工业环境管理	2
2	环境工程技术经济和造价管理	2	7	环境管理与环境社会学方法	2
3	环境物理性污染与控制	2	8	流域面源污染控制与生态工程	2
4	水资源利用工程与管理	2	9	专业外语	2
5	环境中有害化学物质的迁移、归宿及去除	2			
实践必修环节 15 学分					
1	军事理论与技能训练	3	5	校园环境质量监测	2
2	认识实习	2	6	生产实习	2
3	测量	2	7	水处理工程设计	3
4	金工实习 C	3			
综合论文训练 15 学分					

此外,环境系注重学生创新能力培养和个性发展。"新生研讨课"为初踏科学门槛的学生提供了与学术带头人面对面直接交流、思想碰撞的机会。通过实施"大学生研究训练(SRT)计划",全系每年有百余名学生参加各种形式的科研训练,对于学生了解专业、提高综合能力起到了很好的促进作用。环境系试行"导师制",使学生能够较早地与专业教师接触,

体现出环境系落实全员教书育人的努力。为加强学生实习环节,环境系积极推行 Internship(实习生)计划,学生通过直接参与企事业单位和管理部门的科研、生产和管理工作,增加阅历、增长才干。在"985"一期工程的支持下,原有的本科生教学实验条件获得了改善,为进一步加强学生实验教学环节,环境系成立了"实验教学管理中心",形成由"管理中心"统一管理、主讲教师参与的实验教学体系。2010 年,清华大学环境科学与工程实验实践教学中心通过 ISO 9001:2008 质量管理体系认证,环境系成为清华大学第一个通过 ISO 质量认证的院系。

为加强各专业不同领域的学生对环境保护与可持续发展的认识,成长为能为中国及世界可持续发展服务的人才,环境系从 1998 年起,开设了"环境保护与可持续发展"公共课,至 2007 年选课人数已经超过 1 万人,是清华大学建设绿色大学中推进绿色教育的一项重要工作。

4.5.1.3　国际化教学

环境系还注重国际化教学。与哈佛大学、耶鲁大学、斯坦福大学等世界一流大学,世界资源研究所等国际著名研究机构及联合国环境规划署等国际组织开展了科研、教学等全方位的合作与交流,美国、德国、荷兰、挪威等国家的著名教授直接参与本科和研究生教学。"环境土壤学"由挪威农业大学教授 Jan Mulder 授课,"环境中有害化学物质的迁移、归宿及去除"由美国斯坦福大学教授 Perry McCarty 授课等,促进了学生思维方式的转变和视野的扩展。德国亚琛工业大学教授 Dohmann 开设的"环境与市政实践与案例分析",把世界顶尖的工程教学经验搬到了环境系的讲台上。

4.5.1.4　本科生毕业情况

1979—2010 年,环境系本科生招生和毕业人数见表 4-7。

表 4-7　1979—2010 年环境系本科生招生与毕业人数

入学年份	招生人数	留学生人数	毕业年份	毕业人数	结业人数	留学生人数
1979	59		1984	58		
1980	60		1985	59		
1981	60		1986	62		
1982	62		1987	61		
1983	64		1988	59	2	
1984	60		1989	60		

入学年份	招生人数	留学生人数	毕业年份	毕业人数	结业人数	留学生人数
1985	64		1990	62		
1986	61		1991	59		
1987	61		1992	62	1	
1988	60		1993	59		
1989	58		1994	55	2	
1990	62		1995	64		
1991	60		1996	61		
1992	60		1997	58	1	
1993	63		1998	62	1	
1994	66		1999	65		
1995	61		2000	58		
1996	62		2000	61	2	
1997	63		2001	51	6	
1998	61		2002	54	5	
1999	96		2003	85	3	
2000	96		2004	83	2	
2001	104	1	2005	93	3	
2002	92		2006	87	1	
2003	90	1	2007	75	6	1
2004	88	2	2008	86	3	2
2005	83	3	2009	75	2	2
2006	90	3	2010	87	2	
2007	90					
2008	93	5				
2009	84	8				
2010	88	5				

4.5.2 研究生教学

4.5.2.1 学科建设情况

环境学科研究生教育始于 1953 年，学位教育始于 1978 年。1978 年招收第一批硕士研究生，1981 年招收第一批博士研究生。1984 年获博士学位授予权。硕士学位设环境工程、市政工程和核环境工程 3 个专业；博士学位设环境工程和核环境工程 2 个专业①。

1986 年 7 月，经学校申报，国务院学科评议组评审，国务院学位委员

---

① 陈旭,贺美英,张再兴.清华大学志(1911—2010):第三卷[M].北京:清华大学出版社,2018:92.

会批准,第三批批准新增清华大学有权授予博士学位的学科、专业 9 个,博士研究生指导教师 11 人。批准可授予放射性废物处理专业博士学位,李国鼎为博士研究生指导教师。学校原有博士学位授予权的学科、专业增列指导教师 41 人,环境工程专业增列王占生、傅国伟为博士研究生导师。同时,获得市政工程硕士学位授予权。

1998 年,环境学科获得市政工程博士学位授予权。

2000 年获环境科学与工程一级学科博士学位授予权,自 2002 年开始,硕士研究生和博士研究生按一级学科招生和授予学位。环境科学与工程一级学科下设 4 个专业方向:环境科学、环境工程学、环境管理、环境生态学;同时有土木工程一级学科下的市政工程二级学科和核科学与技术一级学科下的辐射防护与环境保护二级学科的硕士学位和博士学位授予权。

4.5.2.2　完善研究生培养制度

1989 年,研究生开始实行中期全面考核,优秀者给予奖励;较差者给予警告并限期改正;不合要求者,实行淘汰。

2001 年 11 月,环境系制定了关于硕士研究生培养的补充规定,明确了对申请 2 年毕业的硕士研究生的要求。为了进一步加强研究生培养过程的指导力度,保证研究生学位论文质量,成立了"研究生培养审查小组",负责研究生培养过程中各个环节的审查工作。同时制定了《环境系硕士研究生论文进展考查实施细则(试行)》。为了更好地调动学生和导师的积极性,使研究生教学管理工作更加公平、公正、合理、透明、规范,环境系先后制定了直博生遴选办法、硕士研究生确定导师的实施办法等。

2002 年 9 月,根据研究生培养的需要和学校的要求,环境系制定了新的研究生培养方案,并从 2002 级硕士研究生和博士研究生开始实施。新的培养方案明确了环境科学与工程专业按一级学科招生、培养、授学位的模式。市政工程和辐射防护与环境保护专业按二级学科招生、培养、授学位。

4.5.2.3　课程设置

2009 年,环境系为研究生开设的课程有 50 门,其中普通研究生课程 30 门,专门为留学生全英文项目开设的全英文课程 16 门,专门为应用型工学硕士开设的案例分析课程 4 门,如表 4-8 所示。

表 4-8 环境系开设的研究生课程

课　号	课　程　名　称	学　　分	课程说明
70050042	高等水处理工程	2	普通研究生课程
70050012	气溶胶力学	2	普通研究生课程
80050012	能源与环境	2	普通研究生课程
90050012	可持续发展引论	2	普通研究生课程
70050082	多孔介质污染物迁移动力学	2	普通研究生课程
70050252	环境和辐射及其示踪技术	2	普通研究生课程
80050122	危险废物管理	2	普通研究生课程
70050222	环境遥感技术及其应用	2	普通研究生课程
70050072	现代环境生物学	2	普通研究生课程
70050192	环境土壤学	2	普通研究生课程
80050142	环境与市政工程实践与案例分析（1）	2	普通研究生课程
70050182	高等环境化学	2	普通研究生课程
70050032	大气污染化学和物理	2	普通研究生课程
80050022	污染控制实验技术	2	普通研究生课程
80050152	环境保护投融资	2	普通研究生课程
70050062	水处理过程化学	2	普通研究生课程
70050172	地下水污染控制理论与治理工程	2	普通研究生课程
70050022	大气污染防治原理	2	普通研究生课程
80050161	暴雨径流与非点源控制	1	普通研究生课程
70050092	固体废物资源化工程	2	普通研究生课程
70050102	固体废物控制工程	2	普通研究生课程
70050112	环境风险分析	2	普通研究生课程
70050232	固体废物热处理技术	2	普通研究生课程
80050082	环境规划	2	普通研究生课程
80050092	环境系统建模理论与复杂模型	2	普通研究生课程
70050162	环境经济	2	普通研究生课程
70050262	废水生物处理的数学模型与新技术	2	普通研究生课程
80050112	废水生物处理的过程控制与自动监测	2	普通研究生课程
70050242	现代环境微生物监测原理与技术	2	普通研究生课程
80050342	全球大气污染传输与模拟	2	普通研究生课程
80050312	固体废物处理处置工程案例分析	2	应用型硕士研究生课程
80050302	大气污染控制案例分析	2	应用型硕士研究生课程
80050322	水环境污染控制工程与管理案例分析	2	应用型硕士研究生课程
80050352	战略环境评价与环境管理案例分析	2	应用型硕士研究生课程
70050323	Advanced Environmental Chemistry	3	留学生课程
80050233	Advanced Wastewater Treatment	3	留学生课程
80050243	Restoration Ecology and Application	3	留学生课程

课 号	课程名称	学 分	课程说明
80050253	Global Environmental Issues	3	留学生课程
80050263	Hazardous Waste Disposal	3	留学生课程
80050333	Air Pollution Control Technology	3	留学生课程
70050172	Groundwater Pollution Control Technology	3	留学生课程
70050313	Fundamentals of Environmental Biotechnology	3	留学生课程
80050193	Advanced Water Distributiond System and Management	3	留学生课程
80050203	Advanced Water Supply Engineering	3	留学生课程
80050213	Environmental Management and Policy	3	留学生课程
80050223	Environmental Remote Sensing and Application	3	留学生课程
80050273	Integrated Solid Waste Management	3	留学生课程
80050283	Air Pollution Control Technology	3	留学生课程
80050322	Internship	1	留学生课程
69990041	Social Practice	1	留学生课程

注:以上课程均适用于各类型研究生。

4.5.2.4 学位授予情况

1981—1993 年,共有 213 名研究生毕业,其中获博士学位的有 33 人,获硕士学位的有 180 人。1993 年以来招收和授予硕士、博士学位的情况见表4-9。

表 4-9　1993—2010 年环境科学与工程系授予硕士、博士学位人数

年份	招生人数			授予学位人数		
	硕士	博士	当年合计	硕士	博士	当年合计
1993	24	10	34	12	4	16
1994	25	6	31	19	5	24
1995	24	14	38	25	9	34
1996	20	13	33	24	8	32
1997	22	15	37	26	9	35
1998	23	17	40	28	7	35
1999	28	28	56	21	14	35
2000	77+1*	40	118	26	8	34
2001	51	20+1*	72	39	15	54
2002	68	32	100	82	13	95
2003	68	33+1*	102	74	27	101
2004	73+2*	35+1*	111	74	19	93
2005	59+2*	30	91	97	26	123
2006	56	27	83	125	21	146

续表

年份	招生人数			授予学位人数		
	硕士	博士	当年合计	硕士	博士	当年合计
2007	55	28+1*	84	99	22	121
2008	57+4*	31+2*	94	47	32	79
2009	74+7*	32+1*	114	50	36	86
2010	74+10*	46+3*	133	46	22	68

*留学生人数。

4.5.2.5 优秀研究生成果

部分优秀研究生成果见表4-10~表4-13。

表4-10 1984—2011年全国优博获奖及提名名单

获奖年份	姓 名	导 师	论文题目	备 注
1999	何苗	顾夏声	杂环化合物和多环芳烃生物降解性能的研究	
2001	刘文君	王占生	饮用水中可生物降解有机物和消毒副产物特性研究	
2003	段雷	郝吉明	中国酸沉降临界负荷区划研究	
2004	刘锐	钱易	一体式膜-生物反应器的微生物代谢特性及膜污染控制	提名
2005	杨宏伟	蒋展鹏	有机物厌氧生物降解性及其与定量结构关系的研究	提名
2007	段凤魁	贺克斌	北京市含碳气溶胶污染特征及来源研究	
2009	杨波	余刚	基于钯修饰电极的多氯联苯电催化还原脱氯研究	提名
2010	赵瑜	郝吉明	中国燃煤电厂大气污染物排放及环境影响研究	

表4-11 1984—2011年北京市优博获奖名单

获奖年份	姓 名	导 师	论文题目
2008	杨波	余刚	基于钯修饰电极的多氯联苯电催化还原脱氯研究
2009	龙峰	施汉昌	倏逝波全光纤免疫传感器及其检测微囊藻毒素-LR 的研究

表4-12 1984—2011年校级优博获奖名单

年份和奖项	作 者	导 师	题 目
2006 二等	岳东北	聂永丰	填埋场渗滤液的二阶段浸没燃烧蒸发技术研究与应用
2007 一等	孙傅	陈吉宁	给水系统水质风险模拟与管理策略研究

续表

年份和奖项	作 者	导 师	题 目
2007 一等	王丽莎	胡洪营	氯和二氧化氯消毒对污水生物毒性的影响研究
2007 二等	杨波	余刚	基于钯修饰电极的多氯联苯电催化还原脱氯研究
2008 一等	赵瑜	郝吉明	中国燃煤电厂大气污染物排放及环境影响研究
2008 二等	龙峰	施汉昌	倏逝波全光纤免疫传感器及其检测微囊藻毒素-LR 的研究
2008 二等	洪喻	胡洪营	水生植物化感物质对有害藻类的生长控制作用研究
2009 一等	王灿	胡洪营	紫外-生物过滤联合工艺处理氯苯气体的研究
2009 二等	赵岩	王洪涛	秸秆制乙醇的超临界亚临界组合预处理与水解研究
2009 二等	吕子峰	郝吉明	无机粒子对二次有机气溶胶生成影响的研究
2009 二等	王斌	余刚	持久性有机污染物生态风险评价模式研究
2010 一等	吴乾元	胡洪营	氯消毒对再生水遗传毒性和雌/抗雌激素活性的影响研究
2010 二等	蔡闻佳	陈吉宁	国际温室气体行业减排方案对我国的影响研究
2010 二等	段华波	李金惠	基于热处理改性的废线路板资源化过程及作用机理研究

表 4-13　1984—2011 年校级优硕获奖名单

获奖年份	作 者	导 师	题 目
2006	徐明	张天柱	中国经济系统物质代谢研究
2006	王军	蒋建国	城市垃圾焚烧飞灰可溶性磷酸盐稳定化技术及机理研究
2006	范向宇	王慧	电动生物修复技术的优化及其应用研究
2006	张彤	胡洪营	污水再生处理过程中病原性原虫的去除特性研究
2006	张爽	刘雪华	贝叶斯专家系统分类器中专家知识的自动提取研究与应用
2006	孙昊	杜鹏飞	城市污水再生利用模拟规划研究
2007	门玉洁	胡洪营	抑藻化感物质对铜绿微囊藻藻毒素产生和释放的影响研究
2007	陈建军	李俊华	锰基催化剂研制及其低温选择性催化还原 NO_x 研究
2007	王娜	施汉昌	水环境中总大肠杆菌酶联免疫检测方法研究
2007	许鑫	蒋建国	城市生活垃圾焚烧飞灰硅酸盐水泥稳定化技术及机理研究
2007	刘尧	张晓健	饮用水中致嗅物质去除技术的研究
2008	陈懋喆	蒋建国	基于加速碳酸化技术的生活垃圾焚烧飞灰稳定化技术研究
2008	邱玉琴	施汉昌	基于氧微电极的生物膜内反应动力学参数的原位测定研究
2008	谢兴	胡洪营	再生水城市杂用的微生物健康风险研究
2009	余强	邓述波	水中典型全氟化合物的吸附去除研究
2009	周红明	吴静	絮状污泥颗粒化过程及水力作用影响的定量研究

获奖年份	作者	导师	题目
2009	杨万	何苗	免疫磁珠分离联合实时定量 PCR 检测水中轮状病毒
2010	王仁虎	李俊华	OMS-2 催化氧化替代燃料车排放的非常规污染物
2010	张唱	蒋建国	模拟焚烧烟气对焚烧飞灰加速碳酸化效果的影响研究

4.5.3　重要学生科技或学术活动

为倡导资源节约和环境友好理念,加强学生科技与学术交流,环境系发起并主办了全国环境友好科技竞赛和全国环境博士研究生学术会议。

4.5.3.1　全国环境友好科技竞赛

全国环境友好科技竞赛于 2005 年由清华大学发起,清华大学、同济大学和西安建筑科技大学共同主办,哈希公司赞助。赛事旨在倡导资源节约和环境友好理念,以科技竞赛的方式,鼓励高校学生以独创的科技理念和发明制造参与到资源节约型与环境友好型的和谐社会建设中来,为从事环境及相关学科领域研究的学生搭建高起点、高水平、最前沿的科技竞赛平台。首届赛事于 2006 年举办,吸引了来自 6 个学校的 55 支参赛队伍。随后几年,参赛学校和参赛团队数量逐渐增加,第六届环境友好科技竞赛的参赛队伍达到了 190 支。比赛产生的影响越来越广泛。

2007 年 6 月 17 日,第二届环境友好科技竞赛终审会在中意清华环境节能楼 202 会议室进行,组委会对入围的 23 件作品进行评审。根据作品的创新性、科学性、实用性和现场答辩表现,并综合初审成绩,最终有 14 件作品获奖,9 件作品获提名奖。评委会一致认为,本届参赛作品比第一届有一定的提高,尤其在作品的科学性和实用性上面取得了相当的进步,但是作品的创新性仍有欠缺。环境友好科技竞赛由清华大学环境科学与工程系主办,美国哈希公司赞助。主要由清华大学绿色协会、环境系研究生学术促进会、环境系学生科技协会负责大赛的组织工作。本届竞赛自 2006 年 12 月月底启动,至 2007 年 5 月 9 日作品征集截止,共计收到来自环境系和兄弟院校的有效作品 38 件,其中非环境系作品 20 件,并且有 10 件作品来自北京大学、中国农业大学、北京石油化工学院、西安交通大学、南开大学、南京大学、中国地质大学、华中科技大学等著名院校。

2008 年 4 月 7 日晚,第三届环境友好科技竞赛启动仪式暨选手交流会在中意清华环境节能楼举办,旨在让更多的同学了解大赛,鼓励当代大学生以其独创的科技理念和发明制造参与到资源节约型与环境友好型社会的建设中来,承担起绿色大学建设中青年学生的责任,同时给已经报名的同学提供一个互相交流与咨询老师的平台。到场的嘉宾有校教务处副处长邓俊辉、校团委副书记于涵,环境系主任余刚、环境系党委副书记蒋建国,以及活动赞助商清华大学-美国哈希公司联合水质分析中心和三洋电机株式会社的代表、协办单位代表及往届获奖代表。通过本次启动会,参赛同学和指导老师、赞助企业间得到充分交流,加深了同学们对大赛的理解,为大赛的顺利进行奠定了良好的基础。本届竞赛于 2007 年年底启动,2008 年 5 月 11 日作品提交截止,赛事受到包括兄弟院校在内各界的高度关注。

2009 年 4 月 10 日,第四届环境友好科技竞赛启动仪式暨交流会在环境系举行,校团委副书记阳波、环境系主任余刚,以及赞助商代表、校科协代表、协办学校代表和历届获奖选手代表出席会议并分别致辞。与会代表和本届参赛者围绕大赛组织和评审等方面的问题进行了交流讨论,并提出了切实有效的建议。本届环境友好科技竞赛于 2008 年 11 月月底启动,2009 年 5 月 20 日作品提交截止。与往届相比,本届赛事受到更多兄弟院校的高度关注,其中,西安建筑科技大学和同济大学作为协办学校给予了赛事大力支持。

2010 年 4 月 21 日晚,由清华大学主办、同济大学和西安建筑科技大学协办的清华大学第五届环境友好科技竞赛启动仪式暨选手交流会在环境系报告厅举行。本届竞赛共有 43 所高校报名参赛,共计收到报名作品162 件。校党委副书记韩景阳出席仪式,并在致辞中阐述了此项竞赛和学校绿色大学建设所共同遵循的环保理念,对历届环境友好科技竞赛的成绩表示肯定。环境系副系主任胡洪营和西安建筑科技大学的有关负责人及本届竞赛负责人郭敏晓同学分别介绍了竞赛的组织筹备情况。

前五届环境友好科技竞赛参赛队伍和参赛学校数量如图 4-10 所示。

4.5.3.2　全国环境博士生学术会议

博士研究生是我国环境领域科研队伍的重要力量,同时在推行环境保护工作和实施可持续发展战略中发挥着举足轻重的作用。博士研究生

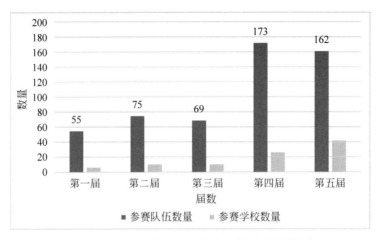

图 4-10　前五届环境友好科技竞赛参赛队伍和参赛学校数量

培养一直是我国高等教育的重要课题,如何更好发挥博士研究生的创新能力,培养基础扎实、知识面广、综合能力强的博士研究生是研究生教育创新关注的焦点。为加强环境领域博士研究生的学术交流,增进学术友谊,环境系发起举办全国环境博士生学术会议,立足于我国污染防治攻坚与环境质量改善的需求,牢记为国家输送高层次环境学科人才的使命,与博士研究生培养第一课堂互补,开辟大师指引、同行碰撞的第二课堂;突破环境学科方向壁垒,打通跨学科、跨介质交叉创新的新途径;以博士研究生群体为中心,搭建自主组织、深度参与为特征的交流平台。

2007 年 10 月 16—18 日,第一届全国博士生学术会议暨环境科学与工程新理论、新技术研讨会在清华大学召开,会上宣布成立由全国高校博士生为主体的全国博士生学术团体,发布《环境科学与工程新理论、新技术——第一届全国博士生学术会议论文集》。本次会议就环境热点问题开展了深入、广泛的交流和探讨,实现了系内博士研究生资源共享、互帮互助、共同进步的目标,开阔了学生的学术视野,激发了创新热情,进一步继承和发扬了"热爱我环境、光大我事业"的传统。同时,研讨会还营造了学术交流氛围,扩大了学术沟通范围,使不同专业方向的博士研究生能相互学习、博采众长,突出环境科技在环境保护工作中的基础支撑地位,不断推进清华大学环境学科和环境教育体系建设,促进清华大学在国家环境决策、环境科研和环境教育中发挥更大作用。郝吉明院士、汤鸿霄院士分别在大会上作了题为《中国氮氧化物污染及控制》和《环境纳米材料及其生态风险》的主旨报告。会议还邀请全国百篇优秀博士学位论文获得者和本次论文遴选中被评为优秀论文的博士研究生作主旨报告,体现出博士研究生在此次会议中的主体作用。

第二届环境博士生论坛(简称环境博论)于 2008 年 10 月 16—18 日举行,本次会议首次设立国际专题 International Water Association (IWA)分会场。清华大学研究生院常务副院长贺克斌教授,中国环境科学学会副理事长、教育委员会主任、中国工程院院士、环境系教授郝吉明出席开幕式,并分别代表清华大学和中国环境科学学会致辞。中国环境科学研究院研究员宋永会,环境系贺克斌教授、段雷副教授(全国百篇优秀博士论文获得者)及来自各大院校的 4 位优秀博士研究生分别作大会主旨报告。环境系副主任胡洪营教授作开幕式总结发言。第二届全国博士生学术会议秉承"交流碰撞启创新之路,厚积博采成一家之言"的宗旨,以"环境科学与工程新理论、新技术"为主题。会议共收到来自清华大学、北京大学、中国人民大学等 30 余所境内高校及日本京都大学等海外高校博士研究生的 100 余篇论文摘要。经评审,50 多名博士研究生参加本次会议。参会博士研究生就环境化学与环境生物学前沿、资源再生利用及其安全性、新型污染物及其风险控制、新型环境功能材料、环境政策与管理 5 个领域进行深入的交流。在 18 日举行的闭幕式上,环境系主任余刚教授为 13 名优秀报告博士研究生和 3 名优秀 Poster 博士研究生颁发了奖状,并作了总结发言。与会博士研究生分组交流了自己分会场的讨论成果及 3 天来参加会议的收获。

第三届环境博论于 2009 年 10 月 22—24 日在环境系系馆召开。清华研究生院副院长高策理出席开幕式并致辞。会上,中国环境科学院研究员、国家环境保护湖泊污染控制重点实验室主任吴丰昌和环境系主任余刚分别作"中国水质基准研究进展"和"国际持久性有机污染物研究新动向"的主旨报告。来自国内 20 多所大学共 50 多名环境学科的博士研究生代表参加会议,围绕环境化学与环境生物学前沿、资源再生利用及其安全性、新型污染物及其风险控制、环境政策与管理等环境学科领域的热点问题进行探讨。

第四届环境博论于 2010 年 10 月 25—27 日在环境系系馆举行,见图 4-11。来自清华大学、同济大学、南开大学、哈尔滨工业大学等 40 余所国内高校的60余名优秀博士研究生参加了本次学术交流会。环境系钱易院士,中科院生态环境研究中心主任曲久辉院士,清华大学研究生院副院长高虹教授,环境系主任余刚教授,副系主任左剑恶教授等出席了于25日举行的开幕式。高虹和余刚分别代表清华大学和环境系致欢迎辞。会议期间,参会博士研究生进行了口头汇报及海报张贴,会议论文收入《第四届全国博士生学术会议暨环境科学与工程新理论、新技术学术研讨会论文集》。会议共评选出优秀报告者14人,优秀海报5人。闭幕式上,左剑恶为获奖同学颁奖,并表达了对各位博士研究生的殷切希望。本次会议增加了对英文论文的接收量,最终接收的论文中英文比例达到了1∶1,并增设国际讨论分场(英文),以促进博士研究生利用英语进行学术交流活动的能力。

前四届环境博论相关情况见表4-14~表4-16。

图4-11　第四届环境博论合影留念

表4-14　前四届环境博论基本情况

年　　份	届　　数	接收稿件数	参会人数	主旨汇报人
2007	第一届	98	45	汤泓霄、郝吉明
2008	第二届	116	56	贺克斌等
2009	第三届	150	60	吴丰昌、余刚
2010	第四届	106	82	钱易、曲久辉

表4-15　前四届环境博论分会场设置

年　份	届　数	分　会　场
2007	第一届	环境科学与工程新理论、新技术
2008	第二届	大气与固体废弃物污染控制分会场、环境生物学与环境功能材料分会场、环境系统分析与政策管理分会场、水处理新理论与新技术分会场、国际专题 International Water Association(IWA)分会场

续表

年　份	届　数	分 会 场
2009	第三届	大气与固体废弃物污染控制分会场、环境生物学与环境功能材料分会场、环境系统分析与政策管理分会场、水处理新理论与新技术分会场
2010	第四届	水环境污染控制分会场、环境材料与化工分会场、环境经济管理与政策分会场、环境化学与环境毒理学分会场、环境生物分会场、大气污染与控制分会场、固体废物处理处置与资源化分会场、土壤与地下水修复分会场

表 4-16　前四届环境博论组委会负责人

年　份	届　数	组委会主任	组委会副主任
2007	第一届	胡洪营	杨静、向辉、刘静、张婷婷
2008	第二届	吴烨	杨静、向辉、岳东北、刘静、陈向强
2009	第三届	吴烨	杨静、向辉、岳东北、常化振、马磊
2010	第四届	吴烨	杨静、向辉、孙傅、李彭、陈婷

4.5.4　教学成果

近年来,环境系在环境学科高质量人才培养体系的构建和探索过程中,取得了一系列突出的成果:入选国家级教学名师 3 人,北京市教学名师 4 人;入选国家级精品课程 5 门,北京高等教育精品教材 4 部,普通高等教育"十一五"国家级规划教材 8 部,清华大学优秀教材 11 部;累计获得国家级教学成果奖 4 项,省部级教学成果奖 5 项,清华大学教学成果奖 17 项;环境工程专业教学团队入选 2008 年国家级教学团队。

4.5.4.1　教学名师

环境系国家级教学名师情况见表 4-17。

表 4-17　国家级教学名师

序　号	年　份	姓　名	奖 项 名 称
1	2006	郝吉明	国家级教学名师
2	2007	钱易	国家级教学名师
3	2011	胡洪营	国家级教学名师

环境系获北京市教学名师情况见表 4-18。

表 4-18　环境系获北京市教学名师名单

序　　号	年　　份	姓　　名	奖项名称
1	2006	郝吉明	北京市教学名师
2	2007	钱易	北京市教学名师
3	2010	胡洪营	北京市教学名师
4	2011	余刚	北京市教学名师

4.5.4.2　良师益友

环境系教师关注学生培养,亦师亦友、指点迷津,多位老师获得清华大学"良师益友"称号,见表4-19。

表 4-19　环境系获得"良师益友"奖教师名单

年　　份	届　　数	当选教师	年　　份	届　　数	当选教师
1998	第一届	钱易、蒋展鹏	2004	第七届	杜鹏飞、李广贺
1999	第二届	钱易、郝吉明	2005	第八届	左剑恶、陈吉宁
2000	第三届	聂永丰、程声通	2006	第九届	张晓健、余刚
2001	第四届	余刚、陈吉宁	2008	第十届	郝吉明
2002	第五届	傅立新、施汉昌	2009	第十一届	张晓健
2003	第六届	黄霞、胡洪营			

4.5.4.3　精品课程

环境系国家级和北京市精品课程见表4-20。

表 4-20　国家级和北京市精品课程

序　　号	年份		课程名称	课程负责人
	国家级	北京市		
1	2004	2004	大气污染控制工程	郝吉明
2	2006	2006	环境保护与可持续发展	钱易
3	2008	2008	环境工程原理	胡洪营
4	2009	2007	环境监测	余刚
5	2010	2003	水处理工程	黄霞、左剑恶

"环境保护与可持续发展"课程于 1998 年由钱易院士开设,经过 20 多年的发展,已成为广受学生好评的精品课程。1992 年,联合国在巴西里约热内卢召开了"联合国环境与发展"大会,指出世界各国正面临着严重的环境问题,这些环境问题都与经济发展密切相关,因此,解决这些环境问题应该从转变经济发展模式做起。大会响亮地提出了"可持续发展"战略,含义是"能够既满足当代人类需求,又不致损害未来人类满足其需求

能力的发展"。大会所制定的"21世纪议程"是实施可持续发展战略的行动纲领,其中涉及工业、农业、文化、教育、卫生等各方面,还明确提出鼓励大学设立对环境与发展有影响的跨学科的课程。

联合国举行这次大会时,钱易院士正在里约热内卢参加一个主题为环境保护的学术研讨会,得到了旁听联合国大会闭幕式的机会。钱易院士被大会作出的各项决定和提出的各种观点所鼓舞,深感作为一名环境保护工作者、一名大学教师,肩上承担的是沉甸甸的责任。从那时起,她就开始准备"环境保护与可持续发展"的讲稿,曾经应邀在很多不同的场合为不同的听众讲课,得到了很好的反响。渐渐地,一个想法在她的头脑中逐渐酝酿成熟,她建议为大学生开设"环境保护与可持续发展"公共课,使广大未来不同专业岗位的工程师、科学家、法律工作者、文化工作者等都能了解当代面临的严重环境问题,树立可持续发展的理念,为人类的命运和前途而奋斗。这是清华大学进行绿色大学建设的一项重要行动。

开设这门课程的目标就是要在讲述科学知识的同时,注重环境保护和可持续发展思想意识的培养,提高学生对这一重大命题的意识,认识到自己所担负的时代责任。钱易院士还希望大学生把环境保护和可持续发展观念与他们的专业学习和日常生活结合起来,身体力行来保护环境、实施可持续发展战略。钱易院士表示:我们的目标就是要为国家培养能够为实施可持续发展战略奋斗的一代新人,希望他们毕业后走上社会可以为国家做出更大的贡献。

得到学校的批准后,"环境保护与可持续发展"公共课于1998年正式启动。每年都有很多同学踊跃选修这门课程,限于教室规模,能够选上课的约有400人。

这门课共分四部分,再加上课程总结。四部分内容是:①地球、生态环境与当代环境问题,主要讲授最基础的知识,我们生活的地球是什么样的,生态环境有哪些组成部分,当前我们面临哪些环境问题,包括地区性、区域性和全球性的环境问题;②可持续发展的基本理论和环境伦理观,包括可持续发展战略的由来、主要特点、与传统发展观的差别,以及可持续发展的思想基础环境伦理观,后来又加入了生态文明建设的意义和实施途径;③保护环境、实施可持续发展战略的行政、法规、经济和技术手段;④清洁生产与工业生态学。

　　课程的主要特点是把社会科学和自然科学融为一体，除了讲授自然科学理论外，还涉及生态学、资源学、环境学、伦理学、经济学、管理学等众多学科，是一门多学科交叉的课程。课程教学方式亦丰富多样，除了课堂授课外，还专门拍摄了《环境保护与可持续发展》音像片，片长共 270 min，分 29 集，形象、生动诠释了课程内容，并包含对 20 多位专家的访问；此外还组织同学听取学校里组织的清华论坛学术报告，以有关环境保护和可持续发展方面的特邀报告为主，并鼓励学生参加清华论坛专家讲座；最后进行全面的总结讨论。高等教育出版社在 2000 年出版了由钱易院士和北京大学唐孝炎院士合作主编的《环境保护与可持续发展》教材，入选"面向 21 世纪课程教材"。

　　最后一个教学环节是学生作总结报告，由学生自己选题，自愿报名、准备 PPT，经过挑选后再在大班作报告。据钱易院士回忆，每次报名的人数都非常多，限于时间，只能挑选少数人作报告。同学们报告的主题丰富多彩，有人结合自己的家乡状况，有人结合自己的专业需求，有人结合自己的兴趣爱好。例如，有一则报告的题目为"这里的黎明静悄悄"，主要描写了淮河的污染及造成的影响，希望治理好污染，把淮河唤醒；另外一则报告来自建筑学院的学生，他主要讲了传统的建筑怎样损害环境，现在应该怎样建设环境友好的绿色建筑；另外有一个同学的报告题目是"我与塑料袋的不解之缘"，讲了自己在初中的时候就参加课余活动，去收集塑料袋送给回收站，又讲了进入大学以后自己进行的调研，在塑料袋的浪费、塑料袋对环境的破坏和塑料袋回收利用方面有很多体会；还有一位特别喜欢一级方程式赛车的年轻人，他专门谈了赛车对环境的影响和应该怎么样来改造赛车的过程。这些报告都非常生动，受到了师生们的普遍欢迎。

　　从 2005 年开始，环境系组织成立了"环境保护与可持续发展"教学组，由杜鹏飞、梁鹏、张天柱、李淼 4 位老师与钱易老师共同讲授这一课程，井文涌等老师也曾经担任过本门课的授课工作。

　　学生们对这门课的反响极好，他们认为课程大大提高了他们对环境保护与可持续发展的认识，启发了他们在课后结合本专业继续学习和了解有关知识，并且关心身边的环境问题。一位同学在他的课程总结中写道："通过这门课程的学习，我最大的感受是，环境保护不仅仅是哪一些人的事,不仅仅是哪个部门的事,也不仅仅是哪个国家的事,这件艰巨而意义非凡的工作需要全人类的共同参与。"受到课程的影响,很多同学参加了"清华大学学生绿色协会",或是自发地组织起来采取各种方式,在课后进行保护环境的活动。

4.5.4.4 教材建设

环境系积极推动教材建设,在教材建设方面获得的奖励情况见表 4-21 ~表 4-24。

表 4-21 环境系获北京市精品教材奖

序 号	年 份	教材名称	编 著 者	奖项名称
1	2005	大气污染控制工程(第二版)	郝吉明等	北京高等教育精品教材
2	2006	环境工程原理	胡洪营等	北京高等教育精品教材
3	2008	清洁生产导论	张天柱等	北京高等教育精品教材
4	2008	水处理生物学(第四版)	顾夏声等	北京高等教育精品教材

表 4-22 环境系获省部级以上教材奖

年 份	教材名称	奖项名称	获 奖 人
1987	环境学导论	国家教育委员会部委级优秀教材一等奖	王翊亭、井文涌、何强
1987	当代给水与废水处理原理讲义	城乡建设环境保护部部级优秀教材二等奖	许保玖
1987	水处理工程	城乡建设环境保护部部级优秀教材三等奖	顾夏声、黄铭荣、王占生、叶书明、卜城
1992	水处理微生物学基础(第二版)	国家教委优秀教材二等奖	顾夏声
1995	环境工程学	国家环保局和国家教委环境教育优秀教材三等奖	祝万鹏
2000	三废处理工程技术手册(废气废水固体废物卷)	化工部第六届优秀图书奖一等奖	聂永丰
2000	汽车排气污染治理及催化转化器	国家化工局(部)优秀科技图书奖	傅立新
2002	环境保护与可持续发展	全国普通高等学校优秀教材一等奖	钱易、唐孝炎
2002	环境保护与可持续发展	全国普通高等学校优秀教材二等奖	钱易、余刚
2007	环境系统分析教程	中国石油和化学工业科技图书二等奖	程声通、贾海峰、苏保林等

表 4-23　环境系获普通高等教育"十一五"国家级规划教材

序　号	年　份	教 材 名 称	获 奖 人
1	2006	大气污染控制工程(第3版)	郝吉明
2	2006	环境工程学(第2版)	蒋展鹏
3	2006	环境保护与可持续发展(第2版)	钱易
4	2006	固体废物处置与资源化	蒋建国
5	2006	地下水污染控制理论与治理工程	李广贺
6	2006	固体废物污染控制工程原理	聂永丰
7	2006	水资源利用与保护	李广贺
8	2008	环境工程原理(第2版)	胡洪营

表 4-24　环境系获清华大学优秀教材

序　号	年　份	教材名称	编　著　者	奖项名称
1	1987	环境工程监测	蒋展鹏	清华大学校级优秀讲义二等奖
2	1987	环境系统分析	程声通	清华大学校级优秀讲义二等奖
3	1989	水质管理信息系统(WQMIS)的系统分析	傅国伟、程振华、朱振东、刘志明	清华大学校级优秀讲义二等奖
4	1991	环境工程监测习题集	祝万鹏、蒋展鹏、王东辉	清华大学校级优秀讲义二等奖
5	1995	废水生物处理数学模式(第二版)	顾夏声	清华大学优秀教材一等奖
6	2001	水处理微生物学(第三版)	顾夏声、李献文、竺建荣	清华大学优秀教材一等奖
7	2004	水资源利用与保护	李广贺、张旭、张思聪、崔建国	清华大学优秀教材二等奖
8	2008	水处理生物学(第四版)	顾夏声、胡洪营、文湘华、王慧	清华大学优秀教材特等奖
9	2008	环境管理与环境社会科学研究方法	曾思育、陈吉宁、杜鹏飞	清华大学优秀教材二等奖
10	2008	清洁生产导论	张天柱、石磊、黄英娜、贾小平、张光明	清华大学优秀教材二等奖
11	2008	给水排水工程技术经济与造价管理	周律	清华大学优秀教材二等奖

4.5.4.5　教学成果奖

环境系获得省部级以上教学成果奖情况见表4-25。

表 4-25　环境系获省部级以上教学成果奖

年　　份	获奖成果名称	奖　　项	获　奖　人
1993	《水处理工程》系列课程教学改革	北京市高等学校优秀教学成果奖一等奖	张晓健、陆正禹、黄霞、左剑恶、徐本源
1997	改革水处理工程课程设计,提高学生工程设计能力	北京市高等学校教学成果奖一等奖	陆正禹、卜城、张晓健、左剑恶、胡敏
2004	环境类专业人才培养方案及教学内容体系改革的研究与实践(全国高校环境科学与工程教学指导委员会申报)	北京市教育教学成果一等奖	钱易、郝吉明、顾国维、张晓健、陈文
2005	环境类专业人才培养方案及教学内容体系改革的研究与实践(全国高校环境科学与工程教学指导委员会申报)	国家级教学成果奖一等奖	钱易、郝吉明、顾国维、张晓健、陈文
2005	给水排水专业课程体系改革、建设的研究与实践	国家级教学成果奖二等奖	蒋展鹏(第三完成人)
2008	践行可持续发展理念,创建大学绿色教育体系	北京市教育教学成果特等奖	钱易、胡洪营、杜鹏飞、何苗、张文雪
2009	践行可持续发展理念,创建大学绿色教育体系	国家级教学成果奖二等奖	钱易、胡洪营、杜鹏飞、何苗、张文雪
2009	创建及规范再生资源科学与技术专业的探索与实践	国家级教学成果奖一等奖	郝吉明(第二完成人)
2009	给水排水工程专业创新型人才培养体系建设(住建部给水排水工程专业指导委员会申报)	黑龙江省高等教育教学成果一等奖	张晓健(第二完成人)

　　环境系获国家级教学成果奖的证书如图 4-12 所示。

图 4-12　清华大学环境系获得的国家级教学成果奖证书

环境系获得清华大学教学成果奖情况见表4-26。

表 4-26　环境系获清华大学教学成果奖

年　　份	获奖成果名称	奖　　项	获　奖　人
1990	"环境工程监测"课程	清华大学教学工作优秀成果奖二等奖	蒋展鹏、祝万鹏、师绍琪
1992（复审 1995、1998）	"水处理工程"系列课程	清华大学一类课程	张晓健、陆正禹、黄霞、左剑恶
1993	"环境工程监测"课程	清华大学教学工作优秀成果奖二等奖	祝万鹏
1998	"大气污染控制工程"系列课程	清华大学教学工作优秀成果奖	郝吉明、傅立新
1998	"环境学"课程	清华大学教学工作优秀成果奖二等奖	井文涌
2000	多孔介质污染物迁移动力学	清华大学教学工作优秀成果奖二等奖	王洪涛
2000	"环境工程监测"课程	清华大学教学工作优秀成果奖二等奖	余刚、师绍琪、蒋展鹏、管运涛
2002	注重综合素质培养的"环境工程监测"课程体系	清华大学教学工作优秀成果奖二等奖	余刚、师绍琪、蒋展鹏、杨宏伟
2004	环境科学与工程学科高质量人才培养体系的构建与实施	清华大学教学工作优秀成果奖一等奖	陈吉宁、胡洪营、王洪涛、蒋展鹏、张天柱
2006	环境学科新型实践教育体系的探索与实践	清华大学教学成果奖一等奖	陈吉宁、胡洪营、杜鹏飞、杨宏伟、刘建国
2006	环境监测课程的改革与创新	清华大学教学成果奖一等奖	余刚、师绍琪、沈钢、张祖麟、黄俊
2006	全面建设"多孔介质污染物迁移动力学"课程体系	清华大学教学成果奖二等奖	王洪涛、刘建国、陆文静、聂永丰
2008	大学绿色教育体系构建与实践	清华大学教学成果奖特等奖	陈吉宁、钱易、胡洪营、杜鹏飞、张文雪
2008	固体废物处理处置工程系列课程建设与创新实践	清华大学教学成果奖二等奖	蒋建国、王伟、陆文静、王月伶、张妍
2008（复审 2011、2016）	"高等水处理工程"	清华大学精品课程	张晓健、陈超
2010	理论与实践有机融合的水处理工程课程建设	清华大学教学成果奖特等奖	黄霞、左剑恶、张晓健、吴静、梁鹏
2010	环境专业本科生拔尖创新人才培养第二课堂建设实践	清华大学教学成果奖一等奖	蒋建国、刘艳臣、张超、赵晴、林朋飞

4.6　学 生 培 养

4.6.1　学生组织

环境系将优秀学生培养作为第一要务,建立了完善的学生工作组织,为各项学生培养工作的顺利实施提供了保障。环境系的学生工作体系包括本科生学生工作体系及研究生学生工作体系两部分,分别由学生工作组和研究生工作组分管负责。在本科生工作体系中,除本科各班的带班辅导员外,设有本科生团委、学生会、环境系学生科学技术协会,分别负责推进本科生思想政治教育、组织建设、志愿实践、生活服务、文体活动、科技活动等工作,保障本科生全面发展。在研究生工作体系中,设置有研究生团委、研究生会服务研究生思想政治教育、组织建设、志愿实践、生活服务、文体活动、学术能力培养等工作,充分考虑研究生学术需求与特点,保障研究生精准服务。此外,本科生、研究生培养中强调"党团班"共建,以党建为引领,充分发挥班级抓手作用,班主任、带班辅导员、班干部负责班级事务落实,与学生工作组、研究生工作组及时联动。参与学生工作的相关人员名单见表 4-27~表 4-34。

表 4-27　环境系学生工作组组长名单

姓　　名	任 职 时 间	姓　　名	任 职 时 间
梁永明	1987—1991	刘毅	2002—2004
李振瑜	1991—1993	杜斌	2004—2006
刘志明	1993—1995	张志超	2006—2008
管运涛	1995—1999	刘艳臣	2008—2011
金宜英	1999—2002		

表 4-28　环境系研究生工作组组长名单

姓　　名	任 职 时 间	姓　　名	任 职 时 间
聂永丰(兼)	1987—1989	金宜英	2003—2005
贺克斌	1989—1993	杜斌	2005—2006
张天柱	1993—1997	席劲瑛	2006—2007
王洪涛	1997—2000	岳东北	2007—2009
段雷	2000—2002	孙傅	2009—2011

表 4-29　环境系本科生团委书记名单

姓　名	任职时间	姓　名	任职时间
陈吉宁	1986—1987	苏魏	2001—2003
钟海东	1987—1989	张志超	2003—2004
林巍	1989—1992	赵晨曦	2004—2006
崔鹏伟	1992—1994	赵晴	2006—2007
管运涛	1994—1996	张超	2007—2009
刘锐	1996—1997	张少君	2009—2010
王灿	1997—1999	陈熹	2010—2011
梁鹏	1999—2001		

表 4-30　环境系研究生团委书记名单

姓　名	任职时间	姓　名	任职时间
崔翔宇	2000—2001	赵钟楠	2006—2007
刘锋	2001—2002	张英志	2007—2008
李欢	2002—2003	李建忠	2008—2009
孙鹏程	2003—2004	张潇源	2009—2010
孙昊	2004—2005	刘懿颉	2010—2011
牛璋彬	2005—2006		

表 4-31　环境系学生会主席名单

姓　名	任职时间	姓　名	任职时间
张连毅	1988—1989	谢敏	1999—2000
赵英杰	1989—1990	赵喆	2000—2001
汪诚文	1990—1991	覃汉生	2001—2002
杜鹏飞	1991—1992	郦光梅	2002—2003
俞建中	1992—1993	苏肇基	2003—2004
黄秋斌	1993—1994	赵晨曦	2004—2005
林朝晖	1994—1995	冯沛	2005—2007
刘德广	1995—1996	徐科	2007—2008
刘继敏	1996—1997	陈奕名	2008—2009
刘毅	1997—1998	何逸群	2009—2010
席劲瑛	1998—1999	陈润、肖达成	2010—2011

表 4-32　环境系研究生会主席名单

姓　名	任职时间	姓　名	任职时间
张俊杰	2001—2002	刘晋文	2006—2007
陆松柳	2002—2003	吴华勇	2007—2008
赵文涛	2003—2004	郑炜	2008—2009
陈华	2004—2005	丁鹮	2009—2010
郭美婷	2005—2006	樊高远	2010—2011

表 4-33 环境系学生科协主席名单

姓 名	任 职 时 间	姓 名	任 职 时 间
方明成	1994—1995	肖尧	2003—2004
金珊	1995—1996	沈童刚	2004—2005
郑斌	1996—1997	王湘徽	2005—2006
邹冰	1997—1998	羊倩仪	2006—2007
黄鼎曦	1998—1999	藕启胜	2007—2008
龙涛	1999—2000	张少君	2008—2009
赵冬泉	2000—2001	韩冰	2009—2010
龙瀛	2001—2002	刘峰林	2010—2011
徐明	2002—2003		

表 4-34 环境系绿色协会会长名单

姓 名	任 职 时 间	姓 名	任 职 时 间
傅宁	1995—1996	辛焰	2004—2005
王灿	1996—1997	吴乾元	2005—2006
邹冰	1997—1998	张磊	2006—2007
温宗国	1998—1999	张磊	2007—2008
郭沛源	1999—2000	唐鑫	2008—2009
佟磊	2000—2001	叶敏华	2009—2010
孙昊	2001—2002	王凤阳	2010—2011
许鑫	2002—2003		

4.6.2 优秀辅导员

环境系发扬优良的清华"双肩挑"辅导员传统,历年来培育出了一批政治立场坚定、综合素质突出的优秀辅导员,见表 4-35、表 4-36。

表 4-35 林枫辅导员奖

获奖年度	获 奖 人	获奖年度	获 奖 人
1998—1999	管运涛	2008—2009	吴华勇
2002—2003	王洪涛	2010—2011	祝捷、张潇源
2006—2007	张志超		

表 4-36 "一二·九"辅导员奖

获奖年度	获 奖 人	获奖年度	获 奖 人
1995—1996	刘锐	2001—2002	孙友峰、苏魏
1996—1997	徐文东	2002—2003	杜斌、王海燕、刘锋、刘毅
1999—2000	金鹏、胡林林	2003—2004	温宗国、孙傅、李欢
2000—2001	王灿、金宜英、王海燕	2004—2005	刘艳臣、陈健华、孙昊

获奖年度	获 奖 人	获奖年度	获 奖 人
2005—2006	梁玉婷、陈伟强、宁大亮、赵喆	2008—2009	余繁显、张唱、岳东北
2006—2007	杨渤京、陈金銮、董欣	2009—2010	李鑫、张超、梁赛
2007—2008	赵晴、邢佳、赵钟楠	2010—2011	林朋飞、张晶

4.6.3 优秀学生

奖励是办学理念、育人宗旨、教育目标的生动实践,是价值塑造的重要载体。1984—2010 年,环境系涌现出一批优秀的学生代表,他们"又红又专、全面发展",传承了清华人自强不息的奋斗精神和厚德载物的美好品德。

4.6.3.1 特等奖学金获奖情况

清华大学特等奖学金于 1989 年设立,是学校授予在校学生的最高荣誉。2004 年,杨柳同学获特等奖学金。2005 年,邱月明同学获得特等奖学金。

4.6.3.2 清华大学优秀毕业生情况

清华大学优秀毕业生荣誉旨在奖励在德智体诸方面全面发展的同学。1984—2011 年,环境系共有 36 位本科生获得清华大学优秀毕业生称号,171 位本科生获得清华大学优良毕业生称号。17 位硕士研究生获得清华大学优秀硕士毕业生称号,16 位博士研究生获得清华大学优秀博士毕业生称号。优秀毕业生名单见表 4-37 和表 4-38。

表 4-37 环境系本科生获清华大学优秀毕业生称号情况

年 份	荣誉类型	姓 名
1985	清华大学优秀毕业生	刘志明、韩文燕
	清华大学优良毕业生	方志民、张莉、张鸿涛、李亚东、崔大鹏、殷志成
1986	清华大学优秀毕业生	陈吉宁
	清华大学优良毕业生	李晓岩、李成麟、张敏、张子云、张金松、李光
1987	清华大学优秀毕业生	靳志军
	清华大学优良毕业生	武卫东、戴学军、钟海东、龙沛湘
1988	清华大学优秀毕业生	金勤献
	清华大学优良毕业生	谢玉真、郑柏林、陈吕军、邢永杰、马永亮、周杰
1989	清华大学优秀毕业生	资料暂缺
	清华大学优良毕业生	资料暂缺

续表

年 份	荣誉类型	姓 名
1990	清华大学优秀毕业生	林巍
	清华大学优良毕业生	吴晓磊、和跃琼、李武全、陈岩峰、赵英杰、李东、王劲松
1991	清华大学优秀毕业生	胡江泳
	清华大学优良毕业生	左剑恶、雷晓玲、刘志杰、龙军、曲丽华、张琳
1992	清华大学优秀毕业生	杨艳茹
	清华大学优良毕业生	吕斌、刘青岩、刘春华、朱晟、汪诚文、罗晓鸿
1993	清华大学优秀毕业生	杜鹏飞
	清华大学优良毕业生	郭京菲、李汉斌、桂萍、王亚军、林杉、袁桅
1994	清华大学优秀毕业生	管运涛
	清华大学优良毕业生	袁琳、尹寒卉、黄闰东、谢卫、何东全、唐春林
1995	清华大学优秀毕业生	徐瑾
	清华大学优良毕业生	赵春华、占新民、丁立、汪德宏、曾思育、李琪琳
1996	清华大学优秀毕业生	刘锐
	清华大学优良毕业生	何雪炀、王浩、侯继雄、王雪纯、段雷、宋燕光、甄晓悦
1997	清华大学优秀毕业生	张伟
	清华大学优良毕业生	常诚、傅宁、刘阳、孟耀斌、莫罹、叶雪梅
1998	清华大学优秀毕业生	冯叶成、罗剑
	清华大学优良毕业生	张凡、吴烨、韩英健、王灿、金宜英、金鹏
1999	清华大学优秀毕业生	胡林林
	清华大学优良毕业生	应高祥、邹冰、洪蕾、刘毅、王进军、王亚娟
2000	清华大学优秀毕业生	殷海宁、梁鹏
	清华大学优良毕业生	王建平、邱勇、温宗国、王海燕、黄景峰、席劲瑛、胡京南、张杰远、孙友峰、钟燕敏、岳东北、王霞
2001	清华大学优秀毕业生	王丽涛
	清华大学优良毕业生	郭沛源、沈钢、丁力、朱翠萍、杜斌、刘锋
2002	清华大学优秀毕业生	孙傅
	清华大学优良毕业生	李欢、陈健华、王丽莎、蒋靖坤、裴盈、陆松柳
2003	清华大学优秀毕业生	赵瑜、施玮
	清华大学优良毕业生	张志超、杨渤京、宋玉栋、陈雁菊、王冰、孙昊、何炜琪、刘静、阎非
2004	清华大学优秀毕业生	郑叶青、刘莉
	清华大学优良毕业生	胡兰花、刘欢、董欣、许鑫、谭燕、肖尧、吕子峰、梁玉婷
2005	清华大学优秀毕业生	杨柳、吴乾元
	清华大学优良毕业生	门玉洁、赵晴、赵晨曦、董欣、邬亮、沈童刚、胡从立、章真怡、吴舒旭
2006	清华大学优秀毕业生	李鑫、邢佳
	清华大学优良毕业生	范明志、王坚、莫虹频、隋倩、肖康、闫芳、王湘徽、赵钟楠
2007	清华大学优秀毕业生	邱月明、张磊
	清华大学优良毕业生	柏航、黄晶晶、孔茜、沈茹乔、石丕星、孙梅、吴悦

年　份	荣誉类型	姓　名
2008	清华大学优秀毕业生	戴宁、莫颖慧
	清华大学优良毕业生	黄璜、丁昶、张芳、赵欣、楚碧武、祝捷、藕启胜、白瑶
2009	清华大学优秀毕业生	沈悦啸、徐石城
	清华大学优良毕业生	汪宁、张少君、李清慧、陈坦、唐鑫、刘静
2010	清华大学优秀毕业生	赵斌、钱晨
	清华大学优良毕业生	刘寒、刁周玮、瞿露、谢淘、叶敏华、俞妍、李明威、林琳

表 4-38　环境系研究生获清华大学优秀毕业生称号情况

年　份	荣誉类型	姓　名
1994	清华大学优秀博士毕业生	刘翔
	清华大学优秀硕士毕业生	宋乐辉
1996	清华大学优秀博士毕业生	陈吕军
1999	清华大学优秀硕士毕业生	吴行知
2001	清华大学优秀博士毕业生	段雷
	清华大学优秀硕士毕业生	资料暂缺
2002	清华大学优秀博士毕业生	莫罹
	清华大学优秀硕士毕业生	林缨
2003	清华大学优秀博士毕业生	杨宏伟
	清华大学优秀硕士毕业生	资料暂缺
2004	清华大学优秀博士毕业生	刘毅
	清华大学优秀硕士毕业生	龙瀛
2005	清华大学优秀博士毕业生	温宗国
	清华大学优秀硕士毕业生	卢欢亮
2006	清华大学优秀博士毕业生	岳东北
	清华大学优秀硕士毕业生	徐明、孙昊
2007	清华大学优秀博士毕业生	孙傅
	清华大学优秀硕士毕业生	门玉洁、王娜
2008	清华大学优秀博士毕业生	赵瑜
	清华大学优秀硕士毕业生	邱玉琴
2009	清华大学优秀博士毕业生	赵岩
	清华大学优秀硕士毕业生	余强
2010	清华大学优秀博士毕业生	吴乾元
	清华大学优秀硕士毕业生	王仁虎

4.6.4 "马约翰杯"获奖情况

环境系历来重视体育育人，积极参加各种体育赛事，取得了一系列好成绩和荣誉。同学在体育锻炼中享受乐趣、增强体质、健全人格、锤炼意志，同时增强了学院同学的集体凝聚力、责任意识和荣誉感。获奖情况见

表 4-39。

表 4-39　环境系"马约翰杯"获奖情况

年　　份	荣　誉　类　型
1986—1987	"马约翰杯"学生田径运动会精神文明奖①
1990—1991	"马约翰杯"学生田径运动会乙组总分冠军,男团、女团冠军,研运会乙组团体冠军、男团第三②
1991—1992	"马约翰杯"学生田径运动会乙组总分冠军、女团冠军③
1992—1993	"马约翰杯"学生田径运动会乙组总分第二,女团第一④
2001—2002	"大马杯"乙组第四名、"小马杯"乙组总分第二⑤
2004—2005	"大马杯"乙组冠军,"小马杯"乙组总分、男子团体、女子团体冠军,体育道德风尚奖⑥
2005—2006	"小马杯"乙组总分、男子团体、女子团体总分冠军⑦
2006—2007	"大马杯"乙组冠军,"小马杯"乙组总分、男团、女团冠军,体育道德风尚奖⑧
2007—2008	"大马杯"乙组总冠军,"小马杯"乙组女团冠军⑨
2008—2009	"小马杯"乙组女团冠军,体育道德风尚奖⑩
2009—2010	"小马杯"乙组总分第二名、女团冠军⑪
2010—2011	"大马杯"乙组总分冠军,"小马杯"乙组总分、男团、女团冠军

4.6.5　学生集体获奖情况

环境系有着深厚的集体主义文化,"班集体""团支部"的概念深入每一位清华同学的心中。优秀团支部、优秀班集体的评选对促进集体建设

---

① 石路. 我校举行第三十届学生田径运动会[N]. 新清华,1987-05-15(949 期).

② 刘俊君. 第 34 届学生田径运动会成功举行[N]. 新清华,1991-05-16(1062 期).

③ 萍帆. "马约翰杯"再展风采[N]. 新清华,1992-05-08(1095 期).

④ 黄秋斌. 清华体育,我们的自豪[N]. 新清华,1993-04-30(1133 期).

⑤ 清华新闻中心. 第四十五届马约翰学生运动会圆满结束[EB/OL]. (2002-04-28) [2023-05-30]. https://www.tsinghua.edu.cn/info/2019/78288.htm.

⑥ 清华新闻中心. 最辉煌的时刻——第 48 届马约翰杯学生运动会成绩揭晓[EB/OL]. (2005-04-26) [2023-05-30]. https://www.tsinghua.edu.cn/info/1967/76710.htm.

⑦ 清华新闻中心. 第 49 届马约翰杯学生田径运动会开幕[EB/OL]. (2006-04-30) [2023-05-30]. https://www.tsinghua.edu.cn/info/1942/76165.htm.

⑧ 清华新闻中心. 清华大学第 50 届"马约翰杯"学生田径运动会举行[EB/OL]. (2007-04-29) [2023-05-30]. https://www.tsinghua.edu.cn/info/1919/75736.htm.

⑨ 清华新闻中心. 清华大学第 51 届"马约翰杯"学生田径运动会举行[EB/OL]. (2008-04-28) [2023-05-30]. https://www.tsinghua.edu.cn/info/1891/75181.htm.

⑩ 清华新闻中心. 第 52 届"马约翰杯"学生田径运动会举行[EB/OL]. (2009-04-27) [2023-05-30]. https://www.tsinghua.edu.cn/info/1868/74393.htm.

⑪ 清华新闻中心. 清华学子朝气蓬勃竞"马杯"[EB/OL]. (2010-04-26) [2023-05-30]. https://www.tsinghua.edu.cn/info/1846/73959.htm.

和同学成长具有重要意义。"聚是一团火，散是满天星"，在集体中奉献，也在集体中成长，班集体是每一个环境人的生命中不可磨灭的青春烙印。1984—2010 年，共有 42 个团支部获得甲级团支部荣誉，23 个班级获得优良学风班荣誉，34 个班级获得先进班集体荣誉，见表 4-40、表 4-41。

表 4-40　环境系荣获校甲级团支部名单

年　　份	获 奖 集 体	年　　份	获 奖 集 体
1989—1990	环 82	1999—2000	环 72，环 82
1990—1991	环 82，环 92	2000—2001	环 93
1991—1992	环 82，环 92，环 01，环 91	2001—2002	环 91，环 02
1992—1993	环 01，环 12，环 92	2002—2003	环 11，环 03
1993—1994	环 22，环 01	2003—2004	环 11，环 23
1994—1995	环 22	2006—2007	环 42，环 51，环 52
1995—1996	环 31，环 32	2007—2008	环 52，环 61，环 62
1996—1997	环 42，环 32	2008—2009	环 61，环 62
1997—1998	环 52，环 61	2010—2011	环 81，环 82，环 93
1998—1999	环 52		

表 4-41　环境系荣获校优良学风班名单

年　　份	获 奖 集 体	年　　份	获 奖 集 体
1989—1990	环 62，环 82	1998—1999	环 61，环 72
1990—1991	环 91	1999—2000	环 82，环 92
1991—1992	环 82	2000—2001	环 82，环 92
1993—1994	环 21	2001—2002	环 92，环 01，环 12
1994—1995	环 32	2002—2003	环 02，环 11，环 23
1995—1996	环 32，环 42	2006—2007	环 52，环 53，环 43
1996—1997	环 32，环 52	2008—2009	环 72，环 82
1997—1998	环 52，环 61		

4.6.6　奖、助(励)学金

环境系设立了多项奖学金用以表彰优秀学子、树立人物典型，激励学生全面发展、积极进取、开拓创新，引导学生在思想品德、课程学习、科研实践、文艺体育、社会工作等方面得到锻炼，成为对社会有用的人才。此外，环境系还设立了助(励)学金，对家庭经济存在困难的学生给予不同程度的资助。

4.6.6.1　陶葆楷励学金

1986 年，陶葆楷先生将学生赠予他用于改善个人生活的一笔钱全部捐出,成立了"陶葆楷奖学金",用于支持环境工程专业的人才培养。这也是清华大学第一个系级奖学金,该奖一直持续到 1992 年陶葆楷先生去世。2006 年,由清华大学校友和李国鼎先生等捐赠设立"陶葆楷励学金",随后又多次增资,用于帮助品学兼优、家庭经济困难的清华学子,延续了陶葆楷先生教书育人的愿望。

4.6.6.2　顾夏声励学基金

2008 年,顾夏声先生的弟子们共同捐赠设立顾夏声励学基金。基金每年视情况设成助学金或奖学金,资助家庭经济困难的学生,或奖励品学兼优,或在某方面有突出成绩的学生。旨在鼓励清华大学环境学院在校本科生努力学习,成才报国。

4.6.6.3　清华之友——环 1982 级二十一世纪励学金

此励学金于 2007 年设立,原名环 21 班二十一世纪励学金,2012 年发展为 1982 级全体校友捐赠,改为现名。用于资助家庭经济困难学生。"二十一世纪"寄托了捐助者希望清华大学培养出新世纪领军人物的美好心愿。

4.6.6.4　立升励学金

2008 年,陈良刚校友捐赠设立立升励学金。此基金一部分用于资助家庭经济困难的学生,另一部分用于资助因材施教优秀学生开展国际交流。

4.6.7　就业情况

环境系对学生就业工作高度重视,成立了以系主任和党委副书记为主要负责人的院系级就业工作领导小组,定期召开相关会议,研究学生就业相关工作,并在系研团总支的积极配合下,将就业引导工作推向各个年级,积极组织就业实践及讲座活动。多年来,就业引导工作坚持围绕促进国家经济发展和社会稳定的大局,积极采取措施,拓宽毕业生就业渠道,鼓励毕业生到基层、西部地区及国家亟须人才的部门工作。环境系学生的就业情况见表 4-42。

表 4-42　环境系学生就业情况

年　份	2005	2006	2007	2008	2009	2010
就业率/%	95.6	97.9	92.9	91.1	97.5	99.4
重点率/%				58.7	64.7	77.6

注:部分年份相关数据缺失。

4.7 科研工作

环境系从建系之初参加国家科技攻关科研工作,到成功中标国家科技专项"滇池流域面源污染控制技术研究"(当时环境领域国拨经费额度最高的国家科技专项)和"北京市大气污染控制对策研究"、承担十多项"863计划"课题,始终坚持以国家现代化战略需求为导向,围绕一流学科建设的目标,瞄准学科国际前沿,取得了丰硕的科研成果,极大地提升了整体竞争力。

1984年,环境系扩大了清华大学环境工程研究所,由环境工程系、核能技术研究所、水利工程系、化学工程系有关环境保护的研究室参加。1985年,李国鼎担任所长。随后,热能工程系、汽车工程系、化学系、工程物理系有关环境保护研究室也作为成员单位加入研究所。为了加强对研究所的指导,国家环保局、清华大学共同成立所务委员会,陶葆楷担任主任,国家环保局副局长张坤民担任副主任。

1987年,由环境工程系主任井文涌兼任研究所所长,李国鼎担任所务委员会主任。

1988年11月,国家科委和国家计委联合召开会议,对在国家能源、环保等12项技术政策研究中取得重大成绩的研究人员予以表彰。清华大学技术与能源系统研究所和吕应中、邱大雄、徐旭常、井文涌四名教授获奖。[①] 这项综合研究成果曾荣获1987年国家科学技术进步奖一等奖,其中已有95%列为发展政策,72%付诸实现,已成为国家各部门编制"七五"计划的指导性文件及制定科技、经济、社会发展规划的重要依据。国务委员李铁映同志赞扬这项综合成果"标志着我国软科学研究的崛起,也为软科学的发展开拓了新路子"。

1993年4月2日,经1992—1993学年度第15次校务会议决定,清华大学环境工程研究所更名为国家环保局清华大学环境工程设计研究院,并在院内增设"中国有害废物管理培训与技术转让中心"和"国家环保局北京水污染处理设备质量监督检验中心"。由井文涌兼任院长,郝吉明、

---

① 国家表彰软科学研究有功人员 清华一个研究所及吕应中、邱大雄、徐旭常、井文涌四名教授获奖[N].新清华,1988-12-22(992期).

曲德林(化工系)、薛大知(核研院)为副院长,倪维斗担任院务委员会主任,张坤民(国家环保局)、程声通(环境系)担任副主任。

1996 年,北京市城市管理委员会和环境系联合建立了"北京市节水技术研究开发培训中心"。

1997 年,挂靠在国家环保局、清华大学环境工程设计研究院的"亚洲太平洋地区危险废物管理培训与技术转让中心(北京)"揭牌。

环境系不断加强科技为经济建设服务。1998 年经学校批准在原有国家环保局清华大学环境工程设计研究院的基础上,完成了"北京国环清华环境工程设计研究院"的企业化注册工作,成为清华大学唯一从事环境工程设计的专业设计单位,并申请到环境工程设计和给水排水设计的甲级资质,对推动科研成果转化为生产力和发展环保科学与工程技术起到了积极的作用,取得了良好的业绩。2009 年依据教育部校企改革的要求和批准,清华大学将"北京国环清华环境工程设计研究院"划入清华控股集团,并改制成为法人独资的有限责任公司,企业名称为"北京国环清华环境工程设计研究院有限公司",该企业迄今仍是清华产业和中国环保产业中环境咨询设计领域的中坚力量,并一直为环境学院社会服务、成果转化和人才培养做出了重要贡献,是环境学院产学研服务社会的重要平台。

作为环境系面向生产实践的窗口,成立于 1994 年的"北京清华双益环境工程技术开发公司",起到了产学研的桥梁作用,对环境系的教学和科研做出了贡献。

环境系作为环境学科的先行者,积极承担和参与国家多个类型的科研任务,科研经费持续增长。特别是进入 2000 年以后,国家加大了在环境领域的科技投入,研究经费近 10 倍的增长充分体现了国家对环保科研工作的重视和环境学院师生进取的科研态度与良好的科研能力。学院主要承担了国家水体污染控制与治理重大科技专项、国家科技支撑计划、"863"计划、"973"计划和国家自然科学基金等 700 余项重要研究任务。其中,主持国家水体污染控制与治理重大科技专项 16 项,参与 32 项;主持国家科技支撑计划课题 34 项,参与 38 项;主持"863"计划课题 36 项,参与 43 项;主持"973"计划课题 6 项,参与 10 项;主持国家自然科学基金 176 项,其中重点项目 11 项,国家杰出青年科学基金 4 项。此外,还承担了教育部项目 50 多项,环保部项目近 200 项,以及发改委、住建部、地方政府项目 50 多项,持续促进了一大批高水平研究成果产生。

截至 2010 年,环境系共获得国家科技三大奖项 16 项,省部级奖励 100 余项,环境系及教师获得部级集体和个人奖励近 50 项;学术论文总数快速增长,论文质量及学术影响力稳步提高。SCI 收录的论文从 1994 年的 1 篇增加到 2010 年的 163 篇,与世界一流大学的相关学科水平的差距逐步缩小,见图 4-13;获得国家授权专利 207 项(见图 4-14),出版专著和译著 200 余部。

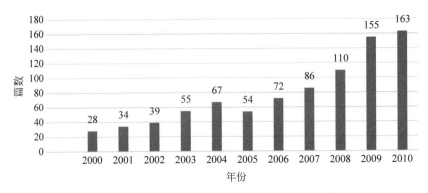

图 4-13　环境系发表的 SCI 收录论文情况(2000—2010 年)

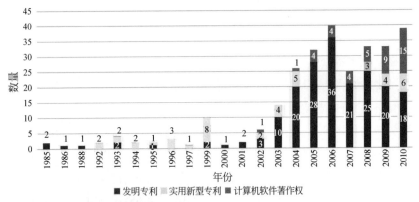

图 4-14　环境系获得授权专利情况统计(1985—2010 年)

环境系积极为国家环境保护政策制定提供决策支撑。环境系的大量科研成果直接应用到国家重大行动与环境保护重大决策中,在国家环境保护领域制定相关法律、重点行动计划、规划、重大项目环评、技术政策文件等方面提供了技术支撑。环境系张天柱教授作为国家循环经济促进法立法研究专家组组长,全程参与《循环经济促进法》的立法研究,参与起草《清洁生产促进法》,并参与修订《水污染防治法》。此外,环境系还主持编制并全程参与了为总体改善全国空气质量的国家大气污染防治行动计划(大气"国十条")的制定、解读和贯彻;主持编制了危险废物国家管理行动计划、国家二噁英类持久性有机污染物控制战略与行动计划;主持编制了全国地下水污染防治规划、南水北调工程水环境规划、全国省会等重点城市饮用水应急能力建设规划、三河三湖水污染防治多个重要规划;主持编制了酸雨控制区和二氧化硫污染控制区划分方案,并为"十一五""十二五"全国主要污染物排放总量控制规划提供技术支撑;主持编制了国家机动车排放、畜禽养殖、城市污水处理厂污泥、煤化工、秸秆污染防治技术政策和最佳可行技术指南等国家环境技术指导文件;系统构建了战略环境影响综合评价的方法体系,完成了多项环保部大区域战略环评重大项目,并开展了我国首个城市(大连)、首个国家级新区(舟山)和首个经济区(环渤海)的战略环评。

环境系致力于为国家重大环境工程应用提供技术支持。学院多项技术创新成果成功投入重大环境工程的实际应用中,同时加快推进先进环境技术成果的工程化、产业化应用,推动环保技术成果不断向国内外市场转化。

环境系采用低能耗膜-生物反应器污水处理与资源化新技术,设计了亚洲第一座万吨级规模的城市污水膜生物反应器深度处理工程(获 2009年国家科学技术进步奖二等奖);设计建成了我国第一个大规模的流域面源污染控制工程、我国第一个 10^5 m³/d 的城市污水处理脱氮除磷智能控制系统、第一个污染地下水修复工程、我国第一座符合国际标准的危险废物安全填埋场和首批运行的 300 t/d 餐厨垃圾处理厂;主持完成了国内第一座市政供水紫外线消毒工程(获得国际紫外线协会最佳工程奖);设计开发了我国第一个省级环境管理信息系统和行业主管部门唯一认定推荐的城市排水防涝设施普查信息平台系统。环境系在国家重大环境工程理论和技术支持方面的一系列"第一",充分说明了师生们敢为人先、勇于创新、脚踏实地、积极进取的科研精神。

4.7.1 主要科研成果

4.7.1.1 国家级科技奖励

环境系获得的国家级科技奖励项目情况如表 4-43 所示。

表 4-43 环境系获得的国家级科技奖励情况

编号	获奖成果名称	获奖人（系内）	奖项与等级	获奖年份
1	深圳市污水排往珠江口规划设计研究	黄铭荣、何强、井文涌	国家科学技术进步奖三等奖	1985
2	丹东大沙河水质评价及污染控制系统规划研究	傅国伟、张兰生、刘存礼	国家科学技术进步奖三等奖	1985
3	主要污染环境容量研究*	黄铭荣等	国家科学技术进步奖二等奖	1987
4	城市污水的处理和再利用	王占生、刘兆昌、张兰生、钱易、陈志义、卜城、杨志华、聂永丰	国家科学技术进步奖二等奖	1989
5	高浓度有机废水的厌氧生物处理技术	钱易、胡纪萃	国家科学技术进步奖三等奖	1993
6	染料工业废水综合治理技术与工艺	蒋展鹏、杨志华、祝万鹏、余刚、李中和	国家科学技术进步奖二等奖	1997
7	YHG 系列水平轴转刷曝气机	钱易、陈吕军、沈英鹏、胡纪萃、汪诚文	国家技术发明奖三等奖	1998
8	中国酸沉降及其生态环境影响研究*	郝吉明	国家科学技术进步奖一等奖	1998
9	氨浸法从电镀污泥和不锈钢酸洗废液中回收重金属*	杨志华	国家科学技术进步奖三等奖	1999
10	城市生活垃圾卫生填埋示范工程*	环境系	国家科学技术进步奖二等奖	2002
11	持久性污染物的环境界面化学与控制技术原理*	钱易	国家自然科学奖二等奖	2002
12	难降解有机工业废水新型预处理技术及关键设备*	余刚、蒋展鹏、张彭义	国家科学技术进步奖二等奖	2003
13	有毒有害有机废水高新生物处理技术	钱易、黄霞、文湘华、陆正禹	国家科学技术进步奖二等奖	2003
14	大气颗粒物及其前体物排放与复合污染特征	贺克斌、郝吉明、段凤魁	国家自然科学奖二等奖	2009
15	低能耗膜-生物反应器污水资源化新技术与工程应用	黄霞、文湘华、汪诚文、俞开昌、陈福泰	国家科学技术进步奖二等奖	2009
16	特大城市空气质量改善理论与技术及其应用	郝吉明、贺克斌、王书肖、傅立新、吴烨、许嘉钰、李俊华、马永亮、王聿绚、段雷	国家科学技术进步奖二等奖	2010

* 表示清华大学非第一完成单位。

(1) 特大城市空气质量改善理论与技术及其应用

主要完成人:郝吉明、贺克斌、王书肖、傅立新、吴烨、许嘉钰、李俊华、马永亮、王書绚、段雷。

获得奖项:2010年度国家科学技术进步奖二等奖。

项目简介:

我国城市化和工业化的快速进程,使能源、交通、工业活动集中在以北京、上海、广州等特大城市为中心的城市群。三大城市群占全国6.3%的国土面积,消耗40%的煤炭,生产50%的钢铁,拥有43%的汽车,各类大气污染物集中排放;机动车快速增长使城市空气污染性质发生了由煤烟型向煤烟-机动车复合型的根本性转变,以高浓度PM2.5和O_3频繁出现为标志的复合污染在特大城市突出表现出来,成为制约社会经济发展的重大瓶颈因素之一。这一新型大气污染的挑战,对高分辨率源清单、污染成因、减排-效应响应关系及控制技术途径与方案等方面,提出了全新的要求。针对上述问题,本项目通过大量源排放测试、长期连续观测、实验室模拟和数值模拟分析,取得了如下创新性研究成果。

① 研发出针对我国复杂源构成的包括时空和化学组分分配等功能的多层嵌套、高时空分辨率排放清单技术方法,建立了基于技术信息的固定源排放清单和基于交通流信息的流动源排放清单。

② 提出"锯齿型污染过程"概念,解析颗粒物污染区域性成因;结合烟雾箱模拟,发现高浓度无机颗粒物对臭氧和SOA生成的影响规律,改进CMAQ模型SOA模块,揭示一次、二次大气污染物的耦合机制。

③ 建立城市空气质量"总达标率与分达标率解析曲线",实现多污染物协同控制目标定量分解;建立多污染物协同控制决策分析方法;构建可针对污染物、部门、行政区域自由组合出减排策略的控制情景分析模块。

④ 基于多排放情景模拟建立减排-环境效应非线性曲面关系;基于端点效应分析,筛选针对二次污染的优先控制源;实现多污染物协同控制措施、方案实施预期效果的快速定量分析。

⑤ 基于对污染转型的定量分析,提出"车-油-路"协同控制的机动车排放污染控制途径;基于分区分类源排放的环境影响,提出"燃料-布局-工艺"综合控制的固定源排放污染控制途径。

经鉴定,项目研究成果总体上达到国际先进水平,在复杂源高分辨率排放清单编制和多污染物协同减排-效益非线性响应关系建立方面处于国际领先水平。

项目成果在《第29届奥运会北京空气质量保障方案》制定与实施中全面应用,相关技术途径和方法被天津、河北、山西、内蒙古和山东五省市在奥运空气质量保障措施制定中采用或借鉴。该方案经国务院批复实施,使奥运期间北京主要污染物减排50%以上,空气质量全部达到国际奥委会要求。项目成果为制定上海世博会、广州亚运会、济南全运会等空气质量保障方案等发挥了重要借鉴作用,成为重庆"蓝天工程计划"和乌鲁木齐"大气污染控制对策与措施"制定与实施的关键科学技术依据。项目成果推动了北京和全国范围内9项关键的机动车排放控制标准和技术政策的制定与实施,为我国机动车排放控制实现从国0向国一标准的历史性转变起到了关键引领作用,创造了显著的环境和社会效益。

（2）大气颗粒物及其前体物排放与复合污染特征

主要完成单位：清华大学环境科学与工程系、香港科技大学。

主要完成人：贺克斌、郝吉明、段凤魁、陈泽强、杨复沫。

获得奖项：2009年度国家自然科学奖二等奖。

项目简介：

复杂排放源构成和高浓度污染物背景下大气颗粒物及其前体物排放和污染特征是当前国际大气环境领域的热点,是探究区域灰霾、大气棕色云和气候变化等重大国际环境问题的关键之一。本项目基于长期、连续野外观测、实验室模拟和模型计算,取得了如下创新性研究成果。

① 解决了高浓度污染物背景下气态 HNO_3 吸附和颗粒态 NH_4NO_3 挥发导致采样误差的关键技术问题。基于长期连续化学物种采样和全组分分析,获得了中国典型地区 PM2.5 质量浓度及化学组成的时间序列特征；揭示了 PM2.5 中水溶性离子物种的污染特征及不同地域、不同季节和不同污染背景下形成机制与来源的差异。发现北京夏季 PM2.5 中硫酸根与二氧化硫的比值大大高于冬季,且 PM2.5 中硫酸根的含量在夏季最高；提出北京夏季控制细颗粒物污染应更重视 SO_2 的减排,改变了北方地区仅重视采暖期排硫控制的传统观念。成果被《第29届奥运会北京空气质量保障方案》采用。

② 结合热光分析、碳同位素技术、特征元素示踪法及实时观测,发现冬季存在二次有机气溶胶的定性和定量依据,定量解析了农田秸秆焚烧对中国城市含碳气溶胶的贡献;提出含碳颗粒是北京和上海控制 PM2.5 污染的重点之一。

③ 发现了典型低分子量二元有机酸和多功能团有机酸的吸湿性及对无机化学组分吸湿性的影响规律。成果被当前国际上发布的主要气溶胶热学模型采用,为深入开展二次颗粒物生长、区域灰霾和大气复合污染形成机制提供了有力的理论依据和数据支持。

④ 建立了反映我国复杂源构成特征和机组容量、煤种、燃烧方式等影响规律的 NO_x 排放因子数据库,揭示了 1995—1998 年我国 NO_x 排放时空分布特征及分燃料、分部门排放特征。为我国大气颗粒物中硝酸盐成因及时空分布研究提供了关键的基础排放清单。成果被分别由美国和欧洲科学家主导的大型国际研究计划 TRACE-P 和 GAINS 采用,修正了排放清单中的中国部分。

该项目发表论文 116 篇,他引 1497 次。SCI 检索论文 50 篇,EI 检索论文 49 篇,SCI 论文他引 849 次。8 篇代表性论文他引 461 次,其中 3 篇被国际权威数据库 ISI Web of Knowledge 列为近 10 年高引用文章。单篇最高他引 140 次,在地球科学领域涵盖的 2710 篇上述高引用文章中排名前 20%,被中国科学院文献中心列为 2001—2005 年中国学者在环境科学与工程领域发表的 SCI 论文中引用次数排名第一。引用者中包括诺贝尔奖获得者等国际知名学者。项目完成人应邀参加 GEA、ICAP、HTAP 和 ABC 等有关大气环境问题的大型国际研究计划,担任 AE、JAWMA 等国际学术期刊副主编,任美国国家科学院空气污染物全球传输委员会委员、美国健康影响研究所国际科学咨询委员会委员等。1 人获国家杰出青年科学基金资助,培养的博士研究生中有 2 人获全国百篇优秀博士学位论文奖。

(3) 低能耗膜-生物反应器污水资源化新技术与工程应用

主要完成单位:清华大学环境科学与工程系、中国科学院生态环境研究中心、同济大学、北京碧水源科技股份有限公司。

主要完成人:黄霞、樊耀波、文湘华、吴志超、汪诚文、俞开昌、陈福泰、文剑平、梁辉、王勇。

获得奖项：2009 年度国家科学技术进步奖二等奖。

项目简介：

该项目属于环境工程技术领域,针对我国水污染严重和水资源短缺的问题,开发新型高效的污水资源化技术——膜-生物反应器(membrane bioreactor,MBR),从而达到污水处理与回用的目的。

项目为解决限制 MBR 工程应用的关键问题,从降低能耗和稳定运行入手,在 MBR 构型、膜污染控制、各种 MBR 组合新工艺和工程应用等方面开展了系统研究,取得了以下突出创新性成果。

① 开发出 3 种抗污染低能耗新型膜组件：气冲中空纤维膜组件、强化机械清洗中空纤维膜组件和平板膜组件。在组件内集成了气冲、机械清洗等新技术,实现了高通量稳定运行。其中平板膜组件的开发成功,实现了国产平板膜组件工程应用零的突破。

② 开发出流化床型、气升循环分体式、平板式 3 种低能耗 MBR：在结构型式、流态模式等方面具有创新特征,并均实现了工程应用,其稳定运行通量和能耗均达到甚至超过国际知名企业的先进水平；提出了经济曝气量和次临界通量的新型操作模式,在工程应用中对降低能耗和控制膜污染发挥了关键作用。

③ 首次建立了一套可用于指导 MBR 结构优化设计的水动力学模型、MBR 模块化设计方法：为我国 MBR 规范化设计奠定了基础。

④ 在膜污染机理研究中取得突破性成果：通过大量试验检测,科学地揭示了混合液性质对膜污染的影响规律,为膜污染控制技术的提出提供了重要理论依据。

⑤ 形成了由混合液调控和膜污染在线控制集成的膜污染综合控制模式：开发出多种混合液膜过滤性调控技术,如投加混凝剂、氧化剂等,使膜运行周期延长 2~4 倍；开发出两种适用于不同规模和自动化操作程度的膜污染在线化学清洗模式,并成功应用于实际工程。

⑥ 针对城市污水等污水处理与回用的需求,开发出 MBR 强化脱氮除磷、厌氧预处理 MBR 等多种组合新工艺,实现了多种类型污水的资源化。

研究成果整体达到国际先进水平,在 MBR 类型、膜污染控制技术等方面有重大创新。申请发明专利 15 项,已获授权 14 项,自 2002 年以来发表论文 123 篇,其中 SCI 论文 40 篇。项目成果在大型城市污水、工业废水等处理与回用中得到了大规模推广应用,截至 2008 年年底,建成不同规模 MBR 工程 200 多座,累计处理水量超过 300 000 m³/d,约占全国 MBR 工程总处理能力的 56%,总计工程投资近 7.4 亿元,由污水回用节省水资源所产生的经济效益达 37 969.9 万元,创造了显著的经济、环境和社会效益。

(4) 有毒有害有机废水高新生物处理技术

主要完成单位:清华大学环境科学与工程系、中国科学院成都生物研究所、同济大学。

主要完成人:钱易、李福德、黄霞、文湘华、顾国维、王建龙、陆正禹、陈忠余、樊耀波、赵建夫。

获得奖项:2003 年度国家科学技术进步奖二等奖。

项目简介:

该项目为国家"九五"重点科技攻关课题中的一个专题,专题编号为 96-909-05-03,所属科学技术领域为水污染防治工程。染料、焦化、制药等工业废水都含有大量的难降解有机物。这类废水的显著特点是浓度高、不易生物降解,而且还具有致癌、致畸形、致突变性能,对环境和人体健康的危害极大。由难降解有毒有害有机物所产生的污染和中毒事件屡见不鲜,治理这些难降解有机物已到了刻不容缓的地步,其研究是世界水污染控制领域的研究热点。本项目利用高新生物处理技术及设备,取得了一些突出创新成果,如下所示。

① 改进了高效微生物的选育技术,针对油脂化工废水、制药废水和焦化废水选育了多株高效降解菌;开发了适合高效菌株附着的 SNP 球型填料、陶瓷填料、半软性填料及适于固定化微生物反应器的高效生物反应器;首次通过试验验证了高效微生物经过自固定化后,可被有效地截留在反应器中并保持其活性,同时实现了工程应用。

② 首次开发了厌氧与好氧膜-生物反应器相组合的毛纺印染废水处理新工艺;研制了可连续自动行动和控制的分置式膜-生物反应器和一体式膜-生物反应器中试成套设备各一套;首次建立了系统的、可用于膜-生物反应器设计和运行管理的膜污染发展模型。

③ 以厌氧-好氧的组合为主体单位,开发了新型的铁还原-厌氧-好氧

活性污泥(投加活性炭)法、SBR 与高效功能菌的筛选和培养技术。证明了加入纯种硫酸盐还原菌后，可使反应器进水硫酸盐负荷和承受浓度均有较大提高；首次获得了在 $COD/SO_4^{2-} = 0.5$ 的极端条件下，厌氧反应器的运行规律；开发了可回收酵母资源并经济可行的高含硫有机工业废水处理新工艺。

本项目共发表科技论文上百篇，其中 SCI 论文 20 余篇。共建成示范工程 7 项，中试装置两座，并通过工程运转解决了企业的废水处理的难题，取得了良好的经济、环境与社会效益。为全面解决难降解有机工业废水的污染提供了技术支持及工程示范。项目整体研究水平达到国际研究先进水平，部分创新成果在国内外未见相似报道，处于国际领先水平。

（5）YHG 系列转刷曝气机

主要完成单位：清华大学环境科学与工程系。

主要完成人：钱易、陈吕军、沈英鹏、胡纪萃、汪诚文。

获得奖项：1998 年度国家技术发明奖三等奖，曾获 1997 年度教育部科学技术进步奖（发明类）二等奖。

项目简介：

YHG 系列转刷曝气机是一种新型的曝气充氧设备，主要应用于氧化沟污水处理工艺、曝气氧化塘和养鱼沟渠的曝气充氧。

YHG 系列转刷曝气机主要由电机、减速装置及由主轴和叶片组成的转刷部分、支撑机构等组成。具有充氧能力高，动力消耗省、结构简单、运行管理方便、噪声低、连续运行等特点。目前已形成了直径为 700 mm 和 1000 mm 两个系列不同有效长度的十几种产品，可满足不同处理能力和不同水质的氧化沟污水厂的需要。其充氧能力和动力效率数值均达到了国际同类先进产品的技术水平。该技术成熟，推广应用价值很大，可以替代进口产品。

氧化沟是一种处理流程简单、管理维护方便、运行稳定可靠的高效低耗污水处理技术，较适合我国国情。我国的水污染问题极为严重，大量工业和城市污水尚未得到处理，我国中小城市尤其需要这种污水处理技术，因此这种设备有非常好的推广前景。应用该设备的单位已有几十家，且部分单位的设备已正常运转近十年，使用效果良好，机械性能稳定。YHG 系列水平轴转刷曝气机属国家科委重点推广项目和建设部重点推广项目。

（6）染料工业废水综合治理技术与工艺

主要完成单位：清华大学环境科学与工程系、天津市环境保护科学研究所、南京大学。

主要完成人：蒋展鹏、杨志华、祝万鹏、王炳坤、王连生、余刚、李中和、孙孝然、谢锐。

获得奖项：1997 年度国家级科学技术进步奖二等奖。

项目简介：

该项目属环境工程学中水污染防治领域。它针对染料生产中量大面广的萘系磺酸染料中间体废液，研究成功了以高效溶剂萃取体系为主体的资源回收与综合治理成套技术；开发出分散与直接染料废水综合治理成套技术；并将研究成果加以应用，建成三项示范工程，已取得显著经济、环境与社会效益。

项目成功地开发出溶剂萃取-资源回收-催化氧化-综合处理成套技术与设备，在天津长城化工厂和山东招远 761 厂建成规模分别为 45 m³/d 和 67 m³/d 的 J 酸与吐氏酸废母液资源回收-综合处理示范工程。运行结果表明，有效物质回收率达 90% 以上，通过后处理，废水可以达标排放；结合吉林化学工业公司染料厂 H 酸废母液，溶剂萃取-盐析分离资源回收成套技术研究成功，有效成分的提取率达到 90%~95%；研制出 3 种新型高效有机高分子和无机脱色絮凝剂与高效脱色催化剂；研究成功资源回收-催化氧化-生物处理综合处理成套技术，在金坛染料厂建成接触氧化生物脱色处理工程。

通过由国家环保局组织的技术成果鉴定，鉴定意见认为：该项目研究成功的 H 酸、J 酸和吐氏酸废液资源化综合治理成套技术，在国内外属首创，达到国际领先水平。在类似染料及染料中间体废水治理方面有广泛的应用前景，具有很大的推广价值。

（7）高浓度有机废水的厌氧生物处理技术

主要完成单位：清华大学环境工程系、首都师范大学、吉林省环保所、化工部三院、哈尔滨建工学院、河北轻化工学院、浙江省环保所。

主要完成人：钱易、胡纪萃、陈际平、罗人明、龙腾锐。

获得奖项：1993 年度国家级科学技术进步奖三等奖。

项目简介：

本项目是为解决高浓度有机工业废水的任意排放所造成的严重水污染而设置的,研究内容集中于应用先进的厌氧生物处理工艺使废水有机物浓度大大降低,并回收沼气能源。主要技术经济指标为：中温(35℃)条件下,COD 容积负荷达 $15\sim25$ kg/$(m^3\cdot d)$,常温$(20\sim25℃)$条件下,COD 容积负荷达 $5\sim10$ kg/$(m^3\cdot d)$,COD 去除率达 85%,沼气成本为 0.02 元/m^3。

专题共分为 8 个子专题,并设 16 个子项。

① 啤酒废水厌氧生物处理技术。内含 UASB、厌氧流化床、两步厌氧消化及生物处理技术方案优化分析 4 个子项。

② 垂直折流式厌氧污泥床处理酒精废水中试。

③ 升流式厌氧污染床处理甲醇废水生产性试验。

④ 两步厌氧消化中试。内含处理豆制品废水及处理玉米淀粉废水的两个子项。

⑤ 纤维填料厌氧滤池中试。内含处理制药废水和处理乳品废水两个子项。

⑥ 厌氧流化床小试。内含两个子项。

⑦ 厌氧生物转盘小试。内含两个子项。

⑧ 厌氧消化抑制性物质研究,包括合成有机物抑制性及重金属、无机盐类抑制性非均匀化的两个子项。

整个专题内容全面,配套性好,有明确的生产实践目标,也有相应的基础研究。

参加专题的共有 14 个单位,包括高等学校、科研部门和设计院等,共有 110 多名科研人员参加了工作。

专题研究取得了良好的效果,全面完成了攻关内容,达到了规定的技术经济指标。建成了 7 个中试基地和 6 套生产性污染治理装置,提出了 72 种合成有机物、5 种重金属及 3 种盐类对厌氧消化的抑制浓度,并开发出啤酒废水处理方案决策模型及配套的软件。

（8）城市污水处理和再利用

主要完成单位：清华大学环境工程研究所。

主要完成人：王占生、刘兆昌、张兰生、钱易、陈志义、卜城、杨志华、吕贤弼、聂永丰。

获得奖项:1989 年度国家级科学技术进步奖二等奖。

项目简介:

华北地区水资源紧缺,已制约经济发展。城市污水水量稳定,可作为第二水源,将它处理后,供工业、市政用。城市污水用于农灌需进行预处理,控制一定的水质,科学地管理以防污染土壤与地下水。

本研究比较了从远处引新鲜水与城市污水回用,论证了污水回用不但技术可行并且具有很大的经济意义。研究还针对华北地区的特点,预测了主要城市的污水量、污水处理量、污水回用量及投资额,提出了促进污水回用的对策,作为领导决策的依据。

城市污水回用于工业需根据不同的水质要求,采用不同的处理工艺。本研究对生物稳定塘进行了水流特征、有机物转移及运行特性的试验研究,对它的设计提出了一系列建议。研究并结合国情首创适用于泥水高效的纤维球滤料过滤(滤速 10~30 m/h,工作周期为砂滤料的 3 倍)与代替生物活性炭的价廉有效的生物填料深度处理技术(降低 COD 40%~50%,出水悬浮物 5 mg/L)。

城市污水再用于农灌研究中建立了污灌数学模拟系统,突破了目前国内外笼统制定农灌水质标准的方法,对太原汾河一坝灌区的地下水质进行了预测,确定了污染物在下包气带三种土壤中迁移转化的有关参数(土壤有效隙度、导水率、迟滞因子、扩散系数、分配系数等),采用人工流场测得平原区浅层含水层的纵向弥散度 $a=0.6$ m。上述三方面的成果对确定华北地区城市污水用于农灌应处理的程度,控制对土壤与地下水的污染都具有较大的实用意义。

成果中污水回用的对策作为国家科委软科学课题《技术进步与经济、社会发展》第 27 分课题《缓解华北地区水资源紧缺的对策》中的一部分于1987 年提交国家计委供决策用。

污水回用处理技术的成果被太原、大同等地采用,污水科学农灌的成果将保护土壤与地下水。有关成果的采用将能缓解华北地区水资源的不足与紧缺,将产生巨大的社会效益、经济效益和环境效益。

本研究中生物填料接触氧化深度处理技术、污水灌溉中污染系统整体模拟的研究、利用芒硝转化厌氧消化污泥中重金属形态的研究 3 项成果达到了国际先进水平；生物稳定塘的水流特性及有机物转化规律的研究成果，达到国内领先并接近国际先进水平。

(9) 丹东大沙河水质评价及污染控制系统规划研究

主要完成单位：清华大学环境工程研究所、丹东市环科所、中国环境科学研究院。

主要完成人：傅国伟、刘玉机、张兰生、秦大立、刘存礼。

获得奖项：1985年度国家级科学技术进步奖三等奖。

项目简介：

区域水污染问题存在缺乏系统定量化研究，以及陆上治理方案和水上环境预测两者相脱节的状况。本项目从区域的环境、经济综合效益整体优化出发，采用环境系统工程方法，对各部分、各因素建立定量化的数学模型，对多种可行方案进行水质模拟计算，对综合效益进行优化决策的系统分析。

解决的关键技术包括：

① 首创了"水污染控制系统规划"的方法，模型与程序；

② 建立了技术先进、通用性强的Thomas准动态水质模型及其计算程序；

③ 建立了国内首次初步可用的"城市""纺织""炼油"三类污水处理费用函数及计算程序；

④ 建立了线性规划的水质最优规划模型及计算程序；

⑤ 提出了区域污染源综合治理的试用方案；

⑥ 预测了污染源的发生与排污量；

⑦ 提出了合理的"水质评价方法"；

⑧ 首创了多种系统方案进行综合效益优化分析方法。

该项目为丹东市环保、规划部门所采纳，用于丹东市（鸭绿江）全区水污染控制的预测、评价、治理和系统规划工作中。

项目研究的总体方法、程序与内容曾在两次国际会议上进行报告和交流，得到好评，总体方法与某些关键技术在1983年分别应用于辽宁省太子河、浑河、大辽河"水污染与综合防治"的研究中，并已通过鉴定。

在环境效益方面，研究工作作为该地区进行水污染控制、保护水环境的规划方案已被采纳，并制定了保证该区水源地取水口处必要的水质目标。

在保证水环境质量标准的基础上取得如下经济效益。

系统规划的工程投资一般按排放标准的经验规划,节省 31.3%以上,共计节约337万元以上;年运行费用节省 13%,共计节约运行费 6 万元/年以上;年电耗量节省 20%,共计节约 410 000 kW·h/a 以上,如以按单项治理工程方案考虑,经济效益实际将更高。

本系统规划还提供了包括水质预测评价、排污现状及发展、水质管理目标与浓度和总量排污控制指标、分期建设及经济指标等多种丰富的定量化信息,可为环境规划的科学化、现代化提供全面的依据,起到了现实和长远的指导作用。

(10)深圳城市污水排往珠江口规划设计研究

主要完成单位:清华大学环境工程研究所、中国环境科学研究院、华南环境科学研究所。

主要完成人:黄铭荣、何强、井文涌、秦大立、许振成。

获得奖项:1985 年度国家科学技术进步奖三等奖。

项目简介:

该研究是国家"六五"科技攻关项目《深圳河(湾)环境容量研究》的子课题,于 1985 年获国家科学技术进步奖三等奖。

该研究根据深圳市的自然地理条件及社会经济发展特点,运用了海洋水文学、海洋生态学、水力学、环境水力学、系统论等较多的基础理论知识和计算机技术,并利用珠江水利委员会、华南环科所和深圳市环境监测站等单位大量的水文水质数据,研究比较了深圳河、深圳湾和珠江口三处水域的污染容纳能力;对于如何解决深圳市污水处理问题进行了系统的多方案的比较,并在此基础上提出了以城市污水排海的方案为深圳市水污染控制的主要对策,把深圳市主要的城市污水,通过 24 km 的海底扩散器排入海域。本研究成果被深圳市政府采用,获得了很显著的经济效益和环境效益。深圳市公用事业管理公司于 1985 年 9 月正式委托南昌有色冶金设计研究院进行《深圳市城市污水排海工程》设计。工程分三期施工,一期工程较原规划节省建投资和运行费 1788 万元,二期工程节省 1944 万元,三期工程节省 1.29 亿元,与本研究的计算结果基本一致。上述工程实施后,在排污口附近海面上不致形成感官性状的不良影响,有机污染物和溶解氧指标均可达到国家规定的第二类海水水质标准；深圳湾、虎门及香港等海域内有机污染物水平不会有明显的增加，同时减轻了深圳河、深圳湾的污染负荷。因此该方案在技术上是可行的和合理的。

本研究对污水扩散器排污口处"污染云"的浮升时间，以及排污口附近水域污染物平均浓度增值等公式的推导和计算都进行了新的探讨。

本研究在我国首次把污水排海工程应用于规划设计中，技术难度较大。经专家鉴定，处于"国内领先地位，接近国外先进研究水平"。

同时，本研究还指出，深圳市应对主要工业污染（重金属和石油化工）及面源污染（化肥及农药污染）应加强控制；目前珠江口海域的氮磷营养素含量已明显超过国家规定的第三类海水水质标准，主要由面源污染及海水上升补偿流所致；此外，香港新界地区受到的面源污染影响较大，建议进一步与港方合作，开展珠江口营养素污染控制的研究，为日后全面利用珠江口的环境容量和进行该地区的水污染控制提供科学依据。

4.7.1.2　教育部（国家教委）科技奖励

环境系获得的教育部（国家教委）科技奖励情况如表 4-44 所示。

表 4-44　环境系获得的教育部（国家教委）科技奖励情况

编号	获奖成果名称	获奖人（系内）	奖项与等级	获奖年份
1	株洲市清水塘地区环境污染综合治理工程的研究	李国鼎、陈志义	国家教委科技进步二等奖	1986
2	臭氧发生器的研制	沈英鹏	国家教委优秀科技成果奖	1986
3	水的臭氧消毒接触方法与设备的研究及应用	朱庆爽	国家教委优秀科技成果奖	1986
4	宁波经济技术开发区污水排海工程环境影响	黄铭荣、何强、井文涌等	国家教委科技进步一等奖	1989
5	城市污水的处理和再利用	王占生、刘兆昌、张兰生、钱易、陈志义、卜城、杨志华、聂永丰	国家教委科技进步一等奖	1989
6	华北地区城市污水回用研究	王占生、刘兆昌、祝万鹏	国家教委科技进步三等奖	1991
7	国家水环境质量管理信息系统	傅国伟、张天柱等	国家教委科技进步二等奖	1991
8	高浓度有机废水的厌氧生物处理技术研究	钱易、胡纪萃等	国家教委科技进步一等奖	1991
9	城乡有机废水厌氧生物处理机理及高效反应器的研究	顾夏声、胡纪萃等	国家教委科技进步三等奖	1992

续表

编号	获奖成果名称	获奖人（系内）	奖项与等级	获奖年份
10	电除尘常用电极系统模拟方法的研究	郝吉明、贺克斌、马永亮	国家教委科技进步二等奖	1992
11	地方环境管理信息系统的系列研究	程声通等	国家教委科技进步一等奖	1992
12	宁波市大气环境区域评价和规划研究	清华大学	国家教委科技进步一等奖	1993
13	福建省湄州湾经济开发区环境规划综合研究	程声通、井文涌等	国家教委科技进步一等奖	1993
14	华南地区酸雨综合防治对策研究	郝吉明、徐康富 等	国家教委科技进步二等奖	1993
15	高效多用途磁化除垢器（GCQ）	张玉春	国家教委科技进步三等奖	1994
16	厌氧污泥的附着及颗粒化机理研究	竺建荣、顾夏声、胡纪萃	国家教委科技进步二等奖	1994
17	固定化混合细菌处理废水生物学基础研究	黄霞、俞毓馨、吴晓磊	国家教委科技进步三等奖	1995
18	生物预处理去除微污染技术——颗粒填料生物接触氧化法	王占生、张锡辉、刘文君	国家教委科技进步三等奖	1995
19	大面积屋面雨水排除问题的研究	王继明等	国家教委科技进步三等奖	1995
20	染料工业废水综合治理技术与工艺	蒋展鹏、杨志华、祝万鹏、余刚、李中和	国家教委科技进步一等奖	1996
21	常温升流式厌氧污泥层（UASB）反应器处理啤酒废水生产性试验研究	陆正禹、胡纪萃、钱易、左剑恶	国家教委科技进步二等奖	1997
22	柳州地区酸沉降综合防治示范研究	郝吉明、席德立、贺克斌、徐康富	国家教委科技进步二等奖	1997
23	YHG 系列水平轴转刷曝气机	钱易、陈吕军、沈英鹏、胡纪萃、汪诚文	国家教委技术发明二等奖	1997
24	填埋场：防水防渗材料的筛选与研制	俞珂、袁光钰、白庆中	教育部科技进步二等奖	1998
25	深港治理深圳河工程环境评估研究*	杜文涛、王光谦	教育部科技进步三等奖	1999
26	我国酸雨及二氧化硫控制区划分研究	郝吉明	教育部科技进步一等奖	1999
27	典型城市汽车排放污染控制示范研究	贺克斌、傅立新、郝吉明、周中平	中国高校科学技术二等奖	2000
28	膜-生物反应器废水处理特性及机理研究	钱易、黄霞、文湘华、汪诚文、陈吕军	教育部自然科学一等奖	2002
29	中国酸沉降临界负荷研究	郝吉明、段雷、叶雪梅、周中平	教育部自然科学二等奖	2004

续表

编号	获奖成果名称	获奖人（系内）	奖项与等级	获奖年份
30	NT系列复合机理脱硫除尘一体化设备*	周律	教育部科技进步二等奖	2006
31	滇池流域面源污染控制技术	陈吉宁、李广贺、王洪涛、黄霞、钱易、张旭、张天柱、施汉昌、张彭义、杜鹏飞、胡洪营、祝万鹏、聂永丰	教育部科技进步一等奖	2006
32	小城镇环境保护关键技术研究及设备开发*	施汉昌、单立志	教育部科技进步二等奖	2006
33	脱氮除磷一体化污水处理高效好氧生物流化反应器	施汉昌、汪诚文、陈吕军、李瑞瑞、陈金銮	教育部技术发明二等奖	2006
34	大气颗粒物及其前体物排放与复合污染特征	贺克斌、郝吉明、段凤魁、杨复沫、马永亮、吴烨、王书肖、田贺忠	教育部自然科学一等奖	2007
35	低能耗膜-生物反应器污水资源化新技术与工程应用	黄霞、文湘华、汪诚文、陈福泰、夏俊林	教育部科技进步一等奖	2008
36	特大城市空气质量改善理论与技术及其应用	郝吉明、贺克斌、王书肖、傅立新、吴烨、许嘉钰、李俊华、马永亮、王丰绚、段雷、雷宇、王丽涛、陈丹、吕子峰、赵喆	教育部科技进步一等奖	2009
37	废水中高毒性难降解有机污染物的强化去除技术及机理	钱易	教育部自然科学一等奖	2010
38	环境规划的若干关键技术研究与应用*	张天柱、曾思育	教育部科技进步一等奖	2010
39	以厌氧技术为核心的可持续废水处理系统研究与应用	王凯军、左剑恶、郑明霞、林甲、张国臣	教育部科技进步二等奖	2010

*清华大学非第一完成单位。

4.7.1.3 国家环保科技奖励

环境系获得的国家环保科技奖励项目情况如表4-45所示。

表4-45 环境系获得的国家环保科技奖励情况

编号	获奖成果名称	获奖人（系内）	奖项与等级	获奖年份
1	养殖蚯蚓处理生活垃圾的研究	胡秀仁、李国鼎、王继明	国家环保科技进步三等奖	1991
2	环境信息数据库在地方管理上的应用	程声通	国家环保局科技进步三等奖	1993
3	工业燃烧二氧化硫收费标准及实施方案	郝吉明、席德立、贺克斌	国家环保局科技进步三等奖	1994
4	我国酸沉降及其生态环境影响研究	郝吉明	国家环保局科技进步一等奖	1997

续表

编号	获奖成果名称	获奖人(系内)	奖项与等级	获奖年份
5	可持续发展论	郝吉明	国家环保局科技进步三等奖	1998
6	中国 1999 年能源及工业源的温室气体排放清单编制 *	贺克斌	国家环保局科技进步三等奖	1998
7	推进中国清洁生产政策研究 *	张天柱	国家环保局科技进步三等奖	1998
8	危险废物填埋处置的入场条件及预处理技术研究 *	王伟	国家环保局科技进步二等奖	1998
9	世行环境技术援助项目 B-1 项目 B-1-9 分项目省级环境信息基础数据库开发 *	苏保林	国家环保局科技进步二等奖	1998
10	深圳市"8.5"爆炸事故应急处理及危险废物安全处置	俞珂、王伟、袁光钰	国家环保局科技进步三等奖	1999
11	酸雨控制国家研究方案	席德立	国家环保局科技进步三等奖	2000
12	中国机动车排放污染控制战略研究	傅立新	国家环保局科技进步二等奖	2000
13	难降解有机工业废水新型预处理技术及关键设备 *	余刚、蒋展鹏、曾德芳	国家环保局科技进步二等奖	2003
14	高效单元处理设备的研制和开发 *	施汉昌	国家环保局科技进步三等奖	2003
15	北京市大气污染控制对策研究 *	郝吉明、陆永琪	国家环保局科技进步二等奖	2003
16	城市生活垃圾焚烧设施二噁英排放规律及其控制对策研究 *	金宜英	国家环保局科技进步二等奖	2004
17	秦皇岛东港城市污水再生处理回用工程	张鸿涛、白庆中、王占生	国家环保局科技进步三等奖	2004
18	高效厌氧生物反应器的研制与应用 *	左剑恶、孙寓姣	环境保护科学技术二等奖	2006
19	循环经济理论与生态工业技术研究 *	石磊	环境保护科学技术二等奖	2007
20	宁波市经济社会发展环境承载力及环境保护对策研究	汪诚文、苏保林、马永亮、王肖、刘仁志、赵雪峰、范杰	环境保护科学技术二等奖	2007
21	垃圾填埋气体提纯制作清洁燃料技术及其应用	王伟、万晓	环境保护科学技术二等奖	2007
22	重大环境污染事故防范和应急技术体系研究 *	杜鹏飞	环境保护科学技术二等奖	2008
23	危险废物鉴别技术体系研究 *	李金惠、段华波、王伟	环境保护科学技术二等奖	2008
24	河流突发性水污染事件生态环境影响评价与应急控制技术研究 *	陈吉宁、胡洪营、张晓健、曾思育、张天柱、刘翔	环境保护科学技术一等奖	2008

编号	获奖成果名称	获奖人（系内）	奖项与等级	获奖年份
25	防治机动车（船）污染强制标准研究*	傅立新	环境保护科学技术一等奖	2008
26	高效好氧生物流化反应器研制与应用	施汉昌、陈吕军、汪诚文	环境保护科学技术二等奖	2008
27	受污染场地环境风险评价及修复的管理技术体系研究	李广贺、张旭、陈吉宁	环境保护科学技术一等奖	2008
28	老垃圾填埋场快速稳定化技术及其在封场工程中的应用	蒋建国、杜雪娟、张唱、王岩、黄云峰、张妍	环境保护科学技术三等奖	2009
29	国家环境技术管理体系建设*	王凯军、张国臣	环境保护科学技术二等奖	2010
30	新型污泥喷雾干化-回转窑焚烧技术集成及一体化装备开发与应用	王凯军、张国臣、郑明霞	环境保护科学技术二等奖	2010

* 清华大学非第一完成单位。

4.7.1.4 华夏建设科技奖励

环境系获得的华夏建设科技奖励情况如表 4-46 所示。

表 4-46 环境系获得的华夏建设科技奖励情况

编号	获奖成果名称	获奖人（系内）	奖项与等级	获奖年份
1	北京市区污水处理厂合理规模研究*	贾海峰、程声通	华夏建设科学技术三等奖	2003
2	城市污水再生利用政策、标准和技术研究与示范*	陈吉宁、黄霞、胡洪营	华夏建设科学技术一等奖	2005
3	深圳河湾流域污水系统布局规划研究*	陈吉宁、贾海峰、曾思育、刘雪华、周律	华夏建设科学技术一等奖	2006
4	填埋气体提纯制作车用压缩天然气技术	王伟、万晓	华夏建设科学技术三等奖	2006
5	城市水业管理体制与监管体系研究	傅涛、常杪、钟丽锦、朱凌云	华夏建设科学技术三等奖	2006
6	北京中心城城市污水处理厂污水再生利用总体规划研究*	贾海峰	华夏建设科学技术三等奖	2007
7	污水处理厂气味控制系统研究*	胡洪营、王灿	华夏建设科学技术二等奖	2007
8	降低建筑水耗的综合关键技术研究*	胡洪营	华夏建设科学技术三等奖	2008
9	再生水回用于景观水体水质及景观效果保障技术研究*	周律	华夏建设科学技术三等奖	2008
10	南方地区安全饮用水保障技术*	刘文君	华夏建设科学技术二等奖	2008

续表

编号	获奖成果名称	获奖人(系内)	奖项与等级	获奖年份
11	北京中心城地区湿地系统规划研究*	贾海峰	华夏建设科学技术二等奖	2008
12	厌氧型生物反应器填埋场中试研究及工程应用	蒋建国、王伟、张妍	华夏建设科学技术二等奖	2008
13	城市生活垃圾填埋场封场及填埋气体利用技术研究*	王伟	华夏建设科学技术三等奖	2009
14	应对水源突发性污染的城市供水应急处理技术研究	张晓健、陈超	华夏建设科学技术二等奖	2009
15	城市供水行业绩效关键指标研究	傅涛、常杪、钟丽锦	华夏建设科学技术三等奖	2010
16	城市污水处理氧化沟工艺技术、过程控制与设备成套化研究	施汉昌、胡洪营、刘艳臣、席劲瑛、施慧明、王志强	华夏建设科学技术一等奖	2010

*清华大学非第一完成单位。

4.7.1.5　北京市科技奖励

环境系获得的北京市科学技术进步奖情况如表 4-47 所示。

表 4-47　环境系获得的北京市科学技术进步奖情况

编号	获奖成果名称	获奖人(系内)	等　　级	获奖年份
1	HYS-1 型中水处理技术研究	王占生	三等奖	1987
2	网箱养鱼对水质要求影响及防治措施的研究*	杨吉生等	一等奖	1991
3	常温升流式厌氧污泥层(UASB)反应器处理啤酒废水生产性试验研究	陆正禹、胡纪萃、钱易、左剑恶	二等奖	1994
4	生物陶粒技术改善城子水厂水质的研究	王占生	二等奖	1997
5	内循环三相生物流化床处理城市生活污水的研究	钱易、施汉昌	二等奖	1998
6	生物陶粒工艺处理沥青炼制废水并回用于循环冷却水的研究	卜城、王占生	三等奖	1998
7	饮用水消毒、消毒剂产物和水质生物稳定性之关系研究	张晓健、王占生、刘文君	三等奖	2000
8	北京市机动车排气污染控制管理规划及实施方案研究	郝吉明、傅立新等	二等奖	2000
9	UASB 反应器及其配套产品开发*	左剑恶、陆正禹	二等奖	2001
10	一体式膜-生物反应器处理生活污水的试验研究	钱易、黄霞	三等奖	2001

续表

编号	获奖成果名称	获奖人（系内）	等　级	获奖年份
11	密云水库水质保护管理技术研究*	贾海峰	二等奖	2001
12	难降解有机工业废水高新生物处理技术与关键设备	钱易、黄霞、文湘华、陆正禹	一等奖	2002
13	危险废物管理国家行动方案及决策支持信息系统	聂永丰、李金惠、王洪涛、白庆中	三等奖	2002
14	内循环三相生物流化床及其设备化技术	施汉昌、钱易、陈吕军	三等奖	2003
15	旋风分离器减阻技术与工业应用*	周律	三等奖	2004
16	包气带石油污染的微生物修复研究	李广贺、张旭、卢晓霞、黄巍、邵辉煌、贾建丽	三等奖	2005
17	北京市平原区砂石坑综合利用规划研究*	贾海峰	三等奖	2010

*清华大学非第一完成单位。

4.7.2　重要科研项目

建系至 2011 年以来，环境系承担了科研项目科技攻关计划、"863" 计划、"973" 计划、国家重大科技专项、国家自然科学基金重点项目等上百项国家级科研项目。环境系参与国家级科研项目情况如图 4-15 所示。

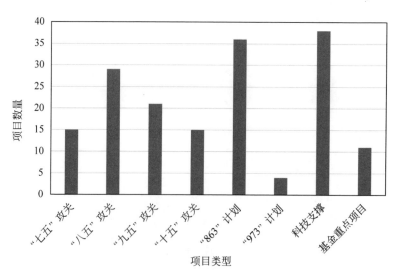

图 4-15　环境系参与国家级科研项目情况

统计时间为 1998 年 1 月至 2010 年 12 月

学院教师主持的国家重点重大项目清单如表 4-48~表 4-55 所示。

表 4-48　国家"七五"重点科技攻关计划（1986—1990 年）

编　号	项　目　名　称	负　责　人
1	电镀污泥中重金属浸出的工艺研究	陈志义
2	国家信息环境数据库——地方应用	程声通
3	水环境质量管理信息系统设计及其软件开发	傅国伟
4	电除尘器板线匹配的研究	郝吉明
5	华南地区酸雨综合防治对策研究	郝吉明
6	啤酒工业废水生物处理技术	胡纪萃
7	宁波城市工业污染源排放总量控制技术研究	黄铭荣
8	沈阳污水土地处理系统对地下水污染的研究	刘兆昌
9	典型城市污水回用系统规划研究	刘兆昌
10	氧化塘中物质转移规律的研究	钱易
11	高浓度有机工业废水厌氧生物处理技术研究	钱易
12	城市污水回用技术研究	王占生
13	污水回用可行性研究	王占生
14	电镀污泥浸出液中 Cu、Cr 的萃取分离	杨志华
15	环境污染治理费用数据库研究	张兰生

表 4-49　国家"八五"重点科技攻关计划（1991—1995 年）

编　号	项　目　名　称	负　责　人
1	天然和无机防渗材料的筛选与研制	白庆中
2	城市污水回用于化工工业技术的研究	卜城
3	柳州地区酸沉降综合防治示范研究	郝吉明
4	我国东部地区酸沉降控制规划和对策研究	郝吉明
5	污水海洋处置限制性条件研究	何强
6	污水海洋处置示范工程运行管理研究	何强等
7	柳州地区酸沉降管理系统的研究	贺克斌
8	致酸物质适用控制技术的分析、筛选与评价	贺克斌
9	城市生活垃圾堆放场的改造和恢复技术研究	胡秀仁
10	生物流化床在焦化废水治理中的应用	黄霞
11	染料工业废水综合治理技术与工艺	蒋展鹏、杨志华
12	中国环境科技发展十年规划和"九五"环保科技攻关方向及目标预测	井文涌
13	石油类污染迁移转化参数与特征研究	刘翔
14	示范工程应用研究	刘兆昌
15	淄博市地下水源地石油污染防治技术研究	刘兆昌
16	填埋场释放物的产生、收集和处理研究	聂永丰
17	高浓度有毒有机工业废水处理技术及设备（课题）	钱易
18	焦化废水综合治理技术与工艺	钱易
19	有害废物减容减量技术研究	王伟
20	淹没式颗粒填料生物接触氧化法去除有机物与氨氮的研究	王占生

编　号	项 目 名 称	负 责 人
21	城市污水的处理和再利用	王占生
22	柳州地区酸沉降综合控制规划及实施效果评价	席德立
23	柳州地区脱硫技术的选用完善化及优化组合	徐康富
24	氨浸法从电镀污泥中回收重金属的示范研究	杨志华
25	防水防渗材料的筛选与研制	俞珂
26	人工合成有机防渗材料的筛选	袁光钰
27	水源地管理技术研究	张兰生
28	厌氧缺氧好氧工艺处理焦化废水的研究	张晓键
29	高浓度染料废水化学转化与脱色处理技术	祝万鹏

表 4-50　国家"九五"重点科技攻关计划(1996—2000 年)

编　号	项 目 名 称	负 责 人
1	城市汽车污染综合控制规划及管理软件开发	傅立新
2	生物质型煤及燃煤催化剂固硫技术与装备研究	郝吉明
3	环保关键技术研究	郝吉明
4	典型城市汽车排放污染控制示范研究	贺克斌
5	膜-生物反应器处理染料等工业废水的研究	黄霞
6	城市污水沉淀高效技术	蒋展鹏
7	高效湿式催化氧化处理高浓度难降解废水研究	蒋展鹏
8	生物质型煤燃烧固硫试验研究	陆永琪
9	高含硫有机工业废水处理技术与示范工程研究	陆正禹
10	生物质型煤示范生产线建设及工业应用	马永亮
11	危险废物管理国家行动方案及决策支持系统研究	聂永丰
12	难降解有机工业废水治理技术与关键设备	钱易
13	内循环三相流化床的设备化技术	施汉昌
14	生物自固定化技术及其在焦化等工业废水中的应用	王建龙
15	颗粒填料生物接触氧化处理微污染水源水	王占生
16	酸沉降控制方案和 SO_2 总量控制方案	席德立
17	生物质型煤成型工艺及设备研究	徐康富
18	新型高效天然有机高分子絮凝剂研制	余刚
19	削减汽车排放的检查维修制度及技术评价研究	周中平
20	难降解有机工业废水萃取分离工艺与设备	祝万鹏
21	UASB 反应器开发与设备化	左剑恶

表 4-51　国家"十五"重点科技攻关计划(2002—2005 年)

编　号	子 课 题 名 称	负 责 人
1	城市污水再生利用战略及经济和产业政策研究	陈吉宁
2	城市污水再生利用政策、安全性指标和技术研究与示范	陈吉宁
3	面源水污染控制成套技术和示范工程研究	陈吉宁
4	突发性重大环境污染事故应急支持系统研究开发	杜鹏飞

续表

编　　号	子课题名称	负责人
5	移动污染源大气环境影响研究	傅立新
6	中国在用车 I/M(检测/维护)技术规范与管理体系研究	傅立新
7	受污染场地环境风险评价及修复技术规范研究	李广贺
8	废旧电子电器产品拆解、资源化利用和处理处置技术导则	李金惠
9	地下水污染防治技术政策研究	刘翔
10	小城镇污水处理高效生物流化复反应器的研究开发	施汉昌
11	区域循环经济建设模式及其支持技术研究	石磊
12	畜禽粪便和作物秸秆高温发酵工艺与技术研究	王洪涛
13	我国环境标准发展战略的若干问题及大气、清洁生产等环境标准体系研究	王书肖
14	典型区域环境安全预测预警系统开发研究	张天柱
15	居住区水环境系统的规划设计导则研究	张晓健

表 4-52　国家"863"计划牵头课题(1998—2010 年)

编　　号	课题名称	负责人
1	高效脱硝催化剂开发及关键生产设备的研制	李俊华
2	替代燃料车尾气排放控制技术与示范	李俊华
3	给水管网化学稳定特性研究与控制技术	张晓健
4	分级好/缺氧耦合生物阴极型微生物燃料电池产电和脱氮技术	黄霞
5	澳门机动车排放与电子废弃物污染防治技术与示范	吴烨
6	重大环境污染事件特征污染物检测系统与技术集成	文湘华
7	催化还原处理技术与装置研究	邓述波
8	含氯代有机物工业废物处理技术研究与示范	蒋建国
9	高固体厌氧消化关键工艺、装备研发与工程示范	王伟
10	典型工业集群区环境污染事故防范与应急示范	金勤献
11	再生水回用的风险控制技术研究	刘翔
12	集约化养殖废水中抗生素及重金属处理技术	王凯军
13	工业燃煤锅炉回收型氧化镁法烟气脱硫技术与设备	马永亮
14	高效甲烷排型城市生活垃圾准好氧填埋技术研究与工程示范	陆文静
15	区域大气污染源识别与动态源清单技术及应用	贺克斌
16	替代燃料车排放污染控制技术	李俊华
17	秸秆制乙醇的超临界亚临界组合预处理与水解研究	陆文静
18	饮用水除氟用微絮凝过滤技术及多孔导电颗粒滤料的研究	张鸿涛
19	含毒性有机物危险废物固化稳定化技术研究	刘建国
20	双筒型微生物燃料电池污水产电与同时脱硫技术研究	黄霞
21	给水管网水质稳定性控制技术研究与应用	张晓健
22	室内空气中挥发性有机物的真空紫外光催化降解及其副产物	张彭义
23	水中持久性有机污染物检测电化学生物传感技术研究	何苗
24	膜-生物反应器除磷脱氮工艺技术优化研究	黄霞
25	水环境中极性内分泌干扰物采样监测系统的研究	张祖麟
26	低温等离子体协同有机物还原剂催化脱硝新技术	李俊华

续表

编　号	课 题 名 称	负 责 人
27	非均匀电场强化典型有机污染土壤原位生物修复技术	王慧
28	稀燃汽油机氮氧化物净化技术开发	傅立新
29	酸化森林土壤的修复技术研究	段雷
30	危险废物处理技术	王伟
31	多相光催化氧化技术研究与设备开发	张彭义
32	白腐真菌木质素降解酶法调控技术	文湘华
33	水中持久性有机污染原位微阵列免疫检测技术研究	何苗
34	新型膜-生物反应器的研制与应用	黄霞
35	高效好氧生物反应器研制与应用	施汉昌
36	生物传感器快速测定 BOD 仪的研制	李振瑜

表 4-53　国家"973"计划牵头课题(1998—2010 年)

编　号	课 题 名 称	负 责 人
1	全球大气气溶胶源汇机制研究及模式研制	贺克斌
2	禽流感时空传播模型预测与防控策略	徐冰
3	城市二元水循环系统演化与安全高效用水机制	陈吉宁
4	我国酸沉降相关物质的排放特征及强度研究	贺克斌

表 4-54　国家科技支撑计划牵头课题(1998—2010 年)

编　号	课 题 名 称	负 责 人
1	50 万吨/年跨行业废弃物水泥窑协同利用技术及示范	温宗国
2	工业节能减排潜力评估与技术推广应用决策支持系统研究	陈吉宁
3	节能减排技术评估指标体系与技术评估模型开发	杜鹏飞
4	区域循环经济体系内工业企业消纳固体废弃物系统安全性研究	金宜英
5	规模化沼气工程机电一体化装备及控制技术研究与工程示范	左剑恶
6	高藻水源水处理技术与工艺研究及示范	陈超
7	执行公约的支撑技术研究与示范	余刚
8	城市综合节水技术开发与示范	杜鹏飞
9	生活垃圾生物反应器填埋技术研究	刘建国
10	城市污水处理全流程节能降耗途径与技术集成	何苗
11	苏州城市循环经济发展共性技术开发与应用研究	陈吉宁
12	劣质地下水处理技术研究与设备研制	李振瑜
13	松花江重大污染事件爆炸现场排水管线污染应急修复技术	胡洪营
14	湿地-水体复合生态系统水质净化专项研究	胡洪营
15	中国在用车 I/M 技术规范与管理体系研究	傅立新
16	难降解有机工业废水治理技术与关键设备	钱易
17	生物自固定化技术及其在焦化等工业废水中的应用	王建龙
18	膜-生物反应器处理染料等工业废水的研究	黄霞
19	内循环三项流化床的设备化技术	施汉昌
20	高含硫有机工业废水处理技术与示范工程研究	陆正禹

续表

编　号	课 题 名 称	负 责 人
21	UASB 反应器开发与设备化	左剑恶
22	危险废物焚烧技术规范研究	李金惠
23	危险废物处理处置技术评价体系研究	李金惠
24	空气质量复合模型的应用示范研究	王书肖
25	受污染场地环境风险评价及修复技术规范研究	李广贺
26	小城镇污水处理高效生物流化复合反应器的研究开发	施汉昌
27	突发性重大环境污染事故应急决策支持系统研究开发	杜鹏飞
28	地下水污染防治技术政策研究	刘翔
29	循环经济理论与生态工业技术研究	石磊
30	国家环境安全与环境管理支撑体系研究	张天柱
31	经济适用型小城镇污水处理技术与工艺	张晓健
32	饮用水生物处理技术	张晓健
33	移动污染源大气环境影响研究	傅立新
34	畜禽粪便和作物秸秆高温发酵工艺与技术研究	王洪涛
35	面源水污染控制成套技术和示范工程研究	陈吉宁
36	城市污水再生利用战略及经济和产业政策研究	陈吉宁
37	城市污水再生利用政策、标准和技术研究与示范	陈吉宁
38	我国应对气候变化的承诺方案研究	王灿

表 4-55　国家自然科学基金重点项目(1984—2010 年)

编　号	课 题 名 称	负 责 人
1	水质安全与净化新理论新技术	蒋展鹏
2	澳门机动车排放污染特征及控制策略研究	郝吉明
3	厌氧微生物对难降解有机物的降解作用机理	施汉昌
4	难降解有机物生物处理新技术及其作用机理	王建龙
5	我国环境汞污染的来源、化学特征及转化机制研究	郝吉明
6	生活垃圾焚烧过程中 UP-POPs 的生成机制与控制技术原理	余刚
7	地下水系统多环芳烃输移与转化的生物过程和生态毒性表征研究	李广贺
8	北京大气臭氧削减控制关键技术和方案研究	郝吉明
9	低温选择性催化还原 NO_x 技术及反应机理的研究	郝吉明
10	能源-排放-环境复杂系统模拟与控制机制研究	贺克斌
11	亚洲特大城市大气细粒子及臭氧形成机制研究	郝吉明

4.7.3　支撑条件

4.7.3.1　办公和试验场所

建系之初,环境系仅拥有位于校图书馆东侧的给水排水实验室 (1000 m^2,建于 1956 年,见图 4-16),行政办公室在校主楼 8 楼。1987 年,环境系馆及综合实验楼在国家环保局的支持下建成后,办公及实验面积扩展至约 5000 m²,并利用两批世界银行贷款购置了先进的仪器和设备。

图 4-16　给水排水实验室

在"211"工程和"985"一期工程的支持下,环境系重点开展了科研能力建设,教学和科研条件获得了改善,采取接受校外捐赠和联合建设等多种方式提升了科研硬件水平。环境系还自己投资建设"现代环境生物学研究平台"与"环境观测与分析平台"。

2004 年 6 月,中意合作的清华大学环境节能楼奠基,中国科学技术部石定寰秘书长、意大利环境与国土资源部副部长 Roberto Tortoli 先生和意大利驻华大使 Umberto Vattani 先生参加了奠基仪式。中意清华环境节能楼的建筑面积为 20 000 m²,是由意大利政府出资 2000 万欧元(现价约合人民币 1.5 亿元)在海外投资建设的第一个教育建筑工程,也是中国科技部和意大利环境与国土资源部合作的最大科技示范项目。中意清华环境节能楼作为环境系新系馆于 2007 年落成投入使用,科技部副部长尚勇、意大利驻华大使 H. E. Amb. Riccardo Sessa 先生、意大利环境和国土资源部司长 Corrado Clini 先生、清华大学校务委员会主任陈希等出席了落成纪念碑揭牌仪式(见图 4-17)。中意清华环境节能楼是一座融绿色、生态、环保、节能理念于一体的智能化教学科研办公楼,提供了中意双方在环境和能源领域发展长期合作的平台,同时也为中国在建筑物的 CO_2 减排潜能方面建立了模型范本。

图 4-17　中意清华环境节能楼奠基

环境系从"九五"开始,先后建设了环境分析与测试、环境生物技术、环境材料和环境计算与模拟等一系列高水平的研究平台。经过近 10 年的发展,平台目前拥有 HRGC/HRMS、UPLC/MS-MS、GC/MSMS、ICP-MS、同位素比质谱仪、顺磁共振波谱仪、基因分析仪和微软高性能计算服务器等大型设备及其他各种测试和计算仪器,可提供微量有机污染物分析、常规污染物分析与环境质量检测、环境微生物鉴定与保存、环境微生物检测与功能解析、环境材料性能表征、环境信息数据库、高速计算与大容量存贮等服务,为学院共同研究的开展和环境学科的发展提供了有力支撑。研究平台对外以"清华大学环境质量检测中心"的名义提供服务,并于 2008 年首次获得国家认证认可监督管理委员会(认监委)颁发的计量认证证书(CMA 证书)。

4.7.3.2　科研机构

1) 区域中心

(1) 联合国环境规划署巴塞尔公约亚洲太平洋地区培训和技术转让区域中心(1997 年 6 月至今)

联合国环境规划署巴塞尔公约亚洲太平洋地区培训和技术转让区域

中心（称作"巴塞尔公约亚太区域中心"，简称"亚太中心"）是根据《控制危险废物越境转移及其处置巴塞尔公约》（简称《巴塞尔公约》）缔约方大会第三次会议的决定于 1997 年成立运行的，是全球 14 个巴塞尔公约区域和协调中心之一。2011 年 5 月 20 日，经国务院授权，环境保护部部长周生贤代表中国政府与巴塞尔公约秘书处 Katharina Kummer Peiry 执行秘书代表巴塞尔公约缔约方大会签订了《关于建立巴塞尔公约亚洲太平洋地区培训和技术转让区域中心的框架协议》。框架协议对中心独立运行、享受免税待遇和特权豁免条款进行了规定。

亚太中心兼具促进巴塞尔公约和斯德哥尔摩公约区域履约的职责，协助区域内的发展中国家和经济转型国家实现两公约的各项目标，核心职能包括培训、技术转让、提供信息、咨询服务和宣传活动，由环境保护部和清华大学共同管理。在巴塞尔、鹿特丹和斯德哥尔摩公约联合缔约方大会组织的两次全球 14 个巴塞尔公约区域中心和 16 个斯德哥尔摩公约区域中心的评估中，亚太中心两次获得第一名（双满分），具有较高的国际影响力。

作为我国履行巴塞尔公约的重要技术支撑及履约支持机构，2002 年以来，亚太中心支持我国政府代表团参加了历次巴塞尔公约缔约方大会谈判、联合国环境大会固体废物和化学品议题磋商，承担开展全国危险废物战略研究、指导和实施全国危险废物管理培训、组建化学品和废物环境管理智库等职能工作。此外，亚太中心积极为清华大学全球环境国际班搭建参与全球环境治理的平台，30 余名学生先后参加了联合国环境大会、废物和化学品三公约缔约方大会等国际大会。

（2）斯德哥尔摩公约亚太地区能力建设与技术转让中心（2009 年 5 月至今）

斯德哥尔摩公约亚太地区能力建设与技术转让中心根据《关于持久性有机污染物的斯德哥尔摩公约》（简称《斯德哥尔摩公约》）缔约方大会第四次会议于 2009 年 5 月批准成立，是全球 16 个斯德哥尔摩公约区域中心之一。依据《斯德哥尔摩公约》第 12 条第 4 款规定，区域或次区域中心应提供能力建设和促进技术转让，以协助发展中国家缔约方和经济转型缔约方履行《斯德哥尔摩公约》的义务。亚太中心具有促进斯德哥尔摩公约区域履约的职责，协助区域内的发展中国家和经济转型国家实现公约的各项目标，核心职能包括培训、技术转让、提供信息、咨询服务和宣传活动。中心办公室设在清华大学环境学院,目前拥有 30 余名具有博士或硕士研究生学历的全职人员和数十名教授专家的兼职技术团队组成的人员队伍,在全体人员的不懈努力下,亚太中心的国际影响力日益提升。在 2013—2014 年、2015—2018 年连续两次全球斯德哥尔摩公约区域中心的评估中,亚太中心均获得满分 100 分的优异成绩。

目前,亚太中心已逐渐形成化学品和废物管理政策及技术研究、能力建设、信息交换等优势领域,在持久性有机污染物(POPs)方面积累了丰富的经验,先后承担来自联合国环境署、挪威外交部、生态环境部、欧盟委员会等国内外的项目百余项。研究包括双对氯苯基三氯乙烷(DDT,又称滴滴涕)、十溴二苯醚、全氟辛烷磺酸、多氯联苯、六溴环十二烷、二噁英等近 20 种新老 POPs 物质的污染控制技术、无害化管理政策等研究工作,为包括中国、柬埔寨、斯里兰卡、蒙古、老挝、朝鲜等在内的 10 余个亚太区域国家的 POPs 公约履约和化学品管理工作提供支持。

2)政府批建机构

(1)清华大学环境影响评价室(1990 年 5 月至 2016 年 3 月)

清华大学环境影响评价室(环评室)于 1990 年 5 月由清华大学批准成立,是学校从事环境影响评价工作的专业机构。历任主任是俞珂教授、白庆中教授和汪诚文教授。1990 年被国家环境保护总局(国家环保总局)授予"甲级环境影响评价证书"(第 0409 号),1999 年第一批被授予"建设项目环境影响评价甲级资格证书"(国环评甲字第 1022 号),2003 年入选第一批"规划环境影响评价推荐单位",2006 年入选"全国十佳建设项目环境影响评价优秀甲级单位"。环评室多次参加国家环评领域法律、法规、导则、标准的制定,为推动环境评价制度发展做出了重要贡献。环评室还积极参与学院专业课程共建,"环境影响评价课"先后荣获 2019 年学校教学成果二等奖和 2020 年精品课程。环评室先后承担了圆明园东部湖底防渗工程环境影响评价、汶川地震灾后重建生产力布局及产业结构调整规划环评等上千项环境影响评价工作,得到各级政府和企事业单位的好评。环评室于 2016 年到期结束工作。

(2)环境模拟与污染控制国家重点联合实验室(1989 年 6 月至今)

环境模拟与污染控制国家重点联合实验室(以下简称实验室)是我国环境领域最早建设的国家重点实验室,由清华大学牵头,依托清华大学、中国科学院生态环境研究中心、北京大学和北京师范大学 4 个单位,于 1989 年经中华人民共和国计划委员会(国家计委,2003 年 3 月改组为国家发展和改革委员会)批准立项,1991 年开始建设,1995 年通过验收,向国内外开放,并在科技部组织的国家重点实验室历届评估中取得良好成绩,在 2015 年评估中获得优秀成绩。

实验室一直瞄准环境领域前沿科技、面向国家生态环境保护的重大战略需求,围绕环境监测与系统模拟、污染物迁移转化及环境效应、水质安全保障理论与技术、大气复合污染控制理论与技术、生态过程与管理等方向开展持续研究,通过多学科交叉融合,构建"原理突破—技术创新—集成应用—决策支撑"的全创新链,为我国环境污染控制和生态环境质量持续改善提供全方位的理论、技术、政策及人才支撑。

20 多年来,实验室承担了数千项国家环境领域的重要科研任务,充分发挥联合实验室多学科交叉融合的优势,通过协同创新,在大气二次污染形成机制与多污染物协同控制、城市/区域水系统与健康循环、高关注化学品风险识别与管控、城市/区域代谢机理与生态安全调控等方面取得了一批原创性重大理论及技术突破,学术产出整体水平跻身国际一流,部分领域国际领先,引领贡献不断增强;近 10 年,以第一单位获国家一等奖 1 项、二等奖 18 项,在国家科技发展、民生改善、国际履约和国家安全保障中发挥了重要作用,为国家和地方生态环境保护相关重大战略实施提供了重要的科技支撑,有力地推动了 4 个分室环境学科的发展,在第四轮学科评估中获得 2 个 A+、2 个 A 的优异成绩。构建了多层次产学研合作平台,成效显著,成果转化经济效益明显,有力地促进了环保领域龙头企业创新能力的提升。人才队伍持续优化,拥有一大批高层次创新人才和高水平国际化创新团队,包括 3 个国家自然科学基金委创新群体、4 个科技部重点领域创新团队和 5 个教育部创新团队,在国家重大环境保护咨询、科技及治理规划中发挥了重要的智库作用,国际影响力持续提升,已成为我国环境领域开展应用基础研究、科学技术创新、培养高级人才和开展高层次学术交流的重要基地。

(3) 国家环境保护总局危险废物管理培训与技术转让中心(1993 年 6 月至 2012 年 1 月)

1993 年 6 月,国家环境保护局批准在清华大学设立中国有害废物管理和处置培训与技术转让中心。1998 年 9 月，国家环境保护总局批准了国家环境保护总局危险废物管理培训与技术转让中心（中国危险废物管理培训与技术转让中心），设在清华大学环境工程设计研究院。2008 年，国家环境保护总局升格为环境保护部（环保部），成为国务院组成部门，国家环境保护总局危险废物管理培训与技术转让中心到期结束工作。

2010 年 11 月，环境保护部和清华大学共同签署了《关于开展国家危险废物管理培训与战略研究的合作协议》，巴塞尔公约亚太区域中心为落实该协议的主体单位，实施全国危险废物管理培训，开展危险废物管理战略和政策研究，旨在提升我国危险废物管理能力和管理战略研究水平。原国家环境保护总局危险废物管理培训与技术转让中心的相关工作职能在巴塞尔公约亚太区域中心延续。

（4）新能源与环境国际研发中心（2007 年 12 月至今）

新能源与环境国际研发中心（国合基地）是环境学院 2007 年 12 月申请并经科技部批准建立的国家 13 所国际科技合作基地之一。基地面向我国环境保护和可持续发展的重大需求，结合环境学科的国际前沿，坚持"工程与科学结合、技术与管理结合"的理念，遵循"创新、务实、开放式、国际化"的模式，组织开展与国家和全球环境科学技术发展密切相关的基础性、前瞻性和战略性创新研究，为学院培养国际化人才、推动国际科技合作、引进国外先进环境污染控制和新能源技术与管理经验发挥着重要作用。基地设主任 1 人，由环境学院院长兼任，主管科研副院长负责基地的日常协调工作，并设秘书 1 人。

国合基地构建本科和研究生全英文课程体系，加强学生国际胜任力培养，与耶鲁大学、巴黎高科等欧美顶尖大学开展对等合作，共建 7 个双硕士联合学位项目。每年向世界一流大学和研究机构派出 300 余学生参加竞赛、国际会议、短期课程、学术交流、文化交流、海外实习等各项交流任务，持续拓展学生国际视野和跨文化交流能力。

（5）固体废物处理与环境安全教育部重点实验室（2009 年 1 月至 2018 年 12 月）

固体废物处理与环境安全教育部重点实验室是国家教育部于 2009 年批准立项，依托清华大学建设的教育部重点实验室，于 2018 年 12 月撤销，并入国家重点实验室。

实验室面向固体废物处理与环境安全的国家重大需求，形成了固体废物处置与污染场地土壤修复技术、基于循环经济的废弃物能源化资源化技术和固体废物污染控制系统管理及环境安全共 3 个重点研究方向。实验室建设目标明确、定位准确，取得了重要研究成果，在固体废物的环境管理、资源化产业转型升级、战略性科学研究等方面，取得了重大突破，为我国固体废物处理与环境安全提供了重要的决策支持、技术支撑与方向引领。

重点实验室成立以来，共培养毕业研究生 130 人，出站博士后 85 人，其中北京市优秀毕业生 2 名，清华大学优秀毕业生 6 名，清华大学学术新秀 2 名，清华大学特等奖学金 1 名，瑞士乔诺法（Chorafas）青年研究奖 1 名。重点实验室于 2018 年 12 月结束工作。

（6）国家环境保护技术管理与评估工程技术中心（2010 年 7 月至今）

国家环境保护技术管理与评估工程技术中心于 2007 年 6 月申建，2010 年通过环保部科技司组织的专家组审议并正式批准建设。工程技术中心的依托单位为清华大学环境学院，由清华大学环境学院牵头，中国环境科学学会、北京金城智业科技发展有限公司（E20 环境平台）、北京国环清华环境工程设计研究院有限公司、中持（北京）环保发展有限公司、浙江清华长三角研究院（生态环境研究所）四家参加单位共同组成。

为借鉴发达国家开展环境技术管理的指导思想和技术措施，环保部对清华大学（环境学院）建设"国家环境保护技术管理与评估工程技术中心"提出的主要任务是：以国家环境保护重大技术需求为导向，紧密围绕环境技术管理体系建设提供技术支持，为环境管理部门和企业提供决策和咨询服务；开展清洁生产、污染控制和再生利用等环境技术评估和筛选，通过技术成果的示范和推广，推动环境技术交流与合作；建设成为环境保护技术政策研究、技术评估与示范、技术交流与合作平台。

中心自 2010 年开始负责污染防治技术政策及最佳可行技术（BAT）的审查与管理，共管理污染防治技术政策 46 项及水专项多个 BAT 文件，为促进国家产业转型、支撑国家宏观环境管理、推动污染防治发挥了积极的作用。中心主持了秸秆综合利用和处理处置、餐饮业、氨氮等多项污染防治技术政策的编制工作，参与了城市污水处理、种植业等多项技术政策的编制工作及畜禽等 BAT 的编制工作。中心根据国家环境管理的要求，提出环境技术指导文件体系表的调整计划,参与多个重大污染行业的技术评估方法和指标体系研究,并参与完成环境新技术的验证工作。由清华大学环境学院承担的"国家环境技术评估(BAT)及推广体系研究与流域示范课题"(编号 2013ZX07504-004),在研究过程中,向国家水专项管理办公室提交了 BAT 指南纳入环境影响评价制度建议方案、工程技术规范纳入"三同时"各环节建议方案、BAT 指南纳入总量控制制度建议方案等成果,向国家环境咨询委员会和环境保护部科学技术委员会委员提交了《BAT 指南等技术指导文件纳入排污许可等环境管理制度》建议,并根据研究成果编制了支撑排污许可证的最佳可行技术指南"十三五"顶层设计文件,提出的"十三五"阶段最佳可行技术指南的建议内容纳入了《国家环境保护标准"十三五"发展规划(征求意见稿)》。

3) 清华大学自主批建机构

(1) 清华大学环境科学与工程研究院(1999 年 4 月至今)

环境科学与工程研究院在国家环保局与清华大学联合建立的环境工程设计院的基础上,经 1998—1999 学年度第 13 次校务会议批准,于 1999 年 4 月成立。其成立是为了适应 21 世纪国际环境科学与工程的发展,加强清华大学环境学科群建设,利用清华大学学科综合优势,促成跨学科、综合性的环境科学研究与工程实验基地建设。

环境科学与工程研究院作为学校首批建立的跨系研究院之一,是高校科研改革的一项举措和尝试。研究院采用虚体院的运行机制和机构设置,设立管理委员会,正、副院长和学术委员会,同时建立院务会议制度,由学校按实际编制设置岗位发放津贴。办公地点设在环境楼,环境科学与工程系协助办理研究院有关人事、财务等行政事务。研究院以环境科学与工程系为主体,包括核能技术设计院、化工系、热能工程系和汽车工程系等多个系(所)的相关研究所或研究室,以及"水污染控制设备质量检验中心""亚洲太平洋地区危险废物管理与培训中心""环境影响评价研究室""环境科学研究中心""机动车尾气污染控制研究中心"等研究室。

环境科学与工程研究院秉承成立宗旨,大力推进学科建设,在所承担的"985"一期建设期间,建成环境领域的综合学科群;将高新技术与环境技术结合,提升了学科的整体创新水平;大力发展环境管理战略研究,为我国各级政府决策提供多项科学依据；从单一的工艺末端污染控制发展成为工艺全程控制，开展大量有关清洁生产和循环经济的研究与国际合作；污染控制与治理研究的范围得到拓展，从传统点源污染治理发展到线源和面源污染控制领域。

研究院积极开展全球环境问题研究，先后组织了"中英环境科学与工程研讨会""中美经济、能源与环境研讨会""中芬环境与森林研讨会""清华大学-京都大学第二届能源与环境学术研讨会"等。在中国教育部的支持下，与京都大学共同申请了日本学术振兴会的"Core University Program"，双方牵头合作开展为期10年的"城市环境"项目。中方包括清华大学、北京大学等7所院校，日方包括近30所大学，合作涉及水资源及利用、水资源控制、酸雨控制、污染预防技术的创新、固体废物管理、再循环系统的建立、城市环境综合管理系统及城市基础设施的设计等诸多领域。

（2）清华大学持久性有机污染物研究中心（2001年9月至今）

清华大学持久性有机污染物（POPs）研究中心是在2001年《关于持久性有机污染物的斯德哥尔摩公约》签署之年，经学校自主批建的校级科研机构，研究中心主任为环境学院余刚教授。中心以环境学院为依托，与化学系和法学院等单位共建，是国内率先成立的化学品环境公约研究机构，也是之后成立的"中国环境科学学会持久性有机污染物专业委员会"的挂靠单位，持续以技术支撑我国的POPs履约工作。

研究中心以新兴污染物的环境风险评价、污染源减排、废物安全处置和履约决策支持等为重点研究方向，多学科交叉地开展前沿性基础研究、前瞻性高技术开发和战略性决策咨询。自成立以来，中心承担了大量科技部、生态环境部、教育部、国家自然科学基金委、北京市科委、中国工程院等新兴污染物方面的课题，此外还承担了多项联合国环境规划署、全球环境基金、欧盟、日本等国际合作项目，累计到款近20 000万元。截至目前，中心取得了一系列创新性科研成果，包括获得1项国家自然科学二等奖、2项国家科技进步二等奖、2项教育部自然科学一等奖、10余项省部级以上奖励，在国内外学术期刊上发表SCI论文300多篇，授权和申请国家发明专利50多项，目前累计培养优秀人才超过100人，中心核心研究团队于2012年入选教育部创新团队支持计划。

2006 年至今,中心每年主办的"持久性有机污染物论坛暨全国化学品环境安全研讨会",已成功举办 15 届。经过近 20 年的发展,清华大学持久性有机污染物研究中心已成为国际上有重要影响、国内领先的新兴污染物人才培养和科学研究机构。

(3) 清华大学全球环境研究中心(2007 年 4 月至 2012 年 1 月)

清华大学全球环境研究中心于 2007 年 4 月成立,研究中心是设立在清华大学的跨院系(核研院)的机构,设立全球气候变化研究部、废物与化学品研究部、生物多样性研究部、海洋问题研究部、拓展部。中心旨在组织清华大学环境科学与工程系和清华大学核能技术研究院的有关教师和研究人员,开展化学品和危险废物污染防治、全球气候变化、臭氧层保护、生物多样性与食品安全保障、世界海洋污染、湿地保护、核事故与核原料泄漏等领域的研究,组织申请和实施重大科研项目,为我国的经济发展和各级政府的决策服务。研究中心于 2012 年 1 月到期结束工作。

(4) 清华大学污染物总量与环境质量控制技术政策研究中心(2009 年 4 月至 2013 年 6 月)

清华大学污染物总量与环境质量控制技术政策研究中心于 2009 年 4 月依托环境科学与工程系建立。研究中心是原国家环保部污染物排放总量控制司委托我校成立的非实体科研机构,中心的主要任务是深入开展大气、水污染物的总量减排和环境质量控制技术与政策研究,为污染物减排中涉及的重大问题的管理决策提供技术支撑,主要研究方向为可持续的污染物总量减排和环境质量的可持续改善所涉及的技术与政策研究。研究中心于 2013 年 6 月到期结束工作。

(5) 清华大学战略环境评价研究中心(2010 年 3 月至今)

清华大学战略环境评价研究中心成立于 2010 年,是清华大学自主批建的校级科研机构,2021 年入选校级智库机构。中心主要面向国家生态文明建设和重大区域发展战略,服务环境治理体系和治理能力现代化建设需求,在环境系统分析与区域战略环境评价、"三线一单"生态环境分区管控和区域、流域生态环境管理方面开展政策咨询和研究工作,为国家有关部委、地方政府和大型企业集团等提供决策咨询服务和科技支撑,助力经济高质量发展和生态环境高水平保护。

中心成立以来,承担了 50 余项生态环境部和各级地方政府委托的重大政策咨询和研究课题项目，主持完成了京津冀协同发展、长江经济带、环渤海、西部大开发、中部城镇群等重大战略区域环境评价和雄安新区、舟山群岛新区、贵安新区、滨海新区等国家级新区规划环评或环境规划咨询课题，有效支撑了国家区域发展战略和重点区域生态环境保护工作。清华大学战略环境评价研究中心是生态环境部环境影响评价司"十三五"环评管理改革和战略环境评价参与综合决策研究课题承担单位，完成了战略环评参与"多规合一"、规划实施环境影响核查和空间规划的环境管控机制等系列研究课题，并承担了《中华人民共和国环境影响评价法》修订专题研究任务。"十三五"以来，中心主持完成了全国第一个地级市战略环评(连云港市)和城市"三线一单"编制项目试点，全过程参与了"三线一单"技术指南、编制要点和成果应用指导意见等系列文件和技术规范编制，是生态环境部"三线一单"技术专家组成员单位和对口指导单位，牵头完成了河北省"三线一单"编制和白洋淀流域、雄安新区"三线一单"等省级和重点地区"三线一单"编制工作，是国内战略环境评价和"三线一单"等领域最具影响力的技术团队之一。相关成果获得省部级科技奖项2项，累积发表区域战略环境评价、规划环评和"三线一单"领域相关专著10余项，各类期刊论文50余篇，软件著作权10余项。

4）联合共建机构

（1）清华大学(环境科学与工程系)-国中环保有限公司环境技术研究所(2001年1月至2006年12月)

清华大学(环境科学与工程系)-国中环保有限公司环境技术研究所成立于2001年1月，研究所以清华大学环境系已有的研究项目为基础，结合国中环保有限公司发展中的需求，以城市污水处理与回用、烟气脱硫、环保药剂、固体废弃物处置、循环经济政策与示范为重点，开展研发项目。研究所于2006年12月到期结束工作。

（2）清华大学(环境科学与工程系)-南方科学城环保技术研究所(2003年12月至2006年12月)

清华大学(环境科学与工程系)-南方科学城环保技术研究所成立于2003年12月，研究所主攻方向为烟气脱硫、城市污水处理、工业废水处理及环保材料和药剂，利用生物技术、电子信息技术、自动控制技术、新材料技术等高新技术改造传统环保产业，开发节能、高效、投资省的实用技术。

研究所于 2006 年 12 月到期结束工作。

(3) 清华大学-丰田研究中心(2006 年 3 月至今)

清华大学-丰田研究中心(以下简称中心)成立于 2006 年 3 月 23 日,是由清华大学与日本丰田汽车公司共同设立的研究机构。中心依托环境学院,致力于开展环境科学、能源、材料科学及车辆安全技术等领域的共同研究,旨在为实现"全球经济、社会的可持续发展"及"建设和谐富裕社会"做出贡献。

作为清华大学首个校级校企联合研究机构,中心运行平稳,管理规范。中心成立 15 年以来,围绕科学研究、人才培养、产学研合作、国际交流等领域开展了一系列工作,取得了令人瞩目的成果:累计收入科研经费总额 10 588 万元,启动科研项目近 130 项,发表论文 100 余篇,完成研究报告 120 余部。多项研究成果投入实际应用,环境领域的研究成果应用于北京奥运会、上海世博会及北京 APEC 会议等重大活动的空气质量保障;废水处理技术为丰田工厂废水处理提出了解决方案;能源、汽车安全、材料的研究成果也均在各自领域内处于前沿水平,并申请了多项专利。多名本科生、研究生通过实际参与丰田项目的研究,学习到宝贵的国际项目合作交流经验,并顺利获得学位或继续深造的机会。

近年来,中心持续聚焦社会发展的热点和难点,探索和培育了一系列新的研究领域和方向。中心所支持的研究领域从最初的环境科学、能源、车辆安全和材料科学 4 个领域逐步扩展到包含智能网联汽车、交通流模拟、社会工学和材料基因学等在内的多个领域。中心的合作院系也由环境学院、能源与动力工程系、车辆学院和材料学院 4 个院系扩大到包括土木工程系、工业工程系和物理系等在内的多个院系。除每年启动 6~8 个常规的正式研究项目外,中心自 2016 年起,每年另行投入 20 万美元,以校内公开征集课题的形式,资助 1~2 个由青年教师承担的具有前沿性和独创性的探索类研究项目。在此背景下,中心的研究领域和研究团队有了长足的发展,多次被评为我校校企合作的典范,受到清华大学与丰田公司双方高层领导的一致好评。

(4) 清华大学(环境科学与工程系)-三洋电机(研究开发本部)环境技术联合研究中心(2006 年 11 月至 2010 年 11 月)

2006 年 11 月,清华大学与日本三洋电机株式会社共建的"清华大学

（环境科学与工程系）-三洋电机（技术开发本部）环境技术联合研究中心"正式成立。该中心旨在通过环境领域的共同研究,开发出世界领先的环境技术和设备,为全球环境事业和可持续发展贡献力量。同时,也为我校环境学院培养研究型人才,为三洋电机的本地拓展提供支持。中心合作研究了"Water project""VW Project""AOP Project"等项目,涉及高级氧化技术、净水处理、空气净化等领域。各项目取得了较好的成果,申请专利6项,发表论文5篇,提升了环境学院在室内空气净化领域的研究水平及相关设备、检测仪器的配备水平,开拓了环境学院在RO/NF法净水处理领域的研究,深化了环境学院对于新型除氟吸附剂的研究。联合研究中心于2010年11月到期结束工作。

（5）清华大学（环境科学与工程系）-北京健坤伟华新能源科技有限公司废弃物资源化与能源技术研发中心（2007年11月至2010年11月）

2007年11月,清华大学环境科学与工程系与北京健坤伟华新能源科技有限公司合作成立了废弃物资源化与新能源技术联合研发中心,执行期内每年投入数百万元的研究经费用于固体废物处理处置及新能源开发利用技术的创新与改进,完成了城市生物质垃圾厌氧消化关键技术研究,开发了基于间歇闪蒸原理的新一代污泥水热干化技术、焚烧飞灰的药剂螯合稳定化技术、水热干化污泥与生活垃圾混合焚烧工艺。联合研发中心合作培养博士研究生2名,硕士研究生2名,本科生8名。联合研究中心于2010年11月到期结束工作。

（6）清华大学（环境学院）-北京碧水源科技股份有限公司环境膜技术研发中心（2008年3月至2017年8月）

环境膜技术研发中心成立于2008年,研发中心开展的主要研发工作包括：高性能膜材料和抗污堵膜组器、膜-生物反应器强化脱氮除磷技术、膜-生物反应器节能降耗与配套自控设备、微滤/纳滤双膜组合高品质再生水制备技术、膜污染控制技术等。研发成果在太湖、滇池等重点流域城镇污水处理厂升级改造中得到广泛的推广应用。环境学院与碧水源科技股份有限公司联合成立了膜-生物反应器（MBR）产业技术创新战略联盟,合作获得国家科技进步二等奖两项。联合研究中心于2017年8月到期结束工作。

(7) 清华大学(环境学院)-国策投资有限公司中国循环经济产业研究中心(2008 年 12 月至 2015 年 12 月)

该机构经 2008—2009 学年度第 8 次校务会议讨论通过并批准联合建立,简称"中国循环经济产业研究中心",致力于国务院及有关部委循环经济的决策咨询研究。时任国家发改委副主任解振华、科技部副部长刘燕华、工信部副部长苗圩、环保部副部长吴晓青、国务院参事冯之浚等出席了成立仪式并担任研究中心指导委员会委员,时任清华大学常务副校长陈吉宁教授担任管理委员会主任,温宗国副教授担任研究中心主任。由于与国策投资有限公司的合作协议于 2015 年 12 月 31 日截止,经申报学校机构办并根据批复,"中国循环经济产业研究中心"到期结束工作。

(8) 清华大学(环境学院)-山东十方环境与生物能源工程研发中心(2009 年 2 月至 2014 年 12 月)

清华大学(环境学院)与山东十方环保能源股份有限公司于 2009 年 2 月 25 日联合建立"清华大学(环境学院)-山东十方环境与生物能源工程研发中心",研究工作从 2009 年持续到 2014 年,研究领域包括高浓度有机工业废水的厌氧生物处理、城市污水污泥的厌氧消化、畜禽粪便的厌氧发酵、农业生物质的厌氧发酵及微生物燃料电池与厌氧生物产氢等。

中心成立以来,双方合作卓有成效,共同承担的多个国家级科研项目顺利验收,多项科研成果实现了工程规模应用,中心还在国内国际合作交流方面开展了多项活动,为促进我国生物质能源、沼气等清洁生态能源的高质利用、实现节能减排和实践科学发展观做出贡献。研究中心于 2014 年 12 月到期结束工作。

(9) 清华大学-威立雅环境先进环境技术联合研究中心(2009 年 9 月至 2014 年 12 月)

清华大学-威立雅环境先进环境技术联合研究中心是清华大学环境学院与法国威立雅环境集团于 2009 年共同建立的联合研究中心,致力于结合中国环境问题,研发先进技术与解决方案,促进国际交流和高层次人才培养,带动研究基地建设,为重点地区的环境服务提供技术支撑。联合研究中心在新兴污染物 PPCPs 监测与控制、二氧化碳捕集技术、工业废水处理、城市尺度水设施模拟、城市污泥脱水、固废填埋、生态城市等方向开展了多个研究项目,一批研究成果应用到实际工程中,在国内外重要学术期刊上发表论文 30 余篇。中心执行期间每年举办高水平国际研讨会，为增强国际合作交流起到积极作用。中心的国际化氛围和丰富的科研资源吸引了众多优秀留学生，如学生公益环保组织清源创办人阿蕾等。联合研究中心于 2014 年 12 月到期结束工作。

（10）清华大学（环境学院）-北京鼎实环境工程有限公司污染场地综合治理联合研究中心（2010 年 5 月至 2017 年 5 月）

清华大学（环境学院）-北京鼎实环境工程有限公司污染场地综合治理联合研究中心于 2011 年 4 月 29 日经 2009—2010 学年度第 18 次校务会议审议通过，历经 2 期合作，于 2017 年到期。研究中心为与企业合作成立的非实体科研机构，依托环境系管理。通过"双赢"的合作方式，推动我校学科建设和研发工作的进展。中心在化工、石油、冶金、医药、市政等行业的污染场地综合治理领域，充分利用了清华大学（环境科学与工程系）的科学研究实力，并结合了北京鼎实环境工程有限公司的资金、设备研发、工程建设和市场运作能力。

针对我国化工、农药、采矿、冶炼、石油、市政等行业污染场地的特点和治理需求，着手联合研究中心研发高效、经济、具有自主知识产权的工业污染场地治理技术与设备，并为相关技术管理规范提供建议，为我国工业和市政场地污染综合治理提供关键技术和决策支撑，并结合清华大学环境科学与工程系相关研究领域（危险废物处置、地下水与土壤治理、环境化学）的团队优势，将污染场地治理中心逐步发展成为具有国际先进水平、引领我国污染场地治理高技术发展方向的国家级产学研基地，为促进我校学科建设、加强人才培养做出贡献。中心共培养研究生 20 余人，博士后 4 人，发表专利 10 余项。联合研究中心于 2017 年 5 月到期结束工作。

（11）清华大学（环境学院）-东江环保股份有限公司重金属资源化与控制技术联合研究中心（2010 年 7 月至 2013 年 7 月）

2010 年 7 月，清华大学（环境学院）-东江环保股份有限公司重金属资源化与控制技术联合研究中心成立并签署合作协议，2013 年 7 月协议期满。联合研究中心承担实施 3 项国家级和省部级科研项目，研发 2 套移动式电子废物处理设备，召开 1 次高级别论坛，申请 9 项专利（授权 8 项），发表（联合）论文 15 篇，形成科技报告 4 项，提交专报或建议 15 项，开展 2 次技术培训，编制 13 期工作简报和 12 期信息简报。同时，研究中心结合东江环保的实际需求,积极协助对方开展项目申请、技术研发、人才培训及相关技术转化工作,为解决东江环保实际面临的问题提供了及时有效的帮助和建议。联合研究中心于 2013 年 7 月到期结束工作。

(12) 清华大学(环境学院)-北京建工环境发展有限责任公司污染场地修复联合研究中心(2010 年 7 月至 2013 年 7 月)

2010 年,"清华大学(环境学院)-北京建工环境发展有限责任公司污染场地修复联合研究中心"正式成立,期限为 3 年。联合研究中心以市场为导向,以产学研相结合的国家技术创新体系为依托,根据污染场地修复产业科技创新的需求,构建具有先进水平的、以市场为导向的污染场地修复技术与设备研发平台,通过技术与设备的创新性研发,提高污染场地科研成果转化和自主研发能力,促进环境学科建设与发展,提高办学效益和办学水平,加快国产修复技术的研究进程和实践进程,推动我国环境修复技术与产业的发展。

联合研究中心执行期间,清华大学与北京建工形成联合体,承担或支持承担国家科技部、环境保护部、地方政府等科技研发和工程项目 4 项,研发出系列修复技术与功能材料,编制相关技术指导性文件 3 项,支撑了 12 项污染场地修复工程实施。总体上,联合研究中心的技术、材料和装备研发成果,支撑了修复工程的实施,形成了强强联合的研发队伍,达到了建设目标。联合研究中心于 2013 年 7 月到期结束工作。

(13) 清华大学(环境学院)-中国宜兴环保科技工业园及江苏一环集团有限公司环保新技术应用联合研究中心(2010 年 11 月至 2013 年 12 月)

该中心建于 2010 年 11 月,以污染控制新技术市场为导向,以产学研相结合的国家技术创新体系为依托,针对污水深度处理、高标准脱氮除磷与污泥资源化等新技术开展合作研究,构建先进的环保新技术与设备研发平台,支持了高效脱氮除磷与深度处理、工业园区及中小城镇污水处理技术与设备等 12 项课题研发,取得了一批应用技术成果。中心协议于 2013 年 12 月到期并结束工作。

5) 院级研究机构

(1) 清华大学环境学院环保产业研究所(2000 年 5 月至 2014 年 1 月)

清华大学环境学院环保产业研究所成立于 2000 年 5 月,研究所承担了国家环保总局、建设部(2008 年改组为住房和城乡建设部)、国家发展与改革委员会(国家发改委)、亚洲发展银行、世界银行等部门大量的环保科研任务,为我国环保产业的发展提供了有益的研究成果,主要包括《城镇污水处理厂环境监督办法》研究与制定(国家环保总局),城市污水和垃圾处理产业化、市场化调研(建设部、国家发改委),城市水业监督体系框架研究(亚洲发展银行、建设部),水业政策与绩效平台研究(世界银行、建设部)等方面的科研工作。研究所于2014年1月到期结束工作。

(2)清华大学环境学院水业政策研究中心(2003年1月至2015年1月)

水业政策研究中心成立于2003年1月,机构立足于城市水业发展战略、政策法规、管理体制、投融资机制等方面的基础及应用研究,是集学术研究、战略咨询于一体的专业研究咨询机构。中心成长于城市水业市场化、产业化的大潮之中,致力于推动城市水业的可持续发展体系的建立和完善,旨在建立科学的水业管理体系、健全水业市场化公平竞争规则、维护水业公众利益。机构服务于城市水业领域的各相关组织,包括政府机构、企业与国际组织。研究中心于2015年1月到期结束工作。

(3)清华大学环境学院生态保护研究中心(2004年12月至2014年1月)

生态保护研究中心成立于2004年12月,是以清华大学环境科学与工程系为依托成立的多学科综合性生态环境保护研究中心,致力于就我国经济社会发展中所关注的重大生态环境问题,通过研究咨询、监测评估和项目合作,为环境保护与可持续发展提供科学的战略决策依据和生态技术解决方案。中心特聘请在生态保护领域具有重大建树和影响的国内外知名专家学者组成顾问小组,于长青担任中心执行主任,负责中心的运作及国内外合作的建立,刘雪华负责教学和科研。

生态保护研究中心的研究方向为保护生态学与生物多样性保护,国家生态保护与可持续发展战略及规划,生态恢复与生态保护技术,城市生态保护与规划管理,湿地与水资源保护与管理。主要开展领域为:生物多样性保护、生态保护项目管理、自然保护区与自然遗产保护与管理、生态监测与影响评估、生态恢复与工程研究咨询评估、荒漠化防治、生态保护能力建设等。研究中心于2014年1月到期结束工作。

(4)清华大学环境学院膜技术研发与应用中心(2005年2月至2021年12月)

膜技术研发与应用中心成立于2005年2月。中心的定位是兼顾学术研究和技术推广两个层面,致力于开展膜法水处理技术的学术研究与技术开发、膜法水处理工程应用的技术支持与服务,以及膜技术交流信息平台的搭建。中心成立以来,承担了国家"863"计划项目、国家自然科学基金重点课题、水重大专项等十多项国家重要研究课题。在膜-生物反应器城镇污水脱氮除磷技术、膜法工业废水处理技术、膜法组合净水技术、膜污染机理与控制技术等方面取得了系列创新性成果,为亚洲首座万吨级/日规模的膜-生物反应器城镇污水处理工程、国内首座强化内源反硝化膜-生物反应器城镇污水脱氮除磷工程、国内首座城镇污水膜-生物反应器节能降耗与优化运行工程等提供了技术支持。中心与北京碧水源科技股份有限公司等环保企业建立了长期密切合作,推动了研发成果的推广应用。中心主持编制了中国工程建设协会标准《膜-生物反应器城镇污水处理工艺设计规程》(T/CECS 152—2017),规范和指导我国膜-生物反应器工程应用和运行管理。完成的"低能耗膜-生物反应器污水资源化新技术与工程应用"和"膜集成城镇污水深度净化技术与工程应用"成果分别于 2009 年和 2017 年获国家科技进步二等奖。中心主任黄霞教授当选为国际水协会杰出会士和膜技术专家委员会主席。中心主办国际水协会膜技术国际大会、国内学术交流会、培训会等多次,在国内外具有重要影响。

(5) 清华大学环境学院-安全消毒研究中心(2005 年 10 月至 2021 年 12 月)

清华大学环境学院-安全消毒研究中心以清华大学环境学院饮用水安全教研所为依托,成立于 2005 年,研究中心旨在联合饮用水处理和环境微生物等学科实现水消毒技术的科技攻关,推动水消毒技术的科技成果转化,支撑了给排水学科的建设,增强了环境学院在国内和国际上的影响力。

中心的核心成员任职于国际水协会、国际紫外线协会的重要职位。中心建立的一系列检测方法(包括 AOC、遗传毒性、消毒副产物等)和处理技术(包括饮用水深度处理技术、饮用水安全消毒技术、管网水质稳定性评价及控制技术、城镇供水应急处理技术)在国内外均处于领先地位。中心多年来承担并完成国家"863"项目、科技攻关项目、重大专项、自然能科学基金、国际合作项目及省部级项目,涉及饮用水氯消毒和紫外线消毒、管网水质生物稳定性和化学稳定性、管网水质模型和应用、管网安全输配、水中遗传毒性等领域。在饮用水安全保障技术、相关标准和规范等方面取得了丰硕成果，多次获国家和省部级奖励。

（6）清华大学环境学院-国际环境政策研究中心（2006年4月至今）

清华大学环境学院-国际环境政策研究中心成立于2006年，以国家重大需求为指引，以国际环境政策前沿为方向，致力于加强系统分析方法与环境管理理论在解决国际环境政策中的应用与创新，研究领域包括全球环境政策的综合影响、气候变化政策与经济学、碳排放交易制度设计与项目开发、碳达峰与碳中和方案。中心自成立以来，开展了面向全球环境公约、国家环境决策、行业和企业环境治理多层面的前沿研究，承担了国家自然科学基金、国家社会科学基金、国家"973"计划、国家重点研发计划、国际合作等20余个项目和课题，发表学术文章150多篇，培养研究生50余名，相关成果对气候变化框架公约谈判、国家应对气候变化决策、企业参与全球碳市场起到直接支撑作用，为人才培养与学科建设启动起到重要推进作用。

（7）清华大学环境学院-美国哈希水质监测联合研究中心（2006年4月至2021年12月）

清华大学环境学院-美国哈希水质监测联合研究中心是清华大学环境学院与美国哈希（HACH）公司于2006年共同建立的联合研究中心。中心成立的目的是充分发挥双方各自的优势，更好地利用先进的水质测试仪器开展科研和教学工作，同时增进哈希公司监测设备在中国的成功应用。

多个合作项目通过这一平台得以实施，包括针对大学生的Intership项目、丹纳赫环境专项奖学金、环境友好科技大赛，以及专业性的地表水环境监测、膜处理技术、饮用水监测及消毒技术、污水厂监测与管理4项联合培训等。基于该研究中心平台，双方共建的"清华-哈希水质监测联合实验室"在推进环境学院专业课程教育、人才培养及课外实践等各项教学活动中起到了积极的促进作用。

双方遵循"强强联合、优势互补、携手共赢"的合作理念，经过近20年的合作，已经在水质监测实验室建设、环境保护专业人才培养、社会服务等方面开展了大量富有成效的工作，促进了双方的共同发展，并产生了良好的环境效应和社会效应。

（8）清华大学环境学院-固体废物污染控制及资源化研究中心（2006年 3 月至 2014 年 1 月）

清华大学环境学院-固体废物污染控制及资源化研究中心成立于2006 年 3 月,针对我国固体废物行业项目实施环节繁多,缺乏技术规范、产、学、研脱节,技术转化率偏低的情况,充分发挥清华大学整体的学术和科研优势,大力推动我国固体废物行业的健康发展,促进了我国固体废物行业水平与国际水平尽快接轨。中心旨在为国家在固体废物发展方面的投资决策及技术选择提供完善的评估办法,建立规范的评估体系,开拓固体废物行业的国际合作领域,包括学术研讨、融技、融资及工程合作等,进一步推动清华大学自身科研成果转化,培养专业技术人才,搭建成果工程化和产业化的中间孵化平台。研究中心于 2014 年 1 月到期结束工作。

（9）清华大学环境学院-环境信息技术应用研究中心（2006 年 3 月至 2011 年 4 月）

环境信息技术应用研究中心成立于 2006 年 3 月,依托清华大学环境学院系统分析研究所。应用研究中心立足于国际上环境信息技术与环境模拟的快速发展,基于我国对该领域科研和人才培养的需求,率先在国内高校建立支持环境信息技术和模拟教学和科研的平台。中心已建成包括由环境信息技术实验室、高性能计算平台和视频会议组成的多功能、高性能的信息化平台,在教学、科研和学术交流等多方面为广大师生提供信息化的服务与支持。研究中心于 2011 年 4 月到期结束工作。

（10）清华大学环境学院-环境生物监测技术研究中心（2006 年 3 月至 2014 年 9 月）

环境生物监测技术研究中心建于 2006 年 3 月。中心重点开展适用于生态环境领域在线监测与应急检测的系列新型生物传感器;研制微型传感器和物联网支撑下的环境污染区域综合监控系统,自主研制饮用水与食品安全快速检测传感器及仪器;发展适合环境监测特色的原创性传感技术,并建立生物检测功能材料库。中心成立后承担了"863"计划研究课题和国家重大科学仪器开发专项。中心于 2014 年 9 月结束工作,转为校内跨院系联合研究中心。

（11）清华大学环境学院-环境工程研究中心（2006年4月至2014年1月）

环境工程研究中心建于2006年4月。中心以工程技术研究为基础、技术应用为导向，开展环境工程和市政工程（给水排水工程）的科研及工程应用。研究集中在市政及工业水污染控制技术、给水排水工程、技术与工程经济、工程设计与施工管理。开展的研究课题有大型污水处理厂优化运行、膜-生物反应器模型开发与应用、基于黄水源分离系统的氮磷钾资源回收研究、区域环境问题、工业污染防治及清洁生产理论与技术、农村分散式污水处理系统等。中心先后承担了国家级、省部级多项课题，并与国内外相关领域的设计院、研究所及著名企业保持合作联系，为解决我国环境领域中的实际工程问题发挥了重要作用。中心于2014年1月到期结束工作。

4.7.4 *Frontiers of Environmental Science & Engineering* 期刊

2007年2月，环境科学与工程领域综合类全英文学术期刊*Frontiers of Environmental Science & Engineering*（*FESE*）创刊。该刊由高等教育出版社、中国工程院、清华大学共同主办，由Springer公司负责海外发行。自创刊起，FESE期刊编辑部即坐落在清华大学环境学院。创刊主编为钱易院士，第二任主编为郝吉明院士，美国工程院院士、佐治亚理工学院的John C. Crittenden教授担任第二任联合主编。该刊编委会成员均为来自全球知名环境院校、科研院所的著名专家学者。

该刊主要面向全球报道环境领域的最新研究成果和热点研究问题，致力于为国内外研究人员打造高水平的环境前沿的论坛，秉承严格、公正的同行评议过程，提供内容广泛的综述、调查、研究论文、政策分析、观点和简讯，不定期组织和刊发相关热点专刊或专栏。

该刊创刊时为季刊，于2009年被SCI数据库收录，成为清华大学、中国工程院和高等教育出版社*Frontiers*系列期刊第一本被SCI收录的期刊。

4.7.5 社会服务

环境系教师在系领导班子的组织带领下，把握正确的方向，紧跟时代主流，勇于承担各类公共事务，充分发挥积极性、主动性和创造性。

4.7.5.1　社会兼职情况

1985 年,陶葆楷、许保玖、顾夏声、俞珂、王占生受聘为第一届北京市人民政府专家顾问(1984—1985 年)。

1986 年,黄铭荣教授被增补为中华人民共和国政治协商会议北京市委员会(政协北京市委员会或北京市政协)第六届委员会委员。

1987 年 12 月,陶葆楷、许保玖、顾夏声、傅国伟、俞珂、王占生受聘为第二届北京市人民政府专家顾问(1986—1987 年)。

1989 年 12 月,陶葆楷、许保玖、顾夏声、李国鼎、俞珂、王占生、张瑞武受聘为第三届北京市人民政府专家顾问(1988—1989 年)。

1991 年 12 月,陶葆楷、许保玖、钱易、王占生、俞珂、张瑞武受聘为第四届北京市人民政府专家顾问(1990—1991 年)。

1993 年,第八届全国人民代表大会(人大)第一次会议召开,钱易当选第八届全国人民代表大会常务委员会(全国人大常委会)委员;同年当选中国环境与发展国际合作委员会委员(1993—2001 年)、北京市政协第八届委员会副主席(1993—1998 年);9 月,钱易出席中国妇女第七次全国代表大会,钱易当选全国妇联第七届执行委员会委员;12 月,许保玖、王占生、钱易、俞珂、张瑞武受聘为第五届北京市人民政府专家顾问(1992—1993 年)。

1998 年,钱易当选第九届全国人大常委会委员,北京市政协常委、市政协副主席(1998—2003 年),全国妇女联合会第八届执行委员会副主席(1998—2003 年)。黄霞当选海淀区第十二届人大代表。

1999 年,黄霞当选北京市青年联合会第八届委员会委员、全国青年联合会第九届委员会委员。

2001 年,钱易当选中国科学技术协会副主席(2001—2006 年)。

2002 年,黄霞当选北京市第十二届人大代表。

2003 年,钱易当选第十届全国人大代表,全国人大环境与资源保护委员会(环资委)副主任(2003—2008 年)。

4.7.5.2　重大环境事件应急科技支撑

清华大学环境系参与了多起重大社会敏感事件的研究工作,承担了数十起突发环境事件的应急响应科技支撑工作。

（1）2003 年抗击非典疫情工作

2003 年春,全国暴发重症急性呼吸综合征(又称非典、SARS)疫情,北京市疫情尤为突出。关键时刻,清华大学环境系党委积极投身"清华园保卫战",坚决贯彻上级党组织的各项部署,发挥党组织的战斗堡垒作用和共产党员的先锋模范作用,创造性地开展工作。系党委坚决支持清华大学出于对学生、对国家高度负责的态度,而把学生留在校内的决策,适时地开展"牢固树立责任意识""迎接挑战,在特殊条件下锻炼成长"等活动。"爸爸妈妈,因为我爱你们,所以我不回去""留下是责任,更是成长的要求"等口号集中体现了学生从"留下来"到"站起来"的思想历程,学生在斗争中受到洗礼、受到教育,在危难中成才,在危难中锤炼了精神。在系党委的安排和部署下,各党支部针对本支部的特点主动开展工作。教工党支部及时与教职工通电话,询问情况,传达问候,派人向离退休教师发放防护用品并登记;学生党员坚持在户外过组织生活,响亮地提出"党性,就体现在关键时刻",活跃在抗击"非典"的各条战线,包括紫荆志愿者服务队,生物芯片检测 SARS 病毒提供血样志愿者,看守校门、楼门等各种执勤队伍。党课学习小组开展了"在战斗的日子"系列活动,在抗击"非典"期间,有 6 名积极分子加入党组织,6 名同学递交了入党申请书。教师党员和研究生党员利用专业优势,积极开展科研活动,投身于抗击"非典"的实践中。为了解决"非典"垃圾的处理问题,聂永丰教授牵头成立攻关组,提出了利用生活垃圾处理设施处理"非典"医疗垃圾的应急措施,在深圳和武汉建设了大型医疗垃圾焚烧设备;汪诚文、陈吕军、黄霞教授团队及时研制出了以膜-生物反应器为核心技术的医院污水无害化、全密闭处理设备;张晓健教授团队承担了污水处理厂应急消毒研究工作,为北京市排水集团调整消毒工艺、保障出水安全提供了技术支持。以李振瑜为书记的党委一班人果断决策、有效组织,各级党组织坚强有力、常抓不懈,党员群体表现出高度政治觉悟和模范带头作用,在全体师生的共同努力下,全系抗击"非典"工作取得了突出的成绩,被评为"北京高校先进基层党组织"。

（2）2005 年圆明园湖底防渗工程环境影响评价

2004 年 6 月,圆明园管理处决定开始对圆明园东部开放区(范围主要包括长春园水域、绮春园水域及福海水域)水域进行湖底防渗工程建设。

该工程在实施过程中被公众发现,后经媒体报道后引发社会广泛关注。由于该湖底防渗工程开工前并未进行有关的环境影响评价工作并报相关部门批准,2005 年 4 月 1 日,国家环保总局责令圆明园东部湖底防渗工程停工,立即依法补办环境影响评价审批手续。国家环保总局还就该工程的环境影响召开了公开听证会和专家座谈会,社会反响空前热烈。圆明园管理处于 2005 年 5 月中旬委托清华大学环境影响评价室承担该项目的环境影响报告书的编制工作。为了顺利完成该项任务,清华大学环境科学与工程系高度重视,认真筹划,组织土壤和地下水、生态等相关专业的资深教授和业务骨干,并联合北京师范大学、北京市勘察设计研究院、中国农业大学、首都师范大学等单位,成立了地下水、地表水、生态、防渗材料、文物遗址、再生水回用、公众参与、改进方案、工程分析与其他影响等多个专题组开展环评工作,详细收集和分析与工程项目有关的基础资料,通过大量调查、监测、试验和模拟,在系统深入的研究基础上,编制了《圆明园东部湖底防渗工程环境影响报告书》。与一般建设项目环境影响评价相比,该环评具有高度的特殊性、复杂性、紧迫性与敏感性。因此,在专题设置和评价内容上,该环评超出了一般建设项目环评的要求;在时间上,该环评最大限度地加快了评价进度;在总体上,该环评超越了一般同等规模建设项目环评的广度和深度。《圆明园东部湖底防渗工程环境影响报告书》经过了国家环保总局组织的专家评审,报告书为全面、系统、科学地做好圆明园湖底防渗工程,保护好圆明园景观和生态,回应社会关切并化解社会争议发挥了重要作用。

(3) 2005 年松花江水污染事件

2005 年 11 月 13 日 13 时 36 分,中国石油天然气集团有限公司(中国石油)吉林石化公司的双苯厂发生爆炸,约 100 t 化学品泄漏进入松花江,其中的主要化学品为硝基苯,造成了松花江流域重大水污染事件,给流域沿岸的居民生活、工业和农业生产带来了严重的影响,引起了社会极大关注。事件爆发后,清华大学环境科学与工程系多位专家赶赴现场参与应急工作。其中,陈吉宁教授、曾思育副教授作为国家环保总局专家,全程参与了松花江中硝基苯等污染物的通量计算分析工作,为应急决策提供了重要的技术支持。张晓健教授、刘文君副教授作为建设部专家组成员,参与了哈尔滨市应急供水工作;张晓健教授提出了把"安全屏障前移"的方案,即在取水口投加粉末活性炭,在水源水从取水口流到净水厂的输水管道中,用粉末活性炭去除水源水中绝大部分硝基苯。该方案最终被采纳,成为快速解决哈尔滨市 400 万人供水安全的技术关键。科技部启动"松花江重大污染事件爆炸现场排水管线污染应急修复技术"课题,由清华大学(环境科学与工程系)牵头,中国石油吉林石化公司、吉林大学参加,胡洪营教授担任负责人,刘建国、席劲瑛等作为技术骨干,克服种种困难,集中优势力量在短时间内完成了研究任务,研究成果直接服务和应用于爆炸现场排水管线污染应急修复与治理工程,工程按预定计划顺利实施并通过主管部门组织的验收,研究成果的可靠性、实用性与先进性得到了实际工程的检验,为吉林石化恢复正常生产、排水管线恢复排水功能、松花江污染得到成功控制做出了贡献。胡洪营教授还作为技术专家参加了对俄罗斯的外交谈判工作。2006 年年初,国家环保总局启动了松花江水污染事件专项研究工作,陈吉宁教授担任专项副总师,张晓健、胡洪营、张天柱、刘文君、曾思育等教师参与了相关课题的研究工作,为客观评估事件造成的环境损失,制定科学合理的修复方案提供了技术支持,受到了国家领导人、环保总局、住建部和地方政府的表扬。

(4) 2007 年无锡太湖水危机

2007 年 5 月 28 日起,无锡市自来水南泉水源地的水质突然恶化,导致自来水发出浓烈的臭味,严重影响了全市 180 万人的生产生活,被称为"无锡太湖水危机"事件,如图 4-18 所示为事件应对现场照片。应当地邀请,环境系张晓健教授赶赴现场投入治水危机中。经现场调研和紧急实验,判断此次水质事件是由藻类死亡腐败造成的恶臭物质引发的(后经检测证实为硫醇硫醚类物质),因此应急净水的方向是"除臭"而不是"除藻"。张晓健教授根据此类化合物易被氧化、不易被吸附的特性,提出了在取水口投加高锰酸钾氧化恶臭物质,而后在净水厂内絮凝池前投加粉末活性炭吸附有机物并分解剩余高锰酸钾的应急处理工艺。高锰酸钾和粉末活性炭的投加量根据水源水质情况和运行工况进行调整,并逐步实现了关键运行参数的在线实时检测和运行工况的动态调控。无锡市自来水公司实施了上述应急处理措施后,自来水臭味立即消除。后经当地卫生监督部门和多地自来水监测部门对出厂水的多次检验,水质达到新国标《生活饮用水卫生标准》的要求,毒理学项目全部合格。无锡市从 6 月

4 日起宣布恢复正常市政供水。以上应急处理技术成功应对了本次无锡水污染事件,并为应对类似的水污染突发事件提供了经验。为此,无锡市相关领导致函清华大学党委书记和校长,感谢张晓健教授在解决无锡蓝藻供水危机事件中发挥的重要技术支撑作用。

图 4-18　"无锡太湖水危机"事件应对现场

(5) 2008 年汶川地震灾区环境应急工作

2008 年 5 月 12 日 14 时 28 分 4 秒,四川省阿坝藏族羌族自治州汶川县附近发生里氏 8.0 级特大地震灾害,影响范围波及大半个中国。地震共造成 69 227 人遇难,374 643 人受伤,另有 17 923 人失踪,直接经济损失达 8451 亿元,灾区的环境安全受到了巨大的破坏。地震发生后,清华大学于 5 月 19 日派出了以陈吉宁副校长为首的抗震救灾专家组赶赴地震灾区,成员来自土木、建筑、环境、工物等院系,包括环境科学与工程系张晓健、杜鹏飞、马金、陈超等教师,专家组迅速识别了地震灾区存在的环境和供水安全风险,提出的在灾区慎用杀虫剂避免造成水源次生污染的建议得到了环保、住建、农业、卫健、水利五部委的采纳,提出的灾区应急供水处理技术在灾区各地自来水公司得到应用。随后胡洪营、张彭义、刘毅、王洪涛、刘建国、岳东北等教师也先后赶到现场,为科技部、环保部、水利部、建设部和地方政府开展抗震救灾工作提供技术支持。6 月初,环境保护部启动了"汶川特大地震灾后环境安全评估及应对措施"项目,陈吉宁副校长担任项目总师,环境系多位教师参与了该项研究工作,为应急救援、转移安置、灾后重建等不同时期的环境工作提供了强有力的技术支持,见图 4-19。7 月,四川省环保局为环境系在抗震救灾工作中做出的突出贡献发来感谢信，成都市环保局为环境系赠送锦旗。

图 4-19　环境系参与汶川地震应急及灾后环境安全评估等工作

（6）2008 年北京奥运会环境安全保障

2008 年 7 月，王伟教授课题组为青岛"战浒苔，保奥运"工作提供科技支持；同样在 7 月，环境系为奥林匹克森林公园"龙形水系"水质保障提供技术支持。

2008 年 8 月，环境系数十名学生志愿者服务于北京奥运会水立方、IBC 和北区场馆。2008 年 10 月，国家环保部授予环境系"北京奥运会残奥会环境质量保障工作先进集体"荣誉称号，郝吉明院士、贺克斌教授分别获得"北京奥运会残奥会环境质量保障工作先进个人"荣誉称号；11月，"奥运空气质量保障方案研究项目组"获科技部"科技奥运先进集体"称号，郝吉明院士、蒋展鹏教授、胡洪营教授分获"科技奥运先进个人"荣誉称号。

图 4-20 为环境系参与奥运空气保障工作的现场照片。

（7）空气质量问题应急保障

2010 年 11 月，上海市环境保护局对环境系发来感谢信，感谢环境系对上海世界博览会成功举办提供的科技支持。

12 月，广东省环境保护厅向环境系致感谢信，对郝吉明院士团队在第 16 届亚运会和首届亚残运会环境质量保障工作中给予的支持表示感谢。

（8）城市供水应急事件

供水是城市的生命线工程之一。由于突发水源污染影响城市供水的事故频发，严重影响人民群众正常的生产与生活秩序，造成了严重的社会

图 4-20　环境系参与奥运空气保障工作

影响。应住建部、环保部和地方政府委派或邀请,清华大学环境科学与工程系张晓健、陈超等教师参与了数十起突发水源污染事故的应急供水工作,具有重大影响的事件包括松花江硝基苯污染事件(2005 年)、广东北江镉污染事件(2005 年)、太湖蓝藻暴发引发的无锡供水危机(2007 年)、秦皇岛水源藻类暴发引发的饮用水嗅味事件(2007 年)、贵州都柳江砷污染事件(2008 年)、北京市因水源切换引发的自来水"黄水"事件(2008年)、陕西渭南输油管道泄漏污染黄河事件(2010 年)、广东北江铊污染事件(2010 年)、山东临沂邳苍分洪道砷污染事件。在开展应急实践的同时,该团队在国家水专项课题的支持下,建立了由 6 类技术组成的自来水厂应急净化处理技术体系,覆盖了饮用水水质相关标准中 85%以上的污染指标,开发了多种应急关键设备,编制了水厂应急处理工程的标准化设计和规范化建设等相关技术文件,在北京、广州等 6 个城市建设了应急处理示范工程(供水总规模 7 150 000 m³/d),编制了 39 个重点城市的应急供水能力建设规划方案,大幅提升了我国城市供水行业应对突发性污染的应急供水能力,多次受到环保部、住建部和地方政府的表扬。

4.7.5.3　工程院战略性咨询项目

清华大学环境系的钱易、文湘华、陈吕军、李金惠、石磊、温宗国等教师参加了中国工程院主持的多项战略性咨询项目,为国家的环境决策建言献策,发挥了重要的作用。其中有:全国水资源管理战略研究、西北地区水资源管理战略研究、东北地区水资源管理战略研究、淮河流域水资源管理战略研究、浙江沿海及海岛综合开发战略研究、中国特色城镇化发展战略研究、固体废物回收利用及处理战略研究等。

4.8 工会和离退休工作

4.8.1 工会工作

环境系分工会坚持以教职工为本,坚决贯彻学校全心全意依靠广大教职工办好学校的方针,以"立足全局、围绕中心、面向全体、突出重点、开拓创新"为指导思想,落实全心全意为人民服务、为教职工办实事的宗旨,把维护教职工具体利益同维护全国人民根本利益紧密结合起来,把服务、维护教职工合法权益同组织、教育引导教职工紧密结合起来,不断提高为教职工服务的能力和水平。

环境系非常重视工会工作,由负责教工的党委副书记担任分工会主席,充分调动系分工会委员的积极性,紧紧围绕学校和学院的中心工作开展工会工作,发挥了分工会在教职工和系领导之间的纽带作用;对于上情下达,反映民情民意,送温暖、化解矛盾和丰富多彩的文体活动开展了大量工作,为环境系的改革发展提供了保障。环境系于1995年通过职工之家验收,1999—2005年连续被评为校级先进部门工会,2010年被评为北京市模范集体。

分工会在系党委的大力支持下,先后购置了乒乓球桌、卡拉OK音响、跑步机、哑铃、瑜伽垫等文体设备,积极开展各项文体活动,提升全民健身意识,并认真组织教工踊跃参加活动,提升团队凝聚力。开展的文体活动有:校教工运动会、团体乒乓球比赛、羽毛球比赛、篮球比赛、排球比赛、冬季长跑活动、登山活动、摄影比赛、春节联欢会、三八妇女节活动、春秋游等,在多项校工会组织的比赛活动中都曾取得较好的成绩。分工会经常组织教职工与学生联合开展乒乓球、羽毛球、篮球比赛、卡拉OK活动和舞会等活动,进一步增进了师生之间的了解和友谊。

每年春节前夕的全系教职工新春联欢会上,老中青三代教工欢聚一堂,共庆新春佳节,气氛活泼欢快。分工会与离退休工作组共同组织一年一度的离退休人员座谈会,庆祝离退休教工 80 岁、90 岁诞辰座谈会等尊老敬老活动,在活动中共同研讨师德师风建设。

在香港回归、澳门回归、毛主席诞辰 110 周年等具有历史纪念意义的时刻,分工会通过举办形式多样的活动以表达全系教职工的心声和美好祝愿。在 1998 年洪水肆虐的灾难面前,分工会响应国家号召,组织全系教职工向长江、嫩江灾区捐款捐物,捐赠了 2 万多元和 500 多件衣物,充分表达了对灾区人民的一片爱心。在 2003 年"非典"时期,分工会举办了生活摄影作品展,不仅活跃了师生的文化生活,还增强了大家战胜"非典"的信心。

分工会每年认真做好为在职教工和离退休教工送温暖活动,并认真组织教职工年度体检工作,切实关心教职工生活、关注教职工身体健康情况、关怀生病住院及困难教职工,做到消息及时、情况掌握及时、探望及时。

4.8.2　离退休工作

离退休教职工是学院的一笔宝贵财富,退休前他们在各个时期,在各自岗位上为国家、为学校做出了很大贡献。随着时间的推移,老龄化趋势日益明显,离退休工作成为学校工作中的重要部分,得到了学校领导的高度重视。学校各级领导统一了"只有把离退休教职工的工作做好了,才能真正实现建设和谐校园、建设和谐社会的目标"这一认识,并根据学校离退休人员数量多、人员分散、高职比例高、党员比例高的实际情况,建设了一个完整的离退休工作体系,采用了两级管理体制,即学校成立离退休工作领导小组,院系成立离退休工作领导小组的保障机制。通过建设各种兴趣队、开展趣味运动会、座谈会、祝寿会等文体活动,不断丰富离退休人员的精神文化生活。

2006 年学校设立了专用于服务离退休工作的"涌泉基金",并于 2008 年正式启用。该基金每年为经济困难的离退休教职工进行资助,增加了针对 80 岁高龄人员的慰问次数,同时对离退休教职工文体活动进行了有力支持。

在学校离退休工作的指示精神指导下,环境系领导积极响应并落实有关通知文件要求,根据环境系离退休人员实际情况,成立了由系领导、在职和退休人员组成的离退休工作领导小组。离退休领导小组积极开展各项工作，帮助困难教职工申请每年 2 次的"涌泉基金"补助，利用自留党费设立困难补助，组织离退休人员体检、节日走访慰问、生病探望和祝寿座谈活动等方式，真情关心离退休教职工的生活，为他们排忧解难，切实让教职工感到组织的无限温暖。

学院为 80 岁以上德高望重、做出贡献的老先生举办诞辰庆祝会，例如，2006 年举办王继明先生 90 岁祝寿会和陈志义先生 80 岁祝寿会，2008 年为许保玖先生、顾夏声先生分别举办 80 岁、90 岁诞辰庆祝会（见图 4-21）。2011 年 3 月 24 日举行庆祝夏元庆、黄铭荣和苏尚连老师 80 寿辰茶话会；4 月 23 日，在清华大学建校百年华诞之际，为李国鼎先生召开了 90 华诞庆贺会，并成立了陶葆楷、顾夏声励学基金。每次聚会不仅是新老环境人的一次欢聚，更是中国环境事业薪火相传、环环相扣的一个重要体现。

图 4-21　2008 年 4 月举办顾夏声院士 90 华诞庆贺会

环境系馆内专设 40 余平方米的离退休教职工活动场所，有乒乓球桌、跑步机等多种设施，专人负责组织兴趣队的训练、春秋游活动，同时积极组织离退休教职工参加学校组织的趣味运动会、演唱会、乒乓球和太极拳赛的活动。环境系通过丰富的文体活动，帮助离退休教职工"走出来、动起来、乐起来"。

环境系鼓励有经验、有能力的离退休教职工继续发挥"老有所为"的作用。离退休教师虽然离开一线，但仍然具有较好的工作素质和管理经验,这些丰富的阅历和难得的经验对学院发展建设仍具有帮助,加之他们对环境系的深厚感情和再次实现人生价值的愿望,环境系通过返聘的形式留住一些有专长的离退休教职工,为青年教师保驾护航,同时充分发挥关心下一代工作委员会(关工委)的纽带作用,搭建老同志和青年学生之间的桥梁,帮助青年学生成长。此外还有部分离退休教职工利用专业知识服务社会,继续发挥余热。许保玖、井文涌、蒋展鹏曾被评为"老有所为"先进个人,周中平、袁光钰被评为离退休先进个人。

在离退休党建工作方面,环境系党委尊重老教师的意见,组建了离退休老教师和年轻教师混编党支部,这样一来,老教师们不仅能及时了解系里的情况,同时也能对青年教师起到楷模作用。教工一支部开展了名为"听老党员讲那过去的事情"的主题活动,每次支部组织生活中都会安排时间请离退休老党员讲述自身亲历的清华历史和传统,追忆往昔峥嵘岁月和教学工作体会。此项活动的开展,不仅增强了年轻人对清华传统的深入认识,帮助他们在教书育人、争先创优等方面都有所收获,同时也丰富了离退休老党员的生活,使它们焕发更大的激情,更加增强了大家的党性和责任感,对创建一流学科和人才培养起到了推动作用。

环境系通过开展形式多样的文体活动、深入人心的慰问工作,创造了健康向上的文体生活氛围,使离退休教职工的政治、生活各方面得到了保障,真正做到了离退休教职员工队伍的稳定发展,确保了学院各项改革措施的顺利推进和建设的向前迈进。

截至 2011 年年底,环境系的离退休人员共有 60 人,与在职教工人数相当,其中高级职称 27 人,党员 20 人。

4.9　国际交流合作

国际化是环境系发展的重要方向之一。环境系一直重视国际交流合作,建系之初就通过举办国际会议、与国际知名机构合作、加强人才引进等方式,在科学研究、人才培养、服务社会等方面与世界一流大学、研究机构、跨国企业和国际组织开展了富有成效的国际合作。

4.9.1　举办国际会议　搭建国际学术交流平台

环境系一直积极参与环境领域国际交流合作,参加或举办国际学术会议,加强了国际学术交流,扩大了国际视野,提高了自身在国际上的学术声望。自 1991 年 10 月举办中国-加拿大水资源保护研讨会至 2010 年年底,环境系主办了 130 余次国际会议,如表 4-56 所示。

表 4-56 环境系举办的国际会议(1991—2010 年)

编 号	会 议 名 称	时 间	地 点
1	亚太地区石棉废物无害化管理能力建设与意识提高研讨会	2010-12-16 至 17 日	北京
2	第五届固体废物管理与技术国际会议	2010-12-15 至 17 日	北京
3	计算设备行动伙伴关系(PACE)第三次面对面会议	2010-12-13 至 15 日	北京
4	两岸清华环境纳米材料与微量分析研讨会	2010-12-09 至 12 日	北京
5	清华-威立雅环境与城市管理高级研修项目	2010-11-13 至 20 日	北京
6	中日据点大学城市环境项目第十八届学术研讨会	2010-10-21 至 22 日	北京
7	第六届区域空气质量管理国际研讨会	2010-10-11 至 12 日	北京
8	新增列持久性有机污染物国际研讨会	2010-07-01 至 2 日	北京
9	中新总量控制合作畜禽养殖污染减排技术与政策研讨会	2010-06-10	嘉兴
10	海峡两岸能源与环境研讨会	2010-05-20	北京
11	清华-耶鲁"环境与城市可持续发展高级研究班"	2010-05-12 至 15 日	北京
12	Sino-German Symposium on Organic Micro-pollutants	2010-04-15 至 16 日	北京
13	加强巴塞尔、鹿特丹和斯德哥尔摩公约合作和协调的亚洲能力提高研讨会	2010-04-15 至 16 日	北京
14	日中低碳城市·低碳型发展论坛	2009-12-17	北京
15	第二届中韩持久性有机污染物(POPs)研讨会	2009-12-11 至 12 日	青岛
16	环境公共财税政策国际研讨会	2009-12-10 至 11 日	北京
17	中-美-英城市水系统研讨会	2009-12-05	北京
18	亚太区域经济转型与发展中国家纳米技术和人造纳米材料意识提高研讨会	2009-11-27	北京
19	国际化学品管理战略方针(SAICM)亚太区域会议	2009-11-24 至 27 日	北京
20	亚太区域汞问题国际法律文书协商准备会议	2009-11-24 至 27 日	北京
21	国际厌氧生物先进技术发展策略研讨会	2009-11-23 至 25 日	西安
22	第四届固体废物管理与技术国际会议	2009-11-18 至 20 日	北京
23	国际厌氧生物先进技术研讨会	2009-11-18	北京

续表

编　号	会议名称	时　间	地　点
24	最佳可行技术/最佳环境实践（BAT/BEP）导则和持久性有机污染物（POPs）废物以及多氯联苯（PCBs）无害化管理区域能力建设研讨会	2009-11-16 至 20 日	北京
25	第二届国际水污染监测与传感器技术研讨会	2009-11-13 至 14 日	北京
26	第六届环境模拟与污染控制学术研讨会	2009-11-13 至 14 日	北京
27	"水环境污染修复与资源/能源生产耦合技术"成果交流会	2009-11-08 至 9 日	青岛
28	中日合作污染物总量控制及小城镇分散型污水处理的理论与实践国际研讨会	2009-11-06	北京
29	第六届中日环境管理研讨会	2009-11-06	青岛
30	"十二五"规划中需要考虑的水资源关键问题研讨会	2009-10-27	北京
31	第五届区域空气质量管理国际研讨会	2009-10-26 至 27 日	北京
32	第三届中国-瑞典环境与可持续发展研讨会	2009-10-15 至 16 日	北京
33	清华大学-丰田研究中心主办的共同研究技术报告会	2009-10-15	北京
34	AWARE 德中现代水研究平台	2009-09-04	北京
35	第 5 届国际水协膜技术国际大会暨设备展览会	2009-09-01 至 3 日	北京
36	E-waste Training Workshop for Asia and the Pacific	2009-08-10 至 14 日	北京
37	"建设循环型社会"中日学术研讨会	2009-07-23	北京
38	中法生态城市论坛研讨会	2009-05-15	北京
39	The Sino-US Workshop on Aging Water Infrastructure Program	2009-04-07	北京
40	"以降低环境风险为目标的再生水监测评价与控制技术研究"第 2 次学术研讨会	2009-03-07	北京
41	第一届亚太地区工业生态学论坛	2008-12-08	日本东京
42	第八届中日水环境研讨会暨 NSFC-JST 重大国际合作项目成果交流会	2008-11-29 至 30 日	苏州
43	城市层次电子废物收集与处理技术研讨会	2008-11-07	北京
44	斯德哥尔摩公约履约需求区域咨询会	2008-11-07	北京
45	第四届区域空气质量管理国际研讨会	2008-11-06 至 7 日	北京
46	第三届固体废物管理与技术国际会议	2008-11-05 至 7 日	北京
47	中荷废物环境管理高级别论坛	2008-11-03 至 4 日	北京
48	控制危险废物和其他废物非法越境转移的电子废物鉴别亚洲区域研讨会	2008-11-03 至 4 日	北京
49	温室气体减排技术与经济分析国际研讨会	2008-10-15 至 16 日	北京

编　号	会 议 名 称	时　间	地　点
50	高耗能行业温室气体减排政策研讨会	2008-07-15 至 16 日	北京
51	东亚可持续发展论坛（"清华-东大周"系列学术论坛之一）	2008-05-20	北京
52	清华-查尔姆斯大学可持续发展论坛	2008-05-13 至 14 日	北京
53	中挪持久性有机污染物地方履约能力建设项目研讨会	2008-05-07 至 9 日	北京
54	第一届中国环境保护投资大会	2008-01-23 至 24 日	北京
55	第三届区域空气质量管理国际研讨会	2007-11-01 至 2 日	北京
56	气候变化模拟与预测：对中国的影响	2007-10-31	北京
57	第七届中日水环境研讨会	2007-10-25 至 28 日	北京
58	清华大学-日本京都大学环境科技交流会	2007-10-15	北京
59	第三届环境催化和材料中日双边学术研讨会	2007-10-11 至 13 日	北京
60	首届中韩持久性有机污染物（POPs）国际研讨会	2007-08-24 至 25 日	韩国浦项
61	第二届固体废物管理与技术国际会议	2007-07-18 至 19 日	北京
62	发展中国家废物露天焚烧排放有害物质	2007-06-25 至 28 日	北京
63	第四届中日环境管理研讨会	2007-06-23	广州
64	International workshop on monitoring and sensor for water pollution control	2007-06-13 至 14 日	北京
65	中瑞电子电器产品生命周期分析研讨会	2007-06-07 至 9 日	瑞士苏黎世
66	2007 饮用水紫外线消毒技术国际高级研讨会	2007-05-15 至 16 日	北京
67	Regional Workshop on Prevention of Illegal Transboundary Movement for Hazardous Waste in Asia	2007-03-28 至 29 日	北京
68	以降低环境风险为目标的再生水监测评价与控制技术研究第 1 次学术研讨会	2007-03-02	北京
69	国家自然科学基金重大国际合作研究项目启动会暨水环境污染修复与资源/能源生产耦合技术研讨会	2007-01-23	北京
70	第三届中日环境管理研讨会	2006-11-28	成都
71	面向可持续发展的工程教育国际研讨会	2006-10-31 至 2006-11-01	北京
72	第二届区域空气质量管理国际研讨会	2006-10-23 至 24 日	北京
73	第六届中日水环境研讨会	2006-10-20 至 21 日	青岛
74	半球大气污染传输工作组排放分析与预测方法学研讨会	2006-10-18 至 20 日	北京
75	清华-京大环境技术联合研究和教育中心成立一周年纪念学术交流会	2006-10-18 至 19 日	深圳
76	中法重金属废物稳定化处理技术交流会	2006 年 10 月	北京

续表

编　号	会 议 名 称	时　　间	地　点
77	中日水热技术交流会	2006-05-18 至 19 日	北京
78	清华大学-京都大学水论坛	2006-04-27	北京
79	中日二噁英分析技术交流会	2006-03-07	北京
80	发展中国家 POPs 分析能力现状及其对能力建设的需求国际研讨会	2005-12-13 至 16 日	北京
81	第二届中日环境管理研讨会——环境问题的最新动向及其对策	2005-11-27	北京
82	中-瑞环境保护与可持续发展国际会议	2005-11-21 至 22 日	北京
83	首届中国厌氧生物技术发展战略研讨会	2005-11-10 至 11 日	北京
84	燃煤汞污染控制国际研讨会	2005-10-31 至 2005-11-02	北京
85	可持续发展和环境保护国际会议	2005-10-24 至 25 日	北京
86	膜法水处理技术国际研讨会	2005-08-29 至 30 日	北京
87	2005 年度危险废物管理政策与处理处置技术国际会议	2005-05-31 至 2005-06-01	北京
88	城市大气细粒子 PM2.5 污染特征与形成机制研究研讨会	2005-03-20 至 24 日	北京
89	中荷电子废物循环利用研讨会	2004-11-16 至 17 日	北京
90	第六届国际水环境系统分析年会	2004-11-03 至 5 日	北京
91	环境污染控制生物技术国际研讨会	2004-08-14 至 15 日	北京
92	中日持久性有机污染物（POPs）研讨会	2004-07-08 至 9 日	北京
93	"中国环境空气质量模拟评估"中美研讨会	2003 年 11 月	北京
94	大城市区域固体废物处理与环境保护国际研讨会	2003-09-23 至 24 日	北京
95	贵阳循环经济国际研讨会	2003-08-27	贵阳
96	Asia-Pacific Regional Scoping Workshop on Environmentally Sound Management of Electronic Wastes	2002-11-19 至 22 日	天津
97	中日据点大学城市环境项目第四届学术研讨会	2002 年 10 月	日本冈山
98	Enrich	2002 年 9 月	北京
99	第四届中美经济-环境-能源学术研讨会	2002 年 9 月	北京
100	中日据点大学城市环境项目第三届学术研讨会	2002 年 7 月	大连
101	澳门环境与城市发展科学研究	2002 年 4 月	北京
102	中日据点大学城市环境项目第二届学术研讨会	2002 年 1 月	日本京都
103	The 4th China-Japan Symposium on Water Environment	2001-11-08 至 9 日	北京

续表

编 号	会 议 名 称	时 间	地 点
104	清洁生产国际研讨会, CCICED 清洁生产工作组	2001 年 9 月	北京
105	华北地区水资源可持续管理中加学术研讨会	2001-05-08 至 16 日	北京
106	哈佛-清华环境健康影响研讨会	2000-10-16 至 19 日	北京
107	Tsinghua University-Tokyo University Joint Conference on Energy and Environment	2000-10-10 至 11 日	北京
108	The 3rd Asia-Pacific Regional Training Workshop on Hazardous Waste Management in Mining Industry	2000-09-04 至 8 日	北京
109	第三届中德环境保护研讨会	1999-10-05 至 6 日	北京
110	大学绿色教育国际学术研讨会	1999-05-26 至 28 日	北京
111	中英环境科学与工程研讨会	1999-04-12 至 13 日	北京
112	中国危险废物管理国家行动方案国际研讨会	1998 年	北京
113	第四届海峡两岸环境保护研讨会	1996-12-17 至 19 日	北京
114	中芬工业废水处理研讨会	1997-10-22	北京
115	中日固体废物处理技术研讨会	1997 年 10 月	北京
116	二氧化硫控制技术国际学术研讨会	1996-08-10 至 15 日	北京
117	能源与可持续发展国际学术研讨会	1996-07-16 至 17 日	北京
118	亚太地区危险废物管理处置培训与技术转让第一次区域中心会议	1996-07-09 至 12 日	北京
119	中日非木浆造纸废水治理技术研讨会	1997 年 3 月	北京
120	中日草浆造纸废水治理技术研讨会	1996-03-12 至 13 日	北京
121	中美淮河流域水污染防治技术研讨会	1996-01-15 至 16 日	北京
122	中德有害废物处理处置与管理高级研讨会	1995-09-04 至 15 日	北京
123	第三届海峡两岸环境保护学术研讨会	1995-08-28 至 31 日	北京
124	Workshop of SCOPE on Groundwater Contamination and Control	1995 年 8 月	北京
125	中英汽车污染控制研讨会	1995-07-10	北京
126	环境与可持续发展国际研讨会	1995-07-01	北京
127	中韩环保产业研讨会	1995 年 3 月	北京
128	第一届中德有害废物管理与处置研讨会	1994-12-05 至 7 日	北京
129	第二届中德环境保护研讨会	1994 年 9 月	北京
130	World Congress Ⅲ on Engineering and Environment	1993 年 10 月	北京
131	第一届海峡两岸环境与发展研讨会	1993 年 8 月	北京
132	中国-加拿大江河流域规划与管理研讨会	1992 年 10 月	北京
133	中国-加拿大水资源保护研讨会	1991 年 10 月	北京

4.9.2 联合国际知名机构 构建高层次人才培养基地

在教学国际合作方面,环境系积极创造学生与世界一流学术大师交流的机会,与 10 余所国际著名大学联合实施研究生联合培养计划,开阔了学生的国际视野和国际交流能力。环境系引进美国斯坦福大学 4 人讲席教授组(其中两人为美国国家院士)到岗为学生授课,促进了学生思维方式的变更和视野的扩展。德国亚琛工业大学教授组开设的"环境与市政实践与案例分析",把世界顶尖的工程教学经验搬到了环境系的讲台上。2002 年,环境系设立中日据点大学城市环境项目;2003 年 7 月,与荷兰瓦赫宁根大学签署《中华人民共和国清华大学与荷兰 WAGENINGEN 大学联合培养环境博士生的协议》;2004 年,设立清华大学中德合作环境科学研究生课程项目;2004 年 11 月,启动"清华大学-威尼斯国际大学可持续发展交流项目";2007 年 3 月,与日本东北大学大学院环境科学研究科签署学术交流与合作协议;2008 年 2 月,中法环境能源管理高级硕士项目首期开班;2008 年 6 月,清华大学环境系作为轮值主持单位启动"中日韩区域环境与可持续发展"博士研究生课程。

环境系加强与世界 500 强企业的合作,建立了一批高水平的教学科研中心,并与国外知名大学及全球著名环境企业联合开展可持续发展方面的教育培训,为国家和地方主管城市建设和环境保护的高级政府官员提供了进修学习和交流研讨的高端平台。2004 年 5 月,启动首届清华-耶鲁环境与城市可持续发展高级研究班;2008 年 4 月,与苏伊士环境集团签署共建"环境科学与工程实验实践教学中心"合作协议;2008 年,设立威立雅环境-清华大学环境合作项目,推动面向中国高级政府官员的环境领导力教育培训。

4.9.3 加强教师海外引进 促进教师国际交流

师资队伍建设始终是环境系工作的重中之重。环境系实行教师职务聘任制,面向国内外公开招聘人才,优化教师队伍结构。采取"培养和引进相结合"的方针,一方面加强海外引进力度,另一方面支持教师进行国际交流,拓展国际视野。

1984—2010 年,环境系教师有 3 人次在境外大学获得名誉学位、学衔,30余人次在海外机构、团体任职。2001—2010年接待海外来访约2600人次,教师因公出国(境)1422人次,如图4-22所示。2007年4月,由教育部、国家外国专家局共同组织实施的"高等学校学科创新引智计划"("111"计划)批准环境学院成立创新引智基地。自成立以来,基地在人才培养、联合研究、学科建设等方面取得了一系列重要成果。2007—2010,基地引进外国专家88人次,来访1200余天,指导研究生47人,指导研究生发表论文46篇,组织讲座及报告61场,授课15门次。

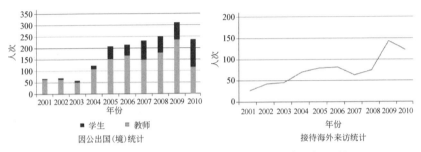

图4-22　环境系2001—2010年因公出国(境)及接待海外来访情况

4.9.4　开展高水平国际合作研究　逐渐融入国际学术圈

在科研合作方面,环境系面向国家战略需求和世界科技前沿,围绕国际环境热点问题,与美国斯坦福大学、世界资源研究所、联合国环境规划署等诸多国际顶尖大学、研究机构和国际组织开展广泛的合作研究。通过这些合作研究,环境系与合作方建立了长期稳定的国际合作关系,提升了国际影响力。

为了引进国外先进环境污染控制和新能源技术与管理经验,推动环境系国际科技合作向更高层次发展,2007年12月,环境学院获国家科技部批准成立"新能源与环境国际研发中心",成为首批国家级国际研究中心之一,也是能源与环境领域唯一的研发中心。

环境学院与美国哈佛大学共同完成了"与能源相关的大气污染对人体健康影响"研究,与日本京都大学围绕"城市环境"开展了为期10年的中日据点大学项目,与英国帝国理工学院合作研究"北京-天津及其周边区域性空气污染特征",还与美国斯坦福大学、耶鲁大学、麻省理工学院、荷兰Delft大学、德国Ahon大学、日本东京大学、筑波大学等著名学府开展国际合作研究。

环境系在世界银行、日本政府和美国政府的资助下,开展了"中国温室气体排放现状""CDM 以及中国温室气体排放基准线""地区级减排 CO_2 与 SO_2 对策"等研究;在世界银行和意大利政府的支持下,开展了"中国 PCBs 清单方法学""中国杀虫剂类 POPs 废弃/库存清单"等研究;在联合国工业发展组织(UNIDO)等机构的支持下,开展了"东北亚废物和化学品公约联合实施""中国清洁的固体废物管理"等研究,在欧盟的支持下,开展"主要耗能产品生产过程与环境相容性研究"。

在国家教育委员会(1998 年撤销,更名为教育部)和英国 ODA 的支持下,环境系开展了"清华大学环境污染控制能力建设"项目,20 多位青年教师到英国北方的一些大学开展长期或短期合作研究。环境系还作为主要承担方参与国际城市可持续水研究计划、亚洲城市环境与人体健康计划等大型国际研究项目,平均每年组织 2~3 次有较大影响的双边或多边国际学术会议。

4.9.5　系统研究全球环境问题 服务全球环境履约

全球气候变化、危险废物非法越境转移、生物多样性、持久性有机污染物(POPs)等全球性环境问题是环境领域国际科学研究的前沿和热点。环境系在大力研究国内亟待解决的环境问题的同时,也积极开展全球环境问题研究。先后建立了"国家环保总局危险废物管理培训及技术转让中心""亚太地区危险废物管理培训及技术转让中心"(简称巴塞尔公约亚太中心)、"持久性有机污染物研究中心""全球气候变化研究中心"等研究机构,大力开展全球气候变化、危险废物、持久性有机污染物、生物多样性等全球环境问题的战略决策和行动计划研究,为我国、亚太地区乃至全球履行《巴塞尔公约》《斯德哥尔摩公约》《气候变化框架公约》《生物多样性公约》提供决策支持和技术支撑。

4.9.6　加强国际企业合作 促进高水平技术研发

环境系不断探索与国际企业合作的模式,遵循学校"强-强合作"的指导思想,与国际企业的科研合作进入全方位、多层次、多形式的新阶段。先后与有实力的国际环境企业建立了联合中心,致力于结合中国环境问题,研发先进技术与解决方案,促进国际交流和高层次人才培养,推动国际及区域研究。2002年,清华大学环境学院与美国哈希(HACH)公司共同建立清华大学环境学院-美国哈希水质监测联合研究中心;2006年3月23日,清华大学与日本丰田汽车公司共同设立清华大学-丰田研究中心;2006年11月,清华大学与日本三洋电机株式会社共同建立"清华大学(环境科学与工程系)-三洋电机(技术开发本部)环境技术联合研究中心";2009年,清华大学环境学院与法国威立雅环境集团共同建立清华大学-威立雅环境先进环境技术联合研究中心。

环境系持续加速国际化进程,提高国际合作层次,进一步推动学科国际化建设;拓宽渠道,制订并加速实施学生国际培养计划,逐步使国际化培养成为学生的必修环节;调整学科资源布局,"瞄准前沿,重点突破",构建高层次科技创新平台;加强与世界一流和知名大学的学术交流、科研合作和人才交流,组织和召开高水平国际会议,全面提高环境学院的教学与科研在环境领域的国际声誉和影响力。

第**5**章

清华大学环境学院的成立与发展(2011—2023年)

5.1 国际国内背景

5.1.1 国际生态环境热点

进入21世纪以来,在人类社会科技和经济不断发展的同时,全球环境问题日益突出,环境污染的全球性影响不断加大,全球气候变化、臭氧层耗竭、大气污染、水资源与水环境状况恶化、生物多样性减少等给人类和地球生态系统造成了严重的危害。生态环境保护问题已成为世界各国共同关注的、关乎人类可持续发展的重要问题。

为了应对日益严重的环境问题,世界各国采取措施,从科技、经济、外交等方面积极开展相关研究,应对生态环境问题,加快推进绿色发展,促进人与自然和谐共生。例如,为了应对全球气候变暖,促进全球温室气体减排,世界各国积极开发节能减排技术,采取碳捕集、利用与封存(Carbon Capture, Utilization and Storage, CCUS)技术、污染物排放控制措施等减少碳排放,并提出了实现碳中和的目标。

在水资源利用方面,为更好地理解和量化人类活动对水资源及与水相关环境的影响,荷兰学者阿尔杰恩·胡克斯特拉于2002年提出了水足迹概念,得到了很多国家和地区研究人员的广泛关注,已成为当前研究的热点之一。同时,从"多资源"综合角度,开展"水-能源-粮食"纽带关系的研究,加强相关部门之间的协同合作,保障区域水安全、能源安全和粮食安全成为当前国际社会关注的热点。近年来,研究人员在"水-能源""水-粮食"和"能源-粮食"内部关联的基础上,将目光拓展到经济、社会、自然系统的外部关联上,并引入生态系统服务、可持续发展、气候变化、适应性管理等概念,开展水资源、能源和粮食多系统协同性研究,形成了诸多成果。

此外,在全球性环境问题成为国际性政治焦点之一的形势下,为处理国家之间的环境纠纷和环境保护问题,各国开展了以国际合作为主的外交活动。近年来,为应对世界海洋污染、温室效应、臭氧耗竭等全球环境问题,国际条约、协议不断签署,这表明国际社会对环境问题的讨论已经步入制定具体政策和法规实施的阶段,环境外交日益公约化、法律化。国际环保公约由与保护臭氧层有关的国际环保公约、《控制危险废物越境公约》《濒危野生动植物物种国际贸易公约》《生物多样性公约》《生物安全议定书》《卡特赫纳生物安全议定书》《联合国气候变化框架公约》等一系列国际公约组成,这些公约的签署对于应对全球环境问题提供了重要依据和支撑,未来还将继续作为应对全球环境问题的重要手段和途径。

2015年9月25日,联合国又一次正式通过了"变革我们的世界——2030年可持续发展议程"①,并于2016年1月1日正式启动。2030年可持续发展议程涉及经济发展、社会进步和环境保护三个方面,三位一体、缺一不可;议程适用于世界上的所有国家。2030年可持续发展议程涵盖了17个具体的可持续发展目标,如图5-1所示,包括:①在世界各地消除一切形势的贫困;②消除饥饿、实现粮食安全、改善营养和促进可持续农业;③确保健康的生活方式、促进各年龄段所有人的福祉;④确保包容性和公平的优质教育,促进全民享有终身学习机会;⑤实现性别平等,增强所有妇女和女童的权能;⑥确保为所有人提供可持续管理的水和环境卫生;⑦确保人人获得负担得起、可靠和可持续的现代能源;⑧促进持久、包容性和可持续经济增长,促进实现充分和生产性就业及人人有体面工作;⑨建设有复原力的基础设施、促进具有包容性的可持续产业化,并推动创新;⑩减少国家内部和国家之间的不平等;⑪建设具有包容性、安全、有复原力和可持续的城市和人类居住区;⑫确保可持续消费和生产模式;⑬采取紧急行动应对气候变化及其影响;⑭保护和可持续利用海洋和海洋资源促进可持续发展;⑮保护、恢复和促进可持续利用陆地生

① 联合国.变革我们的世界:2030年可持续发展议程[EB/OL].[2015-09-25]. https://sdgs.un.org/zh/2030agenda.

态系统、可持续管理森林、防治荒漠化、制止和扭转土地退化现象、遏制生物多样性的丧失；⑯保护、恢复和促进可持续利用陆地生态系统、可持续管理森林、防治荒漠化、制止和扭转土地退化现象、遏制生物多样性的丧失；⑰加强实施手段、重振可持续发展全球伙伴关系。2030 年可持续发展议程进一步促进了世界环境保护新理念和经济发展新模式、新技术的发展，世界各国开始更努力地推进支撑可持续发展的循序经济、清洁生产和环境污染治理的新技术，绿色科技蓬勃发展。

图 5-1　联合国可持续发展目标

2016 年，中国已全面启动落实 2030 年可持续发展议程工作，并发布了《中国落实 2030 年可持续发展议程国别方案》，为中国落实可持续发展议程提供了行动指南。

5.1.2　我国生态文明战略的提出

我国高度重视生态文明建设，长期坚持节约资源和保护环境的基本国策。党的十七大把建设生态文明列入全面建设小康社会的目标。党的十八大进一步将生态文明建设纳入中国特色社会主义事业总体布局，将生态文明建设上升为国家战略。报告指出，建设生态文明，是关系人民福祉、关乎民族未来的长远大计。面对资源约束趋紧、环境污染严重、生态系统退化的严峻形势，必须树立尊重自然、顺应自然、保护自然的生态文明理念,把生态文明建设放在突出地位,融入经济建设、政治建设、文化建设、社会建设各方面和全过程,努力建设美丽中国,实现中华民族永续发展。报告还提出,坚持节约资源和保护环境的基本国策,坚持节约优先、保护优先、自然恢复为主的方针,着力推进绿色发展、循环发展、低碳发展,形成节约资源和保护环境的空间格局、产业结构、生产方式、生活方式,从源头上扭转生态环境恶化趋势,为人民创造良好生产生活环境,为全球生态安全做出贡献。

党的十九大报告提出,坚持人与自然和谐共生。必须树立和践行绿水青山就是金山银山的理念,坚持节约资源和保护环境的基本国策,像对待生命一样对待生态环境,统筹山水林田湖草系统治理,实行最严格的生态环境保护制度,形成绿色发展方式和生活方式,坚定走生产发展、生活富裕、生态良好的文明发展道路,建设美丽中国,为人民创造良好生产生活环境,为全球生态安全做出贡献。

习近平总书记指出,走向生态文明新时代,建设美丽中国,是实现中华民族伟大复兴的中国梦的重要内容。中国将按照尊重自然、顺应自然、保护自然的理念,贯彻节约资源和保护环境的基本国策,更加自觉地推动绿色发展、循环发展、低碳发展,把生态文明建设融入经济建设、政治建设、文化建设、社会建设各方面和全过程,形成节约资源、保护环境的空间格局、产业结构、生产方式、生活方式,为子孙后代留下天蓝、地绿、水清的生产生活环境。

随着我国生态文明建设步伐的加快,我国生态环境保护从实践到认识发生了巨大变化,经济发展与生态环境保护的关系进一步协调,生态环境保护治理水平稳步提升,污染防治和生态保护力度不断加大,生态环境质量持续改善,生态文明建设实现新进步。但是,我国以重化工为主的产业结构和以煤为主的能源结构尚未根本改变,环境污染和生态保护还面临着严峻的形势,环境事件仍多发频发,生态环境保护事业亟须大量高层次复合型环境专业人才作为主力军投身其中,也需要大量高水平创新性的科研成果作为有力支撑。

2020 年 9 月 22 日,习近平主席在联合国大会上表示:中国将提高国家自主贡献力度,采取更加有力的政策和措施,二氧化碳排放力争于 2030

年前达到峰值,争取在 2060 年前实现碳中和。① 这是我国对国际社会的承诺,也是对国内的动员令。

党的二十大报告指出,过去五年,我们坚持绿水青山就是金山银山的理念,坚持山水林田湖草沙一体化保护和系统治理,生态文明制度体系更加健全,生态环境保护发生历史性、转折性、全局性变化,我们的祖国天更蓝、山更绿、水更清。中国式现代化是人与自然和谐共生的现代化。我们要推进美丽中国建设,坚持山水林田湖草沙一体化保护和系统治理,统筹产业结构调整、污染治理、生态保护、应对气候变化,协同推进降碳、减污、扩绿、增长,推进生态优先、节约集约、绿色低碳发展。

习近平总书记指出,要突破自身发展瓶颈、解决深层次矛盾和问题,根本出路就在于创新,关键要靠科技力量。面对复杂化、多样化的生态环境问题,我国需要新的理论、方法、技术作为指导和支撑,充分发挥环境科技在生态环保中的基础性、前瞻性和引领性作用,同时创新管理体制机制,提升生态环境治理的能力、效率和水平。

环境学院作为我国重要的环境保护高层次人才培养基地和高水平科学研究中心,始终面向我国环境保护和可持续发展的重大需求,瞄准环境学科的国际前沿,坚持"工程与科学结合、技术与管理结合"的办学理念,遵循"创新、务实、开放式、国际化"的办学模式,培养了一大批环境保护及其相关领域的复合型拔尖创新人才,组织开展了一系列与国家和全球环境科学技术发展密切相关的基础性、前瞻性和战略性创新研究,在生态环境整体性保护的产业促进、社会服务和文化传承创新方面取得了长足进步,朝着建设成为优秀人才辈出、研究水平领先、教研设施先进、管理机制创新的世界一流环境学院和跻身全球顶尖环境学科前列的宏伟目标阔步前行。

5.2　历 史 沿 革

5.2.1　环境学院正式成立

2011 年 1 月 6 日,经 2010—2011 学年度第 10 次校务会议讨论通过,

---

① 新华社,习近平在第七十五届联合国大会一般性辩论上的讲话,https://baijiahao. baidu. com/s? id＝1678546728556033497&wfr＝spider&for＝pc.

清华大学环境学院成立，下设环境工程系、环境科学系、环境规划与管理系，环境工程、环境科学与环境管理多管齐下、相辅相成、动态优化的学科布局得以确立，充分彰显了环境学院"工程与科学结合、技术与管理结合"的办学理念，对于环境领域复合型领军人才的培养和"顶天立地"科研成果的产出具有重要意义。

在国家和学校的大力支持下，在一代又一代环境人的拼搏下，环境学院及其前身在国内环境学科发展中一直发挥着引领作用，但与世界顶级的环境院校相比还有一定的差距。基于此，环境学院提出了学院发展的愿景规划：立足于国家环境保护与生态文明建设重大需求，瞄准环境科学与工程领域国际学术前沿，围绕基础性、前瞻性、战略性的重大科学、技术与管理问题，充分发挥清华大学人才资源密集、学科交叉融合、国际交流活跃的办学优势，培养复合型拔尖创新人才，推动环境科学与工程理论、方法和技术创新，持续为我国环境质量改善、生态文明建设和全球环境事务做出重大贡献，成为国内外环境科学与工程领域高层次人才培养基地，率先跻身世界一流环境学科前列。

图 5-2 为学校批准成立环境学院的公告，图 5-3 为环境学院院徽及设计理念。

2010～2011学年度第10次校务会议公告
（2011年1月6日）

机构设置

关于成立清华大学环境学院的决定
—经2010～2011学年度第10次校务会议讨论通过—

　　为更好地满足解决我国环境问题和应对全球环境问题的重大需求，推动我校环境学科更好更快地发展，经2010～2011学年度第10次校务会议讨论通过，决定成立清华大学环境学院，英文名称School of Environment, Tsinghua University，英文缩写SOE，同时撤销清华大学环境科学与工程系建制。环境学院为实体机构，下设环境工程系、环境科学系、环境规划与管理系。

　　希望环境学院继续抓住发展环境学科的大好机遇，加大改革力度，加快建设步伐，进一步加强拔尖创新人才培养、高水平科学研究、高层次人才引进和机制体制创新，早日建设成为国际领先的环境学科，为清华大学建设世界一流大学做出贡献。

图 5-2　学校批准成立环境学院

院徽核心图案是一株苗壮的绿苗，象征着环境学科方兴未艾，树木树人任重道远；绿苗的主干是字母"S"，叶片是字母"E"，外圈是虚实结合的字母"O"，构成环境学院的英文缩写"SOE"；同时外圈采用紫色反白效果，形成一个字母"C"，寓意"Concord"，即追求和谐发展是学院的核心理念。

图 5-3　环境学院院徽及设计理念

5.2.2　机构设置

根据 2010—2011 学年度第 4 次院务会议通过的《环境学院组织管理条例》，院务委员会(简称院务会)是环境学院的领导核心，对学院全局工作实行统一领导。院务会由院长、院党委书记和副院长、党委副书记及院长助理组成。院务会会议由院长主持召开，实行集体领导，民主决策。学院设立学术委员会作为学术事务的咨询和决策机构。学术委员会由学院不同学科方向副高级职称以上的教师组成，主管科研副院长以外的院务会成员不参加学术委员会，每届任期 3 年。学位评定分委员会是校学位评定委员会的下设机构，其组成办法和任期由学校学位评定委员会决定。学院设立教学指导委员会作为教学工作的咨询和指导机构。由主管教学的副院长担任委员会主任，院务会聘任 8~10 名教学经验丰富的教师作为委员，每届任期 3 年。学院设立顾问委员会，由环境领域知名专家学者、相关政府部门高层官员和企业高管组成，从宏观战略上指导学院的发展，加强学院与环境保护领域产学研政各界的联系，扩大学院在国内外的影响力。

在机构设置方面，学院设置系、教学与研究所(简称教研所)等教学科研机构，系协助学院管理教研所。学院鼓励依托教研所建设国际、国家级、省部级、校级科研和教学机构，并按有关规定或合同进行管理。积极与校内兄弟单位共同建设和管理与环境学科有关的教学和科研机构，积极建立校外教学实习和实践基地。学院设置教学实验实践中心、公共研究平台、环境图书馆、FESE 期刊编辑部等支撑机构，以及党务、行政、教学和科研办公室等服务机构，由学院直接管理，为学院发展提供高质量的支撑与服务。

2011年7月，为更好地开展教学和研究工作，环境学院开展机构改革，将研究所调整为教研所，在环境工程系设立水环境保护教研所、饮用水安全教研所、地下水与土壤环境教研所、大气污染与控制教研所、固体废物污染控制与资源化教研所、给水排水工程教研所、核环境工程教研所（筹）；在环境科学系设立环境化学教研所、环境生物学教研所、生态学教研所；在环境规划与管理系设立环境系统分析教研所、环境管理与政策教研所。同年10月，环境学院院务会任命王洪涛为环境工程系主任，王慧为环境科学系主任，王灿为环境规划与管理系主任。环境学院2011年组织机构设置情况如图5-4所示。

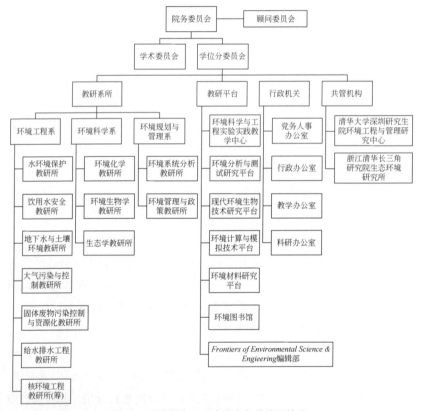

图5-4　环境学院2011年组织机构设置情况

2017年6月4日，清华苏州环境创新研究院在苏州高新区成立。该研究院是注册在苏州高新区、主要从事环境类科技创新活动的清华大学派出研究机构，其总体目标是打造服务于清华大学"建设国际一流环境学科"、服务于苏州市"创新驱动""生态改善"发展战略,以机制体制创新为驱动、以重大科技研发为基础、以成果产业化落地为导向的,具有国际影响力的综合性研发和科技服务机构。环境创新院主要依托清华大学环境学院开展工作,实行管理委员会领导下的院长负责制。清华大学环境学院党委书记刘毅担任研究院首任院长。

2017 年 9 月,曲久辉院士团队入职环境学院,在环境学院新成立的"清华大学水质与水生态研究中心"开展教学科研工作,该中心是与学院现有 12 个教研所平行的一级行政单位。图 5-5 所示为学院 2020 年组织机构设置情况。

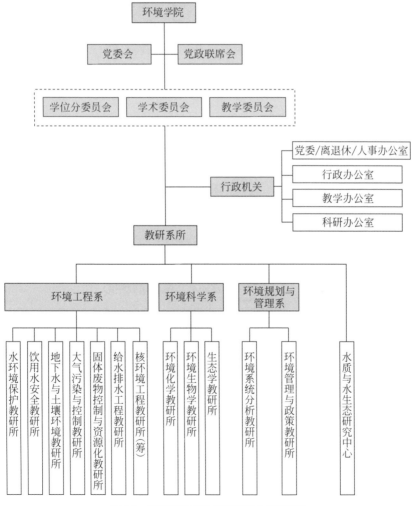

图 5-5　环境学院 2020 年组织机构设置情况

2021 年 4 月,为进一步优化学科布局,环境学院对内设机构进行了调整。设立"给水排水教研所"（Division of Water Supply and Drainage,简称"给排水所"）,撤销原"给水排水工程教研所""饮用水安全教研所"。给水排水教研所以给排水工程基本原理为基础,结合环境工程、环境化学、环境微生物学、信息学等相关学科的研究成果,重点开展绿色低耗给排水处理、高效安全管网收集与输配、韧性绿色水基础设施等专业领域的教育教学和科学研究工作。设立"环境生态学教研所"（Division of Environmental Ecology,简称"生态所"）,撤销原"生态学教研所"。环境生态学教研所以生态学基本原理为基础,结合环境科学、产业生态学、景观学、保护生物学、系统科学等相关学科的研究成果,重点开展人类活动变化及对生态环境扰动机制、影响效应和响应调控等学科领域的教育教学与科学研究工作。撤销"核环境工程教研所（筹）",成立院级非实体研究机构"核环境工程技术研究中心",聘任王毅为中心主任。"地下水与土壤环境教研所"更名为"土壤与地下水环境教研所"（简称"土壤与地下水所"）。环境学院 2021 年系所结构如图 5-6 所示。

图 5-6　环境学院 2021 年系所结构

5.3　党建工作

环境学院自成立以来,环境学院党委继续把党的建设工作摆在学院发展的重要位置,把坚持党的全面领导、全面贯彻落实党的重要政策方针作为重要工作来抓,为学院发展提供了坚强的政治保障。

5.3.1 有序完成党委换届(增补)选举工作

经 2011 年 1 月 13 日第十二届党委第一百二十二次常委会议讨论通过,环境科学与工程系党委更名为环境学院党委;左剑恶、刘文君、刘建国、杜鹏飞、余刚、张旭为环境学院党委委员;杜鹏飞为环境学院党委书记;刘文君、刘建国为环境学院党委副书记。

2013 年 7 月,环境学院党委换届,马永亮、刘书明、刘建国、杜鹏飞、李英、吴静、张旭、岳东北、贺克斌为环境学院党委委员;杜鹏飞为环境学院党委书记;张旭、刘建国为环境学院党委副书记。

2014 年 7 月,刘毅任环境学院党委委员、书记。

2016 年 7 月,环境学院党委换届,左剑恶、刘毅、李英、李俊华、张旭、陈超、贺克斌、席劲瑛、董欣为环境学院党委委员;刘毅为环境学院党委书记;张旭、席劲瑛为环境学院党委副书记。

2017 年 11 月,增补刘书明、孙冬雅、吴烨、岳东北为环境学院党委委员。

2018 年 6 月,吴静任环境学院党委委员、副书记;张旭不再担任环境学院党委副书记、委员职务。

2019 年 12 月,环境学院党委换届,王书肖、刘毅、刘书明、齐维晓、李淼、吴烨、吴静、陈超、岳东北、席劲瑛、蒋靖坤为环境学院党委委员;刘书明为环境学院党委书记;吴静、席劲瑛为环境学院党委副书记。

2023 年 9 月,环境学院党委书记、副书记调整,王灿任环境学院党委书记,刘书明不再担任环境学院党委书记,王书肖任环境学院党委副书记,吴静不再担任环境学院党委副书记、委员。12 月,增补兰华春、吉庆华、张少君、梁鹏(按姓氏笔画排序)为环境学院党委委员。

5.3.2 坚持党性教育,努力提高党员干部政治思想水平

学院党委积极组织参加理论学习和学校组织的学习报告会,按照党中央的要求深入开展党的群众路线教育、"三严三实"专题教育、"两学一做"学习教育、"不忘初心、牢记使命"主题教育、党史学习教育等主题教育,不断提升党员干部的理论水平。

2011—2014 年,学院党员重点学习了党的十七届五中全会以来党的

重要文件,特别是学习和讨论总书记在清华大学百年校庆纪念大会上的讲话和建党90周年纪念大会讲话精神,学习贯彻党的十八大报告精神。继深入学习实践科学发展观活动之后,学院党委积极组织党员干部参与到"创先争优"活动中,涌现出一批优秀共产党员和先进党支部,获得了学校和北京市的表彰。在深入开展"创先争优"活动及日常的学习过程中,各党支部创新学习与教育方式,开展了多种形式的学习和讨论,广大党员普遍受到了深刻的教育,提高了对当代中国特色社会主义建设理论知识的系统性理解,党组织的工作能力和水平得到了很好的锻炼。学院分别邀请清华大学马克思主义学院王传利教授、肖贵清教授、吴潜涛教授(见图5-7)等作题为"胡锦涛总书记在清华大学百年庆典上的讲话精神的宣讲""关于提升当代中国文化软实力的几个问题——党的十七届六中全会精神解读""贯彻党的十八大,开创新局面"等报告,并组织开展党的十八大报告精神解读集中学习活动,累计超过1000人次参加历次集中学习活动,取得了较好的学习效果。

图5-7　2012年12月13日环境学院邀请吴潜涛教授作报告

2013—2014年,围绕"党的群众路线教育实践活动"专题,针对群众普遍关心的问题和比较集中的意见,针对领导班子和班子成员不同程度、不同表现形式的"四风"问题,学院党委结合学院工作实际,认真进行整改,建章立制。重点从以下几方面努力。一是要进一步加强理论学习。领导班子成员要成为理论学习的先行者,率先垂范,正确处理好业务工作和理论学习之间的矛盾,坚持学习,形成主动学习,善于学习,勤于思考,刻苦钻研的良好学风;通过学习不断提高思想认识水平,进一步解放思想,与时俱进,开拓创新;继续查找不足和差距,增强危机感和责任意识,坚决破解自满和畏难情绪,始终瞄准环境科学发展的目标定位,始终保持改革创新的锐气和积极进取的精神状态,切实制定全面、科学而长远的发展规划和实施计划,确保环境学院各项工作不断取得新的进展。二是进一步加强组织建设。针对存在的问题,完善领导班子建设,坚持民主集中制,提高领导决策的科学化、民主化、法制化;完善党政核心组民主生活会、院务会、党委会、工会和教代会代表小组等议事决策规则,加强集体领导,认真贯彻落实"三重一大"制度,健全重大决策问题广泛调研制度,集思广益,提高重大决策的科学性和透明度;加强班子的团结,在工作上相互支持、密切配合。三是进一步转变工作作风。班子成员要牢固树立群众观点,密切联系群众,坚定不移地走群众路线;领导干部要从繁杂的事务性工作中解脱出来,通过思考及时发现问题和寻找原因;要经常带着问题深入基层,到教研所、实验室和办公室开展调查研究,从环境学院师生员工反映的热点、难点问题入手,由简到繁,由浅入深,边学习边整改,不断改进作风,提高综合素质和决策能力。四是进一步加强改革创新意识。班子成员要结合自身分管工作,坚持经常性开展深入调研考察,坚持学院领导工作谈心制度,尽可能多地走进教研所和班级,多同教研所所长、班主任谈心,多听取群众意见,多关心干部职工,切切实实地帮助解决实际困难;关心教师,营造良好工作氛围;班子成员与师生要多交流,推心置腹,交心谈心;同时,多帮助教职工解决实际困难,营造团结向上、勤政务实、奋发有为的精神风貌。五是进一步加强廉政建设。认真贯彻落实中央"八项规定"精神,严格执行各项制度和要求,及时报告个人重大事项,主动接受监督,发挥表率作用;加强自身修养,严格执行校党委对关于党员干部的各项规定,遵纪守法,勤恳工作,讲操守,重品行,注重培养健康的生活情趣,保持高尚的精神追求,以廉洁奉公、执教为民的实际行为,引导广大教师无私奉献,投身教育事业,为建设高水平的环境学科和培养高层次创新型人才努力奋斗。图 5-8 为校党委书记胡和平调研学院群众路线教育实践活动的照片。

2015 年,环境学院积极开展"三严三实"专题教育活动,结合学院科

图5-8　2013年9月13日,校党委书记胡和平调研学院群众路线教育实践活动

研体制改革、人事制度改革、教育教学改革等几件大事,把"三严三实"专题教育作为深化学院各项改革的重要契机和推动世界一流环境学院建设的有力抓手,制定了环境学院专题活动方案,紧密围绕环境学科发展和环境学院的实际工作,使"三严三实"专题教育与加快学院建设紧密结合、与推进综合改革紧密结合、与科研工作研讨紧密结合、与全面从严治党紧密结合。环境学院党委书记刘毅为全院党员骨干讲授"三严三实"专题党课,如图5-9所示。学院党委组织学院全体师生员工观看历史文献纪录片《筑梦中国——中华民族复兴之路》,参观中国政协文史馆展出的《伟大的胜利——"国际视野下的中国抗战"影像档案展》,邀请清华大学马克思主义学院副教授冯务中作了题为《全面理解"三严三实"的丰富内涵》的专题讲座,加深了学院师生党员对"三严三实"概念的全面、科学理解,对于践行"三严三实"精神有着重要意义。此外,学院还邀请清华大学科研院院长周羽围绕"国家科技体制改革与十三五科技计划变革的挑战"作专题报告,对于广大师生准确理解国家科技体制改革、把握十三五科研重点、制订科学合理的科研计划有着重要的指导意义。2015年年底,学院召开领导班子"三严三实"专题民主生活会,回顾了学院开展"三严三实"专题教育活动的情况,并从查摆问题、党性分析、今后的努力方向和改进措施几个方面进行了汇报。自开展"三严三实"专题教育活动以来,环境

学院认真贯彻落实校党委部署,开展了一系列专题教育活动,同时通过座谈、调研、党支部组织生活会等形式广泛听取师生对院党政工作的意见,不断提高工作标准,以更加"严"和"实"的工作态度与作风,扎实推进全院工作。

图 5-9　2015 年 6 月 30 日,学院党委书记刘毅讲授"三严三实"专题党课

2016 年,围绕"学党章党规、学系列讲话,做合格党员"("两学一做")主题,环境学院结合学院实际情况,部署了"两学一做"学习教育工作计划,明确党委委员联系教工党支部(与离退休党员混编)和学生党支部的相关工作。根据环境学院开展"两学一做"的工作方案,学院以党支部为基本单位,开展了 4 次专题学习,并以创新形式开展讲党课活动,党委书记、院长及其他党委委员深入到所联系的党支部讲党课,同时通过召开支部专题组织生活会,加强组织建设。各支部做好分类教育,结合党员干部、教职工党员和学生党员的本职工作,发挥党员模范带头作用。各支部在开展"两学一做"学习教育的过程中,注重将整个学习教育过程与全面贯彻党的教育方针结合起来,与立德树人的根本任务结合起来,与促进环境学科的全貌发展结合起来,与教学科研业务工作结合起来。在学习过程中,重点学习习近平总书记关于高等教育工作、关于加强高校党建和思想政治工作的重要论述,重点结合学科发展和学院实际深入学习习近平总书记关于推进生态文明、加强生态环境保护、建设美丽中国的重要论

述。在学习的同时，全院党员努力在思想上、政治上、行动上同以习近平同志为总书记的党中央保持高度一致，继承发扬清华党组织的优良传统，自觉做一名讲政治、有信念，讲规矩、有纪律，讲道德、有品行，讲奉献、有作为的合格党员。图 5-10 为袁光钰教授作"两学一做"专题学习报告的照片。

图 5-10　袁光钰教授作"两学一做"专题学习报告

2017 年，学院党委把推进"两学一做"学习教育常态化制度化作为全面从严治党的战略性、基础性工程，切实承担起组织学习教育的主体责任。学院党委书记是第一责任人，各支部书记是直接责任人，负责学院和本支部学习教育的开展，要建立健全院内督导机制，把组织开展"两学一做"学习教育情况纳入学院党委、党支部党建工作考核的重要内容，每年结合总结、述职进行检查和评估，作为评判党组织和党组织书记履行管党治党责任情况的重要依据，注重从党支部工作成效和党员作用发挥方面看效果，让党员群众作评价。要及时总结交流新鲜经验，发现和解决存在问题。对工作落实不力、搞形式走过场的，要严肃批评、追责问责。

2018 年 10 月 8 日至 11 月 15 日，校党委第一巡察组对环境学院党委开展了巡察。巡察发现的主要问题包括：党委政治核心作用发挥不够，与中央和学校的要求及师生的期望存在差距；党的建设抓得不够严、不够实，存在虚化、弱化问题；全面从严治党还不到位，没有充分运用监督执纪"四种形态"。针对存在的问题,学院党委制定了整改措施,将进一步增强"四个意识",强化党的领导,不折不扣地贯彻落实中央决策部署和学校工作要求;主动分析研判新情况、新问题,有针对性地加强党的建设;切实担负起全面从严治党主体责任和监督责任,健全完善管党治党的制度机制。

2019 年,根据学校党委"不忘初心、牢记使命"主题教育统一部署,围绕新时期下制约环境学科发展的问题,环境学院党委组织实施了专题调研,开展了 12 次座谈、3 次文献调查、2 次问卷/采访调查等工作(见表 5-1),形成了大量一手资料。工作中发现 6 个方面的问题:党的政治建设有待加强;新时代学生思政工作面临新的挑战;教学体系和课程建设与世界一流环境学科尚有差距;环境创新链条有待完善,科研平台协同发展亟待加强;办学资源配置效率亟待提升,实验室安全管理有待优化;职员队伍与世界一流学科要求尚有差距。针对上述问题,环境学院党委提出 6 组工作举措:全面加强党的政治建设;进一步加强新时代学生思政工作;完善人才培养与课程体系;制定科研平台中长期协同发展规划;优化办学资源配置效率;推进学科职员队伍建设。图 5-11 为环境学院与南京大学环境学院共同开展"不忘初心、牢记使命"主题党日活动留影。

表 5-1　主题教育期间开展的调研工作汇总

序　号	负 责 人	形　式	主　题
1	刘书明	文献调研	委托图书馆调查分析国际一流环境学科科研产出
2	吴烨	文献调研	组织教师和学生调研国际一流环境学科课程体系
3	吴烨	文献调研	学术培养典型指标的调查分析
4	岳东北	座谈会	部分大学相关管理制度以及对实验室安全管理的意见与建议
5	吴烨	座谈会	国际一流教学体系调研会
6	吴烨	座谈会	本科和研究生一流课程建设调研会
7	刘毅,吴静	座谈会	教研系列聘任标准修订意见征求会
8	吴静	座谈会	职工改革方案意见征求会
9	席劲瑛,刘毅	座谈会	国庆 70 周年庆祝工作总结座谈会
10	刘毅,席劲瑛	座谈会	主题教育支部工作经验交流会
11	刘书明	座谈会	重大科技专项及环境脑工程实施调研会
12	吴烨,席劲瑛	座谈会	班级学风建设与优良学风评比
13	席劲瑛	问卷调查	环境学院学生课外活动基本情况

序　号	负责人	形　式	主　题
14	刘毅,刘书明	座谈会	学院老领导对加强政治建设和学科发展的意见
15	刘毅,岳东北	座谈会	中央民族大学环境学院班子学科建设交流会
16	刘书明	调研	科研平台管理
17	贺克斌,刘书明	座谈会	加强再生水科技研发座谈会

图 5-11　环境学院与南京大学环境学院共同开展"不忘初心、牢记使命"主题党日活动

2020 年,环境学院领导班子深入学习贯彻习近平新时代中国特色社会主义思想,学习贯彻党的十九届二中、三中、四中、五中全会精神;高度重视"不忘初心、牢记使命"主题教育整改,落实"回头看";坚持和加强党的全面领导,统筹做好新冠肺炎疫情防控和学院改革发展工作,科学编制学院"十四五"规划,落实全面从严治党责任,增强"四个意识",坚定"四个自信",做到"两个维护",不断提高党建工作质量和水平。图 5-12 所示为 2020 年 12 月 22 日环境学院与学校党委组织部统战部机关党委理论中心组开展联学共建活动的照片。

2021 年,环境学院党委充分发挥政治核心作用,深入开展党史学习教育,贯彻习近平总书记在党的十九届六中全会、庆祝中国共产党成立 100 周年大会、党史学习教育动员大会、人才工作会议等发表的重要讲话精神和视察清华大学的重要指示精神,加强党对学院工作的全面领导,深入做好中央巡视、校内巡察整改"回头看"整改,坚定不移推进全面从严治党,落实新冠肺炎疫情防控常态化工作,制定实施"十四五"规划,贯彻新发展

图 5-12　2020 年 12 月 22 日环境学院与学校党委组织部统战部机关
党委理论中心组开展联学共建活动

理念，构建新发展格局，各项事业取得新的成效。学院领导班子"我为群众办实事"实践调研课题研究《学生培养与职业发展引导调查研究》被评选为调研课题精品报告（见图 5-13）；在"永远跟党走"党史学习教育主题征文活动中，环境学院党委获得优秀组织奖，水环境所党支部何苗老师撰写的《写在中国共产党建党 100 周年之际——中国村镇发展与生态环境保护的实践》一文获得二等奖。

图 5-13　席劲瑛代表学院党委就调研成果进行交流

2022 年，环境学院组织师生深入开展学习贯彻落实党的二十大精神系列活动。党委理论学习中心组开展学习 20 次,坚持以"自己学、自己讲"为主,集中研讨 9 次,重点发言 20 人次;依托党支部,以联学共建、主题党日、实践活动等形式组织各类学习活动 254 次;以北京冬奥会、新冠肺炎疫情防控为契机,加强思想引领;推动党史学习教育常态化长效化,申请并获批"学院史、增自信、重传承、建新功"党建特色活动,党委书记、院长、党委委员、党支部书记讲院史专题党课,引导师生坚定学科自信,做生态文明建设实践者;组织"忆院史话初心"老少共建活动;开展"我和我的学院"作品征集活动,征集视频类、文字类、图片类、书法类等各类作品 78 份,"老先生"大力支持活动,积极带头参与,钱易院士精心撰写《六十五年难忘光阴》,井文涌教授参与录制《守一脉青山》视频、郝吉明院士参与录制《环境人》视频等;征集学院精神文化凝练语 50 余条。

2023 年,学院扎实开展学习贯彻习近平新时代中国特色社会主义思想主题教育,通过理论学习、联学共建、调查研究、整改实践等深化学习效果。开展主题教育读书班集中研讨 5 次,重点发言 10 人次,撰写心得体会 10 篇;开展队伍建设专题调研,形成《院(系)党委、党支部在人才队伍建设中有效发挥作用的思路举措——以环境学院为例》调研报告;总结人才培养经验,形成《深化教育教学改革提升人才培养质量——清华大学环境学院人才培养的实践和探索》典型案例;完成"高质量发展清单""服务师生实事单""问题检视整改清单"9 项任务;引导党员开展"五个一"(研读一本理论书籍、开展一次主题发言、进行一次党性分析、参与一次志愿服务、改进一项具体工作)活动;依托党支部开展政治理论学习 310 次;组织师生党员学习贯彻党的二十大精神,学深悟透落实《清华大学全面贯彻落实党的二十大精神行动方案》。

5.3.3 坚持和加强党的全面领导,强化班子和干部队伍建设

环境学院党委始终坚持和加强党的全面领导,全面贯彻落实党中央决策部署,通过召开党委会和党政联席会,对关系学院发展的重大事项进行讨论决策,建立了健全的议事决策制度,并保证执行到位,坚持不懈用习近平新时代中国特色社会主义思想武装头脑,指导实践,推动工作,发挥了党的强大政治优势。

此外,学院注重强化班子和干部队伍建设,积极推荐领导班子成员参

加教育部、学校的相关培训学习,推荐青年骨干教师到学校机关部处挂职锻炼;落实党委委员联系党支部制度,党委委员每年给联系的党支部讲党课、参加党支部组织生活。

特别是在2020年的疫情防控工作中,学院党委靠前指挥,成立疫情防控领导小组,构建疫情防控领导小组—工作组—党支部三级工作架构,责任下沉全覆盖,全年共召开15次领导小组会议。学院2020年累计83人参加"国务院联防联控《新型冠状病毒传播与环境的关系及风险防控》应急攻关团队",其中党员54人,在武汉抗疫的一线人员7人,应急攻关团队获清华大学抗击新冠肺炎疫情先进集体表彰。2021年,学院师生在建党百年庆祝活动、抗疫前线、抗汛前线勇于担当,在造血干细胞捐献、支教实践等活动中奉献爱心。2022年,在北京冬奥会的台前幕后,80多位清华环境人用热情与坚守,汇入绿色冬奥的行动中,将中国的故事展示给世界。面对严峻复杂的疫情形势,学院师生同心,500余人次志愿服务,点亮勇担使命的信念。

2023年,环境学院完成行政班子换届,刘书明任院长,岳东北、徐明、兰华春为副院长。学院党委增强党组织政治功能和组织功能,完善组织管理责任体系,制定党委会会议、党政联席会议议事决策清单,实行教师党支部与教研所(中心)党政双向任职,建立教研所(中心)办公会议事决策机制,发挥党组织在人才培养、教育教学、队伍建设等中心工作的作用。学院党委获北京高校先进基层党组织称号,顺利通过校级党建标杆单位创建中期评估,党建工作评估连续5年获A+。

5.3.4　加强党的基层建设

环境学院建立以来,党员人数保持了稳定增长。2011年,环境学院党委共有19个党支部(教工8个,本科生5个,研究生6个);党员总数574人(预备党员33人,正式党员541人),教工党员214人(事业编制57人,合同制、博士后128人,离退休29人),学生党员360人。2023年年底,环境学院共有党支部29个(教工11个,本科生3个,研究生15个);党员724人,其中在职教职工党员289人,离退休党员29人,本科生党员34人,研究生党员372人。

学院党建工作总体形势良好。一方面,学院把党建工作的重点放在党员和干部自身素质和整体凝聚力的提高方面。多个教工党支部荣获校级表彰,特色支部建设不断取得突破。对于非事业编制人员,充分纳入所在研究所的党支部关心范围,以支部为单元,主动对非事业编制人员开展思想工作,帮助要求入党的同志参加党课学习和党员活动,按部就班做好组织发展。另一方面,学院充分发挥工会和其他社团组织的作用,积极引导他们参加工会活动,加强交流,以增强其归属感。

学院积极开展"支部互学与共建"活动,学生支部与教工支部、学院支部与院外校外支部开展了丰富的共建活动,参与度达到100%。学校首批创建的"双带头人"左剑恶工作室顺利通过验收;"双带头人"鲁玺工作室列入学校第二批创建名单,并于2022年顺利通过验收。水环境所党支部创建工作典型案例"双带头人双带动围绕中心顾大局",环8党支部特色活动总结报告"追忆平西抗日英魂 助推党团骨干培养"入选迎接建党100周年《清华大学优秀基层党建工作案例集》;地下水所党支部张大奕在武汉抗疫一线火线入党(见图5-14)。

图 5-14　张大奕在武汉面向党旗庄严宣誓

5.3.5　结合实际工作,以党的理论指导工作实践

环境学院党委与行政班子紧密团结,围绕学院中心工作不懈努力,将党的理论知识与实践相结合,以新理论、新思想指导教学、科研各项工作,深入开展各项党的理论知识学习活动,做到学以致用。例如,在人才培养方面,学院瞄准建设国际一流环境学科的目标,坚持"工程与科学结合、技

术与管理结合"的培养理念,不断推进教学改革和学科建设,以"创新、务实、开放式、国际化"的培养模式,因势利导,开展思想教育、集体建设、社会实践、就业引导、因材施教、课外科技、文艺体育等各项学生工作,培育了一大批环境领域优秀人才。在科研工作方面,学院坚持"瞄准国际前沿、面向国家重大需求"的科研理念,在前瞻性、创新性科学研究方面取得了重要成果,更为国家重大环境问题的解决和可持续发展战略的实施提供了技术服务、理论支持和决策支撑。学院郝吉明院士、贺克斌院士、张晓健教授带领团队在大气污染源控制、区域空气质量保障、安全饮用水保障等方面发挥了重要作用。2020年,在学院"十四五"规划的编制中,学院坚持党的领导、坚持以五中全会精神为指导、与国家碳中和战略结合、与学科评估新要求结合,对照党中央提出的"十四五"经济社会发展主要目标和2035年远景目标,加强前瞻谋划,查找短板弱项,深入开展调查研究,科学编制学院"十四五"规划,为学院未来发展谋划蓝图。2021—2022年,学院坚持理论联系实际推进学科建设、人才培养等工作,贯彻落实党和国家各项精神与政策,努力为推动生态文明建设提供重要支撑。

5.3.6　落实全面从严治党责任,抓好党风廉政建设

环境学院一直重视加强党风和工作作风建设,积极贯彻落实全面从严治党责任,旗帜鲜明地批评和纠正违规违纪言行。2013年,学院班子成员认真学习关于改进工作作风的八项规定要求和教育部、学校实施办法精神。学院对照"八项规定"要求,自觉查找问题并认真整改落实。在学校开展群众路线教育实践活动以来,学院组织召开了一系列座谈会,广泛听取意见建议,认真总结查摆问题,班子成员彼此交心开展批评与自我批评,真正促进了工作作风的转变,增进了党员干部和一线师生、科研和管理人员、离退休教师的相互了解。2015年,学院开展"三严三实"专题工作,结合学院科研体制改革、人事制度改革、教育教学改革等几件大事,把"三严三实"专题教育作为深化学院各项改革的重要契机和推动世界一流环境学院建设的有力抓手,制定专题活动方案。学院对近年来工作中存在的"不严不实"问题进行了深入分析,以问题为导向制定解决方案,充分发挥党员骨干力量的作用,"从严从实"带头做好党风廉政建设。图5-15

为 2013 年 5 月 5 日院党委组织教工党员参观《光辉典范——抗战时期中国共产党党风廉政建设》展览留念。

图 5-15　2013 年 5 月 5 日院党委组织教工党员参观《光辉典范——抗战时期中国共产党党风廉政建设》展览

　　此外，学院严格开展中央巡视整改工作，认真落实高校思想政治工作会议精神，坚决反对形式主义、官僚主义、享乐主义和奢靡之风，注重师德师风建设。2020 年，在支部书记例会上，学院开展"教育部直属系统及学校违纪违法典型案例"警示教育，深化"以案为鉴、以案促改"；实事求是运用"四种形态"，结合业务工作，2020 年院党委共运用第一种形态 10 次。对于党员发展材料，学院党委从严把关，制定了《环境学院关于入党材料涉嫌抄袭的处理办法》，修订了《清华大学环境学院学生党员发展手册》，对于党员发展材料存在问题的情况严肃处理。2021 年开展全面从严治党教育活动 43 场，赴廉政教育基地参观学习，组织全面从严治党专题报告，在党员发展、疫情防控、实验室安全等方面，运用第一种形态 3 次；设置师德师风投诉邮箱，严把"师德关"，审查人事档案、政治表现和师德师风 600 余人次；深化中央巡视整改，制定并完成 20 条整改措施，建立完善 18 项制度及规范性文件；高度重视校内巡察整改"回头看"，制定整改措施 54 条并落实到位。2022 年，开展全面从严治党集中教育月活动，组织各类学习活动 30 场；邀请校纪委副书记、纪委办公室主任李志华作专题报告;重视采用"第一种形态"加强对党员日常管理监督,提醒谈话 5 人次;加强师德师风建设,政治把关 200 余人次,完善课程评估与监督执教机制,建立博士后研究报告机制;防范廉政风险,完善财务制度,制定大额支出审批细则。2023 年,学院结合主题教育开展全面从严治党集中教育月活动,组织专题学习 31 场,党委书记刘书明面向全院师生讲专题党课 2 次,邀请学校审计室主任牛洁梅以"贯彻落实党的二十大精神切实做好审计监督助力学校规范治理"为题作专题报告,并编印教育系统警示教育案例集。

表 5-2 为环境学院受表彰情况,图 5-16 为 2020 年贺克斌院士荣获北京高校"七一"表彰照片。

表 5-2　环境学院受表彰情况

年　度	荣　誉	获　奖　人
2011	清华大学先进党支部	环境学院教工第一党支部、环 8 第一党支部、环研第一党支部
	教职工优秀共产党员	井文涌、左剑恶
	学生优秀共产党员	张潇源、黑生强
	优秀党建与思想政治工作者	杜鹏飞、施汉昌
2012	全国五一劳动奖章	张晓健
	北京市创先争优优秀共产党员、北京高校创先争优优秀共产党员、清华大学创先争优优秀共产党员	张晓健
2012	清华大学创先争优优秀共产党员	马德华
	清华大学教职工优秀党支部书记	教职工第一党支部 周律
2013	清华大学教职工先进党支部	环境学院教职工第七党支部
	清华大学教工优秀共产党员	张晓健
	清华大学学生优秀共产党员	彭帆
	清华大学优秀党建与思想政治工作者	刘建国
2014	清华大学教职工优秀党支部书记	教职工第七党支部 李英
2015	清华大学先进党支部	环境学院教工第四党支部
	清华大学教职工优秀共产党员	施汉昌
	清华大学学生优秀共产党员	谢淘
	清华大学优秀党建与思想政治工作者	李英
2017	清华大学先进党支部	环境学院饮用水地下水给排水所联合党支部、环博 152 党支部
	清华大学教职工优秀共产党员	井文涌
	清华大学学生优秀共产党员	姚维坤
	清华大学优秀党建与思想政治工作者	刘毅、张旭
	清华大学优秀党支部书记	郭效琛

续表

年　度	荣　　誉	获 奖 人
2019	清华大学先进党支部	环境学院水环境所党支部
	清华大学教职工优秀共产党员	郝吉明
	清华大学学生优秀共产党员	李阳
	清华大学优秀党建与思想政治工作者	李英
2020	北京高校优秀共产党员	贺克斌
2021	北京市优秀共产党员	贺克斌
	清华大学先进党支部	环境学院地下水所党支部
	清华大学教职工优秀共产党员	李广贺
	清华大学学生优秀共产党员	安康欣、潘俊豪
	清华大学优秀党建与思想政治工作者	席劲瑛
	清华大学教职工优秀党支部书记	鲁玺
	清华大学学生优秀党支部书记	辛怀佳、高一凡
	"光荣在党50年"纪念章	朱庆爽、傅国伟、王占生、张兰生、马倩如、胡纪萃、井文涌、杨吉生、蒋展鹏、张桂芳、卜城、郝吉明、单立志、韩荣翠、白庆中
2022	清华大学第三批党建标杆创建单位	环境学院党委
	"光荣在党50年"纪念章	陆正禹、聂永丰
2023	北京高校先进基层党组织	清华大学环境学院党委
	清华大学先进党支部	大气所第一党支部、环博211党支部
	清华大学教职工优秀共产党员	王书肖、井文涌
	清华大学优秀党建与思想政治工作者	刘书明
	清华大学教职工优秀党支部书记	温宗国
	清华大学学生优秀党支部书记	安康欣
	"光荣在党50年"纪念章	张玉春

图 5-16　2020 年贺克斌院士荣获北京高校"七一"表彰

5.4 师 资 队 伍

5.4.1 教师概况

2011 年以来,环境学院着眼未来,通过教师管理体制改革及一系列改革举措,不断加强教职工队伍建设,为世界一流环境学科建设提供人才和制度保障。

2011 年清华百年校庆时,"人才强校战略"被明确为学校新百年发展的核心战略。2012 年,学校坚定地选择用人事制度改革作为学校综合改革的突破口,全面推进教师人事制度改革工作。同年 9 月,面对历史机遇和挑战,学院准确把握时代要求,积极求变,以问题和目标为导向,决定启动人事制度改革。经历了两年多的宣传、调研、研讨,全院上下不断努力,逐步取得共识,形成《环境学院人事制度改革与教师聘任管理办法》。本次改革根据学校统一部署,没有选择暂时回避矛盾的局部"增量改革",而是选择进行大部分教师都参与的"存量改革"。设置教研系列和研究系列两类教师系列,教研系列实行准聘长聘制度,准聘岗位包括助理教授和准聘副教授,聘期一般不超过 6 年,长聘岗位包括长聘副教授和教授。研究系列设置研究员、副研究员、助理研究员 3 个职级,实行聘期管理,岗位设置须依托研究团队,执行"非升即走";建立了包括岗位设置、全球招聘、同行评议、教师聘任与晋升、薪酬绩效分配、流动退出等全过程的人事管理制度;根据交叉学科的特点和发展目标,创新性地实施教研系列按环境科学、环境工程、环境管理 3 个学科方向分别建立聘任标准,明确 3 个方向的学科定位、队伍结构规划和人才聘任标准;为青年教师创造更好条件,加强团队建设和支持力度,进一步加强青年教师和研究团队在学科发展中的作用;改革方案提升了对教学工作的重视,突破了以往主要以科研成果评价个人成就与贡献的局限。

2015 年 2 月 28 日,环境学院举行人事制度改革启动仪式,成为清华大学正式启动人事制度改革的第 14 家二级单位。时任校党委常务副书记、副校长邱勇出席仪式并表示祝贺和感谢,他指出,环境学院非常清晰地设计了院内不同学科方向采取不同管理方案,对学校继续深化人事制度改革有着重要意义(见图 5-17)。时任院长贺克斌在启动仪式上表示,改革方案的制定过程同时也是学院及教师个人的定位与发展方向更加明晰的过程,此次人事制度改革是环境学院发展的重要里程碑。

图 5-17　邱勇副校长在环境学院人事制度改革启动仪式上讲话(2015 年 2 月 28 日)

　　2018 年 1 月,学院改革过渡期结束,阶段性目标顺利完成,实现了教师分系列、分方向的管理制度,聘任了 72 名新系列教师,占全体教师的 83%,其中教研系列教师 49 位,占学校规划数的 100%;研究系列教师 23 位,占规划数的 50%。科学、工程、管理 3 个方向的教师人员结构比例调整为 2.9∶5.9∶1.2,进一步得到优化提升。学院面向国家环境保护重大战略需求,建立研究团队 9 个。

　　2018 年起,人事制度改革进入稳态期,学院继续巩固改革成果,进一步深化改革,对改革方案先后修订两版,重点完善人才引进和职务晋升的学术标准,完成从量到质的转变,建立了以创新性学术成果水平为核心的评价导向。此外,学院陆续建立了青年教师领航计划、资深教授指导把关奖项申报、年底学术交流、选派教师赴世界一流大学研修等系列青年人才培养机制,激发青年教师活力和创新力,助力从机制上引导青年教师快速成长,许多年轻教师已成为国家重大项目的负责人,参与国家重大决策的技术支持工作,在国内外的影响逐步扩大。人才队伍规模、结构和质量不断完善和提升,推动了杰出师资数量和高水平科研成果数量的快速增长。

　　人才引进方面,在学院教师的共同努力下,学院先后从海内外一流大学或研究机构引进 49 位优秀学者,事业编教师队伍规模由建院初期 73 人提升至 2023 年年底的 98 人,教师队伍规模变化情况如图 5-18 所示。

针对学院长期以来以水处理技术为主线布局各教研所的发展,而水生态领域一直处于发展短板的问题,经过多轮商谈,2017 年学院引进国际水环境领域的权威专家、中国工程院院士曲久辉及其团队 9 人,并举行了入职欢迎仪式(见图 5-19),实现了水方向队伍建设的重大突破,对于巩固我校环境学科在国内的领先地位,更好地完成"双一流"学科建设任务,服务国家重大战略需求,跻身国际一流环境学科前列起着举足轻重的作用。

图 5-18　教师队伍规模变化

根据 2011—2023 年鉴或宣传册数据整理

图 5-19　环境学院举行曲久辉院士及团队入职欢迎仪式(2017 年 9 月 21 日)

2011 年至今环境学院新引进教师信息如表 5-3 所示,学院成立研究团队情况如表 5-4 所示。

表 5-3　2011 年至今环境学院新引进教师信息

引 进 年 份	姓　　　名	引 进 渠 道
2011	刘艳臣	清华大学博士后出站
2011	董欣	清华大学博士后出站
2011	王小㾑	留学回国
2011	王斌	留学回国
2012	陈道毅	留学回国
2013	李淼	清华大学博士后出站
2014	张潇源	留学回国（美国宾夕法尼亚州立大学）
2014	赵明	留学回国（英国帝国理工学院）
2015	张芳	留学回国（美国宾夕法尼亚州立大学）
2015	鲁玺	留学回国（美国哈佛大学）
2015	侯德义	留学回国（美国帕松思公司）
2016	邢佳	留学回国（美国环境保护署）
2016	曾现来	清华大学博士后出站
2016	陈建军	福州大学海外旗山学者
2017	孙文俊	留学回国（加拿大圭尔夫大学）
2017	Cagnetta Giovanni	清华大学博士后出站
2017	彭悦	留学回国（美国佐治亚理工学院）
2017	曲久辉	中国科学院生态环境研究中心
2017	兰华春	中国科学院生态环境研究中心
2017	张弓	中国科学院生态环境研究中心
2017	吉庆华	中国科学院生态环境研究中心
2018	彭剑峰	中国环境科学研究院
2018	巫寅虎	清华大学博士后出站
2018	吴清茹	清华大学博士后出站
2018	陈卓	清华大学博士后出站
2018	安晓强	中国科学院生态环境研究中心
2018	刘会娟	中国科学院生态环境研究中心
2018	张大奕	留学回国（英国兰卡斯特大学）
2018	齐维晓	中国科学院生态环境研究中心
2018	谭全银	清华大学博士后出站
2019	张少君	留学回国（美国康奈尔大学）
2019	耿冠楠	留学回国（美国埃默里大学）
2019	刘锐平	中国科学院生态环境研究中心
2020	司文哲	留学回国（美国卡内基梅隆大学）
2020	王东滨	清华大学博士后出站
2020	郭雪	清华大学博士后出站
2020	王春艳	清华大学博士后出站
2020	曹晓峰	清华大学博士后出站
2021	赵斌	留学回国（美国西北太平洋国家实验室）
2021	孙猛	留学回国（美国耶鲁大学）
2022	孟凡琳	留学回国（英国埃克塞特大学）
2022	汪自书	清华大学

续表

引进年份	姓　名	引进渠道
2022	陈熹	留学回国(美国普林斯顿大学)
2022	徐明	留学回国(美国密西根大学)
2023	李楠	中国科学院城市环境研究所
2023	陈阵	清华大学博士后出站
2023	程澄	清华大学博士后出站
2023	郑光洁	留学回国(德国马克斯-普朗克化学研究所)
2023	邓兵	留学回国(美国莱斯大学)

表 5-4　学院成立研究团队

序　号	团队名称	成立时间	团队负责人
1	区域大气复合污染来源与控制	2016 年 7 月	贺克斌
2	水污染控制与污水资源化	2016 年 7 月	黄霞
3	饮用水安全保障	2016 年 7 月	刘文君(2016 年 7 月至 2018 年 9 月) 刘书明(2018 年 11 月至今)
4	循环经济与城市矿产	2016 年 7 月	李金惠
5	重点行业大气污染治理关键技术研发与工程应用	2016 年 7 月	李俊华
6	土壤与地下水环境安全诊断与污染控制	2016 年 11 月	李广贺(2016 年 11 月至 2022 年 9 月) 侯德义(2022 年 9 月至今)
7	城市水安全与风险控制	2016 年 11 月	胡洪营
8	环境复杂系统变化模拟与评估	2018 年 11 月	刘毅
9	环境数据科学与系统工程	2022 年 9 月	徐明
10	环境感知与智能响应	2022 年 9 月	蒋靖坤
11	环境前沿科学和先进技术(学院战略培育团队)	2022 年 9 月	刘毅(2022 年 9 月至 2023 年 9 月) 刘书明(2023 年 9 月至今)
12	水质与水生态研究中心	2017 年 9 月	曲久辉

　　学院杰出师资队伍不断壮大,形成了以钱易、郝吉明、曲久辉、贺克斌院士为学术带头人的高水平师资队伍,有美国工程院外籍院士 2 名,发展中国家科学院院士 1 名,俄罗斯国家工程院院士 1 名,国家级教学名师 3 名,国家级教学团队 1 个,全国高校黄大年式教师团队 1 个,开设国家级精品课程 5 门及全球开放的 MOOC 课程 3 门。

　　环境学院积极引进国外知名学者来校任教,先后聘请了美国宾州州立大学环境工程研究所所长、氢能中心主任布鲁斯·罗根(Bruce Logan)教授担任环境学院客座教授;聘请丹麦科技大学(DTU)环境工程系主任、丹麦科学院院士托马斯·克里斯滕森(Thomas Christensen)教授,瑞典厄勒布鲁大学教授、联合国环境规划署（UNEP）化学品资深科学顾问、环境领域国际知名杂志 *Chemosphere* 持久性有机污染物（POPs）分册原主编海迪·费德勒（Heidelore Fiedler），美国国家工程院院士布鲁斯·罗根（Bruce Logan），挪威科学院院士、挪威生命科学大学教授简·穆尔德（Jan Mulder），澳大利亚技术科学与工程院院士、香港城市大学讲座教授袁志国（Zhiguo Yuan）为杰出访问教授；聘请美国加州理工学院教授、美国工程院院士、中国工程院外籍院士、国际知名环境工程和环境化学家迈克尔·霍夫曼（Micheal Hoffmann），美国佐治亚理工学院教授、美国工程院院士、中国工程院外籍院士约翰·查尔斯·科瑞潭登（John Crittenden），加州大学伯克利分校全球健康与环境项目创始人和主任、环境健康科学领域的著名科学家柯克·史密斯（Kirk Robert Smith）为清华大学名誉教授。

在国内，环境学院通过聘任双聘教授、兼职教授，引进了一批环境领域的优秀人才，进一步充实了学院师资队伍，对科学研究及人才培养起到了极大的推动作用，如表 5-5 所示。先后聘请了曲格平、刘鸿亮、张坤民、甘师俊、解振华、唐孝炎、刘燕华、沈国舫、郑炳辉、宋永会、周岳溪、席北斗等专家为兼职教授或双聘教授。2015 年，聘请中国环境科学研究院原副院长段宁院士为清华大学双聘教授。2019 年，聘任环境基准标准与污染防治专家、中国工程院院士吴丰昌为双聘教授，中国工程院院士、生态环境部环境规划院院长、国家环境规划与政策模拟重点实验室主任王金南为兼职教授。兼职教授们对学院的学科建设和教育教学改革等提出了许多宝贵建议，并多次在学院举办讲座、讲学，介绍环境工程学科的国际最新发展动态。

表 5-5　学院聘任国内外兼职教师

聘任类型	姓　　名	职　　务	聘任年份
名誉教授	John Crittenden	美国佐治亚理工大学教授、美国工程院院士、中国工程院外籍院士	2019
	Micheal Hoffmann	美国加州理工学院教授、美国工程院院士、中国工程院外籍院士	2018
	Erik Solheim	联合国环境规划署执行主任	2018
	Kirk Robert Smith	加州大学伯克利分校公共卫生学院教授、美国科学院院士	2018

续表

聘任类型	姓　名	职　务	聘任年份
杰出访问教授	Thomas Christensen	丹麦科学院院士,丹麦科技大学环境工程系主任	2015
	Heidelore Fiedler	瑞典厄勒布鲁大学教授,联合国环境规划署化学品资深科学顾问	2015
	Bruce Logan	美国国家工程院院士,美国宾州州立大学教授,环境工程研究所所长、氢能中心主任	2016
	Jan Mulder	瑞典厄勒布鲁大学教授,联合国环境规划署化学品资深科学顾问	2016
	Zhiguo Yuan	香港城市大学讲座教授,澳大利亚技术与工程院院士	2020
访问教授	Liu Yang	美国埃默里大学副教授	2016
	Xing Baoshan	美国马萨诸塞大学教授	2018
	Yong Sik Ok	韩国高丽大学教授	2019
	Marc W. Melaina	未势能源科技有限公司高级工程师	2020
	Ted Mao	加拿大工程院院士	
	MW Techno logies	Inc.总裁、国际紫外线协会主席	2023
卓越访问教授	周集中	美国俄克拉荷马大学教授,美国微生物科学院院士、美国艺术与科学院院士	2010
	解跃峰	美国宾夕法尼亚州立大学教授	2010
	徐明	美国密西根大学教授	2021
	黄巍	英国牛津大学教授	2024
高级访问学者	Lee Michael Blaney	美国马里兰大学巴尔的摩分校副教授	2018
长江学者讲座教授	张阳	美国北卡罗来纳州立大学教授	2010
	陈大仁	美国华盛顿大学(圣路易斯分校)教授	2013
双聘教授	段宁	中国工程院院士、中国环境科学研究院副院长	2015
	吴丰昌	中国工程院院士、中国环境科学研究院副总工程师、环境基准与风险评估国家重点实验室主任	2019
	余刚	中国工程院院士、北京师范大学环境与生态前沿交叉研究院院长、教授	2022
兼职教授	刘鸿亮	中国工程院院士、中国环境科学研究院院长	
	沈国舫	中国工程院院士、北京林业大学原校长	
	唐孝炎	中国工程院院士、北京大学环境科学与工程学院教授	
	王金南	中国工程院院士、生态环境部环境规划院院长、国家环境规划与政策模拟重点实验室主任	2019
	解振华	中国气候变化事务特别代表、全国政协人口资源环境委员会副主任	
	刘燕华	科学技术部原副部长	

续表

聘任类型	姓　名	职　务	聘任年份
兼职教授	张坤民	原国家环境保护总局副局长	
	甘师俊	中国可持续发展研究会常务副理事长	
	郑炳辉	中国环境科学研究院副院长	
	宋永会	中国环境科学研究院副院长	
	周岳溪	中国环境科学研究院副总工程师	
	席北斗	中国环境科学研究院研究员	
课程教授	郑兴灿	国家城市给水排水工程技术研究中心常务副主任、总工程师	
	杭世珺	北京市政工程设计研究院原副总工	
"全球环境人才培养项目"指导委员会	涂瑞和	联合国环境署驻北京代表处代表	2020
	李高	国家生态环境部气候司司长	2020
	刘健	联合国环境署科技司司长兼首席科学家	2020
	吕学都	亚洲开发银行顾问	2020
	彭争尤	联合国工业发展组织工业发展官员	2020
	张林秀	联合国环境署国际生态系统管理伙伴计划主任	2020
	方莉	世界资源研究所北京代表处首席代表	2020
	黄晶	中国21世纪议程管理中心（新成立技术转移南南合作中心）主任	2020
	徐华清	国家气候战略与国际合作中心主任	2020

5.4.2　职工概况

2018年11月20日,清华大学发文《清华大学关于深化人事制度改革加强职工队伍建设的若干意见》,并宣布启动职工人事制度改革。清华大学综合改革是使命驱动的改革,学校部分体制机制和资源运行方式等与建设世界顶尖大学的目标之间还有很多不适应的地方,因此要通过改革解决束缚学校发展的瓶颈问题,建立起中国特色现代大学治理体系和办学模式,在清华大学综合改革的背景下,需要建立一支与中国特色世界一流大学建设相匹配的专业化、职业化的职工队伍。鼓励职工发扬爱岗敬业、服务师生、团结协作、务实进取的优良传统,成为业务专家和岗位能手,投身全员育人;提高职工队伍建设的整体水平,保障学校有效运行,促进广大职工与学校共同发展。一流学科的建设和《环境学院近中期(2011—2020年)改革与发展战略》的实现需要一流的师资,同时需要高素质的职工队伍提供科学化的管理和高质量的服务,以及高水平、专业化的支撑保障。随着教师队伍改革的推进,对教学实验队伍、所服务的公共平台和职能部门也提出了更高的期望和新的要求,岗位也亟须进行相应的调整设置。深化人事制度改革,加强职工队伍建设是一流学科建设的需要,也是现代化管理的需要。

2018 年 5 月,环境学院确认了改革指导思想和初步方案。6 月,环境学院第九次院务会讨论确认了环境学院职工队伍人事制度改革工作小组和职工薪酬委员会成员。2018 年 8 月至 2019 年 7 月,环境学院职工改革小组共 10 次会议讨论环境学院设岗方案。2019 年 9 月,环境学院召开职工队伍人事改革设岗方案(草案)意见征询会,根据意见进行修改,并于当月经院务会审批形成终稿。2020 年 1 月,环境学院完成聘岗工作,岗位体系已建立。

职工人事制度改革初见成效,学院以职位说明书为基础,建立了公开招聘、平等竞争、择优录取、科学考评、有效竞争激励体系等全过程的选、育、用、留管理制度,从编制身份管理转为职位管理,创造了各尽其才、各得其所的良性竞争环境,逐步形成一支适应学院发展需要的、素质优良、结构合理、精干高效、富有活力的高水平职工队伍,同时不断优化教研、研究、实验技术、编辑及职员各系列教职工的比例,构建了结构合理、层次完整、相互支撑的师资队伍,从而更好地为一流学科建设和发展提供管理和服务支撑。

5.4.3　优秀教职工代表

经过多年努力,环境学院已形成一支由 4 名中国工程院院士作为学术带头人、年龄结构和专业结构合理的师资队伍,涌现出一批优秀的教职工代表,为高水平教学、科研和社会服务工作的顺利开展提供了有力保障。环境学院优秀教职工获得的国内荣誉如表 5-6 所示。环境学院教职工在重要国际组织的任职情况如表 5-7 所示。环境学院教职工获得的国际重要奖项如表 5-8 所示。

表 5-6　环境学院优秀教职工获得的国内荣誉

荣誉名称	名单
中国工程院院士	钱易(1994 年)、郝吉明(2005 年)、曲久辉(2009 年)、贺克斌(2015 年)

荣 誉 名 称	名　　单
国家教学名师	郝吉明（2006 年）、钱易（2007 年）、胡洪营（2011 年）
教育部"长江学者"特聘教授	郝吉明（1998 年）、贺克斌（2007 年）、黄霞（2008 年）、余刚（2011 年）、王书肖（2014 年）、李俊华（2015 年）、刘会娟（2017 年）、吴烨（2018 年）、蒋靖坤（2020 年）、李金惠（2021 年）
国家高层次人才特殊支持计划领军项目/教育部"长江学者"讲席教授	周集中（2010 年）、解跃峰（2010 年）、陈道毅（2012 年）、袁志国（短期项目 2015 年）、徐明（2022 年）
国家自然科学基金委员会杰出青年基金获得者	曲久辉（2003 年）、贺克斌（2006 年）、余刚（2006 年）、黄霞（2007 年）、胡洪营（2008 年）、刘会娟（2012 年）、李俊华（2013 年）、王灿（2015 年）、王书肖（2016 年）、温宗国（2018 年）、杨云锋（2018 年）、刘锐平（2019 年）、鲁玺（2020 年）、梁鹏（2021 年）、兰华春（2022 年）、侯德义（2022 年）、刘欢（2023 年）
国家高层次人才特殊支持计划（国家特支计划）领军人才-教学名师	胡洪营（2013 年）
国家高层次人才特殊支持计划（国家特支计划）领军人才-科技创新领军人才	李俊华（2013 年）、温宗国（2016 年）、刘会娟（2016 年）、王书肖（2019 年）、王灿（2019 年）、刘书明（2021 年）、吴静（2022 年）
环保部领军人才	贺克斌（2014 年）、余刚（2014 年）、黄霞（2014 年）、王书肖（2016 年）、李金惠（2016 年）、刘毅（2016 年）、陈吕军（2016 年）、胡洪营（2020 年）、李俊华（2020 年）
教育部新（跨）世纪人才	贺克斌、余刚、张彭义、刘文君、段雷、李俊华、邓述波、王慧、蒋建国、王书肖、吴烨
百千万人才工程国家级人选	贺克斌（1998 年）、陈吕军（2014 年）
教育部"长江学者"青年项目	蒋靖坤（2016 年）、温宗国（2016 年）、董欣（2018 年）、孙猛（2021 年）、曾现来（2023 年）、周小红（2023 年）
优秀青年基金获得者	吴烨（2013 年）、蒋靖坤（2014 年）、梁鹏（2014 年）、温宗国（2015 年）、刘锐平（2015 年）、兰华春（2017 年）、鲁玺（2017 年）、刘欢（2018 年）、彭悦（2020 年）、吉庆华（2020 年）、张弓（2020 年）、耿冠楠（2022 年）、齐维晓（2022 年）、吴清茹（2022 年）、司文哲（2023 年）
国家高层次人才特殊支持计划青年拔尖人才	蒋靖坤（2014 年）、刘锐平（2018 年）、张潇源（2020 年）、李森（2021 年）、巫寅虎（2023 年）
国家高层次人才特殊支持计划青年项目/海外优青	赵明（2015 年）、鲁玺（2015 年）、侯德义（2015 年）、张芳（2016 年）、邢佳（2016 年）、张大奕（2018 年）、张少君（2018 年）、赵斌（2021 年）、陈熹（2022 年）、郑光洁（2023 年）

续表

荣 誉 名 称	名　　单
环保部青年拔尖人才	吴烨（2014 年）、席劲瑛（2014 年）、陆韵（2014 年）、彭剑峰（2014 年）、蒋靖坤（2016 年）、温宗国（2016 年）、岳东北（2016 年）、赵明（2020 年）、周小红（2020 年）、曾现来（2020 年）
中华环境奖	郝吉明（2022 年）
中央电视台"最美教师"	钱易（2015 年）
全国教书育人楷模	钱易（2017 年）
全国教育世家	钱易（2021 年）
全国五一劳动奖章	张晓健（2013 年）
最美科技工作者	郝吉明（2020 年）
绿色中国年度人物	张晓健（2007 年）、郝吉明（2009 年）、贺克斌（2016—2017 年）
绿动 2011 中国经济十大领军人物	张晓健（2011 年）
中国经济十大创新人物、中国经济十大杰出女性	吴静（2020 年）
"中国水业人物"终身成就奖	王继明（2015 年）
北京市高等学校教学名师奖	郝吉明（2006 年）、钱易（2007 年）、胡洪营（2010 年）、余刚（2011 年）
北京高校优秀共产党员	贺克斌（2020 年）
北京市优秀教师	刘文君（2006 年）、黄霞（2007 年）、胡洪营（2022 年）
北京市先进工作者	陈吉宁（2005 年）
北京市科技新星	张彭义（2004 年）、张祖麟（2006 年）、刘建国（2007 年）、吴烨（2010 年）、蒋靖坤（2014 年）、刘欢（2017 年）
何梁何利基金奖	曲久辉（2009 年）、贺克斌（2019 年）、王书肖（2019 年）
光华工程科技奖	钱易（2000 年第三届）、郝吉明（2020 年第十三届）
光华工程科技奖"青年奖"	李俊华（2014 年第十届）
中国青年科技奖	王书肖（2013 年）、刘会娟（2019 年）、鲁玺（2019 年）
中国科协青年人才托举工程	张芳（2015 年）、张弓（2020 年）、王春艳（2023 年）、肖扬清（2023 年）
清华大学新百年教学成就奖	钱易（2017 年）、郝吉明（2019 年）、胡洪营（2021 年）
清华大学突出贡献奖	钱易（2009 年）
清华大学研究生"良师益友"	张晓健（2009 年等 3 次）、左剑恶（2010 年）、王洪涛（2011 年）、钱易（2016 年等 3 次）、郝吉明（2018 年等 4 次）、刘建国（2020 年）、田金平（2022 年）
清华大学"清韵烛光我最喜爱的教师"	钱易（2017 年）

荣 誉 名 称	名 单
清华大学教书育人先进个人	郝吉明(2013年)、黄霞(2013年)
清华大学优秀班(级)主任	温宗国(2011年,一等奖)、刘书明(2011年,二等奖)、陈超(2012年,二等奖)、王月伶(2012年,二等奖)、段凤魁(2013年,二等奖)、王玉珏(2013年,二等奖)、岳东北(2014年、二等奖)、刘欢(2014年,二等奖)、陆韻(2014年,二等奖)、董欣(2015年,二等奖)、蒋靖坤(2015年,二等奖)、王小佲(2016年,二等奖)、岳东北(2016年,二等奖)、张潇源(2017年,一等奖)、李淼(2017年,二等奖)、梁鹏(2018年,二等奖)、邓述波(2019年,二等奖)、温宗国(2019年,二等奖)、李金惠(2020年,一等奖)、蒋建国(2020年,二等奖)、刘会娟(2021年,二等奖)、贾海峰(2021年,二等奖)、黄俊(2022年,二等奖)、王书肖(2022年,二等奖)、陆韻(2022年,二等奖)
北京市青年教师教学比赛奖	左剑恶(2000年)、张潇源(2021年,三等奖)
清华大学青年教师教学大赛奖	陆韻(2012年,二等奖)、蒋靖坤(2012年,二等奖);邱勇(2014年,二等奖)、梁鹏(2014年,二等奖);刘欢(2018年,二等奖)、鲁玺(2018年,三等奖);张潇源(2020年,一等奖)、张芳(2020年,二等奖)、董欣(2020年,三等奖)、李淼(2020年,三等奖)
清华大学"学术新人奖"	贺克斌(1995年)、黄霞(1998年)、李俊华(2007年)、邓述波(2011年)、杨云锋(2013年)、温宗国(2014年)、岳东北(2015年)、张芳(2020年)
茅以升北京青年科技奖	温宗国(2015年)
宝钢教育特等奖	黄霞(2013年)
安捷伦思想领袖奖	余刚(2019年)
腾讯未来科技探索奖	王书肖(2019年)、温宗国(2022年)
美团青山科技奖	温宗国(2022年)
清华大学先进集体	国家重大科技专项(水专项)集体(2011年)、多介质复合污染与控制化学研究团队(2012年)、国家环境保护大气复合污染来源与控制重点实验室(2014年)、环境模拟与污染控制国家重点联合实验室(2015年)、重大环境事故/事件应急技术团队(2016年)、全球环境国际班工作组(2017年)、大气复合污染治理研究团队(2018年)、大气污染物与温室气体协同控制国家工程研究中心(2021年)
清华大学先进工作者	施汉昌(2011年)、王灿(2011年)、李俊华(2012年)、张晓健(2012年)、余刚(2013年)、施汉昌(2013年)、陆韻(2014年)、梁鹏(2014年)、邱勇(2015年)、李俊华(2015年)、左剑恶(2016年)、王书肖(2016年)、鲁玺(2017年)、温宗国(2017年)、刘书明(2018年)、蒋靖坤(2018年)、刘会娟(2018年)、张旭(2018年)、贺克斌(2019年)、左剑恶(2019年)、王洪涛(2019年)、李俊华(2019年)、陶楠(2019年)、李亚平(2019年)、张潇源(2020年)、黄韵清(2020年)、李广贺(2021年)、彭悦(2021年)、安晓强(2021年)、董欣(2021年)、王戈辉(2021年)、刘建国(2022年)、温宗国(2022年)、杜斌(2022年)、刘莉(2022年)、张姣(2022年)

表 5-7　环境学院教职工在重要国际组织任职情况

姓　　名	国际组织中文名称	组织所在地	担 任 职 务	任 期 时 间
郝吉明	美国国家工程院	美国	Foreign Member	2018 年至今
	世界工程组织联合会工程与环境委员会(WFEO)	法国	Member	1999 年至今
	联合国环境署亚洲空气污染协会:可持续方案项目	美国	联合主席	2015 年至今
	健康影响研究所 HEI	美国	Member	2003 年 1 月至 2010 年 12 月
	日本福冈大学	日本	Guest Professor	2008 年至今
曲久辉	美国国家工程院	美国	Foreign Member	2019 年至今
	发展中国家科学院	意大利	Member	2018 年至今
	国际水协会(IWA)	英国	Distinguished Fellow	2014 年
	国际水协会(IWA)	英国	常务理事会理事	
贺克斌	国际清洁交通技术委员会(ICCT)	美国	Member of council	2001 年 5 月至 2015 年 5 月
	亚洲清洁空气中心理事会(Clean Air Asia)	菲律宾	Member of council	2010 年 8 月至 2019 年 7 月
贺克斌	全球能源评估研究计划环境组(GEA)	美国	Group leader	2006 年 7 月至 2012 年 9 月
	全球排放研究计划中国工作委员会(GEIA)	美国	Chairman	2012 年至今
黄霞	国际水协会(IWA)	英国	Chair of Specialist Group on Membrane Technology	2017 年 9 月至今
	国际水协会(IWA)	英国	Member of Fellow Steering Committee	2013 年 12 月至今
	国际水协会(IWA)	英国	Distinguished Fellow	2020 年
李金惠	巴塞尔公约亚太区域中心(政府间组织)	中国	Executive Director	2013 年至今
	解决电子废物联盟指导委员会	英国	Steering Committee member	2014—2016 年
	亚太地区 3R 区域论坛附属专家委员会	日本	Member	2010 年至今
	巴塞尔公约秘书处	瑞士	Expert Senior Consultant for Executive Secretary	2010—2011 年
	斯德哥尔摩公约消除多氯联苯网络	瑞士	Advisory Committee Member	2010 年至今

姓　　名	国际组织中文名称	组织所在地	担 任 职 务	任 期 时 间
胡洪营	国际标准化组织（ISO）	瑞士	Chairman of TC282 SC2 Water Reuse in Urban Areas	2014—2019 年
王书肖	联合国环境规划署（UNEP）	肯尼亚	Global Mercury Partnership Advisory Group Member	2010 年至今
	环境科学与技术通讯（ES&T Letters）	美国	Editorial Advisory Board Members	2017 年 8 月至 2019 年 8 月
余刚	联合国 POPs 公约最佳可行技术/最佳环境实践专家组（BAT/BEP）	瑞士	Member	2008 年至今
张晓健	国际水协会（IWA）	英国	Governing Member	2001—2018 年
董欣	国际水协会（IWA）模拟与综合评估专家组	英国	Young Water Professional	2016 年至今
刘书明	国际标准组织（ISO）	瑞士	Convener	2014 年 11 月至 2020 年 11 月
	国际水协会（IWA）	英国	Chairman of IWA water loss specialist group-China region	2016 年 12 月至今
石磊	华人产业生态学会（CSIE）	美国	President	2017 年
席劲瑛	国际标准组织空气净化技术委员会	意大利	Convenor	2017 年 4 月至 2020 年 4 月
陈超	国际水协会（IWA）	英国	Chairman of IWA Disinfection Specialist Group	2019 年至今
	国际水协会（IWA）	英国	Member of IWA strategic council	2015—2021 年
	国际水协会（IWA）	英国	Member of the Managing Committee of IWA off-flavor control	2011 年至今
张潇源	国际水协会（IWA）	英国	Member of IWA Emerging Water Leaders International Steering Committee（IWA Young Water Professionals Steering Committee）	2018—2020 年

续表

姓　名	国际组织中文名称	组织所在地	担 任 职 务	任 期 时 间
张潇源	国际水协会（IWA）	英国	Member of the Managing Committee of IWA Young Water Professionals China Chapter	2017 年至今
	国际水协会（IWA）	英国	Vice Chair of IWA Young Water Professionals China Chapter	2018—2022 年
	国际水协会（IWA）	英国	Chair of IWA Young Water Professionals China Chapter	2022 年至今

表 5-8　环境学院教职工获得的国际重要奖项情况

奖 项	获 奖 人
爱思唯尔"中国高被引学者榜"	邓述波（2014—2022 年）、郝吉明（2014—2022 年）、贺克斌（2014—2022 年）、黄霞（2014—2022 年）、余刚（2014—2022 年）、王书肖（2020—2022 年）、李俊华（2014—2022 年）、曲久辉（2014—2022 年）、陈超（2020 年）、李金惠（2021—2022 年）、刘会娟（2021—2022 年）
科睿唯安"全球高被引科学家"	郝吉明（2020—2022 年）、贺克斌（2020—2022 年）、余刚（2020 年）、李俊华（2020—2021 年）、王书肖（2020—2022 年）、侯德义（2021—2022 年）、杨云锋（2022 年）、赵斌（2022 年）、周集中（2022 年）
国际清洁交通委员会"创立贡献奖"	贺克斌（2013 年）
美国能源部"劳伦斯奖"	周集中（2014 年）
哈根-斯密特清洁空气奖	郝吉明（2015 年）
IBM 全球杰出学者奖	郝吉明（2015 年）
亚洲青年气溶胶科学家奖	蒋靖坤（2015 年）
中日韩三国环境部长会议环境奖	李金惠（2016 年）
世界产业生态学会终身成就奖	钱易（2019 年）
国际气溶胶领域 Smoluchowski 奖	蒋靖坤（2018 年）

奖　项	获　奖　人
瑞士日内瓦发明博览会金奖	吴静团队"水污染预警溯源仪"项目(特别嘉许金奖)(2017年)，王伟教授课题组的"生物质废物清洁燃气化技术及应用"项目(2018年)，王玉珏副教授、余刚教授团队完成的"Electro-peroxone(EP)高级氧化水处理技术"项目(2021年)，周小红副教授、施汉昌教授团队完成的"一种总微囊藻毒素在线分析仪"项目(2021年)，岳东北教授团队完成的"异步浸没燃烧蒸发技术与装备"项目(2022年)，赵明副教授团队完成的"固体废物无焦油气化技术"项目(2022年)
美国地球物理学会全球环境变化早期职业生涯奖	赵斌(2021年)
《麻省理工科技评论》"35岁以下科技创新35人"中国	陈诗(2022年)

5.4.4　博士后

　　为充实师资队伍，培养优秀人才，学院还吸引了大批博士后研究人员。环境学院博士后队伍迅速发展壮大。博士后已成为学院的一支重要的科研骨干力量，为国家培养高层次人才、推动学院教学科研工作及科研队伍的发展做出了突出的贡献。环境学科属于交叉学科，环境学院最大的优势是科学和工程的融合。博士后促进了学院的学科交叉、科学研究和师资队伍建设，在应用基础研究和应用技术研究中取得了较好的成绩，环境学院博士后工作取得了显著成果，并成为环境学院科研队伍的重要组成部分。清华大学环境学院努力形成全方位、多层次的保障服务，以服务体系建设保障博士后制度发展，推进博士后队伍建设；发挥合作导师在博士后研究人员招收、培养、质量管理过程中的主导作用；积极搭建博士后交流平台，组织丰富多彩的学术和工作交流活动，促进博士后之间的交流，更好地营造博士后人才成长环境。2015年和2020年环境科学与工程博士后科研流动站均被评为全国优秀博士后流动站。2011—2023年清华大学优秀博士后入选名单如表5-9所示；博士后人数如图5-20所示；博士后基金入选人数如图5-21所示。

表 5-9 清华大学优秀博士后入选名单(2011—2023 年)

序 号	年 份	姓 名	合作导师	在站时间
1	2015	张磊	刘翔	2012 年 7 月至 2015 年 7 月
2	2018	郑轩	郝吉明	2016 年 7 月至 2018 年 6 月
3	2022	高群	杨云锋	2020 年 6 月至 2023 年 4 月

图 5-20 环境学院博士后人数(2011—2023 年)

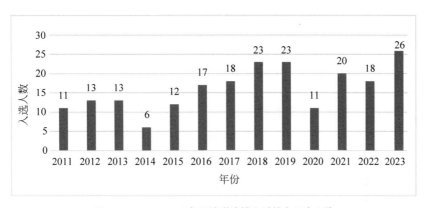

图 5-21 2011—2023 年环境学院博士后基金入选人数

5.5 教 学 工 作

基于"跻身世界一流"的定位与目标,充分发挥学科优势与特色,学院的人才培养目标为:坚持"工程与科学结合、技术与管理结合"的人才培养理念和"创新、务实、开放式、国际化"的人才培养模式,建立基于学生学习与发展成效的人才培养质量保障体系,以高水平科学研究、广覆盖工程实践和实质性国际交流支撑促进多样化高层次人才培养,为环境保护产业界、学术界、管理部门和国际机构输送领军人才。

新形势下，我国绿色发展及全球环境治理需求日益高涨，为环境学科人才培养带来了新的机遇和挑战。立足国内，我国生态文明建设对立足中国绿色发展的高层次人才需求更加明确。放眼世界，我国在全球环境治理中将扮演日益重要的角色，因此对具有全球视野的高层次人才需求更加迫切。学院坚持以学生成长发展为核心，持续深化教学体系改革，探索新时代环境人才培养模式。学院建设了包括本科生、硕士研究生、博士研究生在内的完整的环境人才培养方案和课程体系，全面推进以课程教学、海外研修、成长社区、创新公益、就业实践为主体内容的5个课堂建设，实现贯穿全学程的"三位一体"教育培养，培育了全国环境友好科技竞赛、全国环境博士生学术会议等极具影响力的学生创新创业和前沿学术平台，培养了大批环境领域优秀人才。学院在常态教学管理中求创新，组织教学研讨会、教学观摩、讲座与交流等活动，促进课程建设与教师能力提升；完善教学管理流程，优化教学管理机制，搭建非全日制学生沟通交流平台，增强非全日制学生的归属感。

学院不断优化本科生培养方式，进一步完善大类和强基协同的环境本科人才培养体系，积极探索与书院制相结合的本科培养模式改革；广泛开展调查研究，申请获批"环境技术与系统工程"专业学位硕士项目，完成学院学术型硕士向专业型硕士的全面转型；在博士研究生人才培养体系建设方面，秉承"顶天立地、学术创新、国际胜任"的理念，形成了机制创新、成效显著的环境学科博士研究生培养体系；在环境国际化人才培养体系建设方面，以"聚焦全球环境治理，携手国际一流大学，培养国际胜任人才，服务中国强国战略"为指导，形成了特色鲜明的全球环境治理人才培养体系。

5.5.1 本科教学

5.5.1.1 本科专业设置

环境学院设有环境工程、给排水科学与工程、环境工程（全球环境国际班）3个本科专业。环境工程和给排水科学与工程两个专业为国内环境领域唯一通过ABET认证（美国工程技术委员会认证）的专业，也是清华大学首批通过ABET认证的本科专业（共4个）。

近年来，环境学院国际化、多元化的创新型人才培养取得突破性进展，培养层次和质量不断提高。获得国家级教学成果奖 4 项、省部级教学成果奖 3 项。学院有国家级教学名师 3 人，国家级精品课程 5 门，清华大学精品课程 13 门。"大气污染控制工程""环境工程原理"和"环境监测"入选国家级精品资源共享课，"环境保护与可持续发展"入选国家精品视频公开课。"大气污染控制工程（含实验）"入选清华大学标杆课程。钱易院士、郝吉明院士、胡洪营教授获清华大学新百年教学成就奖。蒋靖坤和董欣获清华大学青年教师教学优秀奖。14 人次获清华大学年度教学优秀奖。教材《大气污染控制工程》入选 2011 年普通高等教育精品教材、2020 年北京高校"优质本科教材课件"、首批全国教材建设奖一等奖。教材《环境工程原理（第二版）》入选 2013 年北京高等教育精品教材。5 本教材入选"十二五"普通高等教育本科国家级规划教材。10 本教材获评清华大学优秀教材奖。学院积极推动网络远程教学，开设面向全球的大规模开放在线课程（MOOC）3 门，均入选国家精品在线开放课程，截至 2020 年，黄霞教授主讲的"水处理工程-物化技术"选课 20 795 人，左剑恶教授主讲的"水处理工程-生化技术"选课 25 865 人，王书肖、郝吉明和吴烨教授主讲的"大气污染控制工程"选课 24 323 人。环境工程专业入选 2019 年度国家级一流本科专业建设点，给排水科学与工程专业入选 2020 年度国家级一流本科专业建设点。给排水科学与工程专业于 2004 年通过了住建部高等教育给水排水工程专业评估认证，并分别于 2009 年、2014 年和 2019 年通过了复评。

2017 年，清华大学全面推行大类招生、培养与管理，共设置 16 个大类。学生在大一年级学习大类统一课程，大一结束前完成专业确认，并在大二进入相关院系开始专业学习。环境学院、化学工程系和材料学院组建了环境、化工与新材料类。2020 年，清华大学推行强基计划，新设立致理、日新、未央、探微、行健 5 个书院。环境学院本科专业分布于环化材大类、探微书院和未央书院，统筹推进大类和强基协同的环境本科人才培养体系建设。2022 年，环境学院本科生分布于环化大类、探微书院和未央书院。2023 年，环境学院面向我国新时期生态文明建设重大战略部署，面向全球、全人类可持续发展的共同命题，积极探索本科培养模式改革，融合清华特色书院制培养优势，以秀钟书院、探微书院和未央书院为载体，培养具有时代使命感和全球竞争力的复合型拔尖创新人才。秀钟书院设置资源能源与气候变化等若干多学科深度交叉融通的培养方向,并保留环境工程、给排水科学与工程等传统专业选择,秉持"通专融合、工管融通,基础宽厚、多元胜任"的培养特色,培养全球绿色发展的引领者。探微书院设置化学生物学+环境工程、化学生物学+给排水科学与工程专业,培养致力于解决环境挑战的绿色科技探索者。未央书院设置数理基础科学+环境工程专业,培养致力于塑造可持续未来的科技创新领导者。

2020 年环境学院本科生入学 99 人,其中环境、化工与新材料类 41 人,环境工程(全球环境国际班)11 人,国际学生 7 人,探微书院 25 人,未央书院 15 人;在校本科学生 344 人,其中国际学生 15 人。2021 年,环境学院本科生入学 88 人,其中环境、化工与新材料类(环境学院代管)38 人,环境工程(全球环境国际班)11 人,探微书院 25 人,未央书院 14 人;毕业生 70 人。2022 年,环境学院本科生入学 84 人,其中环境与化工类(环境学院代管)32 人,环境工程(全球环境国际班)13 人,探微书院 24 人,未央书院 15 人。截至 2023 年年底,环境学院共有在校本科学生 357 人,其中,国际及港澳台学生 14 人。2011—2023 年环境学院本科生毕业人数分布情况如图 5-22 所示。

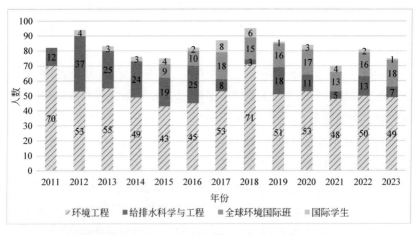

图 5-22　2011—2023 年环境学院本科生毕业人数分布情况

环境工程专业面向环境工程、环境科学、环境管理 3 个方向,培养高层次的,可从事区域、城市和企业的废水、废气、固体废物、土壤和其他污染的控制与治理的高级工程技术人才,以及可从事环境修复、环境规划与可持续管理的高级环境管理人才。具体有以下4个目标:①毕业生能通过融合科学、工程和管理的知识解决全球环境问题,并成为环境产业领域的杰出骨干人才;②能进入国际一流的科研院校继续深造,并能终身学习;③能独立创业,并推动环保技术革新和持续发展;④能最终成为学术机构、国际组织、政府、专业协会、工程设计或咨询公司的知名专家和领导者。

给排水科学与工程专业面向城市、乡镇和行业的给水与排水系统规划、设计、运营及管理等方向,以可持续发展理念,培养高层次的可从事城乡给水排水工程、建筑及工业给水排水工程、水污染控制规划和水资源保护的高级工程技术人才。具体有以下4个目标:①毕业生能解决城市化进程中涌现的挑战问题,成为城乡公用事业和工业环保领域杰出骨干人才;②能进入国际一流的科研院校继续深造,并能终身学习;③能独立创业,并推动技术创新和具有可持续化理念的设计;④能最终成为工程设计和咨询机构、学术机构、政府、专业协会和国际组织的知名专家和领导者。

环境工程(全球环境国际班)专业针对解决全球环境问题及贡献中国力量对专业人才的紧迫需求,采用"国际化、开放式、实践型"的培养模式,培养具有扎实的环境专业知识和宽广的跨学科基础知识,开阔的国际视野和良好的交流沟通能力,并树立牢固的生态文明、可持续发展和人类命运共同体理念的复合型高层次环境专业人才。学生毕业后可胜任国际组织、政府部门、研究机构和大型企业等单位与全球环境相关的工作,并在未来全球环境治理中发挥骨干和领导作用。

5.5.1.2　本科专业课程体系

学院坚持"厚基础、宽口径、多样化、国际化"的本科生培养理念,统筹推进大类和强基协同的环境本科人才培养体系建设。为进一步提高环境学科工程教育质量,接轨国际工程教育评价体系,提升学生在全球环境治理中的国际竞争力,2016年,清华大学环境工程和给排水科学与工程两个本科专业同时首批参加并成功通过ABET认证,均成为国内首个且唯一通过认证的环境类专业。通过参加认证,环境学院建立了以评"学"为主、持续改进的工程教学质量保障新体系,成立了由校外资深专家组成的教学顾问委员会,建立了《专业教学目标修订程序》《环境学院关于课程评估的相关规定》《专业持续改进程序》《先修课程管理规定》等教学质量保障制度,持续开展毕业生就业调查和雇主调查,并根据调查反馈有针对性地加强了基础学科、实验实践等教学环节的建设。图 5-23 为 ABET 专家组到清华大学考察评估留影。

图 5-23　ABET 专家组到清华大学考察评估

以 2017 年大类招生和培养为契机,学院不断推进和深化教育教学改革,改变教育理念,实现从单一的"知识传授"向"价值塑造、能力培养、知识传授三位一体"的转变。学院结合新时代生态文明和美丽中国建设特色与环境专业多学科交叉融合的特点,建设了基于大类培养的环境学科通识教育平台,14 门新生研讨课均由长聘教授开设,实施小班教学,引导学生了解和思考学科前沿,培养学生的专业志趣和家国情怀。

2020 年,学院大力推进本科培养方案重构,强化培养方案顶层设计,进一步凝练大类培养方案核心课程体系,强化书院理工融合、本研贯通特色。环境工程专业和给排水科学与工程专业的总学分从 2019 级的 170学分降为 2020 级的 160 学分,全球环境国际班专业的总学分从 2019 级的170 学分降为 2020 级的 165 学分,并创新设计了强基计划书院的化学生物学+环境工程专业、化学生物学+给排水科学与工程专业、数理基础科学+环境工程的专业培养方案。

以 2020 级环境工程专业为例,本科培养的总学分为 160 学分,其中,校级通识教育课程 44 学分,院系设置课程 116 学分。院系设置课程包括基础课程 51 学分、专业主修课程 36 学分、夏季学期实践训练 14 学分和综合论文训练 15 学分。

学院围绕环境科学、环境工程和环境管理等不同方向,共开设本科课程 86 门(见表 5-10),建立了高质量的课程体系。

表 5-10　本科课程列表

课程名称	课程号	课程类别	学分	授课教师
清洁生产导论	00050011	公共选修课	1	田金平
工业生态学	00050021	公共选修课	1	石磊、曾现来
环境与发展	00050041	公共选修课	1	钱易
全球性的持久性有机污染物	00050061	公共选修课	1	余刚
环境保护与可持续发展	00050071	公共选修课	1	钱易、杜鹏飞、张天柱、梁鹏
基础地质学	00050083	公共选修课	3	王洪涛、刘建国
给排水科学与工程导论	00050092	公共选修课	2	周律
雾霾成因与防控	00050111	公共选修课	1	贺克斌、刘欢
环境安全与生物	00050121	公共选修课	1	胡洪营
环境系统思维与大数据	00050131	公共选修课	1	刘毅
能源与气候变化	00050141	公共选修课	1	王灿
水科学与水安全	00050151	公共选修课	1	黄霞、左剑恶
环境与化学	00050161	公共选修课	1	余刚
固体废物:中国问题与全球视角	00050171	公共选修课	1	王洪涛
环境物联网与大数据	00050181	公共选修课	1	吴烨
土壤与环境安全	00050191	公共选修课	1	李广贺
环境与健康	00050201	公共选修课	1	王书肖
环境危机与生态重建	00050211	公共选修课	1	王慧
生态文明十五讲	00050222	公共选修课	2	钱易、何建坤、江亿、陈吕军等
走进新能源与环境催化	00050231	公共选修课	1	李俊华
饮用水安全保障	00050241	公共选修课	1	刘会娟
理论与实践:空气	10050012	公共选修课	2	蒋靖坤
水中污染物快速检测生物传感器	00050101	专业课	1	周小红
专业外语	30050092	专业课	2	王玉珏、席劲瑛
环境化学	30050152	专业课	2	张彭义
生态学原理	30050162	专业课	2	刘雪华
环境工程原理	30050174	专业课	4	胡洪营、黄霞、张芳

课 程 名 称	课 程 号	课程类别	学 分	授 课 教 师
环境土壤学	30050182	专业课	2	段雷、Jan Mulder
水资源利用工程与管理	30050192	专业课	2	刘翔
流域面源污染控制与生态工程	30050202	专业课	2	李广贺
环境监测	30050213	专业课	3	余刚、黄俊
环境经济学	30050242	专业课	2	王灿
环境管理学	30050252	专业课	2	温宗国
现代环境生物技术-原理与应用	30050263	专业课	3	王慧
环境外交与谈判	30050272	专业课	2	李金惠、王灿
全球环境问题与管理	30050282	专业课	2	王灿、黄俊、段雷、王书肖、李金惠
环境规划学	30050292	专业课	2	温宗国
世界环境与文化体验（英语强化课堂）	30050302	专业课	2	张潇源
室内空气污染物识别与净化	30050312	专业课	3	张彭义
国际组织和环境公约	30050321	专业课	1	李金惠
环境演变与全球变化	30050332	专业课	2	王斌
环境科学与工程原理	30050343	专业课	3	王玉珏
环境毒理与健康	30050352	专业课	2	陆韵、周小红
环境基因组学	30050363	专业课	3	杨云锋
环境监测方法	30050372	专业课	2	余刚、王斌
环境健康风险分析	30050383	专业课	3	侯德义、邢佳
环境与地球科学概论	30050392	专业课	2	杜鹏飞、吴烨、刘建国、陈超
分子环境生物学基础	30050402	专业课	2	陆韵、杨云锋
环境科学与工程前沿导论	30050411	专业课	1	刘会娟、曲久辉
环境工程微生物学	40050013	专业课	3	陆韵、胡洪营
认识实习	40050202	专业课	2	席劲瑛
生产实习	40050222	专业课	2	左剑恶、吴静、梁鹏、陈超
给排水及环境工程施工	40050332	专业课	2	马金
综合论文训练	40050390	专业课	15	吴烨
校园环境质量监测	40050401	专业课	2	邓述波
固体废物处理处置工程（含实验）	40050424	专业课	4	蒋建国
环境数据处理与数学模型	40050434	专业课	4	曾思育、董欣

续表

课程名称	课程号	课程类别	学分	授课教师
大气污染控制工程（含实验）	40050444	专业课	4	王书肖、邢佳、郝吉明、吴烨
水处理工程（含实验）	40050455	专业课	5	黄霞、左剑恶
大气污染控制工程设计	40050463	专业课	3	马永亮
环境工程技术经济造价管理	40050492	专业课	2	周律
固体废物处理处置设施	40050523	专业课	3	王伟
环境物理性污染与控制	40050532	专业课	2	蒋建国、刘欢
环境与市政工程实践训练	40050552	专业课	2	刘建国
饮用水处理工艺与工程	40050562	专业课	2	兰华春
城市给水排水管道工程及设计	40050574	专业课	4	汪诚文、刘书明、刘艳臣
环境影响评价	40050602	专业课	2	汪诚文
饮用水水质安全保障工艺	40050622	专业课	2	王小毛
水和废水处理的工艺与技术	40050632	专业课	2	邱勇
固体废物管理	40050642	专业课	2	岳东北
空气质量管理	40050652	专业课	2	张少君、蒋靖坤
环境评价	40050662	专业课	2	董欣、孙傅
环境社会学：理论与研究方法	40050672	专业课	2	曾思育
国际环境合作实践训练	40050704	专业课	4	鲁玺
海外交流学习	40050712	专业课	12	鲁玺
短期国际交流学习	40050722	专业课	2	鲁玺
环境信息技术与实践	40050733	专业课	3	贾海峰
全球环境交流方法与实践（专业英语）	40050742	专业课	2	余刚
低碳技术与管理	40050752	专业课	2	赵明
国际环境法概论	40050762	专业课	2	李金惠
可持续型社会：环境、能源与行为	40050773	专业课	3	鲁玺、赵明、吴烨
土壤污染控制工程	40050782	专业课	2	侯德义
水处理工程设计	40050795	专业课	5	左剑恶、吴静、梁鹏、陈超
建筑给水排水工程与设计	40050804	专业课	4	马金、刘艳臣、李森
生物地球化学	40050812	专业课	2	段雷
水工艺设备、仪表与控制	40050822	专业课	2	张潇源

环境学院在多年的探索和实践中,持续推进环境科学与工程实验实践教学中心的建设,培养学生实践能力和创新精神。中心成立于2004年,于2009年获评北京市实验教学示范中心,2012年获评国家级实验教学示范中心。中心现有专用建筑面积1800 m²,共开设专业实验课程14门,实验项目资源数约94项,覆盖环境科学与工程领域的各个方向,包括环境监测实验、环境工程微生物实验、环境工程原理实验、水处理实验、大气污染控制实验、固体废物处理处置工程实验、校园环境监测、环境数据处理数学模型实验、数据库与信息技术实验、环境土壤学实验、环境基因组学实验、环境健康风险分析实验、基础地质学实验和实验室探究课。

学院持续强化创新创业教育,做大做强全国环境友好科技竞赛。该赛事由清华大学、同济大学和西安建筑科技大学共同主办,自2006年起已举办十八届,已成为国内环境领域的顶级赛事。竞赛的目的是在大学生中倡导资源节约和环境友好的理念,以科技竞赛的方式,鼓励大学生以其独创的科技理念和发明制造参与到资源节约型与环境友好型的和谐社会建设中来,引导高校学生,特别是环境专业相关学生在环境保护领域进行科技创新。创新创业双线推进,构建了"理念出发—实物落地—创业推进"全链条衔接的竞赛模式,形成了层次递进的涵盖理念类、实物类和创业类等多元化和多学科交叉融合的作品类型。以该平台为载体的项目入选教育部第二批新工科研究与实践项目。

5.5.1.3 全球环境国际班

为填补我国全球环境治理人才培养的空白,培养具有国际视野、掌握跨学科知识、胜任全球环境事务的复合型人才,学院于2011年率先开设了全球环境国际班,在保持环境学科知识体系精华的基础上,大幅增加了经济学、法学、国际关系、管理学等课程。培养方案还包括"一长一短"的海外学习模块,即学生在海外知名大学进行一个学期的课程学习和参加国际环境公约缔约方大会等相关环境领域国际会议,并提供赴国际组织的实习机会。

全球环境国际班自2011年启动至2023年,共招收了157名学生,累计派出244人次分别前往联合国秘书长执行办公室、联合国环境规划署等40多个环境领域海内外机构和组织开展实习和短期工作,并参加巴塞尔、鹿特丹、斯德哥尔摩三公约及联合国气候变化框架公约缔约方大会交流,134 人次前往哈佛大学、威尼斯国际大学、英属哥伦比亚大学、东京大学等高校学习,派出学生的国际视野、学习和工作能力、专业素养得到一致好评。

学院邀请全球环境领域顶级专家,组建国际班指导委员会,为国际班的顶层设计、教学规划、资源整合、国际合作等方面提出建议并提供支持。指导委员会委员来自联合国环境署驻北京代表处、国家发改委气候司、联合国环境署科技司、亚洲开发银行、联合国工业与发展组织等国内外顶级机构。委员会每年召开一次会议,从 2016 年开始,创立了学生与指导委员面对面座谈的活动,国际班学生每年都有机会与国际班指导委员会的委员们面对面交流,提出自己对于课业学习、人生规划等方面的问题,聆听指导委员们数十年从事全球环境工作的经验与体会,促进学生对全球环境事业与个人发展的思考。

全球环境国际班注重培养学生综合素质,设立了 5 大特色活动:高端访谈(GEP TOP TALK)、乐学分享会(GEP SHARE)、中西文化汇(GEP PARTY)、指委面对面(GEP FACETIME)和模拟气候变化大会(GEP M-COPS)。全球环境国际班学生不仅表现出极高的专业素养,而且个人的品格和能力也广受好评。全球环境国际班不仅在校内的甲级团支部、优良学风班等评选中屡获佳绩,还在校外更广阔的天地发出他们的声音。2015 级王元辰获环保部"我是生态环境讲解员"大赛全国总冠军,后赴哈佛大学肯尼迪学院攻读硕士学位;2016 级孙勇晋级"最强大脑"节目全国六强;2016 级卢炜媛获得 2017 年 Model APEC 全国总冠军,作为青年代表出席 2017 年越南 APEC 会议、第十三届亚欧外长会议、第 72 届联合国大会、第 24 届联合国气候变化大会等,被评选为清华大学 2017 年学生年度人物;2016 级高隽获清华大学本科生特等奖学金,入选 2019 年罗德学者;2019 级程浩生入选 2023 年罗德学者。图 5-24 为全球环境国际班学生参加波恩气候变化大会的照片。

5.5.2 研究生教学

5.5.2.1 研究生专业和培养类型

硕士研究生教育方面,环境学院拥有环境科学与工程一级学科和市政工程、辐射防护与环境保护两个二级学科的硕士学位授予权。在环境

图 5-24　全球环境国际班同学参加波恩气候变化大会

科学与工程一级学科内设环境工程、环境科学、环境生态学和环境规划与管理 4 个学科方向。研究方向涵盖水污染治理理论与技术、大气污染控制理论与技术、固体废物处理处置与资源化、环境化学与监测、环境系统工程规划与管理等。

工学硕士研究生。环境科学与工程、市政工程、辐射防护与环境保护专业的研究生在攻读硕士学位期间，要求学分不少于 24 学分（考试课程不少于 17 学分），其中公共必修课程不少于 5 学分，学科专业课程不少于 18 学分（其中必修环节不少于 2 学分、基础理论课不少于 4 学分、本学科或相关专业基础理论和专业课程不少于 12 学分），学术与职业素养课程不少于 1 学分。

工程硕士专业学位研究生。环境技术与系统工程专业学位硕士研究生主要培养具备生态文明大局观和环境整体性保护意识、服务国家和人民的社会责任感、良好的工程素养与严谨务实的作风，能够在环境技术与系统工程领域担负技术开发、方案设计、工程建设、项目管理、环境咨询、战略规划等专门技术工作，熟悉行业和跨领域政策规范，具有工程科学思维和解决实际工程问题的行业发展推动者。总学分数不少于 32 学分（课程学习不少于 22 学分),其中公共必修课程 6 学分,专业基础课不少于 6 学分,专业选修课不少于 16 学分,必修环节 4 学分。

工程管理硕士专业学位研究生。环境学院于 2011 年开始该类型研究生招生,培养目标是培养具备良好的政治思想素质和职业道德素养,掌握系统的管理理论、现代管理方法,以及相关工程领域的专门知识,能独立承担工程管理工作,精通工程技术,优化配置经济、资源的产业管理者。培养采用理论学习、实践教学和现场专题研究相结合的培养方式。总学分数不少于 39 学分,其中公共必修课程 5 学分,工程管理类课程不少于 18 学分,工程技术类课程不少于 12 学分,必修环节 4 学分。

工程硕士专业学位研究生教育。环境学院根据我国国民经济建设对环境保护的需求,结合环境工程与管理专业的特点,培养环境工程(含市政工程)领域高层次的工程技术与管理复合型人才。

在博士研究生教育方面,环境学院拥有环境科学与工程一级学科和市政工程、辐射防护与环境保护两个二级学科的博士学位授予权。普博生攻读博士学位期间,要求学分不少于 16 学分,其中公共必修课程学分不少于 4 学分,学科专业课程不少于 6 学分(其中基础理论课不少于 4 学分、本学科或相关专业基础理论和专业课程不少于 2 学分),必修环节学分不少于 5 学分,学术与职业素养课程不少于 1 学分。自学课程学分另记。

直博生攻读博士学位期间,要求学分不少于 30 学分(其中考试学分不少于 21 学分,自学课程学分另记),其中公共必修课程学分不少于 5 学分,学科专业课程学分不少于 19 学分(其中基础理论课不少于 4 学分、本学科或相关专业基础理论和专业课程学分不少于 14 学分),必修环节 5 学分,学术与职业素养课程不少于 1 学分。

全日制工程博士专业学位研究生教育。环境学院于 2024 年起招收全日制工程博士类型研究生。全日制工程博士研究生的培养定位是服务污染防治攻坚战、碳达峰碳中和、美丽中国建设等国家重大战略需求,培养在资源与环境领域具有坚实宽广的基础理论和系统深入的专门知识,具备解决复杂工程技术问题、进行工程技术创新及工程技术研究开发工作的能力,具有工程科学思维和创新意识的绿色科技引领者。

非全日制工程博士专业学位研究生教育。环境学院于 2012 年起招收非全日制工程博士类型研究生,致力于培养具有坚实宽广的基础理论和系统深入的专门知识,具备解决复杂工程技术问题、进行工程技术创新以及规划和组织实施工程技术研究开发工作能力,能够在所在工程类别做出创新性成果的工程类别创新领军人才。工程博士研究生的基本修业年限为3~4年,最长修业年限8年。课程要求根据培养目标和培养对象的特点设置,总学分不少于12学分,工程博士研究生根据其知识结构、行业背景和研究需要按需选课。工程博士研究生的学位论文内容应与解决重大工程技术问题、实现企业技术进步和推动产业升级紧密结合,应做出创新性成果和工程应用实效。

与科研院所联合培养博士研究生。学院积极响应教育部关于高等院校和科研机构开展联合培养博士研究生的号召,于2012年11月23日和中国环境科学院签订联合培养博士研究生的协议,联合培养博士研究生。联合培养实行双导师负责制,由双方各确定一名人员分别作为联合培养博士研究生的指导教师和"副导师",分别对联合培养博士研究生进行全过程指导和协助指导。从2012年起,学院每年招收7~8名联合培养博士研究生,至2023年已连续招生11年,招收博士研究生80余名。

研究生申请学位创新成果。2020年学院力破"五唯",以先进性、创新性作为研究生申请学位创新成果标准;突出对研究生培养的全过程管理,各个环节的落实真到位、质量真把关,尤其发挥指导教师及指导小组在研究生全过程管理中的指导和引领作用;加强学术共同体建设,打造一流的学术生态和学术文化。

依据《清华大学研究生申请学位创新成果标准规定》,研究生用于申请硕士学位、博士学位的创新成果,应当由申请学位的研究生在攻读学位期间独立完成,并以学位论文的形式完整呈现。学位论文是进行学位评定的主要依据。

研究生可以以学术期刊论文、学术会议论文、专著、专利、软件著作权、报告等多种形式(以下统称相关学术成果)展现其创新成果。相关学术成果可以作为评价学位论文水平的重要参考。

学术型博士学位论文的创新成果应在环境工程、环境科学和环境管理等方向具有重要的理论意义或实践价值,其成果应当在环境学科领域体现一流水平、具有创造性。在攻读学位期间完成的高质量学术期刊论文、学术会议论文、专著、专利、软件著作权、报告等可作为评价学位论文水平的重要参考。

学术型硕士学位论文的创新成果应对环境学科发展或相应的工程技术研究与应用具有较大意义,其成果应当在环境学科领域具有先进性或实用性。在攻读学位期间以清华大学为第一署名单位的学术期刊论文、学术会议论文、专利、软件著作权、报告等可作为评价学位论文水平的参考。

5.5.2.2　课程体系

在研究生课程方面,环境学院在这一时期共开设 42 门中文研究生课程及 33 门英文研究生课程,确保学院在环境科学、环境工程及环境管理等研究方向的研究生培养的课程学习满足硕士学位或博士学位授予关于基本知识结构的要求,具体见表 5-11 和表 5-12。

表 5-11　环境学院开设研究生中文课程一览

秋季课程	授课教师	课　号	春季课程	授课教师	课　号
高等水处理工程	张晓健、陈超	70050042	水处理过程化学	杨宏伟、孙文俊	70050062
气溶胶力学	蒋靖坤	70050012	地下水污染控制理论与治理工程	李广贺	70050172
能源与环境	贺克斌	80050012	大气污染防治原理	段雷	70050022
可持续发展引论	郝吉明、李金惠	90050012	城市降雨径流管理:理论与实践	贾海峰、余啸雷	80050371
多孔介质污染物迁移动力学	王洪涛	70050082	固体废物资源化工程	王伟	70050092
环境核辐射及其示踪技术	王毅	70050252	固体废物控制工程	刘建国	70050102
危险废物管理	李金惠、刘建国	80050122	环境风险分析	李金惠	70050112
环境遥感技术及其应用	贾海峰	70050222	环境规划	杜鹏飞	80050082
现代环境生物学	文湘华	70050072	环境系统建模理论与复杂模型	刘毅	80050092
环境土壤学	段雷,Jan Mulder	70050192	环境经济	王灿	70050162
环境与市政工程实践与案例分析(I)	左剑恶、Dohmann	80050142	废水生物处理的数学模型与新技术	施汉昌	70050262
高等环境化学	邓述波	70050182	废水生物处理的过程控制与自动监测	施汉昌、邱勇	80050112

秋季课程	授课教师	课　号	春季课程	授课教师	课　号
大气污染化学和物理	李俊华	70050032	现代环境微生物监测原理与技术	王慧	70050242
污染控制实验技术	王月伶	80050022	环境科学与工程前沿讲座	郝吉明、李金惠	60050011
环境保护投融资	常杪	80050152	电子产品生态设计及废物管理	李金惠	80050132
产业生态学	石磊	80050382	污水管网过程原理与模型	刘艳臣、袁志国	80050442
环境工程伦理学	李淼	80050401	环境应急管理与工程	陈超	80050412
生命周期评价	田金平	80050452	水质研究方法	胡洪营、陆韵	80050442
固体废物热处理技术	岳东北	70050232	环境工程伦理学	李淼	80050401
水环境污染控制工程与管理案例分析	王凯军	80050322	战略环境评价与环境管理案例分析	刘毅	80050352
固体废物处理处置工程案例分析	蒋建国	80050312	大气污染控制工程案例分析	王书肖、刘欢	80050302

表 5-12　环境学院开设研究生全英文课程一览

秋季课程	授课教师	课　号	春季课程	授课教师	课　号
Fundamentals of Environmental Biotechnology	席劲瑛、王慧	70050313	Advanced Wastewater Treatment	文湘华、黄霞、张潇源	80050233
Advanced Water Distribution System and Management	刘书明	80050193	Advanced Environmental Chemistry	余刚、黄俊	70050323
Advanced Water Supply Engineering	孙文俊	80050203	Restoration Ecology and Applications	刘雪华	80050243
Integrated Solid Waste Management	陆文静	80050273	Global Environmental Issues	王灿、鲁玺、刘雪华、李金惠、黄俊、蔡闻佳	80050253
Air Pollution Control Technology	吴烨	80050283	Hazardous Waste Disposal	李金惠、刘建国	80050263
Internship/ Field Practice	李俊华	80050291	Atmospheric Chemical Transport Model	邢佳	70050353
Biofilms: Fundamentals to Applications	周小红	80050422	Social Investigation	邓述波	69990041

续表

秋 季 课 程	授 课 教 师	课　　号	春 季 课 程	授 课 教 师	课　　号
Thermal Treatment of Waste	岳东北	80050522	Environmental Transport Processes	张芳、Bruce Logan	70050332
Advanced Air Pollution and Solid Waste Engineering	陆文静、王书肖	80050363	Urban Stormwater Management：Theory and Practices	贾海峰、余啸雷	80050371
Sewerage Systems-Processes and Modelling	刘艳臣	80050462	Clean Air and Climate Management	刘欢	80050532
Sustainable Management of Water Resource and Environment Waste	王小	70050293	Human Perspectives on Environmental Issues and Solutions	陆文静、李淼、石磊	60050031
Management and Site Remediation	刘建国	80050173	Global Chemical Management	余刚	8005054
Industrial Ecology and Circular Economy	石磊、田金平、曾现来	80050183	Material Flow Analysis and Its Applications	曾现来	70050362
Ecological Quality Assessment	刘雪华	70050303	Water Resource Management	董欣	80050551
Air Pollution Management in China	刘欢	80050482	Development and Management of International Environmental Cooperation Projects	李金惠	80050561
CCUS and Carbon Management	赵明	80050491	Environmental Management & Policy	鲁玺、陈卓	70050283
			Global Environment Competency Practice	李金惠	70050112

5.5.3　留学生教学

环境学院目前有 2 个本科专业(环境工程、全球环境国际班)、3 个硕士专业(土木工程、核科学与技术、环境科学与工程)和 3 个博士专业(市政工程、辐射防护和环境保护、环境科学与工程)招收留学生,其中环境科学与工程专业开设了全英文硕士、博士项目,其他专业为中文或中英文双语教学。

攻读硕士学位的留学生的学习年限一般为 2~3 年;攻读博士学位的

留学生的学习年限一般为 3~4 年。研究生修业期满,成绩合格并通过论文答辩者发给毕业证书,并分别授予工学硕士学位和工学博士学位。

2020 年,环境学院在校留学生及港澳台学生共 102 人,其中本科生 19 人,工学硕士研究生 30 人,工程硕士研究生 14 人,博士研究生 39 人。截至 2021 年年底,环境学院在校留学生及港澳台学生共 84 人,其中本科生 14 人,硕士研究生 34 人,博士研究生 36 人。截至 2023 年年底,环境学院在校国际学生及港澳台学生共 67 人,其中本科生 11 人,硕士研究生 32 人,博士研究生 24 人。

环境学院留学生研究生招生采取"申请-考核"制,即通过申请材料审查加复试的方式选拔和录取国际研究生。包括修订招生简章及招生专业目录、在线审核、招生工作领导小组精心组织材料审查组对申请材料进行审查及复试等程序。其中复试面试小组一般由 5 名以上具有相应研究生指导资格的教师组成,每位申请者的面试时间为硕士留学生申请者不少于 20 分钟,博士留学生申请者不少于 30 分钟。

近年来,学院以"聚焦全球环境治理,携手国际一流大学,培养国际胜任人才,服务中国强国战略"为指导,以"目标导向,多层次构建培养体系;使命牵引,全方位提升培养质量"为理念,形成了目标清晰、特色鲜明、优势突出、机制创新的全球环境治理人才培养体系。通过发挥校内多学科优势、与世界一流大学优势互补等方式促进学生的跨学科知识学习,通过开发海外学习实践平台、改革和优化留学生选拔机制和培养体系、推动留学生与国内学生趋同管理等方式拓展学生的国际化视野与跨文化交流能力,全面提升学生的国际胜任力,2011—2023 年环境学院留学生招生人数如图 5-25 所示。学院开设全英文课程共 34 门,覆盖环境科学、环境工程和环境管理不同学科方向,极大提升了各类培养项目的国际化水平,构建了贯穿本科、硕士研究生、博士研究生培养阶段的全球环境治理人才全链条培养体系,为学生提供了多样化、个性化、可持续的发展路径。

环境学院留学生在攻读硕士学位期间,需获得学位要求学分不少于 23 分(其中考试学分不少于 13 学分,自学课程学分另计),其中公共必修课程 4 学分,学科专业课程不少于 19 学分(其中必修环节 2 学分、基础理论课不少于 3 学分、本学科或相关专业基础理论和专业课程不少于 12 学分,实践环节 2 学分)。

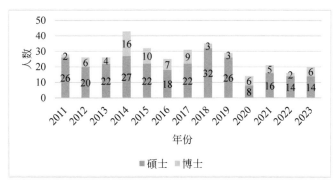

图5-25　2011—2023年环境学院留学生招生人数

环境学院留学博士研究生培养方案适用于环境科学与工程(按一级学科授学位)专业。留学生在攻读博士学位期间,需获得学位要求学分不少于15学分,其中公共必修课程学分不少于4学分,学科专业课程不少于6学分(其中基础理论课不少于3学分、本学科或相关专业基础理论和专业课程不少于3学分),必修环节学分不少于5学分。

公共必修课程包括汉语课程及中国文化认识课程。社会实践中,留学生会在中国境内参加各类社会实践活动,累计时间不少于3周,实践结束后以成果汇报的方式进行考查。

2011年至2023年年底,环境学院已有275位留学生顺利获得硕士或博士学位,如图5-26所示。其中,4名留学生获得清华大学优秀硕士、博士学位论文及优秀毕业生称号;来自伊朗的博士研究生哈米德和来自澳大利亚的博士研究生史凯特分别获得清华大学研究生特等奖学金;来自巴基斯坦的博士研究生玛哈拉毕业回国后创办环境学科并担任系主任,成为该国环境领域领军学者;2位来自加拿大的留学生创办了清华大学学生清源协会,积极推动环保公益事业发展和中西技术交流与文化交融;来自澳大利亚的博士研究生史凯特成为2016年唯一获得清华大学"十佳协会"会长荣誉的留学生。

5.5.4　国际化办学

学院以"聚焦全球环境治理,携手国际一流大学,培养国际胜任人才,服务中国强国战略"为指导,以"目标导向,多层次构建培养体系;使命牵

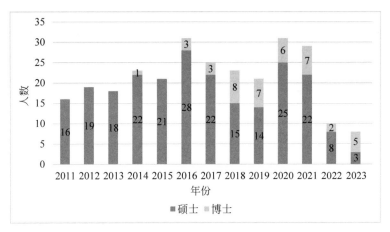

图 5-26　2011—2022 年环境学院留学生获得学位人数

引,全方位提升培养质量"为理念,充分发挥清华大学多学科交叉渗透、环境学科国际影响凸显、环境领域国际交流活跃的综合优势,形成了目标清晰、特色鲜明、优势突出、机制创新的全球环境治理人才培养体系,开创了我国高等环境教育国际化人才培养模式的先河,在国内外产生了较大影响。

为了补齐全球环境治理人才培养项目中环境管理领域的短板,学院与世界知名大学建立了高层次合作培养项目,实现了优势互补。2007 年,学院率先与巴黎国立高等矿业学校等大学合作发起中法环境管理双硕士学位项目,2015 年与耶鲁大学启动环境双硕士学位项目。经过 10 余年合作办学的探索,清华大学已建立"以我为主、优势互补、双向派出、对等合作"的创新机制。先期启动的两个项目已产生示范效应,多所国际一流大学提出合作意向,吸引欧美一批国际一流大学与清华大学开展联合学位项目,如 2016 年启动的清华-密歇根"3+1+1"本硕贯通项目和清华-巴黎路桥大学硕士双学位项目、2017 年启动的清华-圣路易斯华盛顿大学博士研究生联合培养项目等。环境学院的国际化项目如表 5-13 所示。

截至 2023 年年底,在教学合作方面,学院与美国耶鲁大学、密歇根大学、圣路易斯华盛顿大学,意大利威尼斯国际大学、帕多瓦大学,法国巴黎高科矿校及路桥学校,英国曼彻斯特大学等 10 余所国际著名大学联合实施了环境科学与工程学科的研究生联合培养计划,众多国外著名教授直接参与环境学院教学,使学生开阔了国际视野。

表 5-13　环境学院国际化项目一览表

项目名称	合 作 方	生 源	启动时间	历届学生总数	毕业生人数
全球环境胜任力硕士项目		全球	2018	15	7
清华-耶鲁双硕士学位项目	耶鲁大学	清华大学 耶鲁大学	2015	20	15
清华-帕多瓦双硕士学位项目	意大利帕多瓦大学	清华大学 意大利帕多瓦大学	2018	7	2
清华-巴黎路桥双硕士学位项目	法国国立路桥大学	清华大学 法国巴黎路桥大学	2016	2	2
中法环境高级管理硕士项目	法国巴黎矿校里昂国立应用科学研究院	清华大学 法国巴黎矿校	2007	205	195
清华-密歇根"3+1+1"本硕贯通项目	美国密歇根大学	清华大学 美国密歇根大学	2016	2	2
清华-圣路易斯华盛顿"3＋1＋X"本硕(博)项目	美国圣路易斯华盛顿大学	清华大学 美国圣路易斯华盛顿大学	2018	2	1

5.5.4.1　全球环境胜任力硕士项目

随着经济的发展与全球一体化进程的深入,具有全球性影响的环境问题日益突出,对人类社会的可持续发展构成严重威胁。国际社会在经济、政治、科技、贸易等领域形成了广泛的合作关系,逐步建立起国际环境公约体系,联合治理环境问题。在此背景下,世界急需既具备环境专业素养,又精于处理国际事务的全球环境胜任力人才。中国正逐渐成为全球生态文明建设的重要参与者、贡献者、引领者,在全球环境国际合作与构建"人类命运共同体"中起到更加重要的作用。然而,中国面临全球环境管理人才稀缺的现状。中国在国际组织中的全球环境人才数目与中国的大国地位和全球影响力极不匹配。因此,我国亟须向国际组织输出具有领导力的全球环境治理人才。

清华大学提出"关于加强国际组织人才培养推送工作的意见",培养全球治理人才、引导学生赴国际组织任职是当前清华大学落实国家人才培养战略的一项重要举措。清华大学环境学院"全球环境国际班"本科生项目率先响应国家全球环境治理人才需求与学校号召，经过多年实践，经验丰富，成果显著。为进一步提升全球环境治理人才的国际竞争力与全球领导力，进一步提升清华大学环境学院为国家培养国际化环境管理人才的贡献度，环境学院于 2018 年设立"全球环境胜任力硕士项目"。

全球环境胜任力硕士项目旨在培养拥有以环境为核心的综合跨界知识，解决全球环境问题，并成为全球环境领域的专业人才，能够直接胜任国际组织、政府部门、研究机构和跨国企业等单位的全球环境问题相关工作，拥有良好的交流沟通能力、开阔的国际视野，能够作为了解中国文化的环境管理人才，在国际组织中发挥与自身大国地位相适应的骨干和领导作用。

硕士研究生攻读硕士学位期间，要求学分不少于 25 学分，其中必修类课程不少于 8 学分，人文经济法律通识类课程不少于 2 学分，专业类课不少于 11 学分，全球环境胜任力行知实践 3 学分，学术与职业素养课程不少于 1 学分。

全球环境治理综合论文实践是清华大学全球环境胜任力硕士项目的重要培养环节。项目第二年，硕士生将在国际组织进行 6 个月以上时间的实习。该环节实行清华大学-国际组织双导师联合培养制度，清华大学校内导师为学术导师，负责指导硕士研究生在清华大学的课程学习、知行实践以及科研工作。国际组织的导师为实践导师，负责指导硕士研究生在国际组织的实习工作及研究的开展。

该项目课程设置文理兼备，公共管理、法律、社科、经济、数据分析等领域都有所涉及，具有极高的自由度和综合性，且授课几乎全英文覆盖。科研训练兼具系统性和实用性，践学结合，学位论文的撰写需依托国际组织的实习工作经历，实现了科学研究与职业发展的有机契合。全球环境胜任力硕士项目的国际实践平台丰富，包括国际知名大学、顶尖机构及一流企业。在项目导师推荐下，第一届学生前往国际能源署（IEA）、联合国环境署 UNEP 总部等国际组织，以及世界能源巨头公司 ENGIE 集团开展实习。

本项目自 2019 年开始招生，截至 2023 年年底，共招收 15 名学生，其中包括 5 名国际及港澳台学生，分别来自英国、巴西、俄罗斯、马来西亚、巴基斯坦、中国澳门。该项目自 2023 年起不再招生。

5.5.4.2　清华大学-耶鲁大学环境双硕士学位项目

该项目于 2014 年 10 月正式启动,为耶鲁大学自建校以来首次与常春藤盟校之外的高校合作举办学位项目,由清华大学环境学院和耶鲁大学森林与环境学院共同发起。该项目面向全球最具挑战的环境问题,充分整合清华、耶鲁两校环境学科的优势,以培养全球环保精英人才为目标,致力于打造成为面向未来的国际化、创新性环保人才教育与研究国际合作项目典范,积极应对和解决区域及全球重大环境问题和社会发展问题。

两校根据各自独立的招生标准录取学生,学生分别在清华大学和耶鲁大学进行共计 3 年的学习,两校均采用英语授课。项目采用"双导师"制,两校分别为双学位学生指派导师,指导学生完成课程选择、论文研究等相关工作。两校均保留各自研究生培养的特色环节,整合现有课程,实现部分学分互认,使学生在课程选修方面有更多的主动权。每所学校都将根据自己的评分系统对学生进行评分,学生在分别完成两校的双学位要求后获得两校学位证书。

截至 2023 年年底,本项目共招收学生 20 名,其中清华大学学生 17 名,耶鲁大学学生 3 名,已有 15 名学生毕业。参与清华大学-耶鲁大学环境工程与管理双硕士学位项目的学生的就业情况良好,与项目培养全球环保精英人才的目标相符。

5.5.4.3　清华大学-帕多瓦大学双硕士学位项目

清华大学-帕多瓦大学双硕士学位项目于 2018 年立项,旨在培养一批既熟知中国国情,又具有国际视野,同时具备实践经验的应用型专业人才,未来可成为欧洲先进环保技术向中国转移的桥梁,也可以在学习和消化欧洲先进的资源化及能源化技术的基础上,为推动中国废物资源化及能源化发挥重要作用。项目包含 5 个学期(2.5 年,本校 2 个学期+对方院校 3 个学期),双方每年各派出不超过 5 名学生。如果有培养需要,可在第 5 个学期之后延长培养时间,继续在清华大学接受为期 1 个学期(0.5 年)的培养。项目采用"双导师"制,两校分别为双学位学生指派导师,对学生的阶段性工作进行评估,指导研究和论文出版等相关工作。等价互换课程的培养方案、学习材料、教科书应该相互认可和共享,甚至可互换老师授课。

本项目的培养模式具有以下特点。

（1）优化环境学院研究生结构。帕多瓦大学学生的论文研究主要在清华大学开展，他们的加入可进一步补充应用型硕士生的数量，优化环境学院研究生结构。

（2）基于学术合作开展联合培养。双方院校都为学生配备专业的学术导师，指导学生制订学习计划，参与双方共同开展的科研项目工作，促进双方的学术交流与成果发表。

（3）加强实践教学。本项设置有针对国际合作的专业实习，便于达到培养应用型人才的目的。

（4）优质资源共享。除了学生能接受国外特色专业课程之外，又能将学习材料、教科书相互认可和共享，甚至可互换老师授课。

（5）缩短留学时间、节约留学成本。本项目特有的"2+3"模式，能缩短常规的留学时间、节约留学成本，并且使学生获得双硕士学位。

截至 2023 年年底，本项目共招收学生 7 名，来自中国、意大利和尼日利亚。

5.5.4.4　清华大学-巴黎高科路桥学校双硕士学位项目

该项目于 2016 年启动，旨在发挥两校在环境科学、工程及管理领域的优势，联合培养具有国际视野的高层次环境人才。项目每年从两校分别招收不超过 3 名学生，入选学生将在两校各完成为期一年半的学习，达到学分要求及通过论文答辩者将获得两校的工学硕士学位。该项目有助于双方学生深入了解中欧在环境问题上不同的关注点和理念，学习国际领先的环境工程技术，训练解决国际环境问题的沟通能力。项目在初期专注于环境学科，预期未来逐步向土木工程、机械工程、能源及经济类学科拓展。

清华学生在路桥学校进行 3 个学期（1.5 年）的课程学习，其中包括不少于 3 个月不超过 6 个月的企业实习，在路桥学校所获得的学分和成绩将转至清华大学。在第三学期，清华学生需在路桥大学完成论文的选题和开题工作，回到清华后，继续完成为期 3 个学期（1.5 年）的课程学习和论文工作。清华学生还需满足清华大学学分要求方可申请论文答辩，且除完成论文答辩工作外，需在学术期刊发表至少一篇文章，才能授予清华大学硕士学位和路桥学校硕士学位。

路桥学校学生在清华大学进行 1 个学期(0.5 年)的课程学习,随后进行两学期(1 年)的实验室工作,路桥学校学生需满足清华大学学分要求方可申请论文答辩,答辩在清华大学进行,除完成论文答辩工作外,需在学术期刊或会议上发表至少一篇文章,才能授予清华大学硕士学位和路桥学校硕士学位。

该项目的主要专业课程在路桥学校开设,清华学生可获得全新的课程体验,并可进入法方企业实习;而法方学生将体验清华的学位论文工作,学会利用科学实验的方法来解决、解释工程中的难题。同时清华学生在论文工作期间也将得到中法双方导师的指导,能进一步提高论文的工作水平。

截至 2023 年年底,本项目分别于 2018 年和 2019 年各招收了 1 名学生,均来自清华大学。

5.5.4.5 清华大学-法国教育部联合培养高级硕士研究生项目

中法环境能源高级管理硕士项目从 2007 年起正式启动,其培养目标是针对大型跨国企业对环境保护高级管理人才的需求,培养具有扎实理论基础和专业知识,掌握现代环境管理方法,具备分析和解决实际管理问题的能力,以及创新思想、战略眼光和国际视野的复合型人才。2013 年 7 月 12 日,中法环境能源高级管理硕士项目顺利通过评估验收。该项目基于法国教育部和清华大学成立的清华中法环境与能源中心(CEFCEET),清华大学与巴黎技术采矿学校(ENSMP)、里昂国立应用科学研究院(INSA de Lyon)签署校际合作协议,开展能源和环境领域的高级硕士学位培养工作。

项目针对已具有专业技术教育背景的学生或来自企业的技术骨干,分别在中国和法国设置为期 4 个月的集中课程学习和为期 6 个月的专业实习,实习内容与企业需求和课程学习内容紧密结合,可提供给学生利用所学知识进行职业发展的锻炼机会,要求学生解决主题明确、应用价值高、有一定难度的环境管理问题,包括相关的技术、社会、金融等方面的问题。实习期间,学生必须完成企业交付的工作任务,达到企业要求的工作目标,在 6 个月的实习期内,企业和实习生可相互了解,双向选择,企业可选择优秀的实习生作为企业未来发展的骨干力量,实习生可选择合适的企业作为自己施展才华的舞台。学习期满,学生在同时满足清华大学硕士研究生和该项目培养方案的要求的前提下,将被分别授予清华大学颁发的硕士学位和法国大学校委员会及巴黎技术采矿学校颁发的高级硕士(Mastère Spécialisé)学位。

截至 2023 年年底,本项目一共招收学生 205 名,学生分别来自全球 20 多个国家和地区。已有 195 名学生顺利毕业,毕业生就业率为 100%,基本都在能源相关企业从事技术、管理、咨询等方面的工作,在欧洲工作的年薪高于当地一般水平,在国内就业的同学也受到外企、外向型国企的欢迎。

5.5.4.6 清华大学-密西根大学 3+1+1 本硕直通项目

该项目于 2016 年启动,截至 2019 年年底,环境学院先后与美国密西根大学的自然资源与环境学院、公共健康学院、环境工程学院 3 个学院分别正式签署合作协议。项目采取"3+1+1"的培养模式,学生首先在清华接受为期 3 年的本科阶段培养,于大四秋季学期赴密歇根大学参加为期 1 年的硕士课程学习,并于 5 月第四年春季学期回到清华,完成清华大学本科生综合论文训练及论文答辩,取得清华大学本科学位。第 5 年赴密西根大学参加为期 1 年的硕士课程学习,完成密西根大学学分和相关学位要求,取得密西根大学硕士学位。项目将采取申请与选拔相结合的方式,每年从本科二年级学生中录取不超过 6 名学生。截至 2023 年年底,本项目共招收学生 2 名。

5.5.4.7 清华大学-圣路易斯华盛顿大学 3+1+X 本硕(博)直通项目

2018 年年底,"清华大学-圣路易斯华盛顿大学 3+1+X"本硕(博)直通项目正式签约。该项目致力于产出一批世界一流的环境与能源领域的科研成果;培养一批世界一流的环境与能源领域的科研人才;建设世界一流的环境与能源学科。鉴于两校在能源与环境领域已有长期合作,特别是圣路易斯华盛顿大学在气溶胶研究的领先地位,双方计划每年共同选拔、双向派出 2~3 名本科生于本科第 4 年到对方学校学习;毕业后获得本校学士学位,之后学生可自由选择继续在本校或对方学校进行 X=1 年的研究生阶段学习,获得对方学校硕士学位,或 X=4~5 年获得博士学位。双方学校设置双导师制,需有联合发表的科研成果;在对方学校攻读学位期间,可回本校从事交换研究。截至 2023 年年底,本项目共招收学生 2 名。

5.5.4.8 国际暑期学校

清华大学环境学院国际暑期学校(Tsinghua International Summer School-Environment)由清华大学环境学院主办,环境模拟与污染控制国家联合重点实验室协办,面向国内外各高校的环境和相关专业招收本科生和研究生为学员,2013—2022 年,已连续举办 10 年,规模和品牌效应日益显现,历年参加人数见图 5-27。暑期学校旨在拓宽学员在环境研究领域的视野,带领学员感受清华大学的校园生活,增进国内外本科生和研究生对于院系和学科的了解,提供与导师深度交流的机会,强化环境人才培养的国际化视野。

图 5-27 参加国际暑期学校学生人数(2013—2022 年)

5.5.5 重要学生科技或学术活动

环境学院持续推进实践教学,通过参加或主办竞赛活动、学术交流活动为学生搭建科技创新和学术交流的重要平台。

5.5.5.1 全国环境友好科技竞赛

经过十多年的发展,全国环境友好科技竞赛(简称环科赛)已成为面向全国高校学生的环境领域顶级赛事。目前,全国环境友好科技竞赛由清华大学、同济大学、西安建筑科技大学及中国环境科学学会共同主办,面向全国高校对环境领域感兴趣的在校学生。赛事旨在倡导资源节约和环境友好的理念,以科技竞赛的方式,鼓励高校学生以其独创的科技理念和发明制造参与到资源节约型与环境友好型的和谐社会建设中来,为从事环境及相关学科领域研究的学生搭建高起点、高水平、最前沿的科技竞赛平台。参赛作品共分为科技理念作品、科技实物作品和绿色创业作品、减污降碳技术擂台赛作品四类。

从 2006 年首届赛事举办到 2023 年,环科赛逐渐成长壮大,每年约有250 所高校的 900 多支队伍,共 6000 余人参与竞赛。环科赛的获奖选手中涌现出了 14 名国际知名学术英才,成功孵化了 2 个高新科技企业。第六届至第十八届环科赛队伍数量和参赛学校数量情况如图 5-28 和图 5-29所示。

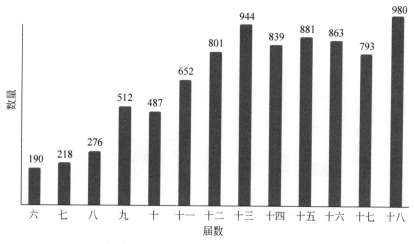

图 5-28　第六届至第十八届环科赛参赛队伍数量

环科赛不断探索、不断实践,争取让环科赛成为让参赛者思想碰撞的最佳舞台。自 2017 年开始,环科赛加入了"绿色创业类"全新赛事模块,完成了"理念提出、实物落地、创业转化"的全套创新创业人才培养体系,与清华大学 X-Lab 平台、苏州创新研究院等合作,为全国优秀的绿色创业者提供了机会和舞台。自设立以来,共有数百支创业团队在环科赛中追逐绿色梦想。

2020 年,突如其来的新冠肺炎疫情也未能阻止第十五届环科赛成功举办(见图 5-30)。环科赛克服重重困难,通过线上线下融合的方式,最终共召集 185 所高校学生参与赛事,报名作品超过 881 件。这充分体现了环科赛强大的影响力和生命力,为全国各地区、各高校环境专业领域的大

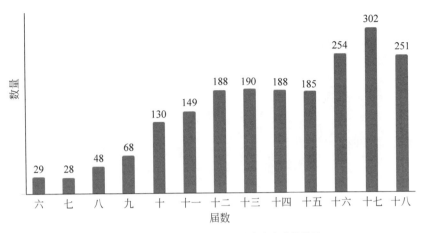

图 5-29　第六届至第十八届环科赛参赛学校数量

学生进行学术交流、创业创新提供了坚实平台，为中国生态文明建设、实现美丽中国目标贡献了大学生的智慧。

图 5-30　第十五届环科赛部分参赛者合影

2021 年，共有来自 254 所高校的 863 支队伍，4200 余名学生参与第十六届环科赛。环科赛对赛事培训、作品提交与评审等环节进行改革优化，并首次颁发了赛区奖，一系列举措使作品质量显著提高，以该平台为载体的项目入选教育部第二批新工科研究与实践项目。图 5-31 为第十六届环科赛线上终审答辩的场景。

图 5-31　第十六届环科赛线上终审答辩

2022年，第十七届环科赛继续提档升格，开创了高校之间"命题打擂"的友谊擂台赛新模式，另辟新板块举办"环科赛减污降碳技术友谊擂台赛"。环科赛减污降碳技术友谊擂台赛旨在进一步激发高校环境科技创新的活力，更好地服务于国家环境发展的重点方向。环科赛擂台赛紧扣当下"减污降碳技术"主题，围绕"水务低碳化发展与转型"为开放命题，共同探究水务行业低碳发展的系统性解决方案。

迄今为止，参赛者在准备过程中不断学习、矢志创新，环科赛参赛作品的质量不断提升。约83%的作品使用了规范的数据、图表或示例，证明了相关设想的科学性和先进性；约12%的作品及相关成果已发表于国内外高水平期刊或受批国家发明专利。环科赛也在积极创新评审机制，建立了涵盖全国所有双一流高校逾千名环境领域学者的评审数据库，力促评审的公平性、公正性与多元性。

未来，环科赛将继续把握时代脉搏，坚持理论实践一体化，培育优秀作品和人才，为环境事业的发展和国家的需要发挥更大的作用。

5.5.5.2　全国环境博士生学术会议

清华大学环境学院成立后，全国环境博士生学术会议暨环境科学与工程新理论、新技术学术研讨会（简称环境博论）持续举办并不断发展、提升。环境博论由清华大学、中国环境科学学会、环境模拟与污染控制国家重点联合实验室主办，清华大学环境学院承办，是聚焦环境及相关学科领

域的国际会议。一直以来，环境博论秉承"交流碰撞启创新之路，厚积博
采成一家之言"的宗旨，以环境科学与工程新理论、新技术为主题，积极为
从事环境及相关学科领域的博士研究生搭建高起点、高水平、最前沿的学
术交流平台。环境博论始终立足于我国污染防治攻坚与环境质量改善的
需求，牢记为国家输送高层次环境学科人才的使命，与博士研究生培养第
一课堂互补，开辟大师指引、同行碰撞的第二课堂；突破环境学科方向壁
垒，打通跨学科、跨介质交叉创新的新途径；以博士研究生群体为中心，
搭建自主组织、深度参与为特征的交流平台。截至 2023 年，环境博论已
成功举办十七届，交流形式丰富多样，包括主旨报告、墙报展示、专题研讨
等环节，参会博士研究生累计达 4000 余人次，涵盖环境科学、环境工程、
化学化工、市政工程等 30 多个相关专业，已成为国内环境领域博士研究
生交流学术思想、拓展学科视野、增进学术友谊的重要平台。历届环境博
论均邀请院士和环境领域知名专家作开幕式主旨汇报。历届环境博论基
本情况如表 5-14 所示。

表 5-14　历届环境博论基本情况（2011—2023 年）

年　份	届　　数	接收稿件数	参会人数	主旨汇报人
2011	第五届	122	108	郝吉明等
2012	第六届	205	174	段宁、王超
2013	第七届	167	127	江桂斌、贺克斌
2014	第八届	159	124	任南琪、刘文清
2015	第九届	165	127	郝吉明、王浩
2016	第十届	186	142	郝吉明、倪晋仁
2017	第十一届	215	148	曲久辉、岳国君
2018	第十二届	437	265	杨志峰、朱利中
2019	第十三届	330	262	吴丰昌、贺泓
2020	第十四届	381	267	王金南、Micheal B. McElroy
2021	第十五届	532	397	贺克斌、欧阳志云
2022	第十六届	555	409	曲久辉、黄晶
2023	第十七届	710	4000	张波、徐明

　　第七届环境博论举办了首届中加环境博士生学术论坛。受疫情影
响，第十四届环境博论首次采用了线上与线下融合的会议形式，线上参会
人数达 10 362 人次。第十五届环境博论紧跟时代发展，首次开设双碳目
标实施路径、机制与政策分会场。第十六届环境博论首次设立环境工程
科技发展与创新论坛（工程博士论坛），旨在贯通产学研用全链条，服务国

家绿色低碳转型战略,促进环境学科交叉融合创新；同时创新交流形式,开设三场由博士研究生发起的专题工作坊（Workshop）,促进领域前沿师生交流。

历届环境博论根据国家战略需求与学科前沿,不断完善分会场设置。历届所设分会场如表 5-15 所示。

表 5-15　历届环境博论分会场设置

年　　份	届　　数	分　会　场
2011	第五届	水环境污染源控制分会场、大气污染与控制分会场、固体废物处理处置与资源化分会场、环境生物与环境材料分会场、环境化学与环境毒理学分会场、环境经济管理与政策分会场
2012	第六届	水污染控制与资源化分会场、环境化学与毒理学分会场、大气污染控制分会场、环境生态与气候变化分会场、固废污染控制与资源化分会场、环境经济管理与政策分会场
2013	第七届	大气污染控制分会场、固体废物污染控制与资源化分会场、环境化学与环境毒理学分会场、环境经济管理与政策分会场、环境生态与气候变化分会场、水污染控制与资源化分会场
2014	第八届	大气污染控制分会场、固体废物污染控制与资源化分会场、环境化学与环境毒理学分会场、环境经济管理与政策分会场、环境生态与气候变化分会场、水污染控制与资源化分会场、土壤化学分会场
2015	第九届	水污染控制与资源化分会场、大气污染控制分会场、固体废物污染控制与资源化分会场、环境经济管理与政策分会场、环境化学与环境毒理学分会场、环境生态与气候变化分会场
2016	第十届	环境化学与材料分会场、水污染控制与资源化分会场、环境经济管理与政策分会场、固体废物污染控制与资源化分会场、环境生态与健康分会场、大气污染控制分会场、能源与气候变化分会场
2017	第十一届	环境化学与材料分会场、水污染控制与资源化分会场、环境经济管理与政策分会场、固体废物污染控制与资源化分会场、环境生态与健康分会场、大气污染控制分会场、能源与气候变化分会场、英文分会场
2018	第十二届	环境化学与材料分会场、水污染控制与资源化分会场、环境经济管理与政策分会场、固体废物污染控制与资源化分会场、环境生态与健康分会场、大气污染控制分会场、能源与气候变化分会场、国际分会场
2019	第十三届	水污染控制与资源化利用分会场、环境经济分会场、管理与政策分会场、能源与气候变化分会场、环境生态与健康分会场、环境化学分会场、大气污染与控制分会场、固体废物污染控制与资源化分会场

年　份	届　数	分 会 场
2020	第十四届	水污染控制与资源化利用分会场、环境经济分会场、管理与政策分会场、能源与气候变化分会场、环境生态与健康分会场、环境化学分会场、大气污染与控制分会场、固体废物污染控制与资源化分会场
2021	第十五届	水污染控制与资源化利用分会场、环境经济分会场、管理与政策分会场、双碳目标实施路径、机制与政策分会场、环境生态与健康分会场、环境化学分会场、大气污染与控制分会场、固体废物污染控制与资源化分会场
2022	第十六届	水污染控制与资源化利用分会场、环境经济分会场、管理与政策分会场、双碳目标实施路径、机制与政策分会场、环境生态与健康分会场、环境化学分会场、大气污染与控制分会场、固体废物污染控制与资源化分会场、环境工程科技发展与创新论坛、专题工作坊
2023	第十七届	水污染控制与资源化，大气污染与控制，固体废物污染控制与资源化，环境化学，环境经济，管理与政策，环境生态健康，双碳目标实施路径、机制与政策 7 个主题共 25 个分会场，专题工作坊，环境工程科技发展与创新论坛

　　自第十六届全国环境博士生学术会议起，环境博论设顾问、管理委员会、组织委员会。顾问由环境领域院士、知名专家组成，为环境博论发展规划、资源整合、人才培养等提供咨询与指导。管理委员会由环境博论主办单位成员共同组成，主要负责统筹协调各有关机构和环境博论的重要事务，指导和管理环境博论的筹备及举办工作。第十六届环境博论顾问与管理委员会如表 5-16 所示。

表 5-16　第十六届环境博论顾问与管理委员会

顾问（按院士当选年份排列，同年当选时按姓氏首字母顺序排列）		
钱易	中国工程院院士	清华大学环境学院
郝吉明	中国工程院院士 美国国家工程院外籍院士	清华大学环境学院
曲久辉	中国工程院院士 美国国家工程院外籍院士	清华大学环境学院 中国科学院生态环境研究中心
任南琪	中国工程院院士	哈尔滨工业大学环境学院
贺克斌	中国工程院院士	清华大学环境学院
杨志峰	中国工程院院士	北京师范大学环境学院 广东工业大学环境生态工程研究院
王金南	中国工程院院士	生态环境部环境规划院
任洪强	中国工程院院士	南京大学环境学院
朱彤	中国科学院院士	北京大学环境科学与工程学院

顾问（按院士当选年份排列，同年当选时按姓氏首字母顺序排列）		
管理委员会		
刘毅	教授 院长	清华大学环境学院
刘书明	教授 党委书记	清华大学环境学院
岳东北	教授 副院长	清华大学环境学院
吴烨	教授 副院长	清华大学环境学院
席劲瑛	副教授 党委副书记	清华大学环境学院
黄霞	教授	清华大学环境学院
张潇源	副教授	清华大学环境学院

历届环境博论均由清华大学环境学院教师担任组委会主任，负责统筹制订环境博论的全年工作计划，引领发展方向；由清华大学环境学院的博士研究生担任组委会副主任和成员，完成会议组织工作。历届环境博论组委会负责人如表 5-17 所示。

表 5-17　历届环境博论组委会负责人

年　份	届　　数	组委会主任	组委会副主任
2011	第五届	吴烨	杨静、向辉、刘艳臣、马德华、宋海燕
2012	第六届	段雷、吴烨	杨静、向辉、张睿、刘艳臣、徐恒、吴清茹、胡亚潘
2013	第七届	段雷、吴烨	杨静、向辉、王晓理、刘艳臣、杨晓帆、王楠楠、王嘉
2014	第八届	段雷、吴烨	董渊、林成涛、王晓理、刘艳臣、毛玉琴、刘仕远、赵立
2015	第九届	段雷、吴烨	杨静、向辉、王晓理、刘艳臣、何晓旖、母亚乾、赵立
2016	第十届	鲁玺	董欣、张颖、郭效琛、刘彦廷
2017	第十一届	鲁玺	吴烨、赵明、张颖、董欣、付心迪、余倩
2018	第十二届	鲁玺	董欣、房阔、张硕、张颖
2019	第十三届	鲁玺	齐维晓、马金元、胡嘉敏
2020	第十四届	鲁玺	齐维晓、陈志文、鞠彤瑶
2021	第十五届	张潇源、鲁玺	齐维晓、刘彦情、郑凯旋
2022	第十六届	张潇源	陈佳聪、黄俊龙
2023	第十七届	张潇源	丁昊杰、雷杰斯

5.5.6　教学成果

近年来，环境学院国际化、多元化的创新型人才培养取得突破性进展，培养层次和质量不断提高。"大气污染控制工程""环境工程原理"和"环境监测"入选国家级精品资源共享课，"环境保护与可持续发展"入选国家精品视频公开课。"水处理工程-物化技术""水处理工程-生化技术"和"大气污染控制工程"入选国家精品在线开放课程。"大气污染控制工程（含实验）"入选清华大学标杆课程。环境学院共有包括"大气污染控制工程（含实验）""水处理工程（含实验）""环境保护与可持续发展""环境工程原理""环境监测""固体废物处理处置工程""环境工程微生物学"
等在内的清华大学精品课程 19 门。14 人次获清华大学年度教学优秀奖。
教材《大气污染控制工程》入选 2011 年普通高等教育精品教材、2020 年
北京高校"优质本科教材课件"。教材《环境工程原理(第二版)》入选
2013 年北京高等教育精品教材。5 本教材入选"十二五"普通高等教育本
科国家级规划教材。10 本教材获评清华大学优秀教材奖。

　　学院教学成果丰硕,获得国家级教学成果奖 5 项,省部级教学成果奖
4 项,清华大学教学成果奖 7 项。在博士研究生人才培养体系建设方面,
学院以"立足中国绿色发展,贡献全球环境治理"为宗旨,秉承"顶天立
地、学术创新、国际胜任"理念,构建并实践了"目标明确、机制创新、成果
显著"的环境学科博士研究生培养体系。由于博士研究生人才培养成效
显著,成果"立足中国绿色发展、贡献全球环境治理的环境学科博士生培
养体系构建与实践"获得 2018 年中国学位与研究生教育学会研究生教育
成果一等奖。在环境国际化人才培养体系建设方面,学院以"聚焦全球环
境治理,携手国际一流大学,培养国际胜任人才,服务中国强国战略"为指
导,以"目标导向,多层次构建培养体系;使命牵引,全方位提升培养质
量"为理念,形成了特色鲜明的全球环境治理人才培养体系。由于国际化
人才培养成效显著,成果"多层次构建全球环境人才培养体系,全方位提
升学生国际胜任力"获得 2018 年高等教育国家级教学成果二等奖。

　　环境学院获得省部级以上教学成果奖的情况见表 5-18,相关证书如
图 5-32 和图 5-33 所示。

表 5-18　环境学院获得省部级以上教学成果奖情况一览

年　份	获奖成果名称	奖　项	获奖人
2013	我国环境工程专业人才多元化培养及质量保障体系研究与实践	北京市教学成果奖二等奖	郝吉明、周琪、胡洪营、陈文、陈吉宁、宁平、任南琪、陈海柳
2013	推动国际化培养体系建设,促进高水平创新人才成长	北京市教学成果奖一等奖	袁驷、贺克斌、张毅、顾佩、郑力
2014	重融合宽共享强实践的地方高校环境工程本科专业建设探索与实践	国家级教学成果奖二等奖	张学洪、郝吉明、曾鸿鹄、胡洪营、王敦球、解庆林、成官文、朱义年、朱强强、林华
2014	推动国际化培养体系建设,促进高水平创新人才成长	国家级教学成果奖二等奖	袁驷、贺克斌、张毅、顾佩、郑力

续表

年　　份	获奖成果名称	奖　　项	获　奖　人
2017	多层次构建全球环境人才培养体系，全方位提升学生国际胜任力	北京市教学成果奖一等奖	贺克斌、余刚、左剑恶、吴烨、胡洪营、杜鹏飞、刘建国、刘毅、陆韻、岳东北、刘书明、李金惠、王灿、赵明、席劲瑛、孙傅
2018	多层次构建全球环境人才培养体系，全方位提升学生国际胜任力	国家级教学成果奖二等奖	贺克斌、余刚、左剑恶、吴烨、胡洪营、杜鹏飞、刘建国、刘毅、陆韻、岳东北、刘书明、李金惠、王灿、赵明、席劲瑛、孙傅
2018	立足中国绿色发展、贡献全球环境治理的环境学科博士生培养体系构建与实践	中国学位与研究生教育学会研究生教育成果奖一等奖	贺克斌、余刚、胡洪营、左剑恶、吴烨
2022	构建"理念出发-实物落地-创业推广"竞教融合体系，促进绿色双创人才培养	北京市教学成果奖二等奖	吴烨、贺克斌、刘毅、侯德义等
2022	交叉赋能、辐射共享的"三堂四端五联动"卓越环境人才培养体系构建与实践	国家级教学成果奖二等奖	刘毅、吴烨、贺克斌、岳东北等

图 5-32　2018 年中国学位与研究生教育学会研究生教育成果奖一等奖证书

图 5-33　2018 年国家级教学成果奖二等奖证书

环境学院获得清华大学教学成果奖的情况见表 5-19。

表 5-19　环境学院获清华大学教学成果奖情况一览

年　份	获奖成果名称	奖　项	获　奖　人
2012	我国环境工程专业人才多元化培养及质量保障体系研究与实践	清华大学教学成果奖一等奖	郝吉明、周琪、胡洪营、陈文、陈吉宁
2012	基于真实校园环境的监测实践教学模式的十年实践	清华大学教学成果奖一等奖	余刚、黄俊、段凤魁、王月伶、邓述波
2012	环境学科留学生培养跨越式发展的探索与实践	清华大学教学成果奖二等奖	刘建国、王玉珏、胡洪营、左剑恶、杜鹏飞
2014	环境学科实验教学质量管理体系建设	清华大学教学成果奖二等奖	杨宏伟、段凤魁、王月伶、孙艳、刘训东
2016	全球环境专业人才培养体系的构建与实践	清华大学教学成果奖一等奖	余刚、左剑恶、岳东北、王灿、李金惠
2019	以全国环境友好科技竞赛为平台的环境创新创业人才培养体系建设与实践	清华大学教学成果奖一等奖	吴烨、侯德义、贺克斌、胡洪营、左剑恶、高建
2019	强化实践创新推动"环境影响评价"课程建设	清华大学教学成果奖二等奖	汪诚文、朱帅、葛春风
2021	"水处理工程"融合开放式教学模式创新与实践	清华大学教学成果奖一等奖	黄霞、左剑恶、王月伶

续表

年　份	获奖成果名称	奖　项	获奖人
2021	工程管理专业学位研究生跨院系培养体系与机制的创新设计与十年实践	清华大学教学成果奖一等奖	郑力、张伟、李志忠、连彦青、张涛、左剑恶、夏清、都东、蔡临宁、王凯波
2021	"一带一路"国家废物与化学品环境治理能力课程体系建设及应用	清华大学教学成果奖二等奖	李金惠、曾现来、谭全银、赵娜娜、陈源

环境学院获得国家级精品课情况见表 5-20。

表 5-20　环境学院获国家级精品课情况一览

年　份	课程类别	课程名称	主讲教师
2013	国家级精品资源共享课	大气污染控制工程	王书肖
2013	国家级精品资源共享课	环境工程原理	胡洪营、黄霞、张芳等
2013	国家级精品资源共享课	环境监测	余刚
2013	国家精品视频公开课	环境保护与可持续发展(1~14 讲)	钱易、杜鹏飞、齐晔、王明远、何苗、张天柱
2017	国家精品在线开放课程	水处理工程-物化技术	黄霞
2017	国家精品在线开放课程	水处理工程-生化技术	左剑恶
2018	国家精品在线开放课程	大气污染控制工程	王书肖、郝吉明、吴烨

环境学院获得清华大学精品课情况和相关获奖课程情况见表 5-21~表 5-23。

表 5-21　环境学院获清华大学精品课程情况一览

年　份	课程类别	课程名称	主讲教师
2006、2019、2021	清华大学精品课程(本科生)	水处理工程(含实验)	黄霞、左剑恶
2006、2019、2021、2022	清华大学精品课程(本科生)	环境保护与可持续发展	钱易
2006、2019、2021、2022	清华大学精品课程(本科生)	大气污染控制工程(含实验)	郝吉明
2007、2019、2021、2022	清华大学精品课程(本科生)	环境工程原理	胡洪营
2008、2016	清华大学精品课程(本科生)	环境监测	余刚

年　份	课程类别	课程名称	主讲教师
2012、2016	清华大学精品课程（本科生）	固体废物处理处置工程	蒋建国
2020	清华大学标杆课程	大气污染控制工程（含实验）	王书肖
2020	清华大学精品课程	环境数据处理与数学模型	曾思育、董欣
2020	清华大学精品课程	环境工程微生物学	陆韻、胡洪营
2020	清华大学精品课程（本科生）	环境影响评价	汪诚文
2021	清华大学精品课程（本科生）	环境评价	董欣
2022	清华大学精品课程（本科生）	环境管理学	温宗国
2022	清华大学精品课程（本科生）	饮用水处理工艺与工程	兰华春
2022	清华大学精品课程（研究生）	空气污染控制技术	吴烨
2022	清华大学精品课程（研究生）	气溶胶力学	蒋靖坤
2022	清华大学精品课程（研究生）	环境生物技术原理	席劲瑛
2012、2022	清华大学精品课程（研究生）	多孔介质污染物迁移动力学	王洪涛
2022	清华大学精品课程（研究生）	环境与市政工程实践及案例分析	左剑恶
2023	清华大学精品课程（本科生）	水工艺设备、仪表与控制	张潇源
2023	清华大学精品课程（研究生）	生命周期评价	田金平

表 5-22　环境学院获清华大学优质通识课程建设计划课程情况

年　份	课程名称	课程负责人
2021	雾霾成因与防控	贺克斌
2021	生态文明十五讲	钱易
2023	清洁生产导论	田金平

表 5-23　环境学院获清华大学 2023 年课程思政示范课程、示范教师情况

年　份	奖　项	获奖课程/教师	课程负责人	授课对象
2021	示范课程	生态文明十五讲	钱易	本科生
2022	示范课程	大气污染控制工程（含实验）	王书肖	本科生
2022	示范教师	王书肖		
2023	示范课程	环境保护与可持续发展	钱易	本科生
2023	示范教师	钱易、杜鹏飞、梁鹏		

　　环境学院重视教材建设，积极推动核心课程教材编写与再版，教材建

设方面获得奖励情况见表 5-24~表 5-26。

表 5-24 环境学院获国家级和北京市精品教材情况

序号	年份	教材名称	编著者	奖项名称
1	2011	大气污染控制工程（第三版）	郝吉明、马广大、王书肖	普通高等教育精品教材
2	2011	大气污染控制工程（第三版）	郝吉明等	北京高等教育精品教材
3	2013	环境工程原理（第二版）	胡洪营、张旭、黄霞、王伟	北京高等教育精品教材
4	2020	大气污染控制工程	郝吉明 等	北京高校"优质本科教材课件"
5	2021	大气污染控制工程（第三版）	郝吉明、马广大、王书肖	全国教材建设奖一等奖
6	2021	水处理生物学（第六版）	胡洪营、顾夏声、文湘华、王慧、陆韵	北京高校"优质本科教材课件"
7	2022	环境工程原理（第三版）	胡洪营、张旭、黄霞 等	北京高校"优质本科教材课件"
8	2023	环境影响评价	汪诚文	北京高校"优质本科教材课件"

表 5-25 环境学院获"十二五"普通高等教育本科国家级规划教材情况

序号	年份	教材名称	编著者
1	2012	固体废物处置与资源化（修订版）	蒋建国
2	2014	水处理生物学（第五版）	顾夏声、胡洪营、文湘华、王慧
3	2014	大气污染控制工程	郝吉明、马广大、王书肖
4	2014	环境保护与可持续发展（第二版）	钱易、唐孝炎
5	2014	环境工程原理（第二版）	胡洪营、张旭、黄霞、王伟

表 5-26 环境学院获清华大学优秀教材情况

序号	年份	教材名称	编著者	奖项名称
1	2012	大气污染控制工程（第三版）	郝吉明、马广大、王书肖	清华大学优秀教材特等奖
2	2012	水资源利用与保护（第二版）	李广贺	清华大学优秀教材一等奖
3	2012	多孔介质污染物迁移动力学	王洪涛	清华大学优秀教材一等奖
4	2012	固体废物处置与资源化	蒋建国	清华大学优秀教材二等奖
5	2016	水处理生物学（第五版）	顾夏声、胡洪营、文湘华、王慧、陆韵等	清华大学优秀教材特等奖

续表

序　号	年　份	教材名称	编著者	奖项名称
6	2016	供水水文地质(第四版)	刘兆昌、李广贺、朱琨	清华大学优秀教材一等奖
7	2016	污水生物处理的数学模型与应用	施汉昌、邱勇	清华大学优秀教材二等奖
8	2020	环境工程原理(第三版)	胡洪营、张旭、黄霞、王伟、席劲瑛	清华大学优秀教材特等奖
9	2022	环境影响评价	汪诚文	清华大学优秀教材一等奖
10	2022	气候变化经济学	王灿、蔡闻佳	清华大学优秀教材二等奖

　　环境学院获得清华大学年度教学优秀奖情况和优秀班主任见表 5-27~表 5-28。

表 5-27　清华大学年度教学优秀奖情况

序　号	年　份	奖项名称	获奖人
1	2017	清华大学年度教学优秀奖(2016 年度)	蒋靖坤
2	2017	清华大学年度教学优秀奖(2016 年度)	蒋建国
3	2017	清华大学年度教学优秀奖(2016 年度)	左剑恶
4	2018	清华大学年度教学优秀奖(2017 年度)	蒋靖坤
5	2018	清华大学年度教学优秀奖(2017 年度)	黄霞
6	2018	清华大学年度教学优秀奖(2017 年度)	胡洪营
7	2019	清华大学年度教学优秀奖(2018 年度)	蒋靖坤
8	2019	清华大学年度教学优秀奖(2018 年度)	余刚
9	2020	清华大学年度教学优秀奖(2019 年度)	吴烨
10	2020	清华大学年度教学优秀奖(2019 年度)	王洪涛
11	2020	清华大学年度教学优秀奖(2019 年度)	鲁玺
12	2021	清华大学年度教学优秀奖(2020 年度)	黄霞
13	2023	清华大学年度教学优秀奖(2022 年度)	董欣
14	2023	清华大学年度教学优秀奖(2022 年度)	段雷

表 5-28　清华大学优秀班主任

序　号	年　份	等级	获奖人
1	2018	二等奖	梁鹏
2	2019	二等奖	邓述波、温宗国
3	2020	一等奖	李金惠
4	2020	二等奖	蒋建国
5	2021	二等奖	刘会娟、贾海峰
6	2022	二等奖	黄俊、王书肖
7	2023	二等奖	王灿、刘锐平

5.6 学 生 培 养

2011 年以来,环境学院在新的发展阶段中,始终坚持以学生培养为主要任务,建立了包括本科生、硕士研究生、博士研究生在内的完整的人才培养体系;通过教学改革和学科建设,制定了科学、先进的人才培养方案;坚持"工程与科学结合、技术与管理结合"的培养理念,以"创新、务实、开放式、国际化"的培养模式,培育了大批环境领域优秀人才。环境学院的毕业生普遍在科研、教学、工程实践和管理等领域发挥了骨干作用,受到了国内外同行的高度评价。为保障学生培养,学院传承并完善学生工作体系,坚持本科学生工作体系及研究生学生工作体系两部分互相补充、分工合作的总体布局,不断加强辅导员队伍建设,发挥朋辈引领作用;学院教师继续坚持以学生关怀为首要任务,获得清华大学"清韵烛光""良师益友"奖项的人数持续上升。学院也进一步加强奖学金、助学金、环境教育发展基金的建设,奖励、支持学生全方位发展。

5.6.1 学生组织

环境学院维持了本科生及研究生工作体系的基本设置。在学生工作组的领导下,本科生团委、学生会、学生科协届届相传,充分考虑新时期的学生特点,传承工作传统并开拓创新;鼓励学生发挥主观能动性,以学生绿色协会、清源协会为代表的学生社团组织为营造绿色校园氛围、丰富学生课余生活做出了显著的贡献。在研究生工作组的领导下,研究生团委、研究生会的组织架构不断完善,多次获得清华大学优秀院系研团委、优秀院系研究生分会荣誉;此外,研究生工作组的岗位设置根据学院发展需求实时调整,根据研究生需求设置了学术助理、就业助理、国际助理等,高效开展针对性服务工作。环境学院学生工作相关人员名单如表 5-29~表 5-37 所示。

表 5-29 环境学院学生工作组组长名单

姓　名	任 职 时 间	姓　名	任 职 时 间
张少君	2011—2014	于书尧	2018—2019
陈熹	2014—2016	徐特	2019—2021
黄森辰	2016—2017	张敬然	2021
孙冬雅	2017—2018	张少君	2021 年至今

表 5-30　环境学院研究生工作组组长名单

姓　名	任职时间	姓　名	任职时间
刘艳臣	2011—2015	齐维晓	2018—2023
董欣	2015—2018	吉庆华	2023 年至今

表 5-31　环境学院本科生团委书记名单

姓　名	任职时间	姓　名	任职时间
郝天	2011—2012	周可人	2019—2020
宁雄	2012—2013	吕一铮	2020—2021
黄森辰	2013—2014	欧阳子路	2021—2022
丛逸	2014—2016	晏妮	2022—2023
于书尧	2016—2017	白佳琦	2023—2024
张敬然	2017—2019		

表 5-32　环境学院研究生团委书记名单

姓　名	任职时间	姓　名	任职时间
李东	2011—2012	郭晶晶	2018—2019
方文	2012—2013	叶万奇	2019—2020
谢淘	2013—2014	陈俊文	2020—2021
方舟	2014—2015	宋泽群	2021—2022
魏志谋	2015—2016	祁文智	2022—2023
朱佳迪	2016—2017	汪慧静	2023—2024
姚维坤	2017—2018		

表 5-33　环境学院学生会主席名单

姓　名	任职时间	姓　名	任职时间
孙昊天	2011—2012	田拓	2018—2019
郑乔舒	2012—2013	陈悦	2019—2020
丛逸	2013—2014	谢璨阳	2020—2021
孙冬雅	2014—2015	黄家鑫	2021—2022
李天魁	2015—2016	林浩	2022—2023
高一凡	2016—2017	赵宇堃	2023—2024
冯旭	2017—2018		

表 5-34　环境学院研究生会主席名单

姓　名	任职时间	姓　名	任职时间
陈坦	2011—2012	张宇婷	2018—2019
杜宝玉	2012—2013	杨美娟	2019—2020
赵树理	2013—2014	张小刚	2020—2021
王浠	2014—2015	刘英洁	2021—2022
袁强	2015—2016	徐陈	2022—2023
王晓婷	2016—2017	唐嘉峻	2023—2024
郭冠呈	2017—2018		

表 5-35　环境学院学生科协主席名单

姓　名	任职时间	姓　名	任职时间
黄睿昆	2011—2012	李琪	2018—2019
蔡思翌	2012—2013	邵瑞朋	2019—2020
王舒	2013—2014	许晨阳	2020—2021
陈小彤	2014—2015	黄冠	2021—2022
雷木穗子	2015—2016	桑配旸	2022—2023
王韵杰	2017—2018	孙依格	2023—2024

表 5-36　环境学院绿色协会会长名单

姓　名	任职时间	姓　名	任职时间
周慧	2011—2012	马燕婷	2017—2018
华阳	2012—2013	潘思涵	2019—2020
曹文静	2013—2014	马云霄	2020—2021
刘涛	2014—2015	闵艺航	2021—2022
盖聪	2015—2016	韩世平	2022—2023
陈奕萌	2018—2019	马云宵	2023—2024
钱煜坤	2016—2017		

表 5-37　环境学院清源协会会长名单

姓　名	任职时间	姓　名	任职时间
Jason Lee、Alejandra Burchard-Levine	2011—2012	曹逸宁	2017—2018
Luis、冯子妍	2012—2013	孙奕生	2018 年 3—10 月
Takashi、Djavan	2013—2014	苏宇晗	2018—2019
Lucia XU、陈东子	2014—2015	高晗博	2019—2020
Kate Smith	2015—2016	徐思远	2020—2021
黄思澄	2016—2017	李新杰	2021—2022
Allen Hu、胡外外	2016—2017	金振宇	2022—2023

5.6.2　优秀辅导员

环境学院不断发挥清华"双肩挑"的优秀传统，挑选了一批政治立场坚定、学业科研扎实、为人品德优秀的研究生担任辅导员，帮助低年级同学融入清华生活、解决困难，交心交友、收获友谊，提供指导建议、规划大学生活，充分发挥朋辈引领和"传帮带"作用。在工作期间，辅导员也收获了自身成长，培养出一批又红又专、全面发展的优秀辅导员，获得清华大学林枫辅导员奖、"一二·九"辅导员奖、"一二·九"辅导员郭明秋奖、刘冰奖等，见表 5-38 ~ 表 5-41。

表 5-38　环境学院荣获林枫辅导员奖名单

获 奖 年 度	获 奖 人	获 奖 年 度	获 奖 人
2011—2012	张逢、张少君	2017—2018	席劲瑛、刘彦廷
2012—2013	刘艳臣、陈熹、郑敏	2018—2019	徐特
2013—2014	周博雅	2019—2020	高一凡
2015—2016	刘建国		

表 5-39　环境学院学生荣获"一二·九"辅导员奖名单

获 奖 年 度	获 奖 人	获 奖 年 度	获 奖 人
2011—2012	郝天、刘峰林、丁鹂	2017—2018	徐特
2012—2013	肖达成、梁识栋、陈坦	2018—2019	高一凡、郭冠呈
2013—2014	侯雷、王佳明、任仕廷	2019—2020	林炜琛、潘俊豪
2014—2015	黄森辰	2020—2021	王琦、刘巍
2015—2016	谢昌益、魏志谋	2021—2022	孙奕生
2016—2017	黄海、袁强	2022—2023	祁文智

表 5-40　环境学院学生荣获"一二·九"辅导员郭明秋奖名单

获 奖 年 度	获 奖 人	获 奖 年 度	获 奖 人
2013—2014	方文	2018—2019	张敬然、王晓婷
2014—2015	华阳	2019—2020	向虹霖
2015—2016	丛逸	2020—2021	段磊
2016—2017	孙冬雅	2021—2022	陈悦、石川
2017—2018	于书尧	2022—2023	欧阳子路、刘英洁

表 5-41　环境学院教师荣获刘冰奖名单

获 奖 年 度	获 奖 人	获 奖 年 度	获 奖 人
2018—2019	王洪涛	2020—2021	刘艳臣
2019—2020	刘建国		

5.6.3　"清韵烛光""良师益友"奖

环境学院教师始终以真正关怀学生发展为首要教育目标,为本科生、研究生提供区别化的培养方式,陪伴学生成长。清华大学"清韵烛光"奖和"良师益友"奖是对教师师德的至高评价,这两个奖项并非用于评判教师学术成果,而是向师德高尚、不计个人得失、全心关怀学生的教师表达敬意。环境学院多名教师先后获得这些荣誉,见表 5-42、表 5-43。

表 5-42 环境学院教师荣获"清韵烛光"奖名单

年　份	届　数	当选教师
2016—2017	6	钱易

表 5-43 环境学院教师荣获"良师益友"奖名单

年　份	届　数	当选教师	年　份	届　数	当选教师
2012	13	王洪涛	2018	16	郝吉明
2014	14	张晓健	2020	17	刘建国
2016	15	钱易	2022	18	田金平

5.6.4 优秀学生

环境学院培育出了一批全面发展的优秀学子,他们是学院办学理念、育人宗旨、教育目标的生动实践,是价值塑造的重要载体。2011 年至今,环境学院涌现出一批优秀的学生代表,他们"又红又专、全面发展",传承了清华人自强不息的奋斗精神和厚德载物的美好品德,成为学生在学业发展、科研创新、社会服务、文艺体育、全球胜任力等方面的优秀代表。

清华大学特等奖学金是学生全面发展的至高荣誉,清华大学学生年度人物则颁发给在某些方面具有突出代表性、在学校及社会形成一定影响力的学生;每年毕业季均有多位本科毕业生、研究生毕业生获得清华大学优秀、优良毕业生荣誉。

5.6.4.1 特等奖学金获奖情况

清华大学特等奖学金于 1989 年设立,是学校授予在校学生的最高荣誉。2011 年以来,学院共有 2 位本科生、5 位研究生获得特等奖学金,4 位本科生、2 位研究生获得特等奖学金提名,见表 5-44。

表 5-44 环境学院学生荣获特等奖学金名单

获奖情况	学生类别	名　单
获奖	本科生	吕一铮(2018 年)、高隽(2019 年)
	研究生	张潇源(2011 年)、陈熹(2012 年)、Hamidreza Arandiyan(中文名:哈米德)(2013 年)、王佳明(2014 年)、Kate Smith(中文名:史凯特)(2018 年)
提名	本科生	孙昊天(2011 年)、高一凡(2016 年)、王元辰(2018 年)、许晨阳(2020 年)
	研究生	王秋莹(2017 年)、郭扬(2018 年)

5.6.4.2 清华大学优秀毕业生情况

清华大学优秀毕业生旨在奖励在德智体诸方面全面发展的同学。2011—2023 年,环境学院共有 25 位本科生获得清华大学优秀毕业生称号,105 位本科生获得清华大学优良毕业生称号,25 位硕士研究生获得清华大学优秀硕士毕业生称号,27 位博士研究生获得清华大学优秀博士毕业生称号,见表 5-45、表 5-46。

表 5-45 环境学院本科生荣获清华大学优秀毕业生名单

年 份	荣誉类型	姓 名
2011	清华大学优秀毕业生	张俏影、郑博
	清华大学优良毕业生	于雪崴、耿冠楠、庞宇辰、王凤阳、舒圆媛、孙剑宇、黄海伟、郑光洁
2012	清华大学优秀毕业生	王雅娇、孙昊天
	清华大学优良毕业生	黄韵清、洪朝鹏、路平、张丽捷、吴林蔚、伍金伟、宁雄、岳淏伟、周伟
2013	清华大学优秀毕业生	聂瑶、郑乔舒
	清华大学优良毕业生	麦华俊、陈行果、杨柳含子、彭帆、蔡思翌、许雪乔、欧阳玥莹、费凡
2014	清华大学优秀毕业生	陈天一
	清华大学优良毕业生	黄南、丛逸、朱泽麒、蔡润龙、常兴、孟萍萍
2015	清华大学优秀毕业生	陈小彤、毛旭辉
	清华大学优良毕业生	叶子、周薛琛、王文君、高琰昕、任亚楠、聂芝洁、杨道源
2016	清华大学优秀毕业生	徐特、赵一冰
	清华大学优良毕业生	张旭东、李天魁、梁馨予、胡竞湖、潘俊豪、童心、徐智伟、姜苏
2017	清华大学优秀毕业生	高一凡、陈艺丹
	清华大学优良毕业生	温轶凡、游罗丹、郭悦、杜真、胡若兰、白苑、王芷筠、许肖尹、荣易
2018	清华大学优秀毕业生	董恒、郭盛杰
	清华大学优良毕业生	储灵芝、黄钰乔、张憧宇、张隽瑀、李宇舫、王黎声、王韵杰、魏春玥
2019	清华大学优秀毕业生	吕一铮、王元辰
	清华大学优良毕业生	李阳、梁乘瑞、任谷丰、姜麟锟、罗荟霖、杜柔佳、李晋、史馨玫、马若云
2020	清华大学优秀毕业生	高隽、刘迪波
	清华大学优良毕业生	欧阳子路、李佳聪、雷杰斯、王刘炜、任宇佳、姜向哲、郭凯迪、王乔
2021	清华大学优秀毕业生	林莉、谢璨阳
	清华大学优良毕业生	卢科潮、安康欣、许晨阳、陈泊明、陈德莉、武若曦、周嘉欣、晏妮

年　份	荣誉类型	姓　名
2022	清华大学优秀毕业生	胡邈月、黄冠
	清华大学优良毕业生	张翌晨、刘开伊、汪锡媛、吴金、孟欣然、周雨澎、李如意、张靖楠、谢宇煊
2023	清华大学优秀毕业生	邓思行、桑配旸
	清华大学优良毕业生	徐思远、熊若熙、王艺轩、徐嘉欣、程淇、林浩、张唯唯、李天航

表 5-46　环境学院研究生荣获清华大学优秀毕业生名单

年　份	荣誉类型	姓　名
2011	清华大学优秀博士毕业生	程远
	清华大学优秀硕士毕业生	陈雨乔
2012	清华大学优秀博士毕业生	张潇源
	清华大学优秀硕士毕业生	刘静
2013	清华大学优秀博士毕业生	梁赛
	清华大学优秀硕士毕业生	魏浩然、袁璐璐
2014	清华大学优秀博士毕业生	曹治国、巫寅虎
	清华大学优秀硕士毕业生	李成、张雪莹
2015	清华大学优秀博士毕业生	赵斌
	清华大学优秀硕士毕业生	车晗、江永楷
2016	清华大学优秀博士毕业生	田思聪、陈熹、郑光洁
	清华大学优秀硕士毕业生	刘灿、Prakit Saingam
2017	清华大学优秀博士毕业生	李想、李凯敏
	清华大学优秀硕士毕业生	朱麟、唐引升
2018	清华大学优秀博士毕业生	颜枫、蒋永、郑馨竺
	清华大学优秀硕士毕业生	王秋莹、王维、李先圣
2019	清华大学优秀博士毕业生	王若瑜、周杰文（DE CLERCQ Djavan Timothy V.）
	清华大学优秀硕士毕业生	周宏杰、冯凯
2020	清华大学优秀博士毕业生	刘彦伶、黄海
	清华大学优秀硕士毕业生	涂伟明、宁雪
2021	清华大学优秀博士毕业生	徐子斌、梁馨予、熊尚超
	清华大学优秀硕士毕业生	王巧、向虹霖、张昕阳
2022	清华大学优秀博士毕业生	高一凡、童心、张军
	清华大学优秀硕士毕业生	毛伟、方定、施琦
2023	清华大学优秀博士毕业生	段磊、孟园、高亚伟
	清华大学优秀硕士毕业生	张紫薇

5.6.4.3　清华大学学生年度人物

清华大学学生年度人物是颁给在某些方面具有突出代表性、在学校及社会形成一定影响力学生的荣誉,近年来,学院多位学生获奖或提名,见表 5-47。

表 5-47 环境学院获清华大学学生年度人物名单

获 奖 情 况	名 单
获奖	万里扬(2016 年)、任仕廷(2016 年)、卢炜媛(2017 年)、廖洋(2023 年)
提名	张宇婷(2019 年)、李泽晖(2019 年)、周作勇(2020 年)、程浩生(2021年、2022 年)、刘迪波(2022 年)

5.6.5 "马约翰杯"获奖情况

环境学院始终秉持育人至上、体魄与人格并重的体育教育观,塑造了同学们自强的精神、拼搏的气质,"马约翰杯"营造竞技比赛氛围,增强了学生的集体凝聚力,提升了他们的责任意识和大局意识,培养了学生顽强的拼搏精神和坚忍的意志品格。截至 2023 年,环境学院在"马约翰杯"比赛中取得了骄傲的成绩:马杯总分四连冠、大满贯、小马杯七连冠、女团十九连冠等,见表 5-48 和图 5-34。

表 5-48 环境学院"马约翰杯"获奖情况

年 份	荣 誉 类 型
2011—2012	大马杯乙组冠军,小马杯乙组女团冠军①
2012—2013	小马杯乙组女团冠军②
2013—2014	大马杯乙组冠军,小马杯乙组总分、女团冠军③
2014—2015	马杯总分第二,小马杯乙组总分、女团冠军④
2015—2016	大马杯乙组冠军,小马杯乙组总分、女团冠军⑤
2016—2017	大马杯乙组冠军,小马杯乙组总分、男团、女团冠军⑥

---

① 清华大学新闻中心.清华第 55 届"马约翰杯"学生田径运动会圆满闭幕[EB/OL].(2012-04-29)[2023-05-30]. https://www.tsinghua.edu.cn/info/1820/73432.htm.

② 清华大学新闻中心.第 56 届"马约翰杯"学生田径运动会举行[EB/OL].(2013-04-29)[2023-05-30]. https://www.tsinghua.edu.cn/info/1803/73002.htm.

③ 清华大学新闻中心.清华第 57 届"马约翰杯"学生田径运动会举行[EB/OL].(2014-12-07)[2023-05-30]. https://www.thsports.tsinghua.edu.cn/info/1138/1332.htm.

④ 清华大学新闻中心.清华大学第 58 届"马约翰杯"学生田径运动会举行[EB/OL].(2015-04-26)[2023-05-30]. https://www.tsinghua.edu.cn/info/1778/72187.htm.

⑤ 清华大学新闻中心."马杯"圆满闭幕 邱勇陈旭带队跑步入场[EB/OL].(2016-04-25)[2023-05-30]. https://www.tsinghua.edu.cn/info/1177/24033.htm.

⑥ 清华大学新闻中心.清华大学第 60 届"马约翰杯"学生田径运动会闭幕[EB/OL].(2017-04-30)[2023-05-30]. https://www.tsinghua.edu.cn/info/1177/23488.htm.

年　份	荣　誉　类　型
2017—2018	大马杯乙组冠军，小马杯乙组总分、男团、女团冠军①
2018—2019	马杯总分第二，小马杯乙组总分、女团冠军②
2019—2020	大马杯乙组冠军，小马杯乙组男团、女团冠军③
2020—2021	大马杯乙组冠军，小马杯乙组总分、女团冠军④
2021—2022	大马杯乙组冠军，小马杯乙组总分、男团、女团冠军⑤
2022—2023	大马杯乙组冠军，小马杯乙组总分、男团、女团冠军

图 5-34　第 64 届"马约翰杯"运动会，校领导与乙组总冠军环境学院师生合影

5.6.6　学生集体获奖情况

环境学院有着深厚的集体主义文化，"班集体""团支部"的概念深入

　　① 清华大学新闻中心.清华大学第 61 届"马约翰杯"学生田径运动会闭幕［EB/OL］.（2018-04-29）［2023-05-30］.https：//www.tsinghua.edu.cn/info/1731/70938.htm.

　　② 清华大学新闻中心.清华大学第 62 届"马约翰杯"学生田径运动会圆满闭幕［EB/OL］.（2019-04-28）［2023-05-30］.https：//www.tsinghua.edu.cn/info/1181/35175.htm.

　　③ 清华大学新闻中心.清华大学第 63 届"马约翰杯"学生田径运动会举行［EB/OL］.（2020-07-27）［2023-05-30］.https：//www.tsinghua.edu.cn/info/1181/58547.htm.

　　④ 清华大学新闻中心.清华大学第 64 届"马约翰杯"学生田径运动会圆满闭幕［EB/OL］.（2021-04-26）［2023-05-30］.https：//www.tsinghua.edu.cn/info/1668/83620.htm.

　　⑤ 清华大学新闻中心.清华大学第 65 届"马约翰杯"学生田径运动会圆满闭幕［EB/OL］.（2022-04-27）［2023-05-30］.https：//www.tsinghua.edu.cn/info/1181/94229.htm.

每一位清华同学的心中。优秀团支部、优秀班集体的评选对促进集体建设和同学成长具有重要意义。"聚是一团火,散是满天星",在集体中奉献,也在集体中成长,班集体是每一个环境人的生命中不可磨灭的青春烙印。2011 年以来,环境学院共有 29 个团支部获得甲级团支部荣誉,18 个班级获得优良学风班荣誉,19 个班级获得先进班集体荣誉,见表 5-49 和表 5-50。

表 5-49　环境学院获校甲级团支部名单

年　　份	获 奖 集 体	年　　份	获 奖 集 体
2014—2015	环 22,环 33,环 34	2019—2020	环 81,环 82,环 84
2015—2016	环 33,环 34,环 44	2020—2021	环 83,环 94
2016—2017	环 51,环 52,环 54	2021—2022	环 93、环 13、环硕 201、环博 212
2017—2018	环 72,环 63,环 51,环 54	2022—2023	环 13、环 23、环博 212、环博 221
2018—2019	环 73,环 74,环 63		

表 5-50　环境学院荣获校优良学风班名单

年　　份	获 奖 集 体	年　　份	获 奖 集 体
2011—2012	环 03,环 12	2018—2019	环 62,环 84
2013—2014	环 12,环 22	2019—2020	环 74,环 81
2014—2015	环 21,环 33	2020—2021	环 82,环 94
2015—2016	环 52,环 33	2021—2022	环 94,环 13
2016—2017	环 62,环 63	2022—2023	环 13
2017—2018	环 54		

5.6.7　就业情况

环境学院高度重视学生就业工作,始终着眼于学院人才培养与职业发展战略布局,全员、全程、全方位合力推动职业发展与指导,关注从新生到毕业生不同阶段的学生需求,有针对性地开展就业引导和就业辅导,保障毕业生充分就业。

学院成立了以党委书记、主管教学工作副院长、主管学生工作副书记为主要负责人,以两组组长、就业工作助理教师、本科毕业班辅导员和研究生就业助理为成员的就业工作领导小组,研究学生就业工作,科学制订年度就业工作计划。学院领导班子成员积极走访多家重点用人单位并开展合作,鼓励全体教职员工特别是研究生导师参与就业工作、关心学生就业并作积极推荐，"全员化"工作取得实效。学院还出台了《环境学院加强学生就业工作实施办法》，作为指导性文件，为环境学院就业工作提供了充分指导与支撑。

学院有效形成了"入学精准引导—在读匹配资源—服务求职全程"的全程化、精细化、多元化就业工作体系。学院在学生入学教育阶段面向新生开展职业辅导讲座，分析近年就业状况，促进新生职业认知；在学生在读期间，充分挖掘校内外资源，提供多种实习实践机会，强化与未来职业发展方向相匹配的就业能力储备；开展多项以就业为主题的党团班活动，通过传统特色活动"环环相扣"对话知名校友，分享职业感悟；求职阶段，进行简历撰写、面试技巧等技能培训和一对一咨询、政策解答等服务，助力毕业生的求职进程。

学院通过加强重点行业与领域就业引导，开展重点就业专项推荐、重点领域校友交流活动及重点就业实践基地建设与完善等工作，覆盖学生就业的主要方向与领域，满足不同特点学生的职业规划诉求，进一步提升了环境学院的就业质量，取得了显著成绩。

学院就业率始终保持高位平稳，多年达到或接近100%就业；重点率大体上稳中有升，保持较高水平，2011—2023年学生就业情况如表5-51所示。

表5-51　环境学院学生就业情况（2011—2023年）

年份	2011	2012	2013	2014	2015	2016	2017	2018	2019	2020	2021	2022	2023
就业率/%	100	99.4	100	99.4	99.0	99.6	99.5	100	100	100	100	99.6	98.4
重点率/%	61.8	67.1	77.3	78.8	82.0	75.8	70.7	75.7	85.0	82.4	80	79.2	84.0

环境学院本科生毕业去向以深造为主，其中国（境）内深造比例达到62%，国（境）外深造比例为23%，签约就业和灵活就业比例合计为15%，见图5-35。

环境学院研究生毕业去向以就业为主，其中签约就业比例达到73%，灵活就业比例达12%，国（境）内外深造比例合计为15%，见图5-36。

环境学院毕业生有38%选择国有企业就业，其次为党政机关（18%）、高等院校（15%），充分体现了学院的就业引导方向，见图5-37。

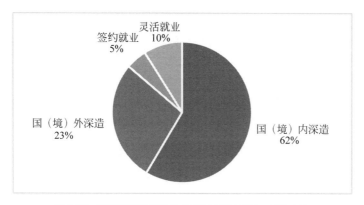

图 5-35　环境学院本科生毕业去向分布(2011—2023 年)

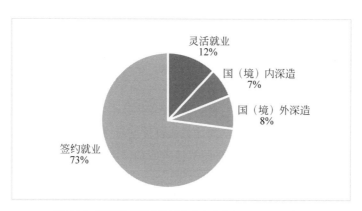

图 5-36　环境学院研究生毕业去向分布(2011—2023 年)

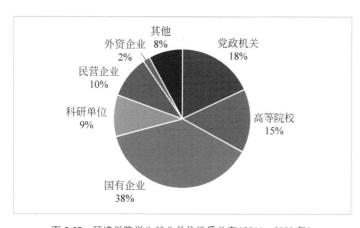

图 5-37　环境学院学生就业单位性质分布(2011—2023 年)

5.6.8 奖、助（励）学金和环境教育发展基金

环境学院设立了多项奖学金用以表彰优秀学生，鼓励学生积极进取、开拓创新，引导学生在思想品德、业务学习、科研实践、文艺体育、社会工作等方面得到锻炼、发展和提高。目前各类奖学金获奖比例不超过参评人数的50%，其中校设综合优秀奖学金获奖比例不超过参评人数的20%。此外，学院还设立了多项助学金，助学金的评定坚持"以助学为目标，以需要为原则，以育人为根本"的基本方针，通过对本院学生进行调查和访谈，筛选出本学年家庭经济存在困难的学生，给予不同程度的资助。近年来，本科生各类助学金获助比例约占全体学生的20%。

清华大学环境教育发展基金通过筹措社会资金支持环境学院学科建设、人才培养、科学研究等方向的全面发展，为环境学院建设成为世界一流环境学院提供支持。

5.6.8.1 清华之友-哈希奖学金

清华之友-哈希奖学金于2004年设立，由哈希公司捐赠设立。该奖学金主要奖励环境相关专业品学兼优或在科技创新、社会工作、公益实践、文艺体育等某一方面有突出表现的同学，截至目前，累计已有百余名同学获奖。

5.6.8.2 陶葆楷励学基金

陶葆楷励学基金于2006年设立，由李国鼎先生等捐赠设立，主要用于资助家庭经济困难的学生。

5.6.8.3 环82级二十一世纪励学金

环82级二十一世纪励学金于2007年设立，原名环21班二十一世纪励学金，2012年发展为环82级全体校友捐赠，改为现名，用于资助家庭经济困难学生。

5.6.8.4 顾夏声励学基金

顾夏声励学基金于2008年设立，由顾夏声先生的弟子们共同捐赠。每年视情况设成助学金或奖学金，资助家庭经济困难的学生，或奖励品学兼优或在某方面有突出成绩的学生。

5.6.8.5 清华之友-威立雅奖学金

清华之友-威立雅奖学金于2008年由威立雅环境集团出资设立，迄今已评选12届，用于支持环境学院拔尖创新人才培养工作，奖励在课外科

创、学术研究、社会实践、志愿服务、体育文艺、社会工作等方面表现突出的同学。

5.6.8.6　安乐工程集团奖学金

安乐工程集团奖学金由香港安乐工程有限公司于2012年捐赠设立,旨在奖励环境学院本科四年级品学兼优的学生,获奖学生将有机会在香港安乐工程集团进行为期12周的暑期实习。

5.6.8.7　清华之友-环2奖学金

清华之友-环2奖学金于2014年设立,由环境学院1992级校友捐赠。奖励学业优秀的本科生。

5.6.8.8　周集中-石小娅奖学金

"周集中-石小娅奖学金"是2015年由周集中教授与夫人石小娅女士捐赠成立的专项学生奖学金,用于奖励清华大学从事生态学、环境科学和工程专业的优秀学生。

5.6.8.9　清华之友-解振华能源环境奖学金

2020年,在解振华校友捐助的"全球气候变化与绿色发展专项基金"支持下设立"清华之友-解振华能源环境奖学金",奖励在能源环境领域,特别是气候变化与可持续发展领域全面发展或开展实习实践的优秀学子。

5.6.8.10　清华校友-大为体育奖学金

清华校友-大为体育奖学金于2021年设立,由1987级校友韩大为捐赠,用于支持环境学院的学生体育发展。

5.6.8.11　清华之友-摩纳哥亲王基金会奖学金

清华之友-摩纳哥亲王基金会奖学金于2022年设立,由摩纳哥阿尔贝二世亲王基金会捐赠设立,旨在奖励在环境领域品学兼优、热衷环保公益的优秀学子。

5.6.8.12　清华之友-环境学院新兴铸管奖学金

清华之友-环境学院新兴铸管奖学金于2022年设立,由新兴铸管股份有限公司捐赠设立,旨在奖励环境学院在学业、科创、实践、志愿服务、社会工作、文艺体育等某一方面表现优秀的学生。

5.6.8.13　清华大学老牛环境基金

清华大学老牛环境基金于2012年由老牛基金会捐赠。老牛基金会是由蒙牛集团创始人牛根生先生于2004年发起的非公募家族基金会。

老牛基金会于 2011 年在清华大学设立"清华大学老牛环境学国际交流基金"，主要用于支持环境学院学生的国际化培养。

5.6.8.14　钱易环境教育基金

钱易环境教育基金于 2016 年由钱易院士的学生捐赠，期望以此培养更多的环保人才。该基金设有钱易环境奖学金，奖励全国环境领域的优秀学生。

5.6.8.15　环境发展基金

2019 年由清华大学环境学院设立，旨在推动学院教育事业的蓬勃发展。捐赠主要来自国内外企业、社会团体、校友、个人捐赠等。

5.6.8.16　人才队伍建设基金

2020 年设立，旨在支持环境学院的人才队伍建设。该基金主要由清华苏州环境创新研究院、北京国环清华环境工程设计研究院有限公司等捐赠。

5.7　科研工作

近 10 年来，伴随着中国经济高速发展的是最为严峻的资源环境挑战。在党的十八大提出生态文明建设和国家全面深化改革转型大背景下，环保事业顺势而为，迎来了又一个黄金时期。在教育部、环境保护部、科学技术部、住房和城乡建设部等有关部委的大力支持下，环境学院师生始终坚持面向国家环境保护和可持续发展的重大需求，结合环境学科的国际前沿，组织开展了一系列与国家和全球环境科学技术发展密切相关的基础性、前瞻性和战略性创新研究与技术攻关，并取得了丰硕的科研成果。

环境学院坚持面向国家重大需求，瞄准国际学术前沿，通过"十三五"期间"双一流"建设，已形成了环境科学、工程、管理交叉融合的学科布局，大气污染防治方向优势继续强化，水资源、水环境、水生态方向再上一个新台阶，环境土壤修复和固体废物处置与资源化方向整体向好，环境管理方向的影响力持续增强。学院紧密结合国家水、气、土壤等重大治理专项战略目标，立足于重点地区环境质量改善和环境科技需求，加快大型研究基地和实验测试平台建设。学院积极整合利用地方资源推动学科发展和科技创新，目前已逐步建立了多个环境科技创新平台，初步构建了涵盖

"基础研究、应用基础研究、技术创新和成果转化"的环境科技创新链条,初步实现了在"京津冀""长三角""大湾区"等国家战略区域的环境科技创新力量布局,夯实了环境学科发展的硬件基础。近 10 年累计牵头承担国家级重大/重点科技项目 37 项,牵头大气重污染成因与治理攻关,雄安新区环境综合整治规划及长江大保护战略研究,产出了一批具有国际影响力的科研成果。环境学院有一批创新成果发表在 Nature 及其子刊、PNAS 等期刊上;在蓝天、碧水、净土三大保卫战与历次重大事件环境保障,以及重大污染事故应急响应中发挥关键技术支撑和决策支持作用;作为第一完成单位获得国家科技三大奖 9 项,打破本领域国家一等奖连续 20 多年空缺的困境;基本形成了产学研合作、知识产权与技术转移、科技企业创立与孵化等成果转化管理与服务体系,实现科技成果转化 60 余项,涉及知识产权 120 余项。

学院坚持立足于国家环境保护主战场,将推动我国环境保护行业进步、服务国家环境保护与生态文明建设放在学科发展的突出位置,为国家环境治理重大工程应用提供清华解决方案,为国家重大行动规划编制发挥智库作用,为我国历次重大事件环境质量保障及重大污染事故应急响应提供关键技术支撑和决策支持,为气候变化、危险废物、POPs、汞等方面履行国际公约提供科学依据和技术支持,提升了我国在全球环境问题上的国际影响力和科学话语权。

环境学院一直秉承清华大学"顶天、立地、树人"的科研理念,兼顾推进前瞻性的基础研究和面向国家重大需求的应用研究,为国家重大环境问题的解决和可持续发展战略的实施提供了强有力的技术服务、理论支持和决策支撑,为实现环境学科在国际学术前沿和满足国家重大战略需求两个战场争创世界一流的目标发挥了重要作用。

2011—2023 年,环境学院 SCI 收录论文情况,以及 2011—2022 年获得授权专利情况见图 5-38 和图 5-39。

2015 年年初,世界著名出版公司爱思唯尔(Elsevier)发布 2014 年中国高被引学者(Most Cited Chinese Researchers)榜单。高被引学者作为第一作者和通讯作者发表论文的被引总次数在本学科所有中国(大陆地区)的研究者中处于顶尖水平,入选高被引学者名单,意味着该学者在其所研究领域具有世界级影响力,其科研成果为该领域发展做出了较大贡献。

图 5-38　2011—2023 年环境学院 SCI 收录论文情况

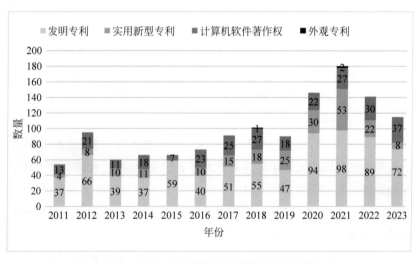

图 5-39　2011—2023 年环境学院获得授权专利情况

自 2014 年度起至 2018 年度,环境学院教师邓述波、郝吉明、贺克斌、黄霞、余刚(按姓名拼音顺序)入列环境科学组高被引学者名单,李俊华入列化学工程组榜单。2019 年度,王书肖新增入列环境科学组高被引学者名单。2020 年度,环境学院上榜人数增至 10 人,其中,邓述波、郝吉明、贺克斌、黄霞、李俊华、刘会娟、曲久辉、王书肖、余刚(按姓名拼音顺序)9 名教授入选环境科学与工程学学科榜单,陈超副研究员在土木工程学科上榜。2021 年度,邓述波、郝吉明、贺克斌、黄霞、李金惠、李俊华、刘会娟、曲久辉、王书肖、余刚(按姓名拼音顺序)10 位教授入选环境科学与工程学学科榜单。2022 年度,邓述波、郝吉明、贺克斌、侯德义、胡洪营、黄霞、李金惠、李俊华、刘会娟、曲久辉、王书肖(按姓名拼音顺序)11 位教授入选环境科学与工程学学科榜单。

2018 年 11 月 27 日,科睿唯安(Clarivate Analytics)发布 2018 年"高被引科学家"名单,环境学院贺克斌院士入选交叉科学领域高被引科学家。2020 年 11 月,科睿唯安发布 2020 年"高被引科学家"名单,全球 60 个国家的 6167 人次来自各领域的高被引科学家入榜。环境学院入选的科学家达到 7 人次,占全校入选人次的 1/8。其中郝吉明院士和王书肖教授同时入选环境科学与生态学、地球科学两个学科榜单,贺克斌院士入选地球科学学科榜单,余刚和李俊华教授分别入选跨学科领域榜单。2021 年 11 月,在 2021 年度全球"高被引科学家"名单中,环境学院 6 人次入选全球高被引科学家名单。其中,郝吉明院士入选环境科学与生态学领域榜单,贺克斌院士入选地球科学领域榜单,李俊华教授和侯德义副教授入选交叉科学领域榜单,王书肖教授同时入选环境科学与生态学、地球科学两个领域榜单。2022 年,环境学院 8 人次入选全球高被引科学家名单,其中,郝吉明院士同时入选环境科学与生态学、地球科学两个领域榜单,贺克斌院士入选地球科学领域榜单,周集中教授、王书肖教授、侯德义教授入选环境科学与生态学领域榜单,杨云锋研究员和赵斌助理教授入选交叉科学领域榜单。此外,曾在环境学院从事博士后工作的 David O'Connor 入选交叉科学领域高被引科学家。

5.7.1　主要科研成果

环境学院坚持面向国家环境保护战略需求,围绕水环境保护、大气污染控制、固体废弃物控制与资源化、饮用水安全、市政工程、环境规划与管理、环境土壤与地下水和环境污染控制化学等重点领域开展了一大批基础性、前瞻性、创新性和战略性的科学研究和技术攻关,在二氧化硫减排、大气污染源排放清单、烟气污染物深度治理、城镇污水深度净化、持久性有机污染物控制、再生水水质安全、地下水污染防治及污染场地修复、固体废物处理处置等领域取得了一系列突破性、阶段性的进展和成果。

5.7.1.1 国家级科技奖励

环境学院获得的国家级科技奖励情况如表 5-52 所示。

表 5-52 环境学院获国家级科技奖励情况（2011—2023 年）

编号	获奖成果名称	获奖人（院内）	奖项与等级	获奖年份
1	我国二氧化硫减排理论与关键技术	郝吉明、贺克斌、王书肖、段雷	国家科学技术进步奖二等奖	2011
2	有机废物生物强化腐殖化及腐殖酸高效提取循环利用技术 *	岳东北、聂永丰	国家技术发明奖二等奖	2014
3	流域水循环演变机理与水资源高效利用 *	陈吉宁	国家科学技术进步奖一等奖	2014
4	区域大气污染源高分辨率排放清单关键技术与应用	贺克斌、王书肖、张强、吴烨、蒋靖坤	国家科学技术进步奖二等奖	2015
5	燃煤烟气选择性催化脱硝关键技术研发及应用	李俊华、郝吉明	国家技术发明奖二等奖	2015
6	国家环境分区-排放总量-环境质量综合管控关键技术与应用 **		国家科学技术进步奖二等奖	2016
7	城市循环经济发展共性技术开发与应用研究	李金惠、温宗国、金宜英、吴静、聂永丰、张天柱	国家科学技术进步奖二等奖	2016
8	膜集成城镇污水深度净化技术与工程应用	黄霞、文湘华、梁鹏、肖康	国家科学技术进步奖二等奖	2017
9	卤代持久性有机污染物环境污染特征与物化控制原理	余刚、黄俊、邓述波、王斌、杨波	国家自然科学奖二等奖	2017
10	填埋场地下水污染系统防控与强化修复关键技术及应用 *	李广贺	国家科学技术进步奖二等奖	2017
11	城市集中式再生水系统水质安全协同保障技术及应用	胡洪营、刘书明	国家科学技术进步奖二等奖	2018
12	水中典型污染物健康风险识别关键技术及应用 *	陈超	国家科学技术进步奖二等奖	2018
13	工业烟气多污染物协同深度治理技术及应用	李俊华、郝吉明、叶恒棣、彭悦、朱彤、陈贵福、赵谦、岑超平、姚群、宋蔷、张志刚、马永亮、魏进超、李海波、陈建军	国家科学技术进步奖一等奖	2020

* 清华大学非第一完成单位。

** 仅有清华大学单位署名。

（1）工业烟气多污染物协同深度治理技术及应用

主要完成人：李俊华、郝吉明、叶恒棣、彭悦、朱彤、陈贵福、赵谦、岑超平、姚群、宋蕾、张志刚、马永亮、魏进超、李海波、陈建军等。

获得奖项：2020年度国家科学技术进步奖一等奖。

项目简介：

该项目围绕我国钢铁、建材等行业烟气多污染物协同深度减排难题，发明了双功能催化剂、碳基多功能材料及覆膜梯度滤料等核心材料，研制了脱硫除尘及低温多污染物吸附再生关键装备，开发了系列多污染物协同深度治理先进工艺，工程运行结果满足全球最严格的超低排放标准。成果已在钢铁烧结、水泥、玻璃等行业进行工程示范及推广应用，遍及全国32个省市自治区及海外23个国家，引领了工业烟气深度治理技术与产业进步，为国家打赢蓝天保卫战发挥了重要作用。

（2）城市集中式再生水系统水质安全协同保障技术及应用

主要完成人：胡洪营、刘书明、吴乾元、吴光学等。

获得奖项：2018年度国家科学技术进步奖二等奖、2017年度环境保护科学技术奖一等奖、中国专利优秀奖等奖励。

项目简介：

污水再生利用是解决我国水资源短缺和水环境污染问题的关键途径和重大需求。再生水利用是一个复杂的非传统供水系统，其水源污染物复杂多变，面临总氮和病原微生物等难控制污染物高标准净化、输配过程水质劣化控制等突出技术难题。该项目以保障城市集中式再生水系统可靠高效运行和水质安全稳定为目标，经过15年的基础研究、技术研发和工程实践，发展了再生水水质协同净化新方法、新理论，突破了联控深度脱氮、协同增效消毒、管网水质劣化风险控制、全流程水质安全监控预警等核心技术，率先形成了"多屏障保质、全系统优化"再生水水质安全保障技术体系，主要创新成果如下。

① 提出了协同降耗脱氮新方法，开发出AAO/反硝化滤池联控深度脱氮技术；提出基于硝化菌活性调控和微生物絮体缺氧微环境控制的AAO脱氮碳源高效利用新方法，研发出反硝化滤池耗碳因子前馈与硝氮变幅反馈碳源精准投加、滤床堵塞率与出水浊度变化协同控制反冲洗等技术；通过AAO/反硝化滤池协同联控运行，突破了高标准低碳耗脱氮技术难题(总氮可降至3 mg/L以下)。

② 发展了再生水增效消毒新理论，突破了臭氧/紫外线/氯协同消毒

技术,阐明了微生物多靶点损伤灭活强化机制,发展了消毒抗性菌增效灭活和致癌消毒副产物控制新理论,通过协同消毒,拓展了消毒谱图,解决了高标准消毒难题(总大肠菌群可降至 3 个/L 以下);突破了特种玻璃放电管高频臭氧发生核心技术和大型低耗臭氧发生器制造技术,产量可达 130 kg/h(世界前三);自主研制出大流量垂直排架紫外线消毒设备,为大规模再生水厂提供了消毒设备保障。

③ 揭示了再生水管网水质劣化机制,开发出管网水质风险控制技术;阐明了再生水输配管材污染物析出和腐蚀特性,构建了管材评价优选方法;揭示了再生水复杂水质条件下的余氯衰减和微生物生长规律,建立了余氯多阶段二级衰减模型,开发出管网余氯分布反演投氯量优化技术,实现了余氯精细保障。

④ 构建了全流程水质风险控制模式,开发出水质安全监控预警技术与设备;提出再生水水质风险关键控制点识别方法和管控模式,据此主持编写了城镇再生水领域首个 ISO 国际标准(水环境领域我国首次编写的 ISO 标准),引领了再生水行业发展;研发出再生水处理工艺进水生物抑制监控、出水发光菌毒性在线监测、管网水质异常快速识别等核心技术和设备,保障了系统可靠运行。

本项目发表论文 116 篇(SCI 论文 45 篇),他引次数达 1400 余次;获中国、美国专利和软件著作权 56 项;主持编写国内外标准 3 项。成果应用于我国 30 个省(市)449 座污水再生处理厂(日总处理能力达 2.532×10^7 m^3),工程总投资 112.6 亿元。其中,深度脱氮和协同消毒工艺应用于北京市 7 座大型再生水厂(包括国际上规模最大的 10^6 m^3/d 的高碑店再生水厂),产水量占北京市再生水总量的 62%。核心设备还推广应用于美国、英国、西班牙、韩国等 8 个国家。成果在近 3 年支撑生产再生水 2×10^9 m^3,新增销售额 46.91 亿元、利润 10.49 亿元。

(3) 卤代持久性有机污染物环境污染特征与物化控制原理

主要完成人:余刚、黄俊、邓述波、王斌、杨波。

获得奖项:2017 年度国家自然科学奖二等奖。

项目简介:

项目属环境科学技术领域的应用基础研究。

持久性有机污染物(POPs)是《斯德哥尔摩公约》的控制对象,是全球关注的环境污染物,其环境污染特征和去除控制原理是环境学科重要的基础科学问题。该项目紧紧围绕卤代 POPs 污染水平和存在形态、脱卤机理和降解原理、吸附特性和去除机理 3 个关键科学问题,通过深入剖析典型受污染环境,揭示了传统 POPs 和新增列 POPs 的污染水平和赋存状态等环境污染特征;针对卤代 POPs 难降解特点,突破了高效催化脱卤降解和吸附去除等物化技术原理,持续研究 15 年,成果得到国内外同行的高度认可。

① 揭示了传统和新增列 POPs 的污染水平和赋存状态,发现了溴代阻燃剂类新增列 POPs 在室内灰尘中按粒径的不均匀分布规律及它对风险评估的关键性影响;首次发现了一种具有 POPs 特性的新污染物——全氟烷基醚磺酸。

② 研制出新型钯修饰泡沫镍电极并实现了对多氯联苯的高效稳定脱氯,提出并验证了电极界面的氢溢流降解机理;研制出高性价比的新型锡锑铋电极,开发出高效电催化氧化分解全氟化合物的新方法,证明逐级脱除 CF_2 的降解途径;提出高效制备可见光催化材料卤氧化铋的通用新方法,阐明了可见光催化去除水中五氯酚等 POPs 的原理。

③ 揭示了常规和新型吸附剂去除氟代 POPs 的特性,提出了静电吸引是吸附去除的主要作用力,发现疏水疏油的碳氟链在吸附中表现出弱亲油性,提出并验证了氟代 POPs 在多孔材料内富集并形成胶束是吸附量高的决定因素。

8 篇代表性论文发表在 ES&T 等著名环境刊物,总他引 948 次,SCI 他引 768 次,单篇被引次数均居 ESI 环境/生态领域前 10%(其中 3 篇为前 1%),单篇最高总他引 327 次,SCI 他引 238 次。完成人余刚、邓述波连续 3 年入选 Elsevier 中国高被引学者榜单。成果为科学认识我国传统 POPs 和新增列 POPs 的环境污染特征提供了重要理论基础,丰富和发展了 POPs 物化控制理论,为我国和全球履行 POPs 公约发挥了重要科技支撑作用。

(4) 膜集成城镇污水深度净化技术与工程应用

主要完成人:黄霞、文湘华、梁鹏、肖康等。

获得奖项:2017 年度国家科学技术进步奖二等奖。

项目简介:

针对我国严峻的水污染和水资源短缺现状,开发高效的城镇污水深度净化技术对于同时解决水污染和水资源短缺具有重要意义。以膜-生物反应器(MBR)为代表的膜集成水处理工艺因出水优异、运行稳定、占地紧凑等特点具有广阔的应用前景。开发针对不同水质需求的高性能膜材料和低能耗膜组器、高效组合工艺及节能降耗技术是膜集成水处理技术大规模应用的关键。围绕这些关键技术,项目从基础研究—技术创新—工程应用全产业链开展攻关,取得如下创新性成果。

① 自主研制出高性能膜材料和膜组器。攻克湿式带衬法中基衬和膜层间难以紧密结合的难题,研制出适用于 MBR 的高强度中空纤维微滤膜,跻身国际三大供应商;发明下开放式 MBR 膜组器,解决了常规膜组器污泥淤堵的问题;开发出适用于二级出水深度净化的超大型超滤膜组器,消除了水锤现象,实现了稳定运行。

② 开发出强化内源反硝化 3A-MBR 脱氮除磷工艺。针对低碳源污水氮磷同步去除率低的难题,在传统 A/A/O 脱氮除磷工艺基础上,增设后缺氧段,形成 A/A/O/A 耦合 MBR(3A-MBR)工艺;在无外加碳源条件下实现污水深度脱氮除磷,出水水质全面优于一级 A 排放标准,总氮和总磷浓度仅为标准的 50%。

③ 首次开发出 MBR 膜池-生化池联动优化曝气与节能降耗技术。对下开放式膜组件创新采用高低曝气;针对生化池开发出基于氨氮-DO 二阶串级反馈的曝气控制技术;集成并开发出 MBR 膜池-生化池整套节能降耗稳定运行系统,在国内大型城镇污水 MBR 工程应用中,降耗降低 30% 以上。

④ 开发出微滤-纳滤双膜组合高品质再生水制备工艺,研发出适用于高品质再生水制备的低压纳滤膜,并在此基础上,开发出 MBR-纳滤组合工艺;在已建成的高品质再生水工程中,出水水质达到地表水准 Ⅱ 类标准,能耗比以反渗透为主的传统工艺降低 33%。

知识产权方面,项目共发表论文 114 篇,其中 SCI 论文 50 篇;获授权专利和软件著作权 34 项(2 项获中国专利优秀奖),出版专著 2 部,制定部级行业标准 3 项。

成果推广方面,高强度膜材料成功应用于国内首座 15 万吨级 MBR 工程,超大型超滤膜组器成功用于国内首座百万吨级再生水厂。截至 2016 年,工程推广累计规模达 7.96×10^6 t/d,遍及全国 19 个省市;其中

MBR 工程规模达 $5.66×10^6$ t/d,全国占比 61%;在全球 10^5 t/d 以上大型 MBR 工程中,项目工程数位居第一,累计规模占比 55%。成果推广应用新增销售额 39.5 亿元,新增利润 12.8 亿元,社会经济效益显著。

(5) 城市循环经济发展共性技术开发与应用研究

主要完成人:李金惠、温宗国、金宜英、吴静、聂永丰、张天柱等。

获得奖项:2016 年度国家科学技术进步奖二等奖。

项目简介:

循环经济是当前国际绿色发展转型的重大战略,也是党中央提出促进生态文明建设的三大途径之一。在重点城市建立循环经济技术发展模式被《国家中长期科学和技术发展规划纲要(2006—2020 年)》列为科技发展目标。与欧美国家相比,我国城市具有人口聚集、资源消耗大、物质线性流动、资源产出率低、废弃物特性复杂、循环利用能耗高和污染物排放大的典型特征,对经济可持续发展、人体健康和生态环境构成巨大威胁。项目以城市物质代谢为理论,物质流节点调控为手段、典型物质循环利用的共性和关键技术为突破,形成了以"系统集成优化、物质循环减量、再生资源交易、资源循环利用、管理政策保障"等为特征的城市循环经济共性技术支撑原型模式。主要科技创新如下。

① 研发出区域物质代谢归一化核算方法,建立了资源产出率等多层次的循环经济评价指标;研发了经济社会部门耦合、地理空间网格化的物质代谢模拟及系统规划技术,推动城市代谢分析模型从线性转为循环型,从传统黑箱向机理化、白箱化发展,构建了城市物质代谢节点调控理论和分析方法体系。

② 首次在国内构建了"互联网+再生资源回收"的专业化平台技术,形成了线上信息匹配、线下物质交易的回收模式,匹配准确率大于85%,解决了海量信息匹配速度慢、准确度低的难点;针对多种典型城市垃圾较早地建立了市场机制与行政方法相结合、分类分质的回收体系和管理政策,显著缩短了回收环节,降低了交易成本,提升了资源回收效率。

③ 研发出典型"城市矿产"机械物理法多级破碎分选技术及成套装备,攻克了常温态下电子废物、废旧轮胎等资源材料分离难度大的难题;研发出破碎分离物分类分质高值化加工利用技术,有价材料再利用率高

于德国和日本水平 5%～10%，处理成本降低 40%～60%；形成了绿色机械辅助人工拆解+高效分类分离+高价物质有效提取+拆分物产品化高值化利用技术模式。

④ 研发出高含固有机废物湿热水解及多组分资源化新工艺，解决了复杂介质中物质定向转化迁移的技术难点，油脂回收效率达 90% 以上；研发出高中温两级厌氧消化、有机物肥料化/饲料化的多组分高效资源化关键技术及成套装备，突破了产沼效率低、运行不稳定的难点，彻底打通了适应我国独特物化特性的餐厨垃圾多组分资源化利用技术链条。

⑤ 研发出市政环境基础设施难处理残余物协同处置利用制备建材的关键技术，在国际上最早建成水洗预处理垃圾焚烧飞灰水泥窑煅烧协同处置利用的工程化项目，建立了建材资源化产品安全性评估与环境风险控制方法体系。

本项目发表 SCI 论文 111 篇，专著 13 部，主持和参与制定国家标准 18 项。授权发明专利 51 项，实用新型 64 项，软件著作权 26 项。核心成果在苏州等 8 个城市实现了集成示范，关键技术在 19 家企业进行了应用推广，近 3 年新增销售额 24.85 亿元，新增利润 2.79 亿元。成果是 30 项国家和部委级政策、文件的核心科技支撑，极大地推动了国家城市循环经济的发展。

（6）燃煤烟气选择性催化脱硝关键技术研发及应用

主要完成人：李俊华、郝吉明等。

获得奖项：2015 年度国家技术发明奖二等奖。

项目简介：

该项目属于环境科学与技术领域。

我国是世界上最大的煤炭消费国，燃煤排放的氮氧化物（NO_x）是造成光化学烟雾和区域性灰霾的重要前体物，控制燃煤烟气中 NO_x 的排放成为改善大气环境质量的关键。目前我国电厂的 NO_x 排放采用了全球最严的排放限值，满足标准的最佳技术途径是氨气选择性催化还原（NH_3-SCR）NO_x。我国燃煤烟气排放普遍存在高灰高钙高硫（三高）特征，且烟气温度波动范围大，如何在"三高"特征下实现中低温宽窗口高效稳定脱硝、高钙高砷中毒催化剂无损再生等成为学术界和工业界面临的难题。

该项目在国家"863"重点项目和国家自然基金重点项目等支持下，历经十余年攻关,首次揭示了中低温脱硝反应机理,在脱硝催化剂及其关键载体、废旧催化剂再生及脱硝工艺等核心技术方面完成多项发明,通过产学研协同创新,引领脱硝理论和技术进步,推动脱硝产业的跨越式发展。主要发明点如下。

① 针对中低温脱硝效率低的难题,提出指导脱硝催化剂设计的"氧化还原位-酸性位"双活性中心理论,首次通过掺杂稀土元素耦合过渡金属调控氧化还原性和酸性,发明中低温宽窗口(200~450℃)高效脱硝催化剂。与国外产品相比,温度窗口向低温拓宽约80℃,催化剂活性 K 值在200℃下提高1.3倍。

② 针对我国燃煤烟气"三高"排放特征,提出复合载体颗粒增强和晶粒细化作用机制,发明高强度大比表面积的钛硅及钛硅钨复合载体(约 10^8 m^2/g);基于复合载体发明了高强度抗耐磨催化剂的核心成型配方和端口硬化液,使催化剂抗压强度和抗磨损性能较国际主流产品分别提高20.9%和47.1%。

③ 从原子尺度上揭示硫氯磷、碱金属/碱土金属和重金属砷的中毒机理,提出平衡催化剂表面酸碱性和氧化还原性是保证催化剂活性的关键,发明了中性络合清洗液及电泳溶出再生技术,再生后的中毒元素钾钙砷等的去除率达到90%以上,活性达到新鲜催化剂的96%,再生效果优于国外再生技术。

④ 针对流场分布不均易造成偏流堵灰等实际问题,通过数值计算与物理模拟相结合,发明了高精度流场均匀分布方法和系统,使 NH$_3$/NO$_x$ 物质的量比的最大偏差小于±5%,保证烟气与催化剂充分均匀接触,提高脱硝效率。

基于该发明技术,形成了"关键载体—脱硝催化剂—再生技术—脱硝工艺"技术创新产业链,氧化物载体、脱硝催化剂及脱硝工程在国内市场占有率位列第一,已在国电、华能、大唐及神华等256家电站及工业锅炉中得到应用,并销往美国和日本等国家。近3年来实现产值78.84亿元,新增利润12.91亿元,新增税收3.44亿元。该项目授权国家发明专利23项、实用新型专利8项、软件著作权2项,主持编写2项国家标准,参编1项国际标准,出版专著1部,发表SCI论文83篇(一区:37篇),SCI他引1365次,高引用论文5篇。

该项目的主要技术发明为国内外首创,经中国环境科学学会鉴定,被评价为"国际领先水平"。

(7) 区域大气污染源高分辨率排放清单关键技术与应用

主要完成人:贺克斌、王书肖、张强、吴烨、蒋靖坤等。

获得奖项:2015 年度国家科学技术进步奖二等奖。

项目简介:

排放清单技术、立体观测技术和数值模拟技术共同构成欧美区域空气质量改善重大行动计划(CAFÉ、CAIR 等)的三大核心支撑技术;因快速工业化和城市化,我国目前的大气污染排放源体系在世界上技术构成最复杂、时空变化最迅速,对排放清单技术在准确定量、及时更新和高分辨率方面提出了难度极高的科技要求。项目通过研发采样测试技术、基于过程的排放清单技术、高分辨率排放源模式和清单多维校验技术等,基于在线平台集成,构建了区域高分辨率排放清单技术方法体系及数据集产品。创新成果如下。

① 研发出固定源双级虚拟撞击采样器,测量精度优于欧美同类产品,全面提升了测试系统准确性;开发出移动源第三代车载排放测试系统,实现了由时段平均向瞬态测试的技术跃升。基于大量现场测试构建了基于工艺和控制技术的中国大气污染源排放因子库。

② 开发出基于动态过程的高分辨率排放清单技术和区域污染物控制情景与排放预测的源清单技术方法,使主要污染物排放清单的不确定性降低 50%~70%。

③ 开发出多尺度高分辨率排放源模式,源清单时空分辨率、化学物种辨识精度和源识别种类提高一个数量级;实现多年度、多尺度、多化学组分的清单集成计算处理及与大气化学模式的无缝链接。

④ 建立了集成不确定性分析、卫星遥感、地面观测、模型模拟的排放清单多维校验技术;建立了基于自展模拟的自下而上清单不确定性追踪和定量技术,实现了不确定性分析从定性或半定量到定量的水平提升。

经教育部鉴定:"成果整体达国际先进水平,在基于动态过程的高分辨率排放清单技术、清单在线计算平台技术及数据产品、粒径谱与成分综合采样测试系统等方面处于国际领先水平。"本项目发表 SCI 论文 146 篇;12 篇入选 ESI"高引用论文";获专利 9 项、软件著作权 13 项,出版专著 3 部。

成果广泛应用于国家和京津冀、长三角、珠三角等重点区域大气污染防治工作,成为 40 多项重大政策、技术文件和业务平台的核心科技支撑。主要包括:国务院《大气污染防治行动计划》和国家环保技术文件《一次 PM2.5 源排放清单编制技术指南》等,河北、北京、江苏等数十个省市落实《大气污染防治行动计划》实施方案和应用国家及部分省市的空气质量预警预报平台。成果应用于香港制订粤港减排目标与减排计划、澳门制订在用车尾气排放标准,并全面改进我国环境气象业务预报水平。上述重大政策和行动推动了我国区域大气污染防治实践,2014 年全国 74 个城市的 PM2.5、PM10、SO_2、NO_2 年均浓度比 2013 年分别下降 11.7%、11.7%、17.3% 和 3.5%,空气重污染发生频次、持续时间和污染强度均明显降低。成果明显改善了我国区域大气污染防治中排放清单技术与数据产品长期滞后状态,被国际权威专家 David Streets 等评价为"世界一流的工作",被国内外 100 多家研究机构和 TF-HTAP、MICS-Asia 等大型国际研究计划采用,在排放清单技术领域产生了重大国际影响。

(8)我国二氧化硫减排理论与关键技术

主要完成人:郝吉明、贺克斌、王书肖、段雷。

获得奖项:2011 年度国家科学技术进步奖二等奖。

项目简介:

二氧化硫是"十一五"节能减排国家战略的两大目标污染物之一,是我国酸雨和大气污染中影响最广泛、问题最突出、压力最显著、削减最紧迫的污染物。我国的排硫污染问题,从能源结构的独特性、排放增长的快速性、排放源构成的复杂性、受体生态系统的特殊性到控制目标的综合性诸方面,在全球排硫污染控制历史上都是罕见的。因此,控制目标、重点范围、减排方式和效果评估等理论和技术方面,都面临着巨大的挑战。针对上述关键问题,项目通过大量外场观测、实验室模拟、数值模拟和数据资料同化分析,系统地开展了中国二氧化硫减排理论研究与生产实践,取得如下创新成果。

① 建立了综合土壤、植被和气候因子的临界负荷半定量方法及硫-氮-盐基三维临界负荷新理论和新方法;通过定量解析综合自然特征、传输特征、技术特征和社会特征等因素的复杂系统,完成我国酸雨及二氧化

硫控制区划分。

② 创立了国家二氧化硫总量减排指标分配理论与技术方法；构建了基于酸沉降临界负荷的全国总量减排指标分配方法和基于排放绩效的行业总量减排指标分配方法。

③ 创建了煤中硫的生命周期控制理论与技术方法；建立了我国脱硫技术评价指标体系与分析方法，完成了我国二氧化硫排放控制主要技术类别的技术经济分析，提出了我国二氧化硫排放控制的核心技术途径与技术政策。

④ 建立了基于污染源在线监测、环境统计数据、污染治理设施运行记录等信息的大点源排放监督考核和数据一致性检验技术方法；建立了基于卫星反演、地面观测及模型模拟相结合的减排环境效果评估技术方法。

环保总局经评审，认为项目在总体上达到国际先进水平，在酸沉降临界负荷、煤中硫分的生命周期分析和划分"酸雨及二氧化硫控制区"综合技术路线等方面达到国际领先水平。本项目发表论文 141 篇，他引 1328 次；其中 SCI 论文 45 篇，他引 326 次；出版专著 6 部。

成果在国家二氧化硫减排行动计划中广泛应用，成为 20 多项国家重大政策、法规制定的核心科学技术支撑，并为两控区 175 个地市排硫污染控制规划和 31 个省、直辖市和自治区的主要大气污染物减排规划提供了标准技术方法。上述重大政策、法规的全面实施，推动了二氧化硫减排的大规模实践。截至 2010 年年底，全国火电脱硫装机容量比例从 2005 年的 12% 增长到 80% 以上，煤电二氧化硫排放绩效达到了 2.7 g/(kW·h)，优于美国 2008 年的 3.7 g/(kW·h)，"十一五"电力行业取得年排放总量下降约 40% 的巨大成绩。在煤炭消费总量增加 $9×10^8$ t 的情况下，2010 年排放总量比 2005 年下降 14%，提前一年实现"十一五"减排目标。仅工程减排就形成 1500 亿元左右的脱硫工程设备市场和 200 亿元左右的年运行费用，占"十一五"环保产业总投资的 12% 以上，带动环保新兴产业迅速发展。"十一五"期间城市二氧化硫浓度达到或优于二级标准的比例由 2005 年的 77% 提升至 2009 年的 92%，劣于三级的比例由 2005 年的 6.5% 降为 2009 年的完全消除。重度酸雨城市由 2005 年的 84 个减少为 2009 年的 39 个。

5.7.1.2 教育部科技奖励

环境学院获得的教育部科技奖励情况如表 5-53 所示。

表 5-53　环境学院获教育部（国家教委）科技奖励情况（2011—2023 年）

编号	获奖成果名称	获奖人（院内）	奖项与等级	获奖年份
1	排污权有偿使用与交易制度的设计与实践——以嘉兴和上虞为例	陈吕军、田金平	教育部科技进步奖二等奖	2012
2	持久性有机污染物区域污染特征与物化控制原理	余刚、黄俊、邓述波、王斌	教育部自然科学奖一等奖	2013
3	微量有毒污染物快速高灵敏检测的生物传感技术及仪器	施汉昌、何苗、周小红	教育部技术发明奖一等奖	2013
4	区域大气污染源高分辨率排放清单关键技术与应用	贺克斌、王书肖、吴烨、蒋靖坤、刘欢	教育部科技进步奖一等奖	2014
5	新型高效厌氧悬浮床反应器关键技术、装备及应用	左剑恶、王凯军、吴静	教育部技术发明奖二等奖	2014
6	城市循环经济发展共性技术开发与应用	陈吉宁、李金惠、温宗国、金宜英、吴静、聂永丰、张天柱	教育部科技进步奖一等奖	2014
7	生活垃圾填埋场快速稳定化及安全运行关键技术集成及应用	蒋建国、刘建国	教育部科技进步奖二等奖	2015
8	膜集成城镇污水深度净化技术与工程应用	黄霞、文湘华、梁鹏、肖康、孙剑宇、夏俊林、邱勇、严晓旭	教育部科技进步奖一等奖	2016
9	污水化学能定向转化机制与原位利用新方法	黄霞、梁鹏、张潇源	教育部自然科学奖一等奖	2018
10	水环境中典型药物的存在规律和去除机理	余刚、邓述波、黄俊、王斌、王玉珏、隋倩、卜庆伟、魏浩然、李响	教育部自然科学奖一等奖	2019
11	烟气多污染物深度治理关键技术及其在非电行业应用	李俊华、郝吉明、彭悦、宋蔷、马永亮、王驰中	教育部科技进步奖特等奖	2019
12	县域多源固废水泥窑协同利用关键技术与应用	温宗国、金宜英、李会芳	教育部科技进步奖一等奖	2020
13	复杂有机废气生物净化过程强化技术及应用*	席劲瑛	教育部科技进步奖一等奖	2020
14	区域空气质量精准调控关键技术及应用	王书肖、郝吉明、邢佳、赵斌、吴清茹、鲁玺、张少君	教育部科技进步奖一等奖	2022
15	行业污染物与碳减排协同效应	温宗国、王奕涵、谭琦璐	教育部自然科学奖一等奖	2022
16	生活垃圾恶臭全过程治理关键技术及应用*	陆文静	教育部科技进步奖一等奖	2022

编号	获奖成果名称	获奖人（院内）	奖项与等级	获奖年份
17	有色金属冶炼烟气多污染物协同控制技术研究与应用*	段雷	教育部技术发明奖一等奖	2022
18	典型致霾污染物的高效催化脱除及反应机理*	李俊华、司文哲	教育部自然科学奖二等奖	2022
19	颗粒物环境形成机制及毒性机制研究*	段凤魁	教育部自然科学奖一等奖	2022

* 清华大学非第一完成单位。

5.7.1.3 国家环保科技奖励

环境学院获得的国家环保科技奖励情况如表 5-54 所示。

表 5-54　环境学院获国家环保科技奖励情况（2011—2023 年）

编号	获奖成果名称	获奖人（院内）	奖项与等级	获奖年份
1	低能耗垃圾渗滤液处理系统集成技术及装备*	聂永丰	环境保护科学技术奖二等奖	2011
2	全国机动车污染源排放系数研究与应用*	贺克斌	环境保护科学技术奖二等奖	2011
3	国家"十一五"环境保护规划研究*	集体证书	环境保护科学技术奖二等奖	2011
4	电子废物回收处理管理政策与关键技术研究	李金惠、段华波、苑文仪	环境保护科学技术奖二等奖	2011
5	流域水环境突发事件应急处置研究及其应用*	张晓健	环境保护科学技术奖二等奖	2012
6	生活垃圾分质资源化与二次污染控制技术、装备*	岳东北、聂永丰	环境保护科学技术奖一等奖	2013
7	五大区域重点产业发展战略环境评价研究*	陈吉宁、刘毅	环境保护科学技术奖一等奖	2013
8	城镇污泥处理处置关键技术创新、装备产业化及区域解决方案示范	王凯军、汪翠萍、高志永、郑明月	环境保护科学技术奖二等奖	2013
9	畜禽养殖污染系统控制技术体系研究及其应用*	王凯军	环境保护科学技术奖二等奖	2014
10	燃煤电厂烟气催化脱硝关键技术研发及应用	李俊华、郝吉明	环境保护科学技术奖一等奖	2014
11	汶川特大地震灾后环境安全评估及应对措施	杜鹏飞、张晓健、陈超、胡洪营、刘建国	环境保护科学技术奖一等奖	2015
12	基于区域产业结构和物质流的大宗固体废物资源化技术*	李金惠	环境保护科学技术奖一等奖	2015
13	环境约束性指标关键技术研究*	杜鹏飞、郑钰	环境保护科学技术奖二等奖	2015

续表

编号	获奖成果名称	获奖人(院内)	奖项与等级	获奖年份
14	中国二噁英类排放清单支撑技术 *	余刚	环境保护科学技术奖二等奖	2015
15	包装废物资源化利用技术与工程示范 *	岳东北	环境保护科学技术奖三等奖	2016
16	石油行业温室气体核算方法与减排方案研究 *	温宗国	环境保护科学技术奖三等奖	2016
17	垃圾填埋场温室气体减排技术研究、装备研发与产业化应用	王凯军、左剑恶	环境保护科学技术奖三等奖	2016
18	油品全生命周期 VOCs 排放与控制 *	吴烨、刘欢	环境保护科学技术奖二等奖	2016
19	固体废物资源化环境安全评价与风险控制 *	李金惠	环境保护科学技术奖一等奖	2016
20	填埋场地下水污染系统防控与强化修复关键技术及应用 *	岳东北	环境保护科学技术奖一等奖	2016
21	生活垃圾焚烧关键技术及应用 *	刘建国(3/13)	环境保护科学技术奖二等奖	2017
22	精细化工园区清洁生产与循环经济关键集成技术开发与应用	陈吕军、田金平	环境保护科学技术奖二等奖	2017
23	高排放标准下 AAO 污水处理工艺节能降耗关键技术与集成示范	施汉昌、邱勇、刘艳臣、田宇心、王志强	环境保护科学技术奖二等奖	2017
24	城市大规模再生水系统多屏障高标准水质保障技术及应用	胡洪营、刘书明、吴乾元、吴光学、张逢、席劲瑛	环境保护科学技术奖一等奖	2017
25	钢铁窑炉烟尘细颗粒物超低排放技术与装备 *	蒋靖坤、邓建国	环境保护科学技术奖二等奖	2017
26	膜水界面调控及膜法净水效率提升技术与应用 *	王小毛	环境保护科学技术奖二等奖	2019
27	历史遗留冶金废渣堆场地下水污染系统防控与修复技术及应用 *	侯德义	环境保护科学技术奖二等奖	2019
28	柴油车用 SCR 系统关键技术及应用 *	李俊华、彭悦	环境保护科学技术奖二等奖	2019
29	北方寒冷地区河流生态修复关键技术与应用 *	彭剑峰	环境保护科学技术奖二等奖	2020
30	化工冶金污染场地风险管控与修复成套关键技术及应用 *	张芳	环境保护科学技术奖二等奖	2020
31	京津冀及周边地区大气重污染成因与治理攻关 *	郝吉明、贺克斌、王书肖	环境保护科学技术奖一等奖	2021
32	污酸/污水中重金属资源化与深度处理技术及其应用	兰华春、刘会娟、苗时雨、吉庆华、安晓强、刘锐平	环境保护科学技术奖二等奖	2021

续表

编号	获奖成果名称	获奖人（院内）	奖项与等级	获奖年份
33	饮用水水源地环境风险源高分辨探测与精准防控关键技术及业务化应用*	温宗国	环境保护科学技术奖二等奖	2021
34	四川盆地复杂气象条件下大气污染调控关键技术研发与应用*	刘欢	环境保护科学技术奖二等奖	2021
35	控制单元水质目标精准管理关键技术与应用*	贾海峰	环境保护科学技术奖二等奖	2021
36	再生水处理高效能反渗透膜制备与工艺绿色化关键技术	胡洪营、巫寅虎、黄南、陈卓	环境保护科学技术奖一等奖	2022
37	"三线一单"生态环境分区精细化管控关键技术与应用	刘毅、汪自书	环境保护科学技术奖一等奖	2023
38	典型行业废水特征无机物转化控制关键技术及规模化工程应用	刘锐平、安晓强、刘会娟、曲久辉、兰华春、苗时雨、彭剑峰	环境保护科学技术奖一等奖	2023
39	城市和区域机动车排放控制智慧决策关键技术及应用	吴烨、张少君	环境保护科学技术奖一等奖	2023
40	固体废物国际环境公约履约技术路径研究及应用	李金惠、谭全银	环境保护科学技术奖二等奖	2023
41	工业烟气 NO_x 深度治理关键技术及应用*	陈建军	环境保护科学技术奖二等奖	2023
42	排污许可制度构建关键技术与应用研究*	王凯军	环境保护科学技术奖二等奖	2023
43	国家蓝天保卫战（PM2.5）关键管控技术与应用研究*	王书肖	环境保护科学技术奖二等奖	2023
44	中国环保产业政策设计与模式创新关键技术研究及应用*	陈吕军	环境保护科学技术奖二等奖	2023
45	生活垃圾焚烧二噁英类和酸性气体高效深度治理技术与工程应用*	吕溥、陈源	环境保护科学技术奖二等奖	2023

*清华大学非第一完成单位。

5.7.1.4 华夏建设科学技术奖

环境学院获得的华夏建设科学技术奖励情况如表5-55所示。

表5-55 环境学院获华夏建设科学技术奖情况（2011—2023年）

编号	获奖成果名称	获奖人（院内）	奖项与等级	获奖年份
1	苏州市餐厨垃圾资源化利用工程示范项目*	金宜英、聂永丰	华夏建设科学技术奖三等奖	2012

编号	获奖成果名称	获奖人(院内)	奖项与等级	获奖年份
2	生活垃圾卫生填埋场安全运营与节能减排技术集成及工程示范*	蒋建国	华夏建设科学技术奖三等奖	2012
3	城镇总体规划对人居环境影响的总体评价技术研究*	刘毅	华夏建设科学技术奖二等奖	2013
4	生活垃圾生物反应器填埋与资源能源回收技术研究及工程示范	刘建国、岳东北、薛玉伟、陆文静、王洪涛、聂永丰、李睿、张媛媛	华夏建设科学技术奖二等奖	2013
5	应对突发水源污染的自来水厂应急净化技术、关键设备及工程设计	张晓健、陈超	华夏建设科学技术奖三等奖	2014
6	城市污泥高效脱水关键设备和工艺研发及示范	王伟	华夏建设科学技术奖三等奖	2014
7	城镇再生水生态纽联循环利用技术及应用	胡洪营、曾思育、巫寅虎、陈卓、董欣	华夏建设科学技术奖一等奖	2019
8	排水调蓄系统优化调控与厂网一体化减排技术集成及工程实践	曾思育、董欣、杜鹏飞	华夏建设科学技术奖三等奖	2020
9	供水管网漏损系统性管控技术与装备	刘书明、郭冠呈、吴雪、王晓婷、吴以朋	华夏建设科学技术奖一等奖	2021
10	城市排水管网效能诊断与提效控制关键技术与应用	刘艳臣	华夏建设科学技术奖二等奖	2023

*清华大学非第一完成单位。

5.7.1.5　北京市科技奖励

环境学院获得的北京市科技奖励情况如表 5-56 所示。

表 5-56　环境学院获北京市科技奖励情况(2011—2023 年)

编号	获奖成果名称	获奖人(院内)	奖项与等级	获奖年份
1	"十二五"期间北京市能源供应体系建设的目标、思路及措施研究*	许嘉钰	北京市科学技术奖二等奖	2011
2	A₂/O 工艺城市污水处理厂节能降能耗关键技术*	黄霞、施汉昌	北京市科学技术奖三等奖	2011
3	基于水热干化技术的污泥处理系统	王伟、乔玮、高兴保、郑蕾	北京市科学技术奖三等奖	2011
4	大型污水处理厂节能关键技术研究与示范*	曾思育、邱勇、何苗	北京市科学技术奖三等奖	2012

续表

编号	获奖成果名称	获奖人（院内）	奖项与等级	获奖年份
5	北京市大气环境 PM2.5 来源解析技术研究与应用*	王书肖、蒋靖坤	北京市科学技术奖一等奖	2015
6	城市面源污染控制与景观水体水质改善成套技术与应用	刘翔、王慧、管运涛	北京市科学技术奖一等奖	2015
7	城乡有机垃圾分散处理技术模式与智能化装备的研发及应用	王凯军、阎中、宫徵、槐衍森、徐恒、常风民	北京市科学技术奖二等奖	2018
8	北京市空气重污染预报预警技术研究及应用*	王书肖	北京市科学技术奖三等奖	2018
9	城市资源代谢的优化调控及集成应用系统*	温宗国	北京市科学技术奖三等奖	2018
10	南水北调来水水质水生态风险应对关键技术研究与应用	刘书明	北京市科学技术奖二等奖	2019
11	市政水处理紫外线消毒与污染物控制关键技术研究及应用	孙文俊、敖秀玮、陈仲赟、刘书明	北京市科学技术奖二等奖	2020
12	北京市大气臭氧污染特征及控制途径研究*	邢佳	北京市科学技术奖二等奖	2020
13	大型复杂污染场地精准修复与风险管控关键技术研究及应用*	侯德义	北京市科学技术奖二等奖	2020
14	城市排水系统厂网联合运行与优化控制关键技术与应用	黄霞、刘艳臣、邱勇、施汉昌、梁鹏	北京市科学技术奖一等奖	2021
15	钢铁行业重点工序烟气多功能耦合超低排放技术集成与应用*	李俊华	北京市科学技术奖一等奖	2021
16	海绵城市源头设施效能提升与布局优化关键技术研究与实践	贾海峰	北京市科学技术奖二等奖	2022
17	地下水污染精准识别与系统防治关键技术及应用*	李广贺、侯德义	北京市科学技术奖一等奖	2022

＊清华大学非第一完成单位。

5.7.2 科研项目

环境学院聚焦国家环境重大科技需求，积极承担水专项、土专项、气专项和重大研发计划等国家重大项目，如表 5-57～表 5-60 所示。

表 5-57　环境学院承担重大专项（水专项）统计（2008 年 1 月至 2019 年 12 月）

单位：项

状　态	项目	课题	子课题	总计
在研	6	14	39	59
结题	4	16	28	48
总计	10	30	67	107

表 5-58　环境学院参与重点研发计划（含海外）统计（2016 年 1 月至 2023 年 9 月）

单位：项

项　目	课　题	子 课 题	总　计
28	72	134	234

表 5-59　环境学院承担国家自然科学基金项目统计（2011—2023 年）

项目类别	项目数/项
重大项目/项目牵头	2
重大项目/课题牵头	9
重点项目	6
重大研究计划-重点	4
创新研究群体	3
国家杰出青年科学基金	11
优秀青年科学基金	14
国际（地区）合作研究项目	4
面上项目	147
青年科学基金	149
国际（地区）合作交流项目	19
国际（地区）学术会议项目	12
应急项目	7
专项项目	13
联合基金项目	1
重大科研仪器研制项目	1
总计	402

表 5-60　学院教师主持的国家重点重大项目清单（2008 年 1 月至 2023 年 12 月）

序号	获批年度	姓名	项目名称	项目来源	项目起止年月	项目类型
1	2008	陈吉宁	环太湖河网地区城市水环境整治技术研究与综合示范（十一五）	科技部	2008 年 1 月至 2010 年 12 月	国家重大专项项目
2	2008	张晓健	珠江下游地区饮用水安全保障技术集成与综合示范	科技部	2008 年 1 月至 2010 年 12 月	国家重大专项项目

续表

序号	获批年度	姓名	项目名称	项目来源	项目起止年月	项目类型
3	2011	陈吉宁	环太湖河网地区城市水环境整治技术研究与综合示范(十二五)	科技部	2011 年 1 月至 2015 年 12 月	国家重大专项项目
4	2013	王凯军	流域水污染控制与治理技术评估和推广体系研究与示范	科技部	2013 年 1 月至 2015 年 12 月	国家重大专项项目
5	2014	刘毅	城市水污染控制与水环境综合整治技术集成	科技部	2014 年 3 月至 2018 年 12 月	国家重大专项项目
6	2017	刘翔	流域水污染治理与水体修复技术集成与应用项目	科技部	2017 年 1 月至 2020 年 6 月	国家重大专项项目
7	2017	余刚	重污染区(武进)水环境整治技术集成与综合示范项目	科技部	2017 年 1 月至 2020 年 6 月	国家重大专项项目
8	2017	贾海峰	苏州区域水质提升与水生态安全保障技术及综合示范项目	科技部	2017 年 1 月至 2020 年 6 月	国家重大专项项目
9	2017	左剑恶	北京城市副中心高品质水生态建设综合示范项目	科技部	2017 年 1 月 2020 年 6 月	国家重大专项项目
10	2018	张鸿涛	京津冀南部功能拓展区廊坊水环境综合整治技术与综合示范	科技部	2018 年 1 月至 2020 年 6 月	国家重大专项项目
11	2016	贺克斌	精细网格大气动态污染源清单技术研究及应用示范	科技部	2016 年 7 月至 2019 年 6 月	国家重点研发计划项目
12	2016	胡洪营	再生水安全供水系统与关键技术	科技部	2016 年 12 月至 2019 年 12 月	国家重点研发计划项目
13	2016	黄霞	基于膜集成系统的污水净化耦合能源回收新型技术	科技部	2016 年 12 月至 2019 年 11 月	国家重点研发计划项目
14	2016	吴烨	机动车排放特征及其道路边与全球影响的先进技术研究	科技部	2016 年 12 月至 2019 年 12 月	国家重点研发计划项目
15	2017	郑轩(吴烨)	区域机动车排放综合控制和绿色交通管理技术研究	科技部	2017 年 7 月至 2020 年 12 月	国家重点研发计划项目

序号	获批年度	姓名	项目名称	项目来源	项目起止年月	项目类型
16	2017	李俊华	建材行业烟气多污染物协同高效控制技术研发及工程示范	科技部	2017 年 7 月至2020 年 6 月	国家重点研发计划项目
17	2018	解跃峰	再生水景观环境利用水质基准与风险控制技术	科技部	2018 年 7 月 2021年 6 月	国家重点研发计划项目
18	2018	刘建国	基于分类的深圳市生活垃圾集约化处置全链条技术集成与综合示范	科技部	2018 年 12 月至2022 年 11 月	国家重点研发计划项目
19	2018	温宗国	张家港固废园区化协同处置技术开发与集成示范	科技部	2018 年 12 月至2022 年 11 月	国家重点研发计划项目
20	2018	张芳	场地地下水卤代溶剂污染高效修复技术	科技部	2018 年 12 月至2022 年 11 月	国家重点研发计划项目
21	2019	刘会娟	典型行业高浓危废无害化处理与资源化利用	科技部	2020 年 1 月至2022 年 12 月	国家重点研发计划项目
22	2019	李金惠	进口可用作原料固废环境风险评估及关联响应研究	科技部	2020 年 1 月至2023 年 7 月	国家重点研发计划项目
23	2020	曲久辉	新型冠状病毒感染的肺炎疫情环境风险防控研究	科技部	2020 年 2 月至2021 年 1 月	国家重点研发计划项目
24	2020	汪诚文	农村人居住环境整治技术研究与集成创新	科技部	2020 年 10 月至2022 年 12 月	国家重点研发计划项目
25	2020	侯德义	场地土壤多金属污染长效稳定修复功能材料制备	科技部	2021 年 1 月至2023 年 10 月	国家重点研发计划项目
26	2021	陆文静	生活垃圾收运的环境和健康风险智慧管理系统	科技部	2021 年 10 月至2023 年 9 月	国家重点研发计划项目
27	2022	段凤魁	针对不同粒径范围的含碳颗粒物连续监测技术及关键化学生物特征与来源研究	科技部	2022 年 6 月至2025 年 5 月	国家重点研发计划项目
28	2022	司文哲	工业烟气非常规有机污染物协同催化控制与中试应用	科技部	2022 年 10 月至2025 年 9 月	国家重点研发计划项目

序号	获批年度	姓名	项目名称	项目来源	项目起止年月	项目类型
29	2022	张芳	场地污染修复技术绿色低碳全过程评估技术	科技部	2022年10月至2026年9月	国家重点研发计划项目
30	2022	贺克斌	大气污染源全组分谱库建立及排放清单编制	科技部	2022年10月至2026年3月	国家重点研发计划项目
31	2022	刘欢	运输过程排放靶向监管技术与调控研究	科技部	2022年10月至2025年9月	国家重点研发计划项目
32	2022	蒋靖坤	固定污染源超低排放高精度监测与质控技术	科技部	2022年10月至2025年9月	国家重点研发计划项目
33	2022	王书肖	面向污染物全过程周期协同减碳的四大结构调整优化技术	科技部	2022年10月至2026年3月	国家重点研发计划项目
34	2022	吴烨	典型城市和区域机动车污染智慧管控技术集成与示范实践	科技部	2022年10月至2025年12月	国家重点研发计划项目
35	2022	王慧	利用低品位碳源复合菌群生物合成可降解塑料PHA的低碳工艺技术	科技部	2022年11月至2024年10月	国家重点研发计划项目
36	2022	兰华春	流域多源磷污染综合控制关键技术装备与应用示范	科技部	2022年11月至2026年10月	国家重点研发计划项目
37	2022	黄霞	城市污水资源化利用关键技术研发与应用示范	科技部	2022年11月至2026年6月	国家重点研发计划项目
38	2022	刘毅	绿色小流域构建技术系统与应用示范	科技部	2022年11月至2026年10月	国家重点研发计划项目
39	2022	黄霞	污水新冠病毒监测预警体系构建与示范	科技部	2022年12月至2023年12月	国家重点研发计划项目
40	2022	黄霞	难降解工业废水全流程强化碳氮深度去除新工艺研究	科技部	2023年1月至2025年12月	国家重点研发计划项目
41	2023	蒋靖坤	大气多相全氧化态有机组分在线测量质谱仪研制	国家自然科学基金	2024年1月至2028年12月	国家重大科研仪器研究项目

续表

序号	获批年度	姓名	项目名称	项目来源	项目起止年月	项目类型
42	2022	胡洪营	再生水的生态利用与调控机制	国家自然科学基金	2023 年 1 月至 2027 年 12 月	重大项目/项目牵头
43	2022	胡洪营	再生水生态风险产生机制与安全阈值	国家自然科学基金	2023 年 1 月至 2027 年 12 月	重大项目/课题牵头
44	2022	徐明	再生水生态利用的环境效益与低碳耦合机制	国家自然科学基金	2023 年 1 月至 2027 年 12 月	重大项目/课题牵头
45	2021	刘锐平	污水中病原微生物健康风险控制理论和技术	国家自然科学基金	2022 年 1 月至 2026 年 12 月	重大项目/课题牵头
46	2020	余刚	重大疫情的环境安全与次生风险防控重大项目	国家自然科学基金	2021 年 1 月至 2025 年 12 月	重大项目/项目牵头
47	2020	蒋靖坤	环境介质中的病毒识别与传播规律	国家自然科学基金	2021 年 1 月至 2025 年 12 月	重大项目/课题牵头
48	2020	刘会娟	控疫药品和化学品的环境污染及生态效应	国家自然科学基金	2021 年 1 月至 2025 年 12 月	重大项目/课题牵头
49	2020	黄霞	疫情聚集区环境污染及次生风险阻控机制	国家自然科学基金	2021 年 1 月至 2025 年 12 月	重大项目/课题牵头
50	2020	余刚	重大疫情的生态环境风险综合评估与防控策略	国家自然科学基金	2021 年 1 月至 2025 年 12 月	重大项目/课题牵头
51	2012	解跃峰	水质净化过程中复合污染物的协同转化与调控	国家自然科学基金	2013 年 1 月至 2017 年 12 月	重大项目/课题牵头
52	2011	贺克斌	大气二次颗粒物的化学组分特征及形成机制	国家自然科学基金	2012 年 1 月 2016 年 12 月	重大项目/课题牵头
53	2021	贺克斌	碳中和与清洁空气协同治理路径及综合效应研究	国家自然科学基金	2022 年 1 月至 2026 年 12 月	重点项目
54	2019	李俊华	基于新型环境功能材料的大气污染控制化学基础研究	国家自然科学基金	2020 年 1 月至 2024 年 12 月	重点项目

续表

序号	获批年度	姓名	项目名称	项目来源	项目起止年月	项目类型
55	2017	胡洪营	再生水的生物风险产生机制与控制原理	国家自然科学基金	2018 年 1 月至 2022 年 12 月	重点项目
56	2014	周集中	稻田人工湿地系统中控制养分循环的土壤微生物组成特征与地理学格局	国家自然科学基金	2015 年 1 月至 2019 年 12 月	重点项目
57	2012	黄霞	基于物质定向转化/转移的城市污水再生回用深度处理新技术原理	国家自然科学基金	2013 年 1 月至 2017 年 12 月	重点项目
58	2011	胡洪营	再生水生态储存的水质变化机制与调控原理	国家自然科学基金	2012 年 1 月至 2016 年 12 月	重点项目
59	2016	李金惠	社会源危险废弃物环境责任界定与治理机制研究	国家社会科学基金	2017 年 1 月至 2021 年 12 月	重大项目
60	2017	王灿	联合国可持续发展议程评估体系建设及实现路径研究	国家社会科学基金	2017 年 11 月至 2020 年 12 月	重大项目
61	2018	钱易	新时代绿色发展绩效评估与美丽中国建设道路研究	国家社会科学基金	2018 年 11 月至 2021 年 12 月	重大项目

5.7.3 支撑条件

5.7.3.1 环境学院公共研究平台

清华大学环境学院公共研究平台（以下简称公共平台）是教学、科研支撑服务平台，由"环境分析测试中心"和"清华大学环境质量检测中心"组成，分别负责仪器开放共享和委托测试。公共平台下设环境分析与测试、环境生物技术、环境材料、环境计算与模拟 4 个方向，为学院内外课题研究的开展和环境学科的发展提供了有力支撑。

公共平台围绕环境优势特色学科，综合考虑和协调设备新购及更新的需求，补充了液相色谱-高分质谱联用仪、五维超能分离质谱系统、吹扫-顶空-气相色谱质谱联用仪、液相-电感耦合等离子体质谱仪、激光共聚焦显微镜、qPCR 仪等高端仪器，硬件设施得到明显改善，同时逐步调整实验室功能分区,优化仪器布局调整,建立了高精度的元素分析实验室、多功能液质分析实验室,逐步形成了全流程和全生命周期的仪器设备管理工作流程。目前公共平台总面积约 700 m²,固定资产价值 8000 万元,其中 CMA 资质设备 17 台套,校外用户占比约 30%,每年为 200 多人次办理实验室安全准入。公共平台在微量有机污染物分析、常规污染物分析与环境质量检测、环境微生物鉴定与保存、环境微生物检测与功能解析、环境材料性能表征、环境信息数据库、高速计算与大容量存储等服务方面发挥了重要作用。公共平台实验和仪器见图 5-40,重点测试平台及功能见表 5-61。

图 5-40　环境学院公共研究平台实验室和仪器

表 5-61　环境学院公共研究平台重点分析测试平台及功能

环境分析平台:微量有机污染物分析

稳定同位素比质谱仪	多接收电感耦合等离子体质谱仪	四极杆-静电场轨道阱-高分辨液质联用仪

续表

顶空-气相色谱三重四级质谱联用仪	全二维气相色谱	电喷雾四级杆飞行时间质谱

环境生物平台：环境微生物检测与功能解析、常规污染物分析

离子色谱仪	液相色谱仪	激光共聚焦显微镜

荧光分光光度计	荧光显微镜	数字 PCR

环境材料平台：环境材料表征

化学吸附仪	激光拉曼光谱仪	红外光谱仪

比表面和孔隙度分析仪	顺磁共振波谱仪	X 射线荧光光谱仪

公共平台旨在为广大师生提供多方位高效、优质的科研服务和技术支撑，包括设备使用、人员培训、委托测试、数据质控、方法开发和科研支

撑方面的服务,并以清华大学环境质量检测中心为窗口承担对外分析任务。内部实行统一管理,对仪器设备的使用、维护和维修进行统一管理和安排,进一步改善学院贵重仪器设备的管理和维护条件,提高仪器设备利用率,促进开放共享,以更好地为学科建设、科学研究和人才培养服务。公共平台管理制度如图 5-41 所示。

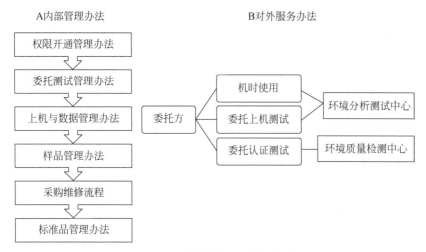

图 5-41　环境学院公共平台管理制度

5.7.3.2　环境学院图书室

环境学院图书室的前身为环境工程系资料室,是 1984 年环境工程系成立后设立的,并于 2011 年正式更名为环境学院图书室。环境学院图书分馆与清华大学图书总馆目前已形成上下联通、资源共享、有效覆盖的总分馆体系,并进一步改为环境学院图书室。

目前,环境学院图书室位于中意节能楼 B1 层,拥有图书 50 余种、780余册。图书室主要收藏环境科学与工程领域的教材、教参等文献资源。

学院图书室致力于建设成为"小而精"的专业性文献信息平台,为环境学院的人才培养和科学研究提供支撑。

5.7.3.3　环境学院科研机构

1)政府批建机构

(1)国家环境保护环境微生物利用与安全控制重点实验室(2011 年3 月至今)

国家环境保护环境微生物利用与安全控制重点实验室（简称SMARC）于 2011 年 3 月经国家环保部批准建设，依托清华大学环境学院、生命科学学院和深圳国际研究生院，2013 年 11 月通过验收，是我国环境领域以环境微生物利用与安全控制为目标，面向国家环境管理服务的重点实验室。实验室主任为清华大学环境学院胡洪营教授。

实验室面向国家环境管理重大需求，以环境微生物高效利用与安全控制为目标，通过实质性学科交叉、融合，汇集全国环境微生物学科领域的优秀人才和资源，积极开展与环境微生物安全利用及控制相关的基础研究和技术研发，以及咨询、学术交流和人才培养工作，为国家和区域环境管理、决策，以及实现国家环境保护目标提供科学理论与技术支持。在开展前沿领域的高水平科学研究的同时，建立环境污染控制生物技术开发与推广应用和微生物安全控制的基地与服务平台，成为具有国际先进水平和国际声望的重点实验室。

实验室本着"开放、联合、流动、竞争"的合作研究氛围，建立了一支以清华大学环境微生物领域学术带头人和学术骨干为核心的科研队伍，活跃在国际国内相关学术前沿领域。目前，实验室有固定科研人员 41 人，包括教授（含研究员）19 人、国家杰出青年科学基金获得者 5 人。

实验室以环境微生物的利用与控制为核心，主要开展污染物生物毒性与生物降解机制、环境微生物资源开发与生物治理技术、有害环境微生物控制理论与技术等方向的研究。2011 年至今，围绕研究方向和目标，实验室研究队伍每年承担国家和环保部科研项目，基础研究与应用研究并重。近年来，实验室在"再生水生物风险产生机制与安全保障技术"及微藻产油、微生物燃料电池、生物堆肥和生物可降解塑料等一系列"污染治理与资源能源生产耦合技术"研究领域，取得了一批丰硕的成果，发表了高影响因子 SCI、EI、核心论文千余篇，申请专利和授权专利各百余项，并编写了标准、规范、建议，为国家制定相关环境保护政策和管理措施提供了科学依据，已成为环境微生物领域重要的学术合作与交流平台。

（2）北京市集中生物燃气利用工程技术研究中心（2011 年 4 月至今）

北京市集中生物燃气利用工程技术研究中心依托清华大学建设，与北京市可持续发展科技促进中心、北京国环清华环境工程设计研究院有限公司等 4 家单位联合共建，2011 年 4 月被北京市科委正式认定，并于

2014年和2017年经历了两次绩效考评,评定等级均为良好。

中心以生物质废物为对象,以清洁燃气化为目标,致力于生物质燃气相关的研究开发、设计、试验和科技成果转化等工作。中心立足于国家生物质燃气领域的技术发展需求,坚持"着力统筹基础研究、强化科技前沿技术、推动产业协同创新、助力科技成果转化"的科研发展思路,借助依托单位的基础研发与人才优势,充分发挥中心的成果转化能力,为行业或企业群体提供技术研发、工程转化等服务,推动生物质燃气的产业化发展。中心通过开展科技创新活动,研发了强化水热预处理技术、高级厌氧消化技术、间壁加热式绝氧热解燃气化技术、化学链制氢技术及吸收-吸附多级组合式沼气提纯等关键技术,重点开展了装备和系统集成研发,形成了系列化、标准化、成套化的装备产品,并结合示范工程的建设和运行经验,形成了针对不同废物来源和用户需求的生物质废物清洁燃气化技术路线,为我国生物质废物的处理和利用提供了完整的技术解决方案。

中心公开发表科研论文50余篇,毕业论文20余篇,申请国家专利近30项,国外专利2项;参与编写国家标准2项,参与修订地方标准4项,参与编写团体标准15项;培养优秀本科、硕士、博士研究生30余人,博士后10余人;设立开放基金,支持中国农业大学、北京工商大学、北京科技大学等近21位大专院校、科研院所及高新技术企业的青年科研人员,支持经费近80万元;形成产业技术路线图、经济政策草案和生物质燃气领域低碳减排研究报告各1项,认证/核证方法学草案2项。

(3) 国家环境保护大气复合污染来源与控制重点实验室(2013年2月至今)

国家环境保护大气复合污染来源与控制重点实验室于2013年2月通过环保部批复建设,依托单位为清华大学(环境学院);2017年3月通过验收;2020年9月通过生态环境部评估并取得"优秀"。

实验室以国家环境保护需求为目标,主要开展大气复合污染来源与控制领域的前瞻性和应用性研究,聚焦3个研究方向:①大气复合污染排放表征研究,研究区域大气污染源排放特征,研发多污染物多功能测试、采样系统和关键技术,研发污染源排放因子模型和区域高分辨率排放清单技术;②大气复合污染多维溯源研究,建立大气复合污染来源识别的前向和后向技术体系,进而研究二次无机、有机颗粒物和臭氧的形成机制,揭示大气中多种化学物质的耦合作用机理,解析大气臭氧和颗粒物污染的来源、主控因素和形成机制；③大气复合污染控制技术与战略研究,研发区域多污染物协同控制决策分析方法与技术,研发与评估关键区域大气污染控制技术和工艺设备,研究区域重点污染源控制技术途径的选择与技术集成,研究与评估区域大气污染联防联控战略规划与对策。

实验室近年来承担了大气重污染成因与治理攻关、国家重点研发计划、国家自然科学基金等项目 70 余项,开展了大气复合污染来源、区域输送和转化、综合防治策略、先进治理技术等方面的研究,取得了大量创新性成果,发表 SCI 论文近 200 篇,申请专利及软件著作权 30 项,出版专著 5 部,在大气复合污染防治领域取得了丰硕的成果。

(4) 城市垃圾干发酵技术北京市国际科技合作基地(2014 年 1 月至 2017 年 1 月)

城市垃圾干发酵技术北京市国际科技合作基地由碧普华瑞环境技术(北京)有限公司与清华大学环境学院联合德国公司基于城市垃圾干发酵处理技术共同建设,与国内中国科学院生态研究中心、轻工业环境研究所、神华集团、天津创业环保等数家高校及企业建立了良好的长期合作关系。基地在环境分析系统、车库干式厌氧消化工艺、沼气工程优化和过程控制技术方案及服务、成套设备加工生产等方面具有多年研究与推广经验,已相继引进并研发了专业厌氧生物反应器加工技术、μFlow 超微量气体流量计、全自动物料甲烷潜力分析仪等生物技术成果,并参与瑞典经济与区域发展署的 DemoEn 环境示范项目"Biogas Optimizer in China"。基地团队追求环境技术向高效、经济、节能方向发展的趋势不会改变,并将继续推动交叉学科的创新与技术引进,在全球范围内发展商业合作伙伴,不断提供适用范围更广,工艺技术更先进,性价比更优的产品和服务。基地于 2017 年 1 月结束工作。

(5) 新兴有机污染物控制北京市重点实验室(2014 年 6 月至今)

新兴有机污染物控制北京市重点实验室是 2014 年 6 月经北京市科委批准建立的部属重点实验室,依托清华大学环境学院,实验室主任由环境学院余刚教授担任。北京市重点实验室秉承"科技支撑决策、科技引领实践、科技服务社会"的理念,围绕新兴有机污染物的风险评价与控制技术,瞄准国际环境学科学术前沿并结合国家环境污染控制未来需求,将发现问题（风险评价）和解决问题（控制技术）有机结合，重点开展新兴有机污染物环境风险评价技术、新兴有机污染物排放源风险削减技术、新兴有机污染物废物的安全处置技术 3 个方向的研究，力争产出一批原创性研究成果，建立良好的研发成果转化机制，为解决北京市、全国乃至全球的新兴有机污染物环境问题做出重要科技贡献，成为新兴有机污染物方向开展高水平基础研究和应用基础研究、聚集和培养优秀科技人才、开展学术交流的重要基地。

自建立以来，实验室承担了多项科技部、生态环境部、国家自然科学基金委、北京市科委、联合国环境规划署等新兴有机污染物方面的课题，项目经费近 37 000 万元；设立开放课题 30 余项，产出了一系列原创性的科研成果，共获得国家科学技术进步奖 3 项、国家自然科学奖 1 项、省部级奖励 22 项、行业协会奖励 4 项，发表 SCI 论文 300 多篇，国内外授权专利百余项。在 2017 年北京市科委组织的三年绩效考评中获得优秀。

（6）大气污染物与温室气体协同控制国家工程研究中心（2016 年 10 月至今）

大气污染物与温室气体协同控制国家工程研究中心（原烟气多污染物控制技术与装备国家工程实验室）于 2016 年 10 月经国家发改委批准，由教育部组织实施，清华大学联合国内优势科研单位及各行业龙头企业共同建设，建设地点在江苏省盐城市。2021 年 3 月底，该工程实验室通过验收，并更名为"大气污染物与温室气体协同控制国家工程研究中心"。如图 5-42 和图 5-43 所示为工程实验室揭牌和基地的照片。

该工程研究中心旨在面向我国大气污染防治领域尖端技术与装备，解决钢铁、有色、建材、石油化工及电力等行业烟气污染深度治理及碳减排难题，主要任务是针对我国烟气主要污染物排放强度高、总量大、治理技术薄弱等问题，围绕提升钢铁、有色、建材、石油化工、电力等行业烟气多污染物治理技术水平的迫切需求，建设烟气多污染物控制技术与装备应用研究平台，支撑开展烟气细颗粒物高效捕集、二氧化硫减排与资源化、氮氧化物减排与资源化、重金属吸附及催化转化、烟气多污染物脱除优化设计等技术、材料、工艺和装备的研发和工程化。

该工程研究中心的目标是通过 3 年建设，突破烟气超细粒子捕集及高效净化、二氧化硫超净排放及资源化、中低温宽窗口烟气脱硝、重金属

图 5-42　烟气多污染物控制技术与装备国家工程实验室揭牌
左起：张利华、娄晶、薛其坤、郝吉明、田保国
来源：清华大学新闻中心

图 5-43　烟气多污染物控制技术与装备国家工程实验基地

高效吸附、烟气多污染物协同/联合控制等方面 10 项主要关键技术与装备；实现燃煤电站主要烟气污染物超低排放、钢铁/水泥等重点行业烟气排放优于特别排放限值，完成重点行业烟气污染治理示范工程不少于 25 项；并编写标准规范不少于 10 项，申请发明专利不少于 20 项、软件著作权不少于 5 项。经过 3 年多的建设，研究中心建成了细颗粒物和氮氧化

物等高效净化关键技术工程化研究创新等 8 个工程化验证与示范平台,取得了一系列标志性成果,提升了我国工业烟气污染物治理技术的自主创新能力,为空气质量持续改善提供了技术支撑。如图 5-44 所示为工程研究中心的部分设备。

图 5-44 工程研究中心的部分设备(原位红外光谱仪、气相色谱-质谱仪等)

(7)资源高效利用与有害物质控制技术转移北京市国际科技合作基地(2016 年 12 月至 2019 年 12 月)

资源高效利用与有害物质控制技术转移北京市国际科技合作基地依托清华大学环境学院建设,于 2016 年 12 月成立至 2019 年 12 月到期。3 年运行期间,基地聚焦废物资源化无害化技术、有毒化学物质管理等环保领域的技术开发和国际合作,先后承担科技部国际科技合作专项、北京市国际科技合作专项、联合国环境署、欧盟委员会等众多国内外机构资助项目 200 余项。并与联合国环境署、联合国工业发展组织等国际机构、国内外政府部门、研究机构、跨国企业建立了长效合作机制,取得众多国际合作成效。基地团队通过人才引进、开展技术实习、培训等培养了大批国际科技人才,为北京市推动"一带一路"建设方面提供了必要支持,在国际科技合作与技术转移方面做出巨大贡献。

(8)环境前沿技术北京实验室(2020 年 11 月至今)

环境前沿技术北京实验室是北京市教育委员会依据《关于加强北京

实验室建设的意见》《北京实验室建设发展规划（2017—2035）》《北京实验室建设与运行管理办法（试行）》等文件于 2020 年 10 月批复建立的。实验室针对北京市和京津冀地区面临的大气污染、水污染、环境安全、低碳发展等突出环境问题开展前瞻性研究，旨在成为有国际影响力的高水平环境前沿技术研究基地，提高我国环境前沿技术水平和北京市环境科技创新能力，为解决北京市、京津冀地区、全国乃至全球环境问题做出重大科技贡献。

实验室瞄准新兴污染物风险防控、再生水利用、机动车排放控制、绿色低碳发展等重大战略需求，重点开展新兴有机污染物风险评价与控制技术、再生水安全高效利用理论与技术、机动车污染物排放大数据智慧监管技术、智慧城市绿色低碳发展模式机制与技术 4 个方向的研究，研发基于前瞻科学认识和创新解决方案的前沿技术，通过全方位开展学术交流平台搭建、人才培养与举荐、科技咨询与服务等工作，为北京建设"国际一流的和谐宜居之都"提供有力的支撑，为我国实现联合国 2030 年可持续发展目标、在 2035 年"生态环境根本好转，美丽中国目标基本实现"贡献绿色智慧方案。

实验室实行管委会领导下的主任负责制，由环境领域国际顶尖专家学者组成的学术委员会是实验室的最高学术指导机构，实验室主任为郝吉明院士。团队人员共 40 人，其中院士 1 人，3 人获国家杰出青年基金。实验室实行"开放、流动、联合、竞争"的运行机制。通过 5 年的建设与发展，将在新兴有机污染物控制、再生水安全高效利用、机动车污染物排放大数据在线监管、智慧城市绿色低碳发展模式等方向取得多项具有重大影响的理论和技术研究成果，整体水平达到国际先进，科研条件达到国内领先，并拥有一支专业结构齐全、学科交叉互补、年龄结构合理、国际上有一定影响的优秀学术团队，成为国内外有重要影响的环境前沿技术实验室。

（9）国家环境保护生态工业重点实验室（参与）（2002 年 11 月至今）

国家环境保护生态工业重点实验室于 2002 年 11 月 11 日经国家环境保护总局批准，由东北大学、中国环境科学研究院和清华大学共同建设。于 2010 年 11 月顺利通过国家环境保护部验收，正式挂牌运行。

重点实验室围绕国家发展生态化工业的战略目标，面向国际竞争，针对国民经济、社会发展及国家安全的重大需求,重点研究工业生态学和循环经济的基本理论与方法,构建生态化工业发展模式,开发生态化工艺及其关键链接技术,建立生态工业的评价方法和指标体系,为我国工业的可持续发展服务。实验室在区域经济系统和典型元素的代谢分析、典型工业系统的产业共生模式与共生机制、典型工业系统的复杂特征、演进规律及其动力研究方面取得了丰硕的成果。

(10)大气颗粒物监测技术北京市重点实验室(参与)(2015年5月至今)

大气颗粒物监测技术北京市重点实验室依托北京市生态环境监测中心,与清华大学共建,开展大气颗粒物监测方法与关键技术研究,为首都大气污染防治提供技术支撑。重点实验室于2015年5月获得北京市科学技术委员会认定,并于2018年顺利通过北京市重点实验室三年复评审。

大气颗粒物监测技术北京市重点实验室主要以大气颗粒物为研究对象,围绕环境空气及污染源等,研究并解决颗粒物及其主要前体物监测和应用中的关键技术和方法;依靠手工监测、自动监测、遥感监测及数据信息化处理等现代监测分析方法和手段,重点研究颗粒物的环境和污染源采样、质量浓度及化学组分理化特性分析、来源解析技术、遥感解译和预测预报五类重点技术,开展相关技术在大气颗粒物排放控制绩效评估、来源解析、成因机理和空气质量预测预报等方面的应用;结合区域经济一体化长期发展战略,研究京津冀地区大气颗粒物物理、化学组成特征及其迁移变化规律,推动颗粒物监测技术规范化和标准化,推进大气颗粒物污染防治进程。

重点实验室自2015年成立以来,累计发表学术论文187篇,其中SCI论文14篇,形成专著2本,申请发明专利56项、实用新型专利90项、外观专利1项,申请软件著作权27项。获得授权发明专利授权15项、实用新型专利88项、外观专利1项,获得软件著作权26项。2020年,重点实验室先后在国内外权威期刊上发表学术论文9篇,申请发明专利8项,其中专利授权2项。

(11)室内空气质量评价与控制北京市重点实验室(参与)(2015年5月至今)

室内空气质量评价与控制北京市重点实验室是2015年5月经北京

市科委批准成立的。室内空气质量重点实验室立足于国际室内空气科学前沿和北京市发展需求,利用清华大学的建筑、环境和医学等多学科交叉优势,在大气污染对室内空气质量的影响、室内污染源散发特性、室内空气污染暴露与健康风险、室内空气污染防治方面开展研究,为政府决策、标准制定、行业监管和产品升级提供参考依据和技术支撑,促进营造"健康、舒适、节能"的北京市人居环境,保障人民身体健康。

室内空气质量重点实验室依据《北京市重点实验室认定与管理暂行办法》《北京市重点实验室建设管理办法(详)》《清华大学科研机构管理规定》和《清华大学建筑学院科研机构经费管理办法》设置开放课题,经学术委员会讨论批准,同意对 11 项开放课题进行资助。

2020 年实验室发挥了建筑、环境、医学学科交叉的作用,及时应对了我国新冠肺炎疫情等引发的室内空气质量领域新挑战,承担了多项科技部和基金委新冠防控研究项目,部分成果在雷神山、火神山、金银潭医院和一批方舱医院等重点诊疗空间中得到了推广应用;同时,实验室针对室内空气质量领域的重要基础和关键技术问题,从室内空气环境人因学、室内外关联、污染源特性、空气净化、综合控制 5 个方面开展了积极、深入的研究,为解决室内环境"老大难"问题提供了理论依据和技术支撑。实验室在科研创新、成果转化、人才培养、国内外学术交流等方面均取得显著进展,促进了国家、北京市室内空气质量方面的研究和产业发展。

2) 自主批建机构

(1) 清华大学亚太水安全研究中心(2011 年 3 月至今)

清华大学亚太水安全研究中心于 2011 年 3 月成立,研究中心主要开展水安全领域的知识创新、能力建设和决策支持工作。主要研究方向包括:区域水安全评价技术研究,开展水资源、水环境和水生态安全评估技术研究,以及水资源与能源及其他资源耦合关系评估技术研究;区域水安全管理政策研究,梳理和研究我国及典型区域的水安全管理政策,开展亚太地区及"一带一路"沿线国家的水安全管理政策国别研究,系统总结水安全管理的最佳实践案例和经验,为亚太地区和"一带一路"沿线国家的政府、企业等部门的水安全相关决策提供支持;区域水安全管理能力建设,继续加强与国内外特别是亚太地区和"一带一路"沿线国家相关组织和机构的合作与交流,形成调动区域水安全相关智力和知识资源的能力,开展面向政府、企业和青年学生的培训和交流项目,促进区域水安全管理经验共享和能力建设。

研究中心加强了我国与亚太地区国家在水安全研究领域的联系和合作,在联合研究、知识共享、能力建设等方面取得重要进展。自 2017 年 7 月起,中国-东盟环境保护合作中心(以下简称东盟中心)正式委托亚太水中心在"一带一路"框架下开展水环境安全领域相关工作,以增强东盟中心支撑我国开展国际环境保护合作的技术力量。中心开展了"一带一路"沿线国家水环境状况及其管理政策的国别研究、东盟十国水污染防治技术与产业发展研究等,组织或协助组织了多次"一带一路"倡议下环境保护与管理研修班。亚太水中心的相关工作为我国水环境管理制度改革创新提供了参考,也为我国在水环境领域开展对外技术援助和能力建设项目提供了依据。同时,基于这些工作,亚太水中心在水环境安全领域面向亚太地区和"一带一路"沿线国家传播生态文明理念和水环境管理经验,更好地发挥了作为区域水安全知识创新与共享平台的作用。

清华大学亚太水安全研究中心成立以来,在供水安全、污水处理、再生水利用、水系统分析、水政策和管理等研究方向开展了大量工作,并特别通过与亚太地区的密切联系,推动了我国水安全理念、技术和经验的"走出去"。本期东盟中心委托建设清华大学亚太水安全研究中心,进一步发挥了我校在水安全技术和管理领域的学科积累,推动了学科的发展,促进环境学院"十三五"学科建设中"通过学位教育和联合培养、短期进修等方式,加大为'一带一路'国家培养环境领域领军人才的力度""扩大教师的国际视野和国际影响,增大国际上'话语权'"等任务的完成。

(2) 清华大学环境与健康传感技术研究中心(2015 年 4 月至今)

清华大学环境与健康传感技术研究中心建于 2015 年 4 月。中心联合清华大学环境学院、医学院、化学系、精密仪器系和微电子研究所等相关院系的优势,发展用于环境质量及安全风险领域检测的先进传感器技术,服务于我国保障环境安全与民众健康检测的迫切需求,并通过持续努力,发展成为在环境与健康检测传感技术研发领域有影响力的研究中心。学院从校内的学科交叉中心向国际化的交叉学科研究平台拓展,通过引进吸收国际该领域的新理念和新技术手段,使中心的学术水平和研究水平进一步提高。中心的研究团队已经与英国、美国、加拿大、瑞典、荷兰的研究机构建立了合作关系，与英国南安普顿大学光电子研究中心 James S. Wilkinson 教授的团队在新型光学传感器方面开展合作研究，与英国格拉斯哥大学生物电子与生物工程研究中心的 Jonathan M. Cooper 教授的团队开展生物微流控技术的合作研究，与美国伊利诺伊大学化学系 Lu Yi 教授的团队开展生物功能基因的筛选与新型生物传感器的合作研究，与瑞典隆德大学纯应用化学系 Bin Xie 教授的团队开展酶热分析技术的合作研究，与加拿大 Alberta 大学土木与环境工程系 Tong Yu 教授的团队开展环境界面微观检测技术的合作研究。

中心研制出用于水环境微量污染物检测的在线式、便携式和实验室台式生物传感器，并形成了系列化仪器，依托清华大学技术转移研究院平台实现成果转化，形成 50 台/年的产能，并在我国重点流域的水环境监测站进行了应用示范。此类仪器目前在国际上还没有商品化的产品，具有自主知识产权，可在国内外环境监测仪器市场上形成优势产品。中心的运行保证了国家重大科学仪器设备开发专项"水中有毒污染物多指标快速检测仪器"（2012YQ030111）的顺利开展，该项目于 2021 年 1 月通过了科技部支持的项目综合验收。研究成果受到验收专家组的一致好评。

（3）清华大学生态文明研究中心（2016 年 4 月至今）

2016 年 4 月 16 日，清华大学生态文明研究中心成立，图 5-45 为中心揭牌现场照片。中心是由清华大学环境学院、人文学院、低碳能源实验室等共同发起的交叉学科科研机构。研究中心主任由环境学院教授、中国工程院院士钱易担任，执行主任由人文学院教授卢风担任。顾问委员会主席由全国政协原副主席徐匡迪担任，副主席由国家发展和改革委员会原副主任解振华担任。全国人大环境与资源保护委员会原主任委员曲格平等 20 名资深专家担任顾问委员会委员。研究中心将广泛联合工科、理科和文科的一批学者进行深度合作，建构完整的生态文明理论体系，探讨生态文明的建设途径，力争推动清华大学成为生态文明研究的高校智库，为国家生态文明建设的决策贡献力量。

中心成员形成了一批具有广泛影响力的代表性智库成果，包括专著、政策研究报告、院士建议等。钱易、何建坤、卢风老师出版了《生态文明十五讲》《生态文明理论与实践》《生态文明与美丽中国》等专著。贺克斌院士作为咨询委员会高级顾问参加了蔡奇书记、陈吉宁市长召开的北京市

图 5-45　清华大学生态文明研究中心揭牌

左起：刘旭、钱易、徐匡迪、陈旭

"十四五"规划编制第一次专家座谈会暨专家咨询委员会成立大会会议，结合蔡奇书记调研"十四五"规划编制时提出的需深化研究的问题，形成的政策研究报告《2022 年北京冬奥空气质量保障工作面临的挑战与建议》，于 2020 年 7 月 27 日报送至北京市委。贺克斌院士还参加了"北京市副中心绿色发展论坛（2020）"，并作了题为《新型城镇化：无废建设与低碳发展》的报告。郝吉明院士承担了工程院"长江经济带生态文明建设若干战略问题研究"研究项目，并形成"长江经济带产业绿色化发展战略研究"院士建议。中心承担了呼和浩特、嘉兴生态文明建设规划项目，呼伦贝尔产业生态化和生态产业化发展战略研究项目，形成嘉兴市生态文明规划 100 条、嘉兴市生态文明建设规划研究报告、呼伦贝尔市绿色发展指导意见（2020—2025 年）等政策研究报告与建议。

（4）清华大学水质与水生态研究中心（2017 年 1 月至今）

清华大学水质与水生态研究中心于 2017 年 1 月正式成立，是依托清华大学环境学院建立的开放型校级学术研究机构。中心面向国际本领域学科前沿和国家重大需求，坚持从基础科学到实际应用全链条创新的协同互动，以水质与水生态关系及调控、饮用水水质安全保障、水污染控制的绿色过程为主要研究方向，将水质、水环境、水生态过程与机制进行深度融合,力争不断取得基础理论、关键技术和工程应用的系统科技成果。

截至 2022 年年底,中心共有人员 100 余名,其中事业编制人员 11 人,包括中国工程院院士 1 名,国家杰出青年科学基金获得者 3 名、国家优秀青年基金获得者 5 名,初步形成了一支年龄结构合理、学科专长互补、具备开展全链条创新实力的高水平研究队伍。

中心学术骨干主持了国家"973""863"重点研发专项,以及国家自然科学基金重大、重点、国际合作等国家级重要项目,在国内外学术期刊发表了 400 余篇论文,获授权 100 余件国内外发明专利,获得 5 项国家级奖、多项省部级奖、发明专利奖、国际奖、何梁何利基金奖等科技奖励。在水中砷、氟、藻、有机物、重金属去除和污染控制、电化学净水与同步产能、高浓度废液及污泥处置与资源化、水生态修复等方面,拥有专利技术并进行了大量的工程应用;主持和完成了多项重大水环境治理与生态修复规划,具有解决系列工程难题和承担大型生态环境规划的丰富经验和雄厚实力,在国内外本领域产生了重要的学术影响。

3) 联合共建机构

(1) 清华大学-北控水务集团环境产业联合研究院(2011 年 4 月至 2018 年 12 月)

清华大学与北控水务集团有限公司于 2011 年 4 月联合建立"清华大学-北控水务集团环境产业联合研究院",简称"环境产业研究院",研究领域包括环境人才培养教育产业化模式研究及环境产业复合性人才培养机制研究;开展了环境战略、产业及市场的研究;开展环境技术的研发,成为成果转化和企业的合作平台;研究建设环境行业绩效平台等。自中心成立以来,双方合作卓有成效,开展了多项污水处理、面源污染控制等科研研究,多项科研成果也实现了大规模工程示范及产业化推广,发表多篇环保行业报告、指导意见及发展政策建议等,培养多名博士、硕士研究生及环境产业高级管理人才,中心还在国内国际合作交流方面开展了多项活动,为促进我国污水处理技术和水污染治理做出了贡献。联合研究中心于 2018 年 12 月到期结束工作。

(2) 清华大学(环境学院)-四川环能德美科技股份有限公司水环境治理联合研究中心(2011 年 12 月至 2014 年 12 月)

水环境治理联合研究中心成立于 2011 年 12 月,联合研究中心的建设目标是建立水环境治理的产学研联盟,促进环境学院有关环境用水相关技术的科技研发、转化和实践;研发内容包括环境用水综合解决方案、水处理新设备和新药剂、水处理集成技术、水环境模拟技术、高效水环境综合管理等的研发和成果转化等;完成了"超磁体外透析+原位生态修复"技术工艺在成都金堂铁人三项湖体水质保障的工程项目,以及超磁水体净化技术工艺在北京新西凤河净化与水环境治理工程项目中的应用及工程实施;获得发明专利1项。联合研究中心于2014年12月到期结束工作。

(3)清华大学(环境学院)-四川深蓝环保科技股份有限公司生物质燃气技术联合研究中心(2012年1月至2015年1月)

2012年1月,清华大学环境学院与四川深蓝环保科技股份有限公司合作成立了生物质燃气技术联合研究中心,中心通过实验室和中试基地的研发工作,开发了污泥水热高干度脱水、有害物质去除及消化液处理技术;开发了多级闪蒸水热及水热后高效厌氧消化与水热脱水泥饼制备生物质燃料技术;开发了水热高干度脱水、有害物质去除技术。利用双方各自的技术优势在国家重点项目的示范工程建设过程中开展了深入的技术合作,申请多项国家发明专利;发表SCI论文10余篇;培养博士研究生3名,硕士研究生3名,博士后2名,企业技术人员8名。联合研究中心于2015年1月到期结束工作。

(4)清华大学(环境学院)-北京机电院高技术股份有限公司固体废物热处理与资源化技术联合研究中心(2012年7月至2015年7月)

清华大学(环境学院)-北京机电院高技术股份有限公司固体废物热处理与资源化技术联合研究中心成立于2012年7月,联合研究中心围绕固体废弃物热破坏和热转化两条技术路线,重点开展针对餐厨垃圾、市政污泥、焚烧飞灰等城市典型固体废弃物的热处理资源化技术研究、决策咨询与产业技术开发,以实现废物的无害化处置和资源化利用为目标,研究内容包括社会源废弃物高效湿热处理工艺设备及系统优化研究;循环经济体系内协同处置废弃物烧结技术及成套化装备研究;城市典型固体废弃物快速脱水干化技术研究;固体废物热处理的二次污染防治技术研究;废弃物热处理副产物的资源化技术研究。联合研究中心于2015年7月到期结束工作。

（5）清华大学（环境学院）-软通动力信息技术（集团）有限公司智慧环境管理创新联合研究中心（2014年7月至2017年7月）

清华大学（环境学院）-软通动力信息技术（集团）有限公司智慧环境管理创新联合研究中心成立于2014年7月，中心以智慧环境和环境管理创新为核心研究领域，积极为区域经济与生态环保协调发展相关政策的制定、执行、监管提供技术支撑。典型成果包括智慧环境整体解决方案、重点环境政策配套软件与集成系统、环境管理业务信息化平台、工业园区生态化改造信息支撑系统、环境风险应急信息化平台等研究，应用于国家科技支撑项目、自然基金项目及地方智慧环保项目的案例实践中，实现了政产学研用的良性互动。联合研究中心于2017年7月到期结束工作。

（6）清华大学（环境学院）-西安华诺环保股份有限公司油气田废水及油泥污染控制与资源化联合研究中心（2015年12月至2018年12月）

联合研究中心于2015年12月成立，主要研究方向为油气田废水深度处理、油泥和压裂液返排液资源回收及安全处置、油田污染土壤和地下水修复技术；建设目标为提高油气田环境保护技术水平，促进科技成果产业化，培养专业技术人员，提升合作企业核心竞争力，培育标杆环保企业。完成1项项目，举办行业学术会议5次，发表论文4篇，申请发明专利4项，培养博士后、硕博研究生及技术人员10人，研发1套撬装式含油污泥热处理装置。联合研究中心于2018年12月到期结束工作。

（7）清华大学（环境学院）-成都市兴蓉环境股份有限公司水务先进技术联合研究中心（2017年8月至2020年8月）

研究中心成立于2017年8月，合作期3年，共开展相关研究课题8项，提出了再生水景观环境利用水华风险控制技术、MBR工艺的膜污染控制与优化除磷技术、渗滤液膜浓缩液处理技术、大气污染来源及控制技术、管线漏水点演变模拟与漏损控制技术、给水处理厂工艺选择与投资决策优化技术、市政污水MBR的高标准出水总氮达标技术、供水管网不停水及快速抢修技术等关键技术，解决了行业技术难题，关键技术在企业的应用取得了较好的经济效益和社会效益。联合研究中心于2020年8月到期结束工作。

（8）清华大学（环境学院）-大江环境水质与水生态联合研究中心（2018 年 3 月至 2020 年 12 月）

清华大学（环境学院）-大江环境水质与水生态联合研究中心成立于2018 年 3 月，是清华大学与大江环境股份有限公司在水质净化与水生态治理领域，充分利用清华大学的研究能力，并结合大江环境股份有限公司产业平台的优势联合成立的。

该机构的建设目标是针对目前国内水质与水生态亟待解决的技术难题，重点围绕水质净化与资源化技术、水生态治理等技术开展合作研究，促进科研成果的转化，力争为我国环保技术水平的提升提供支持。

机构运行期间开展了"高浓度硝酸盐废液预处理研究和高盐胁迫厌氧反硝化处理"项目的研究开发，实现了对重金属的回收，使水质满足危废处理公司现有处理工艺接入条件，并经后续处理达标排放。机构承担了"武进港小流域工农业复合污染控制及水质改善技术集成与应用"课题，开展重污染区（武进）水环境整治技术集成与综合示范应用，在知识产权方面，累计申请专利 10 项，其中发明专利 8 项。

机构运行期间取得了一系列成果，包括江苏常州武进港流域厂村融合复合面源污染优先控制区域及关键因子识别，黑臭水体底泥减量及资源化技术研发及工程应用，承办第十五届水与污水前沿技术大会，开展硝酸盐废液处理技术研发及产业化，构建实施零碳江心洲项目。机构于2020 年 12 月结束运行。

（9）清华大学环境学院挥发性有机物治理研究中心（2018 年 8 月至2020 年 12 月）

清华大学环境学院挥发性有机物治理研究中心是由清华大学环境学院与佛山宜可居新材料有限公司于 2018 年在挥发性有机物治理领域联合成立的研究中心，该联合研究中心充分利用合作双方的优势，协同攻克挥发性有机物污染控制中的关键问题和治理难点，为我国挥发性有机物治理的技术研发和应用提供人才支持，为我国环境空气质量的改善提供关键技术及政策支撑。该中心为"2+26"城市部分地区的重点行业挥发性有机物精细化管控提供技术支撑，针对济宁市石化、化工、工业涂装和包装印刷等重点行业，以及曲阜市、鱼台县、任城区等区县重点企业的VOCs"一厂一策"综合治理方案开展编制和治理绩效评估工作。联合研究中心于 2020 年 12 月结束工作。

（10）清华大学-江苏盐城环科城烟气污染减排技术联合研究中心
（2016 年 11 月至今）

清华大学-江苏盐城环科城烟气污染减排技术联合研究中心（以下简称联合研究中心）成立于 2016 年 11 月 8 日。联合研究中心采用政产学研用相结合的建设模式，依托清华大学环境学院的研究能力，结合盐城环保科技城大气产业园的产业化能力，将研究中心的成果在产业园区小试、中试和孵化，最终实现产业化，构建现代环保产业创新体系。

联合研究中心的建设目标是：针对我国电力、冶金、有色、建材、石油化工等重点行业的 PM2.5、NO_x、VOCs、NH_3、SO_x、重金属等大气多污染物总量减排的迫切需求，重点突破工业源燃煤烟气污染物深度净化的一些科学与技术难题，解决"高温高尘"SCR 存在的催化剂堵塞、中毒和寿命短的共性问题，研发中高温（200~450℃）烟气脱硝关键技术及废旧催化剂再生资源化利用技术，建立废气治理的"关键技术—工艺装备—产业引领"技术研发创新链，促进科研成果转化，为江苏省乃至国内环保技术水平的提升提供支持。

围绕联合研究中心的建设目标，联合研究中心重点针对钢铁、焦化及建材行业燃烧尾气排放控制进行深入、系统的研究；针对当前非电行业多污染物协同减排任务，团队研制了中高温烟气脱硝除汞及二噁英双功能催化剂制备技术，并在盐城环保科技城实现工业化。建成了全尺寸 SCR 脱硝催化剂评价系统、除尘脱硝一体化多功能材料、活性炭脱硫脱硝性能评价系统；建成一条中低温 SCR 脱硝催化剂中试生产线，年产能 3000 m³，产品广泛应用于钢铁、焦化、冶金、石化、建材、耐材等行业，为承担的大气研发重点专项工程示范提供催化剂产品。建成一条 VOCs 氧化催化剂和高孔脱硝催化剂中试生产线（年产 500 m³），目前已在多个行业实现工程示范。先后对钢铁、水泥、焦化等行业开展了深度治理示范工程，实现了这些行业的超低排放，为非电行业实施更加严格的超低排放标准提供了关键的科技支撑，同时为河南郑州、安阳、山东济宁的"一厂一策"工业烟气深度治理提供了强有力的技术支撑与综合服务，已成为国家烟气污染治理的重要科技支撑团队。

(11) 清华大学-昆明滇池高原湖泊联合研究中心(2018 年 5 月至今)

2016 年 7 月 16 日,清华大学与昆明市政府在昆明市举行环境科技合作签约仪式。云南省委常委、昆明市委书记程连元、市长王喜良,清华大学副校长薛其坤等出席仪式。薛其坤副校长与王喜良市长代表双方在合作协议上签字。根据双方合作协议,2018 年 5 月 16 日正式成立清华大学与昆明市政府共建的"清华大学-昆明滇池高原湖泊联合研究中心",执行期 5 年,图 5-46 为签约仪式现场照片。

联合研究中心围绕滇池蓝藻发生机理、富营养化治理关键成套技术、中长期生态环境改善目标及战略对策等开展持续、深入、系统与创新性研究,充分发挥中心在滇池污染治理、蓝藻水华防控等方面的科技研发、学术交流、人才培养等作用与功能,为滇池治理培养具有国际视野和富有创新精神的人才队伍,逐渐形成国内一流、国际有影响力的学术交流与人才培养基地,为科学治理滇池污染宏观决策提供科技支撑。联合研究中心成立以来,紧紧围绕滇池治理"三年攻坚"、昆明市高度关注和亟须解决滇池污染防控与管理问题开展立项研究。截至 2020 年年底,先后启动 8 个项目,全部列为"三年攻坚"、滇池治理重点和"长江驻点"项目,已验收 3 个项目。撰写项目阶段进展报告 5 份,上报昆明市政府各类建议专报 5 份,得到昆明市委程连元书记等领导的批示和政府采纳,在助力昆明市深入推进长江生态环境保护修复各项工作、破解滇池治理难题、提升滇池保护治理水平、开展科技攻关、培养相应领域优秀人才等方面发挥了重要作用。

(12) 清华大学(环境学院)-北京本农环保科技集团有限公司有机物降解与资源化生物技术联合研究中心(2020 年 1 月至 2022 年 4 月)

2020 年 1 月,北京本农环保科技集团有限公司与清华大学本着友好合作、互惠互利、优势互补、共同发展"双赢"的原则,在有机污染物治理及有机废物处置与资源化生物技术领域,充分利用清华大学高层次、研究型复合人才优势及已有的研究基础和技术成果,结合北京本农环保科技集团有限公司在环境治理领域领先的技术、市场、资合优势,联合成立"清华大学(环境学院)-北京本农环保科技集团有限公司有机物降解与资源化生物技术联合研究中心"。

联合研究中心的主要研究内容包括在有机污染修复方面,针对芳烃、

图 5-46　清华大学-昆明滇池高原湖泊联合研究中心签约仪式

多环芳烃等主要污染物,开展高效降解微生物菌株的分离、筛选、功能研究及复合菌剂的研发,并进一步开发基于微生物强化的污染土壤原位生物修复成套工艺与技术;在餐厨废物资源方面,基于微生物代谢途径定向调控技术,开发有机废弃碳源合成高值产品(生物可降解塑料等)的微生物菌种资源,研发复合微生物菌群开放式连续发酵等前沿技术工艺与成套设备,对废物资源化工艺技术进行全生命周期评估与工艺流程优化,形成具有自主知识产权的治理技术及产品。

联合研究中心成立以来,取得了一系列阶段性研究成果,包括在原有三段式工艺上进行了探究和改进,形成了一套可行的利用餐厨废物资源化工艺,并提供了配套参数;同步实现废水直接纳管、废渣回收产酸的减缓二次污染的目标;对在该工艺下提取的可降解塑料产品进行表征和测试,得到的样品纯度高、无杂质和结晶性能好,其材料物理性能与市面上纯菌合成的性能相似;提出了针对整套工艺的评价方法并对工艺可行性进行了评估,其较高的可降解塑料生产能力是该工艺的优势之一。联合研究中心于 2022 年 4 月结束工作。

(13) 清华大学(环境学院)-中节能天融科技有限公司环境污染溯源与管控联合研究中心(2020 年 4 月至今)

清华大学(环境学院)-中节能天融科技有限公司环境污染溯源与管

控联合研究中心于 2020 年 4 月成立,2020 年 7 月举行揭牌仪式暨第一届管委会会议。该中心的使命是以服务国家生态文明建设为己任,着力打造清华-中节能环境质量监测、溯源与管控决策支持技术的国际一流校企联合研究中心,力争成为环境大数据分析、模拟和优化决策技术的思想领袖和高端智库,为政府与企业提供高水平、高质量的政策咨询和战略建议,为国家环保事业做出贡献。

联合研究中心的主要研究领域包括:一是合作开展新型、智能化环境监测传感器研发与功能拓展,研制便携、快速、适应复杂场景的新型环境监测新装备和新传感器;二是合作开展服务于政府环境监管和污染防治科学决策的环保大数据价值挖掘分析,研究环境污染的溯源和成因分析等辅助决策产品,以及服务于社会可持续发展的中长期环境精准治理及相关决策支持系统建设。

(14) 清华大学(环境学院)-中持水务股份有限公司中小城市环境绿色基础设施联合研究中心(2020 年 11 月至今)

清华大学(环境学院)-中持水务股份有限公司中小城市环境绿色基础设施联合研究中心于 2020 年 11 月成立。中心致力于研究水处理领域和固体废物处理领域。在水处理方向,联合研究中心以新型纳米絮凝剂为基础,研究新型纳米絮凝剂如何应用到雨水溢流污染控制中,然后逐步扩大生产规模和应用规模,后续将开发基于加载快速沉淀分离的溢流污染控制系列技术和产品;在固体废物处理方向,开创性地提出在中小城市进行有机固废"收集—处理—利用三级网络"构建技术研究,中心结合京津冀区域有机固废的污染特点,深入研究中小城市畜禽粪便、餐厨垃圾、污泥、秸秆、人粪便等多种有机废物的协同干式厌氧处理技术,开发服务于中小城市的绿色生态基础设施,提供有机废物的综合解决方案;在固体废物处理方向,基于生物质热解技术,对分布式气-热-炭-电多联产技术进行深入研究,不仅能有效解决生物质等有机固废污染带来的环境问题,同时能达到生物质等有机固废资源化、能源化转变的目的,有效缓解了中小城市供暖、燃气、用电等的压力。为了大力推动中小城市环境发展,中心旨在充分发挥清华大学环境学院的技术和人才优势,以及持续的技术创新能力,致力于解决中小城市日益严重的雨水溢流污染、有机固废、生物质等跨学科/跨领域的环境难题,同时变"废"为"宝",实现有机

固废和生物质的资源化、能源化转变，从而满足中小城市环境质量提升和
生态建设的发展需求。

（15）清华大学（环境学院）-大陆马牌轮胎（中国）有限公司绿色制造
与低碳循环联合研究中心（2022年4月至今）

清华大学（环境学院）-大陆马牌轮胎（中国）有限公司绿色制造与低
碳循环联合研究中心成立于2022年4月，由清华大学（环境学院）与大陆
马牌轮胎（中国）有限公司联合成立。

中心针对轮胎行业在控污减排、节能降耗、资源循环、低碳发展等方
面的关键问题，面向合肥高新区作为国家综合性科学中心在带动区域绿
色制造示范方面的迫切需求，主要开展以下方面的研究：一是开展轮胎
行业污染特征与控制技术研究，主要包括轮胎生产过程中以不同介质形
式排放的污染物的排放特征及源头和末端控制技术；二是轮胎行业与区
域制造业资源能源循环利用关键技术与策略研究，包括生产全过程的物
质流分析、能量流分析、生命周期评价，识别生产过程中的物质循环利用
和节能关键节点及解决方案；三是轮胎行业与区域减污降碳协同发展技
术路径与方案，包括产品全生命周期碳排放管理与碳足迹追踪、行业和区
域降碳潜力评估及降碳技术策略，以及行业和区域碳排放管理与评估方
法与系统开发等。

中心将有力整合各方优势资源，形成互补与合力，构建产学研交叉融
合平台，致力于为解决轮胎制造行业乃至其他传统制造业面临的绿色发
展瓶颈问题提供解决方案，为合肥高新区低碳发展、科技成果转化、产业
升级和区域高质量发展提供科技支撑，推动企业和地方构建环境友好型
发展模式，为国家绿色低碳发展事业做出清华贡献。

（16）清华大学-北京赛诺膜技术有限公司特种膜分离净化与资源回
收技术联合研究中心（2023年6月至今）

清华大学-北京赛诺膜技术有限公司特种膜分离净化与资源回收技
术联合研究中心（以下简称清华-赛诺联合研究中心）成立于2023年6
月，是清华大学依托环境学院与北京赛诺膜技术有限公司联合成立的校
级研究中心。清华-赛诺联合研究中心充分利用清华大学科技创新能力、
研究平台和团队，结合北京赛诺膜技术有限公司工程技术创新、科技成果
转化与产业化优势，联合开展膜分离净化与资源回收领域前沿基础性和

行业引领性学术研究、关键技术开发和应用示范推广,致力于推进膜分离技术在水资源可持续开发利用、水安全保障与风险控制、工业绿色生产与资源回收等方向应用,努力为生态文明和美丽中国建设做出重要科技贡献。

清华-赛诺联合研究中心重点面向市政、环境、工业等领域水质安全、污染控制和资源回收等重要需求,以特种膜材料工业化制备突破为基础,联合开展特种膜分离过程与机制、膜净化工艺技术、膜分离组器装备及数字孪生、膜污染观测与控制等关键技术与装备等研究,共同推进核心技术产品原理创新、工业试制放大和工业化应用,为国家水安全保障、水环境治理保护和绿色工业过程等提供重要科技支撑。

4) 院级研究机构

(1) 清华大学环境学院清洁生产与生态工业研究中心(2012 年 7 月至今)

清洁生产与生态工业研究中心是环境学院于 2012 年 7 月成立的,为学院内跨教研所的非实体机构,是学院开展清洁生产与产业生态学研究的科研教育与技术咨询服务机构。

中心以生态文明发展为目标,以产业生态学、循环经济、清洁生产基本理论和方法为基础,重点在清洁生产、循环经济、生态工业、工业污染预防、产品生命周期分析和工业生态设计等产业生态学领域展开教育教学。中心以工业园区、典型行业和企业为研究对象,运用产品生命周期评价、物质代谢、环境风险评价等方法,开展基于生态工业理念的工业污染预防和工业生态设计科学研究,开展基于环境风险评价的环境风险管理与控制研究,探讨物质流动的代谢机理,建构生态化的工业系统与风险调控机制。同时开展区域生态文明绿色发展战略研究。

中心为各级政府、园区和企业开展生态文明建设、工业生态化建设、工业污染防治及绿色发展提供技术和政策支持,在清洁生产、循环经济、生态文明发展建设方面为国家重大战略决策的制定与实施提供技术支持。中心是中国循环经济协会工业园区绿色发展分会主任委员单位、中国环境科学学会生态产业分会常务副主任单位、中华环保联合会绿色技术发展专业委员会副主任委员单位、国家级经济技术开发区绿色发展联盟技术支持单位。

（2）清华大学环境学院城市径流控制与河流修复研究中心（2013年12月至今）

城市径流控制与河流修复研究中心成立于2013年,聚焦城市径流控制与河流修复研究,专门从事海绵城市研究、城市水环境系统模拟分析和河流修复等工作,解决城市发展过程中的水环境问题。

2015年以来,机构依据国家宏观发展规划中建设新型城镇化的要求,以解决城镇化过程中出现的地表径流污染、河道生态环境破坏等城市水环境方面的问题为宗旨,承担了国家"十三五"水专项、长江生态环境保护驻点研究、国家海绵城市试点建设评估等多项国家重大科研工程,在城市水环境系统多要素时空耦合模拟、河流水生态构建与健康维系技术等方面不断取得创新性成果,并获得国家重大专项、自然科学基金、地方政府和企业的经费支持。

2016年来,该机构作为主编单位编写1项国家标准和2项中国工程建设标准化协会标准;申请10多项发明专利和软件著作权,出版了《城市河流环境修复技术原理及实践》等9部著作,发表文章40余篇,在北京、苏州、佛山等典型城市进行应用研究。在2016年和2018年中心分别在北京和西安组织了国际城市低影响开发（LID）学术大会,并在环境学院组织多场学术交流研讨会,切实服务学术共同体,获得界内一致好评。

（3）清华大学环境学院绿色基础设施研究中心（2016年3月至今）

清华大学环境学院绿色基础设施研究中心于2016年3月成立,由王凯军教授担任中心主任,依托水环境保护研究所,由环境系统分析教研所、固体废物污染控制与资源化教研所等共同建设。

为突出清华大学环境学院的领域优势,引领行业发展方向,清华大学特成立本中心,推动跨学科合作,打造业内有重大影响力的绿色基础设施研究和工程实践基地。中心主要开展面向未来的概念污水处理厂研究、基于地下污水厂的城市生态综合体研究、未来绿色填埋场研究和乡村田园综合体研究等领域的技术研发和工程实践。

目前,中心在服务生态环境保护等国家重大需求方面做出了重要贡献,如2018年结题的《污水处理厂生态综合体改造技术咨询项目》。该项目明确了清溪污水处理厂生态综合体改造的主要构思、定位与策略、改造方案等,同时,研究成果为传统污水处理厂升级改造为环境友好、可持续

的污水处理生态综合体提供了设计范式，提高了生态综合体理念在未来
水处理领域中的可推广性。

（4）清华大学环境学院智慧水务研究中心（2016 年 3 月至今）

清华大学环境学院智慧水务研究中心成立于 2016 年 3 月，研究领域
包括：供水管网漏损管理、管网水质模型、供水管网优化设计与管理、管
网水质多参数水质预警、可持续性城市水管理、供水-能源关系等。研究
中心自成立以来，开展智慧水务领域研究课题 10 余项；提出了供水管网
分区计量漏损管控技术，并牵头编制了《城镇供水管网分区计量管理工作
指南——供水管网漏损管控体系构建》，该指南于 2017 年 10 月由住建部
颁布，先后在我国 19 个省 100 个城市中推广应用，推进了我国管网漏损
控制，提高了供水安全保障工作；提出了基于多参数协同反馈的水质预
警技术，相较于多参数水质预警技术，该技术将误报率降低了 80.8%，相
较于单参数水质预警技术，该技术将准报率提升了 75.7%，解决了行业技
术难题，并基于该技术开发了管网卫士，该设备成功应用于常州二次供水
小区，保障了常州供水管网的安全稳定运行，取得了较好的经济效益和社
会效益。同时，研究中心也举办了多次国内外学术会议，促进了我国供水
行业的技术交流与发展，提升了我国水务行业在国际上的影响力。

研究中心以人才培养为根本任务，建设了高水平的教研团队，进一步
扩大了研究团队的国内和国际影响，形成了更有竞争力的创新团队，助力
清华大学建设国际一流的环境科学与工程学科和市政工程学科。

（5）清华大学环境学院循环经济产业研究中心（2016 年 7 月至今）

清华大学环境学院循环经济产业研究中心成立于 2016 年 7 月，由环
境学院环境管理与政策教研所、固体废物控制与资源化教研所、核环境工
程教研所、水环境保护教研所教师团队联合组建，温宗国教授任研究中心
主任。研究中心开展区域关键性金属和非金属资源的代谢模拟、工业节
能减排系统分析与管理政策、城市典型固废资源化技术开发及系统集成
应用等的科学研究，推动循环经济关键技术联合攻关、成果推广和产业
化，致力于发展成为具有国际领先水平、在国内外有重要学术影响的循环
经济研究机构。

研究中心成立以来承担了 20 多项国家研发课题和地方规划项目，在
Nature Sustainability、*Nature Communications* 等顶级期刊发表 SCI 论文数百

篇。"城市循环经济发展共性技术开发与应用"成果获得国家科技进步奖二等奖，"县域多源固废水泥窑协同处置关键技术与应用研究"等获教育部科技进步奖一等奖，以及其他省部级科技进步奖一等奖 4 项，支撑了国家"无废城市"建设试点方案、国家中长期（2021—2035 年）环境领域科技发展规划、国家循环发展引领行动等 10 多项国家政策的研究制定，完成了 30 多项资源环境领域部门政策的决策咨询。研究中心与世界经济论坛、艾伦·麦克阿瑟基金会、美国循环经济基金等国际组织开展合作，开展循环经济先进技术与管理实践的推广应用、全球政策合作的联合研究，国际学术和行业影响力逐步显现。

（6）清华大学环境学院水污染溯源与精细监管技术研究中心（2019年 6 月至今）

清华大学环境学院水污染溯源与精细监管技术研究中心成立于 2019年 6 月，以中心自主发明的水污染预警溯源技术及系列仪器为核心，研究面向未来的精细监管技术和体系。中心积极推动水质荧光指纹污染预警溯源技术及仪器的产业化和标准化，建立了全球最大的水质指纹数据库。中心获得国家重大仪器专项资助。

机构依托清华大学环境学院和清华苏州环境创新研究院建立起技术及软硬件研发平台，拥有专门的产业化公司苏州国溯公司，并与生态环境部环境监测总站、生态环境部对外合作与交流中心、水利部长江水利委员会、深圳环境监测中心站、苏州环境监测中心等有长期密切的合作，已形成"产-学-研-用"的大团队格局。目前预警溯源技术已成功应用到包括水源地、水体断面、工业园区等水环境精准监管和高效执法中，已经在全国18 个省市自治区应用，且技术获得日内瓦国际发明展特别金奖，入选2018 年科技日报评选的"国内十大技术突破"。

5.7.4 *Frontiers of Environmental Science & Engineering* 期刊

2012 年，*Frontiers of Environmental Science & Engineering*（简称 *FESE*）转为双月刊，并于 2022 年起转为月刊。期刊第二任主编为郝吉明院士，第三任主编为曲久辉院士，美国工程院院士、佐治亚理工学院 John C. Crittenden 教授担任第二任和第三任联合主编。

近年来，该刊影响因子上升较大，据科睿唯安公司公布的 2019 年期刊引证报告，*FESE* 的影响因子为 4.053，在环境科学类和环境工程类期刊中均位于 Q2 区前列。2023 年，据科睿唯安发布的 2022 年度 Journal Citation Report™ 期刊引证报告，*FESE* 最新的影响因子为 6.4，在 Engineering-Environmental 领域排名#18/55，在 Environmental Sciences 领域排名#54/274，处于 JCR Q1 区。

该刊获得多项资助和荣誉：2012 年获得"国家自然科学基金重点学术期刊专项资助"；2012—2020 年连续 9 年被评为"中国最具国际影响力学术期刊"；2013—2015 年、2016—2018 年连续两届入选"中国科技期刊国际影响力提升计划"获 C 类资助；2015 年被评为"第一届中国高校优秀英文期刊"；2016 年被评为"中国高校百佳科技期刊"；2019 年入选"中国科技期刊卓越行动计划"重点期刊（2019—2023 年）。*FESE* 期刊的发展历程如图 5-47 所示。

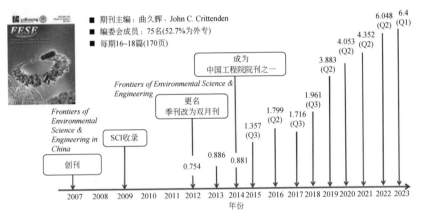

图 5-47　*Frontiers of Environmental Science & Engineering* 期刊发展历程

5.7.5　环境学院校地合作平台

环境学院围绕国家生态文明建设需求和一流环境学科建设目标，积极探索，主动出击，逐步布局形成了"一核（清华）四翼（苏州、盐城、深圳、怀柔）"的环境科技创新平台，初步构建了涵盖"基础研究、应用基础研究、技术创新和成果转化"的环境科技创新链条，初步实现了在"京津冀""长三角""大湾区"等国家战略区域的环境科技创新力量布局，为环境学科的进一步发展奠定了良好的硬件基础。

　　为实现环境学院建成立足国情、面向未来的环境学科和拔尖创新人才培养体系的战略目标，巩固在国内环境学科中的长期引领地位并达到国际环境学科领先水平，同时突破在校科研队伍规模和实验空间资源的限制，通过实际工程验证进一步梳理完善学科体系，从而产出具有国际影响力的科技创新成果，冲击更高级别的国家科技进步奖项，环境学院持续放眼国内多地优势资源，力争建成国家环境科技创新重大平台和环境产业化重大平台。

　　2016 年 10 月，学院联合国内优势科研单位及各行业龙头企业共同建设了烟气多污染物控制技术与装备国家工程实验室，其工程中心落户江苏盐城，负责对学院形成的理论研究和技术创新成果进行衔接技术研发，通过中试验证和技术集成，实现科研成果向工业应用的转化，形成"理论—技术—产品—装备"创新研究链；2017 年 6 月，清华苏州环境创新研究院在苏州高新区正式成立，通过打造具有全球影响力的综合性研发和科技服务机构，持续发挥清华大学在学科引领、人才集聚、科技创新等方面的优势，汇集校内外资源，为我国环境科技创新和环境产业发展提供智力支撑和典型示范；2017 年 3 月，广东省、环保部、清华大学三方在北京签署协议，以探索"国家实验室"建设框架及运行机制为基础，提出合作共建环境研究院，环境学院作为筹建工作组核心成员，将以国家生态文明和重大环境战略需求为导向，立足国际环境学科前沿，以科学认知、技术创新和决策支撑为重点，力争用 5～10 年的时间，将环境研究院建设成为国内环境领域的顶级创新平台、顶级智库及全球创新中心，并力争成为国家实验室。

　　2017 年 5 月，国家发展和改革委员会、科技部联合批复《北京怀柔综合性国家科学中心建设方案》，同意建设北京怀柔综合性国家科学中心，成为继上海张江、安徽合肥后批复的第 3 个综合性国家科学中心。同年 11 月，环境学院申报的怀柔综合性国家科学中心平台项目"空地一体环境感知与智能响应研究平台"（环境脑工程）顺利通过答辩并立项，2018 年 3 月开工建设。该平台通过多学科交叉、多部门联合，建立了世界上第一个国家尺度空地一体环境感知与智能响应系统，包括空地一体环境感知系统、环境大数据中心、环境模拟与智能响应系统三方面内容，可以为我国水、气、土壤及生态环境保护和资源利用提供多层次的综合管理与决策支持,为京津冀生态修复和环境改善提供多层次的综合管理与决策支持。

5.7.5.1　清华苏州环境创新研究院

清华苏州环境创新研究院(以下简称苏州环境院)是清华大学主办、在苏州高新区登记注册的自收自支、科研性质的独立事业法人单位。苏州环境院致力于实现国家环境保护战略、环境学科发展和地方环境质量改善的三者统一,主要从事环境类科技创新活动,为清华大学"建设国际一流环境学科"发展战略助力。图 5-48 为清华大学邱勇校长和苏州市周乃翔书记共同为清华苏州环境创新研究院揭牌的现场照片。

图 5-48　清华大学邱勇校长和苏州市周乃翔书记共同为清华苏州环境创新研究院揭牌

该研究院面向全国共性环境科技关键问题开展研究,建设环境科技研发中心、科技成果转化基地、产业技术服务平台及环境决策咨询平台,设有环境风险与应急研究中心、绿色发展中心、环境大数据科学中心和绿色保险中心等九大交叉技术创新研究中心,为污染防治和饮用水安全保障、固体废物处理处置与资源化、污染场地修复等领域相关环境技术研发提供平台支撑。苏州环境院专职科研人员为独立招聘,部分研发团队负责人由环境学院现有教师兼任,环境学院本部没有专职老师在苏州环境院开展工作。

苏州市人民政府及当地有关部门为苏州环境院的建设运行和科学研究活动提供办公、实验与中试场所,总面积 42 000 m^2,相关照片资料见

图 5-49~图 5-51。苏州环境院由苏州市政府和苏州高新区管委会提供建设及运营资金，每年资助 6000 万元，共 5 年，总计 3 亿元。

图 5-49　清华苏州环境创新研究院位于苏州市高新区科技城的临时办公场地

图 5-50　校地领导共同为苏州环境院新科研办公楼启用揭牌

左起：苏州高新区党工委书记、虎丘区委书记方文浜，清华大学副校长尤政，苏州市委书记许昆林，清华大学校长邱勇，江苏省环境厅副厅长于红霞，江苏省科技厅副厅长过利平

图 5-51　清华苏州环境创新研究院位于苏州市高新区科技城的新科研办公楼

目前，苏州环境研究院已聚集 550 余人的队伍，围绕水环境治理与废

水处理、固废处理处置、土壤与地下水污染防控与修复、环境智慧管理、绿色保险及绿色金融等领域进行了技术布局,共引进 25 支高水平研发团队与 1 个院士创新站,成立 9 大交叉技术创新研究中心,已逐步构建了污染治理技术—环境监测体系—环境管理政策—智慧环境管理的环境领域全链条技术体系;已建设集实验中心、中试基地、野外观测与验证基地等环境科技研发与转化全流程支撑载体;此外,通过科技成果转化体制机制创新模式的探索,孵化成立 30 多家产业化公司;先后获批江苏省新型研发机构、省智慧环境技术集成与应用工程研究中心、省博士后创新实验基地、省研究生工作站、省环保专业化众创空间、省环境应急救援技术中心等,并广泛联合相关学术机构,组建了碳中和技术与绿色金融协同创新实验室,致力于协同国内多家国家工程实验室,推动中国经济发展模式由"线型经济"向"循环型经济"转型。

苏州环境研究院将继续深入实施创新驱动发展战略,面向国家生态文明建设、长江大保护、碳达峰碳中和等重大战略需求,在低碳、装备、健康等"环境+"交叉创新领域全面建成具有较强科技创新能力、学科发展协同能力、技术转化培育能力、环境治理支撑能力、产业增长带动能力的绿色环境科技创新机构。

5.7.5.2　空地一体环境感知与智能响应研究平台(北京"环境脑工程")

空地一体环境感知与智能响应研究平台位于北京市怀柔科学城东部,为科学城第二批交叉研究平台之一,由清华大学、北京怀柔科学城建设发展有限公司作为"双主体"共同推进。项目总投资 4.87 亿元,总建筑面积 33 300 m²,主要新建综合实验楼、环境模拟工房和跨介质环境模拟公园等。环境脑工程将通过多学科交叉、多尺度感知、多维度模拟、多元化响应,建设包括空地一体环境感知、环境样品与信息中心、环境模拟与智能响应三大系统的前沿科技交叉研究创新平台,主要技术路线如图 5-52 所示。

环境脑工程构建了区域型网格化地基感知和大尺度跨介质天基感知集成系统,能够实时感知大气、土壤、地表水和地下水等多环境介质中污染物空间分布、源汇关系、迁移转化及其生态响应的状态变化,支持定量化的污染物跨介质过程机理及追因溯源研究;汇集跨学科、跨部门、跨行业的多源数据,逐步累积跨年际、全要素的环境样品指纹库,形成跨越历

图 5-52　环境脑工程主要技术路线

史、现状和未来全时间轴,覆盖数据、文档、视频、环境样品等多载体的环境信息存储管理与交互共享系统;揭示跨介质复合污染过程及机理,验证和完善跨介质环境数值模拟系统,实现对跨介质复合污染微界面、生态和健康效应及环境治理措施成效的集成模拟与智能响应。

　　平台自 2018 年启动,2020 年 8 月取得北京市发改委可研批复,当年 10 月正式开工建设。主体结构于 2021 年 6 月封顶,建设安装工程于 2022 年 5 月竣工验收,2023 年 10 月,平台进入试运行阶段。项目建成后的效果图及综合实验楼实景照片如图 5-53 和图 5-54 所示。

图 5-53　环境脑工程项目建成后效果图

图 5-54　环境脑工程综合实验楼实景

5.7.5.3　深圳高等环境研究中心（筹）

深圳高等环境研究中心正在筹建，定位为国内领先的高水平环境科研创新平台，研究中心以"基础理论—技术创新—产业孵化—决策支持"的创新链为支撑，聚焦环境领域核心技术研发和成果产业化，着力解决深圳市、粤港澳大湾区生态环境治理及绿色创新示范的应用研发需求。深圳高等环境研究中心建设目标如图 5-55 所示。

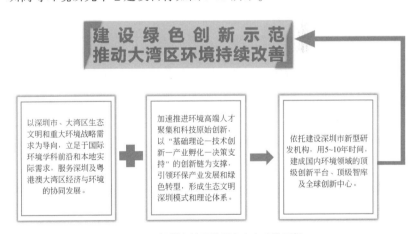

图 5-55　深圳高等环境研究中心建设目标

深圳高等环境研究中心的主要研究方向包括：环境领域颠覆性技术

的应用示范、成果转化和产业带动；环境学科"种子"和原创技术研发；绿色发展战略研究和环境管理政策创新等。具体拟设生态环境治理、环境 AI 感知、未来环境探索、海洋环境保护、环境信息与大数据、绿色发展战略和前瞻性基础研究等方向，搭建中试验证和环境产业孵化平台。深圳高等环境研究中心的业务范围为开展环境领域科学研究、技术开发、人才培养、成果转化、决策咨询、产业服务与学术交流，如图 5-56 所示。

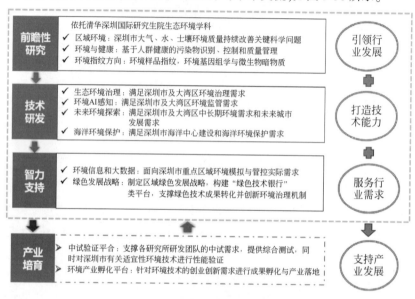

图 5-56　深圳高等环境研究中心研究方向

研究中心目前依托清华深圳国际研究生院已有的教师团队 14 人，与清华深圳国际研究生院统筹规划环境生态学科建设，对优秀人才实施双聘，实施社会化用人制度，面向社会独立招聘。研究中心建成后，部分领衔专家及学术带头人由清华大学深圳国际研究生院现有教师兼任，拟以院士和杰出科学家为核心从海内外引进高端人才，以工程应用和技术转化为主建立创新团队，形成产业化和项目人员梯队，培养创业领军人才。

建设运行经费拟按照分步走、多渠道原则进行筹集，通过产业转化、社会资本、横向经费及争取国家和省课题支持等多种方式拓宽资金来源渠道。研究中心在运行初期以政府支持为主，正式运行后，除市政府研究经费支持外，还可以申请国家和省部委竞争性经费，并鼓励采用知识产权授权、技术转移、成果转移转化、产业基金投资等多种方式支持研究中心发展。

5.7.6 社会服务

环境学院坚持立足于国家生态环境保护主战场，坚持"四个面向"，为实施"长江大保护"国家战略、打好"蓝天、碧水、净土"污染防治攻坚战、履行环境保护国际公约、开展新冠肺炎疫情环境应急攻关等提供了坚实的科技支撑服务。

环境学院面向国家重大战略需求开展有组织科研，突破核心科学问题与关键技术瓶颈，为32个省市自治区及海外23个国家提供非电行业烟气多污染物控制科技支撑，为京津冀、长三角、珠三角和港澳等重点区域提供大气复合污染治理方案；牵头长江大保护顶层设计，建立流域"三线一单"技术体系，支撑构建国土空间生态环境分区管控体系。

学院全力应对环境公共安全与重大突发事件，牵头完成国务院联防联控机制环境领域唯一重大应急项目的技术攻关，为疫情防控和复工复产提供科学研究支撑。组织参与响水特大爆炸事故环境应急工作，第一时间赶赴现场开展检测与评估工作，为控制和减缓事故负面环境影响提供可靠技术支撑。

学院积极探索环境科技成果转化新机制，通过知识产权持股等方式，打通科技成果转化"最后一公里"；支持原型技术研制、技术成果实景验证和产业化应用，推进中国污水概念厂等技术示范工程建设和系统解决方案的应用推广；建设产学研融合研发平台和技术服务机构，推进高校科技成果转化和服务地方高质量发展。

学院大力支撑国家履约能力和国际影响力提升，推动成立国际标准化组织水回用技术委员会（ISO/TC282），提出ISO城镇水回用国际标准体系框架；主办 *Frontiers of Environmental Science & Engineering* 国际期刊，提升学术影响力；积极参与环境国际履约，牵头POPs管理BAT/BEP导则、塑料废物管理技术导则、大气汞排放BAT/BEP指南制订和修订、全球汞流向报告编制等工作，充分展现国家意志，引领公约发展进程。

作为教育部环境科学与工程类专业教学指导委员会主任单位，在国内高校中率先实施创新领军工程博士专业学位项目，组织优势师资为14个国家共679名环保能源领域政府官员、企业高管和技术人员提供领导力与专业技术培训，为提升国家和地方生态环境治理能力充分发挥学科服务社会功能。

5.7.6.1 科技引领国家大气污染防治行动,全面支撑蓝天保卫战

由于我国快速的工业化和城市化进程,构成复杂、数量众多的污染源集中排放,多种污染物在大气中同时存在并发生复杂的化学过程,导致我国的大气复合污染成为世界上最严峻、最复杂、最难解决的环境问题。本学科研究团队始终坚持以国家重大需求为导向,围绕大气复合污染成因和空气质量改善目标,通过大量排放源现场实测、长期连续野外观测、实验室和数值模拟分析,在高分辨率源清单、二次颗粒物形成机制、区域空气质量调控、多污染物协同控制技术及装备等方面取得重大创新成果,引领我国大气污染控制理论、战略和技术的开发与实施。

本学科构建了"基础理论—技术方法—决策支撑—产业引领"科研创新链,建成烟气多污染物控制技术与装备国家工程实验室、国家环境保护大气复合污染来源与控制重点实验室,形成了支撑国家和地方大气污染防治的国家队,支撑 PM2.5 污染过程分析与精准溯源,重点区域和城市 PM2.5 与 O_3 协同治理,电力与钢铁、水泥等非电力重点行业深度减排,获 2020 年国家科技进步奖一等奖。科技成果应用于京津冀、长三角、粤港澳等重点区域、32 个省市区及 23 个国家的大气污染治理,引领了一系列大气污染治理国家标准、政策和行动计划的制定与实施。

本学科研究团队在大气复合污染治理方面的基础理论和技术方法成果,广泛应用于国家、京津冀、长三角、珠三角和港澳等重点区域的大气复合污染治理工作,成为 40 多项重大计划、标准、技术文件和业务平台的核心科技支撑。在为北京奥运(2008 年)、上海世博(2010 年)、广州亚运(2010 年)、深圳大运会(2011 年)等重大活动提供控制质量保障技术支撑之后,近年来,本学科研究团队又陆续在成都财富论坛(2013 年)、南京青年奥林匹克运动会(2014 年)、北京 APEC 会议(2014 年)、北京"九三"阅兵(2015 年)、建国七十周年国庆阅兵(2019 年)、2022 年北京冬奥会(冬残奥会)等大型活动空气质量保障中发挥了核心技术支撑作用:制定了包括固定源、流动源等在内的缜密的减排应急预案;应用基于"天-地-空"一体化的先进监测技术开展大规模的污染源和环境加密观测,为重点源的强化控制提供第一手支撑数据;深入研判空气质量变化趋势,提出有针对性和可操作性的控制建议。基于上述空气质量保障工作的突出贡

献,团队及其核心成员受到环保部、科技部及各级地方政府的多次表彰,如"环保部奥运先进集体和先进个人""科技奥运先进集体""首都环境保护先进集体"等。

学术带头人郝吉明为"大气重污染成因与治理"攻关项目总体专家组组长,带领本学科团队开展持续科技攻关,全面支撑蓝天保卫战的制定和实施,先后荣获"首都环境保护先进集体"、联合国环境署"气候与清洁空气奖"团队奖,郝吉明荣获最美生态环境科技工作者,贺克斌荣获北京"七一"奖章,王书肖入选福布斯科技女性榜。团队 2023 年入选第三批全国高校黄大年式教师团队。

5.7.6.2 开展流域污染系统治理科技攻关,支撑长江大保护战略实施

环境学院聚焦长江上游云南高原湖泊、中游典型小流域、下游太湖河网地区水污染综合治理,在政策、技术和管理等方面为国家实施长江大保护战略提供科技支撑。

学院牵头中国工程院重大战略咨询项目——"提升长江大保护实施效率和综合治理体系的战略咨询研究"和国家长江生态环境工程研究中心顶层设计,提出"三水融合"的长江大保护整体策略和战略框架,并被生态环境部和三峡集团所采纳;编制生态环境部"三线一单"技术指南,构建长江流域生态环境分区管控体系,推动流域内 11 个省(市)完成 15 000余个生态环境管控单元划定,支撑"流域-省-地市-单元"多级生态环境准入清单编制,直接支撑了"三线一单"制度纳入《长江保护法》。

学院聚焦长江流域磷污染控制,上游围绕滇池、程海湖等高原湖泊富营养化防治开展研究,为高原湖泊突出问题治理和中长期规划提供了实施路线图;中游围绕川、渝、鄂、湘等小流域污染防控开展技术优选,为近400 家"三磷"企业排放控制提供技术支持,技术成果得到生态环境部认可,已在生态环境部技术转化平台进行全国推广;下游聚焦太湖流域重污染河网综合整治开展应用示范研究,支撑常州武进综合示范区 COD、氨氮、总磷等主要污染物减排 40%~50%。

5.7.6.3 支撑环境领域国际履约,提升参与全球环境治理能力和国际话语权

环境问题的全球化趋势日趋明显,我国作为负责任的发展中大国是环境领域一系列国际公约的缔约国,在履行国际公约、维护国家利益、提

升中国影响方面面临较大压力，需要高素质复合型专业技术人才提供强有力的技术支持。本学科针对国家环境外交形势日益严峻的重大挑战，聚焦问题研判、风险管控、成效评估等领域取得创新成果，为国家环境领域履约提供重要技术支撑；参加联合国机制磋商和多边公约谈判，支持国家引领和参与国际公约规则制定、修订，倡导生态文明理念，推动世界各国共建人类命运共同体。

学院多位教授是我国参与联合国环境大会（UNEA）和气候变化、危险废物、POPs、汞等公约谈判的核心专家团队，积极推动化学品和废物国际环境公约的国内履约，以及国际环境公约的国内转化工作，每年为国家提供 15 份以上政策建议专报，主持修订国家《危险废物污染防治技术政策》《废弃家用电器与电子产品污染防治技术政策》等政策与法规。组织制定多氯联苯、多溴联苯醚等化学物质消除区域战略，持续开展亚太地区化学品和废物履约能力建设。推动中美、中日韩的合作，对双边和多边谈判及维护区域环境安全发挥了重要作用。2016 年以来共 71 人次作为中国政府代表团成员参加谈判，牵头 POPs 管理 BAT/BEP 导则、塑料废物管理技术导则、大气汞排放 BAT/BEP 指南制定和修订、全球汞流向报告编制等工作，充分展现国家意志，引领公约发展进程。2016 年和 2019 年先后将我国循环经济和"无废城市"理念写入 UNEA 决议，推动达成废物越境转移最小量化共识；2019 年主导塑料废物附件修订谈判进程，有力支撑我国禁止洋垃圾入境政策的制定，显著提升了我国的全球治理参与度和国际话语权。

学院提交中央和部委关于化学品和废物管理方面的政策建议 8 份，均获得领导批示，在国家实施计划编制、名录修订、标准制定、减排技术研发等方面发挥了重大支撑作用，推动了国家履约进程。依托学院建设的联合国环境署巴塞尔公约和斯德哥尔摩公约亚太区域中心，致力于为区域内国家提供支持，以应对公认的危险废物及化学品的挑战，被公约秘书处认为"已具备出色的技术知识储备和科研能力、协助缔约方履行公约及与相关方的协调合作能力、有效的建设活动组织能力，并已形成化学品和废物管理政策与技术研究、能力建设、信息交换等优势领域"，2015 年 5 月召开的相关公约缔约方大会首次对全球 30 个区域中心在 2013—2014 年度的工作绩效进行了全面评估，两个区域中心均获得满分，是全球唯一获此殊荣的区域中心,在2019年公约缔约方大会的四年期评估中再次双双获得全球最佳。

5.7.6.4　创新科技成果转化机制,促进环境科技成果产业化推广应用

学院创新基础研究成果转化与产业化机制,有效打通科技成果转化"最后一公里",支持原型技术研制、技术成果实景验证和产业化应用。自2012年以来,先后与法国威立雅、日本丰田、碧水源、北控等16家国内外知名企业成立联合研发中心,一批技术得到了产业化应用。

污水处理系列技术:基于内源反硝化的膜生物反应器脱氮除磷工艺等城市污水厂一级A升级达标技术在无锡城北等10余座污水处理厂中得到推广应用,产值超过4亿元,有力地支撑了重点流域污水处理厂升级改造。新型高效厌氧悬浮床反应器关键技术及装备在淀粉、制药和餐厨垃圾等领域得到了工程应用,已建设100余座悬浮床厌氧反应器,年产沼气$3.5×10^8$ m^3,其中沼气提纯项目年产天然气$3.7×10^7$ N·m^3,年减排CO_2 $7.64×10^5$ t,取得了良好的环境效益和社会效益。

大气污染控制关键技术:燃煤烟气选择性催化脱硝技术先后应用于国电龙源江苏催化剂有限公司等5家单位,技术转让费累计达1500多万,在国内建成催化剂载体年产25 000 t、脱硝催化剂年产36 000 m^3和废旧催化剂再生6000 m^3的生产线,实现了"关键载体—脱硝催化剂—再生技术—脱硝工艺"完整技术创新产业链,所生产产品的国内市场占有率第一,应用于五大发电集团256个火电厂机组及工业锅炉烟气脱硝,并销往美国和日本等国家。柴油车尾气排放控制技术建成了年产70万套的催化转化器全自动生产线,批量供应国内和国际市场,近3年在国产重型柴油车上实现了47 300余台的规模化应用。

环境检测仪器:环境学院自主研制了基于生物传感技术的在线式、便携式、实验室台式和微型传感器四类水中有毒污染物高灵敏检测仪器并实现了产业化,研制出国际上第一台藻毒素在线分析仪和第一台多指标微量有毒污染物在线监测仪,发明了国际上首个可再生的专业化生物传感元件,建成国际上首个用于小分子环境有毒污染物检测的功能材料库。仪器在全国30多个机构应用,包括29个部委、流域及地方环境监管机构,2个军事部门,并在3家企业进行成果转化。

近5年,学院累计转化科技成果28项,孵化创业公司超30家,产值超

10 亿元,带动社会投入超 40 亿元。

学院创新成果转化与产业化机制,构建了"应用型研发与转化技术集成—技术放大与赋能—产业拓展与推广"的环境科技孵化转化体系,建设"清华苏州环境创新研究院""盐城烟气治理国家工程技术中心"等产学研融合平台,引导技术团队知识产权持股,推进技术成果转化与产业化;以解决实际问题和市场需求为导向,通过启动经费和产业基金支持、户外大型试验基地的全尺度实景验证,以及以中国人保、格力电器、科大讯飞等重点行业头部企业的需求为牵引,为科技成果转化提供全过程技术服务。

学院积极推进重大行业技术示范与推广应用,建成了首套垃圾渗滤液浸没燃烧蒸发装置,在 20 多个工程中成功应用,垃圾渗滤液浓缩液实际处理量占全国总设计能力的近一半;发明了基于指纹原理的污染溯源仪,在 10 多个省(市)广泛应用于企业日常监管、事故污染追溯及环境监督执法;发明了适用于污水厂重金属达标的"定向捕捉剂"及其应用工艺,为中央环保督查强化污水厂超标排放监督提供了直接的技术支持。

5.7.6.5　突发重大环境污染事件应急响应

近年来,我国重大环境污染事件频发,引发了全社会的广泛关注,成为我国当前环境保护和社会民生的焦点问题之一。本学科研究团队在科研工作中敏锐捕捉环境应急响应技术发展趋势,在工程实践中不断检验和完善,形成了较为系统、深入的环境应急相应技术研究布局,具有技术积累深厚、工程经验丰富、学术公信力强的优势,同时坚守敢于担当、甘于奉献、为国分忧、为民谋利的优良传统,在近年来的历次重大环境污染事件应急响应中均发挥了关键技术支撑和决策支持作用。

2015 年的天津"8·12"特别重大事故环境应急工作中,本学科派出了以王凯军、李广贺教授为首的 17 人应急团队紧急赶赴现场,与相关科研团队、环保部门、企业等有关单位紧密配合,快速提出了有效的含氰废水处置方案并组建应急处置设施,制定了土壤及地下水污染监测方案,科学模拟了环境空气污染影响轨迹,为环境应急处置工作提供了关键技术支撑。环保部专门向清华大学发来感谢信,就本学科专家及科研团队参与天津"8·12"特别重大事故环境应急处置工作并提供关键技术支撑表示衷心感谢。

以张晓健教授为首的研究团队在国内外首次开发了城市供水应急处理技术体系,覆盖饮用水标准中绝大部分 100 多种污染物,大大提高了城市供水安全水平；同时将这些应急净水技术成果扩展到突发公共卫生事件、水环境应急事件的处理工作中。在 2012 年广西龙江河镉污染、2013年杭州水源水嗅味事件、2014 年甘肃兰州自来水苯超标、2015 年甘肃兰州水源水嗅味事件、2015 年甘肃陇南锑污染事故和四川广元应急除锑等应急供水工作中，张晓健、陈超团队及其研发的应急处理技术均发挥了重要作用。图 5-57 为研究团队在四川广元锑污染事件应急供水现场的照片。

图 5-57　四川广元锑污染事件应急供水现场

2018 年 1 月在河南淇河污染事故环境应急工作中，本学科派出了以陈超副研究员为首的 3 人应急团队紧急赶赴现场，与有关单位紧密配合，迅速开展特征污染物在水体中的迁移转化试验，冒雪参与山区临时截污水库的施工前踏勘、高浓度污水受控稀释方案制定、放流过程全程监控等工作，成功实现了"不让一滴污水进入丹江口水库"的目标。在此次事件后，团队总结形成了环境应急"一河一策一图"的"淇河模式"，并在全国环境应急部门得到了推广。

2019 年 3 月在江苏响水化工园区特大爆炸事故的环境应急工作中，学院以清华苏州创新研究院为依托，组织黄霞、陈超等在污染物应急监测、污水应急处理技术等方面提供了远程技术支持。

环境学院为重大突发环境污染事故应急提供关键技术支撑，受到环保部、住建部等部委和地方政府的表扬，被国家及地方主流媒体多次报道，张晓健、陈超还被聘为国家生态环境部第一届专家组成员。在开展应急研究和实践的同时，环境学院还积极总结凝练，开设了面向研究生的"环境应急管理与工程"等专业课程，并为全国环境管理机构、环保行业、工程公司开展了多次技术培训，学员累计超过 500 人。2019 年，学院首次派出教师赴意大利威尼斯国际大学从事全英文教学工作，主讲课程之一即为 Environment Risk Analysis and Emergency Response（环境风险分析和应急相应），陈超向 15 名国际学生讲授了环境应急处理技术、管理经验和经典案例，提供了全新的中国视角和中国智慧。

5.7.6.6 组织实施新冠肺炎疫情环境应急重大科技攻关，为疫情防控和复工复产提供科学证据与技术支撑

2020 年，学院组织实施了国务院联防联控机制中环境领域唯一重大应急项目——"新型冠状病毒传播与环境的关系及风险防控"，围绕国家和社会重大关切问题开展应急研究攻关，为疫情联防联控和复工复产提供有力科技支撑。

学院接到国务院任务后第一时间组建武汉前方突击队，对气、水、固、土等多介质环境中病毒赋存特征和潜在风险开展了测试分析与诊断评估，获得武汉中心医院等周边 1200 余份第一手水/气/土/固体样品，准确辨明了病毒进入环境介质的排放源与关键途径，及时解决了武汉金银潭医院等重点场所室内外环境中病毒检测—风险评估—阻断全流程防控中的关键技术难点，科学提出基于武昌方舱化粪池等病毒核酸阳性的强化消杀措施，确保了病毒在环境介质中传播风险的有效阻断。

学院向国务院、工程院等提交专报 11 份，其中 3 份专报获国务院领导批示，直接支撑了农业春耕生产安全保障、环境次生风险协同控制、病毒环境溯源等方面的国家决策；主持完成 6 项国家部委技术指南、导则等规范性技术文件编制，支撑了全国疫情常态化防控；建立"新冠肺炎疫情医疗废物应急处置与管理技术在线专家支持平台"，服务全国 400 余城市750 名技术人员，为全国各地安全妥善处置医疗废物提供了重要科技服务支持。2021 年年底，学院被授予"全国科技系统抗击新冠肺炎疫情先进集体"称号，如图 5-58 所示。

图 5-58　环境学院荣获"全国科技系统抗击新冠肺炎疫情先进集体"称号

5.8　工会和离退休工作

5.8.1　工会工作

学院工会充分认识到建设中国特色的世界一流大学所面临的形势和任务,紧密围绕学院的中心任务,继续充分发挥工会组织的作用,激发了教职工的工作热情和创造活力,团结动员全院广大教职工,积极开展师德师风建设系列活动,不断凝聚师德建设的合力,为促进学校和学院各项工作稳定发展、和谐校园建设做出了重要的贡献。在全院教职工的共同努力下,学院工会 2011—2022 年均被评为校级优秀分工会。

工会密切配合院党委,广泛听取群众意见,收集群众信息,帮助解决群众问题;充分发挥教代会、工会职能,工会主席、教代会代表参加了清华大学教职工代表大会和工会会员代表大会,并进行提案工作,发挥教职工与学校的沟通桥梁作用。配合院党委及行政部门在民主监督和机制完善等方面的工作,根据校人事制度改革等议题组织教职工调研、座谈等活动,群策群力。

工会在学院党委领导下,积极响应"为祖国健康工作五十年"的号召,认真组织人员参与学校的各项体育活动,如全校运动会、乒乓球比赛、羽毛球比赛、篮球比赛、登山比赛、游泳比赛、网球比赛、象棋比赛、冬季长跑、教职工文艺演出活动等。同时,工会勇于创新,组织了丰富多彩的特色活动,如春秋游、水果采摘、手工插花、蛋糕制作、健康讲座、健步走、跳绳比赛等活动,帮助大家放松身心,陶冶情操。工会还组建了羽毛球、乒乓球、瑜伽、长跑兴趣队,并进行有计划、有组织的训练,以提高队员的技术水平,展现教职工的优良风貌。图5-59为环境学院组织人员参加第二十六届清华大学教职工冬季长跑活动的照片。

图 5-59　环境学院组织人员参加第二十六届清华大学教职工冬季长跑活动

根据学校和学院的工作部署,工会通过多种形式,开展"不忘初心、牢记使命"等主题教育活动,先后组织教职工前往井冈山、西柏坡、抗日战争纪念馆等教育基地进行培训或参观,组织知识竞赛及多次大型主题展览参观活动;举办新退休教师荣退主题讲座,以及为80岁、90岁高龄离退教师举办诞辰庆祝会。这些活动的开展,不仅增强了新老环境人的思想传承理念,同时也加强了教职工的思想建设工作力度,坚定了服务环境事业的信念。图5-60为环境学院工会及党支部组织开展"缅怀先烈,牢记使命"组织生活与主题党日活动。

工会坚持"以人为本",认真、细致地做好关心群众生活的每一项工作,切实为教职工办实事、做好事、解难事,着力推动解决广大教职工最关心、最直接、最现实的利益问题。每年为非事业编制人员办理入会,办理"在职职工重大疾病保障计划",为女职工办理"在职女职工特殊疾病互

图 5-60　环境学院工会及党支部组织开展"缅怀先烈,牢记使命"组织生活与主题党日活动

助保障保险"等事宜。学院切实关心教职工身心健康,每年为困难教职工申请校工会"送温暖"补助金,学院还设立了困难帮扶基金,为生病住院教职工和困难离退休教职工送去关爱和补助,每年认真组织年度体检工作,确定体检方案,跟进体检异常结果。2020 年,新冠肺炎疫情持续反复,工会及时为每位会员发放了防疫用品。

　　学院党委非常关心工会职工之家的条件建设,特将中意节能楼地下一层竹林活动区进行改造装修,以更好地满足教职工的活动需求。工会还经常在东一厅举行有关活动,如瑜伽练习、座谈沙龙、消防知识讲座等活动。2020 年建设完成了"母婴室",并于 2021 年正式启用,进一步体现了学院工会对育龄女教工实际困难的充分考虑和实际关心。图 5-61 为环境学院工会活动室照片,图 5-62 为母婴室照片。

　　在清华大学继续迈向世界一流大学前列的新征程中,学院工会将继续把围绕中心,服务大局作为首要任务,充分发挥工会的桥梁纽带作用,切实履行工会维护教职工合法权益的基本职责,不断增强工会的吸引力和影响力,促进和谐校园建设;解放思想,积极探索和创新工会工作方式,建立适应新形势要求的工会服务体系。

图 5-61　环境学院工会活动室

图 5-62　环境学院母婴室于 2021 年正式启用

5.8.2　离退休工作

做好离退休工作是环境学院党委的一项重要工作。学院充分落实学校对离退休老同志"政治上尊重,思想上关心,生活上照顾,感情上贴近"的方针政策,成立了离退休工作小组,院党委书记亲自担任组长,对离退休领导小组人员进行了合理配备,并于 2019 年的人事制度改革中设置了离退休专岗,专人负责,以进一步提高离退休工作的质量和服务水平,满足离退休教职工的各种需求。环境学院连续两届获得离退休工作先进集体称号(每三年评选一次),多次获得离退休处宣传工作先进集体称号。

学院长期注重营造良好的尊老敬老爱老帮老氛围,积极开展"精神文化养老"活动,十分重视离退休教职工的业余文化生活及身体健康状况。一方面,学院党委积极创造各种条件,给予经费和场地的支持,鼓励离退休教职工按期开展形式多样的文体活动,力争让每一位离退休教职工感受到组织的关怀,享受到晚年的快乐,为此建立了多达近 60 人的微信群,并通过电子邮件、电话等方式与全部老师建立联系,保持广大离退休教职工的凝聚力。另一方面,对于因病、因家庭变故等原因造成生活上出现特殊困难的离退休教职工,环境学院党委通过家庭走访、经济资助等形式,对他们给予重点帮扶,确保了这些出现特殊困难的离退休人员老有所依,出现各种问题能及时得到学院的帮助和照顾。图 5-63 和图 5-64 为环境学院举行的离退休工作座谈会的现场照片。

图 5-63　2013 年 4 月 9 日下午,环境学院举行离退休工作座谈会

图 5-64　2023 年 10 月 20 日,环境学院举行重阳节离退休教职工座谈会

　　学院还经常举办多种以离退休教师为重要参与群体的庆祝活动,弘扬老一辈清华环境人的精神和情怀。环境学院每年通过举办老先生祝寿座谈会,感念师恩,弘扬高尚师德,传承清华人治学为师的精神品质,并已成为环境学院庆祝教师节的一项传统节目,以感谢他们几十年来为国家、学校、环境学科的建设发展、人才培养、科学研究等方面所做出的重要贡献,并号召年轻老师们向前辈学习,为学院发展和国家环保事业做出更大贡献。表 5-62 为 2012 年至今环境学院举办的离退休祝寿会情况,图 5-65～图 5-69 为学院举行离退休教师寿辰庆祝活动的照片。

表 5-62　2012 年至今环境学院举办的离退休祝寿情况

时　　间	教 师 姓 名	活　　动
2012 年	刘兆昌、徐本源	80 岁祝寿会
2013 年	王占生、傅国伟	80 岁祝寿会
2014 年	刘存礼、胡纪萃、张兰生、俞毓馨、俞珂	80 岁祝寿会
2015 年 4 月	王继明	百岁华诞贺寿会
2015 年 8 月	杨志华、沈晶、马倩如、杨崇洁、沈英鹏、王中孚、井文涌、鲍德珠、徐鲁民	80 岁祝寿会
2016 年	陈志义	90 岁祝寿会
2016 年	杨吉生、钱易、张瑞武	80 岁祝寿会
2017 年	朱庆爽	90 岁祝寿会
2017 年	张汉升、李天敏、席德立	80 岁祝寿会
2018 年校庆日	许保玖	百岁华诞贺寿会
2018 年教师节	张桂芳、蒋展鹏、卜城、胡秀仁	80 岁祝寿会
2019 年教师节	蒋艾莉、程声通、何强、袁光钰	80 岁祝寿会
2021 年校庆日	夏元庆	90 岁祝寿会
2022 年教师节	王德海	80 岁祝寿会
2023 年教师节	傅国伟	90 岁祝寿会

图 5-65　2011 年 3 月 24 日,环境学院举行夏元庆、黄铭荣和苏尚连 80 寿辰茶话会

图 5-66　2011 年 4 月 23 日,李国鼎先生九十华诞庆贺会在环境学院召开

图 5-67　2015 年 4 月 26 日,环境学院举办"王继明先生百岁华诞贺寿会"

图 5-68　2018 年,许保玖先生百岁华诞贺寿会上,院长贺克斌为许先生颁发"环境学院
　　　　　终身成就奖"

图 5-69　2023 年,傅国伟先生 90 岁祝寿会

学院于 2014 年和 2015 年连续两年举办了"金婚——50 年的感动"拍照活动,分别为 13 对金婚老教师留下了一张张温馨美好的照片,图 5-70和图 5-71 分别为 2014 年和 2015 年金婚纪念照。

图 5-70　2014 年,环境学院离退休工作组为老教师拍摄金婚纪念照

关爱工作是离退休工作的核心内容。长期以来,工作组坚持调研与随时走访,以深入了解全学院离退休人员的情况,诸如每位老师的身体情况、是否出现病症,当前的家庭经济情况、是否有暂时困难、他们的孩子和老人的身体情况等,对于生活中有特殊困难和高龄的退休教师提供具体

图 5-71　2015 年,环境学院为离退休教师拍摄金婚纪念照

帮助,如图 5-72 和图 5-73 分别为环境学院走访慰问许玖保先生和陈志义先生的相关照片。对于经济确实困难或患大病的教职工,除申报相应的涌泉补助外,还安排了工会送温暖补助、党员困难补助等各种助困金。对于生病住院、长期患病的人员,则经常安排探望、慰问,协调解决医疗、生活等方面的问题。院领导率先垂范,每年七一走访离退休老党员、重阳节和春节前后慰问离退休教职工,脚踏实地地开展各项工作,把尊老敬老的工作落到实处。

图 5-72　2020 年教师节前夕,环境学院领导走访慰问许保玖先生

图 5-73 2020 年教师节前夕,环境学院领导走访慰问陈志义先生

学院积极促进离退休教职工的"文化养老"的积极性和主动性,2016年成立了学院葫芦丝兴趣队,并得到了学校的大力支持。葫芦丝兴趣队队长认真组织、队员们密切配合,多次参加了学校离退休文艺汇演、院学生艺术节、清华园社区街道红五月、国庆节庆祝等文艺活动,为大家展现了积极向上的精神风貌。学院鼓励老师们加入学校离退休舞蹈队、合唱队、太极拳等兴趣队,以丰富其业余生活,激发生活热情,让退休生活充满激情和快乐,变得更加丰富多彩。

学院鼓励有能力的离退休老教师利用专业知识服务社会、服务学校,继续发挥余热,将"热爱我环境,光大我事业"进行到底。支持离退休老师积极申请离退休处调研课题和特色活动,开展课题研究,并安排在职教工提供必要帮助,协助推进各项课题研究和报告撰写工作。这些特色活动和课题研究的开展,不仅为离退休教职工提供了更多的交流和学习的机会,增强了集体的凝聚力,同时更好地营造了健康向上,团结友爱的文化氛围。

2020 年,突如其来的新冠肺炎疫情为离退休工作带来了新的挑战,由于疫情持续暴发,学院领导对每一位老教师们的身体状况尤为关心,学院为每位离退休教师都准备了口罩,并为部分高龄和独居离退休老师及时送去了防疫物品和必要的生活用品,如图 5-74 所示。

图 5-74　2020 年，学院为高龄离退休老师发放防疫物品和慰问品

截至 2023 年年底，学院离退休人员共有 59 人，白庆中、张天柱、聂永丰、陆正禹、傅国伟、王占生、井文涌等老先生被评为"老有所为"先进个人，袁光钰、周中平、陈增惠、王锐等人被评为离退休先进个人。100 岁的许保玖先生获 2014 年度《给水排水》创刊 50 周年突出贡献奖；103 岁的王继明先生获 2015 年"中国水业人物"终身成就奖。

2020 年学校已成功跻身世界一流大学的行列，离退休工作也将面临新阶段及老龄化的众多新问题。学院将遵循学校离退休工作宗旨，紧跟学校步伐，继续真心真情真意地开展各项工作，并将工作落到实处，让更多离退休老教师实现"老有所养、老有所学、老有所为、老有所乐"。2023 年 10 月，环境学院离退休党支部正式成立，开启了离退休党建工作新阶段。图 5-75 为离退休党支部党员群众赴雄安调研合影。

图 5-75　2023 年 10 月，离退休党支部党员群众赴雄安调研

5.9　国际交流合作

5.9.1　国际化发展目标与思路

根据《环境学院近中期（2011—2020 年）改革与发展战略》，到 2020 年，环境学院建立了适应未来发展的学科体系，培养了一批拔尖创新人

才，产出了有国际影响的知识创新成果；主要可比性指标(如 QS 评估体系)达到国际环境学科前十五名的水平；为我国和全球环保事业做出重大贡献，成为国际领先的环境专业人才的培养基地和知识创新中心。根据清华大学"双一流"建设目标，环境学院将努力建设世界一流环境学院，早日跻身世界一流环境学科前列。

近年来，环境学院在环境问题全球化的大背景下，坚持"走出去、请进来"的工作思路，积极发挥自身的学科交叉优势和专业特长，充分利用"111 引智计划"项目和"国合基地"项目两个国际合作平台，始终围绕人才培养、科学研究、社会服务三大中心任务，与国际著名大学、科研机构、知名企业和国际组织开展了卓有成效的交流合作。通过开展师生互访、联合培养、合作研究、共同举办学术会议等形式多样的对外交流合作活动，学院不断加深并拓展与国际先进教育及研究机构的合作关系，吸收和引进国际先进的教学与科研手段和成果，进一步提高环境科学与工程学科的教学与研究水平，加快世界一流环境学科建设的步伐。

2020 年，学院制定了《清华大学环境学院事业发展"十四五"规划》，其中也提出了建设世界顶尖环境学科的目标，分析了学院目前面临的主要挑战，包括学科和人才队伍国际影响力有待提高、牵头国际大科学项目的能力有待加强、国际科研合作和学生培养的广泛性不够，国际化和国际胜任力培养质量有待提升等，在国际交流方面提出了推进学生国际化培养、加强教师队伍国际化建设、发起和参与国际重大科学研究等方面的措施。

5.9.2 推进学生国际化培养

5.9.2.1 全球胜任力融入人才培养目标，在国际舞台讲好中国故事

培养学生全球胜任力和国际视野是环境学院全球发展战略和人才培养的重要目标之一。面对日益重要的全球环境治理对复合型、国际化环境管理人才的迫切需求，环境学院于 2011 年启动全球环境本科人才培养项目——全球环境国际班(Global Environment Program，GEP)。全球环境国际班制订了专门的计划和方案，旨在培养具有扎实的环境科学技术专业知识和宽广的政治学、法学、管理学、经济学、社会学基础知识，开阔的国际视野和良好的交流沟通能力的高层次复合型拔尖人才，学生毕业后

可胜任国际组织、政府部门、研究机构和跨国企业等机构的全球环境管理工作。

2019 年年初，全球环境胜任力硕士项目（Global Environment Leadership Program，GELP）启动招生，旨在为国家培养国际环境合作领域具备扎实理论基础、拥有国际化视野、可直接胜任相关国际组织工作的高层次环境管理的高级人才，在国际舞台讲好中国故事。图 5-76 和图 5-77 为全球环境国际班的同学参加活动的现场照片。

图 5-76　全球环境国际班同学参加 2019 年三公约缔约方大会

5.9.2.2　与国际一流大学强强联合，进一步推动联合培养项目

近年来，环境学院大力推进国际化教学，建设了一批高水平的联合学位或交换学习项目，已与耶鲁大学、密歇根大学、巴黎矿校、里昂应用科学学院、巴黎高科路桥学校、圣路易斯华盛顿大学等 10 余所世界知名大学签署了联合学位项目，与瓦赫宁根大学、哥伦比亚大学等 4 所大学签署了研究生联合培养合作备忘录。其中，清华-耶鲁环境双硕士学位项目（图 5-78 为项目签约仪式现场照片）整合了两校环境学科的优势和特长，致力于打造国际化、创新性环保人才培养的国际合作典范，2015—2023 年共招收 20 名学生，目前已有 15 名学生顺利毕业。

5.9.2.3　积极促进学生海外交流，有效提升国际视野

环境学院一直非常重视学生参加海外交流与实习实践的经历，积极拓展人才培养海外渠道和基地。2004 年成为威尼斯国际大学联盟成员以来，环境学院每年派出 8~15 名学生赴威尼斯国际大学进行一学期的交流

图 5-77 全球环境国际班同学参加"中国能源与环境可持续发展挑战"主题交流活动

图 5-78 清华与耶鲁签署环境双硕士学位项目签约仪式

学习。环境学院每年还向加州大学伯克利分校、加州理工学院等 30 余所世界一流大学和研究机构派送研究生，共同开展联合培养、合作研究等。2011—2023 年，学院因公派出参加会议、交换学习、联合培养、交流访问、合作研究的学生达 2300 多人次，多位学生在联合国会议等国际会议及活动中崭露头角，多名同学在气候变化、碳中和等领域发出青年声音，立志为我国应对气候变化及全球可持续发展做贡献。图 5-79 为全球环境国际班 2015 级赴威尼斯国际大学交流学习的留影。图 5-80 为全球环境国际班 2019 级程浩生同学到联合国实习实践的照片。

图 5-79　全球环境国际班 2015 级赴威尼斯国际大学交流学习

图 5-80　全球环境国际班 2019 级程浩生同学到联合国实习实践

5.9.2.4　开展课程体系调研,构建国际化人才培养体系

2020 年,国家启动强基计划。以此为契机,学院通过对多所国外一流大学环境学科课程体系及培养方案的调研(包括斯坦福大学、剑桥大学、加州大学伯克利分校、瓦赫宁根大学、丹麦技术大学、圣路易斯华盛顿大

学)，结合国家重大战略需求，提出构建"本-研"贯通、宽口径多元化跨学科融合、国际交流与实践创新并举的全链条人才培养和课程体系，培养学生成为具有国际胜任力的环境领域高层次复合型拔尖人才。

5.9.3　建设具有国际影响力的师资队伍

5.9.3.1　引进国际高水平人才，开展全球岗位招聘

在师资队伍建设方面，环境学院积极面向全球引进能够引领国际学术前沿、满足国家重大战略需求的高层次人才。2011—2023年，学院聘任4位名誉教授、5位杰出访问教授（见图5-81和图5-82）、5位访问教授，依托"111创新引智计划"，邀请海外一流学者近200人次来院参与教学与科研工作。2020年，学院积极拓展人才引进渠道，开展全球岗位招聘与ResearchGate、LinkedIn等全球知名科研社交网站签订合同，发布全球招聘信息，购买人才库信息；委托图书馆搜集整理了新学科方向近200位全球高被引学者信息；搜集整理了40余位环境领域顶尖大奖获得者、600余位美国工程院院士及70余位环境领域、跨学科领域高被引科学家，放眼全球，精准定位，加快海外高层次人才引进步伐。

图5-81　2015年11月25日，瑞典厄勒布鲁大学教授海迪·费德勒受聘为清华大学杰出访问教授

图 5-82　美国工程院院士、宾夕法尼亚州立大学教授布鲁斯·罗根受聘清华大学杰出访问教授

5.9.3.2　提升教师国际影响力,增加领域科学话语权

随着前沿性、创新性、标志性成果的研究和发表,近年来环境学院教师的国际学术声誉和学术影响力不断提升。2021 年,学院共有 46 位(人次)教师在海外机构/团体任职、获得名誉学位/学衔。2016—2023 年,学院教师牵头/参与制定国际 40 多项标准。2020 年 11 月,全球专业信息服务提供商科睿唯安发布了 2020 年"高被引科学家"名单,学院入选的科学家从 2019 年的 4 人次上升到 7 人次。其中,郝吉明院士和王书肖教授同时入选环境科学与生态学和地球科学两个学科,贺克斌院士入选地球科学学科,余刚和李俊华教授分别入选跨学科领域。2021 年,环境学院 6 人次入选全球高被引科学家名单。其中,郝吉明院士入选环境科学与生态学领域,贺克斌院士入选地球科学领域,李俊华教授和侯德义副教授入选交叉科学领域,王书肖教授同时入选环境科学与生态学、地球科学两个领域。而 2022 年 4 月发布的 2021 爱思唯尔"中国高被引学者"(Highly Cited Chinese Researchers)榜单显示,环境学院邓述波、郝吉明、贺克斌、黄霞、李金惠、李俊华、刘会娟、曲久辉、王书肖、余刚(按姓名拼音顺序)10 位教授入选环境科学与工程学科榜单,2023 年,环境学院有 11 位教授入选该榜单。

5.9.3.3　支持教师国际交流,提升国际化交流能力

环境学院坚持鼓励教师与国际知名学术机构、组织、企业开展实质性

高水平交流合作。2020年，学院制定并通过了《环境学院青年骨干教师派出研修计划实施办法（试行）》，鼓励骨干教师赴世界一流大学或全球知名机构访问研修，促进国际学术交流，不断提升教学和学术研究水平。2011—2019年，年平均公派出国近300人次，年接待来访海外专家平均达200余人次。2016—2023年，100余人次教师参加本领域重要的国际学术会议并作报告。

5.9.4　开展全球前沿创新科研

5.9.4.1　巩固发展国际科研平台，促进全球及区域研究工作

为促进面向全球的科学研究，学院继续推动一批高水平国际科研平台建设。学院"新能源与国际环境研发中心"是科技部批准成立的国际科技合作基地。依托学院师资力量建立的联合国环境规划署巴塞尔公约亚太区域中心、斯德哥尔摩公约亚太地区能力建设与技术转让中心，致力于促进巴塞尔公约和斯德哥尔摩公约区域履约的职责，协助区域内的发展中国家和经济转型国家实现两公约的各项目标，已经成为我校在环境领域增强国际联系、开展国际合作和提升国际影响的重要平台。2017年，贺克斌、李金惠与国际班同学参加联合国环境大会，见图5-83。

图5-83　2017年，贺克斌、李金惠与国际班同学参加联合国环境大会

5.9.4.2　聚焦全球热点问题，开展国际科学研究

学院一向重视国际合作与交流，坚持"走出去，请进来"的工作思路，学院教师围绕国际前沿与国际著名大学、科研机构、知名企业和国际组织

开展了实质性的卓有成效的合作研究。2011—2022 年,签订海外合作协议数十项,举办国际会议 80 多次,组织海外培训项目约 20 项,申请国外及地区专利 30 多项,获得国外及地区专利授权 10 余件。2016—2022 年,学院教师在外文期刊发表论文近 3000 篇,国际合作论文 800 余篇。环境学院创办的期刊《环境科学与工程前沿》(*Frontiers of Environmental Sciences & Engineering*),国际影响力稳步上升,2021 年的影响因子为4.357,在 JCR 环境科学类、环境工程类期刊中处于 Q2 区前列。2022 年的影响因子升至 6.048,2023 年再次升至 6.4,进入 JCR Q1 区。

5.9.4.3　巩固全球伙伴关系,维护国际合作网络

环境学院积极建立全球合作伙伴关系,截至 2022 年年底,共与 34 所著名大学、14 家海外研究机构及政府部门、7 个国际组织、23 家海外公司建立了国际合作伙伴关系,通过共享和整合优质资源,开展了一系列高水平人才培养、科学研究和社会服务工作。2014—2023 年,学院承担、参与国家级国际科技合作研究项目 21 项;承担、参与省级国际科技合作研究项目 57 项;与日本丰田公司、韩国三星公司、美国环保局、哈佛大学等海外机构开展了富有成效的横向科研合作。

5.9.5　建设国际化校园

环境学院注重扩大国际学生规模,增强文化多样性,建设国际化校园。截至 2023 年年底,环境学院在校留学生及港澳台学生共 67 人,其中本科生 11 人,硕士研究生 32 人,博士研究生 24 人。学生来自美国、英国、加拿大、法国、俄罗斯、巴基斯坦、伊朗、尼泊尔、马来西亚、韩国等 20 多个国家和地区。学院于 2017 年发起"留学生大使"项目(International Student Ambassador),在院内招募 10 余名中外学生担任留学生大使,为新入学留学生提供关于日常学习和生活的咨询与帮助,加速国际新生融入校园。为进一步促进学生中西文化学术交流与融合,学院已形成举办系列活动的惯例,例如,在中秋节、圣诞节等中外传统节日举办联谊活动,院研究生会发起 Language Buddy 项目,全球环境国际班定期举办"中西文化汇"(GEP Party)活动(见图 5-84),促进中西文化学术融合。

图 5-84　2018 年 12 月 24 日，全球环境国际班顺利举行"中西文化汇"（GEP Party）活动

5.9.6　工作展望

"十四五"期间，学院将紧紧围绕服务国家开放发展战略和学校世界一流大学建设目标，坚持"全球视野、中国情怀"，构建高质量的全球化人才培养体系，培养具有全球胜任力和影响力的创新型人才；建设一支文化多样性、具有国际学术影响力的世界一流水平环境学科教师队伍；加强科学研究的国际化战略布局，深化国际合作与交流，提升教师的国际视野和国际影响，在全球环境问题上做出重要贡献。

在学生国际化培养方面，学院将进一步在夯实双硕士及本硕贯通国际学位项目的基础上，重点建设和优化与国际顶尖大学、"一带一路"国家名校研究生联合培养项目，强强联合，利用优势资源，培养更具国际胜任力的拔尖人才。实施国内与国际学生的趋同培养，建成学科方向全覆盖的全英文课程体系。加强教师全英文教学能力培训，重视专家评估及师生反馈，提升全英文课程质量；成建制、有计划地派出学生参加海外交流学习，支持学生出席高水平国际会议，拓展学生参与国际学术交流的广度和深度；建设国内、国际高水平实习实践基地，实质性扩大实践规模并加强实习环节训练；推进学院国际环境人才输出，提升雇主声誉。

在加强教师队伍国际化建设方面，学院将开展全球招聘，结合学院重点方向,力争引进国际学术大师和杰出人才,吸引优秀博士毕业生来院从事博士后研究。面向国际学术发展前沿,鼓励教师与国际知名学术机构、组织、企业开展实质性高水平交流合作。支持教师参与单次一个月以上的国际交流活动,有计划地向国际学术组织机构推荐人才,支持教师参评国际大奖,与国际知名专家联合讲授 2~3 门课程,提升教师国际化教学能力。充分利用学校引智计划经费,支持教师邀请国际专家来华或在线开展国际合作与交流。发挥已聘用国际学术大师的引领作用,创新交流形式,力争每年邀请到被授予学校名誉学衔的访问教授、杰出访问教授、名誉教授来院交流合作。

在科学研究方面,学院将组织引导教师广泛开展国际前沿研究,继续在气候变化、危险废物、持久性有机污染物、汞等国际公约实施方面提供科学依据和技术支持,更加积极投入国际环境标准制定,持续提升我国在全球环境问题上的国际影响力。完善与海外著名科研机构、国际知名企业的国际战略合作,拓展与“一带一路”国家的合作关系,共同开展创新科学研究。联合国际高水平研究团队,与联合国、欧盟等全球性机构开展双边、多边合作,建设全球性跨学科交叉研究平台,发起国际大科学计划,对环境领域重大问题开展战略研究。

5.10　校 友 工 作

环境学院历来重视校友联络工作,以校友论坛、“环环相扣”系列座谈活动和每年的校庆活动为契机,加强校友与校友、校友与在校生之间的联系,促进感情交流,为业务合作与共同发展构筑广阔、坚实的平台。各类组织及活动在更广阔的领域分享清华环境经验,提供清华环境方案,扩大清华环境影响,树立清华环境品牌,促进清华环境校友之间及各地区环境领域“政产学研用”之间的合作共赢。

环境学院校友在华东、华南、西部等多个地区,每年分别组织一次论坛活动,以“生态文明与绿色发展”“聚焦环保大数据”“环境保护的中长期战略与技术发展趋势”等为主题,围绕国内及本地区环保领域热点问题进行交流。各地丰富多彩的校友活动,加强了在本地区环境保护领域的清华校友之间、校友与母校之间的联系和团结,搭建了交流服务平台,为中国环境保护事业和清华环境学科的发展进步做出了贡献。

5.10.1　清华校友总会环境协会

2012年4月28日,清华校友总会环境协会在环境学院成立。国家环境保护部副部长李干杰,校党委常务副书记陈旭,中国工程院院士、环境学院教授钱易,环境学院院长余刚出席成立仪式并致辞,环境学院党委书记杜鹏飞主持会议。会议讨论并通过了清华校友总会环境协会章程及第一届理事会、秘书处名单,李干杰当选协会第一届理事会理事长。清华校友总会环境协会第一届理事会和秘书处人员、环境学院师生、环保领域各界校友共200余人参加此次大会。如图5-85所示为协会成立仪式现场主席台照片。

图 5-85　清华校友总会环境协会成立仪式现场主席台

2013年1月16日,清华大学校友总会环境协会(简称清华环境校友会)活动在碧水源隆重召开,20多位活跃在环境领域各战线上的清华校友齐聚一堂,校友们再次重逢,气氛格外温馨,大家畅谈各自在环保领域的发展,加深了彼此的了解,同时,也促进了产学研之间的合作。清华大学环境学院党委书记、清华环境校友会秘书长杜鹏飞主持会议并致辞。杜鹏飞介绍了清华环境校友会的会员组成及发展情况,他指出,本次校友会是继2012年清华环境校友会成立大会之后的第一次活动,活动的开展意在促进交流、加深了解和广泛合作。

5.10.2　华东校友会

2011 年 3 月,清华大学环境学院华东校友会在上海成立(图 5-86 为成立留影),旨在加强华东地区校友之间、校友与环境学院之间的联系和团结,服务广大校友,发扬清华大学的优良传统,为中国的环境保护和可持续发展及环境学院的发展做出贡献。历经 3 年的发展,会员规模已近400 人,融会政、产、学、研、商等社会各界,遍布华东各省、市。

图 5-86　环境学院华东校友会在上海成立

2012 年 4 月 21 日,上海校友庆祝母校 101 周年校庆大会暨清华大学华东环境论坛在上海浦东国际会议中心举行。本次活动由清华大学上海校友会、清华大学环境学院主办,由清华大学上海校友会环保专业委员会、清华大学环境华东校友会承办。大会在上海校友会文艺社团的《清华颂》合唱声中开始,会议由上海校友会会长方明伦学长主持并致辞,在2011 年清华学子热烈庆祝母校百年校庆之后又迎来了母校 101 周年校庆,方会长热烈欢迎并衷心感谢清华大学党委常务副书记陈旭,清华校友总会副秘书长崔剑、办公室主任陈华及清华大学环境学院余刚院长、杜鹏飞书记等一行专程前来上海参加校庆大会。

2013 年 11 月 17 日,由清华大学校友总会、清华大学环境学院主办,清华大学环境学院华东校友会承办,杭州兴源过滤科技股份有限公司协办的"2013 清华校友华东环境论坛"在浙江省杭州市举办。来自华东地区的 100 多名从事环保相关工作的校友及地方校友会嘉宾齐聚一堂。

2014 年 11 月 30 日，"2014 清华校友华东环境论坛暨环保技术创新与创业投资发展南京启迪峰会"在南京市成功举办，本届会议由清华大学校友总会与清华大学环境学院主办，清华大学环境学院华东校友会与江苏启迪科技园发展有限公司承办，清华大学南京校友会协办。为期一天的论坛活动精彩纷呈，17 位来自知名企业和高校的校友献上了最新的环境保护科学研究、工程技术及项目运营管理方面的报告，共同解读了环保产业的发展现状及未来趋势，分享了行业技术路线及投资机会，夯实了校友与政府及行业组织的合作，进一步加强了清华环保人与政府、行业组织及知名企业的关系。来自上海、江苏、浙江、山东、安徽、江西、福建的 200 多名从事环保相关工作的校友参加了本次论坛。

2015 年 12 月 20 日，由清华大学校友总会和清华大学环境学院主办、清华大学环境学院华东校友会和上海华峰超纤材料股份有限公司承办的"2015 清华环境华东论坛暨环境风险防控与企业责任金山峰会"在上海市金山区举办。250 余名来自政府部门、学术机构和产业界的校友代表参加论坛。"清华环境华东论坛"已连续举办 5 年，2015 年的主题是"环境风险防控与企业责任"。

2016 年 12 月 17 日，"2016 清华环境华东校友论坛暨生态文明与绿色发展湖州峰会"在浙江省湖州市召开。来自浙江、上海、江苏、山东、云南、安徽等地的 200 多名校友参加了本次论坛。清华大学副秘书长张华堂、清华浙江校友会副会长俞富裕、清华环境华东校友代表周琪教授先后对论坛的召开表示了祝贺。环境学院党委书记刘毅向与会校友介绍了 2016 年学院发展的总体情况和取得的成绩，院党委副书记席劲瑛代表学院向论坛承办单位表示了感谢。

2018 年 10 月 27 日，"2018 清华环境华东校友论坛暨环境污染治理峰会"在江苏省盐城市清华大学烟气多污染物控制技术与装备国家工程实验室召开。中国工程院院士、美国工程院外籍院士郝吉明，中国工程院院士曲久辉，中国工程院院士、环境学院院长贺克斌，盐城环保科技城党工委书记张利华，环境学院副院长刘书明，环境学院党委副书记席劲瑛，华东校友论坛组委会秘书长、启迪水务集团有限公司董事长俞建中，国家工程实验室主任李俊华，清华苏州环境创新研究院副院长董立户，环境学院华南校友代表张金松，环境学院西部校友代表陈异晖及来自环境学院和其他院系从事环境事业的校友共 80 余人参会。

2020 年 10 月 25 日,"2020 清华环境华东校友论坛暨学术交流会"在浙江省绍兴市顺利召开。环境学院党委书记刘书明、给水排水工程教研所研究员陈吕军出席,130 余位校友及嘉宾参会。本次论坛以"工业园区绿色生态环境治理"为主题,由绍兴市科协党组书记、主席张荣社主持,市委常委、组织部长王琴英,绍兴文理学院党委副书记沈赤,华南理工大学环境与能源学院副院长、清华大学环境学院华南校友代表胡勇有,云南省生态环境科学研究院院长、清华大学环境学院西部校友代表陈异晖出席活动并致辞。党委书记刘书明首先与校友共同分享了一年来学院在学科建设等诸多方面取得的成就,与会校友备受鼓舞。他殷切期望各位校友在科研、产业等方面取得更大成绩,展现清华环境人对国家和社会的担当,践行习近平总书记加强生态文明建设的精神,将绿色发展确立为新发展理念的重要内容,将建设美丽中国列为实现中国梦的重要目标。

5.10.3　华南校友会

2011 年 12 月 24 日,清华大学环境学院华南校友会在深圳成立,旨在加强华南地区校友之间、校友与环境学院之间的联系和团结,服务广大校友,发扬清华大学的优良传统,为中国的环境保护和可持续发展及环境学院的发展做出贡献。历经发展,华南校友会的会员已有 400 多人,融会政、产、学、研、商等社会各界,遍布广东、广西、海南、云南、湖南、湖北、四川、重庆、香港、澳门等地区及新加坡等国家。图 5-87 和图 5-88 分别为华南校友会成立现场及校友合影。

2012 年 11 月 10 日,首届清华校友华南环境论坛暨清华大学环境学院华南校友会 2012 年年会在深圳举行。清华大学校友总会副秘书长贺臻、清华环境学院华南校友会会长张金松、深圳市清华大学校友会副会长杨瑞东、清华大学环境学院院长余刚分别在论坛上致辞。本届论坛围绕"汇聚华南环境焦点,开拓环保产业未来"这一主题,清华大学深圳研究生院副院长胡洪营等分别就"城市健康水循环系统构建与关键技术"等问题作主题报告。

2013 年 11 月 30 日,清华大学环境学院华南校友会 2013 年年会暨清华校友华南环境论坛在广州召开。论坛由清华大学环境学院、清华大学

图 5-87　环境学院华南校友会在深圳成立

图 5-88　环境学院华南校友合影

环境学院华南校友会主办，120余位来自我国广东、广西、海南、湖南、四川、香港、澳门等地的环境学院及其前身院系校友，以及从事环保事业的嘉宾参会。

2014年12月6日，清华校友华南环境论坛暨清华大学环境学院华南校友会2014年年会在深圳召开。本次活动由清华大学环境学院、清华校友总会环境协会、清华大学环境学院华南校友会联合主办，校友企业朗坤环保集团承办，并得到了世界低碳城市联盟、清华大学深圳研究生院、清华大学深圳校友会、清华大学广州校友会的大力支持。110余位来自华南各省及香港、澳门地区的环境学院校友及从事环保事业的嘉宾参会。本次年会以"低碳城市建设中的政策导向、技术创新与市场机遇"为主题。

2016 年 12 月 3 日,"清华大学环境学院华南校友 2016 年年会暨清华校友华南环境论坛"在广州市召开。会议以聚焦环保大数据为主题,清华大学环境学院院长贺克斌院士、书记刘毅教授、副书记席劲瑛副教授、前系主任井文涌教授、环境学院华南地区校友(包括广东、广西、海南、香港、澳门)及广州、深圳的清华校友会代表等共计 100 余人出席了本次会议。

2017 年 12 月 16 日,"2017 清华环境华南校友论坛暨清华环境华南校友年会"在深圳召开。本次年会以"支撑国家重大需求,促进校友创新发展"为主题。环境学院院长贺克斌、院党委书记刘毅、副院长吴烨、党委副书记席劲瑛,原环境系首任系主任井文涌,以及来自各地的百余位校友及嘉宾参会。开幕式由 1989 级校友管运涛主持。1981 级校友张金松代表华南地区校友致欢迎辞,并总结了一年来华南地区校友活动的情况。环境学院党委书记刘毅向校友介绍了一年来学院在各方面取得的重要成绩。

2021 年 12 月 19 日,"2021 清华环境华南校友高端论坛"采用线上线下结合的方式举行。本次论坛以"碳达峰与碳中和引领大湾区环境生态建设"为主题,分别在广州和深圳设置两个分会场。环境学院党委书记刘书明教授、党委副书记席劲瑛副教授及来自华南地区的百余名校友和嘉宾参会。论坛开幕式由 1983 级校友姚志全主持。1980 级校友麦建波、1981 级校友张金松分别在广州分会场和深圳分会场致欢迎辞,并总结了近几年来华南地区校友在抗击疫情、建设美丽湾区等方面的成果。刘书明介绍了环境学院的发展近况及取得的可喜成果。1979 级校友叶宏、1987 级校友李春光分别代表环境学院西部、华东地区校友致辞并热烈祝贺论坛成功召开。清华大学深圳国际研究生院副院长、环境学院教授左剑恶,华南理工大学环境与能源学院教授胡勇有,清华大学深圳国际研究生院教授陈福明,环境学院副教授席劲瑛分别就"低碳发展,美丽湾区""低碳下装配式污水厂的现状及发展""RPIR 在市政污水处理中的应用及前景""污水厂恶臭控制与低碳发展"等作了精彩的主旨报告。在校友论坛线上线下互动环节,新加坡国立大学教授胡江泳,清华大学深圳国际研究生院教授张锡辉、广州市新之地环保产业股份有限公司董事长夏志翔、广州市致顺科技有限公司董事长冯愚斌、广州市怡文环境科技股份有限公司副总裁赵国斌、华南农业大学教授种云霄、江门生态环境局汪用志校友分享了对"双碳"战略在科学与技术发展应用方面的感悟。本届论坛的顺利举办加强了华南地区校友之间、校友与环境学院之间的联系，进一步激励了华南校友致力于发展我国的环境保护事业。"2021 清华环境华南校友高端论坛"分会场合影见图 5-89。

图 5-89　2021 年清华环境华南校友高端论坛分会场合影

上：广州分会场；下：深圳分会场

5.10.4　西部校友会

2015 年 1 月，清华大学环境学院西部校友会在四川省成都市成立，旨在加强西部地区校友之间、校友与环境学院之间的联系和团结，服务广大校友，发扬清华大学的优良传统，为中国的环境保护和可持续发展及环境学院的发展做出贡献。

2016 年 11 月 26 日，清华环境西部校友"2016 高峰论坛暨学术交流会"在昆明市召开，环境学院郝吉明院士、院长贺克斌院士和 50 余位来自西部各省、自治区和直辖市的环境学院校友及嘉宾参会。本次年会以"环境保护的中长期战略与技术发展趋势"为主题。论坛开幕式由 1979 级校友叶宏主持。贺克斌院士向与会校友全面介绍了学院在 2016 年取得的可喜成就，并勉励西部校友继续"热爱我环境、光大我事业"。

2017 年 10 月 14 日，"2017 清华环境西部校友暨'一带一路'高峰论坛"在陕西省西安市召开。环境学院郝吉明院士、贺克斌院士、院党委书记刘毅、副书记席劲瑛，环境学院教师代表王洪涛、张鸿涛出席，火箭军后勤科学技术研究所侯立安院士、北京市政总院总工李艺等 50 余名校友及嘉宾参会。本次论坛以"'一带一路'与环境保护"为主题。论坛开幕式由四川省环科院院长、1979 级校友叶宏主持。刘毅代表学院向论坛的召开表示祝贺。贺克斌向与会校友全面介绍了环境学院一年来的发展，对广大校友在学院发展进程中发挥的作用表示感谢，并与西部校友共勉办学宗旨——热爱我环境，光大我事业。

2019 年 10 月 19 日，"2019 清华环境西部校友高峰论坛暨学术交流会"在重庆市顺利召开，图 5-90 为交流会合影。院党委书记刘毅、环境学院原院长余刚教授、院党委副书记席劲瑛和 50 余位校友及嘉宾参会。本次论坛以"长江流域生态环境保护与修复"为主题，由组委会秘书长倪明亮主持。论坛组委会主任、四川省环科院原院长叶宏、重庆市环保产业协会会长张勇、华东地区校友代表俞建中和华南地区校友代表管运涛分别致辞。

图 5-90　2019 年清华环境西部校友高峰论坛暨学术交流会在重庆召开

2020 年 10 月 31 日，"2020 清华环境西部校友高峰论坛暨学术交流会"在贵阳顺利召开。院党委书记刘书明、院党委副书记席劲瑛和 40 余位校友及嘉宾参会。本次论坛以"污染防治，智慧管理技术助推生态文明建设"为主题，由组委会秘书长倪明亮主持。论坛组委会主任、西部地区校友代表叶宏、贵州校友代表杨军、华东地区校友代表李春光和华南地区校友代表管运涛分别致辞。

2023 年 5 月 27—28 日，"清华环境西部校友高峰论坛暨学术交流会"在武汉顺利召开。图 5-91 为交流会合影。环境学院院长刘毅，党委副书记席劲瑛、吴静，以及 60 余位校友及嘉宾参会。本次论坛以"科技赋能，助力长江大保护"为主题，由组委会秘书长倪明亮，云南省生态环境科学研究院院长陈异晖，中南市政院总院副总工、科研院院长万年红分别主持。论坛组委会主任、西部地区校友代表叶宏，湖北校友代表张昊分别致辞。自 2015 年至今，清华环境西部校友论坛已成功举办 6 次，参会校友来自西部多个省市，覆盖政、产、学、研、商等社会各界。论坛在开展技术交流的同时，也增进了校友之间的联络与情谊，助力广大校友更好地扎根西部发展。

图 5-91　2023 清华环境西部校友高峰论坛暨学术交流会举办

5.10.5　海外清华环境校友会(OTEAA)

海外清华环境校友会(Oversea Tsinghua Environmental Alumni Association,OTEAA)成立于 2002 年,旨在为居于海外的清华环境校友提供一个灵活、方便的交流联络平台与渠道。OTEAA 曾组织过多次在环境专业国际会议(如 WEFTEC,AWWA,AEESP)期间的环境校友聚会及发布相关网络通信。多位环境学院院友对 OTEAA 的建立和发展做出了积极的贡献。

2014 年 5 月 17 日,纽约周边地区 30 多位环境学院校友在曼哈顿乔治华盛顿桥下河滨公园踏青春游暨庆祝环境学院 30 年院庆,如图 5-92 所示。出席校友来自纽约州、新泽西州、康涅狄格州和宾夕法尼亚州等,入学年代跨越 20 余年。这项活动也得到了众多兄弟院系校友的支持,大家共襄盛举,庆祝环境学院成立 30 周年!校友们还举办了简短而又热烈的环境学院院史知识抢答活动,并由资深学长向优胜者颁发了刻有"自强不息,厚德载物"校训的清华简。

图 5-92　2014 年 5 月 17 日,环境学院大纽约区校友海外庆祝学院成立 30 周年

2014年5月24日，马萨诸塞州波士顿地区、康涅狄格州及纽约州的20多位清华环境学院院友和清华校友相聚波士顿城郊的阿森纳公园，共同庆祝环境学院建院30周年，如图5-93所示。环境学院党委书记杜鹏飞教授发送了音频问候。随后，校友们开展了以环境学院发展为主题的知识竞赛。公共管理学院过勇教授、1985级学长林巍博士、1987级学长刘春华博士分别向获奖的校友宋少洁（2004级），刘寒（2006级）和鲁玺（2000级研）颁发了清华纪念品。知识竞赛过后，校友们以个人和集体的形式录制了视频以表达对母校、学院和恩师们的感恩与祝福。

图5-93　2014年5月24日，大波士顿地区校友共庆环境学院成立30周年

2014年11月9日，由美东地区留美清华环境学院院友自发组织、波士顿地区清华校友会协助举办的首届"留美青年学者环境论坛"在哈佛大学Maxwell Dworkin讲堂顺利举行。来自哈佛大学、麻省理工学院、耶鲁大学、哥伦比亚大学等美国著名高校的30余名环境领域的青年学者和学生出席论坛。本次论坛设有上、下午两场，分别以"环境经济、管理与政策"和"环境科学与技术"为主题。9位学者代表发表了精彩的演讲，内容涵盖碳排放、中国碳交易市场建设、新能源开发、企业环境管理、大气污染与气候变化模型、水与废水处理工程等。演讲人在介绍各自的研究成果的

同时,也探讨了他们关于交叉学科研究的想法及对目前环境问题的思考,并与参会者进行了深入交流。此次留美青年学者环境论坛由正在大波士顿地区工作并曾在环境学院学习或工作过的鲁玺、陈伟强、刘竹、高策和逯慧杰 5 位学者共同发起。论坛旨在增强环境领域的跨学科沟通,构建留美青年环境学者共同成长的平台。

　　2015 年 8 月 29 日,由清华大学发起、清华校友总会主办、大纽约地区清华校友会承办的首届北美清华校友大会暨纽约论坛成功举办。海峡两岸清华校领导、海内外杰出校友、知名企业家等 700 余人欢聚一堂。大会以"凝聚力量,共谋发展,引领未来"为主题,旨在促进校友间的交流,加强母校与校友的联系,增强清华在北美的影响力,并为中美企业间在技术、人才、资金等方面的进一步合作建立平台,也为北美的清华校友提供了解国内发展和机会的窗口。

第6章

结　语

在清华大学 100 多年砥砺奋进的历程中,环境学科经过几代人的艰苦奋斗逐步发展壮大,始终紧贴国家发展需求。

国立清华大学初期在土木工程学系建立了水利及卫生工程组,在我国环境工程学科奠基人陶葆楷先生的带领下,建立了卫生工程实验室。抗日战争时期,虽然时局动荡,但土木工程系仍取得了较为稳定的发展,市政及卫生工程专业组成立,为了满足抗战需求,陶葆楷教授还开设了军事卫生工程课程,编著了大学教材《军事卫生工程》。抗日战争胜利后,清华土木工程系师生从昆明返回北京,教学、科研工作逐步恢复。经过 1952年院系调整后,卫生工程专业发展为上水道和下水道专业,1954 年又更名为给水排水教研组,师资力量也得到了增强。1960 年,原子能反应堆供水与放射性废水处理专门化教研所组建成立,给水排水专业中增加了 03 专门化方向。随着环境保护日益受到国内外重视,环境学科从给排水扩展到环境工程,1977 年,我国第一个环境工程专业在清华大学诞生!

1984 年环境工程系建立后,清华大学环境学科得到了快速发展,在学科建设、人才培养、科学研究、师资队伍、基地建设、国际合作等方面取得了优秀的成绩。1997 年,环境工程系发展为环境科学与工程系,学科体系进一步完善。2011 年,清华大学环境学院成立,在国家和学校的支持下,学院的教学、科研水平快速提升,为国家重大环境问题的解决和可持续发展战略的实施提供了技术服务、理论支持和决策支撑,成为我国重要的环境保护高层次人才培养基地和高水平科学研究中心。

清华环境学科在近百年的发展历程中,随着国家和世界生态环境保护的需求不断发展,由无到有、由弱到强,形成了独特的文化氛围、办学品位和学术追求。面向未来,环境学院将进一步突出人才培养和学科发展的引领作用,将服务国家战略放在首要位置,建立适应未来挑战的学科体系,培养创新性复合型人才,坚持自由探索的良好学术生态,提升交叉融合的新型创新能力,持续产生具有重大国际影响的新知识、新技术和新方法,推动解决区域和全球性环境问题,加快进入全球顶尖环境学科之列。

热爱我环境,光大我事业!

附录1 早期入职清华大学市政和环境相关 学科的教授简介

陶葆楷(1906-10-01—1992-02-16),江苏无锡人。1920年考入清华学校,1926年毕业后赴美留学。先后在密歇根大学和麻省理工学院学习,1929年获麻省理工学院土木工程学士学位,1929—1930年在哈佛大学卫生工程学系学习,获卫生工程硕士学位。1931年回国,受聘于清华大学,任土木工程学系教授。历任土木工程学系主任,工学院代院长,土木工程学系给水排水教研组主任、土木工程学系副系主任和系主任,土木建筑系系主任。土木工程与环境工程学家、工程教育家,我国卫生工程、环境工程教育事业的创始人之一。

王继明①(1916-03-01—2019-01-10),河北滦县人。我国建筑给水排水学科的奠基人,为我国培养出第一个建筑给排水专业研究生,首次将建筑中水技术引入我国。1936年考入国立清华大学土木系,1941年毕业于西南联合大学土木系市政及卫生工程组。后任云南抗疟委员会工程师、清华服务社工程师、水工实验室助理研究员;1946年后任清华大学土木系教员、副教授、教授。成功解决了中国经济建设中大面积厂房雨水排除的难题。

---

① 《20世纪中国知名科学家学术成就概览》。

　　顾夏声(1918-05-06—2012-02-06),江苏无锡人。1936 年考入上海交通大学土木工程系,1946年赴美留学,1948 年获美国得克萨斯州农工大学卫生工程硕士学位,1949 年回国,历任唐山交通大学副教授、北京大学副教授、清华大学教授等职。1995 年当选为中国工程院院士。我国市政工程与环境工程教育事业的主要开创者和奠基人,学术造诣精深,治学态度严谨,热爱教育事业,毕生致力于市政工程与环境工程人才培养及科学研究工作,著名的环境工程与市政工程科学家和教育家①。

　　许保玖②(1918-12-31—2021-10-15),贵州贵阳人。1942 年毕业于国立中央大学土木工程系,1949 年在美国密西根大学获得卫生工程硕士学位,1951 年在美国威斯康星大学获土木工程博士学位。1954 年冲破重重阻力回到祖国,成为国内第一个给排水专业博士。1955 年后任清华大学副教授、教授。首次提出了"水工业"的概念和具体内涵,教育大师,我国给水排水工程、市政工程和环境工程学科的奠基人与开拓者之一。

　　李国鼎③(1921-09-09—2018-06-13),湖南澧县人。1943 年考入国立西南联合大学,1947 年获清华大学土木工程学系学士学位,毕业后留校任教。他曾三易专业方向,历任清华大学建筑工程系、工程物理系、工程化学系、环境工程系副教授、教授,是我国核环境工程专业博士点的首位博士研究生导师。我国市政工程、环境工程和核环境工程领域著名的教育家、科学家,享受国务院政府特殊津贴。

---

　　①　顾夏声先生生平介绍,《环境人》,清华大学环境学院团委主办,2012 年 3 月 26 日第 30 期,第一版。
　　②　清华大学环境学院资料。
　　③　清华大学环境学院资料。

附录2 正在和曾在环境学院工作或学习的中国工程院院士简介

刘鸿亮(1932年出生),辽宁大连人。环境工程专家,我国湖泊环境研究领域首席学术带头人,1994年当选为中国工程院首届院士。1954年毕业于清华大学土木工程系给水排水专业。1954—1982年任清华大学土木系放射性废物处理教研室主任、土木系副主任、土木与环境工程系常务副主任、副教授。在清华大学最早建立了我国第一个放射性废水处理教研组和环境工程研究所,培养了我国第一代放射性三废处理的专业人才。1982—1992年任中国环境科学研究院教授、副院长、院长、学术委员会主任。

钱易(1936年出生),江苏无锡人。环境科学与工程专家。1994年当选中国工程院院士。1956年毕业于上海同济大学卫生工程系本科,1957—1959年在清华大学土木工程系进行研究生学习,毕业后留校任教。曾任全国人大环境与资源委员会副主任委员,中国科学技术协会副主席,国际科学联盟执委会委员,世界工程组织联合会副主席,清华大学学术委员会主任、环境模拟与污染控制国家重点联合实验室主任等职。现任清华大学环境学院教授,1994年当选为中国工程院院士。

郝吉明(1946 年出生),山东梁山人。大气污染防治专家。2005 年当选为中国工程院院士,2018 年入选美国国家工程院外籍院士。1970 年毕业于清华大学给水排水工程专业,1981 年获清华大学核环境工程硕士,1984 年获美国辛辛那提大学环境工程博士学位。1984 年回校工作,曾任环境科学与工程系主任、清华大学学位评定委员会副主席、清华大学教学委员会副主任,现任环境科学与工程研究院院长。主要研究领域为能源与环境、大气污染控制工程。

曲久辉(1957 年出生),吉林长春人。环境工程专家。2009 年当选中国工程院院士; 2018 年当选发展中国家科学院院士; 2019 年当选美国国家工程院外籍院士。1982 年毕业于吉林大学化学系,获学士学位; 1988 年和 1992 年先后毕业于哈尔滨建筑大学,分别获工学硕士和工学博士学位。中国科学院生态环境研究中心研究员,清华大学特聘教授。主要从事水质科学与技术研究,着力探索并实践将基础研究、技术创新和工程应用有机融合的科研理念。

侯立安(1957 年出生),江苏徐州人。环境工程专家。1957 年 8 月出生于江苏省徐州市。2006 年毕业于中国人民解放军防化研究院,获博士学位。2009 年当选中国工程院院士。专业技术 1 级,文职特级。1994 年获清华大学工学硕士学位。曾任第二炮兵工程设计研究院研究室主任、副总工程师、第二炮兵后勤科学技术研究所所长。主要从事饮用水安全保障、分散点源生活污水处理和人居环境空气净化等方面的研究,为探索和构建我国特种污染防控体系做出了重大贡献,并取得了富有创造性的成就。

段宁（1949 年出生），四川成都人。清洁生产专家，主要研究领域为清洁生产理论方法、典型工业行业污染物源头控制技术和装备，是我国清洁生产重要的奠基人和开拓者之一。2011 年当选为中国工程院院士。1975 年毕业于同济大学环境工程专业；1981 年获清华大学环境工程专业硕士学位；1988 年获得克萨斯州立大学奥斯汀分校博士学位。历任中国环境科学研究院副所长、所长、总工、副院长，研究员。现为同济大学教授。

贺克斌（1962 年出生），四川成都人。清华大学碳中和研究院院长，环境学院教授、博士生导师，大气污染防治专家。2015 年当选中国工程院院士。1985 年、1987 年和 1990 年分别获清华大学学士、硕士和博士学位。曾任环境学院院长。20 年多来致力于大气复合污染，特别是 PM2.5 的研究，在大气颗粒物与复合污染识别、复杂源排放特征与多污染物协同控制、区域排放清单、区域复合型大气污染模拟与控制方面进行了深入细致的研究，为我国空气质量管理在精细溯源和定量评估方面技术水平的提升做出重要贡献。

陈坚（1962 年出生），江苏无锡人。发酵工程、食品生物技术领域专家。1984 年在清华大学环境工程专业获学士学位，1986 年、1990 年在无锡轻工业学院获硕士、博士学位，现为江南大学生物工程学院教授、博士研究生导师，2005 年 7 月至 2020 年 5 月担任江南大学校长。2017 年当选中国工程院院士。长期从事发酵工程、食品生物技术领域的研究和教学工作，致力于解决发酵工业中存在的高产量、高转化率、高生产强度三大关键工程技术难题。

　　王金南(1963 年出生),浙江武义人。环境规划与管理专家。2017 年当选中国工程院院士。1986 年、1988 年、2006 年先后获清华大学学士、硕士和博士学位。现任第十四届全国政协常委、农工党中央副主席、北京市委主委、北京市政协副主席、第十四届全国政协人口资源环境委员会副主任、生态环境部环境规划院院长、国家环境规划与政策模拟重点实验室主任、博士研究生导师。长期从事国家环境规划、管理和政策研究,为建立和引领我国环境经济和政策学科做出了重大贡献。

　　余刚(1965 年出生),湖北宜昌人,2023 年当选中国工程院院士。环境科学专家,主要从事持久性有机污染物、药物和个人护理品、环境内分泌干扰物等新污染物的污染特征、风险评价、物化控制技术及化学品公约履约战略研究。1986 年毕业于南京大学化学系,1989 年获南京大学环境科学系硕士学位,1992 年获中国科学院生态环境研究中心博士学位。现任北京师范大学环境与生态前沿交叉研究院教授、院长,清华大学双聘教授。国家自然科学基金委杰出青年基金获得者、国家重大人才工程特聘教授。曾任清华大学环境工程系主任、环境学院院长。

附录3　清华大学环境系/学院历届党政领导班子成员

附表3-1　清华大学环境系/学院历届行政领导班子成员

职　务	姓　名	任 职 时 间	备　注
系主任	井文涌	1984—1994	
副系主任	张坤民	1984—1985	
	王占生	1985—1988	
	蒋展鹏	1985—1994	
	程声通	1988—1994	
	郝吉明	1988—1994	
	陆正禹	1991—1994	
系主任	郝吉明	1994—1999	
副系主任	杜文涛	1994—1995	分管行政
	陈吉宁	1998—1999	分管国际合作
	张晓健	1994—1999	分管教学
	白庆中	1996—1999	分管行政
	余刚	1994—1999	分管科研
系主任	陈吉宁	1999—2006	
副系主任	张晓健	1999—2001	
	白庆中	1999—2004	分管行政
	胡洪营	2001—2007	分管教学
	余刚	1999—2006	分管科研
	王洪涛	2004—2007	
	汪诚文	2004—2007	分管行政
系主任	余刚	2006—2011	
副系主任	段雷	2006—2011	分管科研
	汪诚文	2007—2010	分管行政
	胡洪营	2007—2010	分管教学
	左剑恶	2010—2011	分管教学
	蒋建国	2010—2011	分管行政
系主任助理	刘毅	2006—2009	
	刘书明	2009—2011	
院长	余刚	2011—2013	

续表

职　务	姓　名	任 职 时 间	备　注
副院长	段雷	2011—2013	分管科研
	左剑恶	2011—2013	分管教学
	蒋建国	2011—2013	分管行政
院长助理	刘书明	2011—2013	
	王玉珏	2011—2013	
院长	贺克斌	2013—2019	
副院长	左剑恶	2013—2016	分管教学
	吴烨	2016—2019	分管教学
	王凯军	2013—2016	分管科研
	刘书明	2016—2019	分管科研
	蒋建国	2013—2016	分管行政
	岳东北	2016—2019	分管行政
院长助理	王玉珏	2013—2019	
	刘书明	2013—2016	
	侯德义	2016—2019	
院长	刘毅	2019 年 12 月至 2023 年 7 月	
副院长	吴烨	2019 年 12 月至 2021 年 5 月	分管教学
	蒋靖坤	2019 年 12 月至 2023 年 7 月	分管科研
	岳东北	2019 年 12 月至 2023 年 7 月	分管行政、教学
	兰华春	2021 年 5 月至 2023 年 7 月	分管行政
院长助理	赵明	2016 年 6 月至 2023 年 7 月	
	兰华春	2019 年 12 月至 2021 年 5 月	
	杜斌	2017 年 10 月至 2023 年 7 月	
院长	刘书明	2023 年 7 月至今	
副院长	岳东北	2023 年 7 月至今	分管教学
	徐明	2023 年 7 月至今	分管科研
	兰华春	2023 年 7 月至今	分管行政
院长助理	张潇源	2023 年 7 月至今	
	李森	2023 年 7 月至今	
	杜斌	2023 年 7 月至今	

注：数据截至 2023 年年底。

附表 3-2　清华大学环境系/学院历届党委成员

职　务	姓　名	任 职 时 间	备　注
党总支/党委书记	王鲁生	1984 年 8 月至 1987 年 3 月	土环系
	叶书明	1987 年 3 月至 1991 年 4 月	兼任纪检委员

职　务	姓　名	任　职　时　间	备　注
党总支/党委副书记	聂永丰	1987 年 3 月至 1991 年 4 月	兼任研究生工作组组长
党总支/党委委员	胡纪萃		统战委员
	刘启才		宣传、保卫委员
	梁永明		兼任学生组组长
党委书记	叶书明	1991 年 4 月至 1992 年 8 月	兼任纪检委员
	卜城	1992 年 8 月至 1994 年 12 月	
党委副书记	卜城	1991 年 4 月至 1992 年 8 月	
	聂永丰	1991 年 4 月至 1994 年 12 月	
党委委员	陆正禹	1991 年 4 月至 1994 年 12 月	组织委员
	刘启才		宣传、统战委员
	李振瑜		保卫委员
	贺克斌		纪检委员
党委书记	陆正禹	1994 年 12 月至 1998 年 1 月	
党委副书记	贺克斌		
	李振瑜	1996 年 2 月至 1998 年 1 月	
党委委员	杜文涛	1994 年 12 月至 1998 年 1 月	
	张天柱		
	单立志		
	郝吉明		
党委书记	陆正禹	1998 年 1 月至 2001 年 3 月	
党委副书记	贺克斌		
	李振瑜		
	李广贺	2000 年 10 月至 2001 年 3 月	
党委委员	王洪涛	1998 年 1 月至 2001 年 3 月	
	金勤献		
	郝吉明		
	施汉昌		
党委书记	李振瑜	2001 年 3 月至 2004 年 4 月	
党委副书记	王洪涛		分管人事
	李广贺		分管教师
党委委员	余刚		
	陈吉宁		
	段雷		
	施汉昌		
党委书记	李振瑜	2004 年 4 月至 2007 年 6 月	
党委副书记	李广贺		分管人事
	杜鹏飞		分管学生
党委委员	王洪涛		
	陈吉宁		
	段雷		
	施汉昌		

续表

职　务	姓　名	任 职 时 间	备　注
党委书记	杜鹏飞		
党委副书记	施汉昌		分管人事
	蒋建国	2007 年 6 月至 2010 年 7 月	分管学生
党委委员	左剑恶		
	刘雪华		
	李广贺		
	余刚		
党委书记	杜鹏飞		
党委副书记	刘文君		分管人事
	刘建国	2010 年 7 月至 2013 年 7 月	分管学生
党委委员	左剑恶		
	余刚		
	张旭		
党委书记	杜鹏飞	2013 年 7 月至 2014 年 7 月	
	刘毅	2014 年 7 月至 2016 年 7 月	
党委副书记	张旭		分管人事
	刘建国		分管学生
党委委员	马永亮		
	刘书明		
	李英	2013 年 7 月至 2016 年 7 月	
	吴静		
	岳东北		
	贺克斌		
党委书记	刘毅	2016 年 7 月至 2019 年 12 月	
党委副书记	张旭	2016 年 7 月至 2018 年 6 月	分管人事
	吴静	2018 年 6 月至 2019 年 12 月	分管人事
	席劲瑛		分管学生
党委委员	左剑恶		
	李英		组织委员
	李俊华	2016 年 7 月至 2019 年 12 月	纪检委员
	陈超		宣传委员
	贺克斌		
	董欣		青年委员
	刘书明		
	孙东雅	2017 年 11 月至 2019 年 12 月	
	吴烨		
	岳东北		
党委书记	刘书明	2019 年 12 月至 2023 年 9 月	
	王灿	2023 年 9 月至今	

职　　务	姓　名	任 职 时 间	备　注
党委副书记	吴静	2019 年 12 月至 2023 年 9 月	分管人事
	王书肖	2023 年 9 月至今	分管人事
	席劲瑛	2019 年 12 月至今	分管学生
党委委员	王书肖	2019 年 12 月至 2023 年 9 月	纪检委员
	刘毅	2019 年 12 月至 2023 年 7 月	
	齐维晓	2019 年 12 月至 2023 年 9 月	青年委员
	吉庆华	2023 年 9 月至今	青年委员
	李淼	2019 年 12 月至今	组织委员
	吴烨	2019 年 12 月至 2021 年 6 月	
	陈超	2019 年 12 月至今	宣传委员
	岳东北	2019 年 12 月至今	
	蒋靖坤	2019 年 12 月至 2023 年 7 月	
	梁鹏	2023 年 12 月至今	纪检委员
	兰华春	2023 年 12 月至今	

注：党委委员以姓氏笔画排序。数据截至 2023 年年底。

附录4　清华大学环境系/学院历届学术、学位委员会

附表 4-1　环境系/学院历任学术委员会主任名录

系学术委员会主任	任 职 时 间
傅国伟	1989—1998
程声通	1998 年 5 月至 2003 年 10 月
黄霞	2003 年 10 月至 2018 年 1 月
余刚	2018 年 1 月至 2022 年 2 月
胡洪营	2022 年 2 月至今

附表 4-2　环境科学与工程系学术委员会名录

职　务	名　单
环境科学与工程系第三届学术委员会(1998-05-12 系务会通过)	
主任	程声通
副主任	余刚、黄霞
委员(按姓氏笔画排序)	王伟、张锡辉、余刚、陈吉宁、郝吉明、贺克斌、施汉昌、钱易、聂永丰、黄霞、程声通
秘书	赵海燕
环境科学与工程系第四届学术委员会(2003-10-20 系务会通过)	
主任	黄霞
副主任	余刚
委员(按姓氏笔画排序)	钱易、郝吉明、聂永丰、张晓健、王洪涛、傅立新、张鹏义、杜鹏飞、吴晓磊
秘书	吴晓磊
环境科学与工程系第五届学术委员会(2008-06-26 系务会通过)	
主任	黄霞
副主任	段雷
委员(按姓氏笔画排序)	王洪涛、刘文君、张彭义、李广贺、杜鹏飞、段雷、胡洪营、郝吉明、钱易、常杪、黄霞
秘书	张彭义

附表 4-3　环境学院学术委员会名录

职　务	名　单
环境学院第一届学术委员会(2011-11-16 院务会通过)	
主任	黄霞
副主任	段雷
委员(按姓氏笔画排序)	王灿、王洪涛、王毅、邓述波、石磊、刘雪华、张晓健、李广贺、段雷、胡洪营、郝吉明、钱易、黄霞
秘书	邓述波
环境学院第二届学术委员会(2018 年院务会通过)	
主任	余刚
副主任	王书肖
委员(按姓氏笔画排序)	余刚、王书肖、王灿、黄霞、蒋靖坤、蒋建国、刘书明、刘会娟、王慧、温宗国、刘翔
秘书	温宗国
环境学院第三届学术委员会(2022-02-27 党政联席会议通过)	
主任	胡洪营
副主任	蒋靖坤、刘会娟
推选委员(按姓氏笔画排序)	王书肖、王灿、邓述波、刘会娟、刘建国、刘翔、汪诚文、陈吕军、胡洪营、黄霞、蒋靖坤
职务委员	刘毅、刘书明
秘书	刘建国

附表 4-4　学位评定环境科学与工程分委员会名录

职　务	名　单
第十届学位评定环境科学与工程分委员会(2011-10-21)	
主席	郝吉明
副主席	王洪涛、左剑恶
委员	郝吉明、王洪涛、左剑恶、陈吉宁、胡洪营、刘翔、钱易、王建龙、王聿绚、余刚、刘毅
秘书	刘毅(兼)、曾思育、贺克斌
第十一届学位评定环境科学与工程分委员会(2014-10-21)	
主席	贺克斌
副主席	左剑恶、王洪涛
委员	钱易、郝吉明、张晓健、胡洪营、余刚、刘翔、蒋建国、王灿、王建龙
秘书	曾思育
第十二届学位评定环境科学与工程分委员会(2019-10-22)	
主席	贺克斌
副主席	吴烨(2019-10-22—2021-08-24)、岳东北(2021-08-24 至今)、左剑恶
委员	王灿、王建龙、王洪涛、左剑恶、刘书明、刘会娟、刘翔、刘毅、余刚、吴烨(2019-10-22—2021-08-24)、岳东北、郝吉明、胡洪营、贺克斌、蒋建国、曾思育(按姓氏笔画排序)
秘书	曾思育(兼)

附录5 清华大学环境学科历年晋升的教授 （研究员）名单

年　份	姓　　名
1931	陶葆楷
1960	许保玖、顾夏声、王继明
1980	李国鼎
1984	傅国伟
1985	王占生
1987	黄铭荣、钱易、沈英鹏
1988	陈志义、胡纪萃、井文涌
1989	程声通
1990	蒋展鹏、郝吉明
1993	俞珂、张兰生、杨志华、张晓健
1994	席德立、张瑞武
1995	何强、聂永丰
1996	贺克斌
1997	卜城、黄霞、杜文涛
1998	袁光钰、王志石、施汉昌、陈吉宁、祝万鹏、余刚
1999	陆正禹、王伟
2000	李广贺、白庆中、胡洪营
2001	王洪涛、文湘华
2002	张天柱、徐康富、周中平
2003	傅立新、张锡辉、陈吕军
2004	李金惠、左剑恶
2005	刘翔
2006	刘文君、汪诚文、单立志、吴晓磊
2007	李俊华
2008	张彭义、何苗、王凯军
2009	王慧、蒋建国
2010	段雷、王灿
2011	杜鹏飞、王书肖
2012	邓述波
2013	刘建国、刘毅
2014	吴烨

续表

年　份	姓　　名
2017	蒋靖坤、温宗国
2018	刘书明、杨云锋
2019	梁鹏、吴静
2020	岳东北
2021	刘欢、王玉珏、田金平
2022	鲁玺、侯德义、刘艳臣
2023	黄俊、曾思育、席劲瑛

附录6 清华大学环境学科历年聘任的
博士研究生导师名单

年　份	姓　名
1983	顾夏声
1984	王占生、傅国伟
1986	李国鼎
1989	钱易
1993	蒋展鹏、程声通、郝吉明
1996	聂永丰、张晓健、张坤民、刘鸿亮
1998	贺克斌、黄霞
1999	陈吉宁、余刚、施汉昌、祝万鹏
2000	王伟、胡洪营
2001	李广贺
2002	文湘华、王洪涛
2003	张天柱
2004	张锡辉、傅立新
2005	李金惠、左剑恶
2006	刘翔
2007	刘文君、陈吕军
2008	王凯军、李俊华
2009	何苗、杜鹏飞、张彭义
2010	王毅、邓述波、张旭、蒋建国、王慧、汪诚文、解跃峰、周集中、杨云锋
2011	吴烨、刘书明、温宗国、常杪、王书肖、王灿、陆文静、刘雪华、吴静、石磊、刘建国、段雷、曾思育、贾海峰、周律、张鸿涛
2012	陆韻、王玉珏、梁鹏、刘毅、马永亮
2014	王小伛、刘欢、蒋靖坤、陈超、岳东北、席劲瑛、黄俊、金宜英
2015	张芳、赵明、刘艳臣、周小红、张潇源
2016	侯德义、鲁玺、李淼、邢佳、董欣
2017	刘会娟、兰华春、曲久辉
2019	吴丰昌、张少君
2020	刘锐平
2021	赵斌
2022	徐明
2023	郑光洁、邓兵

附录7 清华大学环境系/学院历年博士后名单

年份	博士后名单				
1986	王志石				
1988	王 伟				
1990	唐克旺				
1991	王应明				
1992	陈家军				
1993	李广贺	方先金	王 栋		
1994	王建龙	夏海萍			
1995	王宏伟				
1996	唐中实	姚小红			
1997	张 旭	李金惠			
1998	杨 琦	付宏祥	陈安世		
1999	毛晓敏	刘阳生	石 磊	王明远	邓述波
2000	李国文	马俊伟	冉圣宏	卢晓霞	杨 曦	范 彬
2001	王永胜	陆文静	喻国策	刘 岩	何邦全	魏东斌
	张祖麟	王少平	吴 迪	马文林	刘芃岩	
2002	李俊华	彭 炯	黄晓东	陈崧哲	梁 威	郭华明
	徐 农	王 勇	柏延臣	黄正宏	牛军峰	
2003	金文标	谢忠岩	蔡 强	李润东	张忠良	张 玲
	李 梅	信昆仑	周贵忠	李睿华	本多俊一	张 丽
	余志晟	赵华章	陈福泰	朱雪梅	刘国庆	时宗波
	田贺忠	高大文	陈益清			
2004	张荣社	郭兴明	金陶胜	杨少霞	郭玉文	贾小平
	陈 静	温雪峰	豆俊峰	刘 毅	张永吉	申 欢
	刘希涛	范 茏	司继涛	易赛莉	黄金良	温沁雪
	林绮纯	孙寓姣	靖德兵			
2005	李 冬	袁增伟	梁 鹏	王海燕	匡少平	康守方
	刘仁志	王亚南	曹 斌	王 庆	李丽东	尹凤福
	谷 峻	刘小琳	段菁春	胡秀华	陈 超	席劲瑛
	韩文亚	张应华	温宗国	康相武	岳东北	彭方毅
	刘 辉	杨连威	王 政	王志玉	李佳喜	邢丽贞
	洪俊明					
2006	赵百锁	麻林巍	段飞舟	王立宁	侯 瑜	李 轶
	柯 锐	彭 羽	荆 平	杨 洋	王丽涛	黄新新

续表

年份	博士后名单				
2006	李忠国	姜冬梅	唐幸福	王 震	任连海	凌永生
	杨忆新					
2007	张大伟	周海东	支霞辉	盛建武	宋保栋	杨 波
	田金平	徐衣显	白 宇	王亚菲	赵鸣雁	孙迎雪
	李广辉	程桂石	薛玉伟	杨 波	刘 澈	陈 瑛
	石晓燕	陈敏鹏	周云瑞	周小红	张文静	马伟芳
	谭吉华	孙 傅	马淑花	邱 勇	田书磊	姚 荣
	刘 琳	崔长征	夏天翔	郭长城	徐一剑	张 杰
	孙晓杰	方向生	赵宝秀	李金波	郭思元	汪黎东
	钟登杰	和劲松				
2008	薛 涛	李 欢	龙 峰	李兴华	崔志广	肖劲松
	程根银	王 媛	王东升	赵 远	吴春英	马 文
	刘艳臣	李志建	翟丽华	王占朝	张俊丽	杨玉环
	李春萍	傅平丰	苏时鹏	王发园	侯红勋	郑润芬
	张玉虎	张国臣	韩 巍	周 琴	蓝 梅	卓建坤
	史晓翀	孙 艳	邓景衡	何炜琪	董良飞	钟丽锦
	宋维薇	谢 珊	杨海军	叶长青	杜 鹏	万云洋
	林 晶					
2009	杨 勇	李晓芸	连进军	徐武军	张 博	郭美婷
	李再兴	杨 华	刘礼祥	叶茂盛	薛方勤	李博洋
	郑明霞	赵 岩	董 欣	高兴保	宁大亮	庞洪涛
	刘 静	苏贞峰	张鹤丰	龙於洋	张宇龙	王桂荣
	方瑶瑶	常方方	宋丹瑛	刘宏波	王思强	张红振
	郭 华	李振民	张桂芹	蓝 英	李剑峰	高国龙
	唐兆民	魏 利				
2010	徐夫元	徐贞贞	周 谆	王 坤	蔡闻佳	樊锦艳
	杨博琼	金爱芳	高志永	赵文玉	张明露	白 雪
	陈永山	李 丹	马 准	魏 斌	姚志通	吴乾元
	王晓慧	吕 晨	孙艳梅	田 芳	邓 琪	杜 伟
	段华波	何 晴	袁 芳	齐亚超	陈 源	曹启明
	聂小琴	汪翠萍	单 耀	王云飞	刘 凤	刘增俊
2011	孙 韬	郑 蕾	李 森	周 昱	王圣惠	时孝磊
	任 雯	王惠敏	李鸿江	朱荣海	郭 光	胡 霜
	朱 洪	程 远	于艳卿	陈 坚	陈兆林	刘 嘉
	陈振贺	韩建军	杨宁宁	张 华	薛念涛	刘 爽
	张海凤	杨长河	李云涛	喻江涛	谢芳芳	王 情
	宋一之	高 磊	杨 萍	温军杰	李 剑	邢 薇
	黄 滔					
2012	冯 宇	肖 康	李天玉	徐康宁	师 雄	董丽华
	方 伟	郭建斌	彭 悦	郑明月	张 磊	戴国华
	李 朋	常化振	卜晓琳	林 甲	朱小彪	高 鹏

续表

年份	博士后名单					
2012	王海珠	邱翠翠	赵智聪	黄海	卜庆伟	张思玉
	邢丽楠	朱宁伟	许春华	许效天	邓美华	霍培书
	崇忠义	张立佩				
2013	陈婷	郝文升	梁军平	干里里	杨梅	李春颖
	刘慧杰	李俊儒	宋庆彬	王世亮	徐峰	祁光霞
	赖敏	于森	张绚	魏进超	李杰	王宁
	彭小红	李庆	于然	单桂娟	李帅杰	李永坤
	李伟	李江	付明亮			
2014	程远	常凤民	李彭	于森	胡纾寒	许颖
	薛瑞	江旭佳	张万辉	李晓霞	马磊	丁国玉
	刘欣超	彭悦	刘芳	姚小龙	马瑞雪	赵燊
	崔勇	常佳丽	徐扬	郑敏	洪思奇	曾现来
	李冰	白静	孙世昌	姜廷亮	林志荣	王羽
	司文哲	杨尚源	李敏	高源	张涛	李洁静
	刘晓吉	王波	周跃男	李文军	牛何晶英	王峰
	余超	屈智慧	周颖君	姚咏华	AWASTHI ABHISHEK KUMAR	
2015	栗越妍	马磊	贾奇博	杨朔	CAGNETTA GIOVANNI	
	于光林	王虎	曲力力	李志一	王程	张荷兰
	余忻	许言	俞博凡	徐秉声	许杨	任海霞
	樊慧菊	尹水娥	李凤娟	张笑千	张姣	巩文雯
	李伟	胡赟	吴清茹	刘晔	夏广森	李素梅
	张磊	王莹	张秋琴	刘慎坦	金正宇	王红妍
	陈正侠	聂海峰	朱彦	巫寅虎	向宁	王菁晗
	赵泉	孙浩	魏才健	刘阳	李源	黄广
	杨聪仁					
2016	尹鑫	陆梦楠	张英志	祁玉龙	柳珊	刘航
	赵梦欣	刘顿	何柳	姬国钏	王卓	罗莉涛
	展巨宏	瞿涵	郑轩	张平	盛益之	谭全银
	祁承都	王栋	蔡美全	徐恒	O CONNOR DAVID MARK	
	ALI NASIR	孙振丽	王启镖	李兵	甘丽娜	
	许晓芳	吴剑	刘睿	程昭	王东滨	杜兵
	司文哲	侯晓姝	邵昀明	杨桂明	吴潇萌	孙明星
	VAKILI MOHAMMADTAGHI				程烁	郑敏
2017	张梦	张晓昕	宋丹	卢睿卿	王驰中	齐玲
	邴吉帅	李东	吕学敏	狄贞珍	汪涵	刘晓
	何文妍	陈停	孟凡宾	彭贵龙	余慧容	肖翠翠
	宫徽	槐衍森	秦伟	高帅	吴俊学	袁英
	耿超	魏雨泉	张海亚	陈平	孔朝阳	刘芳
	朱先征	李顿	张惠玉	张天元	颉亚玮	邹权
	田兆雪	KHAN RASHID		王军静	王旭	徐睿
	郑凯方	王纯	王婧瑶	刘祥	庄明浩	赵云云

续表

年份	博士后名单					
2017	田 娣	姚仁达	王亚玲	马 强	洪小伟	邱雄辉
	刘 海	李艳丹	李 扬	王 刚	秦文韬	王佳佳
	张 宇	李佳澄	胡咏君	吴 嵮	周 川	张中华
	林民松	李 贞	李 超			
2018	李 靖	徐熙焱	赵红涛	魏卡佳	刘东辉	范怡然
	史沛丽	田光亮	贾 慧	祝 捷	蔡健明	刘芹芹
	董硕勋	于淑艳	张依真	张语克	RAJA MUHAMMAD AFZAL	
	薛金玲	李 贇	曹晓峰	葛汝冰	刘 刚	敖秀玮
	王 芳	王文龙	张 冰	刘风雷	曹潇元	于 恒
	张海旭	赵红艳	赵肖玲	邓红梅	郭 雪	李 坤
	宋伟泽	吴晓娜	张海玲	张 莹	王蓦然	范 驰
	罗 帅	王天志	范玉燕	刘兰华	仇 稳	王春艳
	杨 蕾	李 甍	杨珏婕	刘 康	苗秋慈	刀国华
	赵 频	於孝牛	许 岩	金乃夫	刘继伟	王 栋
	程 澄	王亚俊	王 慧	袁闪闪	杨世鹏	于洪伟
	曹知平	李 群	刘 俊	赵 学		
2019	李伟平	肖清扬	焦银山	彭 猛	杨本涛	陈 超
	臧永歌	朱雪涛	林子雨	陈 程	宋广清	张万众
	张 琪	潘欣荣	孙乾予	SAHU SHOVAN KUMAR		王 博
	刘 琴	李国良	李 雪	赵 亮	秦志峰	单丹娜
	张玉博	王 雅	杨一图	蔡思翔	王乐云	张 弦
	徐同舟	刘广鑫	王清威	陈文会	胡婷霞	韩德明
	王 超	侯仁杰	张国斌	程 敏	秦成新	王 舒
	别鹏举	宋文哲	翟明洋	尹春阳	李 哲	李骐安
	余 倩	刘 敏	代天娇	崔璐璐	马 琳	曹利锋
	陈公达	刘晓庆	陈志钢	郭效琛	薛 松	张明凯
	李睿堃	陈 燕	陆文涛	龚小强	沈毅成	李晓峰
	展巨宏					
2020	郑琬琳	尹海波	武京伟	吴启龙	陈根强	高 群
	穆 青	郭含文	刘 越	邢 鑫	徐国畅	银 洲
	李晓晓	王 旭	路则栋	徐常青	张亚妮	门 聪
	李 彦	常 兴	宋可颖	李尚燚	陈 瑀	苗时雨
	杜玉凤	李菲菲	高 静	宋萌珠	郭 杨	杨 波
	何立强	宋子健	黄 南	程彬海	张 浩	崔佳莹
	董 骞	兰 天	赵文娟	何运娟	周 媛	王欣梓
	王思琦	周合喜	许 琪	郭文瑞	彭思伟	陈春璺
	董硕勋	黄文博	王 男	胡胜超	刘 菲	罗 娟
	王 颖	向 升	闫俊辰	何传书	孟 尧	屈永帅
	邹相昀	周 啸	房 阔	金学坤	韩亚萌	杨 昆
	沈 娜	林韦翰				

年份	博士后名单					
2021	刘璧铭	陈蓉	张南南	杨宇	孙万龙	游毓婷
	马涛	陈青柏	陈宇驰	王名威	王震	成漫丽
	冀泽华	周琪	张淑平	张凯凯	张作涛	张唯
	蔡璐	陈诗	任亚楠	胡莹	唐岩岩	郑昊天
	陈思远	张燕羽	郭加汛	刘洋	刘开云	李继云
	张倩	吴厚凯	杨光	廖云杰	詹国雄	侯宇
	付永	狄子琛	刘贵贤	陈琴琴	高达	段丽杰
	闫柳	张盛	徐婷	熊杰	吕兆丰	吴以朋
	赵婧	刘兴昕	曾谦	浮历沛	周娟	冯谦
	李守娟					
2022	穆红梅	谢炎锴	王倩倩	陈湛	陈抒炀	张潇月
	安肇锦	CHUNG JANE	刘立	杨晴	范晓露	
	刘名杨	张斯宇	张骏彧	赵彬	孙雪妍	刘菲
	张威力	窦薛楷	薛雅内	廉法钦	杨洋	周宇建
	侯姣姣	苏志国	朱晓	余嘉栋	敖文雅	何逸聪
	温轶凡	于慧	闫晗	邓佳玉	袁兴	王魁
	张倬玮	季媛	邢磊	边继踊	BHATTARAI NOSHAN	
	郭静	戚祥	张妮妮	谢永顺	吕昊东	王慧
	林炜琛	高亚伟	刘紫微	于豹	苗芳芳	杜洪彪
	董梦琦	边少卿	郭豪	沈忱	彭鑫	廖安然
	白雨鑫	郭静	黄杨瑞	苏明垒	王俊博	张逸博
	齐剑川	唐英才	董赵鑫	刘洋	吴帅	白昱
	徐兴坤	傅晨玲	郭驭	余春瑰	赵天健	李恺
	李浩然	刘佳琳	李瑞杰	孙铜	阿依古丽·买买提	
	刘志	何源	张茗发	孔祥蕊		
2023	MIAN MD MANIK		樊秦亚	牟小颖	高桦楠	王玥玮
	米金星	邢佳颖	SUCHARITAKUL PHUPING		万诗羽	张慧翼
	梁扬扬	张聪聪	陈琳	纪文涛	刘知远	田雅婕
	高语晨	邓佳	靳书贺	陈楚楚	张茜雯	吴昊
	MOISES U. A. GOMEZ SOTO		郭冠呈	王天玉	常慧敏	李博
	韩科学	刘洋	陈岩	王玉	任慕华	杨培珍
	赵树杰	张朔	盛烜	李公博	谌宇	侯琮语
	黄财德	郑佳琳	张良静	曹俊豪	李竣	隆云鹏
	赵凯	李睿康	马铭晨	张丽萍	吴菁	晏垚
	贾体沛	解千里	李朝君	韩乃鹏	张艳艳	秦泽敏
	卞艳红	HAM CECILE MARIE ERNESTINE		崔景娜	于思维	
	宋丹	李小裕	王启航	李一凡	寇欣	张志勇
	夏立超	俞果	何坚坚	何海洋	高一凡	孙波
	王睿	王芬芬	张润草	丛玮	司一珂	徐云强
	宫曼莉	姚文婷	穆延非	李佳幸	夏腾	李丹丹

续表

年份	博士后名单					
2023	张海龙	杨航	孙召建	蔡慧	王雪雪	杨亚静
	王贤杰	廖子元	刘会东	李东辉	张莹	王男
	莫胜鹏	张家玮	张芬芬	王延青	张雅欣	

注：数据截至 2023 年年底。

附录8 清华大学环境系/学院培养本科生名单

年　　份	专　　业	本科毕业生名单					
1982	环境工程	付婉霞	谢映霞	武嘉文	苏欣捷	杜式章	王争鸣	褚凌凌
		于　彤	陈　捷	杨于京	王　琪	郭立坤	陈　循	吕　林
		金　实	顾　平	周延亭	周敏敏	赵睿琛	张荣昌	王小兰
		李大宏	虞旅新	施汉昌	张　玖	郊燕秋	黎一林	刘　玫
		何致平	严树红	樊耀波	徐建杰	王玉林	刘晓沙	秦宵黎
1984	环境工程	边　瑛	朱燕民	王国华	李　艺	徐卫宁	张奇英	耿艳楼
		梁永明	寇　文	廉建强	孟　莹	涂小光	方自力	廖锦荣
		林　方	童　昶	王莉明	李振瑜	魏延秋	田淑艳	周苏平
		柳根勇	王　恺	刘好冰	高　延	虞奋扬	耿土锁	周小刚
		曹小丹	赵宏伟	刘　捷	李　文	刘秋生	范学纲	贾　川
		孟俊娥	邹　骥	孙世谦	朱东尉	李虎增	梁　朝	王小律
		王　凯	叶　宏	冯愚斌	吴　涛	卜天琪	邬坚平	周德志
		孙英戈	孙建伟	刘希波	陈　坚	罗　吉	黄　鹤	朱　铭
		戴慧敏	李嘉正	胡将军				
1985	环境工程	费晓贤	张庆杰	刘　强	张　莉	孙　毅	崔　研	闫　峰
		李立羽	程　威	吴　卓	徐惠杰	王　毅	俞　扬	张　旭
		王宁宁	刘志明	吴学龙	黄河清	钱　松	张所明	廖志民
		郑向阳	任　志	徐袁春	王　飚	张鸿涛	黄文清	陈绍林
		单明军	贺克斌	张志斌	王永红	石凤朝	刘巍荣	杨燕华
		张　昕	韩文燕	刘忠让	黑国翔	王志军	陈　明	崔大鹏
		许国栋	王维棣	麦建波	韦葵子	徐富春	钟亦明	王富林
		柯建东	胡敏华	殷志成	方春芽	林　超	李亚东	乔　蓬
		朱应东	刘勇军	胡松楠	范学钢			
1986	环境工程	陈　兵	白兰石	刘树华	高正琦	王金南	和树庄	胡维清
		李克柔	张　敏	陈茂云	钱　坤	沈　琛	田光辉	黄小璞
		沈毅君	邸凯迎	李艳华	朱学庆	陈世涌	付　勇	魏廉覠
		刘洪彬	王正平	林　俊	张子云	李晓岩	陆永兴	王树岩
		董志淼	鞠　磊	杜　艳	李　光	朴红月	王　樑	曹　文
		周学军	董兆力	宋文波	王正明	吴浔仁	杨　澎	叶　青
		程建华	谭小铤	王　琦	张　平	袁伟波	林家冰	张德明
		杨津湘	陈吉宁	李成麟	徐水明	魏连青	周建鹏	潘建明
		朱　红	丁　凡	张连峰	张金松			

年　份	专　业	本科毕业生名单						
1987	环境工程	李颖华	武卫东	张仲懿	韦红光	陈朝东	吴智辉	陈东星
		巫曼曼	刘爱灵	郑　宇	郭淑红	田长安	陈文明	李明宇
		金　蔚	王　静	钟海东	崔秀杰	袁　方	翟由涛	吴华明
		张　全	李国章	陈克谙	赵洪望	杨朝东	史江红	靳志军
		苗　鸿	戴学军	刘　戎	刘　翔	张　伟	潘雁涛	张志军
		曾维华	胡　清	陈晓君	杨延捷	王　蕾	吴　江	唐　一
		蒋　勇	王少林	游建琼	姚　崛	王世汶	赵　纯	杜宇国
		石映祎	龙沛湘	曾国清	夏志祥	祝肖安	张晓光	肖忠伟
		顾思海	钟晓红	赵群英	周　荣	文宝忠	蔡　凌	王　静
1988	环境工程	刘　旭	刘贤斌	刘　弘	李　凌	张鸿武	张博茜	陈　红
		陈春元	陈吕军	赵凌青	孙　庆	孙德卿	叶　镇	叶　民
		吴　兴	吴丽梅	何　永	蒋宇红	周　沁	年跃刚	谢玉真
		宋　克	宋新军	姚志全	范晓军	杨　力	丁　琼	朱明扬
		高小萍	唐　鐘	郑柏林	刘劲松	刘巧丽	李树奇	张　阳
		张　艰	张　轩	卢晓清	詹迎辉	田庆海	冯立平	于大平
		于　珊	马永亮	范占凯	滕冬红	黄新菊	金勤献	程春满
		程丽芬	林　源	邢永杰	吴　勇	邹　杰	苏保林	樊鸿涛
		周康群	毕树涛					
1989	环境工程	鲍音邦	过　霖	管德存	李　静	寇　健	邹　卉	刘培红
		朱宇红	陈维敏	姚贵安	李延杰	程鹏远	邹国强	马桂花
		孙晓文	阮明川	施　涵	吴清平	吕　青	王丽娜	王永彤
		刘朝阳	黄伏根	李江枫	廖红雷	宋　兵	刘　燕	陈振选
		刘　玖	路　锋	马卫国	孙瑞征	黄　薇	焦春燕	宋　阳
		陈　为	张连毅	成　果	王庆丰	李力烆	周宇骐	王景堂
		王立章	陈　磊	王宝臣	杨雅娟	张辉明	王寿根	王　蒙
		金维刚	张　浩	涂方祥	郑　莹	周　丹	赵永昌	陈华黔
		梁　兵	江洪深	李中和	李玉林			
1990	环境工程	霍　迅	凌　雯	孙占民	刘颖欢	姚　进	张南平	刘自敏
		黄远云	田　英	叶维根	周国梅	张　晔	何　明	林　巍
		韦永平	张光彩	彭　昊	魏　军	万年红	郑明水	陈　新
		方秀珍	卢贤飞	李重华	韩星北	王劲松	孙立新	王　华
		王凤芹	黄　强	李　东	杨　力	王　京	张　岷	钱　杰
		张　彤	阎　魁	谈　欣	卢立新	吴斌红	夏兰生	宁　松
		鱼养存	孟红明	谢　容	杨　冰	李谭治	陈燕波	李武全
		周　宏	郑晓骐	吴晓磊	李　清	姜　虹	张坚伟	刘　革
		李兴春	张晓蕾	陈岩峰	张秀蓉	阚莉红	和跃琼	莫家任
		赵英杰						
1991	环境工程	郭　欣	农海萍	雷晓玲	李　红	伍向东	李绍泉	左剑恶
		江昌贵	刘　青	刘志杰	王忠冈	曹红文	张　俊	周晓红
		葛　旭	李　鹏	张建中	吴恩宏	韩大为	王晶晶	赵宇明

清华时间简史：环境学院

续表

年　份	专　业	本科毕业生名单						
1991	环境工程	段向群	付大川	徐　哲	赵建公	马　敏	孙　宁	王勇军
		黄立峰	王　珏	周　勇	戴伟平	吕智茹	高伟杰	朱伟庆
		胡江泳	陈为武	孙胜华	张建民	曲丽华	徐卫东	李文斌
		吴文坚	戴　宇	周新宇	王俊杰	龙　军	耿作红	邢晋武
		刘春华	尹　明	匡　杰	刘文军	夏晓红	郭东军	温东辉
		盛　贺	张　琳	刘寅青				
1992	环境工程	殷　彤	吕　斌	洪　江	徐浩宇	郭京晖	傅　强	高　洁
		张国夫	张　漪	李国军	刘青岩	汪国强	娄少畏	周吉全
		崔鹏伟	李春光	刘春华	严祖军	朱　晟	王莉莉	王雁晖
		祝志荣	张喜悦	高陆令	童　鹏	张健君	翁绍扬	李金城
		唐　刚	陈和雄	赵凤霞	吕鸣鸣	俞　军	刘　忠	张学军
		汪诚文	许　蔚	吕建伟	薛　彤	杨艳茹	林金海	张广裕
		罗晓鸿	汤晓帆	王　沛	侯　盾	谢　迁	陈文颖	谢　华
		吴　琨	赵　宇	吴　兵	龙　兴	刘毅斌	李　高	唐克辉
		胡　滨	胡贵平	李　静	黄　宇	邱延峰	谭聂雄	李文斌
1993	环境工程	陈　彤	齐兴育	陈　戈	张　朔	郭毅刚	陶燕琳	郑宗勇
		马　力	张　颢	戴少艾	郭京菲	王　韬	赵志龙	范　勇
		王桂莲	陈昌笋	安万忠	陈　斌	钟辉红	杨海松	王　宪
		杨勉军	卢旭阳	马颖建	李　瑜	李汉斌	桂　萍	雍　宇
		唐荣书	古中春	钟　焕	张　晓	王　敏	蒋　斌	袁　媛
		赵　勤	王海晶	王亚军	杜鹏飞	高劲松	邵忠伟	尹凤花
		何　涛	王正达	蒋建国	胡国平	李长庆	陈文雄	林　杉
		李　强	孙晓莉	赵　斌	柯细勇	唐　芸	何明斌	李文广
		高　朗	袁　桅	童　玫	曹崖峰			
1994	环境工程	王　彤	贾庚生	鲁宇丹	穆　兰	梁　伟	孙丽军	卢　醒
		吕越峰	陈百洋	宋立奇	高立生	何大江	蔡德忠	安　鹏
		袁　琳	吴冰艳	鲍　晖	苏诚艺	温　瑛	丁德宇	塞兴超
		谭　辉	黄闰东	李　炜	唐　军	黄正策	尹寒卉	张静陶
		成　军	刘剑峰	张建宇	方　涛	刘　勇	杨　军	姚　政
		赵印涛	刘金梅	陈俊清	符　雁	李宏勇	冀小元	刘　珂
		谢　卫	刘正雄	唐春林	王　涛	李　铁	王秀川	郑安平
		卢晓红	殷康前	俞建中	戴远明	何东全	王贵春	管运涛
1995	环境工程	胥晓瑜	陈　励	班　斑	史　明	刘云剑	赵　璇	徐　华
		李铭哲	赵胤慧	迟长涛	沈　红	赵春华	施建刚	许　洁
		占新民	陈勇清	郑方镳	况　昶	赵　磊	孙玉玲	陈为武
		匡胜利	李　科	丁　立	徐　瑾	杨志山	冯桂全	何燕飞
		刘彦珠	雷　莉	杜延学	崔永利	程　涛	高　胄	林　东
		王宝军	曾思育	范　浩	刘晓玲	方明成	林　曦	蔡秀环
		马志强	姚立军	陈维芳	尚　风	邱银洲	汪德宏	黄秋斌
		单　军	卢英平	何凤黔	杨淑芳	戴龙文	郑培桂	李海平
		陈　勇	赵翔龙	李琪琳	王　爽	李雨松	周　明	

418

续表

年　份	专　业	本科毕业生名单						
1996	环境工程	徐　皓	徐　红	张　沂	程　燕	甄晓玥	王立群	魏铁军
		宋燕光	刘　锐	刘　斌	陶　华	戴小珺	黄　晖	周　荣
		曹丽云	林朝晖	金　珊	余　琦	杨艳辉	孙　荃	高　冰
		雷秀冬	金　彪	邓远翔	吴禄青	许盈盈	陈　刚	付姗姗
		蒲文鹏	刘富强	李　丹	谢　民	杜晓明	孙宏芳	王雪纯
		王　浩	仝贵婵	于　靖	崔东海	曹莉莉	杨　巍	黄跃飞
		唐桂刚	徐　英	吴漫雪	方　圆	盛　飞	于爱敏	穆　青
		袁良永	龙凌宇	刘　艳	陈北平	石　磊	段　雷	黄晓红
		侯继雄	何雪炀	吴　震	黄靖宇	邹帅文		
1997	环境工程	傅　宁	李　晟	常　诚	张　伟	陈明杰	刘凌云	刘思燕
		叶雪梅	赵郁超	吴　俊	邓迎芳	朱怡芳	金　戈	王子文
		郑　军	金银淑	陈中颖	王　坚	姚立群	郑　斌	石小峰
		许姗玉	李福志	李立清	宾月景	李承强	孙　欣	杜　毅
		吴　静	郑建华	陈利娟	徐洁萍	傅　鑫	刘光胜	刘　阳
		陈　阳	苏　京	唐伟平	尹志山	周　莹	陈　浩	于正丰
		孟耀斌	齐　星	李迎霞	刘纯新	徐文东	刘德广	许　兴
		李　姮	成徐州	皮运正	邵　平	甘　平	陈异晖	李安安
		白宇波	莫　罹					
1998	环境工程	李　霞	沈承越	肖　洋	胡雪涛	张　森	韩　飞	杜　可
		张　雷	张虎森	李俊峰	李　爽	蔡冬鸣	冯叶成	金宜英
		王世场	钟定胜	陈仕华	王　璟	翟艳云	石振清	李　威
		吴虹飞	孙　晖	陈　颖	赵　伟	范加荣	金　鹏	赵金福
		陆　晨	谢　华	张　羽	安丁丁	付　雷	牛爱香	赵　刚
		姜　巍	韩英健	那崇峥	刘继敏	尚宝地	王　彬	顾桂松
		龚　鹏	吴　烨	邹启贤	罗　剑	张丽萍	田　健	张　博
		骆武山	王　灿	郑　尧	唐红萍	陈　强	黄曦蜀	王玉珏
		胡志慧	张苗苗					
1999	环境工程	应高祥	郑　元	曲莺歌	刘　涛	邓　洁	马　峥	孟　伟
		张　岚	蒋　鹏	邢　奕	田　地	童　锦	陈海英	史　桢
		金志刚	李　晗	刘　芳	单俊红	陈建峰	邹　冰	洪　蕾
		谢　震	郑晓宇	白松涛	刘　毅	曹奇永	刘　恒	闫文成
		王进军	刘悦强	魏欣雨	赵春水	陈　清	苏　飞	刘若鹏
		周岳薇	潘　纬	李永杰	华　帆	何虹娟	王小毛	胡远安
		杨宏伟	王　夏	朴英俊	周明艳	邱向阳	孙海涛	李源海
		张本龙	段应立	何芝江	张　凡	胡林林	龚　蕾	陈荔敏
		彭　勇	孙亚军	李继霞	李　恒	王亚娟	唐嘉平	周良华
		和　群						
	给水排水工程	林　缨	蒙爱红	李敬嫘				

年 份	专 业	本科毕业生名单						
2000	环境工程 （1995级）	李 昭	赵贵斌	朱昕昊	海 洋	胡家祥	冯 亮	王建平
		王海燕	赵岫章	李民胜	霍 红	孔令宇	朱旭峰	周如春
		王 浪	陈开平	宋 科	梁夫艳	刘志勇	欧阳军	盛宇红
		章卫华	陈卓全	陈海柳	梁 鹏	周 鲲	李 伟	吴 涤
		张 强	朱金明	李梅香	席劲瑛	王晓宁	刘 鹏	申 强
		褚俊英	张玉魁	曹永强	黄景峰	王桂华	韩文亚	周 健
		韩郁荣	王 波	温宗国	毕志清	吕秋丽	张克立	吕 杰
		邱 勇	王聿绚	黄鼎曦	罗燏翀	杨絮飞	钟丽锦	崔翔宇
		殷 勇	韩 洁	张 渤	闫 冰			
	环境工程 （1996级）	吴海平	孙元箭	武 桐	彭 辉	李向飞	吴盈禧	张鹤清
		萨茹拉	赵 颖	朱 焰	常 玉	陈大扬	曲志军	田 猛
		殷海宁	赵雪锋	徐一剑	胡京南	徐丽婕	朱 帅	张大伟
		孙庆贺	韩浩玉	谢 敏	李今丹	钟 阳	张杰远	李向全
		欧志丹	姜 山	吕萍萍	王 宏	陈春生	刘海静	张 雨
		左 宜	白 静	朱彦良	王 霞	李花子	应 琦	周浩晖
		黄 伟	张 强	陈晓维	钟燕敏	凌永生	齐超龙	张晓东
		张文心	朱晓华	廖胜开	付新苗	李 冬		
	给水排水工 程（1996级）	岳东北	龙 威	徐湛坤	龙 涛	班宏伟	孙友峰	
2001	环境工程	么 强	吴春旭	李 旭	王丽涛	赵 喆	卜庆杰	修天阳
		孟远航	袁文权	薛 军	丁 力	陈 敏	魏 杰	李寿辉
		郭 筠	郭 茹	夏 骏	周辉宇	郭沛源	苏 魏	肖立文
		杜 斌	焦 洋	何少梅	李 宁	郭清斌	马晓光	潘 韬
		王卫京	李翠珍	黄 河	党永光	黄得阳	吴金玲	方喜玲
		朱翠萍	刘远谋	褚文博	刘 锋	陈建军	沈 钢	宋保栋
		林然浩	肖晶华	任晓琳	黄 俊	盛建武	周 昱	任 宇
		杨 洋	万 晓	赵冬泉	韦 超			
2002	环境工程	朱玲侠	金 雪	方 千	赛 娜	卢 卓	王志超	王 波
		佟 磊	陈 嫣	孙 傅	裴 盈	池 兵	饶民华	宫 涛
		蒋靖坤	侯德义	黄榕德	雷 宇	张义安	杨 龙	刘兴宇
		罗 捷	侯 敏	邵 徽	梁金栋	张 彬	陈 静	刘 举
		王丽莎	李 欢	陈建华	张大奕	龙 瀛	阿庆兴	许 雯
		瞿伟洁	陆松柳	夏 洲	刘 洪	庄 玫	熊小平	陈亚明
		杨丽萍	王 泰	程玲琳	邓 舟	赵 婕	张 徽	左晨燕
		满晓宇	何安琪					
	给水排水 工程	沈 平	宋世阳					
2003	环境工程	温雨鑫	郦光梅	孙 昊	李建平	刘 静	钟 毅	李羊小
		高东峰	王 华	宁大亮	陈莉莉	玉千峰	邢子坤	朱洪博
		罗钰翔	王 冰	姚 薇	孟庆雨	杨渤京	华 婧	曹安达
		戴东娟	王 欢	李 林	杨永森	任 威	孙鹏程	王 玮

续表

年　份	专　业	本科毕业生名单						
2003	环境工程	张志超	刘艳臣	丁国玉	禹　果	向　辉	何炜琪	贾英韬
		张　颖	张　佳	赵　瑜	吴娜娜	徐　速	李　贺	闫丽珠
		王　悦	杨　颖	王　浩	陈向强	王兴润	郭　涛	徐　明
		常晓珺	陈雁菊	宋玉栋	覃　韬	王　冰	杨茂东	郭　权
		董　男	施　玮	方　磊	靳　强	傅慧静	吴伟伟	生　骏
		陈　乐	代　磊	程　荣	平　凡	李　栋	魏志强	刘志轩
		王剑秋	孙俊楠	李鑫玮	邹玉杰	赵　雷	张晓峰	周　奇
		刘　亮	郭洁菡	王　颖	汪晶毅	覃汉生	阎　非	蔡　冰
	给水排水工程	汪舒怡	朱洪涛	孙　韬	陈　蓉			
2004	环境工程	张　洋	王　洋	潘　虹	崔　磊	马艳秀	于宏旭	梁玉婷
		范　玺	主春杰	张　池	汪小琦	郑　龙	张　颖	张　文
		颜莹莹	崔龙涛	张　默	卢　佳	吴亚嫚	魏　炜	谭　辉
		曲力力	蔡震雪	郑叶青	范振兴	成　捷	倪福勋	马洪涛
		毕　海	黄　瑾	蔡　颖	叶　亮	许　鑫	张　妍	黄云峰
		杜志鹏	宋志远	赵振振	苏肇基	杜　娟	赵　岩	程向南
		高兴保	胡　颂	沈旻嘉	宋　萌	胡兰花	刘　敏	陈　丹
		刘　翔	刘　欢	张迪翰	董　欣	吕子峰	林　岩	姜　健
		李　佳	张　彤	谭　燕	周建勋	蒋　杰	肖　尧	姚慧颖
		古　新	范朝宇	尹　丕	刘　莉	郭　颖	王　娜	陈伟强
	给水排水工程	刘书宝	梁　军	倪达峰	柯　凡	邱毓雄	陈杭钧	曹效鑫
		徐昊旻	尹菁菁	李海滔	周晓燕	李雪婷	曾景海	邢　薇
		马　睿	赵　曦	沈　勇	郭美婷	杜　欣		
2005	环境工程	周建勋	鲁颐琼	才　华	赵晨曦	陈　珊	杨　泫	吴时要
		李京杰	张岩松	郑　蕾	门玉洁	卜德华	王昊阳	王　玺
		朱仕坤	尹叶丹	罗姣姣	许　可	石艳玲	胡从立	高　慧
		李艳虹	刘耕源	郝晓飞	沈童刚	金洪宇	李东博	郭　磊
		王　垚	张建伟	唐晓欢	邬　亮	王　熙	陈瑶晟	李　克
		杨　柳	王　帅	庞林华	李　佳	赵　楠	帅丹蒙	王　彬
		郭　斌	邵　辉	陈　波	余繁显	梁　熹	王　允	葛　健
		刘加恩	杜雪娟	陈　青	刘　喆	李　巍	万　晶	杜　讓
		杨宗雯	章真怡	张　薛	张晓敏	季一鸣	邓　栋	董　欣
		李　强	李舒渊	余少青	吴舒旭	杨　鑫	姚　远	黄重庆
		任志远	徐浩洋	卢　伟	贾燕南	林　鑫	鲁　获	李　超
		李　冬	李罡至	赵　晴	沙　涛	刘福东		
	给水排水工程	吴乾元	宋一之	赵琦峰	娄志颖	杨宁宁	蓝煜昕	冯卓妮
		楼　俞	郭　强	符　慧				
2006	环境工程	王蕴刚	杨安喆	张岳峰	吴博凯	李　鑫	王浩昌	马德浩
		唐　颖	朱俊明	戴威威	王刻文	赵钟楠	潘　巍	王　挺
		徐康宁	申利娜	聂艳波	王　娣	隋　倩	杜　渊	莫虹频
		岳皓峰	张　帆	张竞杰	王雅君	刘　哲	冯　沛	李小溪

续表

年 份	专 业	本科毕业生名单						
2006	环境工程	盛 巍	张志强	尹可清	高静思	范明志	王子东	金昌权
		应善之	潘 晨	梅 锐	战伟萍	马友梅	胡昌杰	王湘徽
		刘 隽	庄 芫	文 学	冯 嫣	张宏亮	彭丽娟	俞 快
		孙文婷	宋 珂	赵 盟	王霁欣	程 远	闫 芳	王 亭
		苟 锐	党 岩	邓 茜	罗 以	郭 飞	俞 皓	张楚莹
		邱玉琴	宁 涛	王 曦	辛 焰	黄浩华	林 慧	李 睿
		石魏方	李 灿	杨慧光	杨春霞			
	给水排水工程	董 鑫	郑超蕙	陈懋喆	邢 佳	刘佳伟	谢 兴	吴华勇
		肖 康	王 坚	王海超	吴洪斌	邱安顺	徐海宇	
2007	环境工程	宋 冉	曹鹏飞	杨姗姗	林 佳	朴雪松	李银姬	杨 艳
		张 磊	程文瀚	吕楠曦	胡 昕	马潇潇	逯慧杰	马安安
		张车琼	何思勤	麦文隽	羊倩仪	孙 梅	柏 航	高 蔚
		李 健	杨凌波	丁 亮	张 婧	任 昊	牟子申	梁 赛
		武娟妮	黄 徽	李佳璘	王晶晶	李 川	张秋明	吴 悦
		廖程浩	张玉云	郭 羽	林 甲	龚 浩	毛 颖	崔 岳
		马 帅	金丽燕	侯 韬	张 超	姚文龙	谢思煌	陈 静
		石丕星	王 姝	周颖君	陈 瀚	宋新元	邱月明	沈茹乔
		王兆苏	刘 晓	朴真炫(留学生)				
	给水排水工程	李 政	王逸贤	黄晶晶	马艳军	张 唱	于 超	胡 溪
		张英志	颜 欣	侯晨晨	张 扬	谢宇铭	俞 琳	成 洁
		孔 茜						
2008	环境工程	何纪龙	马萧萧	李志一	周 妍	喻峥嵘	卢 欣	唐 嘉
		祁光霞	许玉兰	丁 昶	金 菁	石海佳	谭琦璐	王 锐
		毛紫薇	戴 宁	白 瑶	左 川	何 襄	郭敏晓	许乃中
		勾 博	吴 迪	赵 倩	刘世杰	黄 璜	楚碧武	徐千惠
		齐 瑶	莫颖慧	凌方穹	周艺莹	张 晶	王 琳	朱牟霖
		韦 艳	赵 欣	杨世辉	姚 远	秦 凌	罗思平	静 贺
		杨 臻	陈雨乔	李东玲	孙 鹏	藕启胜	黎 攀	徐 科
		高 策	袁 忻	王仁虎	司宝欣	陈晋端	刘 通	朱 琪
		吴运敏	刘鹤年	于庭泽	高京伟	贾 莹	马 捷	王斯文
		张 芳	施亚栋	丁淑芳	宋少洁	彭 琳	张宇宁	蔡欧晨
		林朋飞	杨若冰	祝 捷	朱凌波	张婧婧	陶 婕	严珩菁
		董 亮	钱郑诚	罗同顺(留学生)				
	给水排水工程	薛文超	刘一平	陈 超	林 卉	赵洋洋	王景元	
2009	环境工程	沈 磊	李梦倩	陈 坦	王 琦	王 迎	叶 彬	齐 静
		周洁婷	余 忻	文怡然	王 涛	崔 如	陈 墨	蒋莫菡
		唐 鑫	常晶宇	李晓玲	唐小晴	李清慧	徐石城	窦红颖
		吴晓阳	刘晓宇	温保印	张少君	贾 芳	汪 宁	杨 晟
		沈雨佳	衷 楠	施云春	杜祯宇	王 斌	胡江川	周启勖
		黄旻旻	段晓笛	曹 琳	郑晓晖	聂雪彪	李木子	王 龙

续表

年份	专业	本科毕业生名单						
2009	环境工程	殷闻	张维晨	姜传佳	王佳	王康	王青	谢丹
		马逢蕾	庄原发	张亚	王凯楠	白滨	杨正东	夏雪
		杨聪	戴耘	郭覃硕	龚思维	黄悦	郑飞	陈奕名
		张艳琦	崔在恩（留学生）		吴恩慧（留学生）			
	给水排水工程	李立明	朱丹丹	高清湍	裴爱东	桑永伟	马艳清	徐苏士
		刘静	谷风	沈悦啸	陈敏			
2010	环境工程	谢弘臻	张斌	吴潇萌	刘峰林	甘宇	郑琦	汪旭颖
		周远洁	王首都	叶萌	赵琪	林琳	赵晨	汪用志
		张杨悦	董文煊	修晓萌	陈丰	郭鑫	刘寒	米子龙
		何逸群	梅硕	郝思文	文承龙	张倩倩	李琳	赵斌
		邝江濛	余龙全	苏妍秋	谢帮蜜	肖叶	刘通浩	苏昕
		徐光仪	谢毅君	唐好	晏钰	陈粹粹	任晶晶	俞妍
		范晓晨	李东	刁周玮	韩冰	秦闻	李明威	倪雪琳
		张玉平	赵艺璇	王东滨	黄涛	吴清茹	张玉静	束嘉威
		汤文健	蒋剑凯	胡迪	李翠萍	叶敏华	陈颖	张瑞琪
		钱晨	刘西多	阿丽娅·阿迪力				
	给排水科学与工程	严晗	郝天	汤芳	瞿露	余云飞	丁凤芳	张喻
		谢淘	曾如婷	翟善龙	陈熹	陈淘欢	李玉钦	张烽
		庄子威	郭亚楠	母磊	胡曼	魏彬		
2011	环境工程	徐小敏	柴立宝	袁梦婷	田思聪	张空谷	韩琪畴	陈光
		钟欣瑞	惠小芸	郑博	张博	包凯凯	肖达成	马一玮
		梁识栋	李铮	杨萌青	黄达	曾臻	刘琳娜	翟显之
		张雪莹	于雪崴	张一帆	耿冠楠	俞萍锋	罗园	柯杭
		张俏影	郑光洁	舒圆媛	彭来	刘龙	李佳琦	梁晓健
		孙剑宇	叶竹筠	朱树峰	李媛	刘天嵩	万里扬	陈润
		付晓	李靖	关英龙	李梦露	苏源	周星婷	王子钊
		翟鑫鑫	徐晖	谭全银	黄勇	张远澄	王斯文	葛羽锡
		赵雪飞	孟佳	杨源	李然	黄海伟	高云龙	王沫
		谢易霖	许德鹏	孙天叶	欧阳忱忱	朱彧	吕佳辰	
	给排水科学与工程	孟尧	庞宇辰	杨海	王凤阳	谭古今	赵健	滕飞龙
		肖赛	朱维	王涛	刘聪	王小雪		
2012	环境工程	蔡宝满	杨晓宇	黄夕春	南洋	杜钰	宁雄	柯文伟
		张倩	吕宝磊	胡月	汪俊	何银山	黄洁馨	俞敏
		黄心锐	王佳明	黄韵清	鲍晨骏	毛瑞琪	刘雪凌	周慧
		吴羽	田恒	孙昊天	李杨	戴春燕	郑括	何正旭
		黄黛诗	张驰	杨天	史文博	洪朝鹏	周伟	陈靓
		余祎	邬慧婷	朱迪	车晗	谢延骅	黄睿昆	向熙
		吴林蔚	张丽捷	高桑妮	王晓翔	原佩琪	周丹	李晴
		方舟	路平	邹素瑶	彭博	王元佳	乌吉丹阿不力克木·牙森	

续表

年份	专业	本科毕业生名单						
2012	环境工程	黄玮翔(留学生)		李惠知(留学生)		孟京美(留学生)		
		张露霞(留学生)						
	给排水科学与工程	郭秋萍	彭雨薇	伍金伟	王雅娇	常吟琳	海日汉	李士翔
		范仲	杨晓帆	王晓璐	叶向阳	张首驰	龙翔	张博
		马庆华	侯雷	尹倩	龙晓东	赵洁	张丹	云昀
		黄泳锋	刘翼飞	庄林岚	鞠传伦	丁一	戚圣琦	杨宁
		岳淏伟	江永楷	孙硕	张奕辰	杨超	杨婷	朱剑锋
		尤鑫	张麒麟					
2013	环境工程	蒋昊驰	樊筱筱	张屹	潘正道	孟璐	朱雨师	范颖
		聂瑶	温柔	李川竹	惠婧璇	黄森辰	张家曦	郭豪
		吕晓佟	黄心禹	彭帆	王丛	满婧雯	华阳	蔡晶晶
		赵世梁	李梦琳	何晓旖	田亦颉	张怡悦	周子涵	蔡稼翔
		付侃	杨亚洁	童颂旸	李亦欣	闪硕	蔡思翌	李湘君
		董理腾	宋哈楠	张昊巍	程芳芳	魏静雅	孙宇驰	张金山
		郑安山	张晨	刘梦圆	颜枫	韦丹	刘俊	王奕赛
		杨曼达	丁晗	麦仲俊	张杰	杨柳含子	欧阳玥莹	
		杨敏资(留学生)		黄志修(留学生)		闵程基(留学生)		
	给排水科学与工程	朱李强	徐双	宋哲华	张梅杰	程珣	付文斯	周晗
		郑乔舒	吴玉超	魏志谋	许雪乔	张镝	连宋剑	王建森
		谢鹏程	费凡	周涛	李曼	张天	宗梦琪	刘作亚
		李莉	陈行果	吴悦	唐昕			
2014	环境工程	李佳育	赵玥	谢佳妮	童静	胡媛媛	李抒苡	刘雨桐
		张卓然	何娅	曹雅楠	邓理睿	朱泽麒	付浩	刘昀
		李天然	陈天一	胡冰吟	张旭澜	吴迪	王舒	赵艳妮
		蒲长城	孙振轩	桂超	李抗	崔伯铭	吴文景	黄天博
		黄南	郭淇	陆瑶	王佳鑫	唐文新	常兴	王聪
		蔡润龙	周焱雯	孟萍萍	邵梦殊	王美岚	付蜀杰	朱佳迪
		韦思嘉	樊湖波	高韵扬	徐素素	吴晛	皮熙东	邓华元
		徐娥荣(留学生)		曹炯准(留学生)		姜汉喻(留学生)		
	给排水科学与工程	牛天林	郭香麟	迟彤	徐必	冯彤	曹文静	徐如栗
		郭扬	谢昌益	张文婷	魏桢	张哲	郭田粟	丛逸
		刘旼旼	刘合泽	寇兆宇	周奎宇	左昊	王广春	张泽宸
		许阳宇	闫威卓	王蕖				
2015	环境工程	郑艺	袁伟	叶子	周灿炜	孙源梓	朱慧青	李德安
		温典	赵康乾	刘枢桐	瞿强勇	王芊樾	高旭华	张宇轩
		陆玉立	陈小彤	张博文	葛雨薇	王睿	张琦	任亚楠
		聂芝洁	张雨薇	叶思齐	郭家良	张丰友	李嘉昕	李树莹
		胥紫宸	杨道源	宋浩森	唐兴帆	宁婷	李越	刘玉红
		龙华江	吴致轩	姜盛瑶	孙冬雅	宋盈盈	周薛琛	毛旭辉
		曾亚妮	林伟仁(留学生)		黄菁娇(留学生)		林中天(留学生)	
		刘志奇(留学生)						

续表

年　份	专　业	本科毕业生名单						
2015	给排水科学与工程	张明武	乔　杨	王　旭	尹丽丹	周天航	肖　垚	李梦晨
		王运宏	于　悦	谢嘉琪	朱启运	许庆成	刘彦伶	刘　涛
		刘　莹	陈家盈	高琰昕	方品晟	程　磊		
	环境工程（国际）	邝绮颖	张　辰	王文君	王　畅	雷　磊	黄　海	成　辉
		雷丹婧	张诗卉					
2016	环境工程	郑　界	于书尧	顾梦琪	孟至航	邝君妍	梁馨予	陈柚光
		卓昊然	李培林	姜　苏	王　彤	周如舸	牛力敏	蔡丹阳
		卿　野	宗天华	陈　磊	王之琦	李智明	蒋乐嘉	罗彬萍
		赵之德	包培含	于勤睿	殷树一	冯　晨	盖　聪	张旭东
		刘嘉倩	李天魁	何鑫圣	张子骄	樊思维	崔羽佳	李艾阳
		付甜甜	徐一雯	张坤阳	徐智伟	傅月芸	康若熙	高语晨
		石　淦	蒋　鹏	雷木穗子	李敏用（留学生）		吴宰旭（留学生）	
	给排水科学与工程	邓文婷	崔欣欣	杨　梦	杨　阳	潘俊豪	张　驰	吕子欣
		黄　景	薛　墨	薛博儒	徐　特	沈　欣	王　倩	刘赋斌
		姜婧婧	陈博贤	张苡源	周　妮	童　心	刘小婉	何　煦
		庞晓斯	姚　越	马　晔	武　睿			
	环境工程（国际）	叶子云	吴彦君	刘　曼	吴子扬	李亚青	曾子章	张晨翀
		赵一冰	胡竞湖	张宇涵				
2017	环境工程	王全达	白维亮	任菡玮	李晓旋	王科朴	张梦洁	黄雨波
		许肖尹	王　浩	詹栩怡	杨　航	胡若兰	赵光琪	吕东明
		谢　天	郑嘉诺	王芷筠	陈苏铭	陆晓晗	吴欣尔	聂馨宇
		宋广超	张旅欧	王奕涵	黄啸枫	向虹霖	张　瑾	荣　易
		钱煜坤	刘　松	石楚阳	崔　琦	任韵如	赵天宁	貊星宇
		林炜琛	柯飘飘	游罗丹	白　苑	吴汶钊	张燕妮	东　东
		高一凡	姜　葵	赵浩然	马　赫	付博亚	王韧骋	张敬然
		温轶凡	赵书畅	朱胜波	阿曼角·巴黑多拉		林瑀璇（留学生）	
		朱润泽（留学生）		陈兆佳（留学生）		陈锦玲（留学生）		
		郑惠恩（留学生）		文孝珍（留学生）		袁嘉颖（留学生）		
		李少咏（留学生）						
	给排水科学与工程	胡钰雪	孟祥廷	岳慧慧	何纳轮	李妍菁	郁倩倩	徐一帆
		施匡围						
	环境工程（国际）	陈艺丹	赵方媛	舒彦博	周天慧	魏　凡	林楚佩	张心怡
		杜　真	黄思澄	张大臻	江心悦	钟兆喆	王雨洲	苗雨菲
		柏瑞乔	郭　悦	杜馨茗	朱秦汉			
2018	环境工程	龙思衡	颜　锴	赵堉钧	吴宇辰	傅岱石	陈翔浩	李宇舫
		李梦恬	陈舒宁	柯若娴	余金兰	张　享	刘阳泽	刘雅馨
		王　放	冷林源	马燕婷	周可人	李连欣	董　恒	王雨菡
		李　毓	朱宸雨	冯　旭	秦艳玲	尹志航	郑曦晔	姜越琪
		邬真弘	陈苏畅	熊晨昕	罗立炜	文思敏	孙璘钊	马紫清
		徐文馨	李炫儒	黄小芸	李先锋	方晓露	马成龙	孙铭壮
		王寅佳	张憧宇	翟　慧	陈彦妃	李卿禾	陈　磊	马振宇

续表

年　份	专　业	本科毕业生名单						
2018	环境工程	阮梓纹	王涵	郭海礁	何沛生	吴玥	黄欣玥	邵婉婷
		邝耀濠	范涵露	洛嘎	王韵杰	孙俊卿	尚奕萱	储灵芝
		朱茜	王一茗	赵律童	刘以明	刘怡敏	徐郑皞	扎西德吉
		祖丽德孜	艾丽娅(留学生)		崔民植(留学生)		陈浩腾(留学生)	
		胡外外(留学生)		杨智伟(留学生)		刘廷生(留学生)		
	给排水科学与工程	侯坤琦	王黎声	邹书娟				
	环境工程(全球环境国际班)	王哲	于海晴	张斌	陈迪	李泽浩	沈凡荻	李越
		郭盛杰	蒋奕绮	潘丽晖	魏春玥	樊依纯	时光	黄钰乔
		张隽瑀						
2019	环境工程	赵佩芝	孔皞龙	孙敬源	李怡然	陈沐含	张一麟	贺聪慧
		李晋	刘星辰	李雨阳	陈琦杰	王璐瑶	马若云	王虎变
		李可	陶立言	夏露峰	田拓	李阳	赵岫	刘巍
		丛闫	梁乘瑞	李琪	陈柳芮	吴富华	叶菡韵	王琦
		李志彬	任露	王轶冬	刘梦哲	张定余	曹逸宁	杜柔佳
		施琦	陈嘉乐	姜晋越	郾丹阳	孔瀚生	冯昱人	庞睿
		任谷丰	林尊惠	姜月	曲嘉欣	吕一铮	韩思宇	张莫凡
		马晓辉	古丽娜·胡万别克		安畅根(留学生)			
	给排水科学与工程	卞晖晖	赵梓楠	王楚凡	白鸽	王祺	邵晨	颜未蔚
		张京辉	朱子铉	王善禾	蒲政衡	蔺一鹏	韩超	史馨玫
		任滋禾	冯婧	梁肖逢	杨禄琳			
	环境工程(全球环境国际班)	刘骁	宋欣珂	金亭藩	刘嘉辰	刘睿泽	王元辰	王江珊
		王子琳	罗荟霖	施劢	李明煜	姜麟锟	梁迪隽	向龙一
		高志华	高佳					
2020	环境工程	赵翔宇	龚秋实	张真	袁炜林	张琪	潘思涵	徐雨晴
		秦牧涵	包海镜	王彦	林芷如	安宁	胡正锋	马兴科
		陈梅	任宇佳	任中龙	廖梓童	王刘炜	姜向哲	王彦超
		郭晏然	傅若语	春畅	杨悦涵	黄俊龙	赵瑞林	邵瑞朋
		张戈辉	王航	蒋国孟	郑晓娜	李佳聪	李泽峰	董开鑫
		陈秋语	陶浩翔	孙若水	王润菁	艾博轩	付嘉文	陈悦
		卢炯	姚怡杰	邓梓钰	毕怀斌	沈朋	袁圩	王乔
		杨笙歌	张景翔	朱自煜	李云飞	詹昊哲(留学生)		
		弗兰西斯(留学生)		刘雯婷(留学生)				
	给排水科学与工程	周作勇	景晨飞	税爱伦	崔小凤	李舒阳	莫博超	吴效晋
		欧阳子路	方尚飚	蒋成旭	刘迪波			
	环境工程(全球环境国际班)	曲晨菲	金波	郭凯迪	孙奕生	张博雅	赵琦	张语桐
		张佳萱	王方妍	苏行	李静恬	高隽	雷杰斯	陈嘉珲
		卢炜媛	赵轶男	孙勇				
2021	环境工程	雷锦茵	孙文煜	郭学童	李佳乐	汤芸嘉	陈杰皓	王凯琳
		刘新颖	肖勇之	刘索	李睿哲	林莉	刘雨鑫	王巍翰
		郑晓莹	安杰	黄羽萱	吴博洋	王钰宸	唐永镕	徐然
		罗亦华	葛晓冬	武若曦	张泉飚	王筱淳	李浩源	卢科潮

续表

年份	专业	本科毕业生名单						
2021	环境工程	丛文杰	计宣廷	温梦霞	陈泊明	苏亦凡	吴宇辉	姚琳洁
		徐陈	曹晨玥	陈晓雯	陈德莉	赵佳鹏	黄荷	肖皓
		李博	肖卓远	刘铠瑞	刘敏	刘婧琪	李煦骞	
		金炯震(国际生)	黄歆晶(国际生)		苏宇晗(国际生)			
		尤恺杰(国际生)						
	给排水科学与工程	姜一鸣	晏妮	严坤	彭芷琳	黎芷樾		
	环境工程(全球环境国际班)	郎倩倩	欧阳代为	卢镜仙	谢璨阳	廖俊林	秦安祺	陈思睿
		许晨阳	安康欣	马云霄	肖吟霄	张佳乐	周嘉欣	
2022	环境工程	徐红卫	李宇凡	朱峰	杨林静	黄继德	汪星辰	张可欣
		段易非	张靖楠	边昊昆	吴金	李璇	闵艺航	赵心玥
		孙子晔	柴嵩	高珊	朱逸飞	张靖之	王若琪	张小凤
		周雨澎	叶宇轩	韦嘉盈	白佳琦	刘开伊	孟欣然	马鹏钧
		陈雅禾	胡邀月	何恺洵	刘辰宇	关晓语	李景诚	刘忆萱
		孙瑞泽	赵佳怡	邢莹莹	侯璇	杨慧	包婉茵	黄冠
		徐若晗	甘鸿宇	丁重勋	李泽祺	张宇琦	胡娜金娃	邵海培
		李如意	原照博(国际生)		许家祥(国际生)			
	给排水科学与工程	黄家鑫	唐嘉峻	周自轩	杨洋	刘玉凤	马正平	刘础铭
		冯则实	谢宇煊	李沅泽	罗翌轩	王振楠	王思源	
	环境工程(全球环境国际班)	蒋含颖	张彦宁	段祎然	崔修祯	黄律引	徐昌铭	张尚辰
		郭佳	王雨涵	刘思杰	张翌晨	徐浩智	汪锡媛	黄昱杰
		高晗博	刘米可					
2023	环境工程	杜雨彤	李保婵	梁家玲	徐雪	崔傲	韩世平	张唯唯
		程淇	范晨露	林浩	王乐轶	刘清鑫	蔡梓萌	梁建楚
		张华	邓思行	戚言	王涵	王静	闫均恒	刘若华
		郭燕文	吴宏煜	丁怡娴	高世宇	邓纯	吴昊	韦露
		吴雨琪	曹文昕	高宝慧	李天航	孙卓安	陈彦哲	刘晏均
		孙诣深	黄邦昊	雷元青	张瑜	王瑞宁	桑配旸	张春生
		金雨时	熊若熙	袁站站	周啟嘉	何欣怡	江子萱	师喆喆
		李秀显(国际生)						
	给排水科学与工程	陈俊兵	王呵	刘心卓	黄振宇	柴桦	高强	何志海
	环境工程(全球环境国际班)	周昕桐	杨海琪	董政	席华天	杨敬言	邓扬	王淼
		陈妍妍	钟函颖	杨馥鲜	关钰生	宫再佐	徐思远	徐嘉欣
		周宇辰	刘静艺	王艺轩	程浩生			

附录9 清华大学环境系/学院培养硕士研究生名单

年份	专业	硕士研究生名单						
1981	环境工程	张晓健	秦永生	程声通	刑　建	秦大立	凌　波	沈德中
		吴天宝	刘载芳	段　宁	郝吉明	徐贞元	承伯兴	叶裕才
		韦志洪	朱仲平					
1982	环境工程	张天柱	周大地	杜文涛	白庆中	陆占惠	白宪宏	朱裕拣
1983	环境工程	陈经木	许敏弟					
1984	环境工程	金　实	顾　平	杨于京	施汉昌	刘晓沙	司马宏	吴唯民
		赵世明	蒋　青	罗　麟	彭　坚			
1985	环境工程	陈　循	吕　林	赵崇升	宋乾武	张天成	于　彤	
1986	环境工程	李继盛	汤忠红	沈耀良	文湘华	镇常青	刘　超	刘天亮
		王国宪	解跃峰	林　方	涂晓光	曹小丹		
1987	环境工程	严月根	耿士锁	田淑艳	廖孟钧	刘　斌	卜天琪	罗　吉
		王小律						
1988	环境工程	张　统	王　琦	陆永兴	王金南	方春芽	俞　扬	黑国翔
		刘勇军	王富林	张鸿涛	刘安波	徐富春	徐袁春	李天增
		朱　光	陶霖西	胡敏华	朱应东	刘志明	陈　明	韩文燕
		耿艳楼	邸凯迎					
	放射性废物处理	韦葵子	袁伟波					
1989	环境工程	张　敏	朱　红	李　彤	杨津湘	李　光	周健鹏	王树岩
		魏廉虢	王仕享	杨延捷	龙汉湘	刘启才	张发鹏	刘　翔
		刘希波	文一波	钟海东	李永秋	陈扬名	唐　一	李国斌
		张晓光	蒋　勇	王　蕾	周歆昕			
	放射性废物处理	潘建明	肖忠伟	王　凯				
	市政工程	靳志军						
1990	环境工程	叶波清	李晓岩	曹天洪	李星文	梁永明		
	放射性废物处理	周　青						
	市政工程	张　理						

续表

年　份	专　业	硕士研究生名单						
1991	环境工程	方振东	刘建广	钟　坚	武庆中	陈吕军	范晓军	金勤献
		朱明扬	丁　琼	陈嘉平	郑柏林	林　林	赵凌清	贺北平
		李江枫	刘　伟	涂方祥	张辉明	苏欣捷		
	放射性及有害废物处理与处置	李延杰						
	市政工程	吴俊奇	唐　钟					
1992	环境工程	施　涵	黄　靖	李家祥	孙瑞征	惠　敏		
	市政工程	李武全						
	核环境工程	周德志						
1993	环境工程	王凤芹	钟晓红	傅　涛	严道岸	苏保林	申海玲	张文杰
		和跃琼	林　源	祁　岭				
	市政工程	张秀蓉						
	核环境工程	鲍海明						
1994	环境工程	刘志杰	雷晓玲	朱乐辉	张建中	温东辉	李文军	赵学玲
		张晓琪	李　红	术洪炜	马桂花	刘毅斌		
	市政工程	朱万福	张卫东	田　静	邢晋武			
	核环境工程	张建民	张继红					
1995	环境工程	马永亮	李中和	孙立新	陈　红	张彭义	张喜悦	朱　晟
		刘绍根	何嘉汉	张　琼	李国辉	纪　峰	刘春华	吕鸣鸣
		张学军	林　杉	吴晓磊	林　巍			
	市政工程	刘文君	薛　彤	刘青岩	侯　盾			
	核环境工程	谈　欣	龙　军					
1996	环境工程	彭小燕	郭景海	谢世华	柯细勇	桂　萍	李长庆	王勇军
		曾　良	郑君瑜	张光明	巫朝红	庞　辉	姜迎全	薛建伟
		郑宗勇	李　强	王亚军	赵　清	李汉斌		
	市政工程	张　颙	李猷林					
1997	环境工程	张健君	王东海	袁　琳	温　瑛	贾雪梅	钱海燕	张　岷
		龙　兴	殷　彤	崔鹏伟	李　高	钟　斌	王　涛	何大江
		刘　勇	贺晓红	何建州	李　炜	谢　卫	单　军	
	市政工程	罗　敏	周　蓉					
1998	环境工程	徐　华	杨淑芳	郝新洋	唐　薇	黄海鸥	姜安平	李　柏
		黄　巍	孔凡宾	何建中	张国宁	佟　强	黄　蕾	匡胜利
		林金海	何燕飞	赵胤慧	雷　莉	尚　风	郑　毅	赵翔龙
		甄晓玥						
	市政工程	陈贻龙						

年　份	专　业	硕士研究生名单						
1999	环境工程	王颖哲	吴行知	张丽欣	李　玲	黄永恒	苍　郁	曹丽云
		陈　刚	魏铁军	盛　飞	宋燕光	周吉全		
	环境科学	王雪纯	王立群					
	市政工程	王健康	曹莉莉	金　彪				
2000	环境工程	杨晓奕	冯志伟	常新莲	周立泉	傅　宁	张　伟	李立青
		赵郁超	陈　阳	陈　浩	徐文东	卢然超	李雨松	罗　剑
	环境科学	宋　昕	常　诚	冯桂全	田　地			
	市政工程	严　涛	安景辉	苏　晓	张　凡			
2001	环境工程	张　悦	王　晖	马　红	赵　鹏	张忠波	胡雪涛	金　鹏
		陆　晨	王玉珏	邹启贤	胥晓瑜	王妍春	邵辉煌	赵　刚
		邹　冰						
	环境科学	韩英健	谢　华	郑　元	陈　清			
	市政工程	张　凡	张　路	韩　飞				
	环境工程领域	金冬霞	汪　彤	李瑞瑞	杨群豪	丁杭军	钟连红	刘晓峰
		周　瑾	马立新	袁　敬	彭德富	陶　华		
2002	环境工程	蒙爱红	李向飞	李花子	陈开平	章卫华	李　伟	黄鼎曦
		韩　洁	朱　焰	齐超龙	王　宏	罗永明	马建武	杨卫国
		应高祥	张　艳	张　楷	段志勇	郭天鹏	薛　玉	黄建东
		桂　萌	王　夏	邱向阳	白松涛			
	环境科学	吕萍萍	梁夫艳	杨絮飞	刘　恒	程晓燕	林　缨	
	市政工程	孙国芬	周　健	钟燕敏	乔铁军			
	环境工程领域	吕卫利	马君健	吴　峰	黄爱军	朱　晨	付　君	陈慧敏
		王孝勤	邓建利	纪传春	张　罡	张　龙	耿庆文	李国伟
		仇道信	梁　明	冯喜生	于　勇	张秀杰	刘　涛	胡志峰
		杨溯易	王相庚	姜　岷	卢　杰	郑俊峰	姜彦民	翟海波
		黄文政	梅　毅	张家忠	王绍臣	丁守森	吕兴友	边农方
		侯成波	张本龙	张春彦	叶晓东	陈　灿	方　芳	周宏刚
2003	环境工程	鲁　玺	王佳伟	杨　宁	龚道孝	凌雪峰	程林波	张丽萍
		刘　斌	宋昕昊	冯　亮	王　浪	宋　科	周　鲲	王晓宁
		申　强	王桂华	毕志清	邱　勇	钟丽锦	殷　勇	闫　冰
		张鹤清	萨如拉	陈大扬	田　猛	赵雪峰	朱　帅	徐湛坤
		班宏伟	刘海静	张　雨	左　宜	孙友峰	张晓东	常　玉
		张克立	姜　山	张俊杰	褚文博	赵冬泉	黄　河	黄得扬
		朱翠萍	肖晶华					
	环境科学	杜　兵	王　波	刘　娟				
	市政工程	俞开昌	武　桐	孙庆贺	龙　涛	周浩晖		
2004	环境科学与工程	王宇卓	刘文波	祝晓燕	刘　昊	何　恒	刘之杰	吴　霆
		杜科雄	向长生	景启国	唐翀鹏	朱五星	王江涛	赖斯芸
		傅　平	王希希	李翠珍	刘　沫	赵　喆	卜庆杰	袁文权
		陈　敏	魏　杰	周辉宇	苏　魏	焦　洋	郭清斌	党永光
		方喜玲	黄　俊	周　昱	任　宇	佟庆远	王　静	李文彬

续表

年 份	专 业	硕士研究生名单						
2004	环境科学与工程	石 峰	郝志涛	沈 平	陈 嫣	蒋靖坤	杨 龙	龙 瀛
		李宇华						
	环境工程	宗栋良						
	土木工程	刘 洋	吴光学	赵 飞	吴春旭			
2005	环境科学与工程	朱芬芬	葛亚军	陈正雄	车玉伶	吕红亮	于明辉	柳江华
		靳 腾	朱铭捷	杜 昕	刘彤宙	陈红盛	简 丽	隋鹏哲
		崔 可	张 晶	胡利晓	林岩清	郭 彦	李纪宏	杨仕健
		王 征	孙 发	李王锋	邹 亮	陈永梅	谢 燕	卢 卓
		王志超	王 波	梁金栋	刘 举	许 雯	庄 玫	陈亚明
		程玲琳	邓 舟	张 薇	左晨燕	何安琪	李玮琪	李宇华
		柴 明	陈 华	阎 非	李鑫玮	俞 露	戴冬娟	李 林
		施 玮	汪舒怡	何 恒				
	环境工程	邵瑞泽	刘意鸥	张 杰	贾权民	王 凡	梁一红	钟国华
		李 彬	李丹阳	陈 刚	黄凌军	胡晓波	粘桂莲	谷 嵩
		罗小强	汉继程	杜 民	唐智和	吴 敏	纪玉琨	唐 颖
		齐向东	李志勇	刘力敏	张瑞成	韩 坚	缪冬源	许卫国
		贾建军	楼春华	陈卫文	李宗轩			
	土木工程	杜尔登	欧阳二明	张 静	卢欢亮	金俊伟	王 云	朱玲侠
		赛 娜	饶民华	夏 洲	张向谊	吕洪刚	李春丽	
2006	环境科学与工程	张 凡	田 杰	杨永森	隋继超	范向宇	赵 明	赵婉婉
		刘和平	范 杰	刘 栋	王卫权	刘 媚	张 海	唐 黎
		王 浩	牟旭凤	赵桂芳	杨国栋	华 婧	赵 雷	张 爽
		陈雁菊	吴娜娜	李 贺	靳 强	生 骏	杨茂东	董 男
		付慧静	孙 昊	常晓珺	徐 明	李建平	郦光梅	陈莉莉
		徐 速	王剑秋	平 凡	郑 鹏	李 骞	裴凯栋	陈燕飞
		王 军	林 挺	薛 磊	王 乐	王 超	刘书宝	张 颖
		林 岩	张迪瀚	蔡震霄	倪福勋	马洪涛	谭 燕	尹菁菁
		魏 炜	赵振振	吴亚嫚	张 彤	杜 娟	刘 翔	郑 龙
		刘 敏	沈旻嘉	朱永青	黄立辉	周晓燕	肖 尧	冯叶成
	环境工程	李蓉晖	赵文英	万宝春	芦连鑫	曹培锋	姚玉瑞	邢书彬
		陈 涛	马玉峰	秦 浩	郝建秀	侯昱瑾	徐海云	郭晓红
		杨 青	李若玲	韩文成	明登历	吴 雷	高练同	钱 鹏
		张民建	李隆海	冯新宇	刘士俊	王 寒	樊爱萍	张 峰
		赵传军	董均锋	方 蕾	李吉生	赵春生	陈 哲	李文锋
		路竟华	徐继峥	李淑媛	张丽珍			
	土木工程	高圣华	张雪辉	张 琳	唐 峰	向修传	关 芳	杨金美
		孟庆宇	王 欢	王 华	宋健健			
2007	环境科学与工程	代 磊	魏志强	郭 涛	史 博	刘华峰	魏敏捷	张丽丽
		于可利	于 海	陈建军	李 橙	张群芳	诸 毅	马建伟
		毕 蕾	刘江江	姜 健	张 默	崔龙涛	许 鑫	黄云峰
		李海滔	杜 欣	王 硕	孔萌萌	宋雨萌	王 蓓	王玉如

年　份	专　业	硕士研究生名单						
2007	环境科学与工程	李　磊	李炜臻	马　睿	桂　安	李　静	李　津	郭　斌
		门玉洁	赵琦峰	罗姣姣	李舒渊	董　欣	王昊阳	陈　青
		卜德华	帅丹蒙	贾燕南	梁　熹	万　晶	王　允	楼　俞
		李　巍	张岩松	林　鑫	刘　芳	张新宇	包文骏	周　益
		吕　杨	鲁颐琼	王欣怡	王　娜	熊丽君	江　涛	马小泉（留学生）
	环境工程	王光华	瞿　毅	王海军	郧国立	王晓燕	白　莉	王冼民
		冼献波	卢　佳	沈　勇	杨苏文	郝　岩	史　森	蔡积能
	土木工程	黄凯锋	张秋贞	马乐宁	王　爽	郑　丹	伍婧娉	王生辉
		王　峰	徐昊旻	于宏旭	毕　海	杜志鹏	吴薇薇	万正茂
		刘　尧	王　熙	蓝煜昕				
2008	环境科学与工程	孙　岩	刘　佳	王泽峰	葛春风	黄　深	王晓晨	田　欣
		高　松	陈瑶晟	李　超	王　玺	杜雪娟	刘晋勇	沙　涛
		苗豪梅	吴时要	王莉莉	娄志颖	高　阳	王　迪	邱玉琴
		范明志	宁　涛	俞　皓	王　挺	陈懋喆	谢　兴	郑超蕙
		黄浩华	阿庆兴	朱俊明	张楚莹	吴洪斌	毛心慰	邱　志
		赖瑾瑾	陈涵初（留学生）					
	环境工程	黄玲枝	沈振宇	郝金林	杨　檬	丁　伟		
	土木工程	王　迪	许　可	李　涛	朱春伟	邓　栋	苟　锐	
	核科学与技术	赵　颖						
2009	环境科学与工程	郑鹏凯	周红明	万由鹏	余　强	杨　佳	袁　侃	刘皓磊
		潘玉婷	王宏洋	吴　燕	曲　超	罗元锋	熊瑞林	魏丽斯
		杨　万	陈庆俊	申利娜	王霁欣	邓　茜	彭丽娟	金昌权
		辛　焰	颜廷坤	王子东	王浩昌	王斯婷	鲁宇闻	赵　盟
		袁　钢	杨　娟	宋建刚	孔　茜	王　姝	侯晨晨	杨姗姗
		何思勤	姚　远	廖程浩	周颖君	孙　青	蒋　婧	张竞杰
	环境工程	熊华文	薛晓霞	石秀花	雷晓琴	曲　径	何祥博	张亚军
		刘振钢	刘　阳	王　琦	李安吉（留学生）	周方村（留学生）		
	土木工程	赵　宇	张驰前	高静思	胡　颂	张车琼	柳　清	刘　巍
		王　婵						
2010	环境科学与工程	唐　颖	吴文俊	邹剑锋	范　庆	陆　茵	李　子	徐龙乾
		姜　洁	刘　辉	姜　茜	陶　霞	朱　磊	胡　溪	曹鹏飞
		杨凌波	牟子申	郭　羽	于　超	黄　徽	武娟妮	张　唱
		成　洁	张玉云	王　琦	龚　浩	胡　舒	侯艳玲	冉　芸
		郑　炜	宋敬祥	王仁虎	李　佳	陈晋端	林博鸿	冯　沛
		静　贺	张宇宁	刘　通	仝铁铮	杨淑伟	薛文超	
	环境工程	陈　骥	李　岩	邝溯琳	孟　菲	李冬刚	朱媛媛	赵岫章
		刘玉华	程火生	吴林虎	孙德刚	韩冷冰	吴　迪	江树志

续表

年　份	专　业	硕士研究生名单						
2010	环境工程	刘　鹏	宋伟强	刘洪波	杨笑松	陈玉萍		
		包丽芬 （留学生）	麦开来 （留学生）	戴安东 （留学生）	罗嘉伟 （留学生）	卢嘉睿 （留学生）	李薇萝 （留学生）	李萍美 （留学生）
		欧丽娜 （留学生）	苏爱丽 （留学生）	范登波 （留学生）				
	土木工程	王大卫	谢宇铭	祝　玲	吕　森	耿　锐	王逸贤	张绍君
		丁　锐						
2011	环境科学与工程	张　玲	任　昊	陈　瑶	胡明军	靳军涛	林　峰	刘守业
		李洋洋	陈伟伟	杨云安	张玉强	孙　磊	武　琳	李明远
		刘　凯	彭晓兰	彭翔宇	杨世辉	丁淑芳	李东玲	喻峥嵘
		黎　攀	贾　莹	宋少洁	徐　科	马萧萧	毛紫薇	刘　娟
		崔　硕	朱　勇	阳金龙	罗娜拉	雨　果	张广祥	赛世杰
		殷　闽	谷　风	沈悦啸	姜传佳	郑　飞	叶　彬	王新彤
		张哲赟	李晓玲	罗同顺	白　瑶	张春洋	李林燕	
		林星宇 （留学生）	欧阳乐岩 （留学生）	卫梵斯 （留学生）	李强 （留学生）			
	环境工程	高　军	冉小武	王玉国	刘　婷	王科成	章志强	韩炜萍
		袁国清	宋　歌	赵　楠	石柳青	恩　惠	李恒义	许　光
		张彦锋	吴　迪	袁亚林	潘俊杰	韩　政	吴　飞	王　存
		白歌芙 （留学生）	傅夏琳 （留学生）	兰可睿 （留学生）	裴思科 （留学生）	裴小西 （留学生）	纪兰霞 （留学生）	徐季美 （留学生）
		朴英明 （留学生）	雷克瑶 （留学生）					
	土木工程	吴月华	高京伟	陈雨乔	张　伟	张婧婧	吴启龙	南喜权 （留学生）
2012	环境科学与工程	牛　利	杜　琼	罗　遥	陈　宏	白　璐	郜　芸	赵向阳
		张仲良	杨至瑜	贺　凯	曾宪委	于庭泽	魏琼琼	王　轩
		李钦鼎	杨新宇	宫　徽	孟　阳	徐　杰	董立文	徐步金
		董倩倩	陈晓洁	李冬芳	徐振华	赵　芳	何　芬	邱　庆
		卢　如	郭敏晓	徐蘇士	窦红颖	杨正东	刘　静	黄旻旻
		谢　丹	杨　聪	吴晓蕾	杨　晟	王凯楠	李清慧	戴　韵
		陆晶晶	孟凡琳	刘琳燕	胡　曼	陈　敏	张　晶	王　青
		姜　艳	樊高远	亚历山大 （留学生）	阿比德 （留学生）	哈里德 （留学生）	夏士廷 （留学生）	林志刚 （留学生）
		李师师 （留学生）	那塔利 （留学生）	林　华 （留学生）				
	环境工程	花志国	何　飞	王　军	许玉东	胡　俊	白　煜	田岳林
		何树武	金　岩	李建坡	史　明	李嘉铭	张荣兵	李全成
		朱木兰	李奋勇	吴中琴	司马文卉	何玉磊	张　凯	安　卓 （留学生）

年 份	专 业	硕士研究生名单						
2012	环境工程	康莎黛（留学生）	朱丽雅（留学生）	高美丽（留学生）	朱丽娜（留学生）	魏吉三（留学生）	罗佳美（留学生）	吴子学（留学生）
	土木工程	孙利利	方国锋	姜鲁	管硕	厉帅	陈默	刘树娟
		周刚						
2013	环境科学与工程	唐小晴	沈磊	赵松浩	崔如	周康	唐安民	王芳
		何小赛	苏露	季晓立	王智超	郑亚莉	刘锐龙	白飞
		袁璐璐	王昊宇	谢超波	王欢欢	魏浩然	张洪雷	任路路
		贾倩倩	梁振凯	王广启	林怡雯	徐诗琴	邝江濛	苏昕
		瞿露	秦朝阳	胡迪	刘通浩	郝思文	徐光仪	谢帮蜜
		张玉静	张喻	余云飞	甘宇	叶敏华	韩冰	傅庆玲
		吴媛媛	王驰中	齐学谦	赖玢洁	邵田	杨良针	金朱钢
		郭佳星	李明威	肖叶	罗群	郝天	李煜婷	束嘉威
		倪雪琳	迈克（留学生）	安冬（留学生）	梁虎（留学生）	阿丽娜（留学生）	韩森（留学生）	阿蕾（留学生）
	环境工程	郭航军	王玉南	闫冬雪	马云	陈琳	温先高	张旭
		付强	程家运	章艳锋	王建慧	杨晋	郭振苗	罗臻
		汤萌萌	李瑞霞	王霄娥	马静	吴永新	邵启超	郭若军
		苏小江	苏赞澎	蒋海峰	杨仕桥	易大专		
		骆锋（留学生）	戴安华（留学生）	路铎（留学生）	罗蕾（留学生）	西蒙（留学生）	卢卡思（留学生）	倪可（留学生）
		蔡燕（留学生）	罗拉（留学生）	福兰克（留学生）	雷雅恩（留学生）	安睿（留学生）	田艾丽（留学生）	
	土木工程	高雪	邢秀娟	张媛	张烽	郑琦	雷颖	曾如婷
		王首都						
2014	环境科学与工程	祝倩	卢敦	孟庆曾	魏文龙	祁萌	段振菡	张振华
		蔡鑫	贝越	邹宗森	只艳	褚厚娟	于明霞	杜宝玉
		鲍国栋	刘洁琼	王鸣晓	张雪莹	周国强	严晗	李梦露
		周星婷	李媛	张远澄	杨萌青	张雪莹	罗园	肖达成
		刘龙	杨海	刘天嵩	王小雪	朱维	刘聪	朱树峰
		商国栋	滕飞龙	李佳琦	王斯文	翟显之	侯梦石	赵晨辰
		王铜	欧阳云	周英豪	刘珊珊	高媛媛	张玲	汤薪瑶
		汪俊	胡月	范敬恒（留学生）	陈淇恩（留学生）	李成（留学生）	王秀锦（留学生）	赵灵飞（留学生）
		李子健（留学生）	菲利浦（留学生）	迈克（留学生）	苏海（留学生）			
	环境工程	孙亚楠	夏萌	何怡	刘品华	张鸣	王悦兴	徐红玉
		都志民	蒋延梅	韩娟	杨海波	任建瑞	刘文杰	刘晋恺
		宋云飞	李波	杨丽琴	李忱忱	罗靖	蒋沂孜	张禾苏
		张岩峰	任翠萍	高用贵	黄朝雄	郭娟	苏美霞	田顺
		王波	么新	罗恩华	郭瑞娟	高云涛	马敬崙	卡罗琳（留学生）

年　份	专　业	硕士研究生名单						
2014	环境工程	彩　虹 (留学生)	爱丽丝 (留学生)	马蒂厄 (留学生)	杰弗里 (留学生)	嘉　妮 (留学生)	罗玛丽 (留学生)	詹姆斯 (留学生)
		阿　力 (留学生)	美　乐 (留学生)	马　冬 (留学生)	文　丽 (留学生)	克莱门特 (留学生)	法德尔 (留学生)	伊　曼 (留学生)
	土木工程	李雪冰	沈兆欢	王子钊	舒圆媛	郝　婧	冯子妍	付宛宜
2015	环境科学与工程	李敦柱	尹丹丹	姜林好	苏晓磊	黄　勇	吴苗苗	李明明
		王楠楠	俞东芳	刘晓旭	平俊晖	陈　涛	李思远	董蕾茜
		欧志远	杨宇宁	张常勇	赵树理	田贵朋	王步英	高　杰
		刘文静	李邵龙	张淑珍	黄睿昆	杨　宁	江永楷	张　倩
		丁　一	方　舟	宁　雄	侯　雷	车　晗	李　晴	马庆华
		黄韵清	蔡加祥	黄泳锋	李雨阳	张　丹	赵　洁	王晓璐
		云　昀	向　熙	伍金伟	吴　羽	杨　婷	董　瑞	盛萱宜
		李亚军	熊天煜	韩江雪	周海燕	李梦琪	赵丽红	汤　博
		孙晓旭	苏子杰	刘玲静	郗　皓	孙　欣	李　顺	原佩琪
		郑乔舒	张　晨					
		凯松原乔 (留学生)	宋楚雯 (留学生)	史晓洁 (留学生)	阿丽萨 (留学生)	阿　杰 (留学生)	萨旦娜 (留学生)	林凯文 (留学生)
		艾哈麦德 塔兹瑞 (留学生)	史凯特 (留学生)	周杰文 (留学生)	欧力 (留学生)	易玛丽 (留学生)	非　凡 (留学生)	
	环境工程	郭继涛	刘彦涛	林　爽	齐　雯	王　亮	张文龙	陆逸峰
		杨红国	商均明	陈　剑	彭　勇	方熙娟	魏　伟	石文波
		袁　实	王众众	管真真	刘建晖	李洪利	陈　彦	孙子惠
		王海涛	常守奎	周振宇	孙　凯	李　璐	白志强	程英超
		李　思	李继云	张　金	王　权	魏　楠	李　凯	高　翔
		廖晓聪	赵　林	高小明	肖朝红	袁正浩	瞿志晶	时运红
		谭　斌	孙骏华	卢宗文	朱　立	徐辰阳	王鸿英	段菁澈
		杜　红	海喜马 (留学生)	汉尼 (留学生)	康岩 (留学生)	玛丽 (留学生)	余雷 (留学生)	菲力浦 (留学生)
		志　明 (留学生)	格列瓦 (留学生)					
	土木工程	王春芳	彭　标	邬慧婷	余　祎	戚圣琦	黄黛诗	
2016	环境科学与工程	王　浠	方　莹	孙明华	王　驰	郑诗赏	韦力铱	赵开云
		明中远	刘　博	李丹丹	卞艳红	王腾旭	侯德林	王一翔
		张　鑫	朱红生	余康华	赵　博	吴世克	王佳明	赵宇菲
		程　珣	吴玉超	李　曼	刘　欣	潘正道	张梅杰	宋哲华
		樊筱筱	李川竹	杨柳含子	徐　双	吴　悦	谢鹏程	孟　璐
		连宋剑	程芳芳	彭　帆	刘梦圆	彭立群	胡　骏	常　田
		张宏扬	吴雨乔	惠霖霖	陆昕昱	陈栩迪	李　舒	朱　帅
		张金山	张珍妮	刘　灿	周　杭	李　丽	王　婷	李　超
		杜侑洁	李珊珊	张文婷				

年　份	专　业	硕士研究生名单						
2016	环境科学与工程	左　力（留学生）	黄　伟（留学生）	弗兰妮（留学生）	马希阳（留学生）	希　娜（留学生）	张　义（留学生）	安大龙（留学生）
		刘　澄（留学生）	三泽公希（留学生）	维　托（留学生）	安娜希（留学生）	井上有希子（留学生）		
	环境工程	李耀芳	王　宸	芦汉超	耿　宝	陆玉梅	高　炜	荣颖慧
		刘　垚	陈　杰	丁伟达	王　瑶	王燕飞	胡晓明	刘振阁
		陆雅峰	王宏恩	喻朝飞	裴友峰	晏　琴	梁　燚	王莹莹
		李若晗	牛丽霞	张泽田	邹　剑	李　阳	刘　珊	刘颖华
		尚浩冉	张玉瑶	李延昍	徐宏菊	张昊巍	张　镝	李　越
		李　霞	苏志成	柏兰婷（留学生）	克拉丽丝（留学生）	雷晓艺（留学生）	阿拉里克（留学生）	卡罗琳（留学生）
		爱丽丝（留学生）	马蒂厄（留学生）	杰弗里（留学生）	嘉　妮（留学生）	罗玛丽（留学生）	詹姆斯（留学生）	阿　力（留学生）
		美　乐（留学生）	马　冬（留学生）	文　丽（留学生）	克莱门特（留学生）	伊　曼（留学生）		
	土木工程	羊小玉	贝　尔	魏泽文	丁　晗	温　柔	蔡　亮	唐　昕
		徐　昆						
2017	环境科学与工程	柯　杭	王志杰	黄勃铭	徐　帆	易　乾	张　攀	庞博文
		申蜀东	吴晓甜	魏鹏骥	孙学良	黄永亮	马　翔	王广春
		朱　麟	迟　彤	丛　逸	郭香麟	李抒苢	李天然	刘合泽
		牛天林	商　轶	魏　桢	闫威卓	张泽宸	赵　玥	朱佳迪
		左　昊	刘雨桐	张　哲	沈文华	左志强	徐莉莉	刘兰妹
		杨涵越	李婷婷	郝　乔	李弘杨	刘嘉南	宗亚楠	孙玲玉
		汤久凯	王心月	黄小川	刘滋菁	周雅菁	陈天翼	唐升引
		林扬傑	马　星（留学生）	保　罗（留学生）	黄志修（留学生）	马英杰（留学生）	陈静秀（留学生）	狄　波（留学生）
		杨锐鸿（留学生）	安　宁（留学生）	李　娜（留学生）	古　诺（留学生）	李埈伍（留学生）	李　达（留学生）	
	环境工程	潘　鹏	王明炜	周小飞	熊长征	韩　瑞	唐　卓	葛　勇
		王　啸	陈　成	范举红	郝千婷	刘秋琳	刘岳栋	代焕芳
		国先芬	张文杰	时　雨	张奇琦	司丹丹	李豪杰	苗　甲
		宋亚楠	辛立伟	张少华	蔡亦忠	刘传旸	石　宁	荆延龙
		郑　阳	李冰天	王　锋	徐　必	周奎宇	谭玉珺	张梦阳
		罗丽婵	李书鹏	朱俊杰	胡晓庆	何尼克（留学生）	柏凯瑞（留学生）	欧陆一（留学生）
		田美兰（留学生）	谢可莱（留学生）	杭雨思（留学生）	乐凯孟（留学生）	欧艾力（留学生）	施和诺（留学生）	沐舒然（留学生）
	土木工程	施云春	唐　楠	李晓敏	付　浩	许阳宇	李　殷	

年　份	专　业	硕士研究生名单						
2018	环境科学与工程	芈　冰	徐如栗	桂　超	郭田粟	肖　遣	金欣欣	宋银强
		汤　翊	吴　爽	卢　笙	缪　博	李　昊	白　桦	刘跃岭
		赵英芬	李佳洋	宗梦琪	曹文静	何秋杭	叶权辉	张明武
		王　旭	李德安	张博文	李梦晨	雷丹婧	李树莹	刘　莹
		方品晟	毛旭辉	曾亚妮	赵　步	王秋莹	王珮玮	张　健
		姜婷婷	张　菁	程正霖	王　智	李奥林	乔　杨	周灿炜
		王　睿	叶思齐	吕晓桐	王木兰	宋盈盈	王琢璞	梁　珊
		林　婷	张晓宇	邓梵渊	秦　雨	刘　锴	王　维	
		马　梨(留学生)	默罕默德(留学生)	芮安妮(留学生)	恩　迪(留学生)	菲　雅(留学生)	金在俊(留学生)	
	环境工程	马　琳	范　征	贺永明	吴瑞锋	胡美玲	刘国欢	苏晓庆
		刘镇洋	卢　璐	李昌华	涂晓燕	任翔宇	周明月	楼　凯
		杜昕睿	王未君	栾明强	王　丹	刘爱科	朱光宇	陈光耀
		彭　义	饶　杰	刘　帅	丁　枫	李先圣	韩丽梅	谭　钰
		邝绮颖	尹丽丹	肖　垚	张丰友	刘玉红	王东麟	戈　鑫
		刘　梦	杨　成	刘梅杰	普传玺	刘　鑫	高冰丽	何吕奇姝
		刘明强	唐　侠	张　超				
		高吉达(留学生)	马　熙(留学生)	习　玲(留学生)	戴　一(留学生)	柯思雨(留学生)	金可欣(留学生)	柯　文(留学生)
		穆　森(留学生)	葛迪娜(留学生)	余滇辰(留学生)	乔书(留学生)	林　乔(留学生)		
	土木工程	柴琪婉	叶　子	瞿强勇				
2019	环境科学与工程	陈思雨	张　岩	唐兴帆	温　典	沈　露	曾丹菲	周宏杰
		孙伟新	李　莉	易成豪	任海腾	刘　博	陈佐泓	沙　聪
		曹　磊	雷雨莎	景　琦	赵建树	张秋亭	张丹丹	曲映溪
		段　磊	随山红	刘子赫	郭晶晶	谢　辉	刘天石	郭　驭
		刘丹阳	边　潇	马　晔	康若熙	傅月芸	付甜甜	何　煦
		刘小婉	张旭东	吴子扬	姜婧婧	李智明	刘赋斌	王　彤
		薛　墨	邝君妍	张　驰	崔欣欣	郑　界	程　磊	
		葛奉天(留学生)	钟　诚(留学生)	邵　阳(留学生)	陈锦玲(留学生)			
	环境工程	刘奇林	郝毅仁	郑　强	张维君	秦春林	郭永超	王含笑
		李　礼	刘思男	陈文娟	贺东顺	李良会	龚嘉怡	邹　婧
		于中汉	洪庆洋	姜厚琳	聂中林	于若男	张大印	赵尔卓
		邢珮瑄	冯　凯	黄　拓	王　前	刘程曦	王海蓉	周　燕
		梁　凯	曹丽佳	宋　洋	王　亭	高迎岌	张天牧	陈纤华
		王雯莹	周雨婷	张　菀	徐　港	姚　越	庞晓斯	王　倩
		叶子云	薛博儒	孟至航	顾梦琪	杨　梦	陶明翔	王　青
		里　欧(留学生)	劳　拉(留学生)	瑞　秋(留学生)	克莱儿(留学生)	爱丽丝(留学生)	帕　秋(留学生)	格瑞儿(留学生)

续表

年　份	专　业	硕士研究生名单						
2019	环境工程	唯格（留学生）	莱娜（留学生）	维斯别克（留学生）	波达尔斯（留学生）			
	土木工程	喻杰	时义磊	周妮				
2020	环境科学与工程	岳龙	王悦	牙柳丁	周韵	张宇涵	徐一雯	代辉祥
		张晨光	黄飞帆	李阳	张婧卓	邱振华	黄帅辰	向伦宏
		赵健	张旭东	陈慧钰	孙晓慧	耿竹凝	任韵如	詹栩怡
		王芷筠	赵浩然	王科朴	郭兴国	林楚佩	江心悦	吴欣尔
		阿曼角·巴黑多拉	东东	潘超	高晓琪	顾婉聪	王雯婧	
		宁雪	刘书畅	闫秋鹤	许力文	李连欣		
		郭哲鹏（留学生）	尼古拉（留学生）	陈兆佳（留学生）	区浩驰（留学生）	陈家浩（留学生）	散而复（留学生）	张建涵（留学生）
	环境工程	荣维华	刘金戈	郭宏凯	唐婷婷	叶明琪	刘畅	金家凯
		刘萌萌	谢玲	吴红梅	徐明	蒋旭	谢舒曼	李惠军
		王婷	武睿	洪珊	王明博	黄今韬	李雨晴	丁禹杰
		苏琛	史艺涵	王旗	涂伟明	胡锦庭	李娜	周世鑫
		倪帆	詹雨雨	李天乐	陈根林	杜鑫	冯世博	孙弘扬
		陈磊	王江	王雪健	李长虹	刘赛	张秋龙	孙东洋
		伍永明	张容榕	张燕妮	周天慧	杨航	郁倩倩	岳慧慧
		魏凡	宋广超	李妍菁	崔琦	马赫	冯照璐	刘瑜
		黄静颖	赵晨	佟童	程婷婷	梁紫帆	王秋萍	李思森
		李千叶	覃馨莹	王苑儒	孟琪	高鳗渝	田林青	凯瑟琳（留学生）
		赛伊（留学生）	兰朱莉（留学生）	路易斯（留学生）	库根（留学生）	朱丽叶（留学生）	卡米尔（留学生）	罗兰（留学生）
		玛丽（留学生）	克莱尔（留学生）	皮奇（留学生）	艾玛（留学生）	露西（留学生）	桂蒙特（留学生）	弗雷格拉（留学生）
2021	环境科学与工程	张晨光	吴迪	向虹霖	韩枫	史亮亮	马永双	曹智
		赵赢双	陈彦妃	郭盛杰	黄钰乔	李连欣	李毓	刘阳泽
		马紫清	尚奕萱	孙铭壮	文思敏	吴玥	徐郑皡	邹书娟
		杨美娟	张笑颖	刘丹童	徐闯	郑棹方	颜钰	张晓日
		贾茜越	辛尹	谢苡灵	石楚阳	李芸妃		
		陈家浩（留学生）	郭哲鹏（留学生）	卡特娜（留学生）	玛莎（留学生）	李奇玮（留学生）	苏李娜（留学生）	刘廷生（留学生）
		美琳（留学生）	皮埃尔（留学生）	索菲（留学生）	明亮（留学生）	丁加（留学生）	恩尼（留学生）	皮安东（留学生）
	环境工程	郭宏凯	吴红梅	田林青	法菈（留学生）	马迪奥（留学生）	伊米拉（留学生）	伊莱贾（留学生）
		刘萌萌	谢玲	谢舒曼	史蒂芬妮（留学生）	皮埃尔（留学生）	朱利安（留学生）	永安（留学生）
		李惠军	李瑞阳	苏研	李海	孙一哲	代郑	樊瑜
		陈飞	张圣洁	卢学思	江珊	李星星	陈佳煜	吕嘉晖

续表

年　份	专　业	硕士研究生名单						
2021	环境工程	庸宏伟	刘子羽	朱冠宇	李佳宾	安　鑫	何彦平	别小娟
		刘　超	何科佑	高　超	郭海礁	刘雅馨	秦艳玲	邵婉婷
		王　涵	张　斌	吴婉蓉	陈冠浩	何艾莲	宝双慧	王　巧
		鄂倩倩	高　菲	张天琪	贺方昕	张昕阳	黄文靓	盛紫琼
		张甜甜	童　臻	杜　瑾	李天骄	张洋洋	蒋　旭	吴　琳
		邓国通	仲伟博	祝　锐	古锦韬			
	工程管理	马胜滔	刘一铭	潘贤平	孔令喆	张照雨	宋东来	杨方亮
		李文泽	徐　静					
2022	环境科学与工程	刘嘉倩	王　浩	方　定	罗昱东	赵光琪	洛　嘎	徐文馨
		祖丽德孜	陶立言	欧阳长沛	李睿轩	安文凯	陈玥姮	秦若冰
		张小刚	张泽瀚	孙益权	郑嵩鑫	李鹏飞	罗兴申	李　伟
		刘俊含	吴晓萍	陈嘉乐	陈奕萌	孔瀚生	李　可	李　阳
		罗荟霖	曲嘉欣	王楚凡	王　祺	王子琳	叶菡韵	张莫凡
		段宜君	刘天媛	迟彤彤	朱诗惠	赵文金	李向宇	曹　敏
		李惠南	萧又萱	孙诗涵	任　露	王彦超	金玟呈（留学生）	
		安　娜（留学生）	米　丽（留学生）	孔令维（留学生）	崔　梦（留学生）	安　娜（留学生）	巴克里（留学生）	瑞　达（留学生）
	环境工程	黄伟华	莫婵娟	王明博	周星兆	刘　炜	谭鑫悦	牛泽同
		张锦茹	张乐川	邢之慧	郑泽林	刘子为	刘家诘	史　祺
		刘菲菲	魏凡钦	杨鲁昕	韩礼聪	许海莲	韩文轩	向舶玉
		郭倩楠	杨永顺	李玉婷	赵凯宁	刘　岱	孙晨曦	雷华新
		檀　天	李清钞	王　鹏	贾志鹏	陈梓钰	王　潇	李红瑞
		任滋禾	施　琦	吴富华	杨禄琳	王昭艺	纪冰璇	郭瀛莉
		严伊竣	钟玮佑	汪　湘	谢千山	刘敏吉	毛　伟	周开颜
		彭康寿	丁　健	孙国栋	李姝阳	王乐冰	张　博	杜　昕
		曾佳敏	王书仪	赵润淇	谢珍雯	李成月	张嘉悦	鞠雪敏
		李　玥						
	土木工程	李腾峰						
	工程管理	李查德	鲁　京	李凤博	张　芳			
2023	环境科学与工程	王　洁	宋泽群	耿钰萱	冯伯阳	唐　楚	葛润蕾	蔡志涛
		简艺伟	曾　猛	鲍梦港	籍鹏辉	宋逸明	任　航	刘梦丹
		安　宁	毕怀斌	陈　悦	方尚飚	付嘉文	傅若语	郭凯迪
		任中龙	税爱伦	孙若水	陶浩翔	王　乔	张戈辉	赵瑞林
		周作勇	叶志伟	宗汶静	霍　然	张紫薇	庄巨贵	龙婧菲
		王婧霖	付香云	董玥岑	田　拓	艾博轩	卢　炯	黄晨帆
		朱柯桦	韩金斌	赵　琦	张梦洁	伊拉里亚（留学生）	胡里奥（留学生）	
	环境工程	丛　闫	洪慧兰					
	土木工程	陈明如						

年　份	专　业	硕士研究生名单						
2023	资源与环境	杰　德（留学生）	劳　拉（留学生）	特里斯坦（留学生）	亚　力（留学生）	宝　林（留学生）	阿　瑟（留学生）	
	工程管理	杨贝贝	张　伟	胡　喆	李志臣	秦廷玺	邓雨晨	王恩厚

注：数据截至 2023 年年底。

附录10 清华大学环境系/学院培养博士研究生名单

年 份	专 业	博士研究生名单(学位授予)				
1986	环境工程	张晓健				
1988	环境工程	程振华	蒋洪江			
1989	环境工程	王树平	陈 循	解跃峰	吴炳方	张天柱
1990	环境工程	竺建荣	胡勇有	贺克斌		
1991	环境工程	赵建夫	刘双江	周岳溪	朱兴宝	朱应东	施汉昌
		张锡辉	张 统	刘载芳	文湘华		
	放射性废物处理	宋乾武				
1992	环境工程	耿艳楼	刘玲花	周北海	李永秋	
	核环境工程	李亚东	刘 翔			
1993	环境工程	刘安波	张 敏	周 琪	安虎仁	戴日成
1994	环境工程	买文宁	蒋 勇	张庆丰	张贵春	
	核环境工程	董 威				
1995	环境工程	王世汶	方振东	金勤献	何 苗	吴晓磊	王业耀
		林 巍				
	核环境工程	龙 军	周抗寒			
1996	环境工程	范晓军	陈吕军	胡江泳	左剑恶	王永航	贺北平
		周 平	谢绍东			
1997	环境工程	王永仪	罗晓鸿	周学龙	周 律	瞿福平	陆永琪
		汪诚文	曾维华			
	核环境工程	杨艳茹				
1998	环境工程	郭京菲	高 朗	杜鹏飞	杨 军	邢传宏	刘炳江
	核环境工程	蒋建国				
1999	环境工程	管运涛	何东全	杨玉峰	张彭义	高宝玉	吴立波
		贾海峰				
	辐射防护及环境保护	郑安平	沈珍瑶			
	市政工程	吴为中	刘文君	黄晓东	尤作亮	
2000	环境工程	占新民	曾思育	况 昶	桂 萍	李汝琪
	市政工程	赵广英	吴红伟			

续表

年份	专业	博士研究生名单（学位授予）					
2001	环境工程	韩力平	侯继雄	刘锐	段雷	王世明	何雪炀
		朱天乐					
	市政工程	杨云霞	罗敏	齐兵强	谭亚军		
	辐射防护及环境保护	刘富强	牛冬杰	赵宗升	刘建国		
2002	环境工程	孟耀斌	吴静	叶雪梅	王书肖	刘广立	赵君科
		付莉燕	莫瞿				
	市政工程	龙小庆	王丽花	陈中颖	余国忠		
	辐射防护及环境保护	席北斗					
2003	环境工程	张建	吴烨	王灿	刘超翔	全向春	杨复沫
		邓义祥	辉朝茂	李继	杨宇明	田文华	田贺忠
	市政工程	谢曙光	李英	杨宏伟	李爽	刘军	刘国庆
		桑军强	李睿华	于鑫	袁志彬	杨晓奕	李福志
	辐射防护及环境保护	张相锋	朱建新	金宜英			
2004	环境科学与工程	黄俊	李来胜	王冠平	朱安娜	余学春	胡林林
		胡远安	刘毅	董春宏	刁惠芳	种云霄	王小佗
		丁文明	杨建刚	刘志明	梁鹏	林刚	王荣昌
		罗启仕	卢少勇	张会艳	褚俊英	张玉魁	
	土木工程	张声	周鸿	王治军	王海燕		
	核科学与技术	李天威					
2005	环境科学与工程	温宗国	徐丽婕	席劲瑛	王建平	李锋民	吴盈禧
		韩文亚	霍红	王岐东	段凤魁	贾建丽	崔翔宇
		胡京南	张强	薛志钢	余若祯	黄晶	
	土木工程	刘建广	陈超	鲁巍			
	核科学与技术	岳东北	何连生	张进锋			
2006	环境科学与工程	杨洋	沈钢	王丽涛	杜斌	田保国	易红宏
		吴金玲	张大伟	盛建武	郭茹	宋保栋	魏春海
		刘春	杨波	吕学都	王金南	王洪臣	
	土木工程	孔令宇	万晓				
	核科学与技术	任连海	刘锋	许玉东			
2007	环境科学与工程	王丽莎	周云瑞	王建兵	徐一剑	孙傅	陈敏鹏
		刘志全	周小红	玛哈拉	宋蕾	罗传奎	李兴华
		武山	王磊	王志华	孙庆峰	张清	熊小平
		李高	龙峰	薛涛			
	土木工程	叶嗽旻	谢水波				
	核科学与技术	李欢	王兴润				

续表

年　份	专　业	博士研究生名单（学位授予）					
2008	环境科学与工程	雷　宇	王　克	刘艳臣	陈金銮	赵　瑜	贾英韬
		方　磊	何炜琪	宋玉栋	洪　喻	赵　喆	陈健华
		张志超	杨渤京	张大奕	孙鹏程	周吉全	王　斌
		王文东	王　昊	张　洁	吕子峰	刘　欢	姚志良
		郭美婷	余素林				
	土木工程	牛璋彬	乔　玮	李　明			
	核科学与技术	张俊丽	翟丽华				
2009	环境科学与工程	董　欣	赵冬泉	曹效鑫	朱洪涛	钟润生	庞洪涛
		陆松柳	赵　岩	王　灿	王　玮	宁大亮	陈　丹
		梁玉婷	周　成	魏　巍	王　泰	邢　薇	徐慧纬
		王海鲲	李　雪	张　薛	赵文涛		
	土木工程	高兴保	欧阳二明	刘　静	王　洋	李　勇	
	核科学与技术	宋　薇	王　雷	苏肇基			
2010	环境科学与工程	蔡闻佳	赵　楠	陈伟强	卢　伟	李　丹	王晓慧
		赵　晴	赵晨曦	段华波	吴乾元	孙文俊	刘　莹
		陶　益	章真怡	沈童刚	宋一之	蔡　然	杜　譞
		何万谦	周　昱				
	土木工程	罗钰翔	郑　蕾	侯华华			
2011	环境科学与工程	隋　倩	周隆超	刘晋文	李　鑫	钟　毅	王凌云
		许美兰	杨宁宁	邢　佳	程　远	莫虹频	王佳伟
		万　奇	杨　柳	陈向强	王　坚	徐康宁	肖　康
		乔铁军	张婷婷				
	土木工程	张　伟	李永红				
2012	环境科学与工程	赵钟楠	张　超	苑文仪	于　茵	黄晶晶	迟子芳
		吴华勇	韩　融	林　甲	朱小彪	张　望	卓琼芳
		张　磊	张潇源	常化振	魏锦程	石不星	张晓凤
		梁　赛	付朝阳	干里里	陈景欢	何京伟	马　磊
		周　霞	田　波				
	土木工程	刘　晓	冯　硕	王成坤			
	核科学与技术	张媛媛	陈　婷				
2013	环境科学与工程	余繁显	徐洪磊	李　楠	孙伟华	莫颖慧	张亚新
		黄　璜	王　勇	李建忠	楚碧武	辛　佳	李新洋
		梁林林	刘彩霞	程　真	郭建宁	李　彭	陈　磊
	土木工程	陆品品	韩立能				
	核科学与技术	李　睿	祁光霞				
2014	环境科学与工程	郑　敏	李　冰	马　帅	卢　欣	唐　鑫	巫寅虎
		赵　欣	张　逢	杨　阳	余　忻	曹治国	李泽唐
		于　冰	范小江	胡尊芳	王斯文	夏　雪	梁　帅
		杜祯宇	张少君	张　衍	拜冰阳	金　玲	李　颖
		曾现来	曲力力	石海佳	王　龙	王人洁	李志一

续表

年　份	专　业	博士研究生名单(学位授予)					
2014	环境科学与工程	李鑫玮	熊惠磊	申现宝	金廷炫 (留学生)	哈米德 (留学生)	石智锐 (留学生)
	土木工程	林朋飞	廖晓斌	尹可清			
2015	环境科学与工程	徐千惠	刘旭艳	张　斌	赵　斌	张倩倩	吴清茹
		罗　遥	宫常修	唐　顺	孔繁鑫	谢　淘	其布日
		马德华	陈　坦	李翔宇	周泽宇	孙广东	马业萍
		张　涛	姜　茜	李　贞	丁　鹏	余智勇	罗　希
		张　姣	金正宇	刘峰林	张昆仑	杨小玲	谭琦璐
		黄　悦	王　卓	靳军涛	曾　琳	李　东	顾春梅
		张英志	刘　菲	姜　博	岳　欣	玛莉雅 (留学生)	
	土木工程	米子龙	祝　捷	聂雪彪	敖　潋		
2016	环境科学与工程	杨　硕	高　莹	赵梦欣	庞宇辰	吴潇萌	周博雅
		汤　芳	薛金玲	郑　轩	付　晓	王建栋	左魁昌
		田思聪	陈　熹	孙剑宇	赵　健	杨　波	陈　丰
		徐　恒	孟　尧	东　阳	吴远远	白　桦	周　森
		汪用志	王凤阳	郑　博	郑光洁	王金龙	谭全银
		宿文康	梁识栋	贾静波	刘　斐	韩世同	丁军军
		耿冠楠	张玉璇	李　鑫	韦德权	李　响	李元成
		王火青	孙继龙	刘　剀	董　芳	杨　扬	李　萌
		蒋　晶	刘益宏	赵　宇	吴林蔚	刘　巍	李周园
		夏　瑜	郭泓利	严晓旭	杨　源	刘　昱	陈国丽
		艾力江· 努尔拉 (留学生)	姜仁善 (留学生)	奥斯卡 (留学生)	王　龙 (留学生)	楼京兰 (留学生)	穆扎德 (留学生)
	土木工程	李翠萍	李　欣				
	工程博士	李　激	文一波				
2017	环境科学与工程	李　想	方　文	刘彦君	倪　哲	马　乔	柯文伟
		李　昂	朱　彤	张天元	宫　徽	刘懿颉	陈　星
		杨晓帆	花秀宁	庄林岚	岳渼伟	李　振	李振国
		邱雄辉	张　驰	刘　梁	万里扬	高　帅	孟小燕
		颉亚玮	洪朝鹏	王　蕾	魏　敏	赵云云	曹知平
		李凯敏	伍世嘉	陈　欣	吴　敏	陈雪景	杜子文
		刘晓途	周　伟	李　霄	孔　鑫	宋　佳	张明凯
		王淋淋	任仕廷	同　丹	崔祁嘉	赵旻江	付丽亚
		毛玉琴	唐云飞	路　易 (留学生)	阿　飞 (留学生)	法　卢 (留学生)	鲁　乐 (留学生)
	核科学与技术	孙应龙	徐　辉	李　磊			
	工程博士	张景志	侯　锋	俞开昌			
2018	环境科学与工程	颜　枫	刘仕远	林　洁	母亚乾	陈华栋	郑馨竺
		荣少鹏	蔡思翌	华　阳	何晓旖	李海雁	胡玉瑛
		李柯志	魏志谋	萨林汉	杨珏婕	胡方云	郝就笑

续表

年份	专业	博士研究生名单(学位授予)					
2018	环境科学与工程	宋伟泽	张冰	王重阳	马星宇	石燕燕	王萌萌
		方婷婷	王超然	俞敏	许雪乔	单丹娜	王春艳
		黄海伟	王潇雄	王会姣	李旭	刀国华	于童
		李国强	刘兰华	姚维坤	吴箐	张蒙雨	杜烨
		黄森辰	王文龙	邢鑫	于恒	许赛	曹馨
		王政	李炟	周锡饮	季浩卿	李曼璐	刘翊超
		祝新哲	刘京	蒋永	傅雯洁	南洋	韩超南
		程澄	刘诺	江宇辉	付静	刘意立	赵仁鑫
		张裴雷	李红伟	张宁	孟瑞红	吴启龙	王雅娇
		史绪川	罗晋	李杨	李中华	巴乌龙	司艳晓
		訾牧聪	齐霁	孙月鹏			
		林华 (留学生)	盖法尔 (留学生)	史凯特 (留学生)	欧力伟 (留学生)	梅在天 (留学生)	盖比 (留学生)
	土木工程	敖秀玮	李士翔				
	工程博士	李力					
2019	环境科学与工程	刘邓超	李洋洋	李国良	蔡润龙	余倩	陈小彤
		杨亚洁	郭扬	张桂娟	张立勋	李骐安	杨盛牧
		王若瑜	费凡	袁强	霍正洋	崔一澜	黄倩
		郭豪	孟萍萍	秦成新	刘世婷	赵阳莹	马琳
		郝瀚	高悦	李若楠	王舒	周婷如	杨思航
		董培艳	梁承月	张颖超	郭效琛	郑琬琳	满瀚阳
		郭学超	王昊	刘翼飞	阿依古丽·买买提	郭含文	刘晓霏
		高群	申博	任宝玉	刘攀攀	魏金山	吴以朋
		宋华	周杰文 (留学生)	李琪 (留学生)	阿罕穆德 (留学生)	吴克利 (留学生)	蒙曼薇 (留学生)
		李楠 (留学生)	李旻庸 (留学生)				
	土木工程	杨超					
	核科学与技术	王邦达					
	工程博士	杜郁					
2020	环境科学与工程	赵雪皓	刘波	黄海	艾克来木·艾合买提	马俊俊	常兴
		李晓晓	杨道源	刘彦伶	丁点	叶向阳	王丝可
		张亚妮	刘帅	徐常青	包一翔	戚圣琦	邹建美
		张海川	马子轸	李泽晖	黄南	高琰昕	郭杨
		苑泉	何立强	胡鹏	董骞	张硕	蒋超金
		张昊	李奕君	房阔	贾宁	张家禹	孙冬雅
		许庆成	梁春生	单良 (留学生)	艾力 (留学生)	苏目达 (留学生)	郑倩 (留学生)

年份	专业	博士研究生名单（学位授予）					
2020	环境科学与工程	史晓洁（留学生）					
	土木工程	路则栋					
	工程博士	许国栋	王全勇	阎中	乔琦	陈良刚	
2021	环境科学与工程	汪旭颖	马涛	刘彦廷	陈磊	刘博	孙万龙
		邸敬涵	仲蒙蒙	张凯	王萌萌	祁丽娟	叶万奇
		谢丹妮	张一哲	张诗卉	陶恒锐	李继云	徐特
		梁嘉晋	刘晓晖	田祥焱	夏菁	吴晛	张作涛
		王运宏	任亚楠	朱启运	张家兴	黄旭	梁馨予
		杨硕	高语晨	曹冉冉	倪欣业	于书尧	刘开云
		郑昊天	李天魁	郝雯	徐婷	王凡	李晨
		郑现明	徐子斌	熊尚超	陆李超	陈诗	赵彬
		林少华	邹艺娜	程静敏	段丽杰	徐智伟	冯云丽
		吕兆丰	钱伟	王良杰	丽娅（留学生）	爱丽丝（留学生）	雅威（留学生）
		尼山（留学生）	木信（留学生）	丁思念（留学生）	巴伯尔（留学生）		
	土木工程	贝尔	邱玉				
	工程博士	陈良刚					
2022	环境科学与工程	付心迪	秦紫嫣	李慧	李艾阳	陈磊	陈湛
		安肇锦	乔晓慧	王铁龙	齐琪	丛薇	陈晨
		邓闪闪	孙晨翔	姜新舒	牛梦雅	温迪雅	郭冠呈
		刘丹丹	王磊	赵文星	童心	卢熠蕾	赵一冰
		杨伟楠	张敬然	林炜琛	高一凡	李丹妮	胡琬秋
		刘滋菁	白苑	柯飘飘	陈艺丹	杨雯皓	胡若兰
		李彤	赵书畅	张宇婷	温轶凡	刘金钏	殷茹静
		陈娇	刘松	王邑维	陈丽	金远亮	李司令
		毛捷	戚祥	孙祝秋	王建超	余嘉栋	张军
		张顺	张银巧	左志强	邓梵渊	杨其磊	王维
		王奕涵	孙乐群	王明浩	刘紫微	杨帆	张龄月
		王慧	高亚伟	何源	靳晓光	李虎	马金元
		王伟	汤翊	金曦	施匡围	孔祥蕊	孟园
		董赵鑫	付博亚	祁航	孙娇	王小桐	
		黄君（留学生）	英杰（留学生）				
	土木工程	王晓婷	马可可	白昱			
	工程博士	徐潜	汪自书	童琳			
2023	环境科学与工程	施沁人	侯琮语	王艳菲	宋启楠	崔晓敏	刘家峻
		吕熠	李俊禹	黑生强	荣易	雷晓宇	李桃（留学生）

年　份	专　业	博士研究生名单(学位授予)					
2023	环境科学与工程	黄广寒	王一迪	杨彩凤	张芬芬	百　合 (留学生)	王　健
		徐　慧	晏　涛	赵　阳	石　川	萨迪娅 (留学生)	陈俊文
		陈舒宁	陈　宇	邓晨娟	宫曼莉	胡嘉敏	鞠彤瑶
		李宇舫	刘立全	罗立炜	时　光	苏子昂	王韵杰
		徐冉云	尹荣强	朱　茜	段　磊	张艳艳	吕一铮
		杨玉龙	袁　进	高灵伟	景　琦	邹　雪	张飞龙
		张　朔	辛怀佳	陈锦玲 (留学生)	胡佳慧	郑　权	亓雪娇
		陈　建	姜越琪	王黎声	王一茗	张雅欣	周可人
		王昆朋	王振通	张政芳	贾宇锋	董新维	王　璞
		侯志昂	杨　进 (留学生)	刘　昊			
	工程博士	杨大杰	贾明昊				

注：数据截至 2023 年年底。

附录 11 清华大学环境系/学院出版著作一览

序号	作者	著作名称	出版社	年份	备注
1	李国鼎	核动力的环境问题	原子能出版社	1985	译
2	张瑞武	供热与空调自动控制的理论及应用	清华大学出版社	1985	译
3	傅国伟，程声通	水污染控制系统规划	清华大学出版社	1985	
4	顾夏声	水处理工程	清华大学出版社	1985	
5	刘存礼，俞珂	放射性去污	原子能出版社	1986	译
6	刘存礼	臭氧化法水处理工艺学	清华大学出版社	1987	译
7	傅国伟	河流水质数学模型及其模拟计算	中国环境科学出版社	1987	
8	钱易	水污染及其防治	中国文化书院	1987	主编
9	钱易	水污染的天然控制系统	国家环保局	1988	译
10	傅国伟，程振华	水质管理信息系统的系统分析	中国环境科学出版社	1988	
11	顾夏声	水处理微生物学基础(第二版)	中国建筑工业出版社	1988	
12	刘兆昌	供水水文地质(第2版)	中国建筑工业出版社	1988	
13	张锡辉	无机化学基础	高等教育出版社	1988	
14	钱易	工业废水处理的厌氧消化过程	中国环境科学出版社	1989	译
15	钱易	小区废水处理工程	中国环境科学出版社	1989	译
16	钱易	水的再生与回用	中国环境科学出版社	1989	译
17	郝吉明	大气污染控制工程	高等教育出版社	1989	
18	井文涌，何强	当代世界环境	中国环境科学出版社	1989	
19	钱易，郝吉明，吴天宝	工业性环境污染的防治	科学技术出版社	1989	
20	王继明	给水排水管道工程	清华大学出版社	1989	

续表

序号	作者	著作名称	出版社	年份	备注
21	王亚俊，许保玖	英汉给排水词典	中国建筑工业出版社	1989	
22	蒋展鹏	水化学	中国建筑工业出版社	1990	译
23	程声通	环境系统分析	高等教育出版社	1990	
24	蒋展鹏，祝万鹏	环境工程检测	清华大学出版社	1990	
25	李国鼎	环境工程	中国环境科学出版社	1990	
26	李国鼎	固体废物处理与资源化	清华大学出版社	1990	
27	钱易	城市污水稳定塘设计手册	中国建筑工业出版社	1990	副主编
28	王继明	建筑设备与电气工程	地震出版社	1990	
29	王志石	中国博士后科学论文集	清华大学出版社	1990	
30	席德立	无废工艺——工业发展新模式	清华大学出版社	1990	
31	俞毓馨	环境工程微生物检验手册	中国环境出版社	1990	
32	刘兆昌	地下水系统的污染与控制	中国环境科学出版社	1991	
33	许保玖	当代给水与废水处理原理	清华大学出版社	1991	
34	张坤民，王伟	地球环境报告——《朝日新闻》高级记者关于地球环境的见闻录	中国环境科学出版社	1992	译
35	蒋展鹏，杨志华，祝万鹏	环境工程学	高等教育出版社	1992	
36	许保玖	给水处理理论与设计	中国建筑工业出版社	1992	
37	张兰生	实用环境经济学	清华大学出版社	1992	
38	张坤民，王伟	日本的公害教训	中国环境科学出版社	1993	译
39	ZhangTianzhu，William C. Hart	Water Resources Planning and Management in China and Canada	中国环境科学出版社	1993	
40	顾夏声	废水生物处理数学模式（第二版）	清华大学出版社	1993	
41	钱易	现代废水处理新技术	科学技术出版社	1993	主编
42	王继明	土木建筑工程概论	高等教育出版社	1993	
43	程声通	环境系统分析题解	高等教育出版社	1994	
44	何强	环境学导论	清华大学出版社	1994	

续表

序号	作者	著作名称	出版社	年份	备注
45	钱易，张晓健	第一届海峡两岸环境与发展研讨会论文集	万国学术出版社	1994	
46	黄铭荣，胡纪萃	水污染治理工程	高等教育出版社	1995	
47	钱易，郝吉明，余刚	资源发展与环境保护	中国环境科学出版社	1995	主编
48	王继明	建筑设备工程	地震出版社	1995	
49	席德立	清洁生产	重庆大学出版社	1995	
50	曹东，张天柱	国际经济手段和气候变化	中国环境科学出版社	1996	译
51	钱易	爱护我们的"地球村"	上海科技教育出版社	1996	
52	张瑞武	智能建筑	清华大学出版社	1996	
53	张自杰，钱易，章非娟	环境工程手册(水污染防治卷)	高等教育出版社	1996	
54	刘兆昌，李广贺，张旭	水资源利用工程与原理	清华大学出版社	1997	
55	王继明	建筑设备	中国建筑工业出版社	1997	
56	张坤民	可持续发展论	中国环境科学出版社	1997	主笔
57	顾夏声	水处理微生物学	中国建筑工业出版社	1998	
58	李广贺，刘兆昌，张旭	水资源利用工程与管理	清华大学出版社	1998	
59	刘兆昌，李广贺，朱琨	供水水文地质(第三版)	中国建筑工业出版社	1998	
60	钱易，郝吉明	顾夏生教授八十寿辰庆贺文集——环境科学与工程	清华大学出版社	1998	
61	钱易，郝吉明，张晓健，张鸿涛	许保玖教授八十寿辰庆贺文集——水工业与可持续发展	清华大学出版社	1998	
62	张天柱，吴兴辉	ISO 14000环境管理体系审核员预备知识国家通用教程	华语教学出版社	1998	参编

续表

序号	作者	著作名称	出版社	年份	备注
63	张忠祥, 钱易	城市可持续发展与水污染防治对策	中国建筑工业出版社	1998	
64	Jining Chen, M. B. Beck	Discriminating power of The EPA's Multi-Media Model in performing A Screening Task	Environmental Protection Agency, USA	1999	
65	王占生, 刘文君	微污染水源饮用水处理	中国建筑工业出版社	1999	
66	谢振华, 张坤民, 施汉昌,等	中国环境保护	中国统计出版社	1998	
67	张坤民, 何雪炀, 温宗国	气候保护倡议	中国环境科学出版社	2000	译
68	程声通	环境灾害学引论	中国环境科学出版社	2000	
69	傅立新	欧洲及其他国家机动车排放法规手册	中国标准出版社	2000	
70	傅立新, 黎维彬	汽车排气污染治理及催化转化器	化学工业出版社	2000	
71	郝吉明	中国人口资源环境与可持续发展战略研究	中国环境科学出版社	2000	
72	李振瑜	绿色的呼唤——关于人与生态环境的故事	中国农业出版社	2000	
73	刘卓慧, 张天柱	ISO 14000 环境管理体系国家注册审核员基础知识通用教程	中国计量出版社	2000	
74	刘卓慧, 张天柱	ISO 14000 环境管理体系国家注册审核员审核知识通用教程	中国计量出版社	2000	
75	聂永丰	三废处理工程技术手册——固体废物卷	化学工业出版社	2000	
76	钱易	环境保护与可持续发展	中央广播电视大学出版社	2000	
77	钱易, 唐孝炎	环境保护与可持续发展	高等教育出版社	2000	主编
78	邵益生, 钱易	人与水	辽宁人民出版社	2000	主编
79	汤鸿霄, 钱易, 文湘华	水体颗粒物和难降解有机物的特性与控制技术原理	中国环境科学出版社	2000	

序号	作者	著作名称	出版社	年份	备注
80	许保玖	给水处理理论	中国建筑工业出版社	2000	
81	许保玖	当代给水与废水处理原理（第二版）	高等教育出版社	2000	
82	张兰生	全球变化	高等教育出版社	2000	
83	张瑞武	智能建筑的系统集成及其工程实施	清华大学出版社	2000	
84	王灿	环境影响的经济分析	中国环境科学出版社	2001	译
85	Xuehua Liu	Mapping and Modelling the habitat of Giant Pandas in Foping Nature Reserve, China	Febodruk BV, Enschede, Netherlands	2001	
86	郝吉明，傅立新，贺克斌，等	城市机动车排放污染控制	中国环境科学出版社	2001	
87	郝吉明，王立章	英汉环境科学与工程词汇	化学工业出版社	2001	
88	郝吉明，王书肖，陆永琪	燃煤二氧化硫污染控制技术手册	化学工业出版社	2001	
89	郝吉明，谢绍东，段雷，等	酸临界负荷及其应用	清华大学出版社	2001	
90	钱易，郝吉明，陈吉宁，等	环境科学与工程研究（李国鼎教授八十寿辰庆贺文集）	清华大学出版社	2001	
91	王建龙，文湘华	现代环境生物技术	清华大学出版社	2001	
92	张天柱，郭怀成，尚金城	环境规划学	高等教育出版社	2001	
93	张锡辉	高等环境化学与微生物学原理及应用	化学工业出版社	2001	
94	周律	环境工程技术经济和造价管理	化学工业出版社	2001	
95	周中平，朱滇林，赵毅红	清洁生产导论	化学工业出版社	2001	
96	段雷，黄永梅	可持续能源的前景	清华大学出版社	2002	译

续表

序号	作　者	著　作　名　称	出　版　社	年份	备注
97	王建龙	环境工程导论	清华大学出版社	2002	译
98	Zijian Wang, Chunxia Wang, Xihui Zhang	Environmental Concerns and Emerging Abatement Technologies for Toxic Substances	Marcel Dekker Inc	2002	
99	陈吉宁, 胡厚业, 张天柱,等	水清木华润淄博	中国建筑工业出版社	2002	
100	郝吉明, 马广大	大气污染控制工程（第二版）	高等教育出版社	2002	主编
101	蒋展鹏	城市水工程概论	中国建筑工业出版社	2002	
102	李广贺, 张旭	水资源利用与保护	中国建筑工业出版社	2002	
103	李圭白, 蒋展鹏, 范瑾初,等	城市水工程概论	中国建筑工业出版社	2002	
104	李金惠	The Asia-pacific Regional Scoping Workshop on Environmentally Sound Management of Electronic Wastes	UNEP/SBC	2002	主编
105	钱易, 刘昌明	中国江河湖海防污减灾对策	中国水利水电出版社	2002	主编
106	秦钰慧, 凌波, 张晓健	饮用水水质安全与净化	化学工业出版社	2002	
107	王建龙	生物固定化技术与水污染控制	科学出版社	2002	
108	王志石, 陈吉宁, 杜鹏飞	澳门环境与城市发展科学研究	澳门大学出版社	2002	
109	杨志华	兴水大业的思考与探索	天津科学技术出版社	2002	
110	张锡辉	水环境修复工程学原理与应用	化学工业出版社	2002	
111	张彭义, 余刚	中國環境ビジネス現状と将来予測	日本神鋼リサーチ株式会社	2002	
112	周律	中小城市污水处理投资决策与工艺技术	化学工业出版社	2002	
113	周中平	清洁生产工艺及应用实例	化学工业出版社	2002	

序号	作者	著作名称	出版社	年份	备注
114	周中平,赵毅红,朱滇林	室内污染检测与控制	化学工业出版社	2002	编著
115	刘文君	饮用水水质对人体健康的影响	中国环境科学出版社	2003	译
116	温东辉,陈吕军	污染预防与清洁生产原理学员手册	中国环境科学出版社	2003	译
117	温东辉,陈吕军	污染预防与清洁生产原理教师手册	中国环境科学出版社	2003	译
118	温东辉,陈吕军,赵华林,等	污染预防与能源效率工业评估指南	中国环境科学出版社	2003	译
119	张锡辉,刘勇弟	废水生物处理	化学工业出版社	2003	译
120	柏延臣,王劲峰	遥感信息不确定性研究：分类与尺度效应模型	地质出版社	2003	
121	党安荣,贾海峰,易善桢,等	地理信息系统应用指南	清华大学出版社	2003	
122	郝吉明,王书肖,王丽涛	大气污染控制工程例题与习题集	高等教育出版社	2003	
123	胡纪萃,周孟津,左剑恶,等	废水厌氧生物处理理论与技术	中国建筑工业出版社	2003	
124	李国鼎	环境工程手册——固体废物污染防治卷	高等教育出版社	2003	
125	傅国伟,等	环境工程手册——环境规划卷	高等教育出版社	2003	
126	李金惠	危险废物管理与处理处置技术	化学工业出版社	2003	参编
127	刘文君	饮用水中可生物降解有机物和消毒副产物特性研究	高等教育出版社	2003	
128	温东辉,陈吕军,赵华林	鼓励型工业污染预防政策的理论与实践	中国环境科学出版社	2003	
129	张坤民,温宗国,杜斌,等	生态城市评估与指标体系	化学工业出版社	2003	
130	周律	给水排水工程技术经济与造价管理	清华大学出版社	2003	

序号	作者	著作名称	出版社	年份	备注
131	郝吉明	工程与环境导论	科学出版社	2004	译
132	唐中实, 贾海峰, 尹平,等	地理信息系统(下卷):管理与应用(第二版)	电子工业出版社	2004	译
133	余刚, 张祖麟,等	水污染导论	科学出版社	2004	译
134	郝吉明, 段雷	大气污染控制工程实验	高等教育出版社	2004	主编
135	何强, 井文涌, 王翊亭	环境学导论	清华大学出版社	2004	
136	马金	建筑给水排水工程	清华大学出版社	2004	主编
137	曾思育	环境管理与环境社会科学研究方法	清华大学出版社	2004	
138	张忠祥, 钱易	废水生物处理新技术	清华大学出版社	2004	主编
139	周律	给水排水工程技术经济与造价管理——电子教案	清华大学出版社	2004	
140	余刚, 刘希涛, 郑叶青,等	等离子体-电弧及其他热处理技术——应用于持久性有机污染物	中国环境科学出版社	2005	译
141	李金惠, 王琪, 冀静平,等	废电池管理与回收	化学工业出版社	2005	
142	蒋建国	城市环境卫生基础设施建设与管理	化学工业出版社	2005	
143	蒋建国	固体废物处理处置工程	化学工业出版社	2005	
144	陈吉宁, 王灿	清洁发展机制	社会科学文献出版社	2005	参编
145	陈吉宁, 王灿	清洁发展机制方法学指南	社会科学文献出版社	2005	参编
146	贾海峰	北京市污水厂合理规模研究	中国建筑工业出版社	2005	参编
147	胡洪营, 张旭, 黄霞,等	环境工程原理	高等教育出版社	2005	
148	蒋展鹏, 祝万鹏, 杨宏伟,等	环境工程学	高等教育出版社	2005	

序号	作者	著作名称	出版社	年份	备注
149	余刚,牛军峰,黄俊,等	持久性有机污染物——新的全球性环境问题	科学出版社	2005	编著
150	余刚,黄俊	持久性有机污染物知识100问	中国环境科学出版社	2005	
151	顾夏声,胡洪营,文湘华,等	水处理生物学	中国建筑工业出版社	2006	
152	钱易	清洁生产与循环经济：概念、方法和案例	清华大学出版社	2006	
153	张晓健	安全饮用水保障技术	中国建筑工业出版社	2006	副主编
154	王洪涛,陆文静	农村固体废物处理处置技术	中国环境科学出版社	2006	
155	王伟,武田信,何品晶,等	日中英廃棄物用語辞典	日本Ohmsha	2006	
156	李金惠,温雪峰,等	电子废物处理技术	中国环境科学出版社	2006	
157	李金惠,杨连威,等	危险废物处理技术	中国环境科学出版社	2006	
158	李金惠	危险废物管理政策与处理处置技术	中国环境科学出版社	2006	参编
159	陈吉宁	城市水管理中的新思维——是僵局还是希望	化学工业出版社	2006	
160	程声通	环境系统分析教程	化学工业出版社	2006	主编
161	贾海峰,刘雪华,等	环境遥感原理与应用	清华大学出版社	2006	
162	傅涛,陈吉宁,常杪,等	城市水业改革的十二个问题	中国建筑工业出版社	2006	
163	傅涛,常杪,钟丽锦	中国城市水业改革实践与案例	中国建筑工业出版社	2006	
164	周律,李涛	环境技术基础：供水、废物管理与污染控制	清华大学出版社	2007	译
165	刘文君	城镇供水应急技术手册	中国建筑工业出版社	2007	
166	贺克斌	中国城市可持续交通	中国铁道出版社	2007	参编
167	蒋建国,陆正禹	全国注册环保工程师培训教材	中国环境科学出版社	2007	参编

序号	作者	著作名称	出版社	年份	备注
168	李金惠，王伟，王洪涛	城市生活垃圾规划与管理	中国环境科学出版社	2007	
169	胡洪营，黄霞，张旭	环境工程原理电子课件（电子教案）	高等教育出版社	2007	
170	刘雪华	生态学——关于变化中的地球	清华大学出版社	2007	
171	姜冬梅	应对气候变化	中国环境科学出版社	2007	
172	傅涛	市场化进程中的城市水业	中国建筑工业出版社	2007	
173	施汉昌	污水处理在线检测仪器原理与应用	化学工业出版社	2008	
174	郝吉明，段雷	燃烧源可吸入颗粒物的物理化学特征	科学出版社	2008	
175	蒋建国	固体废物处置与资源化	化学工业出版社	2008	
176	王洪涛	多孔介质污染物迁移动力学	高等教育出版社	2008	
177	余刚，黄俊	中国二噁英类持久性有机污染物减排控制战略研究	中国环境科学出版社	2008	
178	胡洪营，魏东斌，王丽莎	污水再生利用指南	化学工业出版社	2008	
179	李振瑜，刘沫，等	过滤介质及其选用	中国纺织出版社	2008	
180	李俊华	环境催化	科学出版社	2008	
181	孙佑海，张天柱	循环经济立法框架研究	中国法制出版社	2008	
182	傅涛，常杪、钟丽锦	Reform of China'surban Water Sector	IWA Publishing Ltd.	2008	
183	李金惠，等	危险废物及其鉴别管理	中国环境科学出版社	2008	
184	陆化普，毛其智，李政，等	快速城镇化进程中的城市可持续交通——理论与中国实践	中国铁道出版社	2008	
185	周律，邢丽贞	给水排水计算手册	清华大学出版社	2009	
186	周律，周玉文，邢丽贞	供水漏损控制手册	清华大学出版社	2009	

序号	作者	著作名称	出版社	年份	备注
187	陈吉宁,等	中国城市节水与污水再生利用的潜力评估与政策	科学出版社	2009	
188	陈吉宁, 李广贺, 王洪涛,等	流域面源污染控制技术——以滇池流域为例	中国环境科学出版社	2009	
189	段宁, 乔琦, 孙启宏,等	循环经济理论与生态工业技术	中国环境科学出版社	2009	
190	张天柱,等	环境规划学	高等教育出版社	2009	
191	张悦, 张晓健, 陈超,等	城市供水系统应急净水技术指导手册	中国建筑工业出版社	2009	
192	王灿,等	Sectoral Approach and International Technology Development and Transfer	Economic Science Press	2009	
193	李金惠	危险废物管理(第2版)	清华大学出版社	2010	译
194	郝吉明	大气污染控制工程(第三版)	高等教育出版社	2010	
195	李金惠, 程桂石,等	电子废物管理理论与实践	中国环境科学出版社	2010	
196	温宗国	当代中国的环境政策:形成、特点与趋势	中国环境科学出版社	2010	
197	李广贺, 李发生, 张旭,等	污染场地环境风险评价与修复技术体系	中国环境科学出版社	2010	
198	李广贺	水资源利用与保护(第二版)	中国建筑工业出版社	2010	主编
199	刘雪华	The Giant Panda-Natural Heritage of Humanity	中国林业出版社	2010	参编
200	贾海峰,等	遥感图像处理教程	清华大学出版社	2010	
201	钱易, 石磊	生态文明十五讲	科学出版社	2015	
202	王书肖	Encyclopedia of Environmental Health,2e	爱思唯尔	2019	
203	张晓健, 林朋飞	砷污染应急处置技术	中国环境科学出版社	2010	
204	刘兆昌	供水水文地质(第四版)	中国建筑工业出版社	2011	
205	张晓健, 黄霞	水与废水物化处理的原理与工艺	清华大学出版社	2011	
206	胡洪营	再生水水质安全评价与保障原理	科学出版社	2011	

序号	作者	著 作 名 称	出版社	年份	备注
207	贺克斌, 段凤魁, 马永亮	大气颗粒物与区域复合污染	科学出版社	2011	
208	胡洪营	环境工程原理	高等教育出版社	2011	
209	傅涛	水价二十讲	中国建筑工业出版社	2011	
210	曾思育	环境与生态统计——R 语言的应用	高等教育出版社	2011	译
211	施汉昌	污水处理厂在线监测仪器的原理与应用	中国建筑工业出版社	2011	译
212	李金惠	电子产品的生态设计与管理	中国环境科学出版社	2011	
213	胡洪营	藻类生物质能源基本原理、关键技术与发展路线图	科学出版社	2011	译
214	李金惠	环境无害化管理手册	化学工业出版社	2011	
215	李金惠	废弃电器电子产品管理政策研究	中国环境科学出版社	2011	
216	文湘华	水回用：问题、技术与实践	清华大学出版社	2011	译
217	常杪	小城镇·农村生活污水分散处理设施建设管理体系	中国环境科学出版社	2012	
218	陈吉宁	汶川特大地震灾后环境安全评价方法与实践	中国环境科学出版社	2012	
219	傅涛	供水服务的模式选择	中国建筑工业出版社	2012	
220	李广贺	"十一五"中国环境学科发展报告	中国环境科学出版社	2012	
221	左剑恶	纺织染整工业污染综合防治最佳可行技术	化学工业出版社	2012	译
222	施汉昌	污水处理反应器的计算流体力学	中国建筑工业出版社	2012	
223	施汉昌	污水处理好氧生物流化床的原理与应用	科学出版社	2012	
224	杨博琼	污染综合防治技术的经济效益与跨介质影响	化学工业出版社	2012	译
225	刘雪华	3S 技术与野生动物生境评价的结合——优势、问题和未来	中国科学技术出版社	2012	
226	蒋建国	城市生活垃圾处理知识问答	中国环境科学出版社	2012	
227	刘雪华	城市多样性保护研究案例研究	中国环境科学出版社	2012	

序号	作者	著作名称	出版社	年份	备注
228	郑明霞	集约化畜禽养殖污染综合防治最佳可行技术	化学工业出版社	2012	译
229	邓述波，余刚	环境吸附材料及应用原理	科学出版社	2012	
230	楚碧武，蒋靖坤，吕子峰，等	Atmospheric Aerosols	INTECH	2012	
231	李金惠	Waste Electrical and Electronic Equipment (WEEE) Handbook	Woodhead Publishimg	2012	
232	李金惠	控制危险废物越境转移及其处置巴塞尔公约二十年	化学工业出版社	2012	
233	常杪，田欣，李冬微	Good Practices in Urban Water Management	ADB Publishing	2012	
234	李金惠	危险废物填埋场地下水污染风险评估和分级管理技术	中国环境出版社	2012	
235	黄霞，文湘华	水处理膜生物反应器原理与应用	科学出版社	2012	
236	蒋建国	固体废物处置与资源化（第二版）	化学工业出版社	2013	
237	胡洪营	再生水利用的里程碑：世界成功案例	IWA Publishing	2013	
238	刘雪华	黄秉维先生百年诞辰纪念文集	科学出版社	2013	
239	李金惠	废电池处理处置现状及管理对策研究	中国环境出版社	2013	
240	常杪	中日低碳发展比较研究	中国环境出版社	2013	
241	刘文君，王占生	给水深度处理技术原理与工程案例	中国建筑工业出版社	2013	
242	高志永	钢铁行业污染综合防治最佳可行技术	化学工业出版社	2013	译
243	施汉昌	污水处理在线监测仪器原理与应用（第二版）	化学工业出版社	2013	
244	张彭义	紫外光在水和废水处理中的应用	机械工业出版社	2013	译
245	刘雪华	区域开发生态风险评价理论与方法研究	中国环境出版社	2013	
246	王伟	Solid Waste Management	Kyoto University Press	2013	
247	刘书明	给水管网系统	高等教育出版社	2014	译

序号	作者	著作名称	出版社	年份	备注
248	李金惠，刘丽丽	废弃电器电子产品回收利用与环境监管技术研究	中国环境出版社	2014	
249	施汉昌	污水生物处理的数学模型与应用	中国建筑工业出版社	2014	
250	李广贺	土壤污染防治知识问答	中国环境出版社	2014	
251	贺克斌，霍红，王岐东，等	道路机动车排放模型技术方法与应用	科学出版社	2014	
252	石磊	区域生态文明建设的理论与实践：宁波北仑案例	浙江大学出版社	2014	
253	石磊	区域经济的产业联动与生态化：宁波北仑案例	浙江大学出版社	2014	
254	李广贺，张旭	中国环境学科发展报告（2012 年）	化学工业出版社	2014	
255	常杪	中国排污权交易制度设计与实践	中国环境出版社	2014	
256	陈吕军	中国生态工业园区建设模式与创新	中国环境出版社	2014	
257	李金惠	污染场地修复管理与实践	中国环境出版社	2014	
258	常杪	环境保护投融资方法与实践	中国环境出版社	2014	
259	常杪	中国城市水效管理	中国发展出版社	2014	
260	王凯军	厌氧生物技术（I）——理论与应用	化学工业出版社	2014	
261	曾思育	城市二元水循环系统演化与安全高效用水机制	科学出版社	2014	
262	李金惠	生活和消费过程废弃物处理处置环境风险评估及管理	中国环境出版社	2014	
263	席劲瑛，王灿，武俊良	工业源挥发性有机物（VOCs）排放特征与控制技术	中国环境出版社	2014	
264	李金惠	电子废物利用与处置知识问答	中国环境出版社	2015	
265	李广贺	地下水污染风险源识别与防控区划技术	中国环境出版社	2015	
266	郝吉明	大气二次有机气溶胶污染特征及模拟研究	科学出版社	2015	
267	李金惠	各国危险废物填埋场运行与管理技术指南	中国环境出版社	2015	
268	周小红	微生物降解氯苯类化合物机理与应用	化学工业出版社	2015	
269	胡洪营	水质研究方法	科学出版社	2015	

序号	作者	著作名称	出版社	年份	备注
270	李广贺	中国土壤环境管理支撑技术体系研究	科学出版社	2015	
271	李俊华	烟气催化脱硝关键技术研发与应用	科学出版社	2015	
272	李金惠	美国危险废物管理体系及处置设施技术规范	中国环境出版社	2015	
273	李金惠	污染场地修复教程	中国环境出版社	2015	参编
274	李金惠	固体废物管理与资源化知识问答	中国环境出版社	2015	
275	温宗国	城市循环经济发展系统方法、共性技术与应用实践	中国环境出版社	2015	
276	李金惠	危险废物填埋场设计与建设机器质量保证指南	中国环境出版社	2015	
277	李金惠	美国废轮胎管理法律法规选编	中国环境出版社	2015	
278	李金惠	2013年度巴塞尔公约亚太中心固体废物污染防治研究报告	中国环境出版社	2015	
279	贾海峰	城市遥感：城市环境监测、集成与建模	高等教育出版社	2015	译
280	胡洪营	环境工程原理(第三版)	高等教育出版社	2015	
281	孙傅	中国水资源管理挑战：三条红线	Global Water Partnership	2015	
282	石磊	Handbook of Research Methods and Applications in Environmental Studies	Edward Elgar Publishing	2015	
283	王凯军	通往可持续环境保护之路——UASB之父Gatze Lettinga的厌氧故事	化学工业出版社	2015	译
284	张旭	污染地下水修复技术筛选与评估方法	中国环境出版社	2015	
285	李金惠, 温宗国, 宋庆彬,等	中国城市矿产开发利用实践与展望	中国环境出版社	2015	
286	黄霞, 文湘华	膜法水处理工艺膜污染机理与控制技术	科学出版社	2016	
287	李金惠	危险废物管理与处理处置技术丛书——美国危险废物填埋设施环境监测指南	中国环境出版社	2016	译

序号	作者	著 作 名 称	出版社	年份	备注
288	王书肖	长三角区域霾污染特征、来源及调控策略	科学出版社	2016	
289	王书肖	中国大气汞排放特征、环境影响及控制途径	科学出版社	2016	
290	王书肖	环境科学技术学科发展报告（大气环境）	中国科学技术出版社	2016	
291	岳东北	固体废物热力处理技术	化学工业出版社	2016	
292	张彭义	光催化材料及其在环境净化中的应用	化学工业出版社	2016	
293	曾思育	可持续城市水环境系统规划方法与应用	中国建筑工业出版社	2016	
294	王斌	持久性有机污染物防治知识问答	中国环境出版社	2016	
295	曾思育	城市降雨径流污染控制技术	中国建筑工业出版社	2016	
296	李金惠	2014—2015 年度巴塞尔公约亚太区域中心固体废物和化学品污染防治研究报告	中国环境出版社	2016	
297	贾海峰	城市河流环境修复技术原理及实践	化学工业出版社	2017	
298	蒋建国	固体废物处理处置工程技术与实践	中国环境出版社	2017	参编
299	温宗国	生态文明建设与能源生产消费革命	科学出版社	2017	
300	曾现来	E-Waste：Regulations，Management Strategies and Current Issues	NOVA 出版集团	2017	
301	刘雪华	景观生态学	高等教育出版社	2017	
302	张彭义	全球视角下的大气化学	机械工业出版社	2017	译
303	温宗国	生态文明建设的重大意义与能源变革研究	科学出版社	2017	
304	温宗国	生态文明建设和新型城镇化及绿色消费研究	科学出版社	2017	
305	李广贺	《"十二五"中国环境学科发展报告》"土壤与地下水学科发展报告"	化学工业出版社	2017	
306	李金惠，曾现来，刘丽丽，等	循环经济发展脉络	中国环境出版社	2017	
307	张彭义	环境有机化学反应机理	机械工业出版社	2017	译

序号	作者	著作名称	出版社	年份	备注
308	温宗国	中国低碳发展丛书：行业减排路径与低碳发展	中国环境出版社	2017	
309	温宗国	行业节能减排先进适用技术评价方法及应用	科学出版社	2017	
310	李金惠，谭全银，曾现来，等	危险废物污染防治理论与技术	科学出版社	2018	
311	刘雪华	景观生态学学科发展报告	中国科学技术出版社	2018	
312	李金惠，贾少华，谭全银	环境外交基础与实践	中国环境出版集团	2018	
313	李金惠，谭全银	环境风险评价方法与实践	中国环境出版集团	2018	
314	李金惠，陆冬森，么新，等	欧盟报废电子电气设备（WEEE）指令研究	中国环境出版集团	2018	
315	巫寅虎	能源微藻利用内源磷的生长及油脂积累特性	清华大学出版社	2018	
316	李金惠，董庆银，段立哲，等	废荧光灯管收集与处理政策研究与示范	中国环境出版集团	2018	
317	刘雪华	草原自然资源资产负债表编制理论与实践——以内蒙古锡林郭勒盟为例	内蒙古人民出版社	2018	
318	杜鹏飞	全民技术素质学习大纲	中国科学技术出版社	2018	
319	刘雪华	生态文明理论与实践	清华大学出版社	2018	
320	陈超	Taste and Odor in Source and Drinking Water: Cases, Controls, and Consequences	IWA Publishing	2019	
321	李金惠	POPs 知多少之二噁英	中国环境出版集团	2019	参编
322	陈超	环境化学前沿（第二辑）	科学出版社	2019	
323	李俊华	工业烟气多污染物深度治理技术及工程应用	科学出版社	2019	
324	王书肖	京津冀细颗粒物相互输送及对空气质量的影响	科学出版社	2019	
325	刘书明	Reducing Energy for Urban Water and Wastewater: Prospects for China	IWA Publishing	2019	

序号	作者	著作名称	出版社	年份	备注
326	温宗国，焦烽，王肇嘉，等	水泥窑协同处置生活垃圾关键技术及城乡统筹一体化应用	中国环境出版集团	2019	
327	蒋建国，高语晨	钒及其伴生重金属污染土壤修复技术	中国环境出版集团	2019	
328	钱易，李金惠	生态文明建设理论研究	科学出版社	2020	
329	温宗国，李金惠	中部地区生态文明建设及发展战略研究	科学出版社	2020	
330	李广贺，贾海峰，刘建国，等	河网地区城镇水环境综合整治技术与工程应用	中国建筑工业出版社	2020	
331	王灿，蔡闻佳	气候变化经济学	清华大学出版社	2020	
332	温宗国	无废城市：理论、规划与实践	科学出版社	2020	
333	余刚	POPs知多少之氟代持久性有机污染物	中国环境出版集团	2020	
334	钱易，温宗国	新时代生态文明建设总论	中国环境出版集团	2021	
335	温宗国	新时代生态文明建设探索示范	中国环境出版集团	2021	
336	王灿	碳达峰碳中和：迈向新发展路径	中共中央党校出版社	2021	
337	刘雪华	气候变化绿皮书：应对气候变化报告（2021）	社会科学文献出版社	2021	章节作者
338	胡洪营	中国城镇污水处理与再生利用发展报告（1978—2020）	清华大学出版社	2021	
339	刘雪华	自然生态系统保护与生态文明	中国环境出版集团	2021	
340	李金惠	无废城市建设：模式探索与案例	科学出版社	2021	
341	李金惠，石磊，等	湖北省域生态文明发展战略研究——生态产业和无废城市的生态文明建设策略	科学出版社	2022	
342	李金惠，谭全银，刘丽丽	电子废物协同回收处理技术与应用	中国环境出版集团	2022	
343	温宗国，王奕涵	工业节能减排精准化管理与系统化决策	科学出版社	2022	

序号	作者	著作名称	出版社	年份	备注
344	金正宇，侯峰，王凯军	地下厂再生水厂揽胜	清华大学出版社	2022	
345	李金惠	中国环境管理发展报告（2020-2021）	社会科学文献出版社	2022	
346	蒋建国，岳东北，田思聪，颜枫	固体废物处置与资源化（第三版）	化学工业出版社	2022	
347	贾海峰	环境信息技术与实践	高等教育出版社	2023	
348	邱勇	基于微流控技术的细菌抗生素耐药性研究	冶金工业出版社	2023	
349	曾现来	物质流分析及其应用	北京航空航天大学出版社	2023	
350	王灿，孙若水，谢璨阳，等	全球气候公约谈判	中国环境出版集团	2023	
351	彭鑫，刘欢	船舶大气污染物排放监测技术及应用	人民交通出版社	2023	
352	邱勇	城镇污水收集与处理系统提质增效技术及应用	中国建筑工业出版社	2023	

注：数据截至 2023 年年底。

附录 12　清华大学环境学科发展大事记

1928 年

清华大学设立市政工程学系水利及卫生工程组。

1934 年

建立卫生工程实验室。

1952 年

设立给水排水本科专业。

1957 年

建成给水排水实验室。

1977 年

设立环境工程本科专业。

1978 年

设立环境工程硕士专业。

1980 年

设立土木与环境工程系。

1981 年

与国家环保局共同建立环境工程研究所。

1984 年

8 月 30 日,清华大学环境工程系成立,并文涌任系主任。

由国家环保局出资,环保楼(现环境系馆)开始兴建。

获得环境工程博士学位授予点,第一位博士研究生导师为顾夏声教授。

顾夏声教授任国家教育委员会环境工程教材委员会主任、城乡建设环境保护部给水排水与环境工程教材编审委员会主任委员。

1985 年

11 月,建立环境工程博士后流动站。

曲格平成为环境工程系第一位兼职教授。

调整设立七个教研组：水物理化学处理教研组、环境生物工程教研组、大气污染控制教研组、环境系统工程教研组、环境工程化学与监测教研组、核工业环境工程教研组和环境工程设计教研组。

"深圳城市污水排往珠江口规划设计研究"和"丹东大沙河水质评价及污染控制系统规划研究"分获国家科学技术进步奖三等奖。

1986 年

环保实验楼(环境系老系馆)落成,建筑面积 3030 m^2。

举行陶葆楷教授 80 寿辰暨执教 55 周年祝贺大会。

设立市政工程硕士点,增设放射性废物处理(后来改称核工业环境工程)专业博士点。

设立陶葆楷奖学金。

张晓健通过博士学位论文答辩,成为国内培养的第一位环境工程专业博士研究生。

1987 年

建立独立的系党总支,叶书明同志任第一任党委书记。

3 月,校首届教职工代表大会、第十三届工会代表大会第二次会议召开。

4 月,全系迁进新落成的环境馆。

《环境学导论》获国家教育委员会优秀教材一等奖。

黄铭荣教授当选为世界工程组织联合会(WFEO)工程与环境委员会副主席。

"主要污染物水环境容量研究"获国家科学技术进步奖二等奖。

1988 年

清华大学环境工程学科被国家教育委员会评为全国唯一的环境工程重点学科。

1989 年

环境工程专业教研组调整。调整前：给水排水、大气污染与控制、核工业环境工程、环境工程化学与监测、水物化处理、环境系统工程、环境生物工程；调整后：给水排水工程、大气污染与控制、固体废物处理与核环境工程、环境工程化学与监测、环境规划与管理、水污染控制工程。

由清华大学、中国科学院生态环境研究中心、北京大学与北京师范大学联合建立的"环境模拟与污染控制国家重点联合实验室"正式立项。

完成国家"七五"重点科技攻关计划 8 项专题和 6 项子专题研究任务。

给水排水专业恢复招生。

"城市污水处理和再利用"获国家科学技术进步奖二等奖。

1990 年

完成国家"七五"重点科技攻关计划 8 项专题和 6 项子专题研究任务。

开始建设"环境模拟与污染控制国家重点联合实验室",联合实验室主任为钱易教授,办公室设在清华大学环境工程系,并在环境工程系建立水污染控制实验室。

1991 年

举行环境工程研究所建所十周年暨陶葆楷教授执教 60 周年庆祝会。

校学生田径运动会,环境系获囊括(乙组)男子团体、女子团体和男女团体总分三项第一名,首次获得马约翰杯。

校研究生田径运动会,环境系获(乙组)男女团体、女子团体总分第一名。

1992 年

我国市政工程和环境工程的创始人之一、土木工程与环境工程教育家、环境工程系教授陶葆楷先生逝世,享年 86 岁。

系党委调整,卜城任党委书记。

1993 年

调整设立六个教研组:水污染控制教研组、给水排水教研组、环境工程化学与监测教研组、环境规划与管理教研组、大气污染与控制教研组和固体废物处理与处置教研组。

"国家环保局、清华大学环境工程研究所"更名为"国家环保局、清华大学环境工程设计研究院",并文涌兼任院长,并在院内增设中国有害废物管理处置培训与技术转让中心和国家环保局北京水污染处理设备质量监督检验中心。

"高浓度有机废水的厌氧生物处理技术"获国家科学技术进步奖三

等奖。

承办世界工程组织联合会工程与环境委员会"第三次世界工程与环境大会"。

《水处理工程系列课教学改革》获北京市高校优秀教学成果奖一等奖。

校学生田径运动会,环境系连续三年获(乙组)女子团体总分第一名,永久保留马约翰杯。

1994 年

12 月,系领导班子换届,郝吉明任系主任,陆正禹任党委书记。

"陶葆楷塑像落成仪式"举行。

12 月,建系十周年庆祝大会召开。全国人大副委员长王炳乾,国务委员、国家科委主任宋健,全国人大资源与环境委员会主任曲格平,国家教委副主任张孝文,国家环保局局长解振华、副局长张坤民,王大中、方惠坚、李传信等领导为环境系题词或送来贺信。国家教委、国家科委、国家环保局、国家自然科学基金委、建设部等单位的领导及校领导王大中、方惠坚等出席庆祝大会。

环境科学与工程学科群被列为清华大学"211 工程"优先发展和重点支持的学科群之一。

6 月 3 日,中国工程院正式成立,钱易教授当选首批院士之一。

6 月,北京清华双益环境工程技术开发公司成立。

1995 年

被国家环境保护局和国家教委授予"全国环境教育先进单位"称号。

王继明教授 80 寿辰祝贺会。

6 月 26 日,顾夏声教授亦当选中国工程院农业、轻纺与环境学部院士。

10 月,环境模拟与污染控制国家重点联合实验室建成并通过了由计委组织的专家组进行的验收。

在清华大学、北京大学、北京师范大学和中科院生态中心四家单位成立了环境模拟与污染控制国家重点联合实验室,其中清华大学环境工程系设立了水污染控制分室,由钱易教授任联合实验室兼水污染控制分室主任。

完成国家"八五"重点科技攻关计划6项专题和8项子专题研究任务。

与北京市公用局共建"北京市节水技术研究开发培训中心"。

环境系学生创建"清华大学学生绿色协会",《绿色希望》创刊。

1996年

环境系被第三次全国环保系统科技会议授予"全国环境保护科技工作先进集体"称号。

从1996级本科生起实行本硕统筹培养方案,本科学制改为四年。

1997年

8月,环境工程系正式更名为环境科学与工程系,并新设立了环境科学专业。

《提高学生的工程设计能力,改革课程设计》获北京市优秀教学成果奖一等奖。

3月,环境工程专业招收攻读工程硕士专业学位的研究生。

钱易教授当选为世界工程组织联合会(WFEO)副主席。

联合国环境规划署巴塞尔公约"亚洲太平洋地区危险废物管理培训与技术转让中心(北京)"成立,中心挂靠"国家环保局、清华大学环境工程设计研究院"。

"染料工业废水综合治理技术与工艺"获国家科学技术进步奖二等奖。

12月,国务院学位办1997年组织学位点评估,环境工程博士点、硕士点,核环境工程博士点、硕士点,市政工程硕士点均顺利通过评估。

1998年

9月,环境系被中国环境保护协会评为环境保护先进单位。

举行顾夏声教授80寿辰祝贺会。

举行许保玖教授80寿辰祝贺会。

12月,新增市政工程博士点和环境科学硕士点;根据国务院的专业目录精神,完成了环境工程、市政工程、辐射防护与环境保护3个博士点,以及环境工程、环境科学、市政工程、辐射防护与环境保护4个硕士点和工程硕士的培养方案的制定和修改。

清华大学"创建'绿色大学'示范工程项目"启动,环境系开设全校性选修课《环境保护与可持续发展》。

"中国酸沉降及其生态环境影响研究"获国家科学技术进步奖一等奖。

"北京国环清华环境工程设计研究院"完成注册。

郝吉明教授担任世界工程组织联合会工程与环境委员会委员。

"YHG 系列水平轴转刷曝气机"获国家发明奖三等奖。

陆正禹同志担任环境系党委书记。郝吉明任环境科学与工程系主任。

经国务院学位委员会办公室批准,我校从 1998 年起,环境等 11 个工程领域正式招收攻读工程硕士专业学位的研究生。

1999 年

系行政班子换届,陈吉宁任系主任。

4 月,清华大学环境科学与工程研究院成立,何建坤任环境科学与工程研究院管委会主任(兼);郝吉明任院长。

11 月,启动"'985 计划'环境科学与工程学科一期项目"建设工程。

9 月,扩大办学规模。本科招生从原有每年 2 个班 60 人扩大到每年 3 个班 90 人。

环境工程系被中国环境保护协会评为先进单位。

"氨浸法从电镀污泥和不锈钢酸洗废液中回收重金属"获国家科学技术进步奖三等奖。

环境系机构调整:取消教研组建制,设立水质科学与工程研究所、大气污染与控制研究所、固体废物污染控制与资源化研究所、环境系统分析研究所和环境模拟与污染控制国家重点联合实验室。

何苗的博士学位论文《杂环化合物和多环芳烃生物降解性能的研究》被评为(首届)"全国优秀博士学位论文"。

2000 年

1 月,"211"工程"环境工程重点学科建设项目"通过验收。

在全国一级学科评比中,清华大学环境科学与工程学科点获第一名。

完成国家"九五"重点科技攻关计划 5 项专题和 15 项子专题的研究任务。

中标国家重大科技专项"滇池流域面源污染控制技术研究"和"北京市大气污染控制对策研究"。

全面启动 SRT 计划,申请项目 36 项,首批批准实施 27 项,共 84 名学生参加。成功申请到"环境科学与工程"一级学科博士授予权。

2001 年

系党委换届,李振瑜任党委书记。

3 月,环境系获首届中华环境奖提名奖。

举行李国鼎教授 80 寿辰祝贺会。

以唯一全票同意,获"环境科学与工程"一级学科博士学位授予权。

实施教学改革方案:制定新课程体系和学生培养方案,新方案从 2001 级本科生起开始全面实施;试行本科生"导师制";酝酿学生 Internship 实践方案;制定并实施研究生培养与管理的各项规定,完善博士研究生最终学术报告的制度化建设。

环境工程专业再次被评为国家重点学科。

4 月,清华大学学生绿色协会荣获第五届(2001 年)"地球奖"集体奖。

刘文君的博士学位论文《饮用水中可生物降解有机物和消毒副产物特性研究》被评为"全国优秀博士学位论文"。

成立"深圳研究生院环境工程与管理研究中心"。

成立"清华大学持久性有机污染物(POPs)研究中心"。

2002 年

《环境保护与可持续发展》获全国普通高等学校优秀教材一等奖。

增设"环境科学研究所",重点建设"现代环境生物学"和"环境观测与分析"两个公共研究平台。

承担国家"十五'863 计划'"9 项课题和 12 项子课题研究任务。

"持久性污染物的环境界面化学与控制技术原理"获国家自然科学奖二等奖。

"城市生活垃圾卫生填埋示范工程"获国家科技进步奖二等奖。

"北京国环清华环境工程设计研究院"成为拥有多项工程设计和咨询甲级资质的专业设计单位。

与东北大学、中国环境科学研究院共同组建"国家环境保护生态工业重点实验室"。

环境系首届博士研究生论坛举行。

2003 年

"水处理工程"被评为"北京市精品课程"。

"'985 计划'环境科学与工程学科一期建设项目"通过验收。

在环境科学与工程一级学科下增设"环境生态学"专业。

环境系获"北京市抗击'非典'先进基层党组织"称号。

学校"十五""211 工程"大型水体污染控制与修复理论和技术项目启动。

段雷的博士学位论文《中国酸沉降临界负荷区划研究》被评为"全国优秀博士学位论文"。

"有毒有害有机废水高新生物处理技术"和"难降解有机工业废水新型预处理技术及关键设备"分获国家科学技术进步奖二等奖。

清华水业战略(系列)论坛启动,颁布《清华水业蓝皮书》。

2004 年

6 月,中意合作项目清华大学环境节能楼在清华校园内奠基。由意大利政府出资 1.5 亿元人民币修建的清华环境节能楼项目是其在海外投资建设的第一个教育建筑工程,也是中国科技部和意大利环境与国土资源部合作的最大项目。

通过建设部"全国高等学校给水排水工程专业评估"。

"大气污染控制工程"被评为北京市精品课程。

学生"绿色协会"连续 8 年获清华大学学生"十佳协会"称号。

2003 年科研综合业绩:SCI 收录论文 55 篇,科研经费逾 2500 万元。

获授权发明专利 33 项。

由清华大学主办、环境系主持的《环境科学与工程》创刊。

2005 年

郝吉明教授荣膺中国工程院院士。

2005 年,学校启动"985 工程"(二期)"区域与全球环境安全"重点创新平台项目。

NSFC、JST 框架下的重大国际合作项目在环境系启动。

开展"城市污水处理厂在线监测与自动控制"培训班。

清华-耶鲁环境与可持续发展市长高级研究班成功举办。

清华大学-美国 Alcoa 基金"中国农村地区可持续发展"项目启动会。

中意清华环境节能楼隆重封顶。

积极参与松花江水污染处理工作。

清华大学与苏州共建循环经济基地。

"新型膜-生物反应器的研制与应用"通过 863 专家验收。"高效好氧生物反应器研制与应用"通过 863 专家验收和鉴定。

2006 年

3 月

陈吉宁教授被教育部任命为清华大学副校长。

清华大学丰田研究中心成立,郝吉明院士任主任。

学生绿色协会被共青团中央、教育部、全国学联授予第二届全国"优秀学生社团标兵"称号。

联合国环境署执行主任克劳斯·特普费尔受聘清华大学荣誉教授。

4 月

学校任命余刚教授为系主任。

与美国 Hach 公司共建"水质监测联合研究中心"。

设立清华大学环境科学与工程系"陶葆楷励学金"。

由环境系发起的第一届环境友好科技竞赛启动。

第 49 届马约翰杯学生田径运动会上,荣获男子团体、女子团体和男女团体三项冠军,同时荣获体育道德风尚奖。

环境科学与工程系荣获清华大学 2005 年度"先进集体"表彰。

5 月

清华大学被国家环境保护总局授予全国建设项目环境影响评价优秀甲级单位。

主持设计的亚洲最大的膜生物反应器污水深度处理工程在密云建成(45 000 t/d)。

主办"持久性有机污染物论坛 2006 暨第一届持久性有机污染物全国学术研讨会"。

美国地球政策研究所所长莱斯特·布朗先生访问清华,并作题为"拯救地球,延续文明——与世界共同思考全球经济的前途"的演讲。

6 月

陈吉宁副校长、郝吉明院士当选中国环境科学学会第六届理事会副会长。

7 月

中意清华环境节能楼剪彩仪式和庆祝大会举行,科技部部长徐冠华、副部长尚勇、教育部副部长章新胜、意大利环境与领土资源部部长佩克拉罗·斯卡尼奥、清华大学顾秉林校长等领导出席。

第一届环境友好科技竞赛成果展在环境节能楼展厅举行,教育部副部长章新胜教授在陈吉宁副校长的陪同下参观展览。

环境系获建设部"'十五'全国建设科技进步先进集体"荣誉称号,张晓健教授获"'十五'全国建设科技进步先进个人"荣誉称号。

8 月

钱易院士、郝吉明院士和陈吉宁副校长被聘为"国家环境咨询委员会"委员。

陈吉宁副校长被聘为"国家环保总局科学技术委员会"副主任,井文涌教授被聘为委员。

2006—2010 年教育部高等学校环境科学与工程教学指导委员会第一次会议暨第一次全国环境学科院长/系主任联络会成功召开。

9 月

学校任命钱易院士为清华大学学术委员会主任。

郝吉明院士获"第二届高等学校教学名师奖"。

刘文君副教授获"2006 年北京市优秀教师"荣誉称号。

挪威环境部长 Helen Bjørnøy 女士访问清华大学,并作题为"我们当前面临的一些重大问题"的演讲。

10 月

研究所调整,在环境工程方向设立水环境保护研究所、饮用水安全研究所、地下水与土壤环境研究所、大气污染与控制研究所、固体废物控制研究所和环境工程设计研究所,在环境科学方向设立环境化学研究所和环境生物学研究所,在环境管理方向设立环境系统分析研究所和环境管理与政策研究所。

与日本三洋电机公司共建"环境技术研发中心"。

由学生绿色协会参与发起并承办的"2006 中华环保 NGO 可持续发展年会"在清华大学成功举行。

环 32 班获 2005—2006 学年度北京市先进集体称号。

11 月

联合国教科文组织(UNESCO)、中国联合国教科文组织全国委员会、清华大学联合举办"面向可持续发展的工程教育国际研讨会"。

12 月

环境系新主页正式开通。

环境系隆重举办"陶葆楷先生诞辰 100 周年纪念大会",校长顾秉林院士出席并作重要讲话,同时举办"陶葆楷先生生平图片展""纪念陶葆楷先生诞辰 100 周年"学术论坛暨清华大学 131 期博士生论坛,编制制作纪念文集和纪念光盘。

钱易院士主讲的"环境保护与可持续发展"课程先后入选 2006 年度北京市精品课程和国家精品课程。

贺克斌教授、余刚教授获 2006 年度国家杰出青年科学基金。

举办陈志义教授 80 寿辰祝贺会。

2007 年

1 月

NSFC-JST 重大国际合作研究项目启动会暨水环境污染修复与资源/能源生产耦合技术研讨会召开。

2 月

清华大学-山西省环境保护全面合作启动,陈吉宁副校长率团访问山西省环保局。

中国工程院农业学部和环境与轻纺工程学部在京院士新春茶话会在我校举行。

意大利经济发展部副部长阿尔福索·贾尼先生访问清华大学并参观中意清华环境节能楼。

3 月

《环境科学与工程前沿》(*Frontier of Environmental Science & Engineering*)创刊号正式由高等教育出版社和 Springer 出版发行并开通网络版。

挪威首相延斯·斯托尔滕贝格先生访问清华大学,就"国际合作与气候变化"发表演讲。

与日本东北大学大学院环境科学研究科签署学术交流与合作协议。

"松花江重大污染事件爆炸现场排水管线污染应急修复技术"课题通过科技部验收。

4月

成立"清华大学全球环境研究中心"，郝吉明院士任主任。

余刚教授随中国政府代表团出席"持久性有机污染物公约第三次缔约国大会"。

国家发改委副主任解振华先生视察中意清华环境节能楼。

意大利经济和财政部部长托马索·帕多阿·斯乔巴先生访问清华大学并参观中意清华环境节能楼。

联合国环境署巴塞尔公约秘书处高级法律官员 Donata Rugarabamu 女士访问环境系。

环境系在第50届清华大学马约翰杯田径运动会中再夺三项团体冠军，荣获马约翰杯年度总冠军。

5月

无锡市委书记和市长致函清华大学党委书记和校长，感谢张晓健教授在解决无锡蓝藻供水危机事件中发挥的重要技术支撑作用。

国家自然科学基金重点项目"水质安全与净化新理论新技术"通过验收和鉴定。

正式启用中意清华环境节能楼为环境系新系馆。

主办2007饮用水紫外线消毒技术国际高级研讨会。

6月

系行政、党委换届，余刚任系主任，胡洪营、汪诚文、段雷任系副主任，杜鹏飞任党委书记，施汉昌、蒋建国任副书记。

环境系与大连市环保局签署合作意向书，陈吉宁副校长受聘大连市政府环境咨询顾问。

沈国舫院士受聘清华大学双聘教授。

张天柱教授负责的中国循环经济立法框架研究通过评审。

主办水环境监测与传感器技术国际研讨会。

主办第四届中日环境管理研讨会。

7 月

科技部党组书记、副部长李学勇先生视察环境系和中意清华环境节能楼。

主办第二届固体废物管理与技术国际会议。

联合国环境规划署高级技术官员 Heidelore Fiedler 博士访问环境系。

8 月

钱易院士获第三届全国高等学校教学名师奖。

主办第一届中韩持久性有机污染物学术研讨会。

9 月

系学术委员会启动每周一次的"环境学术沙龙"。

曲格平先生等一行参观中意清华环境节能楼。

张晓健教授荣获北京市"孟二冬式优秀教师"称号。

"环境监测"课程入选 2007 年度北京市精品课程。

李金惠教授参加巴塞尔公约不限成员名额工作组第六届会议。

10 月

面积达 20 000 m² 的中意清华环境节能楼启用,成为环境系的新系馆。中意清华环境节能楼落成纪念碑揭幕仪式隆重举行,科技部尚勇副部长、意大利驻华大使谢飒先生、校党委书记陈希教授、意大利环境与领土海洋部克里尼先生等出席并致辞。

教育部本科教学工作水平评估专家组对环境系进行评估考察。

启动环境系本科生因材施教培养计划。

郝吉明院士担任清华大学第九届学位评定委员会副主席。

主办中意气候变化研讨会,国家发改委副主任解振华先生、意大利驻华大使谢飒先生等出席开幕式并致辞。

首届全国博士生学术会议在中意环境节能楼举行。

主办第三届中日环境催化和生态材料研讨会。

承办第七届中日水环境研讨会暨 NSFC-JST 重大国际合作项目成果交流会。

邓述波副教授入选 2007 年度教育部新世纪优秀人才支持计划。

11 月

"清华环境论坛"首期开讲。

郝吉明院士受聘为中国环境科学学会环境教育工作委员会主任。

德国亚琛工业大学马克斯·多曼教授受聘清华大学客座教授。

教育部高等学校环境科学与工程教学指导委员会等单位共同举办的第二届"大学环境类课程报告论坛"召开。

段凤魁的博士学位论文入选 2007 年全国优秀博士学位论文。

"清华大学中德合作环境科学研究生课程项目总结会"举行。

环境系团委获 2007 年清华大学社会实践标兵分团委称号。

12 月

环境工程学科经考核评估继续被核准为国家重点学科。

清华大学与富士康科技集团、河北省人民政府、北京东方环境研究院共同开展环境领域合作的框架协议在石家庄签署,陈希书记和陈吉宁常务副校长代表学校、杜鹏飞书记代表环境系出席签字仪式。

主办首届全国环境学科建设研讨会。环境工程学科第三次被评为国家重点学科。

陈吉宁教授被教育部任命为清华大学常务副校长。

黄霞教授获 2007 年度国家杰出青年科学基金。

张晓健教授荣获"2007 绿色中国年度人物"称号。

刘文君教授被聘为全国紫外线消毒标准化技术委员会主任委员。

环境系研究生会荣获"2006—2007 学年度清华大学优秀研究生分会"和"体育特色工作奖"两项大奖。

2008 年

1 月

清华大学与日本京都大学和东北大学、韩国 KAIST 和 POSTECH 及中国同济大学五所亚洲著名大学签署合作协议,共同发起"区域环境与可持续发展"博士研究生课程。

主办"中国环境保护投资大会"。

2 月

"清华大学-碧水源环境膜技术研发中心"成立。

"中法环境能源管理高级硕士项目"第一期开班典礼在清华大学举行,法国巴黎矿校校长、里昂国家应用科学学院院长出席并致辞。

3 月

制定环境系"十一五"后三年的发展规划纲要。

全国政协副主席董建华莅临环境系指导工作。

张天柱教授和王灿副教授收到联合国政府间气候变化委员会（IPCC）颁发的 2007 年诺贝尔和平奖证书复印件，以表彰他们作为 IPCC 获奖集体一员所做出的重要贡献。

4 月

"顾夏声院士九十华诞庆贺会暨顾夏声励学基金捐赠仪式"举行。

与苏伊士环境集团签署共建"环境科学与工程实验实践教学中心"合作协议。

"清华大学-北京健坤伟华废弃物资源化与新能源技术研发中心"成立。

签署"清华大学-威尼斯国际大学可持续发展交流项目"第二期合作协议。

清华大学常务副校长、环境系教授陈吉宁获第三届"中国环境大使"称号。

在第 51 届马约翰杯学生运动会中蝉联乙组总冠军，勇夺田径运动会乙组女子团体冠军，实现了女团的四连冠。

举办宁波市"生态文明与可持续发展"高级研修班。

以学校名义主办"2008 城市水业战略论坛"。

5 月

饮用水安全研究所荣获"全国五一劳动奖状"。

李俊华教授获清华大学 2007 年度学术新人奖。

为科技部、环保部、水利部、建设部和地方政府抗震救灾工作提供强有力的技术支持，全系师生积极组织和参加多种形式的抗震救灾活动。

主办"持久性有机污染物论坛 2008 暨第三届持久性有机污染物全国学术研讨会"。

主办"清华-查尔姆斯大学可持续发展论坛"。

"再生资源交易与循环经济信息网"正式开通。

6 月

依托环境系建立的"新能源与环境国际研发中心"被科技部和外专局批准为国家级国际联合研究中心。

主办的"第三届清华大学环境友好科技竞赛"圆满结束。

作为轮值主持单位启动"中日韩区域环境与可持续发展"博士研究生课程。

微软公司向环境系捐赠一套大型数据处理与复杂环境系统模拟计算平台系统。

主办"2008 城市水业高级技术论坛"。

7 月

钱易院士连任清华大学学术委员会主任。

四川省环保局为环境系在抗震救灾工作中的突出贡献发来感谢信，成都市环保局为环境系赠送锦旗。

王伟教授课题组为青岛"战浒苔,保奥运"工作提供科技支持。

环境系为奥林匹克森林公园"龙形水系"水质保障提供技术支持。

8 月

张天柱教授作为专家组组长参与起草的《循环经济促进法》获全国人大表决通过。

联合国副秘书长阿齐姆·施泰纳（Achim Steiner）先生参观环境系承担的奥林匹克森林公园源分离生态卫生项目。

环境系承担的国家水重大科技专项——"环太湖河网地区城市水环境整治技术研究与综合示范"项目通过专家论证并正式启动。

环境系数十名学生志愿者服务于北京奥运会水立方、IBC 和北区场馆。

9 月

胡洪营教授获 2008 年度国家杰出青年科学基金。

环境系环境工程专业教学团队入选 2008 年"北京市优秀教学团队"。

"环境工程原理"入选 2008 年度"北京市精品课程"。

张晓健教授获 2008 年度"北京市人民教师"提名奖。

杨波同学的博士学位论文入选 2008 年"北京市优秀博士学位论文"。

10 月

依托环境系的"清华大学环境质量检测中心"通过国家资质认定。

国家环保部授予环境系"北京奥运会残奥会环境质量保障工作先进集体"荣誉称号,郝吉明院士、贺克斌教授分别获得"北京奥运会残奥会环境质量保障工作先进个人"荣誉称号。

前全国人大环境与资源委员会主任委员、国家环保局局长曲格平教授做客清华环境论坛,纵论改革开放三十年来我国的环境保护历程。

环境工程专业教学团队入选 2008 年"国家级教学团队"。

"环境工程原理"入选 2008 年度"国家精品课程"。

主办"第二届全国博士生学术会议"。

主办"温室气体减排技术与经济分析国际研讨会"。

11 月

签署"清华大学-昆山环境保护合作协议"。

与挪威生命科学大学签订合作协议。

"奥运空气质量保障方案研究项目组"获科技部"科技奥运先进集体"称号;郝吉明院士、蒋展鹏教授、胡洪营教授分别获得"科技奥运先进个人"荣誉称号。

荷兰环境保护、住房与计划部长杰奎琳·克拉玛(Jacqueline Cramer)女士出席环境系主办的"中荷废物环境管理高级别论坛"。

《环境保护与可持续发展》大型系列教学片获 2008 年清华大学优秀教学软件一等奖。

主办"第三届固体废物管理与技术国际会议"。

承办"第八届中日水环境研讨会"。

主办"2008 高级固废论坛"。

12 月

郝吉明院士获"2008 绿色中国年度人物"提名。

与成都市环保局签署全面合作意向书。

由环境系主编、高等教育出版社和 Springer 出版发行的英文期刊 *Frontiers of Environmental Science & Engineering in China* 自 2008 年第 4 期起全部刊发原发英文稿件。

黄霞教授等完成的"低能耗膜-生物反应器污水资源化新技术与工程应用"获教育部 2008 年度高等学校科学技术进步一等奖。

李广贺教授等完成的"受污染场地环境风险评价及修复的管理技术体系研究"获环保部 2008 年环境保护科学技术一等奖。

顾夏声院士主编的《水处理生物学(第四版)》、张天柱教授主编的

《清洁生产导论》分别入选 2008 年"北京高等教育精品教材"。

和西安建筑科技大学环境与市政学院共同主办"第二届全国环境学科建设研讨会"。

举办"许保玖教授九十华诞庆贺会"。

2009 年

1 月

环境科学与工程一级学科在教育部组织的学科评估中获得第一名。"985 工程"(二期)"区域与全球环境安全"重点创新平台项目通过验收。

2 月

常务副校长陈吉宁任"水体污染控制与治理"科技重大专项技术副总师；环境系承担"水专项"城市水环境主题中"环太湖河网地区城市水环境整治技术研究与综合示范"项目。

举办山西省环保局领导干部环境管理高级研修班。

3 月

清华大学(环境科学与工程系)-山东十方环境与生物能源工程研发中心成立。

深入学习实践科学发展观系列活动正式启动。

主办第二届中国环境投资大会。

4 月

"环境科学与工程实验实践教学中心"被评为校一级实验室。

第四届清华大学环境友好科技竞赛启动。

各届系友齐聚环境系共庆清华大学 98 周年华诞暨环境系建系 25 周年。

井文涌教授荣获"香港环境保护协会全国人物环保成就奖"。

举办河北省环保系统环境管理高级研修班。

5 月

"固体废物资源化及应急控制工程教育部重点实验室"建设计划通过教育部专家论证。

依托环境系建立的"Basel 公约亚太协调中心"获准为联合国环境规划署 POPs 公约区域中心。

主办"持久性有机污染物论坛 2009 暨第四届全国持久性有机污染物学术研讨会"。

开办中国光大国际有限公司工程硕士研究生班。

6 月

主办曲格平先生 80 华诞暨从事环境保护 40 年庆贺会。

7 月

校党委书记胡和平带队到环境系调研。

"环境科学与工程实验实践教学中心"被评为北京市实验教学示范中心。

清华大学(环境科学与工程系)中国循环经济产业研究中心成立。

8 月

研究成果"彗星式纤维滤料及应用"荣获第十八届全国发明展览会金奖。

9 月

钱易院士获 2009 年"清华大学突出贡献奖"。

Frontiers of Environmental Science & Engineering in China 自 2009 年 1 月被 SCI 收录,成为清华大学第一本被 SCI 收录的英文刊物。

意大利环境领土和海洋部部长访问环境系。

清华-苏伊士环境联合成立环境科学与工程实验实践教学中心。

"践行可持续发展理念,创建大学绿色教育体系"荣获北京市教学成果特等奖。

龙峰的论文入选 2009 年"北京市优秀博士学位论文"。

第 23 次教育工作研讨会环境系系列活动正式启动。

《科学》杂志封面文章发表哈佛大学与环境系合作研究成果。

与国际水协联合举办 2009 国际水协第五届膜技术大会。

与苏州市政府联合主办 2009 中国城市循环经济发展论坛。

10 月

与德国乌帕塔尔气候环境与能源研究院签署合作备忘录。

钱易院士获世界工程组织联合会 2009 年优秀工程教育奖。

环境系学生参加国庆 60 周年群众游行、广场联欢和复兴之路演出等活动。

环境系学生黄悦等在"中日韩青少年环保创意作品展"上为温家宝总理介绍三国青少年利用废旧物品制作的环保作品。

主办第三届环境学科全国博士生学术会议。

主办第三届中瑞环境与可持续发展研讨会。

承办全国给水深度处理研究会 2009 年年会。

11 月

清华环境系与法国威立雅集团共同举办环境与城市管理高级研修项目（第一期）。

"环境监测"入选国家级精品课程。

主办第六届环境模拟与污染控制学术研讨会。

主办国际厌氧生物先进技术研讨会。

环境系学生的课外科创作品获第十一届"挑战杯"全国大学生课外学术科技作品竞赛二等奖。

主办第四届固体废物管理与技术国际会议。

12 月

"环境科学与工程实验实践教学中心"入选 2009 年度国家级实验教学示范中心建设单位。

贺克斌教授等完成的"大气颗粒物及其前体物排放与复合污染特征"项目获国家自然科学奖二等奖。

黄霞教授等完成的"低能耗膜-生物反应器污水资源化新技术与工程应用"项目获国家科学技术进步奖二等奖。

主办第三届全国环境学科建设研讨会。

环境系教师参加联合国气候变化大会。

主办第二届中韩持久性有机污染物研讨会。

2010 年

1 月

举行环境系迎春茶话会，表彰教学工作先进个人刘建国、席劲瑛，科研工作先进个人邓述波、王灿，学生工作先进个人刘书明、刘艳臣，信息工作先进个人刘莉。

3 月

"国家环境保护环境技术管理与评估工程技术中心"通过环保部组织的可行性论证。

牵头成立城市集中式生物质燃气产业技术创新战略联盟。

清华大学战略环境评价研究中心成立。

黄霞教授指导的博士研究生的论文获 *Environmental Science and Technology*（*ES&T*）2009 年度最佳技术类论文奖。

主办第三届中国环境投资大会。

4 月

环境节能楼为中欧清洁能源中心揭牌。

校友陈良刚设立"清华校友立升励学金"。

1985 级系友设立"绿荫基金"。

清华大学第五届环境友好科技竞赛正式启动。

国家发展和改革委员会副主任、国家能源局局长张国宝和欧盟委员会主席巴罗佐莅临。

刘文君教授获詹天佑创新集体奖。

主办中德水中微量有机污染物控制学术研讨会。

主办 2010 年（第八届）城市水业战略论坛。

以总分全校第二的优异成绩获"清华大学第 28 届挑战杯学生课外科技竞赛"优胜杯。

获得第 53 届"马约翰杯"运动会乙组亚军，实现女团 6 连冠。

5 月

由 10 名全球知名专家学者组成的国际专家组对环境学科进行首次国际评估。

钱易院士被聘为清华大学绿色大学建设专家委员会主任。

清华大学（环境系）-北京鼎实建筑工程有限公司污染场地综合治理联合研究中心成立。

举办清华-耶鲁环境与城市可持续发展高级研究班。

胡洪营教授获第六届北京市高等学校教学名师奖。

举办海峡两岸能源与环境研讨会。

主办"持久性有机污染物论坛 2010 暨第五届全国持久性有机污染物学术研讨会"。

6 月

郝吉明院士当选为中国工程院环境与轻纺工程学部主任。

"威立雅"拔尖创新人才奖首次颁奖。

参与发起并主办国际青年能源与气候变化峰会。

陈吉宁教授当选中国土木工程学会水工业分会第五届理事会理事长。

主办 2010 水业高级技术论坛暨第四届水业高级技术论坛。

7 月

召开全系党员大会，选举左剑恶、刘文君、刘建国、杜鹏飞、余刚、张旭为新一届党委委员，杜鹏飞任书记，刘文君、刘建国任副书记。系行政换届，余刚任系主任，段雷、左剑恶、蒋建国任副主任。

"环境科学与工程实验实践教学中心"通过 ISO 9001:2008 质量管理体系认证。

清华大学（环境系）-深圳市东江环保股份有限公司重金属资源化与控制技术联合研究中心成立。

环境工程专业入选第六批高等学校特色专业建设点。

与郑州宇通重工有限公司共建研究生就业实践基地。

周集中、解跃峰先后受聘为清华大学教授。

黄霞教授、左剑恶教授等负责的水处理工程入选 2010 年度国家精品课程。

第二炮兵工程设计研究院副总工程师、系友侯立安院士应邀在清华大学 2010 年夏季研究生毕业典礼暨学位授予仪式上讲话。

8 月

第 25 届全国青少年科技创新大赛"清华大学环境友好青少年科技创新奖"颁奖。

9 月

第五届清华大学环境友好科技竞赛圆满落幕。

黄霞等负责的"理论与实践有机融合的水处理工程课程建设"获清华大学教学成果奖特等奖；蒋建国等负责的"环境专业本科生拔尖创新人才培养第二课堂建设实践"获清华大学教学成果奖一等奖。

环境系博士研究生张潇源荣获 2010 年"青年博士生杰出环保人才奖学金"。

举办全国给水深度处理研究会 2010 年年会。

招收来自世界各地的 14 名留学研究生。

10 月

校核心会听取环境系工作汇报并做重要指示。

与上海市环保局签署全面合作协议。

清华大学(环境系)-中国宜兴环保科技工业园及江苏一环集团有限公司环保新技术应用联合研究中心成立。

承担的国家重大水专项"环太湖"项目"十二五"阶段实施方案通过专家论证。

清华大学主办 2010 绿色大学建设国际研讨会。

主办第四届全国环境学科博士研究生学术会议。

11 月

校学术委员会审议通过"关于撤销环境系并成立环境学院的申请"。

郝吉明院士和学生绿色协会分别荣膺 2008、2009"绿色中国年度人物"。

清华大学(环境系)-北京建工环境发展有限责任公司污染场地修复联合研究中心成立。

举办清华-威立雅环境与城市管理高级研修项目(第二期)。

召开 2010 年改革与发展研讨会,全系教师针对"环境学科发展战略""组织机构设置""人事分系列管理"和"本科培养方案修订"四项重要的改革与发展工作进行了深入的研讨,对系发展产生重要影响。

承办技术创新与绿色发展高层论。

主办北京高校环境联盟首届研究生志愿工作论坛。

赵瑜获得"全国优秀博士学位论文"。

上海市环境保护局对环境系发来感谢信,感谢环境系对世博会成功举办提供的科技支持。

12 月

环境系博士后流动站被评为全国优秀博士后科研流动站。

与中国光大国际有限公司共建研究生就业实践基地。

环境系李敦柱同学应征入伍,成为清华大学首位研究生志愿兵。

郝吉明院士等完成的"特大城市空气质量改善理论与技术及其应用"项目获国家科学技术进步奖二等奖。

"国家环境保护环境微生物利用与安全控制重点实验室"通过环保部组织的可行性论证。

主办第四届全国环境学科建设研讨会。

主办第五届固体废物管理与技术国际会议。

主办 2010 固废战略论坛。

环境系"绿缘——灵境时空"学生节晚会成功举办。

张旭获"清华大学优秀党支部书记"称号。

刘书明、段雷获清华大学教学基本功竞赛二等奖。

广东省环境保护厅向环境系致感谢信,对郝吉明院士团队在第 16 届亚运会和首届亚残运会环境质量保障工作中给予的支持表示感谢。

2011 年

1 月

1 月 7 日,清华大学环境学院成立,余刚任院长,杜鹏飞任院党委书记,段雷、左剑恶、蒋建国任副院长,刘文君、刘建国任院党委副书记,刘书明、王玉珏任院长助理。

郝吉明院士指导的博士研究生赵瑜的博士学位论文"中国燃煤电厂大气污染物排放及环境影响研究"入选 2010 年"全国优秀博士生学位论文"。

陈吉宁当选第三届教育部学科发展与专业设置专家委员会副主任委员。

13 名硕士研究生(含 6 名在职工程硕士生)、7 名博士研究生和 10 名留学生被授予清华大学学位。

国家发展和改革委员会致信感谢环境学院在坎昆会议和气候变化国际谈判期间所做出的贡献。

3 月

亚洲开发银行行长黑田东彦访问清华大学并在环境学院发表演讲。

清华大学环境学院华东校友会在上海成立。

上海环保局局长张全学长出席"环环相扣-与校友面对面"首场活动。

举行夏元庆、黄铭荣和苏尚连老师 80 寿辰茶话会。

42 名在职硕士研究生进入环境学院学习。

4 月

15 日,依托清华大学环境学院、深圳研究生院和生命科学学院申请的"国家环境保护环境微生物利用与安全控制重点实验室"正式获得环境保护批准建设。胡洪营任该实验室主任。

隆重举行李国鼎教授 90 华诞暨执教 65 周年庆贺会,授予李国鼎先生"环境学院突出贡献奖"。

近千名环境学院校友返校参加百年校庆活动,学院主题墙和主题雕塑揭幕。

获得清华大学第 29 届"挑战杯"课外学术科技作品竞赛"优胜杯"称号。

获得清华大学 2010—2011 学年度马约翰杯学生运动会乙组总分亚军、第 54 届马约翰杯学生运动会田径乙组男女团体冠军,男子足球队首次获得马约翰杯冠军。

5 月

院务会通过《环境学院组织管理条例》,为学院的组织管理工作提供了依据。

郝吉明院士获"首都精神文明建设奖"荣誉称号。

环境学院第十一次团员代表大会和第二十三届学生代表大会召开。

主办"水中微量有机污染物国际研讨会"。

承办"饮用水紫外线消毒国际研讨会"。

6 月

5 日,环境学院发表院庆贺词《继承弘扬,改革创新,全面提高环境学院发展质量》,将这一天确定为院庆日。

刘文君主持完成的天津泰达自来水紫外线消毒工程获国际紫外线协会 2010 年最佳工程奖。

北京市批准建设"北京市集中生物燃气利用工程技术研究中心"。

23 名学员参加"清华-耶鲁环境与城市可持续发展高级研究班"。

7 月

学院开展机构改革,将研究所调整为教研所,在环境工程系设立水环境保护教研所、饮用水安全教研所、地下水与土壤环境教研所、大气污染控制教研所、固体废物污染控制与资源化教研所、给水排水工程教研所、核环境工程教研所(筹);在环境科学系设立环境化学教研所、环境生物学教研所、生态学教研所;在环境规划与管理系设立环境系统分析教研所、环境管理与政策教研所。

余刚获得"第七届北京市高等学校教学名师奖"。

81 名本科生、55 名硕士研究生（含 14 名在职工程硕士研究生）、16 名博士研究生和 8 名留学生被授予清华大学学位。

8 月

10 名优秀高中生获得第 26 届全国青少年科技创新大赛"清华大学环境友好青少年科技创新奖"。

2011 届本科生舒圆媛和赵健分别获得"立昇杯全国高等学校给水排水工程专业本科生优秀毕业设计（论文）奖"和"中国给水排水杯全国高校给水排水工程专业本科生优秀科技创新项目奖"。

90 名本科生、99 名硕士研究生、64 名博士研究生和 27 名留学生进入环境学院学习。

主办第六届固体废物管理与技术国际会议。

9 月

环境工程学科入选本科专业和研究生层次学科领域 2011 年卓越计划。

29 日，研究生课程"环境与市政工程实践及案例分析（1）"入选"清华大学精品课程（研究生）"称号。环境学院张晓健老师负责的高等水处理工程入选 2011 年清华大学精品课程（研究生）复审通过名单。

主办第八届城市流域管理国际会议暨亚洲水粮食能源安全国际研讨会。

主办"第三届中韩持久性有机污染物研讨会"。

10 月

环境学院院务会任命王洪涛为环境工程系系主任，王慧为环境科学系系主任，王灿为环境规划与管理系系主任。

清华大学学生绿色协会会长、环境学院本科生周慧获选伦敦奥运火炬手。

和台湾大学环境工程研究所共同发起"海峡两岸大学环境学院院长论坛"并主办首届论坛。

开始招收"工程管理硕士"（MEM）。

主办"第五届全国博士生学术会议暨环境科学与工程新理论、新技术学术研讨会"。

清华大学学生绿色协会"太阳能滴灌"项目获得全国节水竞赛"最佳

项目奖"。

11 月

26—27 日,召开环境学院 2011 年改革与发展研讨会,全院教师围绕"十二五"规划、人才培养和队伍建设开展了建设性的讨论。

郝吉明院士获得"第四届国合会委员纪念奖牌"。

胡洪营获得"第六届高等学校教学名师奖"。

张晓健获得"绿动 2011 中国经济十大领军人物"称号。

《大气污染与控制工程(第三版)》入选 2011 年普通高等教育精品教材。

环 82 班获得"北京市先进班集体"称号。

58 名同学参加 2011 年北京国际马拉松赛并获得乙组冠军。

主办"环境模拟与污染控制国际学术研讨会暨第七届环境模拟与污染控制学术研讨会"。

12 月

环境学院新一届学术委员会第一次工作会议召开,决定继续开展清华环境论坛和环境学术沙龙,并启动专门面向学院教师的午餐交流会。

1981 届校友段宁当选中国工程院环境与轻纺工程学部院士。

29 日,"固体废物处理与环境安全教育部重点实验室"建设项目通过验收。

国家发展和改革委员会致信清华大学,感谢环境学院在德班世界气候大会期间给予的大力支持与积极协作。

研究生代表队获得北京高校环境联盟第三届环境主题辩论赛冠军。

博士研究生张潇源获得"2011 年清华大学特等奖学金"。

学生运动队先后获得清华大学游泳、棒球、垒球冠军。

清华大学环境学院华南校友会在深圳成立。

主办"第五届全国环境学科建设研讨会"。

主办"第一届环境微生物利用与安全控制学术研讨会"。

2012 年

1 月

上海交通大学授予顾夏声院士杰出校友成就奖。

11 名硕士研究生(含 8 名在职工程硕士研究生)、6 名博士研究生和

6 名留学生被授予清华大学学位。

2 月

中共中央国务院任命陈吉宁为清华大学校长。

"我国二氧化硫减排理论与关键技术"项目获 2011 年度国家科学技术进步奖二等奖。

胡锦涛等中央领导同志对顾夏声先生逝世表示哀悼并送花圈。

清华大学研究生就业实践广东省佛山市环境保护局基地正式挂牌。

3 月

科技部万钢部长与意大利环境、国土与海洋部克里尼（Corrado Clini）部长访问清华大学并做客清华环境论坛。

获评"十一五"全国环保科技先进集体，郝吉明院士、王凯军教授和温宗国副教授获"十一五"全国环保科技先进个人荣誉称号。

环境学院"水专项"获 2011 年度清华先进集体表彰，王灿、施汉昌荣获清华大学先进个人称号，徐本源荣获离退休工作先进个人称号。

环境学院校友周健鹏获任美国南伊利诺伊大学土木工程系系主任。

布鲁斯·罗根（Bruce Logan）教授受聘担任环境学院客座教授。

中国住建部致信感谢环境学院张晓健教授和陈超副教授在广西龙江镉污染事件中做出的贡献。

联合主办第五届中国环境产业大会。

承办生物质能源产业政策与发展战略研讨会。

30 名在职硕士研究生进入环境学院学习。

4 月

清华校友总会环境协会成立。

上海校友会庆祝母校建校 101 年大会暨清华校友华东环境论坛召开。

23 日,张晓健教授获 2012 年全国五一劳动奖章。

贺克斌教授等在《自然》发文论中国空气质量改善与全球环境效益。

刘文君教授获任国际紫外线协会亚洲/澳大利亚分部主任。

"五大区域重点产业发展战略环境评价"项目通过成果鉴定。

环境学院校友返校庆祝母校 101 年校庆。

环境学院蝉联第三十届挑战杯比赛"优胜杯"。

环境学院-四川深蓝环保生物质燃气技术联合研究中心揭牌。

4月25日,清华大学老牛环境学国际交流基金正式启动。

时隔三年再捧马约翰杯乙组总冠军,其他战绩包括:2011—2012学年度男足比赛总冠军、女足比赛总冠军、田径乙组男女团体亚军,马拉松比赛乙组冠军、游泳比赛乙组冠军、毽绳运动会乙组冠军、女子垒球比赛总冠军、棒球乙组冠军、篮球女子乙组季军、网球乙组团体亚军、羽毛球乙组团体亚军、乒乓球乙组团体季军、田径女子乙组团体冠军、田径男子乙组团体第五名。

环境学院第八次研究生代表大会召开,杜宝玉获选第十五届研究生会主席。

5月

清华大学环境科学与工程一级学科获批北京市重点学科。

蒋建国教授负责的固体废物处理处置工程获"2012年清华大学精品课程"称号,余刚教授负责的环境监测通过清华大学精品课程(本科生)2011年度复审。

国际应用系统分析研究所所长帕维尔·卡巴特(Pavel Kabat)访问清华并做客清华环境论坛。

环境学院联合主办第七届持久性有机污染物论坛。

环境学院校友、广西壮族自治区环境保护厅副厅长蹇兴超出席"环环相扣"活动。

6月

全英文环境学术期刊 *Frontiers of Environmental Science & Engineering* 首获影响因子,影响因子为0.754。

清华举行创先争优表彰大会,张晓健教授获评北京市创先争优优秀共产党员、北京高校创先争优优秀共产党员及清华大学创先争优优秀共产党员,教工第一党支部及环8第二党支部获评清华大学创先争优先进党支部,马德华同学获评清华大学创先争优优秀共产党员,环0党支部"情牵群众同学习,党带班团共提升"活动及环9党支部"寻访校友足迹,树立远大理想"活动获评清华大学创先争优特色活动。

环境学院校友、兼职教授刘鸿亮院士荣获第九届光华工程科技奖。

国家节能中心到环境学院调研,双方就合作达成初步共识。

22 名学员参加"清华-耶鲁环境与城市可持续发展高级研究班"学习。

7 月

5 日，环境学院教师邓述波获得清华大学 2011 年度"学术新人奖"。

19 日，"十一五"国家科技支撑计划"清洁生产与循环经济关键技术开发及应用"重大项目通过验收。

研究生就业实践江苏如东基地签约揭牌。

91 名本科生、56 名硕士研究生（含 12 名在职工程硕士研究生）、17 名博士研究生和 15 名留学生被授予清华大学学位。

8 月

10 名优秀高中生获第 27 届全国青少年科技创新大赛"清华大学环境友好青少年科技创新奖"。

环境学院"多介质复合污染与控制化学"创新研究群体获得国家自然基金委批准和支持。

与北京经济技术开发区共同主办生态工业园建设发展论坛。

87 名本科生、89 名硕士研究生（不含在职工程硕士研究生）、72 名博士研究生和 28 名留学生（含中法项目）进入环境学院学习。

9 月

环境学院教授黄霞、刘文君及解跃峰获选国际水协会高级会士（IWA Fellow）。

澳大利亚格里菲斯大学校长访问清华并签署两校环境学院间合作备忘录。

联合主办第七届固体废物管理与技术国际会议。

2008 年度环保公益项目"工业（化工）COD 减排潜力分析及技术选择研究"通过验收。

环境学院承担的我国行业减排技术方案及其机制研究课题通过验收。

2012 年清华-威立雅"环境与城市管理高级研修项目"开幕，14 名学员进入该项目学习。

第七届环境友好科技竞赛颁奖，清华大学环境学院大四学生孙宇驰凭借《基于 Android 平台的个人碳足迹计算软件开发》获得实物类一等奖，华东师范大学的郭海骏凭借《动态 3D 绿值——一种基于人本效益的城市绿地生态评价模型研究》获得理念类一等奖。

10 月

耶鲁大学环境与森林学院院长彼得·克里恩（Peter Crane）来访并做客清华环境论坛。

国家自然科学基金委到环境学院实地考察创新研究群体。

承办第三届国际工业生态学会亚太会议。

主办第六届全国博士生学术会议暨环境科学与工程新理论、新技术学术研讨会。

两项环保公益性行业科研专项项目通过环保部验收并获评优秀项目。

"十一五"国家科技支撑"重点行业节能减排技术评估与应验研究"项目通过验收。

"推动中国绿色发展的重大战略及技术问题研究"项目通过技术验收。

首届"清华-陶氏可持续发展创新挑战赛"颁奖，陈熹的"诺亚方舟上的水龙头——堆叠型微生物脱盐电池"获得一等奖，张天元小组的"基于微藻细胞培养的生活污水处理与生物质生产耦合工艺"获得二等奖。

荣获 2012 年清华大学教职工文艺汇演特等奖。

2012 年度清华大学研究生运动会中，荣获"乙组男子团体季军""乙组女子团体冠军""乙组总分团体季军"三个奖项，环境学院研究生会获得"优秀组织奖"。

蒋靖坤在《美国科学院院报》发文揭示大气颗粒物形成机制。

11 月

环境学院教授贺克斌获得国际清洁交通委员会（ICCT）授予的"创立贡献奖"，以表彰他在全球清洁汽车和燃料技术方面做出的特殊贡献。

与中国环科院签署联合培养博士研究生合作协议。

与经管学院联合主办"管理学走出商学院：管理与环境融合"研讨会。

主办首届清华校友华南环境论坛暨清华大学环境学院华南校友会2012 年年会。

郝吉明院士获聘佛山市环境保护委员会专家组组长，李金惠、贾海峰、马永亮受聘为专家。

环境学院联合主办第一届中国·宜兴水工业发展国际论坛。

2011—2012学年度优良学风班评比活动中，环03班、环12班、环93班、环91班和环11班荣获清华大学环境学院"优良学风班"称号，环03班荣获清华大学环境学院"学风显著进步班"称号。

12月

15—16日，环境学院召开2012年改革与发展研讨会，围绕人事制度改革主题展开讨论，提出了一系列意见和建议。

12月19日，校党委书记胡和平、副校长邱勇一行到环境学院，与师生代表就学习贯彻十八大精神、人事制度改革、学科建设、青年教师成长等问题进行了调研和座谈。胡和平肯定了环境学院近年来取得的发展成果，并指出，环境学科综合性强，与其他的学科具有很强的交叉融合性，环境学科的发展对于其他学科也具有很强的带动作用。环境学院要重视学科的带动性，做好交叉学科的研究。

清华与厦门大学共同主办第六届全国环境学科建设研讨会。

郝吉明院士当选第五届中国环境与发展国际合作委员会委员。

贺克斌教授等的论文入选"2011年百篇最具影响的国际学术论文"。

参与的《"十二五"循环经济发展规划》获得国务院常务会议通过。

承办2012年饮用水和污水紫外线消毒技术国际研讨会。

联合主办的第二届环境微生物利用与安全控制研讨会在深研院召开。

荣获校就业引导单项奖，刘艳臣荣获就业先进个人称号。

研究生陈熹荣获清华大学特等奖学金。

2013年

1—2月

在教育部"环境科学与工程"一级学科的评估中，清华大学蝉联全国第一。

与亚洲银行、世界资源研究所联合举办环境可持续发展-生态文明与国际社会作用研讨会，共同发布《迈向环境可持续的未来——中华人民共和国国家环境分析》中文版报告。

环境学院博士研究生白桦（导师陈吉宁教授）、哈桑（导师杜鹏飞教授）获得 IDRC-内罗毕大学联合研究基金。

3 月

环境模拟与污染控制国家重点联合实验室召开学术委员会工作会议。

美国威斯康星州自然资源厅长凯茜·斯坦普（Cathy Stepp）女士代表团来访。

清华大学的"Bioclean"代表队以环境学院胡洪营教授课题组开发的"污水再生处理与微藻生物质生产耦合工艺"为主题参赛并获得"Most Professional"奖。

4 月

环境学院喜迎各届校友返校庆祝清华大学 102 周年华诞，1993 届校友捐赠院士墙。

共青团清华大学环境学院研究生团员代表会议、环境学院第九次研究生代表会议召开。

环境学院荣获第 2013 年马杯学生运动会乙组总分亚军与体育道德风尚奖，女团实现田径 9 连冠，女足蝉联全校总冠军。

5 月

区域环境质量协同创新中心培育启动仪式暨研讨会在环境学院举行。

开办昆山市生态文明暨环境管理与保护高级研修班。

承办持久性有机污染物论坛 2013。

主办第二届可持续的固体废物管理研讨会。

第八届全国环境友好科技竞赛启动。

环境学院荣获第九届清华大学"清锋明辩"中文辩论赛乙组冠军。

6 月

5 日，环境学院-北京国环清华环境工程设计研究有限公司"国环清华讲席教授"项目签约。

环境学院联合举办第七届工业生态学国际大会。

清华-耶鲁"环境与城市可持续发展高级研究班"开班。

2013 年清华-威立雅"环境与城市管理高级研修项目"启动。

7 月

召开教师大会宣布党政换届干部任免通知,贺克斌接替余刚担任环境学院院长。

环境学院召开理论学习中心组专题会议就教育实践活动进行动员部署。

环境学院举行 2013 届毕业典礼。

郝吉明院士、黄霞教授荣获清华大学"教书育人先进个人"称号。

李俊华教授入选"国家高层次人才特殊支持计划"科技创新领军人才。

杨云锋教授研究组在《自然》子刊发文报道青藏高原微生物功能多样性。

贺克斌教授和李金惠教授出席生态文明贵阳国际论坛,贺克斌教授作题为"中国 PM2.5 污染的来源和控制"的报告。

2013 年全国环境类研究生暑期学校举行,82 名学员顺利通过考核结业。

中法环境管理高级硕士项目通过研究生院组织的评估验收。

澳大利亚昆士兰大学副校长逯高清教授一行访问清华大学,双方签署了两所大学间的合作备忘录。

9 月

13 日,校党委书记胡和平到环境学院进行群众路线教育实践活动调研。

环境学院举行 2013 级新生开学典礼。

亚太中心组织召开斯德哥尔摩公约"国家实施计划"更新全球研讨会。

亚太水安全研究中心主办"城市水安全学习周"。

环境学院研究生参加第六届中-日-韩研究生论坛,两名同学获论文发表奖。

环境学院教师节为王占生、傅国伟老先生贺寿。

10 月

亚洲开发银行副行长罗哈尼访问环境学院并做客清华环境论坛第 53 讲,发表题为"亚洲水安全和知识共享"的演讲。

威尼斯国际大学校长访问环境学院,双方就"清华大学-威尼斯国际大学可持续发展交流项目"在 2014 年的研究生派出、访问教授等工作计划进行交流。

吴烨入选教育部"新世纪优秀人才支持计划"并获国家基金委优青基金资助。

环境学院主办第七届全国博士生学术会议。

清华大学交叉创新中心——XIN 中心宣讲会在环境学院召开。

环境学院召开 2014 届毕业生就业动员会。

环境学院研运会再创佳绩,分获女子乙组冠军、男子乙组季军、总分乙组季军的佳绩。

11 月

2013 清华校友华东环境论坛在浙江省杭州市举办。

黄霞教授获得 2013 年度宝钢教育特等奖。

环境学院 2011 级博士研究生哈米德获得清华大学研究生特等奖学金,成为该奖项设立以来第一位获奖的外国留学生。

我校承担的国家重大水专项环太湖项目通过验收。

第三届环境模拟与污染控制国际学术研讨会召开。

环境微生物利用与安全控制重点实验室通过环保部验收。

环境学院举办"环环相扣"设计院总工交流会。

2013 清华校友华东、华南环境论坛相继在杭州、广州举办。

12 月

环境学院召开 2013 年工作交流与发展研讨会,与会教师围绕"激发学术志趣、提高培养质量"进行讨论,并结合各自工作体会提出了诸多建议。

美国环保署署长吉娜·麦卡锡访问环境学院并做客清华环境论坛第 57 讲,作题为"中美建立重要的合作伙伴关系共同应对空气污染及气候变化"的演讲。

环境学院承担的国家高技术研究发展计划(863 计划)项目"城市生物质垃圾厌氧消化关键技术研究"和"有毒有害工业固体废物处理处置与资源化技术开发"顺利通过验收。

清华大学环境学院共同主办第七届全国环境学科建设研讨会。

环境学院博士研究生李霄当选国际工业生态学学会学生分会主席。

环境学院荣获校就业先进集体综合奖，黄霞教授获评就业先进个人。

澳门运输工务司司长访问清华大学，与环境学院领导会谈深化合作事宜。

2014 年

1—2 月

周集中研究组在 PNAS 发文首次提出生态系统演替理论的新框架。

蒋靖坤等在 *ES&T* 上首次报道北京雾霾的微生物组分，被 *Nature* 新闻报道。

环境学院牵头承担的国家"863 计划"重点项目"有毒有害工业固体废物处理处置与资源化技术开发"通过科技部验收。

固体废物处理与环境安全教育部重点实验室第四次学术委员会会议召开。

研究生王佳明获评 2013 年度"中国大学生自强之星标兵"。

3 月

区域环境质量协同创新中心主办京津冀地区大气 PM2.5 污染成因及对策研讨会。

环境学院与加拿大特洁安公司签署紫外线消毒合作项目，开启双方第二个五年合作计划。

环境模拟与污染控制国家重点联合实验室召开第四届学术委员会会议。

亚太水安全研究中心主办"第三版亚洲水资源发展展望"启动会。

环保部到环境学院调研巴塞尔公约亚太区域中心工作。

4 月

环境学院贺克斌、黄霞、余刚 3 名教师获得"国家环境保护专业领军人才"称号，陆韵、吴烨、席劲瑛 3 名教师获得"国家环境保护专业技术青年拔尖人才"称号。此外，王金南、王业耀、席北斗、周岳溪 4 名环境学院校友获领军人才称号，胡京南、李轶、李俊峰、龙涛、王兴润、夏天翔、赵晨曦 7 名环境学院校友获青年拔尖人才称号。

陈吉宁担任组长的国家重大水专项"城市水污染控制与水环境综合整治技术研究与示范主题"通过专家组评估。

区域环境质量协同创新中心主办的长三角地区大气 PM2.5 污染成因及对策研讨会在上海召开。

环境学院与汉堡工业大学联合举办"中德合作有机废弃物厌氧处理技术专题双边研讨会"。

环境学院获得 2014 年马杯学生运动会乙组总分冠军和田径运动会总分冠军,历史上第三次同时夺得"大小马杯",田径运动会女团实现十连冠。获得男足、沙滩排球、女子篮球、女子篮球 3V3 四个集体项目全校总冠军,以及游泳、棒球、垒球、毽绳、健美操五个项目乙组冠军。

环境学院各界校友返校,庆祝清华大学 103 周年校庆。

5 月

"持久性有机污染物论坛 2014 暨第九届持久性有机污染物全国学术研讨会"在昆明召开。

环境学院联合主办 2014 空气污染控制成本效益与达标评估国际学术研讨会。

环境学院大纽约区校友海外庆祝学院成立 30 周年。

环境学院举办成都环保高级研修班。

杨云锋获 2013 年度清华大学学术新人奖。

环境学院启动学生绿色创业培育计划,举办"学生绿色创业沙龙"。

共青团清华大学研究生环境学院代表大会、环境学院第十次研究生代表大会召开。

环保部李庆瑞司长做客环境论坛解读新环保法。

6 月

5 日,纪念"6·5"世界环境日暨清华大学环境学院三十周年——清华环境与发展高端论坛举行。本次论坛以"思考前瞻,启迪发展"为主题,开展多维度的主题报告与讨论。环境保护部副部长李干杰,清华大学校长陈吉宁,全国人大环资委原主任委员、原国家环保局局长曲格平等出席本次论坛。环境学院学生代表孙冬雅宣读了环境发展倡议书。

6 月 5 日,清华环境教育发展基金正式成立,首批募得资金 7110 万元,其中河北黄金佳集团慷慨捐助 5000 万元。

6 月 26 日,第四届管理科学奖颁奖典礼暨 2014 中国管理科学高层论坛在京举行。环境学院李金惠教授凭借在"电子废弃物全生命周期过程管理机制研究"方面做出的突出贡献,荣获本届管理科学奖(学术类)。

环境学院大波士顿地区校友海外庆祝学院成立 30 周年。

贾海峰获世界环境与水资源大会国际来访学者学术奖。

博士生巫寅虎获清华大学"学术新秀奖"。

威立雅拔尖创新人才奖学金颁奖会举行。

清华-哈希水质奖学金颁奖会举行。

解跃峰获 2014 年宾州州立大学教师公共服务奖。

7 月

依托环境学院建立的"新兴有机污染物控制北京市重点实验室"由北京市科委正式批准成立。

7 月 8 日,清华大学环境学院城市径流控制与河流修复研究中心、深圳市城市规划设计研究院和美国低影响开发中心合作开展的国际低影响开发研究等 8 个项目正式签约,合作内容包括城市降雨径流控制低影响开发(LID)与绿色基础设施(GI)的技术研发、技术示范和规划技术等。这 8 个项目的签约和实施是中美气候变化工作组在推动两国企业和机构开展气候变化合作领域取得的重要成果,标志着中美在应对气候变化合作方面进入新阶段。

环境学院举行 2014 届毕业典礼,77 名本科生、132 名研究生毕业。

环境学院召开教学研讨会暨 ABET 认证动员会。

环境学院举办环境类国际暑期学校。

中日韩 RESD 课程在环境学院举办。

中美低碳城市发展暑期学校在环境学院开幕。

环境学院开办光大国际工程硕士预备班。

清华环境论坛"院士专场"探讨污水处理发展方向,国际知名学者 Perry McCarty,Glen T. Daigger,Mark van Loosdrecht 作主题演讲。

城市低影响开发研究列入中美气候变化工作组成果。

胡洪营当选国际标准化组织城镇水回用技术委员会主席。

贾海峰入选城市排水国际水利与环境工程学会/国际水协联合专家委员会。

环境学院承办中美环境研究联合工作组会。

环境学院主办第三届亚洲大学生环境论坛。

环境学院与日本产业技术综合研究所联合主办中日污水再生利用前沿理论与技术研讨会。

9 月

环境学院举行 2014 级新生开学典礼,260 多名本科与研究生新生参加典礼。

第九届全国环境友好科技竞赛颁奖典礼举行。

第四届中韩持久性有机污染物研讨会在延吉召开。

巴塞尔公约亚太区域中心参加不限成员名额工作组第九次会议。

环境学院提供技术支持的 2011 年度环保公益性行业科研专项项目"污水厂排泥量评估体系与污泥减量技术研究"通过环保部验收。

梁鹏、蒋靖坤入选国家基金委优秀青年基金人才支持计划。

环境学院在教师节为刘存礼、胡纪萃、张兰生、俞毓馨和俞珂五位 80 岁老教师举行祝寿座谈会。

环境学院在清华大学研究生运动会中首次获得乙组团体总分第一。

10 月

10 月 27 日,清华大学-耶鲁大学环境双硕士学位合作项目签约仪式在清华大学主楼举行。此次为耶鲁大学自建校以来首次与常春藤盟校之外的高校合作举办学位项目。耶鲁大学校长苏必德(Peter SALOVEY)、清华大学校长陈吉宁出席仪式并见证了协议的签署。

ABET 顾问专家见面会在环境学院举行。

第八届全国环境博士生学术会议召开。

再生资源回收利用渠道建设路径探索暨首届大学生环保科普公益活动顺利召开。

意大利环境国土与海洋部司长 Francesco La Camera 访问环境学院。

张晓健获得第 14 届清华大学"良师益友"称号。

国际知名学者 James M. Tiedj,Michael Wagner 和周集中做客清华环境论坛,聚焦宏基因组学前沿研究。

环境学院召开 2015 届毕业生就业动员会。

11 月

14 日,环境学院与山东省环境保护厅在生态山东建设高层论坛暨第六届绿色产业国际博览会上签署战略合作协议。

黄霞与左剑恶开设学堂在线公开课《水处理工程》。

2014 年清华校友华东环境论坛在南京召开。

环境学院院友在哈佛大学举办首届留美青年学者环境论坛。

第一届巴塞尔公约亚太区域中心指导委员会会议与第九届固体废物管理与技术国际会议在北京召开。

环境学院与威立雅公司签署 2014—2016 年奖学金协议。

清源协会与本科生刘涛分获 2014 年清华大学社会实践团体金奖与个人金奖。

环境学院、土水学院和建筑学院联队在清华大学教职工文艺汇演中荣获一等奖。

国际知名学者马克库·库马拉做客清华环境论坛。

12 月

4 日,清华大学第十一届环境科学与工程学位评定分委员会正式成立,贺克斌任主席,左剑恶、王洪涛任副主席,曾思育担任秘书。本届分委员会由 13 名委员组成,分别是:贺克斌、左剑恶、王洪涛、刘翔、钱易、郝吉明、曾思育、张晓健、胡洪营、余刚、蒋建国、王灿、王建龙。分委会自组成之日起开始工作,委员任期 5 年。

环境学院与河海大学联合主办第八届全国环境学科建设研讨会。

清华校友华南环境论坛暨环境学院华南校友会 2014 年会在深圳召开。

清华大学 PM2.5 联合研究计划讨论会召开。

环境模拟与污染控制国家重点联合实验室举行 2014 年度会议。

第三届环境微生物利用与安全控制研讨会在深圳召开。

第三届可持续的固体废物管理研讨会在环境学院召开。

环境学院荣获清华大学就业工作先进集体综合奖,胡洪营获先进个人称号。

王佳明获 2014 年清华大学研究生特等奖学金。

环境-地学联队在 2014 年清华大学研究生"一二·九"歌咏比赛中获一等奖。

留学生史凯特获国际水协会最佳论文报告奖。

2015 年

1—2 月

陈吉宁被任命为环境保护部党组书记、部长。

孟伟院士与段宁院士受聘为清华大学双聘教授。

陈吕军入选"国家百千万人才工程"。

邓述波、郝吉明、贺克斌、黄霞、李俊华、余刚入选艾斯维尔 2014 年中国高被引学者榜。

北京市集中生物燃气利用工程技术研究中心在北京市绩效考评中获得佳绩。

环境学院公共研究平台启动合作运营模式。

国家环境保护大气复合污染来源与控制重点实验室召开学术委员会第二次工作会议。

2 月 28 日上午,清华大学环境学院正式启动人事制度改革。人事处处长王希勤在会上宣读了学校《关于通过环境学院人事制度改革方案的决定》。人事制度改革的启动是环境学院发展的重要里程碑,有利于环境学院通过队伍建设促进学科总体水平的提升,早日实现建成世界一流环境学院的目标。

2 月 28 日,环境学院战略发展研讨会召开。会议旨在梳理过去一年全院教师在教学、科研方面取得的成果,同时总结问题与不足,探讨科研管理体制改革新形势下环境学院的发展战略与规划。会上,各教研所所长汇报了各所在过去一年中的主要工作、发展动态与未来工作规划,各所青年教师代表交流了各自的教学与研究工作。

3 月

大气所获首都环境保护先进集体称号,王凯军、王伟获首都环境保护先进个人称号。

温宗国入选科技部"中青年科技创新领军人才"。

中法能源/环境管理高级硕士项目学位授予仪式在法国举行。

环境学院和人保财险联合发布 2014 年度中国企业环境风险报告。

杜克大学副校长拉里·卡瑞访问环境学院。

3 月 27 日,清华环境学院和中国人民财产保险股份有限公司联合发布《2014 年度中国企业环境风险报告——基于环境污染责任保险视角》。

这是我国首次利用保险数据发布企业环境风险报告。

4月

环境学院举办"王继明先生百岁华诞贺寿会"，环保部部长陈吉宁看望王先生。

环境学院各届校友返校庆祝清华大学104周年校庆。

温宗国获第十七届"茅以升北京青年科技奖"。

公共研究平台申请清华大学建制实验室通过评审，定名为"环境分析测试中心"。

环境学院与日本京都大学、韩国科学技术院联合主办第一届亚洲水回用学术研讨会。

清华大学持久性有机污染物研究中心承办第七届阻燃剂国际学术研讨会。

环境学院联合举办第三届生物质燃气产业论坛。

环境学院夺得第58届"马约翰杯"学生田径运动会乙组总分第一。

5月

周集中获美国能源部最高奖项"劳伦斯奖"。

温宗国获2014年度清华大学"学术新人奖"。

全球环境国际班指导委员会成立。

"POPs论坛2015"在桂林召开。

环境学院联合提出我国水回用领域首次获得立项的ISO标准提案。

第十届全国环境友好科技竞赛在清华大学启动。

环境学院研究生王佳明获北京青年五四奖章。

环境学院举办2014—2015学年度团支部风采展示答辩会。

环境学院研究生李抒苡获IET全球英语演讲竞赛中国赛区决赛冠军。

6月

巴塞尔公约亚太区域中心在全球巴塞尔中心和斯德哥尔摩中心绩效评估获得满分。

环境学院召开"三严三实"专题工作布置会，院党委书记刘毅为党员骨干讲授专题党课。

2015终端净水设备消毒技术国际研讨会在环境学院召开。

蒋靖坤获"亚洲青年气溶胶科学家奖"。

瑞士联邦环境署署长布鲁诺·欧贝勒访问环境学院并做客清华环境论坛。

清华大学-俄克拉荷马大学合作意向签字仪式暨学术研讨会在环境学院举行。

清华-哈希水质奖学金在"6·5 环境日"颁奖。

环境学院学生团队获"概念厂·水未来"校园创意设计大赛冠、季军。

7—8 月

环境学院举行 2015 届本科生与研究生毕业典礼。

环境学院举行 2015 级新生开学典礼。

环境学院师生参与天津港"8·12"爆炸事故应急处置工作。

首届北美清华校友大会在纽约举行。

2015 年环境学院国际暑期学校顺利举办。

清华-丹麦科技大学"城市可持续发展与节能减排高级研究班"举办。

FESE 期刊第四届编委会第一次工作会议召开。

固体废物处理与环境安全教育部重点实验室召开第五次学术委员会会议。

"污水处理与资源化"教育部创新团队通过专家组验收。

首届清华大学工程博士高峰论坛成功举行。

环境学院举办第二届"全国消毒与消毒副产物研讨会"。

贺克斌课题组与国内外科研机构在《自然》合作发文更新中国碳排放核算。

2014—2015 学年度安乐工程集团奖学金颁奖仪式举行。

9 月

钱易院士荣获"最美教师"称号。

环境学院在教师节举办老先生 80 寿辰座谈会。

王灿、温宗国分获"杰青""优青"项目资助。

环境学院教师出席夏季达沃斯论坛并做专场报告。

中国管理科学学会环境管理专业委员会 2015 年年会在环境学院召开。

环境学院与哥伦比亚大学公共卫生学院签署合作意向书。

博士研究生陈熹、左魁昌在全国高等学校给排水相关专业在校生研究成果展上分别获金奖、银奖。

环境学院夺得清华大学第23届研究生运动会乙组总分第一名。

10月

环境学院开展"三严三实"第二阶段学习。

周集中与夫人捐赠成立专项学生奖学金。

袁志国教授当选澳大利亚技术科学与工程院院士。

清华-耶鲁环境教学合作研讨会在京召开。

第十届固体废物管理与技术国际会议在四川召开。

清华-威立雅先进环境技术联合研究中心举办一期合作总结交流会。

环境学院参与发起的我国首个城市供水工程级综合试验平台"君和一号"在成都启动。

杜克大学清华日在环境学院举行。

荷兰瓦赫宁根大学校长亚瑟·摩尔访问环境学院。

联合国环境规划署BRS三公约秘书处执行秘书罗尔夫·佩耶访问环境学院。

环境学院召开2016届毕业生就业动员会。

第九届全国博士生学术会议暨环境科学与工程新理论、新技术学术研讨会在清华大学召开。

24日,环境学院召开"清华环境学科发展回顾与展望"座谈会。清华大学党委副书记李一兵,全国人大环资委原主任委员、国家环保局原局长曲格平,清华大学原党委书记方惠坚,中国工程院院士钱易、郝吉明和段宁,环境学院院长贺克斌等院领导,环境学院老领导及校友代表、师生代表40余人参加座谈。

11月

环境学院的环境工程专业、给排水工程专业接受了ABET专家组现场认证。清华通过开展ABET认证,在国际化的平台中进一步审视学校工科教育的质量,对保障和提高人才培养质量具有重要意义。

丹麦科技大学环境工程系主任托马斯·克里斯滕森和瑞典厄勒布鲁大学教授海迪·费德勒受聘清华大学杰出访问教授。

环保部致信感谢清华大学团队参与天津"8·12"特别重大火灾事故环境应急处置。

第四届环境模拟与污染控制国际学术研讨会暨第九届环境模拟与污染控制学术研讨会在北京召开。

第 17 届全球排放研究计划（GEIA）科学大会在环境学院召开。

ISO 水回用技术委员会全体会议及城镇水回用技术分委会会议在环境学院召开。

国际著名厌氧处理专家卡茨·莱廷格做客清华环境论坛并举办中文自传发布会。

环境学院举办优良学风班评比，国际班等 5 班级获表彰。

环境女篮勇夺清华大学马约翰杯女篮三连冠。

12 月

7 日，环境学院院长贺克斌教授当选中国工程院环境与轻纺工程学部院士。

环境学院召开领导班子"三严三实"专题民主生活会。

环境模拟与污染控制国家重点联合实验室在国家重点实验室评估中获优秀。

环境科学与工程博士后流动站获综合评估优秀表彰。

环境学院与浙江大学共同主办"第九届全国环境学科建设研讨会"。

蒋靖坤副教授入选"国家高层次人才特殊支持计划"青年拔尖人才。

2015 清华环境华东论坛在上海举办。

第四届环境微生物利用与安全控制研讨会在深圳召开。

"全球变暖研究之父"詹姆斯·汉森做客清华环境论坛。

环境学院获清华大学就业引导奖，陈吕军教授获就业先进个人称号。

2016 年

1 月

8 日，由环境学院李俊华、郝吉明等人主要完成的"燃煤烟气选择性催化脱硝关键技术研发及应用"项目获国家技术发明奖二等奖，环境学院贺克斌、王书肖、吴烨、蒋靖坤等人主要完成的"区域大气污染源高分辨率排放清单关键技术与应用"项目获国家科学技术进步奖二等奖，环境学院均为第一完成单位，这也是环境学院首次作为第一完成单位获得国家技术发明奖。

1 月 15 日，环境学院召开"十三五"发展战略研讨会。会议听取了院党政领导班子 2015 年工作述职，各教研所进行了工作交流汇报，参会教师围绕"十三五"发展战略规划进行了专题讨论，对学院各项工作提出了具体的意见和建议。

张晓健教授、陈超副研究员参与四川广元锑污染应急供水工作受住建部表扬。

清华大学(环境学院)-西安华诺环保股份有限公司油气田废水及油泥污染控制与资源化联合研究中心签约成立。

环境学院举行施汉昌教授荣退座谈会。

环境生物所博士研究生王文龙获 2016 国际紫外协会世界会议最佳口头报告奖。

2 月

中国工程院院士、环境学院教授、清华大学环境科学与工程研究院院长郝吉明荣膺美国加利福尼亚空气资源委员会颁发的 2015 年度哈根-斯密特清洁空气奖(Haagen-Smit Clean Air Awards)，成为中国大陆首位获得该奖的科学家。

3 月

邓述波、郝吉明、贺克斌、黄霞、李俊华、余刚 6 人再次入选爱思唯尔中国高被引学者榜。

清华大学-丰田研究中心签署第三期合作协议。

环保公益重大项目"固体废物处置设施环境安全评价技术研究"通过验收。

巴基斯坦驻华大使访问环境学院。

4 月

环境学院举办纪念陶葆楷先生诞辰 110 周年座谈会。本次座谈会还举行了"陶葆楷励学金"捐赠协议签署仪式。清华大学校友为"陶葆楷励学金"再次增资 400 万元。

环境学院校友返校庆祝母校 105 周年校庆。

清华大学生态文明研究中心成立。

王继明先生荣获 2015 年度"中国水业人物"终身成就奖。

李金惠教授荣获 2016 年度"中日韩三国环境部长会议环境奖"。

陆正禹获清华大学"老有所为"先进个人、周中平获离退休工作先进个人荣誉称号。

5 月

环境学院召开全院党支部书记会讨论部署"两学一做"工作计划。

钱易院士获清华大学第十五届"良师益友"奖。

环境学院与老牛基金会签署环保公益战略合作协议,"清华大学老牛环境基金"续签。

宾夕法尼亚州立大学教授布鲁斯·罗根受聘清华大学杰出访问教授。

"POPs 论坛 2016"在西安召开,余刚教授荣膺"消除持久性有机污染物杰出贡献奖"。

贺克斌院士、李金惠教授出席第二届联合国环境大会,运动健儿勇夺"大马杯""小马杯"女团十二连冠。

6 月

环境学院在"世界环境日"举办水安全与生态文明建设学术报告会。

环境学院组织开展"两学一做"专题教育党课：传承清华党组织发展历程与优良传统。

《环境科学与工程前沿》(FESE)期刊影响因子达 1.799,升至二区。

岳东北副教授获评 2015 年度清华大学"学术新人奖"。

环境学院硕士研究生王佳明获评"中国大学生年度人物"。

"863"计划课题"室内空气净化技术与产品研制"通过技术验收。

环境学院承办 2016 年国际城市低影响开发(LID)学术大会。

环境学院与同方股份有限公司签署战略合作协议。

荷兰瓦赫宁根大学清华环境日在环境学院举行。

2015—2016 学年度安乐工程集团奖学金颁奖。

意大利特伦托大学校长来访。

7—8 月

环境工程、给排水科学与工程本科专业通过 ABET 认证。

环境学院举办 2016 年本科生、研究生毕业典礼。

环境学院举办 2016 级新生开学典礼。

环境学院组织开展"两学一做"学习教育党课：党的理论建设和实践。

王书肖教授获国家基金委杰出青年科学基金项目资助。

胡洪营教授当选国际水协会会士（IWA Fellow）。

清华大学与昆明市签署环境科技合作协议。

2016 年清华大学"中国环境"国际暑期学校举办。

9 月

18 日，校长邱勇、副校长尤政一行前往环境学院，就学科建设、人才培养、人事制度改革等问题进行调研。邱勇对环境学院在人事制度改革、教育教学、国家重点实验室建设等方面的工作成效表示肯定。对于环境学院的未来发展，邱勇校长提出了两点要求：一是要坚定不移、满怀信心地建设世界一流的环境学科，努力提高学院的世界影响力，做出在全球具有引领性的科研成果、提出创新性的思想和理念、涌现出具有国际影响力的专家学者。二是要进一步提高人才培养质量、师资水平和教学水平，要注重提高课程挑战度；重视实践教学，不断提高学生动手能力和创新能力；在适度扩大教师队伍规模的同时，重点提高教师队伍质量。

环境学院组织开展"两学一做"学习教育党课：当代中国的改革与发展道路。

环境学院举办教师节祝寿座谈会为陈志义、杨吉生、张瑞武、钱易 4 位先生祝寿。

郝吉明、贺克斌参与 G20 杭州峰会空气质量保障工作。

14 名教师及校友获第二批国家环境保护专业领军人才和青年拔尖人才称号。

"全球环境专业人才培养体系的构建与实践"获清华大学教育教学成果奖一等奖。

环境学院牵头承担的 5 项环保公益性行业科研专项项目通过验收。

水环境所博士研究生左魁昌获第三届亚太地区国际生物电化学会议最佳报告奖。

英国克兰菲尔德大学代理副校长访问环境学院。

10 月

清华大学与苏州市签署共建环境创新研究院备忘录。

烟气多污染物控制技术与装备国家工程实验室获批成立。

清华大学与盐城市签署深化全面合作协议，烟气污染减排技术联合研究中心揭牌。

环境学院开展两场"两学一做"专题学习：马兰基地工作回忆,文化自信。

环境学院与密西根大学自然资源与环境学院签署"3+1+1 本硕直通"项目意向书。

中国环境科学学会水处理与回用专业委员会依托环境学院成立。

中国环境科学学会循环经济分会依托巴塞尔公约亚太区域中心成立。

第十届全国博士生学术会议召开。

环境学院联合举办第十一届固体废物管理与技术国际会议。

第三届"清华大学工程博士高峰论坛"在环境学院召开。

固体所博士研究生花秀宁获第九届国际燃烧排放会议最佳报告奖。

意大利罗马第二大学副校长访问环境学院。

第一届"清华大学学生模拟气候变化会议"在环境学院举办。

环境学院在清华大学教职工文艺汇演中荣获一等奖。

11 月

环境学院承办 2016 年"教育部高校环境科学与工程类专业教学指导委员会扩大会议"与"高校环境类课程教学系列报告会"。

环保部水环境管理司司长张波调研环境学院。

环境学院与青海大学生态环境工程学院开展"清-青环境"党组织共建活动。

环境学院联合主办第五届中韩持久性有机污染物研讨会。

环境学院荣获清华大学博士生暑期实践优秀组织工作一等奖。

荷兰莱顿大学代表团访问环境学院。

12 月

钱易院士 80 华诞学术报告会在清华举行。

钱易院士荣获第六届"清韵烛光"清华大学"我最喜爱的教师"称号。

郝吉明院士荣获"IBM 全球杰出学者奖"。

环保部土壤环境管理司司长邱启文调研环境学院。

环境学院与复旦大学共同主办第十届全国环境学科建设研讨会。

国家自然科学基金委员会重大项目"大气二次污染形成的化学过程

及其健康影响"结题获评"特优"。

国家发改委致信清华大学感谢环境学院教师等国家气候谈判团队骨干成员。

全国紫外线消毒标准化技术委员会第二届委员会及国家标准《城市给排水紫外线消毒设备》修订编制组在环境学院成立。

中国城市环境卫生协会垃圾渗沥液处理专业委员会依托环境学院成立。

清华大学与巴黎高科路桥学校启动双硕士学位项目。

环境学院"全球环境国际班"第三次指导委员会召开。

环境学院"威立雅"拔尖创新人才奖学金颁奖会举行。

清华大学与瑞穗银行签署业务合作备忘录。

亚洲开发银行东亚局局长小西步访问环境学院并做客清华环境论坛。

环境学院任仕廷、万里扬获评"2016年清华大学学生年度人物"。

环境学院获校就业工作先进集体——就业引导奖。

清华环境西部校友、华南校友、华东校友相继举办2016年度论坛。

12月22日,清华大学获准成为第一批国家环境保护培训基地,主要负责有害化学品和危险废物管理及辐射环境监测、辐射安全与防护两个业务领域的培训,负责人分别为环境学院李金惠教授和工程物理系张辉教授。获准成为培训基地有利于清华大学利用此平台广泛开展相关的环境保护培训工作,将加强环境学院对我国环境保护工作的支持力度。

2017年

1—2月

环境学院作为第一完成单位的科研成果"城市循环经济发展共性技术开发与应用研究"获2016年度国家科技进步奖二等奖,参与完成的科研成果"环境分区-排放总量-环境质量综合管控关键技术与应用"获国家科技进步奖二等奖。

环境学院召开2016年度党政干部述职测评会及领导班子民主生活会。

清华大学获准成为第一批国家环境保护培训基地。

巴塞尔公约亚太区域中心牵头申请的"资源高效利用与有害物质控

制技术转移北京市国际科技合作基地"获批。

3 月

环境学院召开党支部书记抓基层党建工作述职评议会。

邓述波、郝吉明、贺克斌、黄霞、李俊华、余刚入选 2016 年爱思唯尔中国高被引学者榜。

环境学院、地学系教师发文揭示国际贸易中隐含的 PM2.5 污染健康影响。

国家环境保护大气复合污染来源与控制重点实验室通过建设期验收。

中日重点科技合作项目"再生水安全供水系统与关键技术"启动。

4 月

环境学院各界校友返校庆祝母校 106 周年校庆。

环保部副部长黄润秋考察环境学院承担的部分"十三五"水专项京津冀板块项目。

烟气多污染物控制技术与装备国家工程实验室在清华大学成立。

环境学院与计算机系共同研发的水污染预警溯源仪获日内瓦国际发明博览会评审团特别嘉许金奖。

环境学院联合举办第三届亚洲水回用研讨会。

中环协渗沥液专委会第一次全体委员大会在环境学院学召开。

环境学院体育健儿勇夺"大马杯""小马杯"、女团十三连冠、男团冠军。

5 月

清华大学与密西根大学、北京协同创新研究院共建水技术国际协同实验室。

"POPs 论坛 2017"在武汉召开。

"资源高效利用与有害物质控制技术转移北京市国际科技合作基地"依托环境学院成立。

环境学院与亚洲开发银行联合主办的"环境与发展"系列讲座启动。

2016—2017 学年度"清华-哈希水质奖学金"颁奖仪式举行。

环境学院博士研究生李想荣获清华大学第 22 届"学术新秀"奖。

6月

环境学院召开党政班子专题民主生活会部署和落实中央专项巡视整改工作。

杨斌副校长和清华大学全球环境国际班GEP2013毕业生座谈。

钱易院士荣获清华大学首届"新百年教学成就奖"。

环境学院举行2017届本科生、研究生毕业典礼。

清华苏州环境创新研究院正式揭牌成立。

环境学院牵头的"化工园区重大环境事故场地污染快速处理技术与装备"（"863"计划）课题顺利通过验收。

全国地市级环保局长培训班和清华-丹麦科技大学"新型城市化与可持续发展专题研讨班"在环境学院开班。

"圣路易斯华盛顿大学日"在清华大学举办。

环境学院与诺维信公司签署"全国博士生学术会议"赞助协议。

7—8月

环境、化工与新材料首批大类招生本科生入学，贺克斌院士担任大类首席教授。

鲁玺副教授、兰华春副教授获国家自然科学基金优秀青年科学基金资助。

环境学院本科生卢炜媛夺得2017 MODEL APEC中国区选拔总冠军。

2017年清华大学"中国环境"国际暑期学校在环境学院开幕。

"中法能源/环境管理双硕士项目"在巴黎举行十周年庆祝，第四期合作协议签署。

盐城市委书记王荣平考察烟气多污染物控制技术与装备国家工程实验室。

清华大学（环境学院）-金堂县人民政府合作备忘录签约仪式在成都市金堂县举行。

2017空气污染控制成本效益与达标评估国际学术研讨会召开。

第十二届全国环境友好科技竞赛终审答辩在环境学院启动。

9月

环境学院举行曲久辉院士团队入职欢迎仪式。

环境科学与工程学科入选教育部"双一流"建设学科。

环境学院举办 2017 级研究生新生开学典礼。

黄霞教授当选国际水协会膜技术专家委员会主席。

环境学院 2016 届博士毕业生田思聪获 2017 年瑞士乔诺法青年研究奖。

2014 级本科生周作勇应征入伍,2014 级本科生洛嘎、徐文馨、祖丽德孜入选"清华大学第二十届研究生支教团"。

中国环境科学学会循环经济分会成立大会在环境学院举行。

"建材行业烟气多污染物协同高效控制技术研发及工程示范"重点专项启动。

清华大学(环境学院)-成都兴蓉环境公司水务先进技术联合研究中心揭牌。

中法环境月活动在环境学院举办,法国前环境部长做客清华环境论坛。

丹麦技术大学高级副校长 Phillip John Binning 一行访问环境学院。

安阳市长王新伟一行到环境学院研讨秋冬季雾霾防控方案。

10 月

环境学院师生集体观看中国共产党第十九次全国代表大会开幕会。

环境学院师生集体参观"砥砺奋进的五年"大型成就展。

环境学院联合承办第十五届世界厌氧大会。

环境学院联合主办中国生态学学会微生物生态专业委员会 2017 年年会。

环境学院承办全国给水深度处理研究会 2017 年年会。

第十一届全国博士生学术会议暨环境科学与工程新理论、新技术学术研讨会召开。

环境学院 2017 年本科生暑期社会实践支队获得 1 金、2 银、2 铜。

2017 年清华环境西部校友暨"一带一路"高峰论坛在西安召开。

帝国理工学院校长 Alice Gast 一行访问环境学院。

11 月

环境学院校友陈坚、王金南当选中国工程院院士。

第五届环境模拟与污染控制国际学术研讨会暨第十届环境模拟与污染控制学术研讨会召开。

本科生卢炜媛作为青年代表出席第十三届亚欧外长会议及 APEC 工商领导人峰会。

12 月

清华大学环境科学与工程一级学科在教育部第四轮学科评估中获 A+。

第一届钱易环境奖在环境学院颁奖。

联合国副秘书长兼联合国环境署执行主任埃里克·索尔海姆做客清华论坛。

2017 生态文明国际学术论坛在清华大学召开。

第十一届全国环境学科建设研讨会召开。

环境模拟与污染控制 2017 学术年会召开。

第四届可持续的固体废物管理研讨会在环境学院召开。

环境学院师生参加第三届联合国环境大会及其相关活动。

亚洲开发银行副行长史蒂芬·格罗夫访问环境学院。

法国里昂国立应用科学学院(INSA Lyon)校长访问环境学院。

环境学院"威立雅"拔尖创新人才奖学金颁奖会举行。

硕士研究生王秋莹获清华大学特等奖学金提名、蒋南翔奖学金。

2017 清华环境华南校友论坛暨清华环境华南校友年会举办。

2018 年

1 月

由环境学院牵头组建的"工业节能与绿色发展评价中心"列入工业和信息化部发布的第二批工业节能与绿色发展评价中心名单。

郝吉明教授当选美国国家工程院外籍院士。

黄霞教授等完成的"膜集成城镇污水深度净化技术与工程应用"获 2017 年度国家科技进步奖二等奖。

环境学院与密西根大学公共卫生学院签署"3+1+1"本硕直通项目。

环境学院召开 2017 年院领导班子述职和民主测评会、领导班子民主生活会。

江苏省委书记娄勤俭调研清华大学烟气多污染物控制技术与装备国家工程实验室。

清华大学与施普林格·自然集团共同举办《自然-可持续发展》期刊

发布会。

清华大学获工信部批准成立"工业节能与绿色发展评价中心"。

环境保护部与清华大学召开巴塞尔公约亚太区域中心年度会议。

清华大学生态文明研究中心与北京平谷区人民政府启动一期合作项目。

环境学院本科生卢炜媛获清华大学 2017 年学生年度人物。

2 月

中国工程院院士、清华大学环境学院教授、清华大学环境科学与工程研究院院长郝吉明因"领导大气污染防治理论、战略和技术的研究及实施"当选美国国家工程院外籍院士。郝吉明是我国环境工程领域首位获此荣誉的学者。

3 月

环境学院 7 名教授入选 2017 年爱思唯尔中国高被引学者榜。

环境学院周集中教授当选美国生态学会会士。

环境学院与大江环境股份有限公司共建水质与水生态联合研究中心。

2018 年中日韩区域环境与可持续发展博士生课程项目工作会在环境学院召开。

清华大学联合主办第十三届固体废物管理与技术国际会议。

亚洲开发银行副行长张文才先生做客清华环境论坛暨亚行"环境与发展"系列讲座。

4 月

环境学院举办"许保玖先生百岁华诞贺寿会"。

环境学院各界校友庆祝母校 107 周年校庆。

清华大学授予联合国副秘书长兼环境署执行主任埃里克·索尔海姆名誉教授称号。

王伟教授课题组的"生物质废物清洁燃气化技术及应用"获日内瓦国际发明展金奖。

环境体育健儿卫冕"大马杯""小马杯"、女团、男团大满贯。

环境学子在清华大学第 36 届"挑战杯"学生课外学术科技作品竞赛中获特等奖。

环境学院紫荆志愿者研究生支队获评清华大学研究生"十佳志愿支队"，白昱荣获"十佳志愿者"称号。

郝吉明院士做客"环境清华说"讲坛分享学术人生。

清华大学联合成功举办第四届亚洲水回用学术研讨会及第二届全国水处理与回用学术会议。

"清华大学-奥斯陆大学生态文明研讨会"在环境学院召开。

5月

郝吉明院士荣获清华大学第十六届"良师益友"称号。

"清华大学-昆明滇池高原湖泊联合研究中心"合作协议签署。

清华大学联合主办国际水协会第二届消毒与消毒副产物研讨会。

"POPs论坛2018"在成都召开。

2018空气污染控制成本效益与达标评估国际会议召开。

环境学院与国际水协中国青年委员会联合发起2018"未来·水科技挑战赛"。

环境学院举办清华环境论坛中美工程院院士专场报告。

2016—2017学年度"清华-哈希水质奖学金"颁奖。

6月

环境学院举行纪念顾夏声先生百岁诞辰座谈会。

贺克斌院士当选2016—2017绿色中国年度人物。

环境学院师生深入学习习近平总书记在纪念马克思诞辰200周年大会上的讲话。

国家科技支撑计划"废旧电子电器资源化过程污染控制及资源化产品环境安全控制技术研究"课题通过验收。

环境学院固体所博士研究生颜枫荣获清华大学研究生"学术新秀"奖。

环境学院水环境保护所博士研究生王若瑜获世界生物传感器年度会议最佳海报奖。

环境学院第三十届学生代表大会顺利召开。

环境学院与环保部、北京市环保局共同举办高校环保社团成果展。

美国劳伦斯伯克利国家实验室副主任一行访问环境学院。

7—8 月

校党委书记陈旭一行看望环境学院 2018 级研究生新生。

环境学院举行 2018 届本科生、研究生毕业典礼。

环境学院 2018 级环化材大类本科生开学典礼、研究生开学典礼举行。

刘欢副教授获国家优秀青年科学基金资助。

2018 年"清华大学国际暑期学校-环境"项目顺利举办。

第一届环境修复清华论坛在北京召开。

国家环境保护环境微生物利用与安全控制重点实验室通过生态环境部评估。

国家环境保护大气复合污染来源与控制重点实验室学术委员会会议召开。

FESE 期刊召开第四届编委会第四次工作会议。

全国海关缉私部门打击"洋垃圾"走私专题培训班在环境学院召开。

9 月

国务院学位办环境科学与工程学科评议组会议在环境学院召开。

环境学院荣获"第三届中国学位与研究生教育学会研究生教育成果奖"一等奖。

大气污染治理研究团队获联合国环境署"气候与清洁空气奖"。

蒋靖坤教授获国际气溶胶领域 Smoluchowski 奖。

中国环境科学学会 POPs 专业委员会连续 10 年被评为先进分支机构。

环境学院举办教师节老先生祝寿座谈会。

环境学子卫冕校研运会乙组团体冠军。

10 月

郝吉明院士出席 2018 年度美国国家工程院新院士授予仪式。

环境学院党委组织师生学习全国教育大会精神。

清华大学-圣路易斯华盛顿大学"3+1+X"本(硕)博学位项目正式签约。

德国汉诺威大学清华日暨合作备忘录签署仪式在环境学院举行。

环境学院牵头筹备成立中国高等教育学会生态文明教育研究分会。

第十二届全国博士生学术会议在环境学院开幕。

环境学院 2019 届毕业生就业动员会召开。

2018 清华环境华东校友论坛暨环境污染治理峰会召开。

第三期清华-丹麦技术大学"城市可持续发展与节能减排高级研讨班"开班。

环境学院教职工在 2018 年清华大学教职工文艺汇演中荣获一等奖。

11 月

曲久辉院士当选 2019 年发展中国家科学院院士。

贺克斌院士入选科睿唯安 2018 年全球"高被引科学家"名单。

温宗国、杨云锋获 2018 年国家自然科学基金委杰出青年基金资助。

环境学院本科生吕一铮、博士研究生史凯特获 2018 年清华大学特等奖学金，本科生王元辰、博士研究生郭扬获特等奖学金提名奖。

举行迈克尔·霍夫曼名誉教授聘任仪式暨报告会。

12 月

第二届钱易环境奖颁奖会举行。

国务院学位办环境科学与工程学科评议组会议在环境学院召开。

《大气污染控制工程》MOOC 课程入选教育部 2018 年国家精品在线开放课程。

国家环境保护大气复合污染来源与控制重点实验室荣获"首都环境保护先进集体"。

吴静团队研发水质"指纹"识别器入榜《科技日报》2018 年国内十大技术突破。

中国环境科学学会青年科学家分会成立。

第五届中国保护生物学论坛在环境学院召开。

"清华-哈希奖学金"颁奖会暨签约仪式举行。

2019 年

1—2 月

曲久辉院士当选美国国家工程院外籍院士。

环境学院 2 项科技成果获 2018 年国家科技奖。

环境学院研究生获得第二届全国大学生厕所创意大赛一等奖、三等奖。

环境学院 2018—2019 学年学生工作研讨会顺利召开。

环境学院举行"威立雅"拔尖创新人才奖学金颁奖仪式。

日本东北大学访问环境学院。

3 月

中国高等教育学会生态文明教育研究分会成立。

国务院学位委员会环境科学与工程学科评议组会议召开。

王书肖、王灿入选第四批国家"高层次人才特殊支持计划"。

联合国环境署发布《北京二十年大气污染治理历程与展望》评估报告。

"张家港市固废园区化协同处置技术开发与集成示范"重点研发专项启动会举行。

环境学院召开 2018 年度党支部书记述职评议会。

环 83 支部开展"学风大讨论活动"。

4 月

环境学院各界校友庆祝母校 108 周年校庆。

住建部高等教育给排水科学与工程专业评估委员会专家组入校考察顺利结束。

学院荣获北京教育系统关心下一代工作先进集体。

王洪涛教授团队成果斩获日内瓦国际发明展金奖。

陈超副研究员当选国际水协会消毒专业委员会主席。

环境模拟与污染控制国家重点联合实验室召开学术委员会 2018 年度工作会议。

大气高氧化有机物研讨会成功举办。

第五届"清华-陶氏可持续发展创新挑战赛"举行终审答辩。

5 月

环境学院教师担任北京冬奥赛区生态文明建设咨询专家。

柯克·史密斯名誉教授聘任仪式暨报告会在清华环境学院举行。

日本金泽大学清华日活动顺利举行。

第十四届持久性有机污染物论坛暨化学品环境安全大会召开。

学院主办第四届国际电吸附大会。

学院师生参加废物和化学品三公约缔约方大会。

清华大学老牛环境基金内蒙古生态实践交流活动举行。

全球环境国际班学生获 2019 年"我是生态环境讲解员"总决赛冠军。

7—8 月

环境学院举行 2019 届毕业典礼。

环境学院 2019 级环化材大类本科生开学典礼、研究生开学典礼举行。

环境学院钱易院士获国际产业生态学会终身成就奖。

环境学院胡洪营教授荣获国际标准化组织卓越奖。

环境学院余刚教授荣获"安捷伦思想领袖奖"。

我校联合主办的《环境科学与工程前沿》影响因子创新高。

2019 清华大学国际暑期学校-环境顺利开幕。

环境学院召开"立德树人"——全球环境胜任力培养交流会。

9 月

九三学社中央常务副主席邵鸿一行看望老社员——清华大学环境学院教授许保玖先生。

环境学院召开党委会部署"不忘初心、牢记使命"主题教育工作。

环境学院举办教师节老先生祝寿座谈会。

国家环境保护大气复合污染来源与控制重点实验室 2019 年学术委员会年会召开。

FESE 期刊 2019 年度编委会工作会议召开。

清华大学环境学院"全球胜任力"海外实践支队赴马来西亚调研。

10 月

环境学院师生参与国庆阅兵庆祝活动。

环境学院曲久辉院士出席美国工程院新院士授予仪式。

吴丰昌院士受聘成为清华大学双聘教授。

学院召开张晓健教授荣退报告会。

学院与美国密歇根大学市政与环境工程系签署本硕贯通联合培养协议。

第十三届全国环境博士生学术会议开幕。

第四期清华-丹麦技术大学"新型城市化与可持续发展专题培训班"举行。

2019 清华环境西部校友高峰论坛暨学术交流会在重庆召开。

11 月

贺克斌院士、王书肖教授分别荣获 2019 年度何梁何利奖。

环 64 高隽获 2019 年清华大学本科生特等奖学金。

重点实验室召开第六届环境模拟与污染控制国际学术研讨会。

环境学院与南京大学环境学院共同开展"不忘初心、牢记使命"主题党日交流活动。

环境学院师生参加"关于汞的水俣公约"第三次缔约方大会。

12 月

环境学院党委行政完成换届。

第三届钱易环境奖颁奖暨获奖者学术成果报告会在京举行。

环境学院陈吕军教授团队承担的园区国家生态工业示范园区项目成功通过国家验收。

环境学院召开党员代表大会。

环境学院召开 2019 年度党政领导班子述职和民主测评会。

"转型亚洲"2019 年循环经济领导力研修班在环境学院成功召开。

中国土木工程学会水工业分会 2019 年给水深度处理研讨会成功召开。

环境模拟与污染控制 2019 学术年会召开。

环境学院"威立雅"拔尖创新人才奖学金颁奖暨签约仪式举行。

2020 年

1—2 月

抗击疫情期间一次特殊的党员发展会。

湖北清华一线牵,共抗疫情克时艰。

新学期首日环境学院线上教学顺利开启。

良好的开端是成功的一半——环境学院线上教学首周顺利进行。

环境学院左剑恶教授等一行四人赴延庆支持冬奥赛区生态修复工作。

楼宇保卫战"疫"——环境学院疫情防控楼宇工作稳步进行。

3 月

环境学院召开党支部书记述职评议会。

环境学院举办"水与发展纵论"首期论坛。

环境学院在线课堂迎来"华科"新同学。

环境学院和太原理工云端共课堂。

环境学院首场国际研究生"云答辩"顺利举行。

清华大学与华中科技大学两校四院党支部开展联合共建活动。

清华大学总务办党支部和环境学院环博 182 党支部联合开展线上组织活动。

4 月

环境模拟与污染控制国家重点联合实验室召开学术委员会 2019 年度工作会议。

清华大学生态文明研究中心助力嘉兴创建国家生态文明建设示范市。

抗疫"采样冲锋队"队长张大奕做客"真人图书馆"。

刘欢副教授获 2020 年度牛顿高级学者基金资助。

环境学院各班开展学风建设讨论会。

5 月

环境学院教师担任北京冬奥赛区生态文明建设咨询专家。

柯克·史密斯名誉教授聘任仪式暨报告会在清华环境学院举行。

日本金泽大学清华日活动顺利举行。

第十五届持久性有机污染物论坛暨化学品环境安全大会召开。

学院主办第四届国际电吸附大会。

学院师生参加废物和化学品三公约缔约方大会。

清华大学老牛环境基金内蒙古生态实践交流活动举行。

全球环境国际班学生获 2019 年"我是生态环境讲解员"总决赛冠军。

6 月

环境学院举行 2020 年毕业典礼。

贺克斌院士荣获北京高校"七一"表彰。

FESE 期刊影响因子再创新高。

环境学院开展应对突发疫情应急响应演练。

环境学院首个线上期末考试顺利进行。

7—8 月

校长邱勇调研环境学院并召开座谈会。

环境学院 2020 级环化材大类本科生开学典礼、研究生开学典礼举行。

《环境科学与工程前沿》期刊 2020 年度编委会工作会议召开。

环境学院 3 名教师获得 2019 年度"清华大学年度教学优秀奖"。

2019 年度国家重点研发计划"固废资源化"重点专项项目启动会暨实施方案论证会成功召开。

9 月

王希勤常务副校长观摩指导环境学院可燃气体泄漏应急疏散演练。

环境学院教师节期间慰问许保玖先生等离退休教工。

环境学院组织向身边的抗疫典型学习活动。

环境学院持续奋进推动融合式教学。

清华大学环境学院与卫健学院工作交流会召开。

10 月

环境前沿技术北京实验室正式获批立项建设。

清华深圳国际研究生院环境与生态研究院揭牌。

环境学院与湖北环科院联合开展"党建引领科技共建助力疫后重建"主题党日活动。

环境学院黄霞教授当选国际水协会杰出会士。

环境学院博士毕业生蔡润龙、郭扬获中国环境科学学会优秀博士论文奖。

2020 年清华环境华东、西部校友论坛暨学术交流会举行。

11 月

郝吉明院士荣获第十三届光华工程科技奖。

环境学院 7 人次入选全球高被引科学家榜单。

固体所党支部、大气所党支部、水生态中心党支部开展特色活动。

王书肖教授和郝吉明院士团队发文揭示空气质量改善加速温室气体大幅减排。

与生态环境部土壤中心签署合作备忘录并召开学术交流会议。

"威立雅"拔尖创新人才奖学金颁奖仪式举行。

12 月

郝吉明院士荣获 2020 年"最美科技工作者"称号。

吴静研究员入选第十八届"中国经济人物"。

与组织部统战部机关党委理论中心组开展联学共建活动。

召开2020年度党政领导班子和干部考核述职及民主测评会。

第四届钱易环境奖颁奖暨获奖者学术成果报告会在京举行。

环境学院荣获校"就业工作先进集体"和"征兵工作金奖"。

清华苏州环境创新研究院积极探索体制机制创新,迈向产学研合作新阶段。

工程院应急攻关项目"新冠病毒传播与环境关系及风险防控"项目成果汇报会召开。

2021年

1月

环境学院召开领导班子民主生活会。

环境学院教师关心慰问春节留校学生。

环境学院召开2020年青年教师学术交流年会。

环境前沿技术北京实验室组织召开第一届学术委员会第一次会议。

国家重点研发计划"农村人居环境整治技术研究与集成创新"项目启动会顺利召开。

2019—2020学年"清华-哈希水质奖学金"颁奖典礼举行。

清华大学2021年绿色创新与未来环境挑战赛顺利举行。

2月

多家单位致信感谢环境学院在相关工作中所做出的重要贡献。

3月

郑力副校长率队调研环境学院队伍建设工作。

环境学院党委理论中心组开展党史学习教育专题一集中学习研讨。

"烟气多污染物控制技术与装备国家工程实验室"通过验收。

湖北省生态环境厅吕文艳厅长一行访问环境学院。

环境学院研究成果荣获2020年度教育部科学技术进步奖一等奖。

环境学院教师在第48届日内瓦国际发明展览会上取得佳绩。

国家重点研发计划项目"场地土壤多金属污染长效稳定修复功能材料制备"正式启动。

4 月

学院党委理论学习中心组专题学习贯彻习近平总书记考察清华大学时重要讲话精神。

环境学院各界校友庆祝母校 110 周年校庆。

环境学院与中国 21 世纪议程管理中心签署战略合作备忘录。

环境学院 10 位教师入选爱思唯尔 2020"中国高被引学者"。

刘建国教授荣获清华大学"良师益友"奖。

全国环境友好科技竞赛十五周年特别活动暨第十六届启动仪式举行。

环境体育健儿卫冕"大马杯",重夺"小马杯",实现女团十七连冠。

5 月

第八届教育部科学技术委员会环境学部第一次工作会议召开。

清华大学首届"清华之友-解振华能源环境奖学金"颁奖仪式举行。

环境学院理论学习中心组开展党史学习教育专题二集中学习研讨。

清华大学(环境学院)-中持水务股份有限公司中小城市环境绿色基础设施联合研究中心揭牌成立。

环境学院举行离退休职工陈增惠入党发展会。

6 月

邱勇校长参加环境学院师生联合主题党日活动。

环境学院 15 位党员荣获"光荣在党 50 年"纪念章。

环境学院举行 2021 年毕业典礼。

清华大学环境学院 2 项成果入选"2020 年度中国生态环境十大科技进展"。

清华大学全球环境人才培养项目十周年暨环境教育国际化高端论坛召开。

空地一体环境感知与智能响应研究平台实现主体结构封顶。

7 月

环境学院党委组织党员干部"传承井冈山精神,深入开展党史学习教育"主题培训班。

石河子大学代斌校长一行访问环境学院。

环境学院胡洪营教授荣获 2021 年清华大学新百年教学成就奖。

环境学院 3 项成果荣获 2021 年清华大学教学成果奖。

环境学院学生在建党百年庆祝大会、河南抗汛、南京战"疫"中贡献力量。

8 月

环境学院召开暑期工作会议。

9 月

钱易院士家庭获评全国首批教育世家。

环境学院举办 2021 年新生开学典礼。

环境学院举办"清华党组织的奋斗历程与优良传统"党史学习教育活动。

环境学院王凯军教授作为特邀代表参加十三届全国政协第 54 次双周协商座谈会并发言。

环境学院教师节慰问许保玖先生等离退休教职工。

第六届模拟联合国气候变化大会成功举办。

碳中和技术与绿色金融协同创新实验室正式启动。

10 月

许保玖教授、王占生教授逝世。

环境学院四项科研成果入选国家"十三五"科技创新成就展。

环境学院党委召开巡视整改专题民主生活会。

全国首座城市污水资源概念厂在宜兴建成投运。

第十五届全国环境博士生学术会议成功举办。

11 月

"工业烟气多污染物协同深度治理技术及应用"项目获国家科学技术进步奖一等奖。

环境学院 6 人次入选全球高被引科学家榜单。其中，郝吉明院士入选环境科学与生态学领域，贺克斌院士入选地球科学领域，李俊华教授和侯德义副教授入选交叉科学领域，王书肖教授同时入选环境科学与生态学、地球科学两个领域。

环境学院"生态文明十五讲"和"雾霾成因与防控"课程入选清华大学优质通识课程建设计划。

环境学院党委理论学习中心组开展党史学习教育专题五集中学习

研讨。

环境学院一批体育健儿获得体育优秀单项奖。

12 月

环境学院联合承办的 2021 亚洲工学院院长论坛召开。

第五届钱易环境奖颁奖暨获奖者学术成果报告会在京举行。

中国土木工程学会水工业分会理事长张悦做客清华环境论坛,畅谈"水环境治理实务和人才期望"。

环境学院 5 名师生获清华大学 2020—2021 学年度学生工作荣誉表彰。

环境学院召开 2021 年度党政班子和干部考核述职会。

2022 年

1 月

邱勇参加环境学院领导班子党史学习教育专题民主生活会。

清华大学 2022 年绿色低碳可持续环境挑战赛顺利举行。

2 月

环境学院荣获首届"首都生态文明奖"多个奖项。

生态环境部固体司司长一行到环境学院巴塞尔公约亚太区域中心调研。

环境学院志愿者在冬奥志愿服务工作中贡献清华力量。

"环境工程原理课程虚拟教研室"入选教育部首批虚拟教研室建设试点名单。

3 月

环境学院召开系主任所长例会,研究部署近期重点工作。

环境学院召开党员代表大会选举学校第十五次党代会代表。

环境学院温宗国教授荣获 2021 年度美团"青山科技奖"。

环境学院在 2022 年日内瓦国际发明特别展获佳绩。

环境学院组织召开党支部书记述职评议会。

4 月

清华大学第二届"清华之友-解振华能源环境奖学金"颁奖仪式举行。

京津冀国家技术创新中心环境前沿实验室共建会议召开。

环境学院 10 位教师入选 2021 爱思唯尔"中国高被引学者"。

环境学院多位校友和教师担任中国环境科学学会新一届理事会及监事会职务。

环境学院 12 位师生获评北京冬奥会、冬残奥会清华大学先进个人。

环境学院夺得第 65 届"马约翰杯"大满贯。

5 月

环境学院师生同心聚力，在疫情防控工作中彰显使命担当。

2020—2021 学年"清华之友-哈希奖学金"颁奖会及项目签约仪式顺利举行。

环境学院张弓副研究员获 2021 年度"中国化学会青年化学奖"。

第十七届全国环境友好科技竞赛启动仪式顺利举行。

6 月

环境学院举行 2022 年毕业典礼。

4 位清华环境人当选中国工程院学部主任、副主任、委员。

郝吉明院士荣获第十一届中华环境奖。

环境学院党委对标争先夯实党建基础，凝心聚力建设顶尖学科。

FESE 影响因子提升至 6.048。

7 月

《国家自然科学基金委员会简报》报道环境学院李俊华教授团队科研成果。

环境学院校友王金南、张全分别当选新一届农工党北京市委、上海市委主委。

8 月

曾嵘副校长赴密云区访问交流并调研空地一体环境感知与智能响应交叉研究平台建设。

环境学院传达学习学校暑期工作会精神。

清华大学 2022"全国优秀中学生环境夏令营"顺利结营。

环境学院 2022 级本科生和研究生新生报到。

9 月

环境学院举办 2022 级研究生新生开学典礼。

胡洪营教授荣获"北京市优秀教师"称号。

环境学院温宗国教授荣获"科学探索奖"。

国家环境保护环境微生物利用与安全控制重点实验室通过绩效评估。

环境学院举办教学研讨会。

"第七届模拟联合国气候变化大会"成功举办。

10 月

国家发改委基础司副司长马强一行来校调研生态产品价值实现机制研究与实践工作。

第十六届全国环境博士生学术会议暨第 686 期清华大学博士生学术论坛举办。

环境学院师生热切关注党的二十大胜利召开。

环境学院党委及各党支部组织开展清华大学第十五次党代会专题学习。

环境学院召开 2022—2023 学年度第一次系主任所长例会。

11 月

环境学院师生学习研讨党的二十大精神。

2022 国际卓越青年学者环境论坛成功举办。

环境学院 8 人次入选全球高被引科学家榜单。

"城市排水系统厂网联合运行与优化控制关键技术与应用"成果荣获北京市科技进步奖一等奖。

"再生水处理高效能反渗透膜制备与工艺绿色化关键技术"项目荣获环境保护科学技术奖一等奖。

"重大疫情的环境安全与次生风险防控"研究团队在新冠病毒核酸生物传感检测技术方面取得进展。

环境学院：践行初心使命,优化研究生教育结构,推进专业学位项目建设。

中国环境科学学会污染源排放与管控专业委员会成立大会暨第一届学术研讨会召开。

12 月

环境学院师生同心抗疫,共克时艰。

环境学院牵头申报的国家自然科学基金重大项目获资助。

"环境系统模拟与影响评价"成果获中国管理科学学会"管理科学

奖"学术类奖项。

学院研究团队在疫情下环境介质中消毒副产物检测方法建立与应用方面取得进展。

环境学院田金平老师入选第十八届"良师益友"。

环境学院博士生刘迪波入选 2022 年"北京青年榜样"年度人物。

环境学院两篇学位论文获评 2022 年北京市优秀博士学位论文。

2023 年

1 月

多家单位致信感谢环境学院师生在相关工作中做出的成绩或贡献。

国家自然科学基金委员会"重大疫情的环境安全与次生风险防控"重大项目召开 2022 年度工作进展交流会。

清华大学(环境学院)-中信环境技术有限公司先进膜水处理及资源化技术联合研究中心揭牌。

2 月

环境学院召开 2022 年度党政领导班子和干部述职及民主测评会。

环境学院温宗国教授团队科研成果入选"科创中国"榜单。

环境学院牵头承担的多项国家重点研发计划项目召开项目启动暨实施方案论证会。

3 月

《北京高校党建和思想政治工作基本标准》检查组走访调研环境学院。

清华大学环境学院与生态环境部环境规划院再次签署战略合作协议。

上海市崇明区委书记缪京一行访问环境学院。

环境学院 11 位教师入选 2022 爱思唯尔"中国高被引学者"。

环境学院博士研究生刘迪波获评 2022 年全国"最美大学生"。

环境学院博士后陈诗入选 2022 年《麻省理工科技评论》"35 岁以下科技创新 35 人"中国榜单。

4 月

环境学院党委部署开展学习贯彻习近平新时代中国特色社会主义思想主题教育。

环境学院举办多种活动庆祝清华大学建校 112 周年。

第一届全国环境博士研究生教育培养研讨会成功举办。

全国给排水科学与工程一流专业与一流课程建设研讨会圆满举办。

第十七届全国环境博士生学术会议暨第 711 期清华大学博士生学术论坛成功举办。

清华大学牵头完成的再生水领域国际标准荣获中国标准创新贡献奖。

5 月

清华之友–哈希奖学金设立 20 周年纪念大会暨 2021—2022 学年奖学金颁奖仪式举行。

环境学院顺利通过清华大学教职工之家验收。

贺克斌院士、曲久辉院士获评第三届全国创新争先奖。

国家自然科学基金委员会重大专项"重大疫情的环境安全与次生风险防控"在抗疫药品/化学品排放的次生环境风险研究方面取得进展。

清华大学联合主办第十八届全国环境友好科技竞赛。

清华大学环境学院与俄罗斯秋明国立大学成功举办环境与可持续发展双边会谈。

6 月

环境学院举行 2023 年毕业典礼。

环境学院党委荣获"北京高校先进基层党组织"称号。

清华大学–北京赛诺膜技术有限公司特种膜分离净化与资源回收技术联合研究中心揭牌。

环境学院两个项目荣获 2022 年度教育部高等学校科学研究优秀成果奖一等奖。

国家自然科学基金委员会重大专项"重大疫情的环境安全与次生风险防控"研究团队在抗病毒药物的下水管道稳定性及其污水流行病学应用方面取得进展。

FESE 期刊影响因子升至 6.4，进入 JCR Q1 区。

7 月

环境学院举办 2023 年教学研讨会。

郝吉明院士出席第十一届中华环境奖颁奖典礼并领奖。

环境学院鲁玺教授荣获"北京市先进科技工作者"称号。

8 月

环境学院领导班子召开主题教育专题民主生活会。

国家自然科学基金委员会重大项目"重大疫情的环境安全与次生风险防控"研究团队在新冠肺炎疫情下居民家庭食品购买行为变化的实证研究方面取得进展。

2023 年清华大学全国优秀中学生可持续发展夏令营在苏州举行。

9 月

清华大学大气复合污染治理教师团队入围第三批"全国高校黄大年式教师团队"。

环境学院暑期工作会暨 2023—2024 学年第一次系主任所长例会召开。

环境学院举办 2023 年研究生开学典礼。

"第八届模拟联合国气候变化大会"成功举办。

第十八届全国环境友好科技竞赛终审答辩会顺利举行。

《2023 全球碳中和年度进展报告》发布。

环境学院举办傅国伟教授 90 岁祝寿座谈会。

10 月

钱易院士做客"传承科学家精神"系列讲座第二讲，畅谈青年成长与大学之道。

"第八届模拟联合国气候变化大会"成功举办。

环境学院举办重阳节离退休教职工座谈会及慰问活动。

"第八届模拟联合国气候变化大会"成功举办。

3 位博士研究生荣获上海同济高廷耀环保科技基金会 2023 年"青年博士生杰出人才奖学金"。

环境学院在 2023 年清华大学研究生社会实践评奖评优中斩获大满贯。

环境学院鲁玺团队合作揭示全球光伏产业链温室气体排放与减排的时空分布特征。

11 月

环境学院主办的第二届环境工程青年人才发展论坛在京举办。

环境学院王书肖教授当选为英国皇家化学会会士。

环境学院荣获北京市科学技术奖成果奖 2 项。

环境学院王凯军课题组报道首个大规模连续流好氧颗粒污泥工程。

环境学院、碳中和研究院主办"天工论坛",发布"天工 LCA 数据库"。

全球环境国际班 2023 届毕业生程浩生入选 2023 年度罗德学者。

12 月

第七届钱易环境奖获奖者学术成果报告与颁奖会在京举行。

第十八届全国环境友好科技竞赛颁奖典礼顺利举行。

2023 年国际卓越青年学者环境论坛成功举办。

环境学院召开教职工大会暨第一届教职工代表选举大会。

清华大学环境学院多个项目荣获 2023 年度环境保护科学技术奖。

环境学院贺克斌团队获评 2023 年北京市优秀研究生指导教师团队。

环境学院首届"环境健康"学术周顺利举办。

后　记

清华大学环境学科的发展源远流长,可追溯至国立清华大学于 1928 年设立的市政工程系,历经几代清华环境人的办学实践和努力探索,环境学科取得了显著的发展成就,形成了独特的文化氛围、办学品位和学术追求,积淀了优良的文化传统,为学校和国家环境保护事业的发展做出了重要贡献。

为进一步梳理清华环境学院和学科发展历史,传承清华环境人的优良文化传统,环境学院于 2020 年起开展了清华大学环境学院发展简史编著工作。我们收集了大量的资料,并进行了汇集和整理,展现了 1928—2023 年清华环境学科的发展历史和近年来的发展成就。

《清华时间简史:环境学院》一书将由清华大学出版社正式出版,其编写得到了学校和学院领导的高度重视和大力支持。

由于我们的阅历、水平、时间及资料来源渠道有限,许多问题还待进一步梳理清晰,因此,本书的写作与梳理难免存在疏漏,一些资料的出处还要进一步考证,内容还需不断补充和修改。如有疏漏和不妥之处,还希望读者谅解并指教,我们日后会尽快修正。

本书的编写得到了学校校史馆、档案馆、学校办公室、文化建设办公室、土木工程系的大力支持。此外,环境学院离退休教师白庆中、陈志义、蒋展鹏、聂永丰、施汉昌、袁光钰、张汉升、张兰生、张瑞武、张晓健、周中平、教师左剑恶、齐维晓、李淼、张潇源、孙猛、巫寅虎、职工杜卓、高丹丹、管辰、黄韵清、李亚平、李英、刘莉、南芳、王戈辉、魏欣、张立彦、张楠楠、张颖、张宇、赵宇、郑慧婷为本书的编撰提供了重要的材料与建议,还有很多老师、同学为本书编写提供了素材或提出了修改意见,在此感谢所有为本书编写提供素材的领导、老师和同学们。

祝愿环境学院乘势而上,在未来的发展中,取得更辉煌的发展成就!
热爱我环境,光大我事业!

《清华时间简史:环境学院》编写委员会

2024 年 1 月